Michel Duchein
MARIA STUART

Zum Buch

Die Geschichte hat zwei widersprüchliche Bilder der schottischen Königin überliefert, die 1587 enthauptet wurde. War Maria Stuart eine tragische Heldin und tugendhafte Märtyrerin, die in einer Atmosphäre allgemeiner Feindseligkeit zugrunde ging? Oder war sie eine leichtsinnige Ehebrecherin und Mörderin, „die größte Hure der Welt"? War sie die leidenschaftliche Liebhaberin und eine Herrscherin, die sich ganz in den Dienst ihrer religiösen Überzeugung stellte? Oder fiel sie der Eifersucht ihrer englischen Cousine und Rivalin Elisabeth und der zynischen Intrige ihrer Häscher zum Opfer? Beide Thesen haben heute noch ihre Anhänger.

Michel Duchein erhebt nicht den Anspruch, das unergründliche Rätsel um die Königin von Schottland zu lösen. Er versucht jedoch, die nachweisbaren Tatsachen von späteren Hinzudichtungen zu scheiden, und zeichnet ein psychologisches und politisches Porträt dieser schillernden Figur.

Zum Autor

Michel Duchein, 1926 geboren, von französisch-britischer Herkunft, ist Historiker und Archivar. Er arbeitete, u. a. als Experte der UNESCO, in zahlreichen Ländern.

Michel Duchein ist Spezialist für das 16. und 17. Jahrhundert in England und Schottland und verfaßte zu diesem Thema zahlreiche Artikel. Er hat bereits Biographien über Jakob I. Stuart und Elisabeth I. veröffentlicht.

Michel Duchein

MARIA STUART

Eine Biographie

Aus dem Französischen
von Enrico Heinemann und
Ursel Schäfer

Benziger

Die französische Originalausgabe
erschien 1987 unter dem Titel
Marie Stuart. La femme et le mythe
bei Fayard, Paris
© 1987 Librairie Arthème Fayard

Die Deutsche Bibliothek – CIP-Einheitsaufnahme

Duchein, Michel:
Maria Stuart : Eine Biographie / Michel Duchein.
Aus dem Franz. von Enrico Heinemann und Ursel Schäfer. –
Zürich ; Düsseldorf : Benziger, 1998
Einheitssachr.: Maria Stuart. La femme et le mythe <dt.>
ISBN 3-545-70005-4

© 1992 Benziger Verlag, Zürich/Düsseldorf
ppb-Ausgabe 1998, Benziger Verlag, Zürich/Düsseldorf
Alle Rechte, einschließlich derjenigen des
auszugsweisen Abdrucks sowie der der fotomechanischen
und elektronischen Wiedergabe, vorbehalten
Umschlaggestaltung: H + C Waldvogel, Zürich,
unter Verwendung eines Porträts von Serrur
© Archiv für Kunst und Geschichte, Berlin
Druck und Bindung: Lengericher Handelsdruckerei, Lengerich
ISBN 3-545-70005-4

Inhaltsverzeichnis

Vorwort 7

1 »Mit einem Mädchen hat es begonnen ...« 13

2 »Eines der vollkommensten Geschöpfe, die man je gesehen hat ...« 31

3 »Ein Werk zum Ruhme Gottes« 52

4 »Leb wohl, Frankreich, ich werde dich wohl nie wiedersehen« 75

5 »Gefährlicher als tausend Feinde« 94

6 »Wenn die Königin von Schottland einen passenden Mann zum Gatten nimmt ...« 112

7 »In der Blüte ihrer Jahre ...« 133

8 »Madonna, Madonna, rettet mein Leben!« 153

9 »Ein schönes Kind, das ein schöner Prinz zu werden verspricht ...« 171

10 »Sorgt Euch nicht um die Mittel ...« 191

11 »Als ob man dreißig Kanonen abgefeuert hätte ...« 212

12 »Dank dem guten Verhalten des Grafen Bothwell« 232

13	»Tod der Hure, der Hexe ...«	251
14	»Wie ein Mann seine Schätze ins Meer wirft ...«	269
15	»Auf der Flucht, ohne zu wissen, wohin ...«	287
16	»Um meine Ehre wiederzuerlangen ...«	305
17	»Ich schlafe gerne sicher auf meinem Kissen ...«	321
18	»Diese Magd aller Sünde, Elisabeth ...«	339
19	»Die beste Art, den Aufruhr zu beenden ...«	357
20	»Ein verkommener, undankbarer und niederträchtiger Sohn ...«	375
21	»Sechs hochherzige Edelleute nehmen sich der Sache an ...«	394
22	»Das erbärmliche Schauspiel und diese barbarische Hinrichtung ...«	414
23	»Welch seltsames Grabmal ...«	432
24	»In meinem Ende liegt mein Anbeginn«	445

Anhang:	Karten	468
	Stammtafeln	470
	Zeittafel	473
	Anmerkungen	479
	Bibliographie	495
	Register	505
	Abbildungen nach Seite	224

Vorwort

Das Richtbeil, das Maria Stuart am Morgen des 8. Februar 1587 den Kopf vom Rumpf trennte, hat die Jahrhunderte hindurch weiter für Aufsehen gesorgt.

Seither hat man in Europa zwei widersprüchliche Bilder von der Königin von Schottland: das einer Heldin und tugendhaften Märtyrerin, die sich durch ihr Unglück und ihre persönliche Tragödie einen Heiligenschein verdient hat. Zum anderen das der verdorbenen Gattenmörderin, Peinigerin der Kirche Gottes – der calvinistischen – und »größten Hure der Welt«.

In neuerer Zeit taucht das romantische Bild der innig Liebenden auf, die aus selbstmörderischer Leidenschaft einem Bothwell ihr Leben opfert. Und wohl immer wird einen die Rührung überkommen angesichts der Gefangenen von Fotheringhay, die der Eifersucht ihrer Rivalin Elisabeth und der zynischen Intrige der Häscher zum Opfer fällt.

Wer aber war Maria Stuart wirklich? »Die Frau, die man in der Geschichte am schlimmsten verleumdet hat« oder eine »wilde Leopardin«? Ein »Satansweib und eine törichte Gans« oder eine »Ehrgeizige, die am widrigen Schicksal zugrunde geht«? Die »vortrefflichste und tugendhafteste Prinzessin seit je« oder eine »Unglücksfee, die alle Gefahren der Welt in sich barg«? Eine »tragische, von innerer Glut verzehrte Figur« oder der »Archetypus des unschuldigen Opfers«?

Wenn all diese Bilder der Maria Stuart seit vierhundert Jahren nebeneinander existieren, so liegt das daran, daß sie schon zu Lebzeiten – nach einem Wort Elisabeths – eine »Tochter des Widerspruchs« war. Die Zeitgenossen haben mit ihren gegensätzlichen Urteilen einen Streit vorweggenommen, der jede Generation wiederkehrt.

Das vorliegende Buch erhebt keinen Anspruch darauf, das fast unergründliche Rätsel der »Königin von Frankreich und Schottland und Erbin von England«, als die sie sich selbst stets bezeichnet hat, endgültig zu lösen. Gleichwohl versuchen wir, den Mythos Maria Stuart nachzuzeichnen und nachweisbare Tatsachen im Hinblick auf die historische Figur von späteren Hinzudichtungen zu scheiden. Das Thema von »Frau und Mythos« zieht sich als roter Faden durch die vorliegende Untersuchung.

Für das Vorhaben stehen uns zwei Wege offen. Der erste besteht darin, ein psychologisches und politisches Profil der Maria Stuart vor ihrem zeitgenössischen Hintergrund zu zeichnen. Maria war ein Kind der Renaissance, und sie lebte und wirkte inmitten des größten Umbruchs der europäischen Geschichte. Ohne diesen Hintergrund ist ihre Persönlichkeit nicht zu verstehen.

Der andere Weg ist die Vorgehensweise einer kriminalistischen Untersuchung: Die Zeugnisse der Zeit divergieren sehr stark. Man muß sie kritisch behandeln, nach ihrer Herkunft, nach der Persönlichkeit des Urhebers und nach dessen Motiven fragen. Ein Vergleich fördert Widersprüche zutage und läßt erkennen, wo Behauptungen mit Vorsicht zu genießen sind und wo Tatsachen wahrscheinlich entstellt wiedergegeben wurden.

Bewußt stützen wir uns der Reihe nach direkt und mit kritischem Blick auf schriftliche Zeugnisse der damaligen Epoche – Memoiren, Gesandtschaftsberichte, Briefe und offizielle Dokumente –, in erster Linie aber auf die Korrespondenz der Maria Stuart.

Freilich muß auch beachtet werden, wie man Maria Stuarts Charakter und ihre Rolle in den vier Jahrhunderten nach ihrer Zeit gesehen hat. Jede Epoche hat bei der Beurteilung eigene Akzente gesetzt – und dabei zuweilen Manien entwickelt. Die Beiträge sind keineswegs völlig überholt, und viele haben mit dafür gesorgt, daß in einige dunkle Punkte Licht gebracht werden konnte, auch wenn nicht alle Unklarheiten zu beseitigen waren. Die Beiträge von Historikern wie Thomas Henderson, Gordon Donaldson und Lady Antonia Fraser (um nur drei der wichtigsten unseres Jahrhunderts zu nennen) sind eine große Hilfe, wenn man sich des Themas erneut annimmt. Ihnen gilt mein besonderer Dank.

Eine Arbeit wie diese wäre ohne die Mitwirkung vieler nicht zustande gekommen. Der Gerechtigkeit halber muß ich in der Liste der Unterstützer auch die Kollegen aus den Archives de France, der Bibliothèque nationale, der Bibliothèque de l'Arsenal und der British Library nennen; ebenso Mr. Andrew Broom, Archivar im Scottish Record Office, Mr. Patrick Cadell, Konservator für Handschriften an der National Library of Scotland, Mr. Peter

Walne, Archivar der Grafschaft Hertfordshire; Fürstin Raoul de Broglie und Herrn François Garnier, die mir freundlicherweise das Archiv Esneval auf Schloß Pavilly zugänglich gemacht haben; Herrn Marc Silvera vom Centre national de la Cinématographie und die Zuständigen der Festung Edinburgh, vom Königspalast Holyrood, vom Museum Lennoxlove und vom Museum Abbotsfold House. Ihnen allen verdanke ich zahlreiche wertvolle Hinweise.

Von unschätzbarem Wert war schließlich auch die Mitarbeit meiner Schwester Simone Duchein, die das Buch bei der Entstehung unermüdlich und mit kritischer Wachsamkeit von der ersten bis zur letzten Seite betreut hat.

Ihnen allen danke ich von ganzem Herzen.

M. D.

ERSTER TEIL

Bitten wir den König der Könige, dem besagten Prinzenpaar ein Leben in Freude, Wohlstand und Liebe zu ermöglichen, so daß sich das Volk daran labe und in Frieden regiert werde.

Rede zum großen und herrlichen Triumph anläßlich der Hochzeit des erlauchtesten und vortrefflichen Prinzen Franz von Valois, des Kronprinzen, [...] und der erhabensten und tugendhaften Prinzessin Madame Maria Stuart, Königin von Schottland ... (24. April 1558).

1

»Mit einem Mädchen hat es begonnen ...«

Die Kindheit eines Menschen ist stets wichtig, wenn man sich für seine Herkunft und die Entwicklung seiner Persönlichkeit interessiert. Von historischer Bedeutung ist sie dagegen nur selten. Anders der Fall der Maria Stuart: Zwar war sie keine »geborene Königin« (wie sie selbst später gerne behauptete), doch spielte sie vom ersten Augenblick an in der Geschichte ihres Landes eine bedeutende Rolle.

Tragische Umstände begleiteten ihre Geburt am 8. Dezember 1542[*]. Während die Königin von Schottland, Maria von Guise, das Kind auf Schloß Linlithgow bei Edinburgh zur Welt brachte, rang ihr Gatte, König Jakob V. Stuart, nur einige Meilen weiter mit dem Tod, verbittert über die Katastrophe, die über sein Königreich hereingebrochen war: Nach einem englischen Sieg bei Solway Moss war die nationale Eigenständigkeit gefährdet, und einige sahen das Ende von Schottland schon gekommen. Als der König erfuhr, daß seine Frau mit einem Mädchen niedergekommen war, reagierte er enttäuscht: »So leb denn wohl! Mit einem Mädchen hat es begonnen, und mit einem Mädchen wird es enden.«[1] Jakob V. spielte auf den ersten Stuart-König an, der zweihundert Jahre zuvor durch die Heirat der Thronerbin zur Krone gekommen war. Aber der König, durch die Niederlage und die Krankheit übertrieben pessimistisch, täuschte sich in der Zukunft des Landes: Seine Tochter war nicht die letzte Königin von Schottland. Vielmehr stand sie am Anfang einer Dynastie, die nach ihr sechs weitere Herr-

---

[*] Das genaue Geburtsdatum steht nicht fest. Für manche Zeitgenossen war es der 7. Dezember. Maria selbst behauptete, es sei der 8. Dezember gewesen, das Fest der Unbefleckten Empfängnis Mariä. Kein Dokument klärt die Streitfrage mit letzter Sicherheit. Heute entscheidet man sich meist für den 8. Dezember.

scher stellen würde. Von ihr stammt sogar das heutige englische Königshaus ab.*

Folglich stellte sich schon in den ersten Lebensstunden, ja schon vor ihrer Geburt, jene Frage, die Maria Stuarts gesamtes Leben beherrschen und ihr zum Verhängnis werden sollte: Schottlands Unabhängigkeit von England.

Mit Schottland hatten es nämlich weder die Natur noch die Geschichte gut gemeint. Das Land im Norden Großbritanniens (dieser Begriff taucht im heutigen Sinn erstmals in Marias Jugend auf) bestand zu zwei Dritteln aus öden Bergen, war von rauhen Meeren umgeben und wurde mehrere Monate im Jahr von Nebel, eisigem Regen, kalten Winden und Stürmen heimgesucht. So brachten im 16. Jahrhundert nur die Täler und Hügel im Süden einigermaßen reiche Erträge hervor, gerade in jener Gegend, die englischen Begehrlichkeiten am stärksten ausgeliefert war.

Dagegen war das unvergleichlich reichere, dichter bevölkerte und besser an den Kontinent angebundene England schon eine Großmacht, auch wenn es zur Zeit, als Maria Stuart geboren wurde, bei weitem noch nicht so wohlhabend war wie Frankreich oder die Niederlande.

Und doch hatten es die Könige von England seit der fernen Zeit Wilhelms des Eroberers trotz aller Versuche nicht geschafft, das Königreich im Norden ganz in ihre Hand zu bringen. Zu gewissen Zeiten – vor allem im 16. Jahrhundert unter Eduard II. – war Schottland englisches Protektorat gewesen. Aber früher oder später hatten die Schotten das Joch wieder abschütteln und die Unabhängigkeit wiedererringen können. Das verhinderte freilich nicht, daß der englische Einfluß auf kulturellem und wirtschaftlichem Gebiet immer stärker wurde.

Um unter den ungünstigen Bedingungen fortbestehen zu können, wandte sich Schottland traditionell und verständlicherweise an Englands Erbfeind Frankreich. Die alte Allianz – die *Auld Alliance,* wie man sie in Edinburgh heute noch nennt – reicht bis weit in die Geschichte zurück, noch bis vor die Zeit der Stuarts. Für einige hat sie mit Karl dem Großen begonnen; sicherer ist sie für den Anfang des 14. Jahrhunderts belegt, als schot-

---

* Wir verwenden konsequent die französische Schreibung des Namens Stuart. In Schottland und England war damals die schottische Schreibung ›Stewart‹ üblich, während sich die französische erst im 18. Jahrhundert durchsetzte. Dagegen hat Maria selbst, die in Frankreich aufwuchs, die französische Schreibung ›Stuart‹ gebraucht. Der Name der Dynastie geht ursprünglich auf den ›Stewart‹ Walter, den Haushofmeister des schottischen Königs Robert I., zurück, der 1315 die Tochter des Königs geheiratet hatte. Der Sohn aus dieser Ehe, Robert Stewart, folgte seinem Onkel mütterlicherseits 1371 als König Robert II. auf den Thron von Schottland.

tische Einheiten im Hundertjährigen Krieg unter dem Lilienbanner kämpften. Schottische Lehnsherren ließen sich in Frankreich nieder – darunter ein Zweig der Familie Stuart, die späteren Stuart d'Aubigny, die im Berry siedelten. Schottische Studenten schrieben sich scharenweise an den Universitäten Paris, Orléans und Montpellier ein. Der französische König Ludwig XI. heiratete die zartfühlende und schwermütige Margarete von Schottland, eine Tochter König Jakobs I. Stuart. Eine schottische Garde garantierte die Sicherheit französischer Herrscher.

Frankreich hatte durch die Allianz die Möglichkeit, im Fall eines Krieges mit England eine zweite Front im Norden zu eröffnen. Nach einer berühmten Formulierung war Schottland »die Hintertür von England«. Für Schottland war der Vorteil des Bündnisses noch deutlicher: Wirtschaftshilfe und vor allem militärische Unterstützung zur Verteidigung seiner schwachen und bedrohten Gebiete.

Je nach der augenblicklichen Heiratspolitik und den europäischen Kräfteverhältnissen war Schottland entweder eng mit Frankreich verbündet, oder es stand unter der englischen Vorherrschaft. Beide Großmächte verfügten in Schottland über eine Klientel von Adligen, die ihnen den Einfluß sicherten. Und nicht selten versöhnten sich Frankreich und England auf dem Rücken des geknechteten Schottlands.

Die Persönlichkeit des jeweiligen Herrschers spielte dabei eine Rolle. Anfang des 16. Jahrhunderts, ungefähr vierzig Jahre vor Maria Stuarts Geburt, hatte der schottische König Jakob IV. die englische Königstochter Margarete Tudor geheiratet. Mit dieser Eheschließung begann eine Periode der englischen Vorherrschaft, die erst endete, als Jakob V., der Sohn Jakobs IV. und Margaretes, volljährig geworden war. Denn Jakob V. besann sich – teils wegen des ungeschickten Vorgehens der Tudor-Königin, vor allem aber deshalb, weil ihr Bruder Heinrich VIII. von England allzu dreist auftrat – auf die seit Jahrzehnten eingeschlafene Allianz mit Frankreich zurück.

Heinrich VIII. war bekanntlich kein geduldiger Mensch. Er geriet schon beim Gedanken, der schottische Neffe könne sich ihm widersetzen, in Rage. Als weitere Quelle für einen Konflikt kamen bald religiöse Spannungen hinzu. Die protestantische Lehre gelangte bis nach Schottland. 1528 wurde dort der erste Scheiterhaufen entzündet und der junge Abt des Klosters Ferne verbrannt, ein Mitglied der mächtigen Familie Hamilton. Wie Franz I. von Frankreich ergriff Jakob V. sofort Partei für die traditionelle Kirche, während Heinrich VIII. mit Rom brach und das anglikanische Schisma vollzog.

Die alte Allianz zwischen Frankreich und Schottland lebte ganz selbstverständlich wieder auf, da die französisch-englischen Beziehungen auf dem Tiefststand waren. Jakob V. bat Franz I. um die Hand der französischen Fürstin Maria von Bourbon, der Tochter des Herzogs von Vendôme. Er reiste persönlich nach Frankreich, um sie abzuholen. Nach einer unbestätigten Anekdote soll er sich, als er bei Hof zufällig Prinzessin Madeleine kennenlernte, in sie verliebt und um ihre Hand angehalten haben. Franz I. war einverstanden. Am 1. Januar 1537* wurde in der Kathedrale Notre-Dame zu Paris mit großem Pomp Hochzeit gefeiert.

Unglücklicherweise war die neue Königin von Schottland bei schwacher Gesundheit. Die Überfahrt bekam ihr nicht. Stärker noch setzte ihr das Klima in der neuen Heimat zu. Sie starb sechzehnjährig im Juli, wahrscheinlich an Tuberkulose oder Lungenentzündung. Jakob V. bestand weiterhin auf einer französischen Gattin. Er beauftragte David Beaton, einen jungen schottischen Prälaten, der in Frankreich lebte, in der Umgebung des Königs eine neue Kandidatin ausfindig zu machen. Beaton kürte eine Dreiundzwanzigjährige, die seit einem Jahr Witwe war und einen Sohn hatte. Es war Maria von Guise, die Herzogin von Longueville.

Maria von Guise** war eine bemerkenswerte Person. Natürlich waren die politischen Fähigkeiten, die sie später unter Beweis stellen sollte, im Jahre 1538 noch nicht bekannt, aber sie galt schon damals als eine Frau mit tadellosem Lebenswandel, einem heiteren Gemüt, einer soliden Gesundheit und einem passablen Aussehen. Angeblich war ihr Ruf so gut, daß Heinrich VIII. nach dem Tod seiner dritten Gattin Jane Seymour um ihre Hand angehalten hat. Sie soll das Angebot mit der spöttischen Bemerkung abgelehnt haben, sie sei zwar groß, habe aber »einen kurzen Hals« – ein entscheidender Mangel angesichts der Vorliebe Heinrichs, unliebsame Gattinnen enthaupten zu lassen. (Die Anekdote ist freilich mit Vorsicht zu genießen. Auf Porträts der Maria von Guise fällt gerade der lange Hals auf, an dem sich Jakob V. sicher nicht gestört hat.)

Die Hochzeit zwischen dem schottischen König und der lothringischen Prinzessin fand am 18. Mai 1538 durch Stellvertreter in Paris statt. Am 25. Juni wurde die Heirat in der Kathedrale von St. Andrews wiederholt. Einige Monate später erhielt David Beaton für seine guten Dienste den Kardinalshut, im folgenden Jahr wurde er Erzbischof von St. Andrews und Primas von Schottland. Maria von Guise sollte ihm unter weniger feierlichen Umständen bald wiederbegegnen.

---

* Das Jahr begann in Frankreich, Schottland und England damals am 25. März. Der erste Januar wurde in den drei Ländern erst 1565 beziehungsweise 1600 und 1752 zum Jahresanfang. Alle Zeitangaben in diesem Buch beziehen sich auf den heutigen Kalender.

** Die Guisen waren ein Zweig des Hauses Lothringen. Maria Stuarts Mutter taucht in den Quellen abwechselnd als Maria von Guise oder Maria von Lothringen auf. Der Klarheit halber nennen wir sie hier nur Maria von Guise.

Die Ehe Jakobs V. war diesmal ebenso dauerhaft wie glücklich und fruchtbar. Maria erlangte rasch die Zuneigung der neuen Untertanen. Statt dem armen Schottland mit Geringschätzung zu begegnen, zeigte sie sich begeistert über die Sehenswürdigkeiten des Landes und scheute sich nicht, Schloß Linlithgow mit den Schlössern an der Loire zu vergleichen – was eher für diplomatisches Geschick als für künstlerisches Urteilsvermögen sprach. Maria liebte Tanz, sportliche Betätigung und Vergnügungen unter freiem Himmel, Lustbarkeiten, die gerade bei den Schotten zählten. Getrübt wurde das Bild nur durch die Tatsache, daß sie ihren Sohn aus erster Ehe, den kleinen Herzog von Longueville, bei der Großmutter in Frankreich hatte zurücklassen müssen. Der Briefwechsel mit ihr ist erhalten. Er zeigt Maria von Guise als liebevolle Mutter, die dem neuen Gatten aufrichtige Zuneigung entgegenbringt.

Nach zweiundzwanzig Monaten Ehe gebar Maria von Guise Jakob V. einen Sohn. Es war ein freudiger Augenblick für Schottland: Die Zukunft der Dynastie schien gesichert. Am Hof, in der Kunst und Kultur triumphierte der französische Einfluß, und in der Religion verschärfte Kardinal Beaton die antiprotestantische Repression.

Jakob V. war eine recht widersprüchliche Persönlichkeit. Auf Porträts sieht er nicht besonders gut aus mit seiner langen Nase, den schmalen Lippen und dem fliehenden Kinn, doch verfügte er laut den Zeitgenossen über viel Charme. Sicher war er ein Frauenheld: Er hatte etliche Mätressen und zahlreiche Bastarde, von denen sich mehrere einen Namen machen und seinen Nachfolgern Schwierigkeiten bereiten sollten. Sein Enkel Jakob VI. verfaßte gegen Ende des Jahrhunderts für seinen Erben ein kleines Handbuch über die guten Sitten eines Königs, in dem Jakob V. als schlechtes Beispiel für den Umgang mit Frauen genannt wird.

Jakob V. war damit ein Mann seiner Zeit, ein typischer Mensch der Renaissance. Er war sportlich und – wie es sich für den damaligen Adel gehörte – ein geschickter Reiter und Fechter, dabei aber auch ein Liebhaber von Kunst und Literatur. Sofern es der Staatsschatz zuließ, zeigte er sich freigebig. Sein Traum war ein Schottland als europäisches Königreich »wie die anderen« mit solider Verwaltung und Rechtsprechung. In den Bauten, die er in Holyrood, Falkland, Linlithgow und Stirling mit Hilfe von Künstlern vom Kontinent errichten ließ, spiegelt sich vor allem sein Wille wider, nach dem Mittelalter mit seinen finsteren Burgen Anschluß an die Bautätigkeit anderer europäischer Herrscher zu gewinnen.

Seine gesamte Herrschaft über zeigte er sich als Katholik, vor allem durch seine Geringschätzung der Engländer. Das hinderte ihn freilich nicht, gegen Zügellosigkeit und übertriebenen Reichtum der Geistlichen und gegen

Pflichtvergessenheit der Kirche streng vorzugehen. Er war eine Zeitlang versucht, sich wie sein Onkel Heinrich VIII. den Grundbesitz der Bistümer und Abteien anzueignen, der bei weitem größer war als die Besitzungen der Krone. Zwar gelang es Beaton, die Pläne zu verhindern und Schottland für die römische Kirche zu retten, doch hatte sich das Übel schon eingenistet: Die Forderungen nach einer Kirchenreform waren nicht mehr aufzuhalten.

Das hervorstechendste Merkmal der Persönlichkeit Jakobs V. war zweifellos eine seltsame Unbeständigkeit des Charakters. Bei ihm wechselten Augenblicke der Euphorie mit tiefster Niedergeschlagenheit. Und der König war nicht so standhaft, daß er seinen Ehrgeiz gegen alle Widrigkeiten zu verwirklichen suchte. Er gab rasch auf und zeigte in heiklen Augenblicken keine Willensstärke – ganz im Gegensatz zu seiner Frau, die gerade in schweren Lebenslagen Format bewies.

Im Jahre 1541, nach drei glücklichen und erfolgreichen Jahren, wandte sich das Schicksal. Maria von Guise brachte ein zweites Kind zur Welt, einen Knaben, der kurz nach der Geburt starb. Kurz darauf erlag der erste Sohn, Schottlands erhoffter Thronfolger, einer der Kinderkrankheiten, die Säuglinge damals massenhaft hinwegrafften. Damit war die Krone ohne direkten Erben. Da die königliche Autorität geschwächt war, begannen die großen Familien des Feudaladels aufzubegehren.

Zu allem Unglück kam es zu Zwischenfällen an der Grenze zu England. Arrogant wie gewohnt, bestellte Heinrich VIII. seinen Neffen zu einer Unterredung nach York. Jakob V. reagierte zunächst überhaupt nicht auf das Ultimatum: Maria von Guise war erneut schwanger, und vielleicht würde ein neuer Erbe den Schotten neue Hoffnung geben. Der König ließ Heinrich VIII. im allerletzten Augenblick wissen, daß ihn familiäre Verpflichtungen in Schottland zurückhielten. Für Heinrich war die Absage eine Demütigung. Wütend dachte er an nichts anderes mehr, als dem unverschämten kleinen Schotten, der ein unabhängiger Herrscher sein wollte, eine Lektion zu erteilen.

Sie erfolgte im Herbst 1542 in Gestalt einer Kriegserklärung. Die englische Armee wurde vom Herzog von Norfolk befehligt, dem größten Grundherrn im Norden von England. Nur ein Appell an den Patriotismus schien Schottland noch retten zu können. Aber Jakob V. hatte sich beim Adel viele Feinde geschaffen. Die protestantische und englandfreundliche Partei hatte so sehr an Gewicht gewonnen, daß ohne sie keine Politik mehr zu machen war.

Paradoxerweise war den Schotten das Waffenglück einige Wochen hold. Nachdem Norfolk die Grenzregion geplündert und gebrandschatzt hatte, zog er sich nach England zurück. Jakob V. beging den Fehler, ihn zu verfolgen. Seine Armee war für das Unternehmen nicht stark und loyal genug: Am 24. November 1542 schlugen die Engländer bei Solway Moss zurück und errangen einen glänzenden Sieg. Zehntausend schottische Soldaten flohen vor dreihundert englischen Reitern. Über tausend Schotten, darunter die wichtigsten Grundherren des Landes, gerieten in Gefangenschaft. Schottland erlebte die schlimmste Niederlage seit langem.

Als Jakob V. von der Katastrophe erfuhr, war er wie vom Donner gerührt. Er irrte von Schloß zu Schloß, verbrachte einige Tage in Linlithgow bei seiner hochschwangeren Frau und ließ sich dann erschöpft auf Schloß Falkland nieder – die königlichen Schlösser liegen nur wenige Dutzend Kilometer auseinander. Über die Krankheit Jakobs V. nach der Niederlage von Solway Moss gehen die Meinungen der Ärzte auseinander. Damals hieß es, er sei »angesichts der Schmach an gebrochenem Herzen gestorben«, was wohl kaum ein klinischer Befund ist. Nach den Zeugen soll er apathisch und niedergeschlagen gewesen sein und »stundenlang kein Wort gesprochen« haben. »Aus der Lethargie erwacht«, habe »er sich auf die Brust geschlagen, wie um die Last der Verzweiflung abzuschütteln.« Er aß nicht mehr und war völlig gleichgültig. Zur Schwächung des Körpers durch Depression und Neurasthenie kam das Fieber. Im Augenblick tiefster Niedergeschlagenheit erreichte ihn die Nachricht, daß in Linlithgow der ersehnte Erbe geboren sei. Es war ein Mädchen. Wir wissen bereits, mit welcher falschen Prophezeiung der verbitterte Vater die Nachricht quittierte. Fünf Tage später, am 13. Dezember 1542, reichte er seinen Anhängern völlig erschöpft »die Hand zum Kuß, blickte sie einige Augenblicke voller Sanftmut und Traurigkeit an, wandte den Kopf zur Wand und verschied«.[2]

Jakob V. war dreißig Jahre alt gewesen. Schottlands Schicksal hing von da an von dem Kind ab, das eben in Linlithgow geboren worden war.

Zunächst schien das Mädchen, das unter diesen finsteren Auspizien zur Welt gekommen war, nicht lange zu leben. Seit dem Desaster von Solway Moss war fast das gesamte öffentliche Leben des Landes lahmgelegt. Möglicherweise hatte Maria von Guise wegen der Aufregung und Angst sogar eine Frühgeburt. Als ihre Niederkunft in England bekannt wurde, hieß es, das Kind sei tot oder zumindest sehr schwach zur Welt gekommen. Noch Ende Dezember schrieb der Botschafter Kaiser Karls V. in London, die Ärzte kämpften verzweifelt um das Leben von Mutter und Kind.[3]

Ob dies den Tatsachen entspricht oder ob die Engländer zur Demoralisierung der Schotten ein Gerücht in die Welt gesetzt hatten, ist für uns heute schwer nachprüfbar. Kein Dokument belegt, wie es Maria Stuart in den ersten Tagen des Lebens ging. Wir wissen nur, daß man sie fast Elisabeth getauft hätte (was die Aufgabe der Historiker sicher bedeutend erschwert hätte, bei zwei Elisabeths auf dem Thron von London und Edinburgh zur gleichen Zeit) und daß sie, nachdem der Vater gestorben war, kurz nach der Geburt zur Königin proklamiert worden war.

Schottland stand noch immer unter dem Schock der Niederlage. Wenn Heinrich VIII. dem Land in diesem Moment den Gnadenstoß hätte versetzen wollen, hätte er keine Schwierigkeiten gehabt: Jedes winzige englische Heer hätte den Zusammenbruch herbeigeführt. Maria von Guise wäre mit der Thronerbin in Gefangenschaft geraten oder hätte sich nach Frankreich eingeschifft – ein riskantes Unternehmen für eine Wöchnerin mitten im Winter. Warum hat der sonst kaum zimperliche Heinrich VIII. darauf verzichtet, den entscheidenden Schlag zu führen und dem unabhängigen Königreich Schottland das Ende zu bereiten?

Was ihn abschreckte, war offenbar der unritterliche Aspekt eines Feldzugs gegen eine Witwe und eine Halbwaise. Statt dessen erwog er eine eheliche Verbindung, die gegenüber einer militärischen Expedition Vorteile besaß. Der englische König hatte seit 1537 (endlich, nach all den Jahren des Wartens!) einen Sohn, für den Maria Stuart nach ungefähr fünfzehn Jahren eine ideale Partie wäre. Auf diese Art konnte sich Heinrich Schottland auf friedlichem Wege einverleiben, womit er sich die Mißbilligung der christlichen Welt und eine militärische Reaktion Frankreichs ersparte, die auf die Gefangennahme der Maria von Guise und ihrer Tochter möglicherweise erfolgt wäre. Schottland kam in den Genuß einer Atempause, einer Art Freiheit auf Zeit. Und nun galt es, für die lange Periode bis zum Ende der Minderjährigkeit der Königin die Macht im Reich zu verteilen.

Als Jakob V. in Falkland im Sterben gelegen hatte, hatte ihm Kardinal Beaton Trost und Beistand geleistet. Gleich nach seinem Tod wies er ein Testament vor, das der Verstorbene angeblich verfaßt hatte. Demnach hatte Jakob ihm, dem Erzbischof von St. Andrews, das Amt des »Gouverneurs«, das heißt des Regenten*, übertragen, der mit Unterstützung von vier großen Lehnsherren, den Grafen von Arran, Argyll, Huntly und Moray, die Herrschaft über das Königreich ausüben sollte.

Im ersten Augenblick leistete niemand offenen Widerstand. Beaton übernahm die Macht. Er war eine starke Persönlichkeit, sicher einer der bemerkenswertesten Männer seiner Generation in Schottland. Wie bereits er-

---

* Zeitgenössische Dokumente verwenden den Begriff »Gouverneur«. Von einem »Regenten« war erst später die Rede, als Maria von Guise an die Stelle des Grafen von Arran trat. Wir verwenden den in diesem Zusammenhang gebräuchlicheren Begriff des Regenten.

wähnt, hatte Beaton in Frankreich gelebt (zur Förderung der »alten Allianz«, die schon vielen Schotten hohe Ämter in Frankreich beschert hatte, war er von Franz I. zum Bischof von Mirepoix in der Gascogne ernannt worden) und war anschließend Erzbischof von St. Andrews, der Primas der schottischen Kirche, geworden.

Der tatkräftige Beaton, der sein Land aufrichtig liebte und dessen Schwierigkeiten kannte, setzte sich für ein starkes, einiges und katholisches Schottland ein, das dem Feind, dem protestantischen England, die Stirn bieten konnte. In den letzten Jahren der Herrschaft Jakobs V. hatte er zu den bedeutendsten und einflußreichsten Ratgebern des Königs gezählt. Der Gedanke, daß er für die Thronerbin die Macht ausüben würde, war also weder skandalös noch abwegig. Und natürlich unterhielt er als Vermittler der Ehe des Schottenkönigs mit Maria von Guise hervorragende Beziehungen.

Allerdings konnte er sich beim schottischen Adel nur mit Mühe Geltung verschaffen. Überall in Europa öffnete eine Periode der Minderjährigkeit des legitimen Herrschers dem Ehrgeiz und der Machtgier Tür und Tor. Bald machten die Vertreter des neuen Glaubens Stimmung gegen den katholischen Prälaten, der den Protestantismus entschieden ausmerzen wollte. Und Beatons Privatleben gab Anlaß zur Kritik. Wenn er vielleicht auch weniger Mätressen hatte, als die Feinde behaupteten, war sein Lebenswandel jedenfalls für ein Volk, auf das Propaganda aus Genf einwirkte, alles andere als vorbildlich. In dem ihm eigenen Stil bezeichnete ihn der protestantische Prediger John Knox als das »Oberhaupt des Reichs der Finsternis« und unterstellte ihm unumwunden sündige Beziehungen zu Maria von Guise. Das war zweifellos reine Verleumdung, denn die Sitten der Königinmutter waren über jeden Zweifel erhaben. Aber wer weiß, ob ihm das schottische Volk nicht glaubte?

Jedenfalls war der Triumph des Kardinals von kurzer Dauer. Rasch scharte sein Konkurrent, der Graf von Arran, die Gegner um sich. Schon 1542 ließ sich Arran als Regent anerkennen. Beaton wurde wenige Wochen später festgenommen und auf einem Schloß Lord Setons, der als Arrans Anhänger galt, unter Arrest gestellt.

Ein schärferer Gegensatz als die Persönlichkeiten von David Beaton und James Hamilton, dem Grafen von Arran, ist kaum vorstellbar. Alle Zeitgenossen stimmen darin überein, daß Arran ein wankelmütiger und entschlußloser Mensch war, der weder einen starken Charakter noch Konsequenz bewies. Er war genau das, was man heute als Wetterfähnchen bezeichnet. Nacheinander war Arran Katholik, Protestant und wieder Katholik, abwechselnd für England und für Frankreich, und kurzum das beste Beispiel für einen Mann, auf dessen Politik kein Verlaß ist.

Aber er war per Geburt der wichtigste Lehnsherr Schottlands und stand in der Thronfolgeordnung offenbar an erster Stelle. Sein Vater war ein Enkel Jakobs II. und damit ein Vetter Jakobs IV. gewesen. Mangels direkterer Nachkommen konnte Arran gegebenenfalls die kleine Maria Stuart beerben. Eine Schwierigkeit gab es nur insofern, als er aus der dritten Ehe seines Vaters hervorgegangen war und dessen zweite Ehe nach kanonischem Recht nicht einwandfrei annulliert worden war. Kardinal Beaton verfügte somit als Primas und Erzbischof über ein nicht zu unterschätzendes Druckmittel. Er konnte die Auflösung dieser Ehe nach reiflicher Prüfung der Sachlage für ungültig erklären und den Grafen aus kirchlicher Sicht zum Bastard machen.

Doch davon konnte im Januar 1543 noch überhaupt keine Rede sein. Arran übernahm die Macht oder besser den Titel des Regenten. Bald sah er sich den Forderungen Englands gegenüber, das seine Früchte aus dem Sieg vom November ernten wollte. Heinrich VIII. hielt mit den Adeligen, die er seit Solway Moss gefangenhielt, nämlich ein Werkzeug in der Hand, das ihm den Einfluß auf das Land sicherte. Er ließ die Gefangenen zu sich nach London bringen und stellte sie vor die Wahl: Entweder sie blieben in Gefangenschaft oder kehrten nach Schottland zurück, um als Handlanger seiner Politik zu dienen. Mehrere erklärten sich sofort zur Rückkehr bereit: die Grafen von Cassillis und Glencairn, Lord Maxwell, Lord Oliphant und Lord Somerville, die alle mit den Protestanten sympathisierten. Hinzu kamen der Graf von Angus und sein Sohn George Douglas, die als Gegner Jakobs V. und wegen alter Stammesfehden seit fünfzehn Jahren im englischen Exil gelebt hatten.

Nachdem sie ein feierliches Gelöbnis abgelegt und Geiseln zurückgelassen hatten – der vorsichtige Heinrich VIII. kannte seine Partner –, kehrten die Männer Ende Januar 1543 nach Schottland zurück. Vor allem sollte es darum gehen, den neuen Regenten Arran zu zwingen, Erzbischof Beaton, den erbitterten Feind des englischen Königs, wegen Hochverrates anzuklagen und endgültig auszuschalten. Die kleine Königin, die noch in der Wiege lag, sollte mit Heinrichs Sohn und Erben Prinz Eduard verlobt werden. Zur Sicherheit sollte Maria nach England gebracht und dort bei ihrem zukünftigen Gatten erzogen werden. (Ein Szenario, das sich sechs Jahre später seltsamerweise genau so abspielen sollte – nur mit einem anderen Partner und vor einem anderen Hintergrund.)

Einige Monate lang verlief alles wie vorgesehen. Die englandfreundliche Reaktion arbeitete in Schottland mit voller Kraft. Als im März 1543 der Regent Arran das Parlament einberief, stimmte es einer Ehe von Maria Stuart mit dem Prinzen Eduard im Grundsatz zu. Zur hellen Empörung der Katholiken durfte die volkssprachliche Bibel gelesen werden, was einen ersten Schritt zur Legalisierung des Protestantismus bedeutete. Aber alles hatte seine Grenzen. George Douglas, der glühendste Anhänger Englands, räumte ein, »daß sich alle seine Freunde gegen den englischen König wenden würden, wenn er ihnen verrate, welche Pläne dieser hege«.[4] Trotz des Drucks von verschiedener Seite weigerte sich das schottische Parlament, die kleine Königin nach England abreisen zu lassen. Ebensowenig billigte es eine Klausel Heinrichs, nach der Schottland die Unabhängigkeit verlieren sollte, wenn die Ehe Marias mit Eduard kinderlos blieb. »Die Schotten erleiden lieber das Schlimmste, als sich der Herrschaft Englands zu unterwerfen«, stellte der englische Gesandte Sadler fest. »Sie wollen in einem eigenen freien Königreich nach eigenen Gesetzen und Gewohnheiten leben.«

Mehr oder minder mit Billigung seines Bewachers, Lord Seton, gelang es Kardinal Beaton daraufhin, aus der Gefangenschaft zu entfliehen und seinen Platz als Erzbischof wieder einzunehmen. Gleichzeitig setzte der Abt von Paisley, ein Halbbruder des Regenten Arran, diesem heftigst zu und führte ihm die Vorteile vor Augen, die ein Bündnis mit der katholischen und franzosenfreundlichen Partei habe. Arran söhnte sich öffentlich mit Beaton aus. Der wütende Heinrich VIII. mußte auf einen Teil seiner Forderungen verzichten. Im englisch-schottischen Friedensvertrag, der am 1. Juli 1543 schließlich in Greenwich unterzeichnet wurde, war zwar noch von Marias Heirat mit Eduard die Rede, aber nicht mehr von der sofortigen Übersiedlung der kleinen Königin nach England. Und die Unabhängigkeit Schottlands wurde offiziell anerkannt.

Maria von Guise und ihre kleine Tochter hatten diese gesamte Zeit am Ort der Geburt verbracht, in dem malerischen Schloß Linlithgow, das an einem See lag und berühmt für sein gesundes Klima war.* Wenn man in den ersten Wochen um die Gesundheit des Kindes bangen mußte, so waren die Sorgen offenbar rasch verflogen, denn in den Heiratsplänen wird die Möglichkeit, daß die Königin frühzeitig sterben könne, mit keinem Wort erwähnt. In den ersten Monaten des Jahres 1543 hielt sich Maria von Guise im Hintergrund, stand aber in enger Beziehung mit Kardinal Beaton und Frankreich. Deutlich wurde das, als im April eine Person, die in Maria Stuarts Leben noch eine verhängnisvolle Rolle spielen sollte, in Schottland eintraf: Matthew Stewart, der Graf von Lennox.

---

* Schloß Linlithgow wurde 1746 im Krieg des Prinzen Karl Eduard in Brand gesteckt. Nur die Mauern, die vor dem romantischen Hintergrund eindrucksvoll zur Geltung kommen, stehen noch.

Die Stewart-Lennox waren ein jüngerer Zweig des Königshauses und stammten wie die Hamiltons von der Schwester Jakobs III. ab. Die Hamiltons kamen in der Thronfolgeordnung vor ihnen. Wenn man allerdings in Zweifel zog, daß der Regent Arran als legitimer Sohn zur Welt gekommen war, waren die Lennox die Thronerben. Damit wird die günstige Position eines geschickten Mannes wie Beaton sofort deutlich: Die Ansprüche des anderen Thronanwärters machten den Regenten erpreßbar. Und Matthew Graf von Lennox war gerne bereit, auf diese Karte zu setzen. In den elf Jahren Exil – er hatte Schottland wegen einer obskuren Racheaffäre mit den Hamiltons verlassen müssen – war er eingebürgerter Franzose und ein standhafter Gegner Englands geworden. Und er verstand sich meisterhaft darauf, aus den dortigen chaotischen Verhältnissen Kapital zu schlagen. Kardinal Beaton hatte bald den katholischen Adel um sich geschart. So wurde die kleine Königin am 21. Juli 1543 ohne Gewalt und offenbar mit Billigung der Königinmutter aus Linlithgow entführt, das im Fall einer Invasion leicht den Engländern in die Hände hätte fallen können. Maria Stuart wurde nach Stirling in die Obhut von Lord Erskine, einem Anhänger Jakobs V., gebracht.

Schloß Stirling, das zumindest rein äußerlich fast vollständig erhalten blieb, ist ein eindrucksvolles Bauwerk. Die praktisch uneinnehmbare Burg erhebt sich auf einem schroffen Felsen über der Ebene am Rande des schottischen Hochlands. Maria Stuart war dort geschützt und vor einem Handstreich der Engländer sicher. Und zugleich war diese Feste auch ein Palast im Stil der Renaissance mit schmuckvollen Fassaden, geschnitzten Holzdecken und einem riesigen, mit prachtvollen Gobelins behangenen Festsaal. Nirgends außer vielleicht in Falkland kam die Vorliebe Jakobs V. für die kunstvolle französische Bauweise, die die Loire-Schlösser oder Schloß Fontainebleau zeigten, auf so gelungene Weise zum Ausdruck. Der Wind hatte sich gedreht: Der Regent Arran, der mehr oder weniger vor vollendeten Tatsachen stand, trat mit großem Pomp zum Katholizismus über (zur heftigen Empörung von Knox, der ihn bei dieser Gelegenheit als Renegat und erbärmlichen Menschen bezeichnete. Arran sollte sein Fähnchen nicht zum letzten Mal nach dem Wind hängen.)

Augenblicklich triumphierte die franzosenfreundliche Partei. Die neun Monate alte Maria Stuart wurde vom Erzbischof in der Franziskanerkirche von Stirling gekrönt – eine Zeremonie in engstem Kreis mit Krone, Schwert und Zepter, mit denen die »Ehrungen Schottlands« vollzogen wurden, kostbaren Insignien, die noch heute in der Festung von Edinburgh zu bewundern sind. Die französische Verstärkung, die Franz I. auf Bitten von Beaton und Lennox geschickt hatte, traf bald ein. Ein päpstlicher Legat, Patriarch

Grimani, stellte mit dem Regenten und dem Kardinal Überlegungen an, wie dem Vormarsch des Protestantismus Einhalt geboten werden konnte. Kurz darauf loderten Scheiterhaufen. Eine Ketzerin wurde zum Tod durch Ertrinken verurteilt, weil sie sich geweigert hatte, die Heilige Jungfrau anzurufen. Bald darauf entdeckte man Beweise für die heimlichen Beziehungen der Douglas zu England. Ihre Schlösser wurden beschlagnahmt, und der englische Gesandte Sadler wurde des Landes verwiesen. Im November 1543 trat ein neues Parlament zusammen und annullierte den englisch-schottischen Vertrag vom vorigen Juli. Die proenglische Partei war völlig in die Defensive gedrängt.

Wer aber geglaubt hatte, der englische König werde ein Jahr nach dem Sieg bei Solway Moss seine Hoffnungen auf Schottland begraben, kannte Heinrich VIII. sehr schlecht. Er befand sich damals in jenem letzten Lebensabschnitt, in dem sich der einst charmante Prinz in einen skrupellosen und blutdurstigen Tyrannen, einen fetten Schlemmer und Hurer gewandelt hatte. Heinrich, der die Wende Arrans und seiner Partei als schottischen Verrat betrachtete, raste vor Wut. Er würde die Lügner und Eidbrüchigen mit Waffengewalt an ihre Versprechungen erinnern. Und er konnte sich Arrans Feinde in Schottland sicher sein. Gerade jetzt bekam die englandfreundliche Partei willkommenen Zuwachs: Der Graf von Lennox, der Erbfeind der Hamiltons, war verbittert darüber, daß er nicht an der Regierung beteiligt worden war. Er bot Heinrich schriftlich seine Dienste an und ersuchte ihn mit Angus, Cassillis und Glencairn um Unterstützung gegen Arran und Beaton.

Am 1. Mai 1544 lief eine englische Flotte unter Führung von Großadmiral Lord Lisle und Graf von Hertford in den Firth of Forth ein und plünderte Leith, den Hafen von Edinburgh. Da Hertford das stark befestigte Edinburgh nicht einnehmen konnte, brannte er die Vororte nieder, verwüstete die umliegende Region bis Linlithgow und plünderte den königlichen Palast Holyrood. Wenigstens hatte der Regent Arran ausreichend Zeit gehabt, um eine Armee zusammenzustellen. Diesmal konnte er das Schlimmste verhüten. Lennox, der an der Seite der Engländer kämpfte, wurde vor Glasgow geschlagen und mußte nach England fliehen. Er sollte dort zwanzig Jahre bleiben, eine Cousine Heinrichs VIII. heiraten und zum Unglück Maria Stuarts 1564 nach Schottland zurückkehren.

Im Herbst tauchten die Engländer erneut auf: Fast zweihundert Dörfer an der Küstenregion wurden niedergebrannt und geplündert, zehntausend Stück Vieh getötet.

Schlimmer war das Jahr 1545: Wieder fielen barbarische Haufen in Schottland ein. Als Schloß Broomhouse in Brand gesteckt wurde, kam die

Schloßherrin mit ihrer gesamten Familie in den Flammen um. In wenigen Wochen wurden fünf Städte, fast zweihundertfünfzig Dörfer, sieben Klöster, sechzehn Schlösser, dreizehn Mühlen und drei Hospitäler dem Erdboden gleichgemacht. Heinrich VIII. dachte an nichts als an blutige Rache. Er schickte Mörder aus, die Beaton, den Regenten Arran und alle Verräter töten sollten.

Maria Stuart wurde zu einer Schachfigur im erbarmungslosen Kampf um das Schicksal des Landes. Das zweieinhalbjährige Mädchen, über das wir wenig wissen – Dokumente über die ersten Jahre sind abgesehen von der Privatkorrespondenz der Mutter selten –, wurde zu einer Art Geisel, die jeder für seine Interessen zu benutzen versuchte.

Der Regent Arran schwankte erneut. Die protestantische Partei versuchte ihn zurückzugewinnen. Um ihn sicherer auf katholischer Seite zu halten, kam Beaton auf den Gedanken, die kleine Königin mit Arrans Sohn zu verloben, mit dem damals vierzehnjährigen James Hamilton. Ein Altersunterschied von zwölf Jahren war damals nicht anstößig, aber bis Hochzeit gefeiert werden konnte, mußte man noch sehr lange warten. Und Maria war offiziell immer noch dem englischen Kronprinzen versprochen, ein Verlöbnis, das Heinrich VIII. weniger denn je aufzulösen gedachte.

Dabei wurde die Position des Erzbischofs Beaton in Schottland immer heikler. Durch sein erbarmungsloses Vorgehen gegen die Protestanten und seinen allzu offenen Einfluß auf die Regierung schuf er sich immer mehr Feinde. Der König von England war entschlossen, mit allen Mitteln seinen Sturz herbeizuführen. Beaton war sich der Gefahr bewußt und schlug als erster zu. Am 28. März 1546 ließ er den beliebten calvinistischen Prediger George Wishart vor dem erzbischöflichen Palais in St. Andrews bei lebendigem Leib verbrennen und wohnte dem gräßlichen Schauspiel persönlich bei. Wishart hatte die katholische Kirche als »pestkrankes, gotteslästerliches und abscheuliches Machwerk des Satans« beschimpft.

Die Hinrichtung war ein Fehler: Zwei Monate später machte sich eine Gruppe Protestanten daran, den Märtyrer zu rächen. Als Arbeiter verkleidet, brachten sie das erzbischöfliche Palais in ihre Gewalt und metzelten den Kardinal nieder. Unter dem Jubel der Menge wurde der nackte verstümmelte Leichnam an einem Fenster des Bauwerks aufgehängt. Die Mörder verschanzten sich im dem vom Meer her gut befestigten Palais und trotzten der Macht des Regenten.

Dieser dramatische 29. Mai 1546 leitete in der Geschichte Schottlands und im Leben der Maria Stuart eine Wende ein. Im 16. Jahrhundert war der Mord an einem Kardinal ganz bestimmt kein Kavaliersdelikt. Beatons Ermordung fand in Europa beachtlichen Widerhall. Maria von Guise, die nach dem Tod ihres Gatten kaum in Erscheinung getreten war, machte dem schwachen Regenten Arran die gefährliche Lage deutlich. Wenn die aufständischen Protestanten das Palais von St. Andrews in der Hand behielten, kam das einem Verzicht auf die Macht gleich: Ein Bürgerkrieg stand unmittelbar bevor. Und der König von England würde die Rebellen von St. Andrews unterstützen.

Erschreckt wechselte Arran ein weiteres Mal den Kurs. Er verzichtete offiziell auf die Ehe seines Sohnes mit der jungen Königin und besann sich auf die Möglichkeit, Frankreich zu Hilfe zu rufen. Damit war es mit dem Erfolg der gewalttätigen und ungeschickten Politik Heinrichs VIII. endgültig vorbei: Mit seinem Versuch, Schottland unter sein Gesetz zu zwingen und Maria Stuart mit Feuer und Schwert zu gewinnen – Zeitgenossen nannten das spöttisch eine »brutale Art der Brautwerbung«[5] –, hatte er das Land schließlich in die Arme Frankreichs getrieben. Das Schicksal Maria Stuarts war damit jedenfalls unwiderruflich besiegelt.

Heinrich VIII. und Franz I. starben fast zur gleichen Zeit, am 28. Januar beziehungsweise am 31. März 1547. Für England brach eine schwere Zeit an: Der neue englische König Eduard VI. – eigentlich noch immer der Verlobte seiner schottischen Cousine – war minderjährig, die Regentschaft lag in der Hand des ehrgeizigen Herzogs von Somerset, des einstigen Grafen von Hertford. Dagegen bestieg mit Heinrich II. in Frankreich ein junger, kerngesunder und entschlossener König den Thron.

Der französische König reagierte sehr rasch auf den Hilferuf der schottischen Regierung. Er stand fest auf der Seite des Katholizismus, war eng mit den Guisen verbunden und ein erbitterter Feind Englands und der Protestanten. Schon im Juni schickte er eine kleine Flotte unter Leone Strozzi, Prior von Capua und Vetter seiner Frau Katharina von Medici, nach Schottland. Ein Expeditionskorps, das von Charles d'Humières und Philippe de Maillé-Brézé geführt wurde, eroberte rasch das erzbischöfliche Palais zurück, das die unfähigen Truppen des Regenten Arran über ein Jahr ergebnislos belagert hatten. Die Rebellen wurden gefangengenommen und zu Galeerenstrafen in der Flotte des Königs von Frankreich verurteilt. Unter ihnen war ein begeisterter junger Pastor, der viel von sich reden machen sollte: John Knox.

Doch Somerset, der neue Regent von England, der sich als Graf von Hertford gegen die unglücklichen Schotten so glänzend hervorgetan hatte, verfolgte die Politik Heinrichs VIII. unbeirrt weiter. Er beschloß, Maria Stuart, für ihn noch immer die Verlobte Eduards VI., an der Spitze einer Armee nach England zu holen: Die Engländer kannten außer der »brutalen Art der Brautschau« offenbar keine andere Methode, die zukünftige Königin für sich zu erobern. In Schottland herrschte sofort Panikstimmung. Das kleine französische Expeditionskorps konnte gegen eine Invasionsarmee von fünfzehntausend Mann nichts ausrichten. Obwohl man zur Mobilisierung von Männern das Feuerkreuz in die Dörfer schickte – ein heidnischer Brauch, bei dem ein Kreuz aus Haselnußstrauch im Feuer geröstet und mit dem Blut eines geopferten Ochsen gelöscht wurde –, erlebte Schottland mit der Schlacht bei Pinkie Cleugh, einem Vorort von Edinburgh, erneut ein Desaster. Das Schlachtfeld war übersät von verstümmelten Leichen, die nach Zeugen so dicht beieinander lagen wie die Schafe einer Herde.

Wieder war Schottland England auf Gedeih und Verderb ausgeliefert. Wieder blieb dem Land das Schlimmste erspart, weil Somerset, der von seinen Stützpunkten nicht zu lange fernbleiben wollte, sich hinter die Grenze zurückzog. Allerdings behielt er Schloß Haddington zurück und belegte es mit einer starken englischen Garnison, die Edinburgh ständig bedrohte.

Diesmal waren Maria von Guise und Maria Stuart in unmittelbarer Gefahr. Die Schwäche und Unfähigkeit des Regenten Arran war nur zu deutlich geworden. Einvernehmlich mit Lord Erskine, dem Kommandanten von Stirling, brachte die Königinmutter das Kind in Sicherheit: in das unzugängliche Priorat Inchmahome, das auf einer kleinen Insel im See von Menteith in den Trossachs gelegen war. Der friedliche Ort im Grünen lag weit abseits der Routen für einen Einmarsch und ebenso fern von Hofintrigen und Machtkämpfen. Maria Stuart blieb einige Monate dort, kehrte für den Winter nach Stirling zurück und wurde dann in die uneinnehmbare Festung Dumbarton bei Glasgow gebracht.

Doch sollte ihr Schicksal bald eine neue und entscheidende Wendung nehmen. Nach Somersets verheerendem Feldzug konnte sich keiner in Schottland mehr eine Ehe der Königin mit dem König von England vorstellen. Als Ersatz kam nur Frankreich in Frage. Tatsächlich hatte der neue König Heinrich II. einen Sohn, den vierjährigen Kronprinzen Franz. Angesichts der Situation drängte sich eine französisch-englische Heiratsverbindung geradezu auf. Heinrich II. hatte an ihr Interesse, und mehr noch die Guisen, die sich bereits als Onkel des zukünftigen Königs von Frankreich sahen. Im Februar 1548 beschloß das Parlament von Schottland die Auflösung der Verlobung von Maria mit Eduard VI. und stimmte dem Prinzip einer Heirat mit dem Dauphin zu. Eine spezielle Vertragsklausel legte fest, daß die Königin in Frankreich bei ihrem zukünftigen Gatten erzogen werden sollte. Die Schotten würden aber auf jeden Fall die Unabhängigkeit und ihre eigenen Gesetze behalten. Arran, der auf die Heirat seines Sohnes mit der Königin von Schottland verzichtet hatte, wurde vom französischen

König mit dem Titel des Herzogs von Châtellerault belohnt, der ihn über den gesamten schottischen Adel hinaushob. Von da an hieß er nur noch der »Herzog«, ein Titel, den in Schottland kein zweiter trug. Der Titel des Grafen von Arran ging auf seinen ältesten Sohn über.

Somerset begriff, daß er zu weit gegangen war. Er hatte zuviel gewollt und drohte alles zu verlieren. Als letzten Ausweg schlug er eine Vereinigung Schottlands mit England zu einem »Großbritannien« vor, über das Eduard Tudor und Maria Stuart gemeinsam herrschen sollten – ein faules Angebot, das von Châtellerault und Maria von Guise denn auch einhellig abgelehnt wurde.

Es kam ohnehin zu spät. Am 16. Juni 1548 lief eine neue stattliche französische Flotte unter dem Kommando Leone Strozzis und seines Bruders Piero in Leith ein, mit ihnen sechstausend Mann und so angesehene Kommandeure wie François d'Andelot, André de Montalembert d'Essé und Henri Clutin d'Oisel. Die Franzosen eröffneten sofort die Belagerung auf Schloß Haddington, das seit dem Vorjahr in den Händen der Engländer war.

Kaum war die Armee an Land gegangen, erreichten mehrere Galeeren unter der geschickten Führung von Durand de Villegagnon, einem der besten französischen Seeleute des Jahrhunderts, die offene See und schienen Kurs auf Frankreich zu nehmen. Die Engländer, die befürchteten, Maria Stuart sei mit an Bord, stellten sich ihnen in den Weg. Villegagnon unternahm ein Täuschungsmanöver: Statt nach Süden zu fahren, drehte er nach Norden ab, umschiffte die Orkaden und fuhr in die Irische See – eine Heldentat, da die Route für Galeeren bis dahin als unpassierbar gegolten hatte. In den letzten Tagen des Juli zogen die Schiffe die Trichtermündung Firth of Clyde bis Dumbarton hinauf, wo sie von Maria von Guise und ihrer Tochter erwartet wurden.[6]

Die Sache blieb erstaunlicherweise geheim: Die Engländer erfuhren erst am 4. August, daß man sie hinters Licht geführt hatte. Châtellerault und die Königinmutter hatten für die Reise ein kleines Gefolge zusammengestellt. Zu Maria Stuarts Begleitern gehörten ihr Erzieher Lord Erskine, Lord Livingston, der junge Lord James Stuart – ein natürlicher Sohn Jakobs V. und damit der ältere Halbbruder der kleinen Königin –, Lady Fleming, die dem Kind in Frankreich als Erzieherin dienen sollte, und vier kleine Mädchen des gleichen Alters: Mary Beaton, Mary Fleming, Mary Livingston und Mary Seton – die »vier Marias der Königin«, wie man sie später nannte.

Die Abreise wurde dramatisch. Ein Sturm hinderte die Galeeren am Auslaufen. Eine Woche lagen sie in der Trichtermündung vor Anker. Die schöne, kapriziöse Lady Fleming langweilte sich und wollte von Bord: »Wenn sie an Land will, soll sie schwimmen«, antwortete der Kapitän erzürnt.[7] Man fürchtete, die Engländer könnten plötzlich auftauchen, doch dann ging alles glatt. Am 7. August 1548 stach die Flotte in See, und Maria Stuart verließ für dreizehn Jahre die Heimat. Für die fünf Jahre und acht Monate alte Königin begann ein neuer Lebensabschnitt.

2

»Eines der vollkommensten Geschöpfe, die man je gesehen hat ...«

Von dem Mädchen, das über das gefährliche Meer dem unbekannten Frankreich entgegenfuhr, wissen wir bisher noch wenig. In den Wirren bei ihrer Geburt und in der frühen Kindheit war die kleine Maria eher eine Figur auf dem Schachbrett der Diplomatie als eine lebendige Person. Doch kaum hatte sie ihr zukünftiges Königreich betreten, interessierten sich die Franzosen für sie. Von dem Zeitpunkt an kann man sich ein besseres Bild von ihr machen.

Ein fünfjähriges Mädchen treffend zu charakterisieren ist zugegebenermaßen schwierig. Dennoch stimmen alle zeitgenössischen Zeugnisse in drei Eigenschaften überein: Maria sei gesund, anmutig und intelligent gewesen. Gelegentlich ist von Zahnschmerzen die Rede, vielleicht sogar von einem Fieber oder von Bauchschmerzen, aber all dies dürfte, von wenigen Ausnahmen abgesehen, niemanden in der Umgebung des Kindes ernsthaft beunruhigt haben. Als Ausnahme hervorzuheben ist eine offenbar lebensgefährliche Krankheit im März 1548, einige Monate vor der Einschiffung nach Frankreich: Nach heutiger Diagnose waren es Masern, Scharlach oder vielleicht sogar die Pocken. Maria litt später an Verdauungsstörungen und plötzlich auftretenden Hautinfektionen, aber auch dies war offenbar nichts Ernstes. Verglichen mit den Kindern Heinrichs II. und Katharinas von Medici, mit denen sie in Frankreich aufwuchs und die alle möglichen Krankheiten hatten, verfügte Maria über eine bemerkenswert gute Gesundheit.

Den Zeitgenossen fiel einhellig der ungewöhnliche Charme des Mädchens auf. Schon in Schottland hatte Hauptmann Jean de Beaugué bemerkt, ein Kamerad des Montalembert d'Essé: »Sie war eines der wunderbarsten Geschöpfe, die ich je gesehen habe, und erweckte schon in diesem

Alter, bei einem solch wundersamen und löblichen Anfang so große Erwartungen, daß man sich von keiner Prinzessin auf der Welt mehr erhoffen konnte.«[1] Sicher ist diese überschwengliche Charakterisierung der zukünftigen Königin von Frankreich zu einem Teil höfliche Rhetorik. Dennoch lassen alle Kommentare, mit denen die kleine Schottin nach ihrer Ankunft am französischen Hof bedacht wurde, auf ein sehr einnehmendes Geschöpf schließen.

Was Marias Aussehen angeht, so beschreiben sie die Zeitgenossen nur ungenau. Man erging sich damals gerne in Stereotypen, wenn man von weiblicher Schönheit oder kindlichem Liebreiz sprach. Maria war blond, hatte einen sehr hellen Teint und äußerst zarte Haut. Sie hatte »kleine, etwas tiefliegende Augen« – ein bleibendes Kennzeichen – von goldbrauner Farbe, einen kleinen Mund und ein ovales Gesicht. Eine von Katharina von Medici geordnete Porträtzeichnung, die heute im Musée Condé in Chantilly verwahrt wird, zeigt Maria als reizendes kleines Mädchen. So ist denn auch die Behauptung glaubhaft, Heinrich II. habe bei der ersten Begegnung mit der zukünftigen Schwiegertochter ausgerufen, es sei »das vollendetste Kind, das er je gesehen«[2] habe. Es sollte den Hofdichtern in den folgenden Jahren noch etliche Motive für Gelegenheitsdichtungen liefern.

Einstweilen mußte für die Unterbringung der neuen Prinzessin gesorgt werden.

Die Überfahrt von Schottland nach Frankreich war lang und schwierig gewesen: Mindestens sechs Tage waren die Schiffe bei starker Dünung in der Irischen See und im Ärmelkanal unterwegs, eine Fahrt, die den langen flachen Galeeren stark zugesetzt haben dürfte. Vor dem Kap Lands End geriet die Flotte in einen so heftigen Sturm, daß einem Schiff das Ruder brach. Maria Stuart soll angeblich die einzige gewesen sein, die nicht seekrank wurde. Ob es stimmt oder nicht, sie stellte ihre Tauglichkeit für die Seefahrt später noch öfter unter Beweis.

Die kleine Flotte legte zwischen dem 13. und 20. August – hier widersprechen sich die Zeugnisse – an der bretonischen Küste an. Der genaue Ort, an dem das Kind sein zukünftiges Königreich erstmals betrat, ist nicht bekannt: Nach der – mit Vorsicht zu genießenden – Überlieferung soll es das kleine Fischerdorf Roscoff gewesen sein. Maria verbrachte die erste Nacht in Morlaix, wo nichts für die Ankunft vorbereitet war, denn damals wußte man nie so genau, wo ein Schiff schließlich ankam.[3] Von Morlaix reisten Maria und ihr Gefolge auf dem Landweg nach Nantes weiter. In Nantes bestiegen sie Schifferkähne und fuhren in kleinen Etappen die Loire bis nach Orléans hinauf.

Jetzt, da Marias Ankunft offiziell war, traf der Hof Anordnungen zum Empfang. In Ancenis eilte ihr als erste ihre Großmutter, die Herzogin von Guise, geborene Antoinette von Bourbon, entgegen. Maria kannte die Herzogin nur aus Berichten der Mutter, die von ihr voller Zuneigung und Respekt gesprochen hatte. In der Tat war die Herzogin eine bemerkenswerte Frau, die von den Zeitgenossen geschätzt und bewundert wurde. Sie verwaltete mit Verstand, Strenge und Geschick das große Vermögen der Guisen. Daß sie geistreich und um eine Antwort nie verlegen war, spiegelt sich in einer für das Zeitalter Brantômes typischen Anekdote wider: Als sie von einem geplanten Schäferstündchen ihres Gatten mit einer jungen Dörflerin in einer Waldhütte erfuhr, ließ sie die Hütte heimlich möblieren und wie einen Schloßsaal ausschmücken. Dann rief sie den Herzog dort zu sich. Als er über die Ausstattung der Hütte staunte, antwortete sie ihm, sie habe den Ort seiner Bestimmung entsprechend herrichten lassen. Verwirrt zog der Herzog aus dem Vorfall die Lehre. Leider ist nicht überliefert, ob er sich mit dem Bauernmädchen nicht anderswo getroffen hat. Jedenfalls hatte Antoinette auch ein Herz: Sie war bekannt für ihre Mildtätigkeit und ihr sittenstrenges Leben. Und sie hatte soviel Charakter, daß sie den Titel einer Prinzessin von Geblüt mit der Begründung ablehnte, sie sei als geborene Bourbon und Gattin eines Guise schon adlig genug.

Bei der Ankunft der kleinen Maria Stuart in Frankreich war die Herzogin vierundfünfzig Jahre alt. Schon bei der ersten Begegnung war sie entzückt von der Enkelin aus dem Norden. Sie sei »das hübscheste und netteste Mädchen ihres Alters, das man je gesehen« habe, schrieb sie ihrem Sohn, dem Herzog von Aumale. Zu beanstanden gab es lediglich die »wilde und unkultivierte« Aufmachung des Kindes und seine Sprache, die die Franzosen, so Brantôme, als »sehr bäuerlich, barbarisch, mißtönend und ungehörig« empfunden haben sollen. Freilich sollte Maria Stuart schon nach wenigen Monaten Französisch sprechen und es bald wie eine zweite Muttersprache beherrschen. Eine Einführung hatte sie vermutlich schon von der Mutter in Stirling und Dumbarton erhalten.

Die ganzen dreizehn Jahre, die Maria Stuart in Frankreich verbrachte, hatte sie ein besonders inniges Verhältnis zu ihrer Großmutter Guise. In der Kindheit und Jugend verbrachte sie oft längere Zeit bei ihr auf dem schönen Schloß Meudon bei Paris. Wenn Maria bei Hof auch als königliche Prinzessin behandelt wurde, so wurde sie doch als Mitglied der Familie Guise betrachtet. Das ging so weit, daß es auch auf Maria Stuart zurückfiel, als sich die Guisen später bei einem Teil der Bevölkerung unbeliebt machten.

Einstweilen mußte die Herzogin Antoinette ihre Enkelin nach Saint-Germain-en-Laye begleiten. Heinrich II. hatte angeordnet, daß Maria dort mit dem Hof zusammentreffen sollte. Die Reise fand in kleinen Tagesetappen statt, damit die Arbeiter die Räume des Schlosses Saint-Germain, das damals gerade vergrößert wurde, bewohnbar machen konnten. Einvernehmlich mit dem französischen König beschloß die Herzogin, Marias »etwas wildes« schottisches Gefolge zu verkleinern. Die »vier Marias« wurden zur Zivilisierung in ein Kloster gesteckt. Bei der kleinen Königin blieben nur ihre Amme Jean Sinclair, eine griesgrämige liebevolle Frau, und die schöne Lady Fleming, die gewiß nicht übersehen werden konnte. Zugleich beschaffte man für das Kind auch eine angemessene Garderobe, was ebenfalls die langen Aufenthalte auf den Schlössern an der Loire erklärt.

Am 16. Oktober, zwei Monate nach der Landung in der Bretagne, traf das Gefolge schließlich statt auf Schloß Saint-Germain – es war noch nicht richtig gereinigt worden, und man hatte panische Angst, das Kind könne sich eine Krankheit holen – auf dem alten Schloß Carrières-sur-Seine ein. Maria Stuart kam erstmals in Tuchfühlung mit ihrer zukünftigen Familie.

Heinrich II. hielt sich damals noch in Italien auf, wo der Feldzug gegen die spanische Armee fortgesetzt wurde. Dennoch zeigte er sich an der Ankunft der kleinen Schwiegertochter sehr interessiert und erkundigte sich beim Herzog von Guise und seiner Frau brieflich nach dem Tun und Treiben des kleinen Mädchens. Er hatte bereits festgelegt, daß Maria in der Rangfolge der Königskinder gleich hinter dem Dauphin an zweiter Stelle kommen sollte. Immerhin würde sie den Kronprinzen heiraten und mit ihm über Frankreich herrschen, und zudem war sie die gekrönte Königin von Schottland.

Die Ehe Heinrichs II. mit Katharina von Medici war bekanntlich die längste Zeit kinderlos geblieben, ein Mißstand, an dem die Königin fast verzweifelt wäre. Nachdem ihr dann aber Medizin, Magie, Gebete oder vielleicht auch einfach die Natur zur ersten Schwangerschaft verholfen hatten, brachte sie unablässig Kinder zur Welt. Drei waren es, als Maria Stuart zur Familie stieß: Franz, der Kronprinz und Marias Verlobter, war vier Jahre und zehn Monate alt. Elisabeth, die zukünftige Königin von Spanien, war drei Jahre und sechs Monate alt, während Claude, die zukünftige Herzogin von Lothringen, gerade erst ein Jahr alt geworden war. Später folgten weitere Geschwister: 1550 der zukünftige Karl IX., 1551 der zukünftige Heinrich III., 1553 Margarete – die sogenannte »Reine Margot« – und 1554 schließlich François d'Alençon, ganz abgesehen von den Fehlgeburten und Säuglingen, die in der Wiege starben.

Die Kinder lebten selbstverständlich am Rande des Hofs: zum einen aus hygienischen Gründen – man hatte Angst vor ansteckenden Krankheiten, die den Säuglingen und Kleinkindern leicht zum Verhängnis werden konnten –, aber auch aus Bequemlichkeit, denn der Hof war ständig auf Wanderschaft, und die hektische Betriebsamkeit hätte die Erziehung der kleinen Prinzen und Prinzessinnen sehr erschwert.[4]

Dennoch wechselten auch die Kinder, wie beim ganzen Adel üblich, oft den Wohnsitz. Nur so war es möglich, die Schlösser, die weder über fließend Wasser noch eine Kanalisation verfügten, auszulüften und gründlich zu reinigen. Außerdem legten die Ärzte auf Klimawechsel großen Wert, denn man ging davon aus, daß die Luft in jeder Stadt und auf jedem Anwesen ganz besondere Eigenschaften hatte, die sich mit den Jahreszeiten veränderten. Aus Abrechnungen und Briefen ist bekannt, auf welchen Schlössern die Königskinder nacheinander gewohnt haben. Die Liste ist schier endlos: Saint-Germain, Fontainebleau, Bury en Touraine, Anet, Madon en Blésois, Blois, Chambord, Amboise, Écouen, Villers-Cotterêts ... Nicht alle Schlösser gehörten dem König. Anet war Besitz der Diane de Poitiers, Écouen gehörte dem Konnetabel von Montmorency. Ein Aufenthalt konnte wenige Tage bis mehrere Wochen dauern. Die kleinen Prinzen wurden in sogenannten *chariots*, in Sänften oder, wenn möglich, auf dem Wasserweg befördert. (Noch im 17. Jahrhundert, als der Hof Ludwigs XIV. den Herbst in Fontainebleau verbrachte, wurde das meiste Gepäck über das Wasser geschickt.)

Die Königskinder hatten einen Haushalt, das heißt einen Stab von Dienern, der ausschließlich für sie da war. Anspruch auf einen eigenen, ihrem dynastischen Rang entsprechenden Haushalt hatten sie dagegen erst als Jugendliche. Baron de Ruble, der im 19. Jahrhundert die Archive durchstöbert und nach Anhaltspunkten gesucht hat, wie Maria Stuart in ihren Jahren in Frankreich gelebt hat, gibt die eindrucksvolle Liste der Dienerschaft im Haushalt der kleinen Prinzen und Prinzessinnen wieder. Das Personal wurde in dem Maße aufgestockt, in dem Katharina von Medici weiteren Nachwuchs bekam. Im Jahre 1550 umfaßte es Kämmerer, Hofmeister, Brotmeister, Mundschenke, Küchenmeister, Küchenjungen, Grillköche, Suppenköche, Konditoren, Käser, Stallmeister, Türsteher, Kammerdiener, Zimmermädchen, Leibdiener, Quartiermeister, Garderobenmeister, Tapezierer, Wäscherinnen, Stickerinnen, Weißnäherinnen, Schatzmeister, Sekretäre, Rechnungsprüfer, Ärzte, Apotheker, Wundärzte, Barbiere, Almoseniere, Kapläne, Beichtväter, Schulmeister und Hauslehrer. Ohne Junker und Ehrenfräulein, die nicht bezahlt wurden, waren das zwischen dreihundert und fünfhundert Personen. Baron de Ruble bemerkt überrascht, daß es in der gesamten Dienerschaft einen einzigen Wasserträger gab, was im Hinblick auf Ernährung und Körperpflege doch sehr bedenklich erscheint. Bei der Bezahlung gab es große Unterschiede: Der erste Arzt erhielt vierhundert, der Gehilfe des Konditors fünfzig Pfund pro Jahr.

Natürlich war auch der Essenskonsum einer solchen Gesellschaft phantastisch: Im Jahre 1553 verspeiste dieser Hof bei einem einfachen Mahl 276 Brote, 18 Ochsen, 8 Schafe, 20 Kapaune, 120 Hühnchen und Tauben, 3 Rehe, 6 Gänschen, 4 Junghasen und vieles mehr, ein Menü im Werte von über 152 Pfund – über ein Drittel dessen, was der erste Leibarzt in einem Jahr verdiente! Man kann sich leicht vorstellen, daß auf den Ländereien um ein Schloß, das diese Gesellschaft zu beherbergen hatte, bald nichts Eßbares mehr aufzutreiben war.

Entsprechend aufwendig war der gesamte Lebensstil des kleinen Hofes: Kleidung, Wäsche, Spielzeug und Vergnügungen – Stubenvögel und andere Haustiere, kleine Wagen, Gaukler und Jahrmarktskünstler und eine Tanztruppe. Zur Belustigung der Königskinder hielt man sogar wilde Tiere wie Wölfe, Keiler, Hirschkühe und Bären für teures Geld in Käfigen.

Verantwortlich für diesen schwerfälligen Apparat war der Erzieher der Kinder von Frankreich, Jean d'Humières, und nach dessen Tod im Juli 1550 Claude d'Urfé, die beide Militärs und Diplomaten waren. Madame d'Humière oblag die besonders wichtige Aufgabe der Oberaufsicht über die Ammen und Dienstleute.

Inmitten einer solchen Gesellschaft fand sich Maria Stuart im Oktober 1548 plötzlich wieder. Der erste Kontakt mit den zukünftigen Spielkameraden, mit denen sie natürlich auch lernen sollte, verlief denkbar angenehm. Sie wurde sofort als Mitglied der Familie anerkannt, und vor allem der kleine Dauphin faßte zu ihr eine Zuneigung wie zu einer Schwester: Sie seien sich »vom ersten Augenblick an so vertraut« gewesen, »als hätten sie sich schon seit immer gekannt«, schreibt Katharina von Medici dem Herzog von Guise, dem Großvater der kleinen Schottin. Prinzessin Elisabeth wurde Maria Stuart eine gute Freundin und blieb es, bis sie im Jahre 1559 getrennt wurden.

Daß Katharina von Medici sehr mütterlich war, ist bekannt. Nach all den Jahren, in denen eine Schwangerschaft ausgeblieben war, bedeuteten ihr die Kinder besonders viel, bereiteten ihr aber auch ständig Sorgen. Fast alle waren körperlich so schwach (nur Heinrich III. und Margarete sollten älter als dreißig Jahre werden), daß man Tag und Nacht um ihre Gesundheit bangen mußte. Katharina befaßte sich nicht als einzige mit ihrer Erziehung. Wie in Politik und Religion hatte Diane de Poitiers, die offizielle Mätresse des Königs, auch hier ein Wörtchen mitzureden. Sie war gerne eine kinderliebe Tante, auf deren Märchenschloß Anet die kleinen Prinzen und Prinzessinnen die schönsten Zeiten ihres Lebens verbrachten.

Für Maria Stuart, die über einen aufgeweckten Verstand verfügte, stand das traumhafte Leben in Frankreich in krassem Gegensatz zu den Erinnerungen an das nüchterne Stirling oder Dumbarton. Wegen ihrer Herkunft unterstand sie natürlich nicht nur der offiziellen Autorität von König und Königin – und der halboffiziellen der Diane de Poitiers. Hinzu kamen die Aufsicht ihrer Mutter, die zwar in ihrem fernen Königreich geblieben war, mit Frankreich aber regelmäßig korrespondierte, die Autorität ihrer Großmutter, der Herzogin Antoinette, und die ihrer Onkel, der Guisen.

Schon mit Marias Ankunft war das Problem ihrer schottischen Eskorte aufgetaucht, die allgemein als zu groß empfunden wurde und deren Mitglieder offenbar kein Benehmen kannten. Nach und nach reisten die adligen Herrschaften, die Maria Stuart über das Meer nach Frankreich begleitet hatten, wieder in die Heimat zurück. Schottland geriet immer mehr aus dem Blickfeld des Kindes. Darin sah zunächst niemand eine Gefahr, denn Marias Schicksal lag ja in Frankreich, wie man zumindest glaubte.

Die Schulbildung der Kinder, wie man es heute nennen würde, wurde von einem Stab von Hauslehrern und Erziehern besorgt, die von Katharina von Medici und Diane de Poitiers sorgfältig überwacht wurden. Für zeitgenössische Vorstellungen genossen die Kinder eine durch und durch klassische Erziehung, bei der auf die Fächer Latein, Italienisch, Geschichte und Geographie großer Wert gelegt wurde, bei der Sport und die im heutigen Sinne musischen Fächer aber als ebenso wichtig betrachtet wurden.

Kein Kind von Heinrich II. und Katharina von Medici war im eigentlichen Sinn intellektuell. Und doch zählten Heinrich III. und Margarete von Valois zu den gebildetsten Fürsten ihrer Zeit.

Die Zeitgenossen lobten oft die Intelligenz und die Bildung der Maria Stuart. Ein Band mit Übersetzungen ins Lateinische, den sie in ihrer Jugend verfaßte, ist noch erhalten. Die Themen sind, wie damals üblich, recht konventionell. Brantôme erinnert an eine erstaunliche lateinische Rede, die sie im großen Saal des Louvre vor dem König, der Königin und dem gesamten Hofstaat gehalten hat. Sie habe darin »gegen gemeine Überzeugung« behauptet, »daß es sich für Frauen schicke, wenn sie in der Literatur und den freien Künsten bewandert« seien. Der Dichter Antoine Fouquelin hat darüber ein Gedicht geschrieben:

> Als dein Himmelsmund von dieser Sorge sprach,
> Klang es, als habe es der Himmel selbst gesagt,
> Mit der Vortrefflichkeit, die eines Fürsten würdig:
> Von solcher Anmut war deine göttliche Beredsamkeit.[5]

Auch Maria Stuart schrieb Verse im Stil ihrer beiden Lieblingsdichter Ronsard und Joachim du Ballay. Sie lernte Laute spielen und singen und hatte anscheinend eine sehr hübsche Stimme. Zudem war sie eine ausgezeichnete Tänzerin, alles Talente, die später den Neid ihrer Cousine Elisabeth von England weckten und John Knox erzürnten, der in ihnen Lockungen des Teufels sah.

Maria Stuart wurde im Gegensatz zu Elisabeth allerdings niemals eine richtige Gelehrte. Sie las zwar gerne, zog es aber vor, sich zu amüsieren, zu tanzen oder auf die Jagd zu gehen. Wenn sie mußte, sprach sie Latein, stellte ihre Kenntnisse aber anders als die Cousine nicht zur Schau. Dagegen sprach sie fließend Italienisch, damals die Sprache der Diplomatie, während sie Englisch erst nach ihrer Rückkehr nach Schottland lernte.

Nicht zuletzt wurde Maria auch mit Andachtsübungen vertraut gemacht, denn die Ausbildung der jungen Prinzen war stark katholisch geprägt. Unmerklich gingen die ersten Jahre der Maria Stuart in Frankreich dahin. Als Verlobte des Kronprinzen war ihr persönliches Geschick eng mit der politischen Lage des Landes verknüpft. Und dabei war ihre Verwandtschaft mit der Familie von Guise von größter Bedeutung.

Wir wissen bereits, daß Maria Stuarts Mutter die älteste Tochter des Herzogs Claude von Guise und seiner Frau Antoinette, geborene Bourbon, war. Wir müssen uns aber eingehend mit jener berühmten Familie befassen, die für das 16. Jahrhundert und für Marias Leben von so herausragender Bedeutung war.

Der Herzog Claude war ein jüngerer Abkömmling der Herzöge von Lothringen, das damals ein unabhängiges Land war. Die Familie hatte sich zur Zeit Franz' I. in Frankreich niedergelassen und dort dank militärischer Fähigkeiten Fortüne gemacht. Herzog Claude und Antoinette von Bourbon hatten zwölf Kinder, von denen zwei herausragende Karrieren machten: Franz von Guise, der vom Vater den Herzogstitel erbte, und Karl, der Kardinal von Lothringen. Der Herzog war ein Kriegsheld, der Kardinal ein politisches Genie.

Um 1548, zur Zeit, als ihre Nichte Maria Stuart aus Schottland kam, hatten die Guisen ihre spätere Vormachtstellung noch nicht erreicht, bildeten am Hof aber bereits eine mächtige Partei und arbeiteten unablässig am Ausbau ihres familiären Erfolgs. Ihr einflußreichster Gegner war der Konnetabel von Montmorency, den der König seinen »Vater« nannte und der darauf bedacht war, »die Lothringer«, wie man sie nannte, nicht zu groß werden zu lassen. Montmorency stimmte die Aussicht, daß die Nichte seiner Rivalen den Thronerben heiraten würde, zutiefst besorgt. Die beiden Parteien stellten die gesamte Zeit, während sich Maria Stuart in Frankreich aufhielt, am dortigen Hof wichtige Machtfaktoren dar, bis ihre mit Ehrgeiz und Haß ausgetragene Rivalität eines Tages zum Bürgerkrieg eskalierte.

Diane de Poitiers, die eigentlich zu keiner Partei gehörte – sie war zu geschickt, um sich zu kompromittieren –, wußte ihrer Familie durch Bündnisse Vorteile zu verschaffen. 1547 hatte ihre Tochter Louise den Herzog von Aumale geheiratet, einen der Gebrüder Guise. So stand sie einer Heirat des Thronfolgers mit Maria Stuart von vornherein positiv gegenüber. Die Verbindung machte sie immerhin zur Großtante des zukünftigen Herrschers.

Königin Katharina von Medici hatte zur Zeit, als Maria noch ein Kind war, politisch kaum Einfluß: ihre Stunde kam erst später. Doch neigte die Königin eher Montmorency zu, der immer bereit war, zur Schwächung der Guisen und der Favoritin etwas beizutragen.

Dagegen war Heinrich II. ein Mensch ohne Durchsetzungsvermögen (bekannt ist ein Lied über Dianes Einfluß auf ihn: »Sire, Ihr seid nur, seid nur noch ein Stück Wachs ...«), der zwischen den verschiedenen Faktionen schwankte und eine gefährliche Zuspitzung des Konfliktes zwischen den Parteien zuließ.

Vor diesem politischen Hintergrund spielten sich die entscheidenden Jahre in der Kindheit der Königin von Schottland ab, die abseits ihres von Unruhen erschütterten Königreiches zwischen Seine und Loire von Schloß zu Schloß zog.

Doch kam ihr im September 1550 die Heimat wieder in Erinnerung – sofern man bei einer Achtjährigen von Erinnerung reden kann –, als ihre Mutter Maria von Guise für ein ganzes Jahr nach Frankreich kam.

Wir wissen bereits, daß Maria Stuart ihre Mutter, die in den frühen Jahren für sie gesorgt hatte, mochte und respektierte. Nach ihrer Abreise blieb sie über deren Geschick stets über die Großmutter auf dem laufenden und stand mit ihr zudem ständig in Briefkontakt. Man kann sich also gut vorstellen, wie sehr Maria Stuart sich auf das Wiedersehen freute, auch wenn die Reise ihrer Mutter einen unerfreulichen Anlaß hatte.

Blenden wir kurz zu den Ereignissen zurück, die sich nach der Einschiffung der kleinen Maria ereignet hatten und die sich auf ihr späteres Schicksal auswirkten.

Der jahrelange Krieg mit England hatte Schottland ruiniert. Immer schwieriger wurde es, die Aufgaben der Regierung zu erfüllen. Der Unterhalt der französischen Truppen war teuer. Kaum schien die englische Gefahr gebannt, wurden antifranzösische Gefühle wach. Schnell vergaßen die Schotten, daß sie die Franzosen vor wenigen Jahren selbst ins Land gerufen hatten. Der englische Regent Somerset setzte die Tradition Heinrichs VIII. unweigerlich fort, unterstützte heimlich den protestantischen Adel in Schottland und hetzte ihn gegen die Regierung auf.

Offizieller Regent war noch immer Graf von Arran, der seinen jetzigen Titel des Herzogs von Châtellerault mit besonderem Stolz trug. Leider zeigte er auch mit zunehmendem Alter weder Verantwortungssinn noch Charakterstärke und blieb wankelmütig, beeinflußbar und grundsätzlich unzuverlässig. Er beneidete Maria von Guise und ihre französischen Landsleute, ließ sich von den protestantischen Lords umgarnen und spielte, bewußt oder unbewußt, das Spiel Englands. Besorgt über die politische Entwicklung des Landes hatte sich die Königinwitwe zu einem Besuch in Frankreich entschlossen, um dort Rat und Unterstützung zu erbitten und die Gelegenheit zum Wiedersehen mit ihrer Tochter und ihrem Sohn aus erster Ehe zu nutzen.

Maria von Guise wurde vom französischen Königspaar mit der Prachtentfaltung und Herzlichkeit einer Verwandten und Verbündeten empfangen. Doch der Augenblick war nicht günstig. Die Beziehungen zu Spanien waren auf dem Tiefststand, und der endlose Krieg zwischen den Valois und den Habsburgern drohte erneut aufzuflammen: Angesichts der Lage waren die Schwierigkeiten der Schotten am französischen Hof zweitrangig.

So fiel der Aufenthalt der Maria von Guise trotz Feierlichkeiten, Reisen und offizieller Empfänge denn auch eher enttäuschend aus. Sie trat die Heimreise mit weniger Geld als erhofft an. Diese sittenstrenge große Dame im Trauergewand (im Vorjahr war ihr Vater gestorben) hatte den König mit ihrer Bittstellerei zuletzt regelrecht verärgert. Wenigstens hatte sie mit dem Einverständnis ihres Bruders, des Kardinals von Guise, der offenkundig immer mehr die Leitung der Familienpolitik übernahm, einen kleinen Staatsstreich geplant, bei dem der wankelmütige Châtellerault ausgeschaltet werden und sie selbst die Regentschaft übernehmen sollte. Bei der Durchführung des Planes sollte sie allerdings auf unerwartete Hindernisse stoßen.

Während ihrer zwölf Monate in Frankreich machte die Königinwitwe allein oder mit ihrer Tochter zweimal Halt bei ihrer Mutter, der Herzogin Antoinette. Die Großmutter war der Mittelpunkt des Clans, was Maria Stuart ihr ganzes Leben im Auge behielt.

In diese Zeit fällt eine seltsame, kaum bekannte Episode in Marias Leben: Auf die Königin von Schottland sollte ein Mordanschlag verübt werden, von dem Heinrich II. durch den englischen Botschafter erfuhr. Ein gewisser Robert Stuart, ein in Frankreich lebender Schotte, soll sich bei Marias Köchen eingeschlichen und in »Erfahrung zu bringen versucht haben, welche Sorten Fleisch sie besonders gerne« möge. Der Mann habe sie offenbar vergiften wollen. Ein Komplize namens Hérisson soll die englische Regierung von dem geplanten Anschlag unterrichtet haben. Wer hatte ein Interesse am Tod der Maria Stuart? Der Herzog von Châtellerault? Der Graf von Lennox? Sicherlich beide. Man begnügte sich allerdings mit einer Festnahme Robert Stuarts, und mehr ist nicht bekannt.

Pikanter und zum Glück weniger gefährlich war der Skandal bei Hof, der sich gegen Ende des Aufenthalts der Maria von Guise ereignete und der für Maria Stuart unmittelbare Konsequenzen hatte. Es ging dabei um die Erzieherin Lady Fleming, jene üppige Blondine aus einer der besten schottischen Familien (durch eine morganatische Ehe war sie sogar eine Enkelin König Jakobs V.), die mit Maria Stuart nach Frankreich gekommen war. Wenn sie bei der Ankunft etwas plump gewirkt haben mochte, so hatte sie sich rasch an hiesige Sitten angepaßt und die Aufmerksamkeit des Königs auf sich zu lenken gewußt.

Diane de Poitiers, die offizielle Mätresse des Königs, wachte sorgsam über die Tugend ihres Geliebten. Konnetabel von Montmorency, der Diane als enger Verbündeter der Familie Guise nicht unbedingt wohlgesinnt war, sprang gern als Vermittler (ein mildes Wort) zwischen der Schottin und dem Herrscher ein. Man überraschte den völlig betretenen König, als er das Schlafgemach der schönen Fleming verließ. Am nächsten Tag sprach der gesamte Hof über die Szene. Montmorency hatte wohl nicht nur im Sinn gehabt, einen gepfefferten Skandal zu inszenieren, sondern hatte es wohl vor allem darauf angelegt, die Erzieherin der Maria Stuart in Verruf zu bringen und dadurch ihre Ehe mit dem Dauphin zu hintertreiben: Bei den Guisen herrschte jedenfalls hellste Aufregung.

Wie dem auch sei, zur Beruhigung seiner lieben Diane versprach Heinrich II. sofort, daß er die Schottin nie wieder sehen werde. Unglücklicherweise hatte der König die Erzieherin geschwängert. »Sie nahm kein Blatt vor den Mund«, berichtet Brantôme, »sondern sagte dreist in ihrem französisierten Schottisch: ›Ich tat, was ich konnte, um mit Gottes Hilfe vom König schwanger zu werden. Ich fühle mich sehr geehrt und bin überglücklich. Und ich meine, königliches Blut hat etwas Lieblicheres und Köstlicheres als anderes, so wohl, wie ich mich fühle; ganz abgesehen von den Geschenken, die man allenthalben bekommt.«[6] Bei solchen Tönen liegt es nahe, daß die Gattin und die offizielle Geliebte einhellig dafür sorgten, daß die heißblütige Fleming wieder in ihre kaledonische Heimat zurückgeschickt wurde. Zuvor brachte sie allerdings noch einen schönen königlichen Bastard zur Welt, der unter dem Namen Ritter von Angoulême berühmt werden und dreißig Jahre später als Großprior des Malteserordens sterben sollte.

Die achtjährige Maria Stuart hat von dem galanten Abenteuer ihrer Erzieherin sicher nichts erfahren. Sie dürfte wohl nur mitbekommen haben, daß sich die schöne Fleming eines Tages von ihr verabschiedete und durch die Französin Françoise de Parois ersetzt wurde. Die neue Erzieherin stellte sich als unangenehm und ungeschickt heraus und geriet wenige Jahre später mit Maria in heftigen Streit.

Das Ende des Aufenthaltes der Maria von Guise wurde überschattet vom Tod ihres Sohnes aus erster Ehe, des sechzehnjährigen François de Longueville. Für die kleine Maria war das der erste Trauerfall in der näheren Verwandtschaft nach dem Tod ihres Großvaters Guise. Sie hatte den Halbbruder innig geliebt, und er hatte sie verehrt. Da Maria von Guise nun niemanden mehr hatte als ihre Tochter, kehrte sie mit dem festen Vorsatz nach Schottland zurück, alles daran zu setzen, daß Maria Stuart eines Tages ein katholisches und – wie sie – französisch geprägtes Königreich würde übernehmen können. In dieser Politik war das Drama des schottischen Königreichs der kommenden Jahre schon vorgezeichnet.

Doch zunächst ging die Kindheit der Maria Stuart unmerklich ihrem Ende entgegen. Ihre Jugend begann, ein Alter, das zur damaligen Zeit früher als heute anfing – vor allem bei einem Mädchen von königlichem Geblüt.

Niemand vergaß, daß die Königin von Schottland als Verlobte des Thronfolgers in Frankreich war. Ihre Zukunftsaussichten gefiel ihren Onkeln, den Guisen, und mißfiel aus eben diesen Gründen ihren Feinden, vorab dem Konnetabel von Montmorency. Im Jahre 1556 dachte man auf sein Betreiben hin über eine neue Heiratsverbindung nach. Statt des Kronprinzen sollte Maria Lord Courtenay heiraten, einen englischen Adligen und Abkömmling des Hauses York, der unter Umständen Ansprüche auf die Krone von England erheben konnte: Sollte Maria Tudor kinderlos sterben, und das war wahrscheinlich, dann hätte das Ehepaar Courtenay-Stuart gute Chancen, ihr auf den Thron von England zu folgen. Dann aber starb Lord Courtenay in Padua an der Malaria, und die Verbindung fiel ins Wasser. Maria blieb mit dem Dauphin verlobt.

Marias Lebenshaltung wurde inzwischen immer kostspieliger. Françoise de Parois, die Nachfolgerin der Erzieherin Lady Fleming, verlangte stets neue Kredite. Die arme Maria von Guise im fernen Schottland hatte alle Mühe, die Anleihen aufzutreiben. Als der Kardinal von Lothringen zu Rate gezogen wurde, räumte er ein, seine Nichte benötige für ein standesgemäßes Leben mindestens sechzigtausend Pfund jährlich. Der Finanzbedarf ist um so besser nachzuvollziehen, als Maria Stuart in ein kokettes Alter gekommen war und goldbestickte Gewänder und Kleider aus Goldstoff verlangte. Nach den

Rechnungen des Hauses, die Baron de Ruble eröffnete, umfassen die Anschaffungen allein im Jahr 1551 sechzehn Kleider, sechs Oberteile, drei Röcke, drei Hauben, zwei Wülste zur Hüftbetonung, einen Kragen, eine Korsage, einen Mantel und einen Muff aus pelzgefüttertem Samt; dazu Gold-, Silber- und Seidenbänder, Zobelpelze, Luchsfelle, Handschuhe, Anstecknadeln, Kämme, Bürsten, »sichelförmige, schwarzweiß emaillierte Knöpfe aus zweiundzwanzigkarätigem Gold«, goldene Gürtelschnallen mit rotem Emaille, Ketten, Kolliers, Stickereien und allerlei Accessoires.

Schließlich kam die Familie Guise für einen Teil der Ausstattung auf. Dennoch spitzten sich die Auseinandersetzungen mit der Erzieherin, Madame de Parois, weiter zu. Man kann sich gut vorstellen, daß es einem jungen Mädchen ihres Standes immer schwerer fiel, sich von einer Frau von geringerer Herkunft und offenbar mit schwierigem Charakter Vorschriften machen zu lassen. In Briefen an die Mutter beschwert sich Maria immer wieder über »Madame de Parroy«. Sie wirft ihr vor, sie intrigiere zwischen ihr und der Großmutter, verbreite dummen Tratsch und kümmere sich nicht richtig um ihre Belange. »Fast wäre ich ihretwegen gestorben, so große Angst hatte ich, bei Euch in Ungnade zu fallen; und ich schäme mich für sie, daß sie seit über fünf Monaten keine zweimal mehr in meinem Zimmer übernachtet hat: So bitte ich Euch ergebenst, Madame, sie doch zurechtzuweisen.« (Brief vom Mai 1557)

Françoise de Parois, die bei der fünfzehnjährigen Prinzessin völlig überflüssig geworden war, schied schließlich aus ihrem Amt aus.[7]

Bei der Auseinandersetzung mit der Erzieherin handelte es sich um den typischen Konflikt einer Jugendlichen: Maria Stuart kam in ein schwieriges Alter. Und man machte sich in ihrer Umgebung um ihre Gesundheit Sorgen. »Wenn sie sich zuweilen« vergesse und »etwas zuviel zu sich nehme«, bekomme sie leicht Magenschmerzen. Zudem bekam sie öfter Fieber und schwankte periodisch zwischen Niedergeschlagenheit und Euphorie. Zum Teil mögen das durch die Pubertät bedingte Schwierigkeiten gewesen sein, ihre Erscheinung litt jedenfalls nicht unter ihnen. Maria wurde noch hübscher. In dieser Zeit überboten sich die Dichter mit Lobeshymnen auf ihre strahlende Schönheit: »Als sie sich dem fünfzehnten Lebensjahr näherte«, schwärmt Brantôme, »erglänzte ihre Schönheit im vollen Mittagslicht und strahlte heller als die Sonne.«

Ungefähr ab 1555 trat sie am Hof in Erscheinung, wo sie von den Onkeln und von Diane de Poitiers mit angemessener Prachtentfaltung eingeführt wurde. Heinrich II. war von Marie begeistert. Nach dem Kardinal von Lothringen plauderte sie mit dem König »wie eine Frau von fünfundzwanzig Jahren«. In dieser Epoche machte sich übrigens immer stärker der Einfluß der Guisen bemerkbar. Vor allem der Kardinal von Lothringen traf sich sehr regelmäßig mit der Nichte und führte sie in ihre Pflichten als Königin von Schottland und zukünftige Königin von Frankreich ein.

Die Jahre 1551 bis 1557 waren eine turbulente Zeit in der europäischen Geschichte. Der Krieg zwischen Frankreich und dem Kaisertum, in den auch Italien, Lothringen, die Niederlande und Spanien verwickelt wurden, war nach achtjährigem unstabilem Frieden 1552 erneut ausgebrochen. Anfangs konnten die Franzosen einen glänzenden Sieg für sich verbuchen: Der Herzog von Guise hatte die gesamte kaiserliche Armee, die Metz belagerte, in die Flucht geschlagen und war über Nacht (im Januar 1553) zum Helden der Nation geworden. Dagegen mußte Montmorency Niederlagen einstecken: Der Stern der Guisen am französischen Himmel war entschieden am Steigen, und das konnte die Stellung ihrer Nichte Maria Stuart nur festigen.

Nach ihrer Rückkehr nach Schottland erlebte auch die Königinwitwe schöne Erfolge. Beim Versuch, dem wankelmütigen Châtellerault die Regentschaft abzunehmen, gewann sie mit der Geschicklichkeit einer Guise allmählich den katholischen Adel, den die Schwäche des Regenten beunruhigte. Unterstützung erhielt sie vor allem von Châtelleraults Halbbruder John Hamilton, dem vormaligen Abt von Paisley, der seit Beatons Ermordung Erzbischof von St. Andrews war, ein energischer Mann von ganz anderem Format als der Herzog. Im Jahre 1552 startete die Königinwitwe eine Kampagne zur Befriedung der Borders, der Region um die englisch-schottische Grenze, wo das Bandenunwesen überhandnahm. Nach einem durchschlagenden Erfolg hatte Maria von Guise bewiesen, daß sie zur Regentschaft fähig war und Recht und Gesetz aufrechterhalten konnte. Ihre Popularität stieg rapide an.

Nach zahlreichen Winkelzügen, falschen Versprechungen und Bekundungen der Reue erklärte sich Châtellerault schließlich bereit, die Regentschaft abzugeben. Das Parlament von Schottland, das sich im April 1554 versammelte, dankte ihm für die Führung des Landes nach dem Tod Jakobs V., erkannte ihm offiziell den Titel des Herzogs zu, der ihm vom französischen König verliehen worden war, und proklamierte ihn zum »zweiten Mann im Königreich«. Zudem übertrug es ihm die Führung der Palastwache der Festung Dumbarton und hielt eine weitere Überraschung bereit: Sollte Maria Stuart kinderlos sterben, wäre er der Erbe der Krone. Für einen Mann, dessen Regentschaft weniger als mittelmäßig gewesen war, war das ein mehr als ehrenhafter Abgang. Châtellerault erklärte sich denn auch feierlich bereit, auf das Amt des Regenten zu verzichten.

Die Regentschaft war damit vakant geworden. Die damals elfjährige Maria Stuart übertrug sie sofort ihrer Mutter, und das Parlament billigte die Ernennung. Die Königin-Regentin wurde in einem feierlichen Umzug zum Palast Holyrood geleitet, wo ihr die Adligen des Landes den Treueid schworen. Die französische Partei – die man gemeinhin die »Partei der Guisen« nannte – übernahm faktisch in Schottland die Macht. Franzosen besetzten nach und nach die höchsten Posten in der schottischen Verwaltung.

Zunächst wurde die neue Herrschaft begrüßt. Maria von Guise stellte nach Châtelleraults schwacher und machtloser Regentschaft die Ordnung wieder her. Mit einer Serie ausgezeichneter Gesetze reformierte sie Justiz und Verwaltung. Selbst die Protestanten waren zufrieden, da die Regentin dafür sorgte, daß die öffentliche Moral respektiert wurde. Sie schaffte die heidnischen Feste des Maibaums und des Abtes der Torheit ab und zog Priester mit ausschweifendem Lebenswandel zur Rechenschaft.

Doch das Glück war von kurzer Dauer. Wie sooft in der Geschichte machte ein Finanzproblem dem Segen ein Ende. Man brauchte Geld für das stehende Heer, das die einzige Möglichkeit bedeutete, Schottland vor der englischen Gefahr zu schützen. Leider waren Einnahmequellen dünn gesät, und als die Regentin den Gedanken vorbrachte, nach französischem Vorbild eine Grundsteuer zu erheben, brach bei der Opposition aus Adel und Kirche ein Sturm der Entrüstung los. Mit einem Schlag wurde die Unbeliebtheit der Franzosen deutlich. Wie zu erwarten gewesen war, hatte Châtellerault den erzwungenen Rücktritt nur schlecht verdaut. Er schloß sich Marias Widersachern Argyll, Huntly und Cassillis an. Und England, wo inzwischen Maria Tudor regierte – sie war ihrem Bruder, dem jungen Eduard VI., dem früheren Verlobten Maria Stuarts, nachgefolgt, als er Juli 1553 vorzeitig gestorben war –, hielt sich wie immer bereit, aus der verworrenen Situation Kapital zu schlagen.

Gerade im Jahr 1557 weitete sich der Krieg in Europa aus. Maria Tudor, die ganz unter dem Einfluß ihres Gatten König Philipp II. stand, erklärte Frankreich am 7. Juni 1557 den Krieg. (Als Heinrich II. von einem englischen Herold die Kriegserklärung erhielt, antwortete er ihm voller Galanterie, er könne den Beschluß von der Seite einer Königin nur bedauern. »Wäre es ein König«, meinte Heinrich, »würde ich Euch in einem anderen Ton antworten.« Dennoch waren die beiden Länder damit faktisch im Kriegszustand.) Nach den Siegen von 1552 stand es diesmal schlecht um Frankreich: Am 9. August kam es bei Saint-Quentin zum Desaster. Montmorency geriet in spanische Gefangenschaft, in Paris herrschte Panik. Der Herzog von Guise, der in Italien ebenfalls Niederlagen erlitten hatte, mußte überstürzt in die Heimat zurückkehren. Im letzten Augenblick gelang es ihm, unerwartet Calais, den liebsten Besitz der Engländer, einzunehmen und dem Land wieder Vertrauen einzuflößen. Aber die Lage blieb ernst und die Zukunft düster.

In Schottland regte sich angesichts der Situation in Europa sofort die Opposition gegen Frankreich und damit auch, wie zu erwarten, die gegen die Katholiken, die trotz der Entschlossenheit und Tatkraft der Regentin nach Beatons Ermordung stetig gewachsen war. Immer häufiger traten Adelige und Bürgerliche zum protestantischen Glauben über. Obwohl Maria von Guise mit Hilfe der französischen Ratgeber und katholischen Lords den Protestantismus einzudämmen versuchte, bekam er langsam das Übergewicht. Heinrich II., der mit dem Krieg in Europa alle Hände voll zu tun hatte, konnte dem fernen Schottland kaum Beachtung schenken, und das nutzten die Calvinisten aus.

Am Ende des Jahres 1557, wenige Monate nach der französischen Niederlage bei Saint-Quentin, gründete der protestantische Adel die »Congregation«, wie ihr die Geschichte überdauernder Name lautete. Sie verstand sich als die Kongregation Gottes gegen die des Teufels, also die des Papstes. »Da wir sehen, wie sehr der Satan durch seine Antichristen versucht, das Evangelium Christi zu stürzen und zu zerstören, schwören wir, die Unterzeichner, denen es eine Pflicht ist, für den Triumph der Sache Gottes bis zum Tode zu kämpfen, daß wir unsere ganze Macht, unseren Reichtum und unsere Leben einsetzen werden, um Sein heiliges Wort zu erhalten, zu fördern und ihm Geltung zu verschaffen; ferner, seine Kongregation gegen die Kräfte des Bösen, die sie unterdrücken und bedrohen, zu verteidigen.«[8]

Zu den Unterzeichnern gehörten die größten Grundherren des Königreichs: die Grafen von Argyll, von Glencairn, von Morton, Lord Archibald Lorne, Sir James Sandilands, John Erskine of Dun und William Maitland of Lethington. Die Lords der Congregation setzten sich von Anfang an in Opposition zur Regentin, einer katholischen Französin: Als Maria von Guise Schottland dazu bringen wollte, daß es an französischer Seite in den Krieg gegen England eintrat, vereitelte der protestantische Adel ihren Plan.

Um das von einer Lockerung bedrohte schottisch-französische Bündnis zu festigen, waren sowohl Maria von Guise als auch Heinrich II. bestrebt, die Hochzeit zwischen dem Dauphin und Maria Stuart, die im Prinzip schon 1548 geschlossen worden war, bald zu feiern. Anfang Dezember 1557 wurde Maria fünfzehn Jahre alt und kam damit ins heiratsfähige Alter – so sahen es zumindest die damaligen Politiker und Diplomaten. Daß der Thronfolger Franz noch keine vierzehn Jahre alt war und seine Gesundheit zu wünschen übrigließ, bedeutete für die Eheschließung kein Hindernis.

Die jungen Brautleute mochten sich sehr gerne. Maria Stuart sei »ein ganz hübsches kleines Mädchen«, hatte der Botschafter von Venedig zwei Jahre zuvor geschrieben, und der Dauphin habe »sehr viel für sie übrig. Wenn sie zärtliche Worte austauschen, ziehen sie sich zuweilen in eine Ecke des Saales zurück, damit man ihre kleinen Geheimnisse nicht hört.« Die Hochzeit, auf die sie seit der Kindheit allseits vorbereitet worden waren, bedeutete für sie ein Ereignis, das sie erwarteten und sich wünschten.

Aber noch blieben die politischen Fragen der Heirat zu lösen. Zwar gab es auf französischer Seite keine Einwände – schon gar nicht, seitdem Montmorency in Brüssel in Gefangenschaft saß und Franz von Guise zum Helden des Tages geworden war –, doch galt es keineswegs als gesichert, daß das schottische Parlament der vorgeschlagenen Verbindung zustimmen würde.

Gleichwohl billigte die Versammlung, als sie im Dezember 1557 (einige Wochen vor der Gründung der Congregation) zusammentrat, dank der geschickten Maria von Guise die Heirat der schottischen Königin mit dem französischen Thronfolger. Allerdings designierte das Parlament eine bunt gemischte Delegation, die nach Paris reisen und den Heiratsvertrag aushandeln sollte: Ihr gehörten neben dem Erzbischof von Glasgow – James Beaton, ein Neffe des ermordeten Kardinals, der unversöhnlicher Katholik war –, der Bischof von Ross, David Panter, der Bischof der Orkaden, James Reid, die Grafen von Rothes und Cassillis, Lord Fleming, Lord Seton, John Erskine of Dun und Marias Halbbruder James Stuart an, der Maria, wie bereits erwähnt, schon 1548 auf der Überfahrt nach Frankreich begleitet hatte. Mindestens zwei Mitglieder der Abordnung, Cassillis und Erskine of Dun, bekannten sich offen zum Protestantismus und waren Mitglieder der Congregation. Und auch James Stuart sollte sich bald für diese Seite entscheiden.

Die Delegation hatte den Auftrag, den Franzosen folgende Bedingungen zu stellen: Der Dauphin und die Königin sollten gemeinsam über Schottland und zu gegebener Zeit über Frankreich herrschen. Ihr ältester Sohn würde auf den Thron beider Länder folgen. Sollten sie nur Mädchen bekommen, würde die älteste der Mutter als Königin von Schottland nachfolgen (das Salische Gesetz legte ein ausschließlich männliches Thronfolgerecht fest). Im Falle der Kinderlosigkeit würde der Thron von Schottland dem Oberhaupt der Familie Hamilton, also dem Herzog von Châtellerault, zufallen. Er würde auch Regent, falls Maria Stuart, ohne einen minderjährigen Erben zu hinterlassen, sterben sollte. Ansonsten blieb während Maria Stuarts Abwesenheit ihre Mutter, die Königinwitwe, Regentin von Schottland. Nicht minder bedeutsam war die finanzielle Seite der Eheschließung. Als Gattin des Thronfolgers sollte Maria eine jährliche Leibrente von 300000 Pfund erhalten, das doppelte, sobald sie Königin von Frankreich wäre.

Nach langen Verhandlungen in Fontainebleau (Maria Stuart wurde durch ihre Großmutter Herzogin Antoinette vertreten) wurde am 19. April 1558 im großen Prunksaal des neuen Louvre feierlich der Vertrag unterzeichnet. Die Ehe wurde unter denkbar klaren und ehrenhaften Bedingungen geschlossen: Beide Königreiche behielten ihre Unabhängigkeit, ihre eigenen Gesetze und eine eigene Verwaltung. Sie blieben vereinigt, solange sie einen gemeinsamen Herrscher hatten, wenn es die Bestimmungen in der Thronfolgeregelung erforderten, würden sie wieder getrennte Wege gehen.

Doch Heinrich II. ließ es dabei nicht bewenden. Ohne Rücksicht auf den schottischen Partikularismus strebte er danach, die schottische Distel mit der französischen Lilie für immer zu vereinigen. Wahrscheinlich hatte der Kardinal von Lothringen die Hand im Spiel, als Heinrich Maria Stuart drei streng geheime Urkunden unterschreiben ließ, die den offiziellen Vertrag völlig aushöhlten. Sollte die Königin kinderlos sterben, würde sie Schottland dem Königreich Frankreich »vermachen«. Jeder Einspruch des schottischen Parlamentes gegen die Bestimmung wäre null und nichtig. Und zudem sollte der König von Frankreich als Entschädigung für die Verteidigung Schottlands über die schottische Staatskasse verfügen.[9]

Die Geheimklauseln waren schlichtweg skandalös. Als die Schotten von ihnen erfuhren, was aufgrund von Indiskretionen rasch geschah, herrschte die größte Entrüstung. Maria Stuart sollte an dem Doppelspiel, das letztlich einem Meineid gleichkam, noch ihr ganzes Leben zu tragen haben.

Ihre Verteidiger haben mit großer Beredsamkeit und viel Geschick versucht, sie von jeder Mitschuld an der Affäre reinzuwaschen. Nach ihnen habe sich Maria ganz in die Hand von Heinrich II. und ihren Onkeln begeben, weil sie selbst unerfahren und zu eigenen Entscheidungen unfähig gewesen sei. Wenn dies auch richtig sein mag, so hat sie beim Eintritt ins politische Leben jedenfalls zwei Dinge gelernt: zum einen, daß man sein Wort brechen und eine einmal eingegangene offizielle Verpflichtung per Geheimvertrag aufheben kann; zum anderen, daß ein souveräner Herrscher willkürlich über sein Königreich verfügen und es beliebig vererben kann, ohne die Untertanen fragen zu müssen. Das sind zwei gefährliche Erfahrungen. Maria Stuart wird die verhängnisvollen Rezepte durchaus nicht vergessen und sehr schnell das Mißtrauen ihres Volkes wecken.

Doch zuvor wurde endlich Hochzeit gefeiert. Daß Heinrich II. dafür sorgte, daß die Festlichkeiten alles bisher Dagewesene übertrafen, entsprang vielleicht einer natürlichen Neigung zur Großmannssucht, vielleicht aber auch dem Bestreben, Europa zu zeigen, daß Frankreich trotz der vielen militärischen Niederlagen der letzten Jahre noch immer das reichste Land der Christenheit war. Man erinnere sich an den Anfang der *Princesse de Clève:* »Niemals zuvor erstrahlten Pracht und Galanterie in Frankreich in solchem Glanz wie in den letzten beiden Jahren der Herrschaft Heinrichs II.«) Ein Grund für die gewaltige Prachtentfaltung war natürlich auch einfach die Tatsache, daß es um die Heirat des Thronerben ging und man sich aus dessen Ehe eine Reihe weiterer Könige von Frankreich erhoffte (auch wenn Vertraute des zukünftigen Herrschers derartige Hoffnungen nicht unbedingt teilten. Doch davon wußte das einfache Volk natürlich nichts.). Und die Schönheit der jungen Prinzessin war ganz dazu angetan, den Feierlichkeiten zusätzlichen Glanz zu verleihen.

Die Spaltung Frankreichs in Katholiken und Protestanten und die Rivalität zwischen den Parteigängern der Guisen und der Montmorencys nahm Anfang 1558 eine beunruhigende Wendung. Heinrich II. und Diane de Poitiers wollten dem jungen Brautpaar vermittels dieser Hochzeit natürlich auch Popularität und Loyalität im Volk verschaffen. Daß Maria Stuart die Nichte des Franz von Guise war, den die Pariser nach der Eroberung von Calais als Helden bejubelt hatten, trug zur Begeisterung einiges bei. Und dafür, daß eine Prinzenhochzeit zum Volksfest werden kann, zeugen noch jüngste Beispiele am Ende unseres Jahrhunderts.

Wenn es damals auch weder Zeitung noch Fernsehen gab, so konnte man das Ereignis wenigstens mit Hilfe des Buchdrucks bekannt machen. Als Propaganda für das Königshaus wurde später eine kleine Broschüre verteilt, die den Titel trug: *Rede zum großen und herrlichen Triumph anläßlich der Hochzeit des erlauchtesten und vortrefflichen Prinzen Franz von Valois, des Kronprinzen und ältesten Sohnes des Allerchristlichsten Königs von Frankreich, Heinrich II., und der erhabensten und tugendhaften Prinzessin Madame Maria Stuart, Königin von Schottland.* Aus der kleinen Schrift erfahren wir alle Einzelheiten der Festlichkeiten.[10]

An diesem strahlenden 24. April 1558 war der ganze Hof in Paris versammelt: der König, die Königin, alle Söhne und Töchter, die noch unverheiratete Schwester des Königs, Prinzessin Margarete, die mit Maria Stuart eng befreundet war, der Herzog von Lothringen, der bald eine Schwester des Thronfolgers heiraten sollte, Anton von Bourbon, König von Navarra, der erste Prinz von Geblüt, seine Frau und sein Bruder, der Fürst von Condé, und sämtliche Guisen. Herzog Franz von Guise war übrigens für die Abwicklung der Festlichkeiten verantwortlich, da der königliche Haushofmeister, Konnetabel von Montmorency, noch immer in spanischer Gefangenschaft saß. Weder die Braut noch ihre Familie dürften seine Abwesenheit besonders bedauert haben.

Einvernehmlich mit dem König hatte der Herzog von Guise vor dem Portal der Kathedrale Notre-Dame ein zehn Fuß hohes Gerüst errichten lassen, das über eine Galerie mit dem Bischofssitz verbunden war. Der Durchgang war nach antiker Art mit Reben »von solch prachtvollen Formen« geschmückt, »daß es wohl keinen Arbeiter gab, der an ihnen nicht ein paar Deniers verdient hätte«. Der Aufbau sollte dafür sorgen, daß die Menge auf dem Vorhof der Kirche und in den umliegenden Straßen nichts von dem Schauspiel versäumte. Die Monarchie galt als Gemeingut, und in der Broschüre wird mehrmals darauf hingewiesen, daß der Herzog von Guise und der König während des Festaktes mehrmals persönlich dafür sorgten, daß alle Zuschauer freie Sicht hatten.

Am Morgen des 24. April – das war ein Sonntag – nahm die königliche Schweizergarde livriert, mit Hellebarden und zum Klang von Tamburinen und Pfeifen Aufstellung. Kurz darauf kamen die Musikanten mit »Trompeten, Hörnern, Oboen, Flageoletts, Violas, Geigen, Sistren, Gitarren und endlos vielen anderen Instrumenten, die sie melodiös und zum vorzüglichen Genusse erklingen ließen«. Wir wollen den Zeugen glauben, auch wenn die Zusammenstellung der Instrumente eher dazu angetan scheint, eine Kakophonie hervorzubringen.

Gegen zehn Uhr traf der königliche Festzug ein: zunächst die Kämmerer des Königs, dann die Prinzen, »so reich geschmückt und gekleidet, daß es ein wahres Wunder war«. Es folgten die Priester, Bischöfe und Erzbischöfe, die sechs französischen Kardinäle und der päpstliche Legat Kardinal Trivulzio. Direkt hinter dem Legaten kam, geführt vom König und vom Herzog von Lothringen, das strahlende Brautpaar. Die Braut trug »ein lilienweißes Gewand, das unsäglich prachtvoll und reich geschmückt« und mit einer »wunderbar langen« Schleppe versehen war. Auf dem Oberteil des Kleides blitzten kostbares Geschmeide und Kolliers. Die Goldkrone war mit »Perlen, Diamanten, Rubinen, Saphiren, Smaragden und anderen Edelsteinen von unschätzbarem Wert« besetzt. »Ein Karfunkelstein wurde auf über fünfhunderttausend Ecus geschätzt.« Das Ende des Festzuges bildeten Königin Katharina, die vom Fürsten von Condé geführt wurde, die Königin von Navarra, die Schwester des Königs, Prinzessin Margarete, und ihr Gefolge, sie alle »so edel gekleidet, daß man es kaum beschreiben kann«. (Der Stil des Chronisten ist weniger glänzend als das beschriebene Schauspiel.)

Als das Brautpaar auf dem Vorplatz der Kirche ankam, wurde es vom Erzbischof von Rouen, Kardinal von Bourbon, einem Prinzen von Geblüt, in Empfang genommen und in aller Form getraut. Dann hielt der Bischof von Paris eine »kundige und gelehrte Rede«. Während die Hochzeitsgäste in die Kathedrale einzogen und zum Chor schritten, um dort die Messe zu hören, ließ der Herzog von Guise von der Galerie Goldstücke in die Menge werfen. »Heinrichsnobel, Dukaten, Goldtaler mit Sonne, Pistolen, halbe Taler« und andere Münzen prasselten auf die Menge nieder. Im entstehenden Tumult wurden mehrere Personen ohnmächtig, andere verloren ihren Umhang oder ihre Haube, bis das »Volk den Herolden zurief, sie sollten aufhören«. Als Heinrich II. die Kirche verlassen hatte, nahm er als »gutmütiger Fürst und König« ein Bad in der Menge, »um sich dem Volk zu zeigen«.

Im bischöflichen Palais erwartete das Prinzenpaar ein Bankett. Es folgte ein Ball, der »so prächtig war, wie man noch keinen gesehen hatte«. Doch damit war der Tag nicht zu Ende: Um fünf Uhr abends kehrten die Gäste zum abendlichen Festschmaus in den Palast (den heutigen Justizpalast) zurück, die Prinzessinnen in Kutschen und Sänften, die mit Goldstoff verhangen waren. Zum Essen spielten die Herren vom Parlament »in ihren prächtigen roten Roben« ihren Majestäten auf. Zum Abschluß des Abends wurde in der großen Galerie des Parlamentes eine Vergnügung mit »Maskerade, Mummenschanz, Tanzliedern und anderen Spielen und Zeitvertreiben« geboten. Am gelungensten war der Ritt der kleinsten Prinzen auf künstlichen, mit Silberstoff behangenen Pferden, die »sich auf solche Art und Weise bewegten, daß man sie für lebendig halten konnte«. Ein Zug von Kutschen folgte, in ihnen Pilger, die »zu Ehren des Brautpaares und der Hochzeit klangvolle Hymnen und Lobgesänge anstimmten«. Dann glitten sechs Schiffe in den Saal. Sie waren »so vortrefflich gefertigt und wurden auf so geschickte Art bewegt, daß es so aussah, als trieben sie über das Wasser und führen durch die Fluten und über Meereswellen wie unter widrigen Winden«. Aus jedem Schiff stieg höchst galanterweise ein Kapitän und holte sich eine Dame seiner Wünsche an Bord: der König die Königin (Diane de Poitiers wäre ihm sicher lieber gewesen, aber das Protokoll wollte es anders ...), der Dauphin seine junge Gemahlin und so weiter. Der Herzog von Lothringen entführte schließlich Prinzessin Claude, die er Monate später denn auch tatsächlich heiraten sollte.

Gegen drei Uhr morgens kehrten die Hochzeitsgäste in den Louvre zurück. Noch mehrere Tage dauerten die Festlichkeiten, was der Hofberichterstatter mit der abschließenden Bitte an den »König der Könige« kommentiert, »dem genannten Prinzenpaar ein Leben in Freude, Wohlstand und Liebe zu ermöglichen, so daß sich das Volk daran labe und in Frieden regiert werde«.

Die Bitte sollte alles andere als erfüllt werden.

3

»Ein Werk zum Ruhme Gottes«

In der europäischen Geschichte gibt es bestimmte Schlüsseljahre, in denen sich das Schicksal der Völker neu entscheidet. Unerwartet und über die Grenzen hinweg beschleunigt sich innerhalb weniger Monate der Lauf der Geschichte, die bisherigen Akteure auf der politischen Bühne treten ab, und in rascher Folge fallen Entscheidungen – auf Schlachtfeldern oder in der Abgeschiedenheit von Kanzleien –, die die Zukunft in neue Bahnen lenken.

Die Jahre von 1558 bis 1560 waren eine solche Wendezeit. In England, in Schottland, in Spanien, in Flandern und in Frankreich änderte sich alles, angefangen bei den Herrschern, und obgleich Maria Stuart nicht im entferntesten für all diese Erschütterungen verantwortlich war, hatten sie unmittelbare Folgen für ihr Leben. In vieler Hinsicht trifft der Satz zu, daß sich zwischen dem 24. April 1558, dem Tag ihrer Hochzeit mit Franz II., und dem 5. Dezember 1560, dem Tag, an dem sie Witwe wurde, ihr Schicksal ohne ihr Zutun, möglicherweise sogar ohne ihr Wissen, entschied.

Das Stück hatte zwar eine Heldin, aber es gab weder eine Einheit des Ortes noch eine Einheit der Handlung. Man muß sich die Bühne wie in einem mittelalterlichen Mysterienspiel vorstellen: Mehrere voneinander unabhängige Szenen werden gleichzeitig gespielt, und nur der Zuschauer oder in diesem Fall der Historiker überblickt das gesamte Geschehen. Darüber hinaus folgten die Ereignisse so rasch aufeinander und waren so eng miteinander verwoben, daß diese beiden Schicksalsjahre unmöglich in rein chronologischer Reihenfolge erzählt werden können.

Der Prolog, Vorbote der weiteren dramatischen Ereignisse, fand in Dieppe statt. Auf der Heimreise von den Trauungsfeierlichkeiten erkrankten die Abgesandten des schottischen Parlaments schwer, wahrscheinlich an einer Lebensmittelvergiftung. Vier starben – der Bischof der Orkaden, die Grafen von Cassillis und Rothes sowie Lord Fleming –, die anderen kehrten vollkommen entkräftet nach Hause zurück, darunter auch Marias Halbbruder James Stuart; er blieb, so hieß es, für sein ganzes weiteres Leben von der Krankheit gezeichnet. Im damaligen politischen Klima sprach man selbstverständlich sofort davon, daß Gift im Spiel gewesen sei, und verdächtigte die Guisen.

Im November ratifizierte das schottische Parlament den Ehevertrag und beschloß die Einbürgerung aller in Schottland ansässigen Franzosen als Untertanen der schottischen Krone im Gegenzug zur Einbürgerung aller Schotten in Frankreich durch Heinrich II. (Damit erhielten die Schotten das Recht, »überall im Königreich ihren Wohnsitz frei zu wählen, überallhin zu gehen, sich überall niederzulassen und zu bleiben und dort alle Güter, Ehren und Würden anzunehmen, zu behalten und zu besitzen ...«: Es ist leicht einsehbar, welche Vorteile eine solche Bestimmung den Schotten bot, die beständig auf der Jagd nach Pfründen und Geldquellen in Frankreich waren.[1])

Doch in Edinburgh regte sich bereits Widerstand gegen die Ansprüche des Thronfolgers, dem der König von Frankreich den Titel »Roi dauphin« (Kronprinz) verliehen hatte, Maria Stuart trug den Titel »Reine dauphine« (Kronprinzessin). Der Thronfolger verlangte – oder vielmehr die Guisen verlangten es in seinem Namen –, daß die Krone der Stuarts nach Frankreich gesandt werde. Das schottische Parlament zog die Verhandlungen über das Ansinnen in die Länge, und die Krone blieb im Lande. Franz und Maria unterzeichneten dessen ungeachtet Urkunden künftig als »der König und die Königin von Schottland« und nahmen die schottische Königskrone neben der Krone der Dauphiné in ihr viergeteiltes Wappenschild mit auf.

Die schottischen Protestanten stellten sich Maria von Guise bald offen in den Weg. Am 1. September 1558 entweihte eine Gruppe Calvinisten in Marias Gegenwart die traditionelle Prozession zu Ehren des heiligen Giles, des Patrons von Edinburgh: Sie schlugen die Priester, raubten die Statue des Heiligen, verstümmelten sie und warfen sie in einen See vor der Stadt.* Kurz darauf stellten die Lords der Congregation der Regentin ein regelrechtes Ultimatum und verlangten, »den Wirren in der Kirche und in der Regierung« unverzüglich ein Ende zu setzen – mit anderen Worten: dem Katholizismus

---

* An dieser Stelle befinden sich heute der Bahnhof von Waverley und die Staatsgalerie.

und der Anwesenheit der Franzosen im Land. Die offene Konfrontation schien unausweichlich, vor allem falls England sich noch einmischen sollte. In dieser Situation starb am 17. November 1558 die Königin Maria Tudor in ihrem Palast Saint James in London.

Maria Tudor war eine glühende Katholikin. Ihre Ehe mit dem spanischen Prinzen Philipp, inzwischen König Philipp II. von Spanien, war kinderlos geblieben, ebenso fruchtlos wie ihre Bemühungen, den rechten Glauben in den Herzen der Engländer wiederzuerwecken.

Ihre Nachfolge warf ein kompliziertes Problem auf: Maria war die älteste Tochter von König Heinrich VIII. und das einzige Kind aus einer nach römischem Ritus geschlossenen Ehe, denn sie war zur Welt gekommen, bevor ihr Vater mit dem Papst gebrochen hatte. Heinrichs zweite Tochter Elisabeth, Marias jüngere Schwester, stammte aus der Verbindung mit Anna Boleyn und war deshalb in den Augen der Kirche ein Bastard. Ein Bastard war sie auch nach dem Urteil der englischen Gesetze, denn Anna Boleyn war wegen Ehebruchs zum Tode verurteilt worden, und das Parlament hatte ihre Tochter auf Befehl des Vaters für illegitim erklärt.

Doch im Widerspruch zu seinem eigenen Befehl verfügte Heinrich VIII. in seinem Testament, daß der Bastard Elisabeth nach ihrer älteren Schwester wieder in die Thronfolge eingereiht werden sollte. Die Katholiken konnten das nicht dulden, denn nach ihrer Auffassung hatte weder der König noch das Parlament die Freiheit, das Gesetz Gottes nach eigenem Belieben zu ändern. In ihren Augen konnte der natürliche Nachfolger von Maria Tudor nur ein Cousin oder eine Cousine sein, da es nun einmal weder Brüder noch Schwestern, noch Neffen oder Nichten gab.

Nun hatte Heinrich VIII. eine ältere Schwester, Margarete Tudor, die, wir erinnern uns, den schottischen König Jakob IV. geheiratet hatte. Ihre Enkelin, Maria Stuart, Königin von Schottland und katholisch, mußte allen Gegnern des Protestantismus in England als die ideale Kandidatin erscheinen.

Doch das hieß, die Rechnung ohne den Patriotismus der Engländer und ihren seit jeher bestehenden Haß auf die Franzosen zu machen. Maria Stuart war zwar ein legitimer Abkömmling der Tudors, für die Engländer besaß sie jedoch in jenem Jahr 1558 den durch nichts zu beseitigenden Makel, daß sie die Ehefrau des französischen Thronfolgers war. Nach den unglückseligen Erfahrungen mit dem spanischen König Philipp, dem Gatten von Maria Tudor, war kein Engländer bereit, einen Valois auf dem Thron von Westminster zu dulden.

Im übrigen dachte Maria Tudor, eine erbitterte Gegnerin der Franzosen, genauso. (Wir erinnern uns an den Ausspruch, der ihr zugeschrieben wird:

»Wenn man mein Herz öffnet, wird man den Namen Calais darin geschrieben finden.«) Auf dem Sterbebett benannte sie ihre Halbschwester Elisabeth als ihre Nachfolgerin, die Rivalität und die Bitterkeit der Vergangenheit waren nun vergessen. Elisabeth wurde daraufhin unverzüglich zur Herrscherin ausgerufen, und nicht eine einzige Stimme erhob sich offen zugunsten der Cousine aus dem Hause Stuart, die mit einem Valois verheiratet war.

Elisabeth war beim Volk beliebt. Ihre schwere Kindheit und Jugend, vor allem die Tatsache, daß ihr eigener Vater sie verleugnet hatte, rührten die Herzen. Sie war noch nicht oft öffentlich in Erscheinung getreten, aber ihr eilte der Ruf voraus, klug, gebildet und anmutig zu sein, und es hieß, ungeachtet der Verfügungen ihrer Schwester wolle sie an ihren Sympathien für die Protestanten festhalten. Sie neigte schon allein deshalb zum Protestantismus, weil die Katholiken sie weiterhin beharrlich als Bastard betrachteten. Beim Tod von Maria Tudor war Elisabeth fünfundzwanzig Jahre alt, und ihre Herkunft sprach für sie. Ihre beiden Eltern waren Engländer gewesen, sie war in England geboren und aufgewachsen und fühlte sich durch und durch als Engländerin. Bei ihrem feierlichen Einzug in London am 28. November 1558 jubelten die Menschen ihr zu, eher noch lauterer Jubel begleitete die prunkvollen Feierlichkeiten anläßlich ihrer Krönung am 15. Januar 1559. Nie zuvor in diesem Jahrhundert hatten die Menschen einem Herrscher mehr Begeisterung und Liebe entgegengebracht, nicht ein einziger Mißklang mischte sich in die Freude. Nur wenige Wochen verstrichen, und schon war nichts mehr geblieben von der Herrschaft der Maria Tudor und ihrem Versuch, den katholischen Glauben wiederherzustellen. Im Januar 1559 trat das Parlament zusammen, und nachdem es zwei Monate beraten hatte, stellte es den protestantischen Glauben als bis heute gültige Staatsreligion wieder her. Eine weitere, vergleichsweise weniger bedeutende Entscheidung war die Aufhebung des Gesetzes aus dem Jahr 1536, das Elisabeth als illegitim erklärt hatte. Sichtbaren Ausdruck fand der »Gnadenstand« der neuen Herrscherin in den ersten Monaten ihrer Herrschaft darin, daß der Triumph der Häresie von den Katholiken zumindest ohne offene Unmutsbekundungen hingenommen wurde, sie leisteten erst Jahre später öffentlich Widerstand. Anfang des Jahres 1559 wurde ohne Auseinandersetzungen ein wichtiges Kapitel der Geschichte geschlossen, England brach für immer mit seiner religiösen Vergangenheit.

Unter diesen Umständen blieb der katholischen Cousine Maria Stuart allem Anschein nach nichts anderes übrig, als sich zu fügen. Aber die Diplomatie des 16. Jahrhunderts funktionierte nach anderen Regeln als denen der Logik, hehre Prinzipien dienten wie in unseren Tagen häufig dazu, weit weniger idealistische Motive zu bemänteln.

Zu dem Zeitpunkt, da Elisabeth den englischen Thron bestieg, führten Frankreich und England seit mehr als einem Jahr Krieg. Für Heinrich II. war es darum eine naheliegende Versuchung, auf die schottische Karte zu setzen und seinen Nutzen daraus zu ziehen, daß seine Schwiegertochter in Frankreich lebte und ihm ausgeliefert war. Er beschloß, nicht die protestantische Elisabeth (die er überdies nicht ganz zu Unrecht verdächtigte, sie habe gemeinsame Interessen mit Spanien) als Herrscherin von England anzuerkennen, sondern die katholische Thronfolgerin.

Auf der anderen Seite des Kanals schlugen die Wogen der Empörung hoch. Elisabeth protestierte förmlich: Gleich zu Beginn ihrer Herrschaft stellte sich ihre Cousine Maria Stuart ihr in den Weg, nachdem sie bislang in Elisabeths Leben keine große Rolle gespielt hatte. Einige Monate später, anläßlich der Unterzeichnung des Friedensvertrages von Cateau-Cambrésis im April 1559, versuchte es Heinrich II. noch einmal: Als es um das Schicksal von Calais ging, behauptete er, er werde nur mit seiner Schwiegertochter verhandeln, nur sie erkenne er als Königin von England an. Elisabeth verzieh ihm das nie.

Tatsächlich dachte Heinrich II. in keinem Augenblick daran, England zu erobern und Maria auf den Thron zu bringen. Überdies wäre er dazu auch gar nicht in der Lage gewesen, denn in der Staatskasse herrschte Ebbe, und nach sieben Jahren Krieg mit Spanien war Frankreich erschöpft. Die Proklamation Marias zur Königin von England und Irland war nur eine Geste und konnte gar nicht mehr sein, aber in der Politik haben Gesten oft schlimmere Folgen als militärische Operationen. Manche Chronisten haben darin einen machiavellistischen Schachzug gesehen mit dem Ziel, England zu schwächen. Doch damit erhält die simple Aufschneiderei eines angeheirateten Verwandten – als solche wurde die Geste überall in Europa verstanden – unverdient viel Gewicht. Nicht einmal Philipp II., Inbegriff eines katholischen Herrschers, zog in Erwägung, Maria als Königin von England anzuerkennen. Ganz im Gegenteil: Er machte unverzüglich Elisabeth den Hof und bot ihr eine Heirat an. Die Vorstellung, daß eine halbe Französin auf dem englischen Thron sitzen könnte, war ein Traum, ein Phantasiegebilde. Aber Heinrich II. ließ nicht locker: Solange er lebte, wurden seiner Schwiegertochter überall, wo sie erschien, neben den Wappenschildern von Schottland und der Dauphiné die Wappenschilder von England und Irland vorangetragen. »Alte Verbrechen werfen lange Schatten« lautet ein englisches Sprichwort. Das gilt auch für alte Irrtümer: Irgendwann in der fernen Zukunft kommen sie ans Licht.

Die französische Position in dieser Frage war so offensichtlich weltfremd, daß Heinrich II. sogleich nach Unterzeichnung des Friedens von Cateau-

Cambrésis Gesandte mit Elisabeth austauschte, die er doch offiziell nicht als Königin anerkannte. Darin spiegelt sich die ganze Naivität der Diplomatie im 16. Jahrhundert: Feierliche Bekundungen werden durch Taten widerlegt, man geht widersprüchliche Verpflichtungen ein, Ansprüche werden rein formal erhoben, Versprechen sind Lügen. Elisabeth zeigte in der Folgezeit, daß sie sich auf diese Form der Diplomatie gleichfalls verstand, Maria Stuart tat es ihr innerhalb kürzester Zeit nach. Wir müssen uns daran gewöhnen, wenn wir uns mit dieser Epoche beschäftigen. So schrieb Maria, obgleich sie weiterhin den Titel Königin von England und Irland führte, am 21. April 1559, kaum drei Wochen nach der Unterzeichnung des Friedensvertrages, an Elisabeth: »Erlauchte und hochgeehrte Fürstin, unsere vielgeliebte Schwester und Cousine ...« und versprach Elisabeth, sie werde sich ihr stets »als gute Schwester und wahre Freundin« erweisen. Das mag verstehen, wer kann.

Der Schauplatz des nächsten schicksalhaften Ereignisses war jedoch nicht London, sondern Paris. Der Vertrag von Cateau-Cambrésis (in dem England tatsächlich nur eine recht unbedeutende Rolle spielte) sah vor, den Frieden zwischen Frankreich und Spanien durch eine Doppelhochzeit abzusichern. Der spanische König Philipp II. hatte inzwischen auf Elisabeth von England verzichtet und wollte eine andere Elisabeth heiraten, eine Tochter Heinrichs II. und damit Schwägerin von Maria Stuart. Und Heinrichs Schwester Margarete sollte den Herzog Emanuel Philibert von Savoyen heiraten, einen Verbündeten der Spanier.

Getreu der Politik des Hauses Valois, die sehr stark auf Glanz und Ansehen setzte, wollte Heinrich II. die Vermählung der beiden Paare im Juli 1559 besonders prunkvoll gestalten. Die Demütigung einer Niederlage und die Leiden eines Volkes waren damals schnell vergessen, so war es unter Franz I. gewesen, und so wiederholte es sich in der Zukunft noch oft.

Neben feierlichen Messen, Banketten und Umzügen gehörte zu den Festlichkeiten in Paris auch ein Turnier im mittelalterlichen Stil auf einem Turnierplatz an der Rue Saint-Antoine, wo heute das Hotel Sully steht. Die weiteren Ereignisse sind hinlänglich bekannt: Allen Vorahnungen und Warnungen zum Trotz wollte Heinrich II. unbedingt ein letztes Mal eine Lanze mit dem Grafen Montgomery brechen. Unter der Wucht des Anpralls zerbarst das Visier seines Helms, ein Splitter der Lanze seines Gegners durchbohrte sein Auge und drang ins Gehirn ein. Ambroise Paré erklärte, daß die Ärzte nicht mehr helfen konnten. Am 10. Juli, elf Tage nach dem Unglück, starb der König im Kreise seiner schmerzerfüllten Familienmitglieder.

Zum Zeitpunkt seines Todes war Heinrich II. gerade vierzig Jahre alt, er stand in der Blüte seiner Kraft und erfreute sich einer ausgezeichneten Gesundheit. Niemand hatte im entferntesten damit gerechnet (mit Ausnahme der Wahrsager, wenn man der berühmten Prophezeiung von Nostradamus Glauben schenken will: »In einem goldenen Gehäuse werden ihm die Augen ausgestochen ...«), daß einer der Hauptakteure der europäischen Politik von der Bühne abtreten würde. Innerhalb weniger Monate waren die vier großen Throne in Europa frei geworden: In Spanien und dem Reich hatte Karl V. abgedankt, in England war Maria Tudor gestorben und in Frankreich nun Heinrich II.

Die schrecklichen Ereignisse an der Rue Saint-Antoine betrafen Maria Stuart sehr direkt, denn nach Heinrichs Tod war sie nunmehr Königin von Frankreich, ein sechzehnjähriges Mädchen an der Seite eines kränklichen Königs von fünfzehneinhalb Jahren. Sie hatte keinerlei Erfahrung mit der Politik, aber sie war die Nichte der beiden mächtigsten Herren des Königreichs, und die beiden gedachten, durch sie die Zügel in die Hand zu nehmen. Die Regierungszeit von Franz II. war, so hieß es schon damals, die Regierungszeit der Guisen. Wieder einmal nahm Marias Schicksal seinen Lauf, ohne daß es in ihrer Macht lag, diesen zu bestimmen.

Im Jahr 1559 waren die Guisen nicht nur eine ehrgeizige Familie, sondern die Vorkämpfer und Symbolfiguren des Katholizismus in Frankreich in einer Zeit sich zuspitzender religiöser Auseinandersetzungen. Wenn die Guisen die Macht hatten, bedeutete dies, daß die königliche Politik die Protestanten in Zukunft entschieden bekämpfen würde.

Kaum war Heinrich II. tot, teilte man dem Konnetabel von Montmorency (die Spanier hatten ihn unmittelbar nach der Unterzeichnung des Vertrages von Cateau-Cambrésis freigelassen, und er war bei Hofe sofort wieder in Gnade gekommen) höflich mit, er solle in Zukunft »bei sich zu Hause bleiben«. Für den Fürsten von Condé, einen erklärten Anhänger der neuen Religion, fand man eine Mission in Belgien, um ihn vom Hofe zu entfernen. Bei der Krönung des neuen Königs in Reims am 18. September 1559 war der Herzog von Guise der zweite der weltlichen Pairs, und sein Bruder, der Kardinal von Lothringen, setzte in seiner Eigenschaft als Erzbischof von Reims seinem Neffen die Krone auf das Haupt. Eine Schwester der beiden Guisen, Renée von Lothringen, war überdies Oberin in der Abtei Saint-Pierre-aux-Nonnains, wo die Prinzessin Elisabeth lebte, die Schwester des Königs und Jugendfreundin von Maria Stuart. Elisabeth hatte soeben per Prokuration den König von Spanien geheiratet.

Maria Stuart wohnte der Krönung nur als Zuschauerin bei, denn da sie bereits Königin von Schottland war, mußte sie weder ein zweites Mal gesalbt noch gekrönt werden. Wie sie in ihrem prunkvollen Gewand aus »gekräuseltem Silbergewebe« unter dem Baldachin aus rotem Samt mit goldenen Fransen einherschritt, zog sie die Blicke aller Menschen auf sich – mit Ausnahme derjenigen, die ihre Augen nicht von dem Brunnen vor dem Kirchenportal wenden konnten: Dort standen drei weibliche Statuen, »aus deren Brüsten hellroter Wein floß«, darüber hingen Körbe, »gefüllt mit allen erdenklichen Früchten«, und das gemeine Volk durfte sich daran ergötzen.

Sobald die Krönungsfeierlichkeiten vorüber waren und man die heilige Ampulla in einem feierlichen Zug zur Abtei Saint-Remi zurückgebracht hatte – keiner der Anwesenden ahnte, wie bald man sie zur nächsten heiligen Handlung von dort wieder holen würde –, begab sich der gesamte Hof mit dem jungen König an der Spitze nach Lothringen zu einem Besuch beim Herzog, einem Vetter der Guisen, und der Herzogin, einer Schwester des Königs. In der Öffentlichkeit verstand man dies mit einiger Berechtigung als einen weiteren Beweis für den großen Einfluß der »Lothringer« auf die französische Monarchie.

Es wurde bald offensichtlich, daß die Anhänger des katholischen Glaubens entschlossen waren, kompromißlos ihre Sache durchzusetzen. Am 23. Dezember 1559 wurde ungeachtet aller Interventionen zu seinen Gunsten der protestantische Beamte Anne de Bourg bei lebendigem Leib in Paris verbrannt. Für die Anhänger der neuen Religion war er ein Märtyrer.

Maria Stuart trug offenkundig keinerlei Verantwortung für die Politik gegenüber den Protestanten. Keiner der Botschafter, die die französische Politik vor Ort verfolgten und laufend kommentierten, wußte zu berichten, daß sie eine besonders einflußreiche Rolle gespielt hätte. Das wäre auch sehr verwunderlich gewesen, denn während der Herrschaft der Kapetinger wurden die Königinnen traditionell nicht an der Macht beteiligt. Politischer Einfluß war ein Privileg der jeweiligen Mätresse des Königs. Trotzdem mußte es im Ausland und vor allem auf der anderen Seite des Kanals unweigerlich so aussehen, als wäre Maria Stuart, eine Nichte der Guisen, eine Marionette, die von ihnen bewegt wurde.

Im Umgang mit England legten die Guisen weder Diplomatie noch Vorsicht an den Tag. Sie versuchten nicht, mit Elisabeth zu einer Annäherung zu kommen, und sorgten dafür, daß Franz II. seiner Frau unverzüglich den Titel Königin von England und Irland bestätigte. Der Fürst von Condé verhinderte in letzter Minute, daß der König in seinem Siegel die Wappen von Frankreich und England führte. Elisabeth reagierte umgehend, ihr Botschafter Nicolas Throckmorton protestierte feierlich im Namen seiner Herrscherin. Er wurde mit ein paar freundlichen, aber unverbindlichen Worten abgespeist.

Von diesem Zeitpunkt an war abzusehen, daß Elisabeth nur auf eine Gelegenheit wartete, um ihrer lieben schottischen Cousine mit gleicher Münze heimzuzahlen, und sie mußte nicht lange warten.

Die Situation in Frankreich spitzte sich zu. Seit zehn Jahren entwickelten sich die Protestanten – nach und nach setzte sich die Bezeichnung Hugenotten durch – immer mehr von einer religiösen Minderheit zu einer politischen Opposition. Unter diesen Umständen traf die Politik der systematischen Unterdrückung, die die Guisen seit Herbst 1559 verfolgten, mit Haussuchungen, Verhaftungen und Verurteilungen zu Galeerenstrafen oder dem Tod auf dem Scheiterhaufen, auf erhebliche Schwierigkeiten. Weite Gebiete im Königreich waren geschlossen zu der neuen Religion übergetreten oder zumindest stark von Protestanten unterwandert. Die Anhänger der neuen Religion waren hauptsächlich im handeltreibenden Bürgertum zu finden und bei den Handwerkern in den Städten, aber auch in den Kreisen der Gelehrten, bei Rechtsanwälten, Professoren und – was die Regierung am meisten beunruhigte – sogar auch im Adel. Die Hugenotten rächten sich für die Verfolgungen und standen dabei den Katholiken an verbaler und physischer Gewalt nicht im geringsten nach. Jeanne d'Albret, die Königin von Navarra, Ehefrau des ersten Prinzen von französischem Geblüt, verfügte rundweg, daß nirgendwo auf ihren Ländereien im Béarn mehr die heilige Messe gefeiert werden dürfe. Überall im Land waren offene Auseinandersetzungen zu erwarten.

In dieser aufgeheizten Atmosphäre konzentrierte sich der Haß der Protestanten auf die Guisen. In ihren Augen war der König ein Gefangener der lothringischen Clique, vor allem des Kardinals, denn der ältere der beiden, Herzog Franz, genoß noch so hohes Ansehen, daß man ihn nicht offen anzugreifen wagte. In den Propagandaschriften der Hugenotten erscheint der Kardinal als ein Monstrum, das die Hölle ausgespien habe. Man setzte die Buchstaben seines Namens Karl von Lothringen neu zusammen: »ein dreister Spitzbube, der sich versteckt«*. Man erzählte sich, er sei vor der Tür eines Freudenhauses von Räubern überfallen worden und habe diese schmutzige Angelegenheit zu einem Angriff der Ketzer auf einen Kirchenfürsten aufgebauscht. (Tatsächlich betraf diese Geschichte, falls sie sich überhaupt so zugetragen hat, seinen Onkel, den ersten Kardinal von Lothringen, der zur Zeit von Franz I. für seinen ausschweifenden Lebenswandel bekannt war. Kardinal Karl scheint für damalige Verhältnisse eher sittenstreng gelebt zu haben, und in Reims schätzte man ihn als aufopferungsvollen Erzbischof.)

---

* Ein Anagramm: Aus »Charles de Lorraine« wird »Hardi larron se cèle«. (A. d. Ü.)

Gegen Ende des Winters 1559/1560 setzte sich ein calvinistischer Edelmann aus dem Perigord, der Baron von La Renaudie, in den Kopf, den Hof im Schloß von Blois mit einem Trupp bewaffneter Verschwörer zu überrumpeln. Unterstützung fand er bei dem ehrgeizigen und umtriebigen Fürsten von Condé. Was genau hatten die Verschwörer vor? Zweifellos wollten sie vor allem die Guisen ausschalten, wahrscheinlich umbringen. Dann hätten sie vermutlich öffentlich verkündet, daß Franz II. nunmehr von seinen Unterdrückern befreit sei, und selbst die Zügel in die Hand genommen, allen voran wohl Condé. Sie hätten die Gesetze gegen die Ketzer aufgehoben, und möglicherweise hätte Frankreich den Weg beschritten, den ein Jahr zuvor England gegangen war: Der Protestantismus wäre offiziell zur Staatsreligion erhoben worden.

Doch La Renaudie hatte das Pech, daß seine Pläne ausgeplaudert wurden. Die Guisen wurden rechtzeitig gewarnt und verlegten den Hof in aller Eile von Blois nach Amboise, denn das dortige Schloß konnte dank seinen hohen befestigten Mauern besser verteidigt werden. Sämtliche Straßen nach Amboise ließen sie von Bewaffneten bewachen. Die protestantischen Edelleute wußten nicht, daß ihre Pläne entdeckt waren, und als sie in die Stadt kamen, wurden sie einer nach dem anderen gefangengenommen. La Renaudie wurde am 18. März 1560 im Wald von Châteaurenault getötet. Innerhalb weniger Tage gingen mehrere hundert Adelige in die Falle.[2]

Der Kardinal von Lothringen nutzte die Situation weidlich aus. Franz II. ließ sich ohne weiteres überzeugen, daß die Verschwörer ihm nach dem Leben getrachtet hätten – wofür es keinerlei Beweis gibt –, und stimmte einer strengen Bestrafung zu. Seine Mutter Katharina von Medici meinte ebenfalls, daß man aus Gründen der Abschreckung hart durchgreifen müsse, obgleich sie die Guisen nicht mochte und eher ihren politischen Gegnern zuneigte. Im Europa des 16. Jahrhunderts war alles, was mit der persönlichen Sicherheit des Königs zu tun hatte, von allerhöchster Wichtigkeit.

Die Verschwörer wurden in einem Schnellverfahren abgeurteilt und unverzüglich hingerichtet. Sie wurden vor den Augen der gesamten Hofgesellschaft enthauptet, ertränkt oder an den Zinnen des Schlosses aufgehängt. Die protestantischen Historiker haben diese tragischen Szenen in den düstersten Farben ausgemalt, und bald wußte ganz Europa vom Schicksal der Verschwörer von Amboise. Die Ereignisse sind festgehalten auf den beiden berühmten Stichen von Tortorel und Périssin, die in Genf gedruckt und dann noch oft nachgedruckt wurden. Auch wenn man den Zahlen und Schilderungen des Hugenotten Régnier de La Planche – sein Bericht ist die am häufigsten zitierte Quelle für das Drama von Amboise – nicht uneingeschränkt Glauben schenken kann, weil sie aus parteilicher

Sicht geschrieben sind, so muß man doch anerkennen, daß mit dem Blutvergießen in jenen Tagen im März 1560 eine entscheidende Schwelle überschritten war. Künftig war Frankreich gespalten in das Land der Märtyrer von Amboise und das Land der Schlächter, und das verhaßte Symbol der letzteren waren die Guisen.

In keinem zeitgenössischen Bericht finden wir einen Anhaltspunkt dafür, daß Maria Stuart bei diesen Ereignissen in irgendeiner Form die Hand im Spiel hatte. Sie war mit dem König und der übrigen Hofgesellschaft nach Amboise geflohen und hatte miterlebt, wie stündlich neue Verschwörer vorgeführt wurden. Mit den anderen Mitgliedern der königlichen Familie hatte sie den Hinrichtungen beigewohnt, die nach dem Willen des Kardinals und der Königinmutter öffentlich stattfanden, um ein Exempel zu statuieren. Historiker aus späterer Zeit mit Sympathien für die protestantische Sache schildern, daß Maria das grausige Schauspiel ohne sichtbare Regung beobachtet habe; bei anderen Historikern, die eher den Guisen zuneigen, lesen wir genau das Gegenteil, nämlich daß Maria tief erschüttert gewesen und fast in Ohnmacht gefallen sei. Wir müssen uns wohl damit abfinden, daß wir nie genau erfahren werden, wie es tatsächlich war. In späterer Zeit, als sie Königin in Schottland war, bewies sie, daß sie nicht gern Blut vergoß, aber durchaus dazu fähig war, wenn sie es für nötig hielt.

Unterdessen leistete im fernen Norden des Königreiches Maria von Guise dem stetigen Vordringen der Lords der Congregation nach Kräften Widerstand. Die Lords kämpften offen gegen die katholische Religion – eine seltsame Parallele zwischen den beiden Ländern.

Der im Frühjahr 1559 geschlossene Vertrag von Cateau-Cambrésis gab Frankreich die Möglichkeit, die Schwester der Guisen zu unterstützen. Maria von Guise nutzte das aus und lud am 10. Mai die protestantischen Prediger vor ein königliches Gericht in Stirling. Die Protestanten verweigerten den Gehorsam, und Maria erklärte sie allesamt zu Rebellen. Allem Anschein nach triumphierte sie.

Doch zu ihrem Unglück hatte sie nicht geahnt, wie sehr ein wortgewaltiger vierundfünfzigjähriger Pfarrer namens John Knox, der unerwartet aufgetaucht war, die Gemüter ihrer Untertanen erhitzen würde. John Knox hatte nach einem bewegten Leben nach Genf ins Exil gehen müssen und dort zum Kreis um Calvin gehört. Nun war er nach Schottland zurückgekehrt und predigte mit glühendem Eifer gegen den Papismus und den französischen Einfluß. Am 11. Mai, einen Tag nach dem dreisten Schlag der Regentin gegen seine Glaubensbrüder, stieg er auf die Kanzel der größten Kirche in Perth und hielt eine flammende Predigt gegen die Kirche Satans und ihre Ausgeburten. Im unpassendsten Moment trat der Priester der Pfarrei aus der Sakristei, angetan mit den liturgischen Gewändern, und wollte die Messe feiern. Ein junger Mann, noch ganz aufgewühlt von Knox' Tiraden gegen die katholische Messe, warf einen Stein auf den Geistlichen, als dieser die Stufen zum Altar hinaufschritt. Der Priester ging erbost auf den jungen Mann zu und gab ihm eine Ohrfeige. Kleine Ursache, große Wirkung: Die aufgestachelte Menge wütete in der Kirche und schlug alles kurz und klein, Statuen, Altäre und geweihte Gefäße. »Von einem Augenblick zum anderen waren alle Gegenstände des Götzendienstes verschwunden.« Der Vorfall in der Kirche war eine Art Startsignal. Die Menge setzte ihr heiliges Werk fort, verwüstete die Klöster der Franziskaner, Dominikaner und Kartäuser und fand hinter den Klostermauern so viele Reichtümer, »daß das Gelübde der Armut Lügen gestraft« wurde. Das Zerstörungswerk geschah innerhalb unglaublich kurzer Zeit: Nach zwei Tagen war die Kirche der Kartäuser dem Erdboden gleichgemacht, »und man erkannte nicht einmal mehr die Stelle, wo sie gestanden hatte«. Der protestantische Chronist, der diese Ereignisse berichtet, spricht mit »Bewunderung« (er gebraucht dieses Wort) davon und nennt sie »ein Werk zum Ruhme Gottes«[3].

Als Maria von Guise davon erfuhr, zog sie sofort ihre Armee zusammen. Vergeblich sandten ihr die protestantischen Lords ein Schreiben und versicherten, sie würden ihr gehorchen »in allem, was nicht gegen das Gesetz Gottes verstößt«. Zugleich verkündeten sie, daß es zwischen ihnen und der katholischen Kirche niemals Frieden geben werde, »ebensowenig wie zwischen Israel und Kanaan, bis zu dem Tag, da dieser schändliche Götzendienst nicht mehr besteht«[4].

Am 28. Mai besetzte die königliche Armee Perth. Am 30. Mai kam die Regentin nach Perth, fest entschlossen, die Anführer der Rebellion zu bestrafen. Der Magistrat wurde abgesetzt, die Anstifter der Plünderungen wurden zu Gefängnisstrafen oder Geldbußen verurteilt, das katholische Glaubensbekenntnis wurde feierlich bestätigt. Doch Knox und seine Getreuen hatten sich unterdessen in St. Andrew, dem Sitz des Erzbischofs, versammelt, wo Knox am 12. Juni in der Kathedrale über die Vertreibung der Händler aus dem Tempel predigte. In unmittelbarer Reaktion auf seine Predigt wurden sämtliche Kirchen der Stadt verwüstet und die Priester mißhandelt. Der Erzbischof hatte sein Palais in weiser Voraussicht verlassen und im dreißig Kilometer entfernten Falkland bei der Regentin Zuflucht gesucht.

Am 24. Juni besetzten die Truppen der Congregation Perth und vollendeten das Zerstörungswerk, das einen Monat zuvor so aufsehenerregend begonnen hatte. Unter anderem zerstörten sie die berühmte Abtei von Scone in der Umgebung von Perth, über die eine Alte Denkwürdiges zu berichten wußte: »Schon seit frühester Kindheit kenne ich diesen Ort als einen Schlupfwinkel von Huren. Ich kann gar nicht zählen, wie viele ehrbare Frauen und Mädchen dort entehrt wurden, vor allem durch jenen verwünschten Mann, den man den Erzbischof nennt. Wenn alle wüßten, was ich weiß, dann würde man Gott preisen für das, was heute geschieht.« Ihre Worte liefern, sofern man ihnen Glauben schenken kann, eine plausible Erklärung dafür, warum die Protestanten mit solcher Zerstörungswut über die Klöster herfielen.

Doch auf lange Sicht stand das Kriegsglück mehr auf der Seite der Regentin als auf der Seite ihrer Gegner. Vorübergehend nahmen die Protestanten Edinburgh ein, dann mußten sie an allen Fronten zurückweichen, und am Ende des Sommers waren sie in die Enge getrieben. Nachdem Heinrich II. tot war und die Guisen in Frankreich die Macht in den Händen hielten, mußten die Protestanten damit rechnen, daß die Schwester der Guisen bald Verstärkung bekommen würde. Das Ende der Congregation und des Calvinismus in Schottland war nur eine Frage der Zeit.

Als die Niederlage unabwendbar schien, wandten sich die Protestanten mit einem Hilferuf an England. Der schottische Konflikt weitete sich wie alle Bürgerkriege über die Grenzen des Landes aus. Elisabeth befand sich in einer sehr schwierigen Lage. Wenn sie den aufständischen Lords zu Hilfe kam, verletzte sie den Vertrag von Cateau-Cambrésis (der gerade drei Monate alt war), brüskierte sie Frankreich – denn Franz II. und Maria Stuart waren König und Königin von Frankreich und von Schottland – und bot etwaigen Verschwörern in England ein schlechtes Beispiel. Die Tatsache, daß in Schottland französische Truppen standen, rechtfertigte keineswegs, daß England sich einmischte, denn nach dem Einbürgerungsgesetz, das Maria von Guise im November 1558 verkündet hatte, befanden sich die Franzosen in Schottland auf heimischem Boden.

Doch Elisabeth konnte auch nicht tatenlos zusehen, wie die katholische Regentin mit den Sympathien für Frankreich die calvinistische Bewegung vernichtete. Wenn nördlich des Flusses Tweed erfolgreich ein Schlag gegen die Protestanten geführt würde, könnte das die nach wie vor zahlreichen Katholiken in England ermutigen, gegen die Religionspolitik ihrer neuen Königin aufzubegehren und in Schottland Unterstützung zu suchen. Und überdies war allen bewußt, daß auf dem Thron von Edinburgh Maria Stuart saß, die weiterhin beharrlich den Titel Königin von England führte.

Diese schwierige Situation war Elisabeths diplomatische Feuertaufe – sie regierte gerade zehn Monate –, und sie fand auf Anhieb ihren Stil. Sie hörte nicht auf ihren Berater William Cecil, einen glühenden Calvinisten, der entschieden für ein militärisches Eingreifen plädierte, auch wenn man damit einen Krieg mit Frankreich riskierte. Vielmehr betrieb sie ein perfektes Doppelspiel. Bei Nacht und Nebel überschritten englische Truppen die Grenze und stießen zur Armee der Congregation, Boten brachten Geld, und während all dies heimlich geschah, gab Elisabeth öffentlich eine Bekundung ihrer Neutralität und ihres guten Willens nach der anderen ab. Als sie den französischen Botschafter empfing, zeigte sie ihm ein Bild der schottischen Regentin und sprach von ihr wie von ihrer besten Freundin. Wie könne man nur auf den Gedanken kommen, daß sie Rebellen unterstütze, die sich gegen ihren rechtmäßigen Herrscher auflehnten? Alle, die darauf zählten, würden »in ihrem wahnsinnigen Unterfangen« grausam enttäuscht werden. Die Franzosen waren verwirrt und wußten nicht, was sie glauben sollten. Der Kardinal von Lothringen sprach von den »Verirrungen der Königin von England, die nicht mehr in ihrer Haut bleiben will und anscheinend am liebsten einen Sprung auf der Straße machen würde«[5].

Die Ereignisse in Schottland spitzten sich zu, und schon nach kurzer Zeit konnte das Trugbild der angeblichen englischen Neutralität nicht mehr aufrechterhalten werden. Aus Frankreich trafen Truppen zur Unterstützung der Regentin ein, gesandt von den Guisen im Namen von Franz II. und Maria Stuart. Der Bischof von Amiens, Antoine de Pellevé, schiffte sich zusammen mit Franziskanern und Dominikanern als offizieller bischöflicher Legat nach Schottland ein, um die Menschen auf den Pfad des katholischen Glaubens zurückzuführen. Im September 1559 wurde in einer feierlichen Zeremonie die Kirche St. Giles in Edinburgh gereinigt und neu geweiht. Ein junger Abenteurer, der Graf von Bothwell, fing einen Schatz von viertausend Pfund Sterling ab, die Elisabeth an die Congregation gesandt hatte. Damit erschien Bothwell zum ersten Mal auf der Bühne der Geschichte, später spielte er noch etliche Hauptrollen. Die Protestanten versuchten die Mauern von Leith zu erklimmen, aber sie mußten aufgeben, weil ihre Leitern nicht lang genug waren. Kilometer um Kilometer eroberte die königliche Armee zuerst das Südufer des Firth of Forth zurück, dann das Nordufer, eine Bastion der Congregation. Ende Dezember 1559 sah es so aus, als wäre die Sache der Calvinisten verloren.

Damit war für Elisabeth von England die Stunde der Wahrheit gekommen, sie konnte nicht länger Ausflüchte vorschieben und Neutralität heucheln. Die protestantischen Lords hatten zwei Abgesandte geschickt, William Maitland und James Melville, die die Königin um Hilfe bitten sollten. Elisabeth empfing beide offiziell. Am 23. Januar 1560 tauchten englische Schiffe im Firth of Forth direkt gegenüber von Leith auf. Die französisch-schottischen Truppen fürchteten, die Engländer könnten sie von ihren Nachschubwegen abschneiden, und gaben das Nordufer Hals über Kopf auf. In einem Gewaltmarsch bei ungewöhnlich starkem Schneegestöber zogen sie sich nach Edinburgh und Leith zurück.

Das Eingreifen Englands hatte beträchtliche diplomatische Auswirkungen. »Der König findet es sehr befremdlich, daß die Königin von England sich so kühn in die Angelegenheiten der Schotten einmischt, die sie eigentlich nichts angehen«, schrieb der Kardinal von Lothringen. Elisabeth versuchte vergeblich, die Verantwortung von sich zu weisen. Der Kommandeur der englischen Schiffe auf dem Forth, Admiral Winter, erklärte, er habe eigenmächtig gehandelt und überdies nur Jagd auf Piraten gemacht. Maria von Guise war außer sich, als sie das hörte: »Das ist eine fadenscheinige Ausrede. Wie sollte ein einfacher Untertan und Offizier den Wunsch und sogar die Macht besitzen, einen Krieg zu beginnen, wenn nicht auf Wunsch und klaren Befehl der Königin? Wo gibt es das, daß auf Kosten eines Fürsten Krieg geführt wird, ohne daß der Fürst davon weiß?«[6]

Bald wurde deutlich, daß die französische Regierung nicht die Absicht und vielleicht auch nicht die Möglichkeit zu einer harten Reaktion hatte, daß sie vor allem keinen offenen Krieg mit England wünschte. Der spanische König mochte Frankreich nicht unterstützen, obgleich er durch und durch katholisch war; möglicherweise war er gar nicht sehr betrübt darüber, daß sein Schwiegersohn Franz II. in seinem Königreich im Norden Schwierigkeiten hatte. Philipp teilte Elisabeth diskret mit, nach seiner Einschätzung hätten die Franzosen »nur das eine Ziel, das Bündnis der Königin von England mit den schottischen Rebellen zu zerstören, damit sie anschließend mit den Truppen, die sie bereits dort« hätten, »und weiteren, die sie noch dorthin schaffen« würden, »ihre Pläne in besagtem Königreich [England] durchsetzen« könnten. Im Klartext besagte die Mitteilung, die Franzosen wollten Elisabeth stürzen und Maria Stuart auf den Thron von Westminster bringen.[7] Das entsprach genau Elisabeths Befürchtungen. Sie wußte nun, daß Spanien ihr für die Intervention in Schottland freie Hand gab.

Sie ließ keine Zeit mehr verstreichen und verbündete sich offen mit den Rebellen. Am 27. Februar 1560 schloß ihr Gesandter, der Herzog von Norfolk, in Berwick, einer Stadt am Grenzfluß Tweed, mit den Vertretern der Congregation einen Vertrag. Die englische Königin verpflichtete sich darin, die Unabhängigkeit Schottlands gegen Übergriffe der Franzosen zu verteidigen und dem Herzog von Châtellerault, dem Erben der Krone, »Truppen, Munition und Artillerie« für den Kampf gegen die französischen Besatzer zur Verfügung zu stellen. Dieser Vertrag zwischen einer ausländischen Königin und aufständischen Untertanen, formuliert in der doppeldeutigen Sprache der Zeit, enthält wohlgemerkt keinerlei Hinweis, daß eine der Vertragsparteien die Ansprüche der rechtmäßigen Herrscher Franz und Maria in Frage stellen würde, obwohl es in Wahrheit genau darum ging, ihnen die Herrschaft streitig zu machen.

Nach der Unterzeichnung des Vertrags neigte sich das Kriegsglück rasch zugunsten der Engländer. Ende März vereinigte sich die englische Armee unter Lord Grey mit den Truppen der protestantischen Lords. Am 1. April flüchtete Maria von Guise schwer krank in die Festung von Edinburgh.* Der Augenblick war denkbar ungünstig, um Frankreich um Hilfe zu bitten: Zur selben Zeit ereignete sich die Verschwörung von Amboise, und die Guisen waren zu sehr mit den Problemen im eigenen Land beschäftigt, als daß sie noch Truppen zur Unterstützung ihrer Schwester hätten entsenden können. Hingegen traf für die Protestanten bald Verstärkung aus England ein. Die Franzosen saßen in Leith in der Falle, sämtliche Verbindungen nach draußen waren abgeschnitten (»nicht einmal eine Ratte wäre in die Stadt hineingekommen«, sagte Brantôme). Ihnen blieb nichts anderes übrig, als zu verhandeln. Ende Mai bevollmächtigten Franz II. und Maria Stuart fünf Kommissare, mit den Engländern über die Bedingungen eines Friedensvertrages zu sprechen.

Die politische Landschaft veränderte sich rasch. Erschöpft von den zahlreichen Kämpfen, verbittert vom Verrat und der Enttäuschung und von der Wassersucht gequält, lag die Regentin Maria von Guise im Sterben. Knox, der einst im Scherz über sie gesagt hatte, sie sei »eine Kuh, die einen Sattel auf dem Rücken« trage, frohlockte. Maria bewies bis zuletzt Charakterstärke und politisches Geschick. Sie rief die Anführer der Congregation an ihr Totenbett, umarmte sie, beschwor sie, den Bürgerkrieg zu beenden, und rief sie zu ihren Zeugen auf, daß sie niemals etwas anderes gewünscht habe als Frieden und Freiheit für alle. »Sie war«, so schildert sie der Protestant Spottiswoode, »eine aufrichtige Frau mit sicherem Urteil, menschlichem Mitgefühl und ausgeprägtem Gerechtigkeitssinn, eine Wohltäterin der Armen, ein Vorbild an Keuschheit und Anstand«. Als es zu Ende ging, hörte sie noch geduldig einen protestantischen Pfarrer an, der sie ermahnte, sie solle ihre papistischen Irrtümer aufgeben. Sie erwiderte lediglich, sie »vertraue darauf, daß Gott sie erretten werde durch die Taten und Leiden von Jesus Christus«[8]. Sie starb am 10. Juni 1560.

Als Maria Stuart in Frankreich die Nachricht vom Tod ihrer Mutter erhielt,

---

* Das Schloß von Edinburgh spielt im Leben der Maria Stuart noch öfter eine Rolle. Gemeint ist damit die Festung, die über steil abfallenden Mauern im Westen der Stadt emporragt. Das Schicksal der Monarchie hing davon ab, ob der Kommandant der Königin treu ergeben war oder nicht.

vergoß sie bittere Tränen. Neun Jahre hatten sie sich nicht mehr gesehen, aber Maria Stuarts Zuneigung und Verehrung ihr gegenüber war bis zum Schluß ungebrochen gewesen.

Der Tod der Maria von Guise hatte unabsehbare Folgen. Die königliche Macht in Schottland war verwaist. Die französischen Kommissare waren nun ganz auf sich allein gestellt und akzeptierten einen Friedensvertrag mit harten Bedingungen. Der Vertrag sah vor, daß alle französischen und englischen Soldaten Schottland räumen sollten, Franz und Maria mußten für alle Zeit auf den englischen Königstitel verzichten, die Lords der Congregation und ihre Anhänger erhielten eine vollständige Amnestie für alle Taten in den zurückliegenden zwei Jahren, schließlich sollte das schottische Parlament innerhalb eines Monats einberufen werden und einen endgültigen Beschluß über die Religionsfrage fassen. Der Vertrag wurde am 6. Juli 1560 in Edinburgh geschlossen. Für Maria Stuart hatte er in den nächsten Jahren schwerwiegende Konsequenzen.

Unmittelbar nach der Unterzeichnung des Vertrags zogen die ausländischen Truppen aus Schottland ab. Freilich war das ein einseitiger Handel, denn Elisabeth konnte ihren Soldaten jederzeit befehlen, aufs neue den Fluß Tweed zu überschreiten – Edinburgh liegt kaum hundert Kilometer von der englischen Grenze entfernt –, während die Franzosen stets die Gefahren und Ungewißheiten einer langen Seereise und einer Landung im Feindesland auf sich nehmen mußten. Mit einem Federstrich waren zwölf Jahre französischer Präsenz in Schottland ausgelöscht, der Weg war frei, aus Schottland ein englisches Protektorat zu machen.

Als die Guisen den Vertrag zu Gesicht bekamen, waren sie fassungslos und wütend. Der Bischof von Valence, Jean de Monluc, der die Gruppe der französischen Unterhändler angeführt hatte, entschuldigte sich wortreich: »Eure Majestät werden verstehen«, schrieb er am 9. Juli an Katharina von Medici, »wie überaus schwierig es gewesen ist, die Verhandlung zu einem guten Ende zu führen, um so mehr, als unser Leben in ihren Händen lag und wir uns über dreihundert Meilen entfernt von dem Ort befanden, wo wir uns Rat und Hilfe angesichts der Schwierigkeiten erhoffen konnten, die sich uns in den Weg stellten. Der Vertrag mußte mit diesen Bedingungen geschlossen werden, andernfalls wären unter unseren Augen viertausend Männer und ein Königreich verloren gewesen. Allen, die uns vorhalten, daß die Artikel nicht so sind, wie man sie sich gewünscht hätte, können wir nur entgegnen, daß man für einen besseren Frieden entweder hätte früher beginnen müssen oder den Krieg jetzt wieder aufnehmen müßte, um das Spiel ausgeglichen zu gestalten.«[9]

Tatsächlich traf Frankreich nach diesem unglücklichen Krieg in Schottland das harte Los des Verlierers. Den Beweis dafür bekamen die Franzosen bereits Anfang August, als entsprechend dem Vertrag das Parlament in Edinburgh zusammentrat. Kein Herrscher hatte das Parlament einberufen, kein Vertreter der Herrscherin war zugegen, streng rechtlich gesehen gab es demnach dieses Parlament überhaupt nicht. Die Lords der Congregation beherrschten die Versammlung, und innerhalb weniger Tage wurde praktisch ohne Widerstand die tiefgreifendste religiöse Umwälzung beschlossen, die jemals in einem Land stattgefunden hatte. Schottland sagte sich vom Papst los, das Lesen der Messe wurde verboten, Verstöße mit schweren Strafen belegt: Beim ersten Verstoß drohte die Konfiszierung des Besitzes, beim zweiten die Ächtung, beim dritten Verstoß der Tod. Die Versammlung verabschiedete ein *Glaubensbekenntnis als wohltuende und sichere Lehre, gegründet auf die unfehlbare Wahrheit des Göttlichen Wortes*, eine von Knox zusammengestellte Kurzfassung des calvinistischen Katechismus. Damit ging das schottische Parlament noch ein erhebliches Stück weiter als das englische Parlament ein Jahr zuvor, denn das englische Parlament hatte unter der Autorität der Königin Elisabeth gehandelt und überdies den vollständigen Bruch mit der katholischen Liturgie vermieden.

Am 27. August 1560 schiffte sich einer der protestantischen Führer, James Sandilands, nach Frankreich ein, um Maria Stuart und ihrem Gemahl die Beschlüsse des Parlaments zu überbringen. Er machte sich keine Illusionen darüber, wie man ihn in Frankreich empfangen würde. Das Königspaar lehnte es rundweg ab, das Parlament und seine Beschlüsse anzuerkennen, und weigerte sich, den Vertrag von Edinburgh in der vorliegenden Form zu ratifizieren. Elisabeths Gesandter beharrte auf der Ratifikation, daraufhin beschied man ihn, daß die Majestäten zunächst »hören und sehen wollten, wie sich ihre Untertanen in Schottland verhielten«.

Die Antwort auf diese Frage fiel eindeutig aus. Ohne weitere Rücksichten auf die französischen Herrscher übertrugen die Lords der Congregation, die wahren Machthaber in Schottland, die Regierung einem aus ihren Reihen gebildeten Staatsrat. Dieses Gremium wurde vollständig von den Protestanten beherrscht. Um für alle Fälle gerüstet zu sein, knüpften sie die Bande zu Elisabeth enger und schlugen ihr eine Heirat mit dem Grafen von Arran vor, einem überzeugten Calvinisten, dem Sohn des Herzogs von Châtellerault. Der Graf von Arran war der mutmaßliche Erbe von Maria Stuart, wenn sie kinderlos sterben sollte. Elisabeth bat in einer für den Grafen sehr schmeichelhaften Formulierung um Bedenkzeit. Der Graf war nicht der erste, der um ihre Hand anhielt, und er blieb nicht der letzte.

In Frankreich war man augenblicklich nicht geneigt, sich in ausländische Feindseligkeiten einzumischen. Immer deutlicher regten sich Vorbehalte und Widerstand gegen die antiprotestantische Politik der Guisen. Die Königinmutter Katharina von Medici sah in den nur allzu offensichtlichen Bestrebungen der »Lothringer« mittlerweile eine Gefahr für das Herrscherhaus. Sie begann das Doppelspiel, mit dem sie einige Jahre später die Politik vollständig beherrschte. Heimlich empfing sie Abgesandte der Hugenotten und ließ sich von ihrer Schwiegertochter bei der Lektüre protestantischer Propagandaschriften überraschen (als der Herzog von Guise davon erfuhr, soll er sich »wie ein Verrückter« aufgeführt haben). In der Provence, der Dauphiné und in Lyon brachen Unruhen aus.

Die Guisen reagierten entschlossen. Mühelos gelang es ihnen, ihren jungen Neffen davon zu überzeugen, daß er ohne Zögern hart durchgreifen müsse. Für den 10. Dezember wurden die Generalstände nach Orléans einberufen. Die Stadt wurde von Soldaten umstellt, der Fürst von Condé, der wichtigste Anführer der Hugenotten, wurde sofort nach seiner Ankunft verhaftet. Inzwischen lagen Beweise vor, daß er die Verschwörung von Amboise angestiftet hatte. Er wurde zu einem Schnellverfahren vor Gericht gestellt und am 26. November 1560 zum Tode verurteilt.

Die Chroniken über diese bewegten Zeiten berichten wenig über Maria Stuart. Es gibt keine Anhaltspunkte dafür, daß sie oder ihr Ehemann auf den Gang der Ereignisse irgendeinen Einfluß hatten. Das königliche Paar lebte in Liebe vereint und spielte in der Politik keine bedeutende Rolle.

Im September sprach man hinter vorgehaltener Hand davon, die junge Königin sei schwanger. Manche erzählten ganz offen, Franz sei buchstäblich verrückt nach seiner Frau und habe sich mit sexuellen Ausschweifungen die Gesundheit ruiniert. Diesen Standpunkt übernahm später Michelet: »Er ist an Maria Stuart gestorben.« Andere Stimmen hingegen behaupteten, der König sei impotent. So schreibt der Protestant Régnier de La Planche, ein parteilicher, aber meistens gut informierter Zeuge: »Seine Fortpflanzungsorgane waren vollkommen verstopft und verschlossen, gänzlich unbrauchbar.«

Wie dem auch sei, auf jeden Fall befand sich der junge Mann (zum Zeitpunkt der Eheschließung war er, wie wir uns erinnern, gerade vierzehn gewesen) in einem beklagenswerten Gesundheitszustand. Seit der Kindheit hatte er Beschwerden an der Nase und den Ohren. »Er spuckte nicht und schneuzte sich nicht«, wahrscheinlich Folge einer Mißbildung der Nasennebenhöhlen. Sein Gesicht war fahl mit häßlichen roten Flecken. Die einfachen Leute erzählten sich, er leide an Lepra und als Behandlung habe man ihm Bäder im Blut kleiner Kinder verordnet. Die Katholiken warfen den Protestanten vor, sie hätten diese schreckliche Verleumdung in die Welt gesetzt; und die Protestanten machten die Guisen dafür verantwortlich. Zumindest zu einem Teil mag die Ungewißheit, wie sich die Gesundheit des Königs entwickeln würde, erklären, warum die beiden Onkel von Maria Stuart mit so fieberhafter Eile versuchten, die Dinge voranzutreiben, das Schicksal zu bezwingen.

Aber die Natur kam ihnen zuvor. Am 16. November 1560 – drei Wochen bevor die Generalstände eröffnet werden sollten – ritt Franz II. zur Jagd in einen Wald bei Orléans. Es war ein kalter, regnerischer Tag. Nach der Rückkehr klagte er über Ohrenschmerzen. Am Abend des 17. November wurde er in der Kirche der Jakobiner in Orléans ohnmächtig. Sein linkes Ohr war entzündet und sonderte »eine übelriechende Flüssigkeit« ab. Man brachte ihn eilends in sein Schlafgemach. Das Fieber stieg rasch, er sank in ein Fieberdelirium, »litt große Schmerzen, war sehr unruhig und sprach verwirrt«. Innerhalb der nächsten Tage verbreitete sich die Nachricht im Land: Franz lag im Sterben.

Trotz der eisigen Kälte zogen die Menschen in Prozessionen durch die Straßen. Wenn der junge Mann bei Bewußtsein war, flehte er Gott an (so berichtet uns der Protestant Régnier de La Planche), ihn lange genug am Leben zu lassen, daß er die Ketzer vernichten könne. Der Herzog von Guise bedachte die Ärzte mit so schrecklichen und gotteslästerlichen Verwünschungen, »daß sie eher aus dem Mund eines Tobsüchtigen zu kommen schienen als von einem Menschen mit klarem Verstand«. Er mußte zusehen, wie die Macht ihm in dem Moment entglitt, wo er endlich glaubte, sie sei ihm für immer sicher.

Es ging das Gerücht um, ein hugenottischer Barbier habe dem König ein Gift ins Ohr geträufelt, in anderen Versionen war es ein schottischer Kammerdiener, aber die kränkliche Veranlagung des jungen Mannes erklärt die Infektion hinreichend.

Maria Stuart war verzweifelt, sie verließ das Krankenzimmer ihres Gemahls nicht mehr und pflegte ihn. Sie liebte ihn mit kindlicher Zuneigung, vielleicht auch mit der Liebe einer Frau. Eine Trepanation wurde vorgeschlagen, Maria Stuart lehnte sie ab, ebenso die Königinmutter. Vielleicht war ihre Entscheidung falsch, aber sie wußten beide, daß dem armen Jungen nicht mehr zu helfen war, und sie wollten ihm die fürchterlichen Schmerzen ersparen, die damals eine Operation bedeutete.[10]

Franz II. starb am 5. Dezember 1560 nachmittags um fünf Uhr. Er war nicht einmal siebzehn Jahre alt geworden.

Maria Stuart war mit achtzehn Witwe, drei Tage nach dem Tod ihres Ehemannes hatte sie Geburtstag. In Frankreich bedeutete sie nichts mehr, die

Schotten erkannten ihre Herrschaft nicht an und spotteten über sie, und für die Königin von England war sie eine Rivalin und Feindin.

Innerhalb von zwei Jahren hatte sich ihr Schicksal entschieden. Und ihr Leben sollte noch fünfundzwanzig Jahre währen.

ZWEITER TEIL

Ihre Schönheit, ihre Eleganz, ihre blühende Jugend und ihr feinsinniger Geist, alles trug dazu bei, daß man sie liebte.

George Buchanan, *Rerum Scoticarum Historia,* 1583.

4

»Leb wohl, Frankreich, ich werde dich wohl nie wiedersehen«

Kein Herrscher war schneller vergessen als Franz II. Da jedermann mehr mit der Zukunft als mit der Vergangenheit beschäftigt war, wurde der König »nach Hugenottenart« in aller Eile lieblos begraben. In Frankreich und Schottland frohlockten die Protestanten. John Knox jubelte, Franz sei »an dem Eitergeschwür im Ohr gestorben, das ihn immer daran gehindert« habe, »auf das Wort Gottes zu hören«.[1] Die Macht der Guisen war im Schwinden begriffen, und Katharina von Medici taktierte zwischen den verschiedenen Parteien.

Während des Aufruhrs am Hof zwischen Dezember 1560 und dem Anfang des folgenden Jahres war die junge Witwe Maria Stuart abwesend und doch sehr gegenwärtig. Abwesend, da ihr die Hoftrauer vierzig Tage lang strenge Zurückgezogenheit auferlegte, von denen sie die ersten beiden Wochen in einer schwarz verhangenen Kammer verbringen mußte, Tag und Nacht nur bei Kerzenlicht. Gegenwärtig insofern, als in allen Kanzleien angestrengt über ihr weiteres Schicksal nachgedacht wurde und sie in aller Munde war.

Erstmals trat Marias Persönlichkeit jetzt deutlich hervor. War die Königin bisher eine liebenswerte und reizvolle junge Frau ohne politische Bedeutung gewesen, so stellte sich paradoxerweise jetzt, da sie den französischen Thron verloren hatte, heraus, daß sie mehr war als nur eine politische Schachfigur: Maria trat als Person in Erscheinung.

Daß sie unter dem Tod des Gatten aufrichtig gelitten hat, ist nicht zu bezweifeln. Nach sämtlichen Zeugnissen der Zeit war sie tief erschüttert, und sie hatte allen Grund dazu. In ihren selbst verfaßten Gedichten klingt ihre Trauer nach.

> In mein trauriges und süßes Lied
> Mit seinem Klageton
> Lege ich das ganze Leid
> Des unvergleichlichen Verlusts:
> In meinem brennend' Schmerz
> Verbringe ich die besten Jahre ...

Ein anderes Gedicht ist stark von Ronsard beeinflußt:

> Wo immer es auch sei
> Ob in Wald und Flur
> Ob morgens oder tags
> Ob zur Vesperstund'
> Stets spürt mein Herz
> Den Blick des Fernen auf sich ruh'n.[2]

Andererseits war Maria natürlich nicht entgangen, daß man sich um sie herum aktiv um ihre Wiederverheiratung bemühte. Angesichts heutiger Gepflogenheiten mag das so kurz nach dem Begräbnis von Franz II. überraschen. (Im letzten Jahrhundert hat der puritanische Historiker Froude Maria Stuart, die eigentlich nichts dafür konnte, sogar empört Vorwürfe gemacht.) Im 16. Jahrhundert war es dagegen selbstverständlich, daß man so rasch über einen möglichen neuen Gatten für Maria nachdachte: Ob Witwe oder nicht, eine achtzehnjährige Königin konnte unmöglich ledig bleiben. Obwohl Schottland ein armes Land war, das von Unruhen erschüttert wurde, spielte es doch eine Rolle im Verhältnis der europäischen Kräfte, und jeder mußte versuchen, es sich einzuverleiben. Als Witwe oder als Frau eines Grundherrn hätte Maria Stuart durchaus in Frankreich bleiben können. Ihre Leibrente, die schon am 20. Dezember vom neuen König Karl IX. bestätigt wurde, war mehr als üppig: sechzigtausend Pfund zu zwanzig tourischen Sous im Jahr, gedeckt durch das Herzogtum Touraine und die Grafschaft Poitou, durch »Baronien, Schlösser, Vogteien, Marktflecken, Dörfer, Vasallen, Untertanen, Pachtzinse, Renten, Backöfen, Mühlen, Teiche, Flüsse, Wälder, Gebüsche, Kaninchenreviere, Weiden, Wiesen, Anwesen, Zehnten, Kehrzehnten, Fruchtzins, Weg-, Brücken- und Fährzoll, Lehen und Afterlehen, Leibeigenschaften, Heimfallsrechte, Strandgut, Geldstrafen, Ahndung von Lehnsfrevel, Beschlagnahme, Erträge aus Lehen, Herrschaftsrechte und -pflichten sowie alles weitere«.[3] (Ein insgesamt erkleckliches Einkommen, wenn man sich bei solchen Aufzählungen damals auch gern wiederholte.)

Da mit dem Tod Franz' II. die Macht der Guisen gebrochen war, hatte Maria in Frankreich aber nur eine dürftige Stellung in Aussicht. Sie hatte weder das Alter noch die richtige Einstellung, um den Schleier zu nehmen wie später die Witwen Karls IX. und Heinrichs III. Außerdem verlangten die Schotten ihre Rückkehr, und ihrem Charakter gemäß zog sie die Krone eines unbedeutenden Landes einem Leben als Untertanin vor. Zudem darf ein wichtiger Aspekt nicht vergessen werden: Bei ihrer Ex-Schwiegermutter Katharina von Medici, die jetzt an die Macht kam, war sie nicht wohlgelitten. Es hieß damals, Maria habe es sich mit der Königinmutter schon als Dauphine oder junge Königin verscherzt, als sie Katharina eine »Krämerstochter« genannt habe. Daß eine blaublütige Prinzessin so etwas über eine Medici gesagt haben könnte, ist in der Tat möglich und wahrscheinlich. Allerdings gibt es auch andere Gründe, warum Katharina der Stuart nur laue Gefühle entgegenbrachte. Der Stern der kleinen Schottin war zehn oder zwölf Jahre gestiegen und hatte den der Florentinerin schließlich überstrahlt. Michelet schildert anschaulich, wie Maria mit den Kronjuwelen die verärgerte Schwiegermutter Katharina auf den zweiten Platz verwiesen hat. Nach dem Tod Franz' II. hat sich wohl keine der beiden Königinnen ein weiteres und dauerhaftes Zusammenleben gewünscht.

Am 6. Dezember mußte Maria die Kronjuwelen, die ihr als regierender Königin verliehen worden waren, den Regeln entsprechend zurückgeben.[4] Das war nicht ungewöhnlich, und wenn manche dahinter Katharinas Rache vermuten, so ist das ganz irrig. Dennoch war dieser formelle Akt, der in einer offiziellen Urkunde ordnungsgemäß bestätigt wurde, fast eine symbolische Handlung, die den protokollarischen Rückzug der jungen Witwe aus dem öffentlichen Leben bedeutete.

In der Folge bekam auch die protestantische Partei, einst von den Guisen fast völlig verdrängt, wieder Auftrieb und begann dreister aufzutreten. Damit leitete die Königinmutter jene Politik der falschen Rücksichten, Kompromisse und fein dosierten Zugeständnisse ein, die Frankreich rasch in den Ruin treiben sollte. Obwohl Katharina den Guisen nicht formell die Gunst entzogen hatte – dazu war sie zu geschickt und zu schwach –, kehrten sie dem Hof den Rücken: Maria verlor ihre wichtigsten Stützen.

Wenigstens mochte sie der kleine König Karl IX., es hieß sogar, er habe sich in Maria verliebt und wolle sie heiraten.[5] Aber seine Mutter, die für ihn die Regentschaft ausübte, dachte bestimmt nicht daran, der Laune eines Zehnjährigen nachzugeben. Eineinhalb Jahre Herrschaft der Guisen durch deren Nichte waren genug.

In Maria Stuarts Umgebung wurden bereits andere Intrigen gesponnen. Die wichtigste, die wohl die Guisen angezettelt hatten (Beweise dafür gibt es nicht), zielte darauf ab, sie mit dem damals sechzehnjährigen spanischen Erbprinzen Don Carlos zu verheiraten, dem Sohn Philipps II. und seiner ersten Frau Maria von Portugal. Worum es bei diesem diplomatischen Schachzug ging, liegt klar auf der Hand: Schottland sollte durch eine Verbindung mit Spanien wieder dem Katholizismus zugeführt und der Protestantismus, den Elisabeth und die französischen Protestanten immer unverhohlener unterstützten, wieder zurückgedrängt werden. Unklar blieb indes, welche Vorteile Spanien von der Eheverbindung haben sollte: Immerhin lief das Land Gefahr, in einen Krieg mit England verwickelt zu werden.

Zwischen Ende Dezember 1560 und Anfang Januar 1561 ist in der gesamten diplomatischen Korrespondenz von einer möglichen Heirat Marias mit dem Infanten Don Carlos die Rede. Katharina von Medici reagierte prompt und energisch. Eine Verbindung der Guisen über die Stuart mit Spanien hätte katastrophale Folgen gehabt. Als einzigen Ausweg schlug sie eine Heirat des Infanten mit ihrer eigenen Tochter Margarete von Valois vor, mit der späteren »Reine Margot«. Daß Margarete erst neun Jahre alt war, hatte nichts zu bedeuten, da man nur abzuwarten brauchte. »Jeder an diesem Hof«, schrieb am 16. Januar der spanische Botschafter Chantonnay, »hat so oft von der Heirat unseres Prinzen mit der Königinwitwe gesprochen, daß die Königinmutter nun eifersüchtig ist und vermutet, hinter all dem stecke das Haus Guise.« Katharina von Medici schickte mahnende Briefe an Sébastian de L'Aubespine, ihren Botschafter in Madrid. Sie stellte in Aussicht, persönlich nach Spanien zu reisen und Margarete Philipp II. vorzustellen, damit »der katholische König alle Pläne, die er möglicherweise zum Schaden des besagten Königreiches schmiede, aufschiebe und fahrenlasse«.[6] Der Gedanke an eine Heirat zwischen Don Carlos und Maria Stuart wurde für Katharina zu einem Alptraum, der sie bis zum März 1561 verfolgen sollte.

In Wahrheit war ihre Angst übertrieben, da Philipp II. die Verbindung nicht ernsthaft erwog. Wenn der Gedanke auch später eine Rolle spielen sollte, so bemühte sich der Katholische König im Augenblick doch vornehmlich um ein Bündnis mit England. Da der wahre Feind noch immer Frankreich hieß, hatte er sogar schon an eine Heirat mit Elisabeth gedacht. Es sollten noch Jahre vergehen, bis die protestantische Königin zu seiner Todfeindin wurde. 1561 kam es für ihn jedenfalls nicht in Frage, Elisabeth durch eine Verbindung mit Schottland zu verärgern.

Während die französische Königinmutter ihre Agenten durch Europa schickte, um die Heiratspläne der Ex-Schwiegertochter zu durchkreuzen, kehrte Maria, deren Trauerzeit abgelaufen war, langsam ins öffentliche Leben zurück. Ziemlich ungeschickt – vielleicht konnte sie auch nicht anders – suchte sie aber, statt sich wieder am Hof sehen zu lassen, Zuflucht bei den Guisen: zunächst in Reims bei ihrer Tante, der Äbtissin von Saint-Pierre (wo ihre Mutter, Maria von Guise, bald die letzte Ruhe finden sollte), dann in Nancy bei ihrem Vetter, dem Herzog von Lothringen, und schließlich in Joinville bei ihrer Großmutter Herzogin Antoinette. Dies war gewiß nicht die richtige Art, wie man Katharinas Gunst wiedergewann. Aber Maria Stuart hatte im Februar und März 1561 andere Sorgen, als die Ex-Schwiegermutter zu hofieren. Sie mußte eine zukunftsträchtige Entscheidung fällen: Sollte sie nach Schottland zurückkehren oder nicht?

Maria hatte die Heimat vor dreizehn Jahren verlassen. Die dortige Gesellschaft hatte seither eine politische und religiöse Umwälzung durchgemacht. Das Parlament vom August 1560 machte den Protestantismus zur Staatsreligion und verbot die Messe, und Schottland wurde von einem von Protestanten dominierten Staatsrat regiert. Mehr denn je gab es die königliche Macht nur dem Namen nach. Die Lords des Rates trafen »im Namen der Königin« Entscheidungen, von denen sie genau wußten, daß sie die Königin nie gebilligt hätte.

Vor diesem Hintergrund hätte man zweierlei vermuten können: daß Maria Stuart wenig Neigung verspürte, in das unbotmäßige Land zurückzukehren, wo sie sich als Katholikin und halbe Französin nur schwer Gehorsam würde verschaffen können; und daß die Lords des schottischen Rates eine Rückkehr der jungen Königin, die fast zur Ausländerin, wenn nicht zur Feindin geworden war, gar nicht wollten.

Genau das Gegenteil war der Fall. Seit dem Tod Marias von Guise war die Krone in Edinburgh nicht mehr wirklich vertreten gewesen. Die Lords besannen sich darauf, daß ihre Macht auf rechtlich schwankendem Boden stand und leicht zu Fall gebracht werden konnte. James Stuart, der immer mehr zur wichtigsten Figur im Rat wurde, entdeckte die Vorteile einer Übereinkunft mit der Königin, seiner Halbschwester: Sie hätte dem Rat, auf den er seinen Ehrgeiz gründete, eine solidere Legitimation geben können. Nur den unversöhnlichen Protestanten graute beim Gedanken, daß die Königin, eine Papistin und Götzendienerin, wieder ins Land zurückkehren würde. Nach heftigen Debatten entlockte James Stuart dem Rat das Versprechen, daß Maria in ihrer Privatkapelle die Messe feiern dürfe, wenn sie den Calvinismus, seit August 1560 Staatsreligion, respektiere. John Knox protestierte, aber Stuart, der dem Reformator nicht zum letzten Mal die Stirn bot, setzte sich durch.

Mit diesem Angebot in der Tasche reiste er am 15. Januar 1561 nach

Frankreich ab. Allerdings machte er zuvor Halt in England, wo er Elisabeth seine Treue bekundete und sich von ihr die Pension, die sie ihm zahlte, bestätigen ließ. Er spielte von Anfang an ein Doppelspiel. Auch die Katholiken Schottlands verloren keine Zeit und schickten den Geistlichen John Leslie, den späteren Bischof von Ross, nach Frankreich. Leslie sollte der Königin vorschlagen, mit Hilfe französischer Truppen den Katholizismus wieder in Schottland einzuführen und alle protestantischen Gesetze, die ohne ihre Zustimmung beschlossen worden waren, außer Kraft zu setzen, was einem katholischen Staatsstreich gleichgekommen wäre.

Für diese zweite Lösung gab es Argumente genug: Die junge Königin hing persönlich am römischen Glauben, hätte gerne über ihr Land geherrscht wie ein französischer König und neigte von Natur aus dazu, dem französischen Einfluß den Vorzug zu geben. Doch so einfach war die Sache nicht. Der Kardinal von Lothringen – in diesen entscheidenden Tagen der wichtigste Ratgeber seiner Nichte – wußte, daß man in Schottland den Katholizismus nur um den Preis eines Krieges (eines Bürgerkrieges und eines militärischen Konfliktes mit England, dessen Ausgang zudem ungewiß war) wieder einführen konnte. Die Partei der Guisen verlor in Frankreich, wo sich Katharina von Medici immer stärker den Hugenotten zuwandte, deutlich an Einfluß: In einem solchen Augenblick ließ man sich besser nicht auf das Abenteuer im nebligen Kaledonien ein.

Zudem spekulierte Maria Stuart selbst schon zu diesem Zeitpunkt und bis zum Lebensende weniger auf den schottischen als vielmehr auf den englischen Thron. Ihr gesamter Ehrgeiz richtete sich entschieden darauf, Elisabeths Nachfolgerin zu werden. Auch wenn sie nicht wie Heinrich IV. in entsprechender Lage später dazu bereit war, ihren Glauben für die Krone von England zu wechseln, wollte sie sich mit ihrer Cousine doch unter keinen Umständen überwerfen. Und da Elisabeth bekanntlich James Stuart und die Congregation unterstützte, zeigte Maria guten Willen und einen versöhnlichen Geist, um sich mit ihnen zu verständigen.

In der Situation darf schließlich der persönliche Einfluß des James Stuart nicht unterschätzt werden. Er war eine der stärksten Persönlichkeiten seiner Zeit, und alles deutet darauf hin, daß er auf seine Halbschwester schon bei der ersten kurzen Begegnung tiefen Eindruck gemacht hat. Seine Stippvisite in Frankreich war nicht ihre erste Begegnung: Der zehn oder elf Jahre ältere James hatte die damals sechsjährige Maria in die neue Heimat begleitet, aber anders als im Jahre 1548 war er diesmal keine zweitrangige Figur mit ungewissem Schicksal. Er hatte mit Erfolg auf die Congregation gesetzt und die Früchte seiner Entscheidung geerntet. Allerdings war ihm als illegitimem

Sohn Jakobs V. mit der bedeutenden Lady Margaret Erskine* wie allen königlichen Bastarden die kirchliche Laufbahn bestimmt gewesen. Als Titular eines reichen Klosters wurde er »Prior von St. Andrews« oder einfach »Lord James« genannt. Da er 1561 noch nicht verheiratet war, konnte er, wenn er wollte, in den Schoß der katholischen Kirche zurückkehren. Maria soll ihm einen Kardinalshut versprochen haben, wenn er sich von der calvinistischen Partei abwenden würde. Aber er witterte offenbar, daß sich ein Bündnis mit der englisch-protestantischen Partei besser auszahlen würde als eines mit der französisch-katholischen, und lehnte das Angebot ab.

Wie aufrichtig sein Bekenntnis zur Partei Knox' war, ist bei den Zeitgenossen und Historikern umstritten. Knox vertraute ihm nicht blindlings, benutzte ihn aber für seine Zwecke. James war auf alle Fälle kein Fanatiker und hatte seinen Glauben wie viele Menschen seiner Zeit eher aus pragmatischen Gründen gewählt. Er war ein führender Kopf der protestantischen Partei und baute auf dieser Entscheidung seine Karriere auf, die über alle Erwartungen hinaus erfolgreich verlaufen sollte.

Ein dauerhafter Bestandteil seiner Politik, den viele als Verrat betrachteten, war seine Treue zu England. James Stuart wurde von Elisabeth bezahlt und machte daraus kaum einen Hehl, wie sich an mancher Stelle in den Briefen des Botschafters Randolph zeigt. Das besagt aber keineswegs, daß ihm die Interessen Schottlands gleichgültig waren. Wahrscheinlich glaubte er aufrichtig, daß dem Wohl seines Vaterlandes mit einem Bündnis mit England am besten gedient sei. Als er wenig später zum wichtigsten Ratgeber seiner Halbschwester wurde, setzte er sich mit aller Kraft dafür ein, daß sie zu ihrer Cousine in London weiterhin gute Beziehungen pflegte. Erst viel später schlug sich James Stuart auf die Seite Elisabeths gegen Maria, wozu ihn freilich auch andere gedrängt hatten.

Maria Stuart empfing den katholischen Gesandten Leslie am 5. April 1561 in Vitry-le-François. Sie unterhielt sich freundlich mit ihm, wollte sich aber unter keinen Umständen auf die militärische Intervention einlassen, zu der Graf Huntly sie drängte. Allerdings war sie von Leslie persönlich beeindruckt, und er wurde später ein besonders wichtiger und loyaler Ratgeber.

---

* Jakob V. war bei James' Geburt noch nicht verheiratet. Margaret Erskine behauptete später, der König habe sie heimlich geheiratet und James sei folglich ein legitimer Sohn und Thronerbe. Bis zum Tod Jakobs V. im Jahre 1542 war davon noch keine Rede gewesen. Aber zwanzig Jahre später wurde James von zahlreichen Gegnern verdächtigt, er wolle seine Halbschwester stürzen und sich selbst zum König krönen lassen. Wenn es dafür auch keine Beweise gibt, so scheint die Sache doch nicht völlig aus der Luft gegriffen.

Am nächsten Tag empfing sie James Stuart in Saint-Dizier. Er unterbreitete ihr die Vorschläge der Lords des Rates und versprach, daß sie selbst ihren Glauben in Schottland frei praktizieren könne. Maria hielt James, der sich ihr auch als Ratgeber und Unterstützer anbot, durchaus für vertrauenswürdig. Sie sollte sich ihr ganzes Leben auf Männer mit eisernem Willen stützen und sich allzusehr von ihnen beeinflussen lassen: Es war der Fall bei ihrem Onkel, dem Kardinal von Lothringen, ihrem Halbbruder James und dann bei Bothwell. Dies trug später mit zu ihrer Tragödie bei, denn Maria mußte mehrmals aus verschiedenen Gründen feststellen, daß sie dem Falschen vertraut hatte.

Jedenfalls stand die Sache im Mai 1561 für Maria fest: Sie würde nach Schottland zurückkehren, aber nicht an der Spitze einer französischen Armee, um den Katholizismus und die königliche Macht wiederherzustellen. Maria wollte vielmehr mit dem Olivenzweig in der Hand kommen und der protestantischen Partei die Errungenschaften vom Vorjahr garantieren. Praktisch begab sie sich damit in die Position einer Geisel. Hätte sie etwas anderes tun können? Angesichts der politischen Lage im Jahre 1561 eigentlich kaum. Besonders eifrige Historiker haben Maria diese Quasi-Abdankung gleich zu Anfang ihrer Regierungszeit zum Vorwurf gemacht. Eine Alternative hätte allerdings nur im unkalkulierbaren Risiko eines Krieges gelegen.

Trotzdem hatte der Entschluß, James Stuarts Rat zu folgen, bedeutende Konsequenzen. Zunächst einmal waren die schottischen Katholiken, die sich von der Rückkehr der Königin die wiedergewonnene Macht erhofft hatten, mit gutem Grund enttäuscht. Und bald beunruhigte Maria auch die Katholiken auf dem Kontinent, vor allem die Spanier und den Papst, die ihre Politik als ungeschickt, ja als verräterisch betrachteten. Außerdem konnte Maria Stuart nach ihrem Versprechen vom Anfang kaum noch eine katholische Restauration versuchen, wenn sie nicht als doppelzüngig gelten wollte. Von Anfang an bestand zwischen Maria und ihrem Volk eine Kluft, die sich in den folgenden Jahren noch vertiefen sollte.

War Maria glücklich, als sie in die Heimat zurückkehrte? Brantôme bestreitet das: »Hundertmal lieber wäre sie als einfache Königinwitwe in Frankreich geblieben, statt ihre unbotmäßigen Ländereien zu regieren. Doch ihre Herren Onkel hatten ihr dazu geraten, ja sie dazu gedrängt.«[7] Brantômes Behauptung trifft möglicherweise zu: Mit zwanzig Jahren verläßt man den Schauplatz der Kindheit, die Jugendgefährten, das gewohnte Umfeld und die vertrauten Menschen nicht gern. Aber die Aussicht auf Freiheit und Macht hat auch ihren Reiz. Maria Stuart hatte das Leben noch vor sich. Was hatte ihr Frankreich, in dem Katharina von Medici die Regentschaft ausübte, schon zu bieten? In Edinburgh würde sie über sich selbst bestimmen und vor allem selbst entscheiden können, wen sie zu ihrem neuen Gatten nehmen würde. Ihre Entscheidung lag, insgesamt gesehen, also doch sehr nahe.

Vor der Abreise mußte sie sich allerdings noch das Wohlwollen ihrer Cousine in England sichern. Elisabeths einziges Anliegen zu diesem Zeitpunkt war der Vertrag mit den schottischen Lords vom Vorjahr. Da er für Maria den endgültigen Verzicht auf die englische Krone bedeutete, hatte sie es bereits entschieden abgelehnt, ihn zu ratifizieren. Elisabeth würde eine abermalige Weigerung als Wortbruch betrachten: Die französischen Bevollmächtigten hatten den Vertrag im Namen Franz' II. und seiner Gattin paraphiert. Maria hatte also die Pflicht, aus der Bindung, die ihre Vertreter für sie eingegangen waren, die Konsequenzen zu ziehen.

Maria hatte sofort nach Ende der strengen Trauer, als sie ihre Kammer verlassen hatte, einen Kondolenzbesuch des Grafen von Bedford erhalten. Bedford, den Elisabeth gesandt hatte, erinnerte bei der Gelegenheit an die Ratifizierung des Vertrages. Maria versicherte die Cousine in der Antwort ihrer Freundschaft, sagte aber im Hinblick auf den Vertrag: »Ich bin ohne meinen Rat hier, und bevor ich nicht die Meinung der Adligen und Weisen meines Königreichs eingeholt habe, kann ich unmöglich eine so schwerwiegende Entscheidung treffen.«[8] Das war sicher eine Ausrede, worüber sich Bedford nicht hinwegtäuschte. Elisabeth ahnte, daß sie die heißbegehrte Ratifizierung nie bekommen würde. Damit war das Verhältnis der beiden Frauen von Anfang an belastet.

Elisabeth reagierte auf die Antwort prompt übertrieben und ohne Anstand. Da Maria den Vertrag von Edinburgh nicht ratifiziert hatte, verweigerte sie ihr das freie Geleit und ließ wissen, daß die Königin von Schottland in England unerwünscht sei. In Europa wurde der feindselige Akt ungünstig aufgenommen, und selbst der englische Botschafter Throckmorton, der Maria Stuart die unerfreuliche Nachricht zu überbringen hatte, war peinlich berührt. Der Botschafter von Venedig sagte in einem Schreiben, die Haltung verstoße »gegen göttliche und menschliche Gebote«[9]. Was hatte Elisabeth, die gewöhnlich nicht so impulsiv war, zu der feindseligen Geste gegenüber ihrer Verwandten getrieben, die immerhin für lange Jahre ihre Nachbarin werden würde? Einige Historiker, die James Stuart und der protestantischen Partei nicht wohlwollend gesinnt sind, haben die Vermutung angestellt, sie hätten Elisabeth dazu gedrängt, Maria das freie Geleit zu verweigern. Tatsächlich schrieb der englische Minister Cecil damals: »Weder die Lords in Schottland noch wir hier können wünschen, daß die Königin in ihr Königreich zurückkehrt.« Als sich nach dem Tod Franz' II. eine französische Gesandtschaft nach Edinburgh aufgemacht hatte, war ihre Mission schon damals sehr ungünstig verlaufen: Die Schotten beklagten sich wie immer über die Franzosen, und Frankreich beharrte unvernünftigerweise auf seiner Rolle als großer Bruder des kleinen Königreichs im Norden. Dennoch leuchtet nicht ein, welches Interesse James Stuart gehabt haben sollte, Maria an der Rückkehr nach Schottland zu hindern. Immerhin hatte sie die Bedingungen akzeptiert, die ihr der Rat für diese Reise gestellt hatte.

Insgesamt betrachtet, sieht es ganz so aus, als sei Elisabeth in der traurigen Affäre dem Rat der eigenen Minister gefolgt, die größtes Interesse daran hatten, daß die politische Lage in Schottland weiterhin verworren und instabil blieb. Elisabeth lieferte der Cousine damit ungewollt Gelegenheit, erstmals Profil zu zeigen und die Rolle zu spielen, die sie vor der Weltöffentlichkeit bis zu ihrem Ende spielen würde. Während sich die Königin von England als zänkisches und rachsüchtiges Weib zeigte, schlug Maria Stuart, eine junge Witwe und Waise, die beharrlich den Verfolgungen der Feinde ausgeliefert war, in den Monaten Mai bis Juli 1561 eine Welle von Sympathie und verdienter Bewunderung entgegen.

Der englische Botschafter in Paris, Sir Nicholas Throckmorton, der in dieser Angelegenheit wider Willen als Vermittler diente, konnte nicht umhin, mit der Vorsicht seines diplomatischen Stils anklingen zu lassen, daß er für Maria Hochachtung empfand, weil sie in dieser heiklen und demütigenden Situation Haltung bewiesen hatte. Nach der Art, wie er in seinen Depeschen Marias Reaktion schildert, teilte er fast schon ihren Standpunkt. »Es tut mir sehr leid«, habe sie ihm erklärt, »daß ich mich vergessen und Eure Königin um eine Gunst gebeten habe, um die ich durchaus nicht hätte bitten müssen. Ich muß ihr über meine Reisen nicht mehr Rechenschaft geben, als sie mir über ihre Rechenschaft geben muß. Ich brauche ihre Erlaubnis nicht, um in meine Staaten zurückzukehren. Ihr wiederholt stets, daß die Freundschaft zwischen ihr und mir notwendig und dienlich sei. Doch leider sehe ich, daß sie offenbar nicht der Meinung ist und daß ihr die Freundschaft zu meinen ungehorsamen Untertanen wichtiger ist als die zu mir. In Wahrheit ermuntert mich ihre Haltung, mir Freunde dort zu suchen, wo ich es nicht vorgesehen hatte. Ich stehe ihr in nichts nach, und es fehlt mir ebensowenig an Verbündeten und Freunden wie ihr.«[10]

Man kann sich gut vorstellen, wie betreten Throckmorton sich Marias Antwort anhörte, die ganz sicher ihre Berechtigung hatte. Die Maria Stuart zugefügte Beleidigung war so offenkundig, daß selbst Katharina von Medici offiziell protestieren mußte. Und die Ratifizierung des Vertrages von Edinburgh war mit einem Schlag in noch größere Ferne gerückt: Angesichts der unfreundlichen Haltung war Maria weniger denn je geneigt, ihre Rechte als Erbin der Cousine ohne Gegenleistung aufzugeben. »Ich wäre dumm und leichtsinnig, wenn ich eine Verpflichtung einginge, ohne meinen Rat befragt zu haben«, wiederholte sie. Sie berief sich darauf, daß sie als Königin eigentlich hätte erwarten dürfen, daß sich ihre »gute Schwester« angesichts der Unbotmäßigkeit ihrer Untertanen solidarisch zeigen würde. »Eure Königin weiß sehr wohl, daß in meinem Land wegen der religiösen Angelegenheiten großer Aufruhr herrscht. Aber es gibt keinen Grund, warum Untertanen ihrer Herrscherin ihr Gesetz aufzwingen sollten [...] Ich habe nicht die Absicht, meine Untertanen in religiösen Dingen zu bevormunden, verlange aber, daß auch sie nicht darangehen, mich zu bevormunden. Ich halte meine Religion für diejenige, die Gott am angenehmsten ist, und ich habe nicht die Absicht, sie zu wechseln.«[11]

Throckmorton, ein erfahrener Diplomat, durchschaute sicher sofort, wieviel Sprengstoff diese Haltung der jungen Königin für die Zukunft enthielt, was ihn als loyalen Engländer und Protestanten sicher gefreut haben dürfte. Aber im Augenblick war das Kernproblem noch immer die Reise. Die Königin von England blieb in der Frage des freien Geleits unnachgiebig – daß James Stuart bei seiner Rückkehr aus Frankreich in London Halt gemacht hatte und mit ihr zusammengetroffen war, kann verschieden interpretiert werden. Aller Wahrscheinlichkeit nach hat er sich für Maria Stuart eingesetzt, für die ein Rückzieher zu diesem Zeitpunkt nicht mehr in Frage kam. Wie sich später noch öfter zeigte, spornten Hindernisse Maria eher an, als daß sie sie abschreckten. »Monsieur l'ambassadeur«, erklärte sie Throckmorton am 21. Juli, »wenn meine Vorbereitungen nicht schon so weit gediehen wären, würde ich auf die Reise vielleicht verzichten. Nun aber bin ich entschlossen zu fahren, was auch immer geschieht. Ich hoffe, die Winde sind günstig. Sollte ich durch ein Unglück in England landen müssen, so bin ich meiner Schwester Königin Elisabeth auf Gedeih und Verderb ausgeliefert. Wenn sie grausam ist und meinen Tod will, kann sie ihn herbeiführen. Vielleicht wäre das für mich besser, als am Leben zu bleiben. Aber es wird geschehen, wie Gott will.«[12]

In diesen ergreifenden Worten zeigt Maria Stuart ihre Vorliebe für das Pathos, das später viel zu ihrem postumen Ruhm beitragen sollte. Angesichts der bedeutungsschweren Vorahnung könnte man fast meinen, die Worte seien Maria nachträglich untergeschoben worden. Aber sie tauchen tatsächlich in den diplomatischen Depeschen vom Juli 1561 auf, sechsundzwanzig Jahre vor Fotheringhay.

Nun, da Marias Entschluß gefallen war, blieb die Reise zu organisieren. Während der langen Wochen nutzloser und zermürbender Verhandlungen hatte die Königinwitwe, die nacheinander in Nancy, Reims, Paris und Saint-Germain wohnte, viele Besucher und Gesandte empfangen. Noch immer wurden mehr oder weniger verdeckt Heiratspläne geschmiedet. Don Juan Manrique de Lara überbrachte aus Spanien die guten Wünsche Philipps II. Aus Schweden wurde der Vorschlag unterbreitet, Maria solle König Erich XIV. heiraten (der zwei Eisen im Feuer hatte und etwa zur gleichen Zeit auch Elisabeth umwarb). Aus England traf Henry Darnley, ein eleganter Cousin Marias, ein. Darnley war der Sohn des Grafen von Lennox, der Maria von Guise einst übel mitgespielt hatte und nach seiner Niederlage ins Exil im Süden von Schottland hatte gehen müssen. Aus Schottland tauchten denn auch ganz zufällig verschiedene Standesherren auf, um der Königin ihre Aufwartung zu machen und sich schon jetzt ins rechte Licht zu setzen: Unter ihnen war der anziehende Graf von Bothwell, der Großadmiral von Schottland, ein Draufgänger, der weder zaghaft noch zimperlich war. Maria Stuart war in diesen Tagen ganz mit der Abreise aus Frankreich beschäftigt, so daß nichts darauf deutete, daß ihre beiden zukünftigen Ehemänner schon bei dieser ersten Begegnung einen ganz besonderen Eindruck auf sie gemacht hätten. Man kann über ihre Gefühle spekulieren, aber die Geschichtsschreibung befaßt sich eben mit anderen Dingen als ein psychologischer Roman.

Schließlich wurde die Abreise auf Mitte August festgesetzt. Vielleicht war sich die Königin inzwischen darüber bewußt geworden, daß sie mit einer weiteren Weigerung, die Cousine auf ihrem Hoheitsgebiet zu empfangen, überall einen besonders schäbigen Eindruck hinterließ. Jedenfalls besann sie sich – unter Throckmortons Einfluß vielleicht – im letzten Augenblick eines Besseren und unterzeichnete den Geleitbrief. Als er in Frankreich eintraf, war Maria bereits abgereist.

Katharina von Medici war nicht daran gelegen, daß ihre Ex-Schwiegertochter für immer in Frankreich blieb, und noch weniger Interesse hatte sie an einer Heirat Marias mit dem Infanten von Spanien. So dürfte sie sich gefreut haben, daß die Stuart schließlich in ihr Heimatland zurückkehrte. Zwar gab die politische Entwicklung in Frankreich Anlaß zur Sorge – für Ende August waren die Generalstände nach Pontoise einberufen worden, und das Religionsgespräch von Poissy, auf dem sich Katholiken und Protestanten mit unversöhnlicher Härte begegnen sollten, stand unmittelbar bevor –, aber Katharina beschloß trotzdem, die Königinwitwe mit gebührender Prachtentfaltung zu verabschieden.

Der Kardinal von Lothringen war über die Abreise eher verärgert, da er die Nichte lieber als Schachfigur in seiner Nähe behalten hätte. Wenn er sie schon nicht von ihrem Schritt abbringen konnte, versuchte er sie zumindest zu überreden, ihre persönlichen Juwelen in Frankreich zu lassen. Angeblich wären sie dort sicherer als im fernen, unruhigen Schottland. Maria antwortete ihm schlagfertig, wenn sie selbst bei ihren Untertanen sicher sei, dann sei es auch ihr Schmuck – was sich in beiden Fällen als Täuschung herausstellte. Sie ließ ihre Schatztruhen an Bord schaffen und beschränkte sich vor ihrer Abreise aus Frankreich darauf, verschiedene Geschenke zu verteilen. Ihre Großmutter, die Herzogin Antoinette, erhielt ein prächtiges Kollier, das mit Rubinen, Smaragden und Diamanten besetzt war.

Am 25. Juli 1561 wurde Maria in Saint-Germain-en-Laye vom Hof verabschiedet. Die Königinmutter Katharina, der kleine König Karl IX., der Herzog von Orléans (der spätere Heinrich III.) und Anton von Bourbon, König von Navarra, gaben ihr einige Meilen das Geleit. Dann reiste Maria allein mit ihren Onkeln, den Guisen, und dem anderen Gefolge in kleinen Etappen nach Norden weiter. Aus Sicherheitsgründen hatte man den Ort der Einschiffung geheimgehalten. Der Großprior von Malta, Franz von Guise, Marias Onkel, hatte aus Nantes zwei Galeeren nach Calais beordert. Die Organisation der Überfahrt war Großadmiral Bothwell und französischen Offizieren übertragen worden.

Das Wetter war furchtbar regnerisch und stürmisch. Die Schiffe konnten erst am 15. August auslaufen. Mit Maria Stuart bestiegen ihre drei Onkel, der Großprior Franz von Guise, Claude d'Aumale und René d'Elbeuf, die königlichen Galeeren. Mit dabei waren auch der Sohn des Konnetabels von Montmorency, Henri d'Amville, der angeblich in sie verliebt und ihr durchaus nicht gleichgültig gewesen sein soll, und ein Gefolge von Edelleuten und Höflingen, von denen zwei von sich reden machen sollten: Pierre de Bourdeille, weltlicher Titularabt von Brantôme, und der Gelegenheitsdichter Pierre de Châtelard, ein Edelmann aus dem Dauphiné. Die vier Marias nahmen ebenfalls an der Reise teil.

Brantômes Schilderung dieser Überfahrt ist berühmt und wird oft zitiert, und es gibt keinen ernsthaften Grund, warum man an der Wahrheitsliebe dieses Augenzeugen zweifeln sollte. Man kann höchstens annehmen, daß er den Bericht, den er erst sehr viel später – zehn Jahre nach Maria Stuarts Tod – verfaßte, etwas dramatischer gestaltet und ausgeschmückt hat.[13]

Am Abend des 15. August lichtete die Flotte den Anker. Beim Auslaufen aus dem Hafen von Calais konnten die Reisenden beobachten, wie ein Fischerboot in der aufgewühlten See gegen eine Klippe geworfen wurde und sank: »Ach, mein Gott, welche Vorzeichen für diese Fahrt!« rief Maria erschüttert. Da weiterhin starker Seegang herrschte, kamen die Ruderer kaum voran. Am nächsten Morgen war durch die Gischt noch immer die Küste zu sehen. Maria, die sich an Deck des Schiffes ein Bett hatte herrichten lassen, um von dort aus die letzten Bilder des geliebten Landes besser in sich aufnehmen zu können, beobachtete stundenlang, wie die zweite Heimat in immer größere Ferne rückte. »Leb wohl, Frankreich«, sagte sie weinend. »Leb wohl, Frankreich, ich werde dich wohl nie wiedersehen.« Auch wenn Brantôme die Szene später sehr pathetisch schilderte, hat die Königin aller Wahrscheinlichkeit nach tatsächlich ein Gefühl der Beklommenheit und Trauer verspürt, als sie vom Land ihrer Kindheit und ihrer Triumphe Abschied nahm und dem kargen Land ihrer Vorfahren entgegenfuhr. Aber bei einer kerngesunden und kräftigen Neunzehnjährigen versperrt Wehmut nie lange den Blick auf die Zukunft.*

Als während der Überfahrt vor der Küste von England eine kleine Flottille in Sicht kam, fürchtete man schon, sie sei von Elisabeth geschickt, um die Cousine gefangenzunehmen. In Wirklichkeit handelte es sich – so die englische Königin später – um die Küstenwache, die Piraten fernhalten sollte.

Ungewöhnlich rasch für die Zeit erreichte die königliche Flotte am 19. oder 20. August (über das genaue Datum gehen die Zeugnisse auseinander) die schottische Küste. Das Land lag unter so dichtem Nebel, daß die Schiffe erst vierundzwanzig Stunden später in Leith, dem Hafen von Edinburgh, gefahrlos anlegen konnten. Nach einer boshaften Bemerkung des John Knox waren die »Sonne, die sich vier Tage lang verfinsterte, und der düsterste Himmel seit Menschengedenken« ein deutliches Zeichen, daß diese Frau »Leid, Kummer, Finsternis und Gottlosigkeit mit sich« bringe. Leider seien »die Menschen taub für die Warnungen Gottes«.[14]

Tatsächlich hatte die Überfahrt unerwartet kurz gedauert, so daß für den Empfang der Königin nichts vorbereitet war. Maria, die um neun Uhr morgens in Leith an Land gegangen war, mußte mehrere Stunden im Haus eines Kaufmanns warten, bis jemand nach Edinburgh geeilt war und die Mitglieder des Rates und das Volk verständigt hatte. Erst am Nachmittag wurde sie empfangen und dann in einem Geleitzug mit Ackergäulen zum Königspalast Holyrood am Fuß des Hügels Edinburgh gebracht. »Es gab weder den Pomp noch den Glanz, die Prachtentfaltung und die herrlichen Reittiere Frankreichs«, bemerkt Brantôme säuerlich. Dennoch lächelte Maria ihr anmutigstes Lächeln, bemühte sich, das Wiedersehen mit ihrem Volk möglichst herz-

---

* Das abgeschmackte und sentimentale Gedicht *Adieu, plaisant pays de France* (Leb wohl, liebliches Land Frankreich), das oft als Werk der Maria Stuart zitiert wird, stammt in Wahrheit von Meunier de Querlon, einem unbedeutenden Dichter des 18. Jahrhunderts.

lich ausfallen zu lassen. Selbst Knox, sicher kein wohlwollender Beobachter der Szene, mußte zugeben, daß das Volk begeistert die Straßen gesäumt habe, um Maria vorüberziehen zu sehen. »Die Protestanten« seien »nicht die letzten« gewesen. Offenbar waren dies die Früchte der psychologischen Vorbereitung des James Stuart.

Nachdem sich die Königin am Abend in ihre Gemächer auf Schloß Holyrood zurückgezogen hatte (geradezu widerwillig räumt Brantôme ein, es handle sich um einen »schönen Bau, der nichts vom Lande« habe), gab man ihr ein Abendständchen mit Rebecs und Violas, zu dem »fünf oder sechs Kerle Psalmen anstimmten und so falsch und schlecht zusammensangen, wie es schlimmer nicht ging. He! Was für eine Musik und Nachtruhe für sie!« kommentiert der Dichter sarkastisch. Die Zeugnisse sind in diesem Punkt offenbar widersprüchlich: Nach Knox habe Maria bekundet, »daß ihr diese Musik sehr gefalle«, und darum gebeten, daß man »in den folgenden Nächten fortfahre«. Nehmen wir naheliegenderweise an, daß sie die Liebenswürdigkeit laut gesagt und anschließend hinter verschlossenem Fenster den Vertrauten etwas anderes gesagt hat, das Brantômes Version eher entspricht.

James Stuart hatte den Palast, der während des Krieges mit England zwischen 1544 bis 1547 von Hertford geplündert worden war, neu möblieren und ausstatten lassen. Jakob V. hatte das Bauwerk, eines der prächtigsten von ganz Schottland, im Stil der Renaissance errichten lassen. Daneben stand die alte königliche Abtei Holyrood (nach *Holy Rood,* heiliges Kruzifix), die seit dem 12. Jahrhundert daran erinnerte, daß König David I. in der Nähe ein Hirsch mit einem Kreuz zwischen den Geweihgabeln erschienen sein soll. Die eigentlichen königlichen Gemächer, die, wie damals üblich, sehr klein waren, bestanden aus zwei Stockwerken in einem Eckturm, die durch eine Innentreppe verbunden waren. Alles in allem waren diese Räume bequem und sogar luxuriös, wenn sie auch bei weitem nicht an den Prunk von Saint-Germain, Fontainebleau oder an den Louvre heranreichten.

Hier nahm Maria Stuart in den ersten Tagen nach ihrer Ankunft die Huldigung des schottischen Adels entgegen und knüpfte erste Kontakte zu dem Volk, das sie regieren sollte. »Ihre Schönheit, ihre Eleganz, ihre blühende Jugend und ihr feinsinniger Geist, alles trug dazu bei, daß man sie liebte«, schrieb später George Buchanan, ihr erbitterter Gegner. Immerhin währte das Kapitel der Sympathie lange genug, um seinen unbestreitbaren Erfolg mehrere Jahre vor der Katastrophe zu erklären.

Zu den ersten Besuchern in Holyrood gehörte der englische Botschafter Thomas Randolph, der Maria Stuart zur glücklichen Ankunft gratulierte. Randolph erklärte ihr bei der Gelegenheit, daß Elisabeth den gewünschten

Geleitbrief nach Frankreich geschickt habe und sehr bedaure, daß er nicht rechtzeitig eingetroffen sei. Selbstverständlich enthielt Elisabeths Botschaft wieder die rituelle Ermahnung, Maria möge schleunigst den Vertrag von Edinburgh ratifizieren. Maria begnügte sich damit, der »guten Schwester« für die Aufmerksamkeit zu danken und ihr das Bedauern auszusprechen, daß sie sie nicht habe in London kennenlernen dürfen. Sie hoffe, daß die Begegnung eines baldigen Tages stattfinde. Was den Vertrag angehe, so müsse sie zunächst den Rat versammeln. Sie schicke der Königin von England so rasch wie möglich einen Gesandten, der ihre Absichten kundtue.

Ein heikler Augenblick für Maria war der erste Sonntag auf schottischem Boden. James Stuart hatte im Namen der Lords des Rates versprochen, daß sie in ihrer Privatkapelle frei die Messe feiern dürfe. Andererseits war kaum zu erwarten, daß Knox und die militanten Protestanten mit heiterer Miene mit ansehen würden, wie die Königin das offizielle Gesetz zum Verbot der Messe, das im Vorjahr verabschiedet worden war, so einfach mit Füßen trat.

Heuzutage ist kaum noch nachvollziehbar, wie verhaßt den damaligen Calvinisten die Messe war. In der Tat war sie ein zentraler Punkt in den erbitterten Auseinandersetzungen zwischen den verfeindeten Glaubensrichtungen. »Ich rufe den Himmel und die Erde gegen diese pompöse und hochmütige Messe an, durch welche die Welt (wenn Gott nicht hilft) jetzt und für immer ruiniert, zerstört, verheert und verwüstet wird, wenn unserem Herrn so abscheulich gelästert und das Volk verführt und geblendet wird«, hieß es auf Pamphleten, die man 1534 an die Tür zu den Gemächern Franz' I. geheftet hatte. Auch nach dreißig Jahren war der Haß der gleiche geblieben: »Eine Messe ist gefährlicher für dieses Land, als wenn zehntausend Bewaffnete an unseren Küsten an Land gehen würden«, wetterte John Knox wenige Tage nach Marias Ankunft. »Denn wenn wir die Abgötterei dulden, verläßt uns Gott.«

Am Sonntagmorgen, dem 24. August, »begannen die Leute zu sagen: ›Lassen wir zu, daß der Götzendienst wieder in das Königreich zurückkehrt?‹« Knox gibt die Reaktionen der Menschen auf Marias Ankunft sehr einseitig wieder. Es ist zweifelhaft, daß sie so spontan gewesen sind, wie er behauptet.[15] Vermutlich hatte er schon in den Tagen zuvor die Empörung der Gläubigen geschürt und sie zu einer Tat angestiftet. Als Marias Geistlicher im Meßgewand die Kapelle in den königlichen Privatgemächern betreten wollte, stürzte Lord Lindsay of the Byres, »ein wütender Zelot«, mit einem Trupp bewaffneter Männer herein und schrie: »Tod den Priestern!« James Stuart, der wohl so etwas hatte kommen sehen, stellte sich persönlich den Leuten in den Weg, bewachte die Tür zur Kapelle und sorgte dafür, daß der Priester die Kapelle nach der Messe wieder unbehelligt verlassen konnte. John Knox wetterte dagegen, daß man den Götzendienst schütze. »Die Adligen behaupten, sie könnten die Königin unmöglich hindern, ihren Glauben auszuüben. Gott wird sie unweigerlich dafür strafen, daß sie Seine Sache so feige aufgegeben haben«, schrieb er seinem Meister Calvin.

Dagegen meinte Maria zu Brantôme: »Das ist ein schöner Anfang für den Gehorsam meiner Untertanen. Ich weiß nicht, welches Ende er nehmen wird, aber ich sehe ein sehr übles voraus.« Dennoch hielt sie sich an die Abmachungen. Am 25. August, einen Tag nach der turbulenten Messe von Holyrood, unterzeichnete sie eine königliche Proklamation, nach der sie die bestehenden Gesetze nicht antasten wolle, bis die »Stände des Königreichs einberufen« würden »und Ihre Majestät eine endgültige Entscheidung fällen« könne. Der Protestantismus war als Staatsreligion fürs erste festgeschrieben, die Messe blieb verboten. Allerdings fügte Maria der Proklamation hinzu, es solle keiner »wagen, Hand an einen Diener des Hauses Ihrer Majestät oder an eine Person zu legen, die mit Ihr aus Frankreich gekommen« sei, »oder diese zu beleidigen oder auf irgendeine Art zu belästigen«. Zwar protestierte Graf von Arran, der Sohn des Herzogs von Châtellerault, im Names des Gotteswortes gegen die Proklamation, aber sonst wurde sie im allgemeinen gut aufgenommen. Es sah fast so aus, als bliebe es beim Status quo und beim Frieden.

Wenn man vom Zwischenfall anläßlich der Messe vom 24. August einmal absieht, verlief Maria Stuarts erster Kontakt mit dem schottischen Land und seinen Leuten insgesamt eher günstig. Das einfache Volk entzündete zu ihren Ehren Freudenfeuer und drängte sich unter den Fenstern ihres Palastes, um einen Blick von ihr zu erhaschen. Es war höchste Zeit, sie feierlich als Königin einzuführen, was eine traditionelle und für die damaligen Menschen besonders wichtige Zeremonie war: ein freudiger Anlaß, der mit großartigem Spektakel, mit Bekundungen der Loyalität und zuweilen auch mit stark politischen Akzenten begangen wurde.

Maria Stuart zog am 2. September in Edinburgh ein. Der Tag begann mit einem großen Bankett im Schloß, an dem der gesamte Adel teilnahm – nur der Herzog von Châtellerault und sein Sohn Arran, Gegner James Stuarts, des jetzigen ersten Beraters der jungen Königin, blieben dem Festmahl fern. Als anschließend sämtliche Kanonen des Schlosses donnerten, machte sich der Hofstaat auf den Weg durch die Straße, die auf einer Länge von einer *mile,* der »Königsmeile«, den Hügel hinunter nach Holyrood führte. Alle Häuser waren mit wappenbestickten Stoffen oder mit einfachen weißen Tüchern behangen. Man kann hoffen, daß der Nebel der vorigen Tage, den Knox als übles Vorzeichen gedeutet hatte, inzwischen verschwunden war: In zeitgenössischen Dokumenten ist von ihm jedenfalls nicht mehr die Rede.

Maria Stuart ritt, ganz in schwarzen und weißen Samt gekleidet, unter einem violetten Samtbaldachin die Straße entlang, umringt von einer Gruppe junger Leute in gelbem Taft, mit nackten, schwarzbemalten Beinen »nach Art der Mohren«, schwarzen Hüten und schwarzen Masken. Immitten einer Kinderschar und von den bedeutendsten Bürgern in Paradeuniform geleitet, folgte ein Wagen, auf dem die Truhe mit dem Geschenk der Stadt an Ihre Majestät ruhte.[16]

Auf der Höhe des *Tolbooth,* des Rathauses, war ein Triumphbogen errichtet worden. Von ihm herab schwebte »ein hübsches Kind aus den Wolken, als sei's ein Engel«. Es übergab der Herrscherin die Bibel und die Schlüssel der Stadt. Maria stieg vom Pferd und nahm auf einem Thron vor dem Aufbau Platz, inmitten dreier schöner junger Mädchen, die Glück, Gerechtigkeit und eine gute Regierung verkörperten. Nach festlichen Ansprachen und Psalmengesang setzte der Zug sich wieder in Bewegung.

Auf dem Marktplatz an der Kirche St. Giles – in der John Knox predigte – hatte man alles für eine schauspielerische Darbietung hergerichtet. Maria erwartete zweifellos eine jener mythologischen Allegorien, die sie aus Frankreich bei ähnlichen Anlässen gewohnt war: der Sieg der Justitia über die Zwietracht oder der Triumph Minervas über Mars. Doch dies hätte weder dem Zeitgeist noch dem Aufführungsort entsprochen. Der katholischen Königin wurde ein Stück dargeboten, das sich auf eine biblische Episode stützte: Aufruhr und Untergang der Rotte Korah, der Israeliten, die zur Strafe für ihre Abtrünnigkeit vom Erdboden verschlungen werden: »Damit war die Rache Gottes an den Götzendienern gemeint«, erläutert ein Zeuge. Angeblich soll man sich überlegt haben, das Schauspiel mit dem Auftritt eines katholischen Priesters zu würzen, der vom Blitz erschlagen wird, als er die Hostie hebt. Graf von Huntly soll die Beleidigung der Königin mit Mühe verhindert haben.

Dagegen blieb Maria eine lange Rede über die Abscheulichkeit und Verderbtheit der Messe nicht erspart, worauf die Menge Psalmen anstimmte. Als der Abend hereingebrochen war, konnte die Königin, der wahrscheinlich noch nie eine Meile so lange erschienen war, endlich in den Palast Holyrood zurückkehren. John Knox dürfte nach der Zeremonie nicht wohler gewesen sein als ihr: Er hatte nicht verhindern können, daß der fröhliche Einzug der Königin mit volkstümlichen Vergnügungen und Strömen von Wein begangen worden war; heidnische Riten, derentwegen er den göttlichen Zorn über Edinburgh hereinbrechen sah.

Maria Stuart mußte sich nun auf Dauer in ihrem Land einrichten und die politischen Probleme in Angriff nehmen. Die Franzosen, die sie nach Schottland begleitet hatten, rüsteten zur Abreise. Am 31. August gab die Stadt Edinburgh ihnen zu Ehren ein großes Bankett. Am 1. September verließ eine erste Galeere Leith. Am 9. Oktober nahmen auch d'Amville und der Großprior Abschied. Nur der Marquis d'Elbeuf, ein Onkel der Königin, und einige Vertraute blieben in Schottland. Maria Stuart stand nun ihrem Land und Volk gegenüber.

—————— 5 ——————

»Gefährlicher als tausend Feinde«

Das Land, über das Maria Stuart herrschen und in dem sie nach dreizehnjähriger Abwesenheit leben sollte, hatte im 16. Jahrhundert in Europa keinen guten Ruf. Ausländer – Franzosen oder Engländer – betrachteten Schottland fast einhellig als wilde Gegend, und Brantôme nannte das Land »barbaresk«. Der Seefahrer und Reisende André Thevet beschreibt Schottland als »ein Land mit besonders vielen Faulenzern und Müßiggängern, die trotz ihrer äußersten Armut so stolz und hochmütig« seien »wie die Engländer, und sogar noch mehr«. Für einen damaligen Franzosen sagte das alles.[1]

Sämtliche Zeugen, vor allem die Diplomaten, schildern Schottland als armes Land mit behelfsmäßigen Städten und armseligen Dörfern, in denen »die Häuser sehr schmal und mit Stroh oder wildem Rohr gedeckt« seien »und von Mensch und Tier zugleich bewohnt« würden. In der Tat hatte das dünn besiedelte Land sicher nicht mehr als sechshunderttausend Einwohner, während England zur gleichen Zeit viereinhalb Millionen und Frankreich ungefähr fünfzehn Millionen zählte.[2]

Dabei gab es ein Gefälle zwischen dem Norden und dem Süden. Die gesamte Landwirtschaft, alle Städte und die meisten Abteien und Klöster mit reichen Einkünften konzentrierten sich auf ein Gebiet südlich der Täler von Clyde und Tay, etwa unterhalb der Linie Dumbarton–Perth. Dort lagen die Hauptstadt Edinburgh, die beiden Erzbistümer St. Andrews und Glasgow, die königlichen Residenzen Holyrood, Linlithgow, Stirling und Falkland und die gewerbetreibende Stadt Perth. Nördlich dieser Linie lagen die Highlands, damals ein Gebiet von »Wilden, die sich an einsame und unzugängliche Orte« zurückzogen, wo sie der Kontrolle durch die königliche

Regierung praktisch entzogen waren – wenn diese nicht gerade eine der seltenen Strafexpeditionen gegen sie führte. Und noch wilder waren die zu einem Teil unabhängigen Inseln im hohen Norden, die Hebriden, Shetlands und Orkaden.

Der ungehobelte und brutale Schotte war in England und Frankreich beliebtes literarisches Thema. Dennoch gab es im Land schon damals Universitäten – die erste, St. Andrews, war allerdings erst 1412 gegründet worden –, reiche Abteien mit prächtigen Bauten, herrliche Schlösser und ziemlich wohlhabende Kaufleute. Vor allem aber stand Schottland seit mindestens zweihundert Jahren in einem regen Austausch mit Frankreich und England, ja selbst mit Italien, den Niederlanden und Deutschland. Das Gedankengut des Kontinents, seine Kunst und Literatur und sein verfeinertes höfisches Leben waren in Städte wie Edinburgh, Perth und St. Andrews gelangt. Das Schottland von 1560 war allen Unkenrufen Brantômes zum Trotz kein Land der Wilden. Leute wie James Stuart, James Melville oder William Maitland waren gebildete Adlige, die in London und Paris, auf Schloß Hampton Court und in Fontainebleau verkehrten.

Und doch unterschied sich die schottische Gesellschaft von der übrigen in Westeuropa dadurch, daß der Hochadel eine herausragende Stellung innehatte und sich besonders unbotmäßig verhielt. Die großen schottischen Lehnsherren (von denen die bedeutendsten den Grafentitel trugen) herrschten über ihre ausgedehnten Gebiete sehr viel uneingeschränkter als zur gleichen Zeit die englischen oder französischen. Eine königliche Verwaltung existierte praktisch nicht, und die damalige »Zentralgewalt« über die Ländereien der Grafen, vor allem im Norden, gab es eigentlich nur theoretisch.

Diese großen schottischen Adelsfamilien mit ihren zahllosen unüberschaubaren Verzweigungen wurden *Clans* genannt. Oft wurden in ihnen Vetternehen geschlossen, und Rivalitäten, Bündnisse und Konflikte zwischen ihnen zogen sich zuweilen über mehrere Generationen hin. Vor dem politischen Hintergrund verfeindeter Clans muß auch der religiöse Konflikt gesehen werden, der das Land seit ungefähr 1550 in ein protestantisches und katholisches Lager spaltete: Da die Hamiltons Katholiken waren, wurden die Douglas' Protestanten. Da die Douglas' Protestanten waren, blieben die Gordons Katholiken. Oft war eine Eheschließung eine Frage der Solidarität. Ein Graf oder Grafensohn stand zwischen den Clans von Vater und Mutter und mußte sich je nach den Umständen für die eine oder andere Seite entscheiden.

Freilich darf nicht vergessen werden, daß bei den Clans neben der mehr oder minder durchdachten Bündnispolitik auch alltäglichere Interessen eine Rolle spielten. Da die schottischen Adligen zumeist arm waren, ließen sie keine Gelegenheit aus, Geld zu machen, und das oft auf Kosten bereits bestehender Verpflichtungen oder gegen die Interessen des Clans. Die meisten adligen Familien bezogen Renten aus England oder Frankreich – manche sogar aus beiden Ländern –, was ihre Bereitschaft, im Kriegsfall gegen eines von ihnen zu Felde zu ziehen, von vornherein stark beschränkte.

Dennoch darf man nicht meinen, daß sich das Königtum gegenüber dem rührigen und geldgierigen Feudaladel überhaupt nicht durchsetzen konnte. Zum einen galten die Stuarts beim Adel als rechtmäßige Herrscher, die die Krone unangefochten vom Vater auf den Sohn oder die Tochter weitervererbten. Das Schottland des 15. und 16. Jahrhunderts war weit vom System eines wählbaren und vom Adel bevormundeten Königtums entfernt, wie es in Frankreich zur Zeit der letzten Karolinger und ersten Kapetinger geherrscht hatte.

Zum anderen wurde die übergeordnete Rolle der Krone über die Lehnsherren allgemein anerkannt. Der König oder die Königin hatten – mit Billigung des Parlamentes – das Recht, die Grafen wegen Verrates zu verurteilen und ihre Ländereien einzuziehen. Als Maria Stuart später auf dieses Mittel zurückgriff, zweifelte keiner an der Rechtmäßigkeit ihres Schrittes. Als Jakob V. versucht hatte, der königlichen Justiz Geltung zu verschaffen, war ihm das mancherorts trotz aller Mißerfolge doch gelungen. Unbotmäßige Lehnsherren gab es noch immer, aber manche von ihnen wurden vor die Versammlung der Assise zitiert und verurteilt.

In der Hauptsache schränkten zwei Dinge die königliche Macht ein: daß sogenannte »Ligen« geschlossen wurden und daß die Königsfamilie selbst in die Streitigkeiten der Clans verwickelt war. Eine Liga – ein Wort, mit dem wir die schottischen Begriffe *covenant* oder *bond* wiedergeben – war eine Allianz, zu der sich mehrere Lehnsherren unter bestimmten Umständen und mit bestimmtem Zielsetzungen feierlich zusammenschlossen. Dieser Pakt wurde anschließend mit einem Dokument besiegelt, mit dem *bond*. Die oben erwähnte berühmte Congregation von 1557 war ursprünglich ein solcher *bond*. Die meisten Ligen richteten sich gegen eine Person, manchmal aber auch gegen eine andere Liga, was im Falle besonderer Unnachgiebigkeit beider Parteien dann auf einen Bürgerkrieg hinauslief. Maria Stuart hatte das Pech, in einer Ära zu regieren, die ein goldenes Zeitalter der Ligen war. Dieser Umstand sollte ihr schließlich zum Verhängnis werden.

Andererseits wurde natürlich nicht vergessen, daß die Familie Stuart ursprünglich eine Familie wie jede andere gewesen war, die sich im Laufe der Zeit durch Eheschließungen mit zahlreichen anderen Clans verbündet hatte. Daß die Stuarts (oder Stewarts) sich so stark verzweigten, wurde unter anderem dadurch gefördert, daß mehrere ihrer Könige zahlreiche Bastarde zeugten, die wiederum Töchter aus bedeutenden Familien heirateten und eigene Geschlechter begründeten. Zusätzlich kompliziert wurde diese Situation dadurch, daß die Ehen der schottischen Adeligen aus kanonischer Sicht – bei einer vorangegangenen vorschnellen Scheidung, einer fehlenden Dispens oder manchmal sogar wegen Bigamie – rechtlich oft bedenklich waren, was bei der Frage der Nachfolge dann schier unlösbare Schwierigkeiten aufwarf. Wenn sich der Herrscher für oder gegen einen Thronanwärter aussprach, zog er damit jedesmal einen ganzen Clan auf seine Seite oder machte sich ihn zum Feind.

Bei all dem war der König oder die Königin von Schottland im Kriegsfall in einer schwachen Position: Ein stehendes Heer gab es nicht, da dessen Unterhalt die bescheidenen Einnahmequellen der Monarchie überstiegen hätte. Die großen Lehnsherren, die in dieser feudalistischen Gesellschaft über eine gewaltige Macht verfügten, konnten dagegen die Gefolgschaft der Vasallen verlangen. So war ein Graf im Norden durchaus in der Lage, in wenigen Tagen Tausende von Männern zu mobilisieren – wenn auch nicht unbedingt länger im Feld zu halten, woran so manche Unternehmung scheiterte. Ein Graf wurde von seinen Leuten (die fast Untertanen waren) als Führer akzeptiert. Er konnte der königlichen Armee gefährlich werden, deren eiligst ausgehobene Soldaten das Weite suchten, sobald einmal der Sold ausblieb. Dem König blieb als einzige Rettung dann nur noch der Hilferuf an den Clan, der mit seinem Gegner verfeindet war, oder an das Ausland.

Doch wäre es ganz sinnlos, in den komplizierten politischen Verhältnissen Schottlands der sechziger Jahre des 16. Jahrhunderts nach klaren Fronten zu suchen: Bündnisse kamen und gingen, und wer sich die Treue geschworen hatte, konnte seinen Eid nach Interesse und äußeren Umständen brechen. Statt dessen kann man einige bedeutende Familien nennen, die während Maria Stuarts fünfjähriger Herrschaft in Schottland immer wieder eine Rolle spielten.

An erster Stelle stand, zumindest was das Ansehen und die verwandtschaftliche Nähe zum Königshaus betraf, die Familie Hamilton. Ihr Oberhaupt, James Hamilton, der den französischen Titel des Herzogs von Châtellerault trug, war während Maria Stuarts Kindheit bekanntlich Regent von Schottland gewesen. Sein Sohn, Graf von Arran, bekannte sich offen zum Protestantismus und galt als Kandidat für eine Ehe mit Elisabeth von England. Vater und Sohn waren nacheinander offizielle Thronerben von Schottland, falls Maria Stuart kinderlos sterben würde. Doch verfügte keiner von beiden über eine geeignete Persönlichkeit, um ihrem politischen Ehrgeiz zu genügen. Der inkonsequente und wankelmütige Châtellerault war im Jahre 1561 fast sechzig Jahre alt und büßte seinen Einfluß im Land zusehends ein. Dagegen hätte der dreißigjährige Arran eine herausragende Rolle spielen können, wenn er nicht seelisch gestört gewesen wäre. Er wurde bald zum Helden eines Abenteuers, das ihn für immer in Verruf bringen sollte. Ein weiterer Sohn Châtelleraults, Claude Hamilton, oder Lord Claude, wie man ihn gewöhnlich nannte, neigte dem Katholizismus zu und wurde später ein Anhänger Maria Stuarts. Der starke Mann der Familie war Châtelleraults Halbbruder, der Bastard John Hamilton, seines Zeichens Erzbischof von St. Andrews. Diese herausragende Figur innerhalb der katholischen Partei sollte ein tragisches Ende finden.

Daneben gab es die Familie Stewart-Lennox, die den Hamiltons den Anspruch als potentielle Erben der Krone streitig machte.* Allerdings lebte Graf Matthew von Lennox mit Frau Margaret Douglas, einer Verwandten Elisabeths I., und den Söhnen Henry und Charles in England, da sie nach Lennox' Revolte im Jahre 1544 aus Schottland verbannt worden waren. Zum Leidwesen der Maria Stuart kehrten sie bald ins Heimatland zurück.

Im Norden saß die große Familie Gordon, deren Oberhaupt George den Titel des Grafen von Huntly trug. Aus Opposition zur herrschenden Partei in Edinburgh waren die aufsässigen Gordons katholisch geblieben. Sie besaßen jenseits von Aberdeen riesige Ländereien, über die sie fast unumschränkt herrschten. Bevor Maria Stuart nach Schottland zurückgekehrt war, hatte Huntly versucht, sie für einen Plan zur Wiedereinführung des Katholizismus zu gewinnen, bei dem die Gordons vermutlich die Rolle von Vizekönigen hätten spielen sollen. Zu Huntlys Erbitterung und Entrüstung war Maria für den Plan nicht zu gewinnen gewesen.

Einen anderen bedeutenden Clan bildete die Familie Douglas mit ihren verschiedenen Zweigen und Allianzen. James Douglas, Graf von Morton, trat als Führer der protestantischen Partei auf. Der abgefeimte, brutale, geldgierige und vor allem ehrgeizige Douglas spielte während Maria Stuarts Regierungszeit und in den folgenden Jahren eine bedeutende Rolle.

Der Clan der Campbells hatte im Westen eine Stellung inne, die mit der Position der Gordons im Norden vergleichbar war. 1561 gehörte ihr Oberhaupt, der einunddreißigjährige Archibald V., Graf von Argyll, schon lange dem Protestantismus an und zählte zu den Führern der Congregation. Dennoch schien Argyll um ein gutes Verhältnis mit der Königin bemüht. Wie viele andere beschuldigte Knox auch ihn, daß es ihm am notwendigen

---

* Die Legitimität der Hamiltons war bekanntlich umstritten.

Glaubenseifer fehle. Argyll hatte während Marias gesamter Regierungszeit eher eine vermittelnde Position inne.

Weniger reich, dafür aber rühriger und gefährlich war die Familie Ruthven. Ihr Oberhaupt, der furchteinflößende Lord Patrick Ruthven, galt allenthalben als Hexer und sollte mit dem Teufel im Bunde sein. Maria fürchtete sich nach eigenem Bekunden vor ihm, und sie hatte recht, wie sich in der verhängnisvollen Nacht des 9. März 1566 zeigen sollte.

Friedliebender war der Clan der Erskine, der mit den Campbells verwandt und den Gordons verfeindet war. Traditionell übernahmen die Erskines die Erziehung oder Vormundschaft der kleinen Prinzen des schottischen Königshauses. Ihr Oberhaupt, John Erskine, war ein leiblicher Cousin James Stuarts, der seinerseits ein Bastard Jakobs V. mit Margaret Erskine war. Als Maria Stuart nach Schottland zurückkehrte, wurde der vierzigjährige John allseits als Ehrenmann geschätzt. Maria verlieh ihm kurze Zeit später den Titel des Grafen von Mar. Erskine hielt ihr während der kommenden Auseinandersetzungen die Treue und mehr noch ihrem Sohn, dem zukünftigen Jakob VI. Seine unnachgiebig loyale Haltung trug mit dazu bei, daß Maria Stuart die Krone verlor.

Eine außergewöhnliche Rolle im Leben der Königin und für das Königreich spielte nicht zuletzt die Familie Hepburn. Sie verfügte über weitaus weniger Geld als die Familien Hamilton, Douglas oder Gordon, aber ihr Oberhaupt, Graf James von Bothwell, machte den Mangel durch Draufgängertum und eine stattliche Erscheinung wett. Er wußte dem fehlenden Reichtum bald Abhilfe zu schaffen.

Neben diesen bedeutenden Häusern, die den eigentlichen Feudaladel Schottlands bildeten, gab es weitere Familien mit geringerer Berühmtheit und weniger Grundbesitz, die allerdings die höchsten Posten in der königlichen Regierung und Verwaltung bekleideten. Die beiden wichtigsten zur Zeit der Maria Stuart waren die Maitlands und die Melvilles. Da sie weder Vermögen besaßen noch sonst Möglichkeiten hatten, zu Ansehen und Geld zu kommen, bekleideten sie Ämter am königlichen Hof. Der brillante und gebildete William Maitland von Lethington (der in den Quellen ohne Unterschied als Maitland oder Lethington auftaucht) wurde bald zu einem hochgeschätzten Ratgeber, bevorzugten Gesandten und Freund der Maria Stuart – bis er sich wegen mangelnder Treue den Beinamen »Chamäleon« einhandelte. Dagegen sollten die Melvilles der Königin mehrere Staatsdiener stellen, in vorderster Reihe James Melville, ein kluger Höfling und kosmopolitischer Reisender, der später mehrmals bedeutsam politisch in Erscheinung trat. Seine Memoiren sollten zu einer der wichtigsten Quellen zum Leben und der Herrschaft der Maria Stuart werden.

Wenn man die Stellung der bedeutendsten schottischen Familien im Jahre 1561 skizziert, darf die wichtigste und ehrgeizigste Figur mit ihrer zwiespältigen Position freilich nicht ungenannt bleiben: James Stuart, der bereits mehrfach erwähnte »Lord James«, Marias illegitimer Halbbruder, war als Bastard dazu gezwungen, sich durch eigene charakterliche Stärke eine Stellung in der Gesellschaft zu erarbeiten. James hatte weder ein eigenes Vermögen noch Lehen oder Grundbesitz. Als er sich zur Zeit der Maria von Guise auf die Seite der Protestanten schlug, war seine Entscheidung opportunistischer Natur. Er etablierte sich als erster Ratgeber seiner Halbschwester, ja fast als Vizekönig, und erwartete im Gegenzug einen Titel und Einkommen. Maria hatte ihm offenbar schon sehr früh, vielleicht schon bei der ersten entscheidenden Begegnung in Frankreich, eine Grafschaft, entweder Mar oder Moray, versprochen. Um Wort zu halten, mußte Maria die ersten Kämpfe in ihrer Regierungszeit führen. Wie es um die Treue des James Stuart letztlich bestellt war, werden wir zu gegebener Zeit sehen.

Daß in der komplexen und wechselhaften politischen Landschaft Schottlands in den Jahren 1550–1560 die religiöse Frage besonders wichtig war, wird jedem Beobachter sofort deutlich. Wenn im Jahre 1560 der Sieg der Lords of the Congregation auch unumkehrbar schien, so bedeutete dies keineswegs, daß die Adligen sich rein aus Überzeugung der Sache des Protestantismus verschrieben hätten. Daß sich der katholische Klerus als unwürdig und häufig korrupt erwiesen hatte (Erzbischof Hamilton war weniger für seine theologische Lehre als vielmehr für seine zahlreichen Mätressen und Bastarde bekannt), war dabei von untergeordneter Bedeutung: Ein Glaubensübertritt bedeutete für den Lehnsherrn zunächst, daß er an die einträglichen Besitzungen der Bistümer und Abteien herankam.

Selbst bei den glühendsten Anhängern des neuen Glaubens ging die Überzeugung nicht so weit, daß sie deren kirchliche Einkünfte an die Pastoren weitergaben. (Der Versuchung, sich kirchliche Besitztümer anzueignen, sollten auch manche Katholiken nicht widerstehen: So riß Graf von Huntly, der Führer der papsttreuen Partei, unter dem Vorwand, er wolle den Kirchenschatz vor den Protestanten in Sicherheit bringen, skrupellos Gefäße und Goldschmuck aus der Kathedrale von Aberdeen an sich).[*]

---

[*] Charakteristisch für diese Entwicklung ist die Tatsache, daß man die an Laien vergebenen Titel »Prior« und »Abt« allmählich in weltliche Titel umwandelte. So wurde Châtelleraults Sohn John Hamilton, der den Titel Abt von Arbroath trug, bald zu »Lord Arbroath«, sein Bruder Claude, Abt von Paisley, zu »Lord Paisley« und so fort.

Tatsächlich unterschied sich die calvinistische Bewegung kaum von jeder beliebigen Liga oder jedem *bond*. Sie entwickelte sich zu einer der politischen Parteien, wie sie zur gleichen Zeit auch in Frankreich bestanden. Eine Ausnahme bildete hier nur der Prediger John Knox, eine ungewöhnliche Figur und Schlüsselgestalt in der damaligen Zeitgeschichte Schottlands. Knox, der aus bescheidenen Verhältnissen stammte und kein Vermögen besaß, war schon früh vom schottischen Reformator Wishart, der 1546 lebendig verbrannt worden war, zum Calvinismus bekehrt worden. Nachdem Knox eine Zeitlang als Gefangener der Franzosen in der Flotte Heinrichs II. eine Galeerenstrafe verbüßt hatte, hielt er sich in England auf, floh nach Genf und kehrte 1559 schließlich nach Schottland zurück, wo er federführend in der Congregation mitwirkte.

Für Menschen unseres Jahrhunderts war John Knox unbestreitbar der geborene Fanatiker und ein sicherlich ebenso strenggläubiger wie intoleranter Mensch. Der Katholizismus war für ihn der Inbegriff des Verwerflichen, das Reich des Bösen und des Antichristen. Eine Messe war für ihn gleichbedeutend mit Ruin, Untergang und Tod. Knox war alles andere als ein geschickter Taktiker, und nichts war ihm fremder als Kompromiß und Mäßigung. Früher oder später mußte er mit allen protestantischen Adligen aneinandergeraten, weil sie den rechten Glaubenseifer vermissen ließen und sich abwartend verhielten. Aber seine feurigen Reden und sein oft aggressiver Wagemut peitschten die Massen auf. Es hieß, Knox habe »nie vor einem lebendigen Menschen gezittert«. Er bot Königen und Fürsten die Stirn, vor allem aber den Königinnen, denn Frauen in der Politik waren ihm ein Greuel. Schon zur Zeit Maria Tudors hatte er sich mit seinem Werk *Erster himmlischer Trompetenstoß wider die abscheuliche Herrschaft der Weiber* den unversöhnlichen Haß Elisabeths I. zugezogen.

Sicher war bis zum Jahr 1561 nicht das gesamte schottische Volk zum Protestantismus übergetreten. Im Norden, im Hochland und vor allem auf den Inseln hingen die Menschen nach wie vor dem Katholizismus an, den sie, stark heidnisch geprägt, praktizierten. Aber das städtische Bürgertum, vor allem in Edinburgh, die Intellektuellen und der größte Teil des Adels im Süden hatten sich dem neuen Glauben angeschlossen. Das einfache Volk war zumindest in den Gebieten nahe der königlichen Residenz für den Glaubenseifer des John Knox und seiner Anhänger ebenfalls empfänglich. Als Maria Stuart nach Schottland zurückkehrte, war eines deutlich erkennbar: Der Calvinismus, den man in Schottland bald darauf Presbyterianismus nennen sollte, hätte, falls überhaupt, nur noch um den Preis eines langwierigen Bürgerkrieges zurückgedrängt werden können.

Angesichts dieser Situation erschien eine katholische Königin an der Spitze des Landes paradox. Ein papsttreuer Herrscher hatte damals in Schottland ebensowenig Aussichten, von den Untertanen widerspruchslos akzeptiert zu werden, wie ein protestantischer König zur gleichen Zeit in Frankreich (Heinrich von Navarra sollte diese Erfahrung dreißig Jahre später machen). Aber Maria war im Gegensatz zu Knox, der ihr auf immer rätselhaft und unannehmbar bleiben mußte, alles andere als eine Fanatikerin. Sie trat für Verständigung ein, auch wenn sie seiner Forderung, dem völligen Verbot des Katholizismus, niemals zustimmen konnte. Man kann sich Gedanken darüber machen, was geschehen wäre, wenn Maria zum Protestantismus übergetreten wäre, was ihre engsten Vertrauten wünschten und wozu gesunder Menschenverstand riet. Aber derartige Spekulationen liegen dem Historiker fern. Nichts deutete darauf hin, daß Maria (außer vielleicht einige Wochen nach der Flucht nach England, wovon noch die Rede sein wird) jemals einen Übertritt zum neuen Glauben erwogen hätte. Auch wenn sie selbst nichts unternahm, um den Untertanen ihre Religion aufzuzwingen, blieb sie ihr persönlich doch stets mit voller Überzeugung treu. Daraus erklärt sich das Mißtrauen ihres Volkes, das trotz aller Popularität, die ihr der Charme und die Jugend in den ersten Jahren der Herrschaft eintrugen, nicht auszurotten war.

Maria Stuart verfügte während ihrer Regierungszeit über keine ausgereiften politischen Institutionen, wie es sie im Frankreich der Valois' gab. Der Geheime Rat war eine halb offizielle Einrichtung mit einer schwankenden Anzahl von Mitgliedern, die von der Königin willkürlich ernannt wurden und die keine bestimmte Aufgabe hatten. Lediglich einige Würdenträger, die auf Lebenszeit oder sogar auf erblicher Grundlage ernannt wurden, bekleideten am Hof ein Amt – das des Kanzlers oder Hofmarschalls –, das aber mehr der Ehre halber als um der tatsächlichen Ausübung willen verliehen wurde. Die einzigen Ämter mit fest umrissenem Geschäftsbereich bekleideten der Sekretär oder Staatssekretär, der dem heutigen Außenminister entspricht, und der Schatzmeister, unser heutiger Finanzminister. Auch für diese beiden Ämter ernannte und entließ die Königin Kandidaten ihrer Wünsche. Dennoch genoß der Geheime Rat, dessen Mitglieder die unmittelbare Umgebung des Herrschers bildeten, im Feudalismus traditionell allerhöchstes Ansehen. Diesem Rat anzugehören galt das Streben der aktivsten Kräfte. Die treuesten Anhänger wurden mit einer Berufung in den Geheimen Rat belohnt. Und in ihm wurde erbittert um Einfluß gekämpft.

Wie in England ging man auch in Schottland davon aus, daß die Krone die Macht mit einem gewählten Parlament teilte, das die Vertretung der »drei Stände« bildete: Klerus, Adel und Nicht-Adelige. Doch anders als in

England übte das Parlament in Schottland seine Aufgaben eher theoretisch als praktisch aus und delegierte seine Macht die meiste Zeit an eine kleine Gruppe von Lehnsherren, die sogenannten Lords of the Articles, die die Entschließungen verfaßten. Ihre Wahl gehörte zu den heikelsten Aufgaben des Parlamentes in jeder Sitzungsperiode. Im übrigen konnte die Königin Schottlands das Parlament beliebig einberufen und auflösen, ebenso wie Elisabeth in England. Bei den »Wahlen« waren die großen Lehnsherren, die über die Sitze ihrer Grafschaft verfügten, und das Bürgertum aus den Städten im Vorteil. Der niedere Adel war unterrepräsentiert, und die Sitze des Klerus waren seit dem Vormarsch der Protestanten von Prälaten besetzt, die ihr seelsorgerisches Amt nicht mehr ausübten, wenn sie nicht sogar dem neuen Glauben angehörten. Und ganz selbstverständlich war, daß weder die Bauern noch das einfache Volk eine Stimme hatten.

Vor dem Hintergrund dieser Einrichtungen betrat Maria Stuart, als sie sich von der aufreibenden Reise und den zweifelhaften Vergnügungen beim Edinburgher Empfang erholt hatte, die politische Bühne des Landes.

Als erstes mußte sie die Mitglieder ihres Rates ernennen. Er trat an die Stelle des revolutionären Rates, der nach dem Parlament von 1560 eingesetzt worden war. Am 6. September 1561 waren die Entscheidungen für das neue Gremium gefallen. In der Hauptsache gehörten ihm Standesherren an: Châtellerault, Huntly, Argyll, Morton, Atholl und Montrose; daneben auch bedeutende Persönlichkeiten wie James Stuart (der noch immer unter dem Namen Prior von St. Andrews bekannt war), Bothwell und William Maitland. »Lord James war Favorit, und viele meinten, er schmiede Pläne, um die Krone an sich zu reißen«, kommentiert der katholische John Leslie, der spätere Bischof von Ross. Mag man James Stuart mit dieser Behauptung auch vorschnell beurteilen, so steht doch fest, daß er bereits wenige Monate, nachdem Maria Stuart in Holyrood eingezogen war, in der Politik das große Sagen hatte. Die Katholiken, die sich von der Rückkehr der Königin einen Sieg ihrer Sache erhofft hatten, mußten das mit Verbitterung zur Kenntnis nehmen.

In den acht Monaten nach dem Tod ihres französischen Gatten hatte sich Maria sicher überlegt, welchen Weg sie in der Politik einschlagen sollte. Eine französische Allianz? Ein Bündnis mit England? Eine katholische Vorherrschaft? Eine protestantische? Oder vielleicht die schwierige, wahrscheinlich unmögliche Koexistenz beider Parteien? Von diesen Entscheidungen hing viel ab: die Wahl eines zweiten Gatten, die Kräfteverhältnisse in Schottland, Marias gesamter Regierungsstil und schließlich der Erfolg oder Mißerfolg ihrer Herrschaft.

In den ersten beiden Wochen nach ihrer Ankunft ging die junge Königin vor allem entschlossen zwei wichtige Probleme an, die sich ihr in der Hauptsache stellten: die Beziehungen zu ihrer Cousine in London und ein *modus vivendi* mit der *Kirk,* wie man die protestantische Kirche in Schottland nannte.* Beide Probleme waren eng miteinander verknüpft.

An eine Rückeroberung Schottlands für den Katholizismus war im Jahre 1561 nicht zu denken. Frankreich, die einzige Macht, auf die sich Maria bei einem solchen Unternehmen hätte stützen können, war augenblicklich handlungsunfähig. Unübersehbar kündigte sich dort der Bürgerkrieg an. Die katholische Partei (der Guisen) war zwar noch mächtig, hatte auf die Regierung aber keinen direkten Einfluß mehr, während sich Katharina von Medici immer stärker den Protestanten annäherte. Aus Paris war damit bestimmt keine Hilfe gegen die Lords der Congregation zu erwarten, und auch nicht aus Spanien, das augenblicklich besondere Rücksicht auf England nahm.

Im übrigen war Maria Stuart, wie bereits erwähnt, am Anfang ihrer Herrschaft weniger darauf bedacht, in Schottland eine Veränderung der Kräfteverhältnisse herbeizuführen, als vielmehr, sich von Elisabeth als Erbin anerkennen zu lassen, wozu sie den Ratschlägen ihres Halbbruders, des Protestanten James, folgte. Maria hatte folglich die Absicht, sich nolens volens mit John Knox zu verständigen, der die *Kirk* zwar nicht nominell, aber faktisch führte. Maria ließ ihm bestellen, sie wünsche eine Zusammenkunft – eine letztlich sehr seltene Ehre für einen Mann von niedrigem Stand, der offiziell keinerlei Macht besaß. Die Begegnung ist uns durch einen Bericht von Knox selbst überliefert. Auch wenn er sich selbst im besten Licht erscheinen läßt, fällt dem unparteiischen Beobachter vierhundert Jahre später vor allem auf, wie intolerant er war. Trotzdem hat das biblische Bild vom Propheten Gottes, der einer götzendienerischen Königin die Stirn bietet, lange Zeit den presbyterianischen Glaubenseifer angefacht und wird den Besuchern im Haus Knox in Edinburgh noch heute in einem Film vermittelt.[3]

Die Begegnung fand am 4. September 1561 im Palast Holyrood statt. Maria beschwerte sich sofort bei Knox, daß er die Untertanen zur Revolte

---

* Das Schottisch, das am Hof und in Edinburgh gesprochen wurde, war mit seinen Kehlkopflauten und der schwierigen Orthographie dem Englischen ähnlich, hat aber nichts mit dem im Hochland gesprochenen Gälischen zu tun, das wie das Bretonische und Irische der keltischen Sprachfamilie angehört. Das Wort *Kirk* entspricht dem englischen *Church.* In London macht man sich über das Schottische wie über einen ländlichen Dialekt oft lustig, versteht es aber. Das Gälische ist dagegen so fremd wie das Deutsche oder Schwedische.

gegen sie anstifte. (Knox hatte einige Tage zuvor von der Kanzel herab seine berühmte Schmährede gegen die Messe gehalten, die »gefährlicher als tausend Feinde« sei.) »Madame«, antwortete er, »wenn es ein aufrührerischer Akt ist, sich dem Götzendienst zu widersetzen und das Volk aufzufordern, Gott nach seinem Wort zu verehren, dann bin ich ein Aufrührer.« Zudem hätten Untertanen das Recht, sich den Fürsten entgegenzustellen, wenn sie »gegen göttliches Gebot« regierten. Maria las aus Knox' Worten sofort heraus, daß er einen theokratischen Anspruch verfocht: »Wie ich sehe, müssen meine Untertanen von nun an Euch und nicht mehr mir gehorchen.« (Was der von Knox verbreiteten Doktrin tatsächlich entsprach.) Der Reformator zog sich mit der Bemerkung aus der Affäre, daß alle »Gott allein« gehorchen müßten. Allerdings konnte er es sich nicht verkneifen, Marias Glauben anzugreifen. »Euer Glaube kann aus der großen Hure Rom keine unbefleckte Braut Jesu Christi machen«, wetterte er. Maria, die sich nicht auf eine theologische Diskussion einlassen wollte, wiederholte nur: »Eure Kirche ist nicht die meine, Mr. Knox. Für mich ist die Kirche Gottes die römische.« Das Gespräch verlief im Sande. Nach der ersten Begegnung bemerkte der Prediger: »Wenn in dieser Frau nicht ein hoffärtiger Geist, eine verschlagene Geschicklichkeit und ein gegen Gott verhärtetes Herz steckt, dann verstehe ich nichts davon.« Was Maria dazu meinte, ist leider nicht überliefert. Allerdings berichtete der englische Botschafter Randolph einige Tage später von Gerüchten am Hof, nach denen Knox »die Königin so sehr verärgert« haben soll, »daß sie Tränen vergoß, ebensosehr aus Wut wie aus Kummer«.

Obwohl Maria Stuart guten Willen zeigte (wie damals auch ihr Halbbruder James Stuart, der sich nach Knox' Ansicht viel zu nachgiebig im Hinblick auf die heilige Sache verhielt), war in der religiösen Frage zu ihrem Land keine Annäherung mehr zu erzielen. Besonders deutlich wurde das einige Wochen später, als der Stadtrat von Edinburgh, der ganz von Calvinisten beherrscht wurde, mit übelsten Beschimpfungen die Absicht bekundete, »alle Priester, Mönche, Brüder, Nonnen und andere aus gottlosen Sekten sowie diejenigen, die die Messe lesen oder hören, Kuppler, Ehebrecher und Hurer« aus der Stadt zu vertreiben. Diesmal reagierte die Königin auf den Angriff und löste den Stadtrat auf. Zunächst wagte keiner zu protestieren.

Im übrigen standen selbst innerhalb der *Kirk* nicht alle hinter den fanatischen Extremisten. Im Dezember 1561 billigte Maria der protestantischen Geistlichkeit ein Sechstel der Einkommen des früheren katholischen Klerus zu (ein anderes Sechstel kam ihr selbst zu, und die anderen zwei Drittel blieben in der Hand der Lehnsherren, die sie sich angeeignet hatten.) Als Gegenleistung hatte die Verfolgung der Priester in ihrer Umgebung zu unterbleiben. Knox sah darin einen Verrat am göttlichen Gebot, aber der Mehrheit der Lords, vorab James Stuart, kam diese Entkrampfung des Verhältnisses gelegen.

Gleichzeitig zu ihrem Entgegenkommen gegenüber der protestantischen Partei war Maria Stuart bemüht, sich im Königreich bekannt zu machen. Als im September 1561 endlich wieder schönes Wetter herrschte, nutzte sie die Gelegenheit zu einer vergnüglichen Kavalkade mit dem gesamten prächtig geschmückten Hofstaat in den Grafschaften in Mittelschottland. Das Ganze erinnerte etwas an die Besuche des Königs von Frankreich auf den Schlössern der Loire oder auf der Ile de France. Überall versetzte die hübsche junge Königin mit ihrer freundlichen Art das Volk in Begeisterung, und überall wurde sie bejubelt und gesegnet. Doch zeigte ein alltäglicher Zwischenfall in Stirling, daß die Bosheit der Gegner nicht versiegt war: Als das Bett der Königin durch eine Kerze versehentlich in Brand geraten war, quittierte der Reformator das Ereignis mit der süffisanten Bemerkung, daß dies ein Vorgeschmack auf das Feuer des Himmels sei. In heftige Wut geriet Maria, als in Perth während einer schauspielerischen Darbietung Priester und Mönche diffamiert wurden. Überall, wo die Kapläne der Königin die Messe zelebrierten, kam es zu Protesten und Krawallen. Als der katholische Graf von Huntly behauptete, er könne auf Marias Wunsch überall die Messe wieder einführen, wies ihn James Stuart heftig zurecht, worauf ein Streit folgte. Der *modus vivendi,* den die Königin seit ihrer Rückkehr anstrebte, wurde durch die Fanatiker beider Seiten bedroht und ebenso durch internationale Ereignisse.

Während Maria John Knox empfing und ihr Königreich durchstreifte, dachte sie vor allem an eins: ihre Beziehungen zu Elisabeth.
Nie hatten die Franzosen in Edinburgh so wenig Einfluß gehabt wie im Spätsommer 1561, als die schottische Königin in ihre Heimat zurückkehrte. Während der letzten Monate der Regentschaft der Maria von Guise, die militärisch und politisch unerfreulich geendet hatten, war die französenfreundliche Partei praktisch verschwunden: »Zwischen Frankreich und Schottland gab es damals nicht mehr Beziehungen als zwischen Schottland und Rußland«, schrieb der englische Botschafter Randolph.[4] Da Frankreich wegen innerer Unruhen diplomatisch nicht mehr aktiv wurde, blieb Maria eigentlich nichts anderes übrig, als ein Bündnis mit England zu suchen, was natürlich auch in ihrem persönlichen Interesse lag, da sie von ihrer Cousine unbedingt als Erbin anerkannt werden wollte.
Die Frage der englischen Erbfolge, die seit Elisabeths Thronbesteigung das Verhältnis der beiden Frauen belastete und schließlich zur Tragödie

von Fotheringhay führte, muß vor einem komplexen Hintergrund gesehen werden. Mehrere Faktoren spielten dabei eine Rolle: das gültige Testament Heinrichs VIII., das Parlament, das die englische öffentliche Meinung verkörperte, die Interessen der Ratgeber Elisabeths und schließlich – wie sollte man es ignorieren? – die persönlichen Sympathien und Antipathien der Betroffenen. Bei den schwierigen Verhandlungen, die letztlich scheitern sollten, spielten beide Parteien von Anfang an nicht mit offenen Karten. Beide Seiten bekamen Vorbehalte und Unverständnis zu spüren, bekundeten guten Willen und taten das Gegenteil. Aufrichtigkeit scheint in London und Edinburgh dabei die allergeringste Rolle gespielt zu haben.

Das Testament Heinrichs VIII. schloß Maria Stuart von der Erbfolge aus. Die designierten Thronfolger waren die Mitglieder des Familienzweiges Grey, der Nachkommen von Heinrichs jüngerer Schwester. Allerdings haßte Elisabeth ihre Cousine Grey so sehr, daß sie sie sogar in den Londoner Tower sperren ließ. Es wäre logisch richtig gewesen, wenn Elisabeth statt ihrer Maria Stuart als Erbin anerkannt und das Testament ihres Vaters für null und nichtig erklärt hätte (was sie als Königin hätte tun können). Aber Maria war erstens eine Schottin und Halbfranzösin und zweitens katholisch. Vor allem hatte man ihr noch immer nicht verziehen, daß sie sich nach Maria Tudors Tod zur Königin von England proklamiert hatte. Außerdem weigerte sich Maria standhaft, den Vertrag von 1560 zu ratifizieren, was Zweifel an ihrer guten Gesinnung aufkommen ließ.

Maria hatte an dem Vertrag vor allem eins auszusetzen: daß sie mit ihm auf den Titel der Königin von England »für immer und ewig« (*»for all times coming«*) verzichtet hätte und aus der Thronfolge endgültig ausgeschlossen worden wäre. Zu einem Verzicht auf ihre Ansprüche war sie nur für den Zeitraum bereit, »solange Elisabeth oder ihre direkten Nachkommen lebten«.

Warum war eine Einigung auf dieser Grundlage nicht möglich? Weil Maria von Elisabeth als Gegenleistung für die Ratifizierung des Vertrages verlangte, von Elisabeth offiziell als Thronerbin anerkannt zu werden, was die englische Königin auf gar keinen Fall zu tun gedachte: Sie war unter der strengen Aufsicht ihrer älteren Schwester selbst Thronerbin gewesen und hatte am eigenen Leib verspürt, welches Nest von Intrigen um eine »aufgehende Sonne« herum entstand. Und auch sonst war ihr nicht wohl beim Gedanken, zu Lebzeiten Vorsorge für den Todesfall zu treffen. »Keiner sieht gerne sein Leichentuch«, vertraute sie eines Tages Marias Gesandten an. Wenigstens räumte sie ein, daß Marias Ansprüche »nicht weniger berechtigt« seien »als alle anderen«. Außerdem wußte Elisabeth, daß ihre Ratgeber, vor allem William Cecil, erbitterte Gegner der schottischen Königin waren und es nicht duldeten, daß sie eventuell den englischen Thron besteigen würde: Vielleicht würde es sie den Kopf, sicher aber die Karriere kosten. Auch das englische Parlament, das mehrheitlich protestantisch war, war gegen Maria. Wäre sie als Erbin anerkannt worden, hätte das in England zu erbitterten Streitigkeiten geführt, und Elisabeth war eine zu kluge Politikerin, als daß sie dieses Risiko für ihre Cousine einging.

Allerdings machte Elisabeth gute Miene zum bösen Spiel und gab sich den Anschein, aufrichtig verhandeln zu wollen. Im September 1561 schickte Maria ihren geschicktesten Ratgeber, William Maitland, einen Kenner Cecils, nach London. Nachdem sich die Gesprächspartner an Beredsamkeit überboten und sich Elisabeth ins rechte Licht gesetzt hatte – sie gab sich gelehrt, nonchalant und für alles offen –, war die Sache deutlich: Keine der beiden Königinnen dachte daran, im wesentlichen Punkt nachzugeben. Keine Ratifikation des Vertrages von Edinburgh ohne Anerkennung Marias als Thronerbin und keine Anerkennung Marias »auf Kosten anderer Anwärter«. Nach etlichen Liebenswürdigkeiten und Freundschaftsbekundungen kam ein neuer Gedanke ins Spiel: ein persönliches Treffen beider Frauen. Elisabeth konnte auf ihre Intelligenz, Maria auf ihren Charme vertrauen, um die andere zum Nachgeben zu bewegen. Als Ort der Begegnung wurde York genannt, das auf halbem Wege zwischen beiden Hauptstädten lag, als Zeitpunkt der Sommer 1562. Mit Geschenken beladen und mit einem Ring für seine Herrscherin als Liebesbezeigung ihrer »teuren Schwester« fuhr Maitland wieder nach Schottland zurück. Sollte es zwischen beiden Königreichen schließlich doch zu einem herzlichen Einvernehmen kommen? Ende 1561 schien das nicht unwahrscheinlich. Nach vier Monaten effektiver Herrschaft sah es ganz danach aus, als habe Maria Stuart bei der Führung der Staatsgeschäfte eine glückliche Hand bewiesen.*

Fast hätte sich alles zum Besten gewendet. Aber da Maria immer wieder den Protestanten und Engländern guten Willen bekundete, verunsicherte und enttäuschte sie die Katholiken im eigenen Reich. Der Clan Gordon, der der alten Kirche anhing, sah alle Hoffnungen schwinden. Nicht nur,

---

* Ein merkwürdiger Bericht, der wahrscheinlich noch unveröffentlicht ist und vom Jahr 1562 datiert, ist in den Akten des damaligen englischen Siegelbewahrers, Sir Nicolas Bacon, aufgetaucht. (Heute befindet er sich im Archiv der Grafschaft Hertfordshire.) Bacon legt speziell für den Kronrat dar, warum er das Treffen für problematisch hält: vor allem weil sich die Königin von Schottland weigere, den Vertrag von Edinburgh zu ratifizieren. Maria Stuart sieht er eindeutig als eine Schachfigur der Franzosen: Elisabeths Ratgeber hatten damals gerade besondere Angst vor einem Eingreifen der Franzosen. Daraus erklärt sich auch, warum die Begegnung schließlich nicht zustande kam. (Der freundliche Hinweis auf das Dokument stammt von Mr. Walne, Archivar der Grafschaft Hertfordshire; siehe Gorhambury, M11, XXII. B. 2.)

daß sein Oberhaupt, der Graf von Huntly, nicht der erste Ratgeber der Königin geworden war, er mußte zu allem Überfluß bei jeder Gelegenheit die Kränkungen seines Feindes, James Stuarts, hinnehmen. Enttäuscht gingen die Gordons, die auf ihren riesigen Ländereien fast wie unabhängige Herrscher regierten und die königliche Autoriät noch nie so recht respektiert hatten, offen auf Konfrontation mit der Krone.

Ein bewaffneter Konflikt der katholischen Maria Stuart und der wichtigsten katholischen Familie im Land erschien absurd. So weit konnte es überhaupt nur deshalb kommen, weil drei Faktoren zusammentrafen: Huntlys Ungeschicktheit, die Aufsässigkeit seines Sohnes John Gordon und der Ehrgeiz James Stuarts. Der Ruin der Gordons und die Beschlagnahme ihrer Güter bot der Königin eine gute Gelegenheit, sich freigebig zu zeigen. Vor allem die reiche Grafschaft Moray, die seit ihrer Konfiszierung im Jahre 1549 auf unsicherer rechtlicher Grundlage im Besitz der Gordons war, würde mit einer Enteignung herrenlos. Man hat behauptet, Maria Stuart habe sie James Stuart schon bei der ersten kurzen Begegnung in Paris im Frühjahr 1561 versprochen. Das ist möglich. Beim Konflikt von 1562 ging es jedenfalls auch um diese Grafschaft. Maria verlieh sie schon im Januar heimlich ihrem Halbbruder, offenbar ohne den Besitzer Huntly davon in Kenntnis zu setzen.

Vor allem John Gordon, Huntlys jüngerer Sohn, brachte sich durch seine Unbotmäßigkeit bei einer Streitigkeit – einer Vendetta, wie sie in Schottland damals häufig war – mit Lord James Ogilvie, dem Haushofmeister der Königin, in eine heikle Lage.

John Gordon war ein besonders gutaussehender junger Mann, nach Buchanan »die Blüte der schottischen Jugend«, hatte aber einen gewalttätigen und aufsässigen Charakter. Er brüstete sich damit, er liebe Maria Stuart und werde von ihr geliebt, was natürlich reine Erfindung war. Nach dem Streit mit Ogilvie, an dem zweifellos er die Schuld trug, entzog er sich einer Vorladung der Herrscherin durch eine Flucht in den Norden. Als Maria von Huntly die Auslieferung des Sohnes verlangte und dieser sich weigerte, zog sie mit James Stuart und einer Armee los, um den jungen Gordon mit Gewalt zu holen.[5]

Europa erlebte das seltsame Schauspiel, daß eine katholische Königin an der Spitze einer protestantischen Armee eine Strafexpedition gegen einen katholischen Untertanen durchführte! Nach George Buchanan, einem Zeugen der Ereignisse, der es mit den historischen Tatsachen allerdings nicht so genau nimmt, soll hinter der ganzen Affäre angeblich ein Komplott des Papstes und der Guisen gesteckt haben. Es sei darum gegangen, Maria mit John Gordon zu verheiraten und James Stuart zu eliminieren. Diese Theorie erscheint völlig abwegig, und in der zeitgenössischen Korrespondenz lassen sich keinerlei Beweise für sie beibringen. Das ganze Drama ist allein aus Huntlys Groll gegen James Stuart und dessen Interesse zu erklären, die gegnerische Familie auszuschalten. Graf Huntly, ein behäbiger fettleibiger Fünfzigjähriger, wäre von sich aus gewiß nicht zum offenen Aufstand übergegangen. Aber seine ehrgeizigen und skrupellosen Ratgeber spornten ihn zum Widerstand gegen die Königin an.

Am 27. August 1562 trafen Maria und ihr Halbbruder in Aberdeen ein, in der Hauptstadt der Besitzungen der Gordons. Gräfin von Huntly war so geschickt, die Königin respektvoll zu empfangen und ihren Sohn zu überreden, sich gefangennehmen zu lassen. Aber Gordon entwich wieder und erklärte, er werde Maria Stuart entführen und heiraten. Damit hatte er sich der Majestätsbeleidigung schuldig gemacht. Das Verbrechen konnte nicht ungesühnt bleiben. Als Maria durch Darnaway in der Grafschaft Moray* zog, gab sie offiziell bekannt, daß sie die Grafschaft James Stuart schenke, ein großartiger Erfolg für einen Bastard, der vor zwei Jahren nicht mehr besessen hatte als den Titel des Priors von St. Andrews. Aber der militärische Abstecher sorgte für Überraschungen: In Inverness weigerte sich der Burgverwalter Alexander Gordon, die Tore zu öffnen, bevor er die Erlaubnis seines Herrn Huntly hatte – eine typische Haltung in der schottischen Feudalgesellschaft, in der die Treue zum Lehnsherrn wichtiger war als die zum König. Als man Huntly benachrichtigt hatte, gab er Befehl, die Königin zu empfangen. Alexander Gordon wurde wegen Rebellion kurzerhand aufgehängt.

Maria war während der gesamten Unternehmung in bester Stimmung. »Ich habe sie niemals so fröhlich gesehen«, schrieb der Botschafter von England, der ihr begeisterungslos hinterherzog. »Nur eins bedauert sie: daß sie kein Mann ist und nicht Tag und Nacht im Feld verbringen und mit Helm und Schwert Wache schieben kann.« Sie ging auf die Jagd, empfing die Huldigung der Highlanders und lebte ihr rauhes Leben. Huntly gab noch immer nicht nach, nahm statt dessen Kontakt mit seinem Vetter Châtellerault auf und versuchte Verbündete im Süden zu gewinnen. Maria mußte zuschlagen, wenn das Ansehen der Monarchie nicht ernsthaften Schaden nehmen sollte.

Am 16. Oktober wurden der Graf von Huntly und sein Sohn John geächtet. Lady Huntly versuchte vergeblich zu vermitteln. Hexen wurden zu Rate gezogen. Sie prophezeiten, daß der Graf, wenn er eine Schlacht wage, sich noch am gleichen Abend ohne eine Wunde im Tolbooth (dem Rat-

---

* In den Quellen taucht er von da an mit dem Titel Graf von Moray auf, wie der Name heute geschrieben wird. Früher schrieb man meistens Muray.

haus) von Aberdeen wiederfinden werde. Am 28. Oktober stieß die königliche Armee bei Corrichie auf die Rebellen. Huntlys Highlanders hätten die Truppen der Königin um ein Haar in die Flucht geschlagen. Moray setzte gegen die *claymores,* die Breitschwerter der Männer des Nordens, geschickt Piken ein, wie sie vor allem im Süden benutzt wurden. Nach wohlwollenden Zeugnissen soll er seiner Halbschwester dadurch im letzten Augenblick den Sieg gesichert haben. Huntly erlitt mitten im Gefecht einen Herzschlag. Seine unversehrte Leiche wurde nach Aberdeen überführt und im Tolbooth zur Schau gestellt, womit sich die Prophezeiung der Hexen erfüllt hatte. (In Maria Stuarts Regierungszeit tauchen solche Geschichten, die in Schottland allgemein beliebt sind, haufenweise auf, ebenso während der Herrschaft ihres Sohnes Jakob VI.)

John Gordon wurde gefangengenommen, zum Tode verurteilt und vor den Augen der Königin hingerichtet. Maria soll bei der Szene in Ohnmacht gefallen sein. Obwohl Huntlys älterer Sohn George an der Revolte nicht teilgenommen hatte, wurde ihm das väterliche Erbe entzogen, die Grafschaft Huntly. James Stuart, von da an Graf von Moray, konnte für sich einen durchschlagenden Erfolg verbuchen. Das Amt des königlichen Kanzlers, das Huntly innegehabt hatte, wurde Graf Morton verliehen, einem Führer der Congregation. Die katholische Partei war enthauptet.

Man kann nicht umhin, sich zu fragen, welche Motive und Ziele Maria Stuart in der gesamten Affäre gehabt hatte. Daß sie für den plumpen Huntly wenig persönliche Sympathie übrig hatte, liegt ebenso auf der Hand wie die Tatsache, daß sie der hochmütige John Gordon als Königin und Frau beleidigt hatte. Aber das erklärt nicht hinreichend, warum sie die Partei ihrer Glaubensgenossen liquidiert und sich endgültig in die Abhängigkeit ihres Halbbruders begeben hat. Maria war sicher schon damals klar gewesen, daß er auf die Karte Englands und des Protestantismus setzte.

Sollte sie selbst der Partei der Congregation angehangen haben? Im Spätherbst 1562 hätte man das fast glauben können. Aber nichts lag ihr ferner. Maria wurde noch immer nicht verstanden, was eine schwere Hypothek für die Zukunft bedeutete.

6

»Wenn die Königin von Schottland einen passenden Mann zum Gatten nimmt ...«

Maria Stuart hatte in den ersten Monaten ihrer Herrschaft nicht nur die Katholiken Schottlands enttäuscht. Ihre Glaubensgenossen auf dem Kontinent waren zumindest verblüfft über ihre Politik.

Allerdings hatte man in Frankreich andere Sorgen. Der Bürgerkrieg, der sich seit langem angebahnt hatte, war schließlich mit Massakern, Plünderungen, Brandschatzungen und anderen Greueln ausgebrochen. Beim Blutbad in Vassy in der Champagne am 1. März 1562 wurden Dutzende von Protestanten beim Gottesdienst niedergemacht – ein Gemetzel, das von beiden Seiten verschieden dargestellt wird und letztlich nicht völlig geklärt ist. Maria war tief bestürzt über die Tragödie, an der ihr Onkel Franz von Guise maßgeblich beteiligt gewesen war und die sich auf Ländereien zugetragen hatte, aus denen sie Einkünfte als Witwe bezog. Der Krieg wütete den ganzen Sommer und Herbst 1562 in der Normandie und im Loire-Tal. Am 18. Februar 1563 wurde Franz von Guise bei Orléans ermordet. Seine Nichte Maria, die ihn aufrichtig gemocht und verehrt hatte, war bis ins Mark erschüttert. Erst im Frühjahr 1563 gelang es Katharina von Medici, den Frieden von Amboise zu schließen. Die Protestanten erhielten mit ihm große Zugeständnisse, worauf eine trügerische Ruhe im Königreich einkehrte.

Die Spanier und der Papst, die dem Vormarsch der Ketzerei in Frankreich tatenlos zusehen mußten, waren mehr als besorgt über die Politik der Maria Stuart, die so wenig für die Verteidigung des Katholizismus in Schottland unternahm. Daß Maria mit ihrem protestantischen Halbbruder die Familie Gordon vernichtet hatte, gab selbst ihren Anhängern zu denken. Um sich Gewißheit über die Lage zu verschaffen, schickte Pius IV. im Sommer 1562 den Jesuitenpater Nicolas von Gouda, einen Unterhändler seines Vertrauens, mit dem jungen schottischen Katholiken Edmund Hay nach Schottland.[1] Die Ergebnisse von Goudas Mission bestätigten Roms schlimmste Befürchtungen. Zwar zeige Maria Stuart eine »ungewöhnliche Frömmigkeit und große Standhaftigkeit im Glauben«, doch sei sie ganz in der Gewalt der protestantischen Partei: »Alles wird von den Ketzern gelenkt und geleitet, sowohl am Hof wie im Land. Es gibt viele katholische Lords und Grundherren, aber die Gewalt und Tyrannei der Ketzer sind so groß, daß sich die Katholiken von allem fernhalten und es nicht einmal mehr wagen, sich am Hof zu zeigen.« Was konnte eine junge Frau unter diesen Umständen schon tun, wenn sie »allein, ohne Beschützer und Ratgeber war und ständig von den Ketzern, die allen rechtgläubigen Menschen den Zutritt zu ihr versagten, getäuscht und bedroht wurde«? Tatsächlich hatte Maria Stuart, die völlig verängstigt war, Pater von Gouda nur heimlich, als ihr Bruder beim Gottesdienst war, zu empfangen gewagt. Sie konnte nicht für seine Sicherheit garantieren und bedrängte ihn, Schottland möglichst bald zu verlassen. Er ging im September, mußte sich aber als Fischer verkleiden, um einer aufgebrachten Menge von Protestanten zu entrinnen.

Nach dem Bericht war der Papst nicht verwundert, als er im Februar 1563 einen Brief Marias erhielt. Sie räumte darin ein, daß es »ihr angesichts der unglücklichen Zeiten bisher nicht möglich gewesen« sei, »ihrer Pflicht in der gewünschten Weise nachzukommen«, und erklärte sich außerstande, Abgesandte zum großen ökumenischen Konzil zu schicken, das gegenwärtig in Trient tagte.[2]

Trotz allem stellte Knox seine Angriffe nicht ein. Er wußte sehr wohl, daß sich die Königin im stillen danach sehnte, »das arme verirrte Volk wieder auf den rechten Weg zu bringen«, wie es Maria im Brief an den Papst ausgedrückt hatte. Drei Monate nach der vernichtenden Niederlage der Gordons bei Corrichie wetterte er erneut gegen die Katholikin, die im Götzendienst befangen sei und sich unbeirrt der Wahrheit widersetze. (»Man könnte meinen«, kommentiert Randolph spöttisch, »er gehörte dem Geheimen Rat Gottes an«.)[3] Die Calvinisten nutzten ihren Vorteil und traten, gestützt auf die Gesetze von 1560 zur Vertreibung des Katholizismus aus dem Königreich, immer aggressiver und provokanter in Erscheinung. Zu Ostern 1563 wurden vierundvierzig Priester verhaftet. Sie hatten im Vertrauen auf den Schutz der Königin die Messe gefeiert – darunter John Hamilton, der Erzbischof von St. Andrews, den Maria Stuart nur mit großen Mühen und nach Zahlung einer empfindlichen Geldstrafe befreien konnte.

Als einige Wochen nach den Verhaftungen das Parlament von 1563 zusammentrat, sorgte Maria Stuart dafür, daß es die Verurteilung der Gordons und die Beschlagnahme ihrer Güter bestätigte – für die Protestanten zweifellos erfreuliche Maßnahmen. Trotzdem schrieb der unerbittliche Knox: »Nie hat man in Schottland solch stinkenden Weiberstolz* gesehen. Ihre arglistigen Reden heischen das Einvernehmen der Schmeichler, die *Vox Dianae* sagten. Jawohl, sie wagten es sogar, sie mit einer heidnischen Göttin zu vergleichen.« Während der Sitzungsperiode des Parlamentes – am 5. Juni 1563 – wetterte Knox in der Kirche St. Giles gegen den Katholizismus und rief zu Repressalien auf: »Ich sehe, daß man sich allseits von Christus abwendet und daß derjenige, welcher sich am meisten von ihm abwendet, die meiste Beachtung findet. Einige behaupten sogar, unsere Religion gründe sich weder auf das Gesetz noch auf das Parlament. Wer so etwas sagt, verdient das Schafott, denn unsere Religion gründet sich auf Gott.« Noch unverschämter wurde der Reformator, als er die Verhandlungen zu Marias Heirat mit einem katholischen Fürsten kritisierte: »Ich höre jetzt, daß man allenthalben über die Heirat der Königin spricht und sich alle, Herzöge, Erzherzöge und Könige, um ihre Hand reißen. Ich aber sage euch, daß derjenige, der in diesem Land einen Papisten, einen Ungläubigen, Herrscher werden läßt, Jesus Christus aus dem Königreich verbannt und im Land die göttliche Rache und Pest heraufbeschwört.«[4]

Diesmal hatte Knox den Bogen überspannt. Einvernehmlich mit Moray zitierte ihn Maria noch am gleichen Tag nach Holyrood. Sie war »lebhaft wütend«. »Ich habe alles versucht, um Eure Gunst zu erringen«, sagte sie ihm. »Ich habe alle Verirrungen Eurer Zunge gegen mich und meine Onkels ertragen. Ich habe Euch angeboten, mich, sooft ihr wollt, aufzusuchen. Und doch komme ich mit Euch nicht zurecht. Ich schwöre vor Gott, daß ich mich rächen werde.« Der Prediger, der selbst von der Begebenheit berichtet, antwortete ihr nach eigenem Bekunden geduldig: »Wenn ich predige, Madame, bin ich nicht mehr Herr meiner selbst. Ich muß Demjenigen gehorchen, der mir zu sprechen befiehlt, ohne Rücksicht auf die Schmeichler.« – »Und was hat dies mit meiner Heirat zu tun? Wer seid Ihr denn in meinem Königreich?« – »Ein Untertan, der in ihm geboren ist, Madame. Und obwohl ich weder Graf noch Lord oder Baron bin, hat Gott aus mir, so unbedeutend ich in Euren Augen auch sei, ein nützliches Mitglied dieser Gemeinde gemacht.« Maria habe auf die Kränkung hin »so sehr zu schreien und zu weinen« begonnen, »daß ihr Kammerdiener nicht

---

* Was Knox von den Frauen hält, ist mit folgenden Worten umrissen: »Eine Frau in der Stellung eines Herrschers ist wider die Natur, das göttliche Gebot, die Gerechtigkeit und die gesellschaftliche Ordnung.« *(Erster Trompetenstoß)* Es überrascht doch sehr, daß gerade die von Knox mitbegründete Kirche jetzt Priesterinnen weiht.

genug Taschentücher fand, um ihre Tränen zu trocknen«, berichtet Knox frohlockend.

Nachdem der Prophet den Audienzsaal verlassen hatte, durchschritt er das Vorzimmer, in dem sich die Höflinge drängten, eine gute Gelegenheit zu einem Angriff auf die Damen des königlichen Gefolges: »Oh, ihr schönen Damen, wie schön wäre es, wenn dieses schöne Leben, das ihr führt, nur ewig währte und wenn ihr mit diesen schönen Gewändern ins Paradies eintreten dürftet! Doch kommt der tückische Tod, ob ihr wollt oder nicht, und die Würmer laben sich an eurem so blassen und zarten Fleisch, und eure Seele nimmt weder Gold noch Schmuck noch Fransen mit.« Knox gerät bei der Erzählung dieses besonderen Tages ins Schwärmen.

Aber für die arme Königin war damit der Konflikt mit dem langbärtigen Prediger (der pikanterweise im folgenden Jahr im Alter von fünfzig Jahren trotz aller Weiberfeindschaft eine hübsche Sechzehnjährige heiraten sollte) noch nicht ausgestanden. Als am Himmelfahrtstag, dem 15. August 1563, ein Priester in Marias Abwesenheit die Messe in Holyrood feierte, wurde die königliche Kapelle geplündert. Die Schuldigen wurden wegen »Felonie, Einbruchs und Plünderung des Palastes der Königin« vor Gericht gestellt. Knox, der sie in Schutz genommen hatte, wurde vor den Geheimen Rat zitiert und mußte sich gegen die Anklage des Verrats zur Wehr setzen: »Einen Fehler gestehen, wo mir mein Gewissen nichts vorwirft? Niemals!« antwortete er unbeugsam wie stets. Maria, die ihn barhäuptig am Ende des Ratssaales sitzen sah, brach in schallendes Gelächter aus. »Ich lache, weil mich dieser Mann zum Weinen gebracht hat, und jetzt will ich ihn weinen sehen.« Sie machte sich Illusionen: Die Ratsmitglieder waren entweder eingeschüchtert worden, oder sie sympathisierten mit der Tat, jedenfalls sprachen sie den Propheten frei. »Niemals«, bemerkt zu Recht der protestantische Historiker Robertson, »war die königliche Autorität in solchem Maße erniedrigt worden.«[5]

Freilich erlebte Maria am Hof in Schottland auch anderes als den Streit mit Knox. Die Königin war 1562/1563 zwanzig beziehungsweise einundzwanzig Jahre alt und sehr lebenslustig, wenn man von den depressiven Krisen und Erschöpfungszuständen einmal absieht, in die sie angesichts der schwierigen Lebenslagen immer öfter geriet. Maria war sonst eine fröhliche, sportliche junge Frau, die Jagd, Musik und Tanz liebte. Auch wenn die Einkünfte der schottischen Krone mit zehntausend Pfund Sterling jährlich kläglich waren – die glückliche Elisabeth erhielt für die Krone von England zweihunderttausend Pfund! –, konnte sie sich dank ihrer Witwenrente aus Frankreich doch eine standesgemäße und geradezu prachtvolle Lebenshaltung leisten.[6] Diese Einkünfte verringerten sich zwar, als in den Jahren 1562/1563 im Loire-Tal der Bürgerkrieg tobte, aber dank den eifrigen Bemühungen des Kardinals von Lothringen versiegten sie nie ganz.

Wenn John Knox auch für den Charme der jungen Herrscherin unempfänglich war und sie mit sadistischer Freude zum Weinen brachte, so rief Maria bei den Schotten doch auch andere Reaktionen hervor. George Buchanan, ebenfalls Calvinist und später ihr erbitterter Gegner, erkennt der Königin »unübertreffliche Anmut, blühende Jugend und brillante geistige Fähigkeiten« zu, »die durch die Erziehung am Hof ausgebildet oder zumindest mit Glanz versehen worden« seien. (Allerdings schränkt er das Urteil im Sinne Knox' ein: »Doch war sie bei weitem nicht tugendhaft und gab sich nur den Schein der Tugend, denn bei ihr war das natürlich Gute durch schlimmste Gefallsucht verdorben.«[7])

Die schottischen Adligen, die den Vergnügungen eines kultivierten Lebens ebenso zugänglich waren wie Edelleute anderer Länder, empfanden die Tänze, Musikdarbietungen und Lustbarkeiten am Hof sicherlich nicht als Teufelswerk wie Knox, der sie als »Spiele von Toren und Narren«, als »Fallen der Verderbtheit« bezeichnete. Maria war es gelungen, Musiker an ihren Hof zu ziehen, vor allem Franzosen und Italiener, von denen einer noch größtes Aufsehen erregen sollte. Im eleganten Palast Holyrood hatte sie sich ein höfisches Leben geschaffen, das an die glücklichen Stunden von Amboise oder Saint-Germain erinnerte. Immer sollte sie einen guten Tänzer schätzen, das Können, mit dem später Darnley ersten Eindruck auf sie machte.

Sie schrieb noch immer Gedichte, und zwar auf französisch, das sie im engsten Kreis der Vertrauten sprach. Sie las, was der gebildete Buchanan, den sie mit Wohltaten überhäufte und der sich bald gegen sie wandte, ihr empfahl. Titus Livius, Horaz, Plutarch, Ovid und Cicero, aber auch Petrarca, Ariosts *Orlando Furioso,* Boccaccios *Decamerone* und natürlich ihre Lieblingsdichter der Jugend, Ronsard, Du Bellay und Marot. Diese heute etwas schulisch anmutende Lektüre war damals der übliche Lesestoff gebildeter Personen, was freilich nicht verhinderte, daß auch die Artussage oder mittelalterliche Chroniken gelesen wurden, von denen es in der Bibliothek von Holyrood wimmelte.[8] Selbstverständlich gehörte zu Maria Stuarts Bettlektüre auch das *Buch der Jagd,* denn sie ging ja begeistert diesem ausgesprochen aristokratischen Vergnügen nach, was ebensooft belegt ist wie ihre langen Ausritte durch die wildreichen schottischen Wiesen und Wälder.

Wie an allen europäischen Höfen verbrachte man auch am Hof von Holyrood die langen Winterabende bei musikalischen Darbietungen – Maria spielte Laute und Virginal und sang –, Tänzen und Maskenbällen, für Knox alles Lockungen des Teufels, für die Höflinge dagegen sehr willkommene Zeitvertreibe. Man kann sich den Kreis junger eleganter Standesherren um die bezaubernde Zwanzigjährige gut vorstellen. Maria liebte die Galanterie, wie sie sie vom Hof der Valois' her gewohnt war, und vielleicht auch – warum nicht? – den Flirt. Elisabeth schockierte zur gleichen Zeit England und Europa, weil sie mit dem schönen Robert Dudley allzu freizügig Umgang pflegte. Maria Stuart war zurückhaltender, aber trotzdem hielten es ihre Feinde für Leichtsinn und sogar als Beweise für ihre Verderbtheit, wenn sie auf die Madrigale ihrer Vertrauten voller Liebenswürdigkeit reagierte.

Im Frühjahr 1562 forderte diese gefährliche Art Liebesbeziehung ein erstes Opfer im unglücklichen Grafen von Arran, dem Sohn des Herzogs von Châtellerault, dem Cousin und Erben der Königin. Ein großer Teil der protestantischen Partei hatte sich einst dafür eingesetzt, daß Arran Elisabeth von England heiraten würde. Da diese sich aber einer Eheschließung entschieden widersetzte, lag der Gedanke an eine Ehe Arrans mit Maria sehr nahe. Als überzeugter, ja militanter Calvinist (zur Zeit Heinrichs II. war er in Frankreich mit knapper Not einer Verurteilung als Ketzer entgangen) hätte Arran Maria die Unterstützung des gesamten Clans Hamilton gesichert und für eine Aussöhnung zwischen ihr und der *Kirk* gesorgt. Mehr bedurfte es nicht, um die Phantasie des überspannten Grafen – der im Jahre 1562 zweiunddreißig Jahre alt war – zu beflügeln. Er war schließlich überzeugt, daß er sich Hals über Kopf in die Herrscherin verliebt habe, ein Schock, den sein schwaches Gemüt nicht zu verarbeiten vermochte.

Wie genau es zu der darauffolgenden kleinen Tragödie kam, ist heute nur noch schwer zu ermitteln. Wir wissen von der Affäre hauptsächlich durch den Bericht des John Knox, der in ihr sporadisch eine Rolle gespielt hat. Offenbar wollte sich Graf von Bothwell, der in der ganzen Sache besonders zwielichtig auftrat, Arran zum Werkzeug machen. Er schlug ihm vor, Maria zu entführen, sie zu heiraten und bei der Gelegenheit James Stuart und Lethington auszuschalten. Arran, der – wie es zumindest hieß – zögerte, holte sich bei John Knox Rat. Knox hielt die ganze Sache für eine Provokation der Katholiken und riet Arran, die Sache auf sich beruhen zu lassen. Aber Arran, der nach Knox' Bekunden »mit Wahnsinn geschlagen« war, eilte nach Falkland zu Maria und gestand ihr alles ein. Er hatte tatsächlich den Verstand verloren, hielt sich für verhext und gab sich als Gatte der Königin aus. Um seine Familie zu schonen, ließ ihn Maria bei seinem Vater unter Arrest stellen. Doch Arran entkam durch das Fenster über Bettlaken, die er aneinandergeknotet hatte. Man sperrte ihn schließlich in

St. Andrews ein, dann in der Festung von Edinburgh, aus der er erst nach vier Jahren, noch immer halb wahnsinnig, wieder herauskam.[9]

Bothwell, aller Wahrscheinlichkeit nach der Drahtzieher in der Affäre, wurde weniger nachsichtig behandelt: Seinem Erzfeind James Stuart bot sich die beste Gelegenheit, ihn loszuwerden. Er wurde in die Festung von St. Andrews gesperrt, aus der er einige Monate später entkam. John Knox behauptet, Maria Stuart habe ihm zur Flucht verholfen. Das ist nicht ganz von der Hand zu weisen, denn als Bothwell kurz darauf in England gestrandet war, setzte sie sich dafür ein, daß er freigelassen wurde und nach Frankreich weiterreisen durfte. Er blieb drei Jahre im Exil, mit dem seine Rolle im Leben der Maria Stuart keineswegs ausgespielt war.

Die Episode war jedenfalls charakteristisch für die Art von Intrigen, die eine allzu reizvolle junge Königin am Hof heraufbeschwor. Wenigstens überstand Maria die ganze Sache unbeschadet. Ernster fiel dagegen der Skandal von Kinghorn aus, der sich einige Monate später ereignete.

Am Abend des 15. Februar 1563, als sich die Königin in ihr Schlafgemach zurückgezogen hatte, wurden ihre Ehrendamen durch Schreie aufgeschreckt. Als sie mit Moray sofort ins Schlafgemach der Königin stürzten, entdeckten sie dort Pierre de Châtelard, den jungen hugenottischen Hofdichter aus dem Dauphiné, der vor eineinhalb Jahren in ihrem Gefolge aus Frankreich nach Schottland gekommen war. Völlig außer sich berichtete Maria, Châtelard habe sich unter ihrem Bett versteckt gehalten und sich ihr unsittlich nähern wollen. Der Dichter solle das Verbrechen sofort mit dem Leben bezahlen. Moray, der sich der heiklen Situation bewußt war, beruhigte seine Halbschwester mit Mühe. Châtelard wurde gefangengenommen und nach St. Andrews überführt, wo ihm der Prozeß gemacht wurde.

Während der Verhandlung stellte sich heraus, daß die Szene ein Vorspiel hatte: Der Dichter war schon einige Nächte zuvor während der Abwesenheit der Königin in das Schlafgemach eingedrungen, hatte aber zunächst noch Vergebung erhalten. Seine Leidenschaft für Maria war ohnehin allen und ihr selbst bekannt gewesen, und sie hatte sogar oft mit ihm getanzt (»Tänze, die man besser in einem Bordell als an einem anständigen Ort getanzt hätte«, kommentiert Knox boshaft). Der Dichter wurde wegen Majestätsbeleidigung verurteilt. Vor dem Schafott zitierte er noch Ronsards *Ode an den Tod:* »Gegrüßet seist du, o schöner, nützlicher Tod ...« Brântome, der die Vollstreckung des Urteils nicht miterlebt hat, schmückt die Szene zusätzlich mit einem romantischen Detail aus, das von den Historikern gerne aufgegriffen wird. Demnach soll er unmittelbar vor dem Ende: »Leb wohl, du schönste und grausamste Fürstin dieser Welt!« ausgerufen haben.[10]

Wenn man davon ausgeht, daß der Dichter das tatsächlich gesagt hat, dann könnte man sehr wohl auch davon ausgehen, daß Maria ein Verhältnis mit ihm gehabt hatte, und ihre Feinde haben das tatsächlich getan. Aber dafür gibt es keinerlei Hinweis, auch keine entsprechenden Gerüchte vor der Tragödie. Und man kann nicht ausschließen, daß Châtelard das Opfer einer Intrige geworden ist. Maitland und andere haben hinter der Affäre ein protestantisches Komplott vermutet, bei dem der Ruf der katholischen Königin ruiniert werden sollte. In dem Zusammenhang wurde Madame de Crussol genannt, eine Hugenottin aus der Umgebung Katharinas von Medici.[11] All das ist durchaus möglich. Jedenfalls zeigt der Skandal, wie leichtsinnig sich Maria verhielt, als sie der Galanterie in ihrer Umgebung nachsichtig begegnete und nicht genug Distanz zu ihren männlichen Untertanen hielt. Maria zog aus der Affäre keine Lehre und bezahlte später sehr teuer dafür.

Im Augenblick waren Maria Stuart und die Kanzleien in Europa mit anderen, politischeren Fragen beschäftigt: mit Marias Wiederverheiratung und der damit verknüpften Frage der englischen Thronfolge.

Beide Fragen hingen deshalb so eng zusammen, weil Elisabeth ihre Position der Stärkeren ausgenutzt und rundweg erklärt hatte, sie werde Maria nur dann als Thronerbin von England anerkennen, wenn sie einen ihr genehmen Gatten wählen werde: Und um diese Anerkennung ging es Maria ja, wie später auch ihrem Sohn.

Die Heiratsverhandlungen, die sich in den diplomatischen Korrespondenzen aus den vier Jahren nach Marias Rückkehr nach Schottland widerspiegeln, wurden folglich auf zwei Ebenen geführt: mit den fürstlichen Bewerbern und mit Elisabeth, die es sich ausbedungen hatte, die Entscheidung ihrer Cousine gutzuheißen oder abzulehnen.

Man erinnere sich an den bereits zitierten Satz des John Knox, nach dem »sich alle, Herzöge, Erzherzöge und Könige, um ihre Hand« rissen. Das war kaum übertrieben. Wenn man die Namen aller Kandidaten zusammenzählt, die in diesen vier Jahren genannt werden, so sind es sicher über fünfzehn. Ob Schotten oder Ausländer, Katholiken oder Protestanten, Prinzen oder einfache Edelleute, früher oder später versuchte jeder sein Glück – warum auch nicht?

Es wäre müßig und langweilig, wollte man diese unglaublich komplizierten Verhandlungen, von denen wir aus den Depeschen der Botschafter erfahren, im einzelnen wiedergeben. Zu den Kandidaten, die nur kurz im Gespräch waren, gehörten (obwohl Katharina von Medici strikt dagegen war) König Karl IX., sein Bruder, der Herzog von Anjou (der Ex-Herzog von Orléans und spätere Heinrich III.), der Herzog von Nemours, der junge Fürst von Condé (der Sohn des früheren Führers der französischen Protestanten, ein merkwürdiger Bewerber für eine Nichte der Guisen!), der Herzog von Ferrara, der König von Dänemark, der Herzog von Norfolk und der Graf von Warwick. Ein schottischer Kandidat war der Graf von Arran, zumindest bis sich seine Geisteskrankheit bemerkbar machte. Etwas ernsthafter kam der König von Schweden in Betracht, der Maria sehr beharrlich umwarb und sogar die Absicht hatte, sich ihr in Schottland persönlich vorzustellen. Aber im Grunde waren all diese Bewerbungen allenfalls dazu angetan, die Diplomaten zu belustigen. 1562/1563 traten zwei Kandidaten mit besten Chancen auf: der spanische Thronerbe Don Carlos und sein Cousin, Erzherzog Karl von Österreich. Dann tauchten mit unterschiedlichen Aussichten auf Erfolg zwei weitere Namen auf: Lord Robert Dudley und Lord Henry Darnley. Die Auswahl war eine vielschichtige und komplexe Angelegenheit, da jeder Kandidat Vor- und Nachteile hatte, bei denen von persönlichen und gefühlsmäßigen Neigungen jedoch abstrahiert wurde: Dieses Element spielte vor der großen Überraschung im Jahre 1565 überhaupt keine Rolle. Ein Herrscher oder Prinz aus dem Ausland würde zwar Einfluß und Reichtum mit in die Ehe bringen, hatte aber den Nachteil, daß er Maria Stuart auf den zweiten Platz verweisen und Schottland zu einem Spielball seiner Interessen machen würde. Das waren weder für Maria Stuart noch für die Untertanen begeisternde Aussichten. Und wenn es zudem ein katholischer Ausländer wäre, würden die Protestanten in Schottland Sturm laufen: John Knox hatte die Königin schon unmißverständlich gewarnt.

Dennoch wurde ein Bewerber von den europäischen Fürsten und vor allem von Maria mit besonderem Interesse betrachtet: der spanische Infant Don Carlos, von dem schon in den ersten Wochen nach dem Tod Franz' II. die Rede gewesen war. Anfang 1562 brachte der spanische Botschafter in London, Bischof Alvaro de la Quadra, ein Intrigant erster Güte, die Verhandlungen wieder in Gang. Maria war an der Heirat interessiert, da sie zweierlei Aussicht bot: zum einen die auf die spanische Krone – ein gewaltiger Erfolg, wenn man schon Königin von Frankreich gewesen war –, zum anderen die Aussicht auf spanisches Gold und spanische Waffen, mit denen man in Schottland den Katholizismus wiederherstellen konnte.

Don Carlos war freilich kein Charmeur und alles andere als der romantische Prinz, den Schiller und später dann Verdi in seiner Oper aus ihm gemacht haben. Er war erblich schwer belastet – in mütterlicher und väterlicher Linie gab es Wahnsinn – und hatte als Sohn Blutsverwandter typische Erbschäden: Er war leicht bucklig, geriet unkontrolliert in Raserei und versetzte seine Umwelt mit sadistischen Zeitvertreiben in Angst und Schrecken. Zu allem Unglück mußte ihm dann auch noch nach einem Sturz im April 1562 der Schädel geöffnet werden. Aber worüber sieht man nicht hinweg, wenn der bedeutendste Thron Europas und die halbe Weltherrschaft winken?

Katharina von Medici und Elisabeth legten sich sofort ins Mittel, um die Verhandlungen zu hintertreiben. Doch hatte für Maria vor jeder anderen Erwägung das gute Einvernehmen mit ihrer Cousine Vorrang. Nachdem William Maitland im September 1561 und im Mai 1562 als Gesandter nach London gereist war, rückte ein Treffen der beiden allmählich in greifbare Nähe. Doch dann wurde es wegen des Bürgerkriegs in Frankreich vorläufig aufgeschoben, was Maria so sehr verärgerte, daß sie einen ganzen Tag weinend im Bett verbrachte. Als die Verhandlungen wieder aufgenommen wurden, setzte man die lang erwartete Begegnung auf den Juli oder August 1563 fest. Stattfinden sollte sie entweder in York oder auf einem Schloß in der umliegenden Gegend. Die protokollarischen Einzelheiten wurden in einer schriftlichen Vereinbarung minutiös festgehalten, die Maria am 24. August 1562 paraphierte. Die Mühe war umsonst: Das Treffen der Cousinen sollte nie stattfinden.[12]

Alle Liebenswürdigkeiten und netten Briefe konnten die Kluft zwischen den beiden Frauen nicht überbrücken. Maria beabsichtigte mehr denn je, sich offiziell als Erbin der Tudor anerkennen zu lassen, während Elisabeth weniger denn je geneigt war, einen Nachfolger zu designieren. Als die englische Königin im Oktober 1562 so schwer erkrankte, daß man mit ihrem Tod rechnen mußte, stellte der Kronrat Überlegungen zu einem möglichen Nachfolger an. Keiner wagte, Marias Namen zu nennen. Im Januar 1563 schickte die Stuart ihren Vertrauten Maitland ein drittes Mal nach London, um eine klare Antwort einzuholen: Waren Königin und Parlament bereit, die Rechte der Enkelin Margarete Tudors anzuerkennen? Maria kannte Elisabeth schlecht: Elisabeth lehnte es kategorisch ab, sich für einen Prätendenten zu entscheiden, und reagierte empört auf die Anfrage des Parlaments, das sie offenbar schon vor ihrem Tod zu Grabe tragen wolle. Die Königin erinnerte daran, daß sie noch immer heiraten und Kinder bekommen könne, so daß ihr Erbe nicht zur Disposition stehe. Daraufhin löste sie das Parlament auf, und Maitland kehrte unverrichteter Dinge nach Schottland zurück.[13]

Maria nahm die Verhandlungen mit Spanien wieder auf. Noch immer war Philipp II. nicht recht wohl bei dem Gedanken, sich mit England zu überwerfen. (Er hatte ernste Schwierigkeiten in den Niederlanden und wollte alles vermeiden, was Elisabeth zu einer Intervention bewegen könnte.) Trotzdem erwog er den Plan einer Heirat zwischen Don Carlos und

Maria: »Da ich sehe, daß mit dieser Heirat ein Anfang gemacht werden könnte, um die religiösen Dinge in England wieder geradezurichten, habe ich beschlossen, die Verhandlungen fortzuführen«,[14] schreibt er dem Botschafter Quadra am 15. Juni 1563.

Gleichzeitig brachte der Kardinal von Lothringen – der Spanien damals nicht wohlgesinnt war und sicher Beunruhigendes über den unglücklichen Don Carlos erfahren hatte – einen anderen Kandidaten für seine Nichte ins Spiel: den österreichischen Erzherzog Karl von Habsburg, den dritten Sohn Kaiser Ferdinands I. Der dreiundzwanzigjährige Karl, eine angenehme Erscheinung, war ebenfalls ein katholischer Prinz, hatte aber kein persönliches Vermögen, was angesichts von Maria Stuarts Finanzbedarf ein größeres Hindernis darstellte. Elisabeth erfuhr von den Heiratsplänen und reagierte prompt: Sie ließ ihre Cousine wissen, daß jede Verbindung mit einem spanischen oder österreichischen Prinzen von ihr als feindseliger Akt betrachtet werde. John Knox äußerte sich im gleichen Sinn.

Maria verlor die Geduld. Was hatte die englische Königin vor? Wenn sie weder Don Carlos noch den Erzherzog wollte, wen dann? Maitland reiste erneut mit dem Auftrag nach London, eine klare Antwort in den Fragen der Heirat und der Nachfolge einzuholen.

Elisabeth äußerte sich vorsichtig. »Wenn die Königin von Schottland den Erzherzog oder einen anderen Kandidaten aus dem Haus Österreich heiratet, kann ich nicht umhin, ihre Feindin zu sein«, sagte sie im wesentlichen. »Aber wenn sie einen passenden Mann zum Gatten nimmt, ist sie meine gute Schwester und Freundin, so daß ich sie als Erbin anerkennen kann.« Es fragte sich nur, wen Elisabeth im Auge hatte. »Der König von Frankreich kommt nicht in Frage, aber man könnte mit dem König von Dänemark oder einem anderen protestantischen Fürsten einverstanden sein, oder auch mit dem Herzog von Ferrara.« Etwas später machte Elisabeth einen präziseren Vorschlag: Wenn Maria »einen englischen Edelmann von bester Herkunft« akzeptiere, werde die Königin von England, »eine Prüfung vornehmen, welche Ansprüche sie auf ihr Erbe habe, und zwar so, daß diese Prüfung zu ihren Gunsten ausfällt.« (20. August 1563)[15] In der Tat stellte der Kandidat, den sich Elisabeth für Maria ausgesucht hatte, eine größere Überraschung dar: Es war kein anderer als ihr eigener Geliebter (oder zumindest ihr innigster Freund) Lord Robert Dudley, mit dem sie zwei Jahre zuvor skandalöse Auftritte in der Öffentlichkeit gehabt und Maria und Europa zu spöttischen Bemerkungen veranlaßt hatte. Lord Robert, der inzwischen unter dubiosen Umständen Witwer geworden war – seine Frau hatte sich beim Sturz von einer Treppe das Rückgrat gebrochen – war noch immer Elisabeths Vertrauter.

Elisabeth war offenbar Anfang 1563 auf den Gedanken gekommen, daß sie ihn mit der Königin von Schottland verheiraten könnte, womit sie das benachbarte Königreich besser unter Kontrolle hätte. Zudem bedeutete es für Elisabeth eine Genugtuung, der Ex-Königin von Frankreich eine so ungleiche Verbindung aufzuzwingen. (Dudley stammte aus niederem Adel, und sein einziges Plus war persönlicher Charme!) Der Vorschlag war so gewagt, daß ihn Elisabeth besser in kleinen Schritten bekanntgab. Erste Andeutungen erfolgten im März: »Die Königin [Elisabeth] hat Maitland folgendes gesagt: Wenn seine Dienstherrin eine sichere und glückliche Ehe schließen wolle, würde sie ihr Lord Robert überlassen, den die Natur mit so viel Anmut ausgestattet hat, daß sie ihn selbst, wenn sie heiraten wolle, allen Prinzen der Welt vorziehen würde.« Verlegen, aber sehr diplomatisch antwortete Maitland, daß »die Königin Maria ihre gute Schwester nicht um die Freude bringen wolle, die sie an Lord Roberts Gesellschaft« habe. (Brief des Botschafters Quadra, 28. März 1563)[16]

Ende 1563 erfolgte ein weiterer Vorstoß. Katharina von Medici, die im Januar 1564 von Elisabeths Vorschlag Wind bekommen hatte, ließ daraufhin wissen, daß sie eine solche Heirat für ihre Ex-Schwiegertochter als entwürdigend empfinden würde. Nach anfänglichem Zögern antwortet Maria am 30. März dem englischen Botschafter Randolph vorsichtig: »Möchte die Königin von England tatsächlich, daß ich einen ihrer Untertanen heirate? Kann sie mich nicht heiraten lassen, wen ich möchte, und meine Freundin bleiben?«[17]

Gleichzeitig liefen die Verhandlungen mit Erzherzog Karl weiter. Maria war nicht begeistert, da der Österreicher in eine Ehe nur wenig mitzubringen hatte. Die Heirat mit Don Carlos wurde immer unwahrscheinlicher. Mit seiner Gesundheit ging es bergab, und die Beziehungen zu seinem Vater verschlechterten sich zusehends. Wenn die Gesandten in ihren Schreiben über ihn sprachen, wurden sie verlegen. Im August 1564 schrieb Philipp II. schließlich seinem Botschafter: »Aus verschiedenen Gründen müssen wir die Verhandlungen zu einer Heirat der Königin von Schottland mit meinem Sohn Carlos als beendet betrachten.«[18] Maria, die alle Hoffnungen auf den Thron von Spanien fahrenlassen mußte, war betroffen. Es sollte im Hinblick auf dieses Land nicht ihre letzte Enttäuschung sein.*

Neue Bewerber um die Hand der Königin traten auf: der Graf von Warwick, Don Juan von Österreich – ein illegitimer Bruder Philipps II. –, und

---

* Don Carlos starb vier Jahre später unter mysteriösen Umständen im Gefängnis, in das ihn sein Vater hatte sperren lassen. Die Ähnlichkeit der Schicksale des spanischen Infanten und der schottischen Königin ist romantischen Historikern besonders aufgefallen.

der Graf von Norfolk. Wieder wurden der junge Fürst von Condé und Karl IX. genannt. Erzherzog Karl schickte weiterhin Gesandte und schlug sogar ein Treffen in Schottland vor, während John Knox schon beim Gedanken, ein Papist könne ins Land kommen und die römische Pestilenz einschleppen, in helle Empörung geriet.

Zu dieser Zeit, im Jahre 1564, tauchte in den verworrenen Verhandlungen zudem ein neuer Kandidat auf, der zunächst noch unter der Hand gehandelt wurde. Es war Marias Cousin, Henry Stuart Darnley, der Sohn des Grafen und der Lady Lennox, geborene Margaret Douglas. Im Grunde genommen war der Gedanke einer Heirat Marias mit Darnley nicht völlig neu: Man hatte ihn schon kurz nach dem Tod Franz' II. flüchtig erwogen. Es war allgemein bekannt, daß Lady Lennox mit ihrem Sohn Großes vorhatte, und sein Stammbaum rechtfertigte ihre Ambitionen: Henry war durch seinen Vater einer der nächsten Erben Maria Stuarts und sogar ihr unmittelbarer Erbe, wenn man von der Illegitimität der Hamiltons ausging. Und Darnley kam durch seine Mutter in der englischen Thronfolgeordnung weit vorne.[*]

Zwischen 1562/1563 hatte Lady Lennox Maria immer wieder auf ihren Sohn aufmerksam gemacht, wovon in diplomatischen Schreiben vom Juli 1562 und Juni 1563 die Rede ist. Allerdings erschwerte die außergewöhnliche Lebenssituation der Lennox eventuelle Heiratsverhandlungen: Henrys Vater, Matthew Lennox, war wegen Hochverrats verurteilt worden, lebte seit 1545 im englischen Exil und war englischer Untertan geworden. Dort war auch sein Sohn geboren worden, wodurch seine Ansprüche als englischer Thronerbe gegenüber denen Maria Stuarts größer wurden. Elisabeth mißtraute dieser Familie schon deshalb, weil sie katholisch und bei den englischen Katholiken besonders beliebt war.[**] Um Lennox die Lust am Ränkeschmieden zu nehmen, ließ sie ihn 1562 für einige Zeit in den Londoner Tower sperren. Das hinderte den Botschafter von Spanien freilich nicht, ihn und seine Frau in seiner Korrespondenz als mögliche Nachfolger Elisabeths zu erwähnen.

Henry Darnley war 1564 neunzehn Jahre alt und damit drei Jahre jünger als seine Cousine Maria. Er war groß, sehr elegant und sportlich, zudem gebildet, musikalisch und ein Kenner des englischen Hofes, wo man ihn

---

[*] Lady Margaret Lennox war die Tochter von Margarete von Tudor, der Schwester Heinrichs VIII., und ihres zweiten Gatten Archibald Douglas. Damit war sie eine leibliche Cousine Elisabeths. (Siehe den Stammbaum im Anhang)

[**] Schon 1560 schrieb der spanische Botschafter Quadra, daß »in England im allgemeinen gewünscht« werde, »den Sohn Lady Margarets zum König zu haben«. So übertrieben diese Behauptung auch war, sie macht deutlich, warum Elisabeth soviel Mißtrauen gegenüber dieser Familie empfand.

wie einen Prinzen von königlichem Geblüt behandelte. Er war, kurz gesprochen, ein Heiratskandidat mit besten Erfolgsaussichten.

Als Lady Lennox erfuhr, daß die Verhandlungen mit Don Carlos endgültig gescheitert waren (sie war sehr eng mit dem spanischen Botschafter Quadra und seinem Nachfolger Guzman de Silva befreundet und wurde von ihnen auf dem laufenden gehalten), wurde sie sofort aktiv und brachte ihren Sohn als Bewerber um Marias Hand ins Gespräch. Schon im September nannte ihn Guzman einen ernsthaften Kandidaten. Im November betrachtete ihn der englische Botschafter in Schottland, Thomas Randolph, als Favoriten. Gegen Ende des Jahres war sein Name in aller Munde.

Maria hatte freilich die Hoffnungen nicht aufgegeben, die Verhandlungen mit Spanien doch wieder in Gang zu bringen. Im September schickte sie ihren neuen Ratgeber, James Melville – einen eleganten, feinsinnigen Diplomaten und Kenner der europäischen Politik, den sie nach sechsjährigem Aufenthalt vom Kontinent zurückgerufen hatte –, nach London, um sich mit Guzman de Silva zu treffen und bei der Gelegenheit in Erfahrung zu bringen, welche Absichten die Königin von England wirklich hatte.

Melville begriff sofort, daß die Sache von spanischer Seite aus erledigt war. Interessanter verliefen dagegen die Zusammenkünfte mit Elisabeth, über die er Jahre später einen der liebenswertesten und lebendigsten Berichte aus dieser Zeit verfaßt hat. »Lord Robert«, habe die Königin gesagt, »ist mein bester Freund, und ich liebe ihn wie meinen eigenen Bruder. Da ich mich nicht entschließen kann, selbst zu heiraten, wünsche ich mir von Herzen, daß ihn meine gute Schwester zum Gatten nimmt und daß sie mit ihm meine Nachfolge teilt.« Melville nahm die Äußerung mit der gebotenen Zurückhaltung auf, aber Elisabeth meinte es offenbar tatsächlich ernst. Als Zeichen besonderer Wertschätzung verlieh sie ihrem lieben Freund einige Tage später während einer ebenso prachtvollen wie ulkigen Zeremonie den Titel des Grafen von Leicester. »Der Graf kniete sehr ernst und würdevoll vor Ihrer Majestät, sie aber konnte nicht umhin, die Hand an seinen Hals zu legen und ihn lächelnd zu kitzeln, während der Botschafter von Frankreich und ich neben ihm standen.« Die vertrauliche Geste gegenüber dem Ex-Favoriten war sicher nicht dazu angetan, den schottischen Gesandten von der Ernsthaftigkeit ihres Vorschlags zu überzeugen. Im übrigen machte sich Elisabeth auch kaum Illusionen, daß er angenommen würde, dabei deutete sie auf Henry Darnley und sagte: »Ich weiß sehr wohl, daß Euch diese lange Bohnenstange besser gefällt.« Der diplomatische Melville antwortete, ohne sich zu kompromittieren: »Ich glaube nicht, daß eine verständige Frau Gefallen an einem Knaben finden kann, der eher wie eine Frau als wie ein Mann aussieht.« (»Denn Mylord«, ergänzte er, »hatte keinen Bart und ein glattes Gesicht.«)

Während Melvilles weiterem Aufenthalt am englischen Hof zeigte sich Elisabeth kokett, fragte nach Marias Fähigkeiten und Einstellungen, ob sie besser tanze und musiziere als sie selbst und wie es um ihre Eleganz und Schönheit bestellt sei. Denkbar amüsant ist der Rückblick auf die Manöver, mit denen sich der junge Diplomat auf dem heiklen Gebiet aus der Affäre zog: »Ich sagte Ihrer Majestät, daß man mit Ihr in England nichts vergleichen könne, und nichts mit Königin Maria in Schottland. Da sie diese Antwort nicht befriedigte, mußte ich Ihr sagen, daß sie eine hellere Haut habe als die Königin von Schottland.« Dann erfuhr Elisabeth, daß Maria größer sei: »Dann ist sie zu groß, denn meine Größe ist schon richtig«, sagte sie Melville trocken, der in der Situation kaum zu beneiden war.[19]

Aber die Liebenswürdigkeiten brachten die Heiratsverhandlungen nicht weiter. Die Stunde der Lennox' war gekommen. Im Juli 1564 reichte Graf Matthew bei Elisabeth ein Gesuch ein, sich nach Schottland begeben zu dürfen, um die Aufhebung des Urteils von 1545 zu erwirken, mit dem er zum Verräter erklärt worden war. Elisabeth gab ihre Erlaubnis, zog sie zurück und gab sie ihm erneut: Sie zögerte, weil sie ahnte, daß Darnleys Aussichten auf eine Heirat mit Maria größer würden, wenn Lennox in sein Heimatland zurückkehren könnte.

Lennox wurde von Maria Stuart tatsächlich freundlich und zuvorkommend empfangen. Als er im Dezember 1564 vom schottischen Parlament Titel und Würden zurückerhielt, schien sein Stern im Steigen begriffen. Rasch verlangte er, Frau und Sohn nachkommen lassen zu dürfen. Ein neuer machtpolitischer Faktor war auf der Bühne der komplizierten schottischen Politik erschienen, und er konnte die Kräfteverhältnisse entscheidend verändern. Die Vorherrschaft Morays und der Congregation war bedroht. Moray reagierte prompt.

Angesichts der folgenden Ereignisse läßt sich nur schwer sagen, was Elisabeth von einer möglichen Heirat Marias mit Darnley hielt. Offenbar hatte sie nichts dagegen. Darnley war ihr Untertan, und sie selbst hatte ihrer Cousine seit über einem Jahr nahegelegt, einen Engländer zu heiraten. Und auch der frischgebackene Graf von Leicester befürwortete die Verbindung, wenn auch nur deshalb, weil er nach wie vor auf eine Heirat mit Elisabeth spekulierte. Unter diesen Umständen hatte Maria allen Grund anzunehmen, daß Elisabeth Darnleys Bewerbung zustimmte. Als im Dezember 1564 in Berwick eine englisch-schottische Konferenz stattfand, wurde er sogar offiziell als Kandidat genannt. Man erlaubte ihm, seinem Vater nach Schottland zu folgen, wo er Anfang Februar 1565 eintraf.

Elisabeth machte allerdings einen Rückzieher, als die Verbindung konkreter wurde und Maria die Heirat mit Leicester offiziell ausschloß. Die englische Königin sprach sich formell gegen die Vermählung Darnleys mit ihrer Cousine aus, ließ Lady Lennox verhaften und in den Londoner Tower sperren und befahl Lennox und seinem Sohn, unverzüglich nach England zurückzukehren. Andernfalls würde ihnen ein Prozeß wegen Hochverrats gemacht.[20]

Elisabeths Kehrtwende wäre ein Buch mit sieben Siegeln, wenn man nicht vermuten könnte, daß Moray und seine Partei über den englischen Botschafter Randolph auf die Königin eingewirkt hatten. Moray hatte viel zu verlieren, wenn sich die Lennox' in Schottland wieder etablieren würden, ebenso die gesamte protestantische Partei – Lennox war schließlich Katholik – und die Hamiltons, die um ihre Ansprüche als Thronerben fürchten mußten. Randolph überzeugte die Königin davon, daß eine Heirat zwischen Darnley und Maria eine tödliche Gefahr für sie darstellte: Beide waren Katholiken und stammten von Margarete Tudor ab; als vermähltes Paar hätten sie größte Ansprüche auf Elisabeths Nachfolge gehabt und hätten sogar ihren Sturz herbeiführen können.

Leider wurden Randolph und Moray durch die Tatsache überrascht, daß sich Maria in Henry Darnley verliebt hatte, als sie sich am 18. Februar 1565 auf Schloß Wemyss am Nordufer des Firth of Forth begegnet waren. (Wie ihre erste Begegnung direkt nach dem Tod Franz' II. verlaufen war, ist nicht bekannt.) Maria nahm den schönen jungen Darnley, einen sportlich eleganten Mann, der über tadellose Manieren verfügte, liebenswürdig bei sich auf und lud ihn zur Jagd ein. Er wurde sofort ihr Partner bei Tanz und Spiel. Als er im April an den Masern erkrankte, was damals bei Erwachsenen häufig vorkam, pflegte sie ihn hingebungsvoll. Aus einer anfänglichen Zuneigung wurde bald Leidenschaft. Der Botschafter Randolph schreibt, Maria Stuart verhalte sich »würdelos und unanständig«. Ende April war das unbesonnene Benehmen der Königin von Schottland Gesprächsthema in ganz Europa. Die Würfel waren gefallen.

Der König von Spanien und die Königinmutter Katharina von Medici, die sofort zu Rate gezogen wurden, erklärten sich mit der Heirat einverstanden. Nur der Kardinal von Lothringen bezeichnete Darnley enttäuscht als *gentil hutaudeau,* als netten Leichtfuß. Da Maria und Darnley Cousine und Cousin waren, baten sie den Papst schriftlich um eine Dispens für die Ehe. Aber der englische Kronrat sprach sich gegen die geplante Verbindung aus, und Elisabeth drohte Darnley und seinem Vater, sie werde ihnen wegen Hochverrats den Prozeß machen. Gesandte eilten im Galopp zwischen Edinburgh und London hin und her, ohne daß eine Einigung erzielt wurde. Maria, die sich zu Recht über Elisabeths Widerstand wunderte, schrieb am

14. Juni: »Ich habe erfahren, daß die Königin, meine gute Schwester, mit meiner Wahl unzufrieden ist. Das finde ich seltsam, ist es doch noch kein Jahr her, daß sie mich hat wissen lassen, sie werde meine Wahl billigen, wenn ich einen ihrer Untertanen heirate.«[21]

Inzwischen gab es auch kein Zurück mehr. Am 15. Mai wurde Darnley zum Grafen von Ross ernannt. Gerüchte gingen um, die Königin von Schottland hätte, ohne die päpstliche Dispens aus Rom abzuwarten, heimlich geheiratet. Randolph, der sich zum Moralapostel machte, schimpfte über Maria, die alle Ratschläge in den Wind schlug: »Das Land fühlt sich erniedrigt, daß die Königin sich mit Schande bedeckt. Sie wird von allen verachtet.«[22] Viele konnten sich Marias Verblendung nur durch Hexerei erklären, wie der französische Botschafter Castelnau de Mauvissière, für den die Königin »durch einen künstlichen oder natürlichen Zauber zu ihrer Entscheidung getrieben worden« sei[23]. Noch nie zuvor war den Diplomaten beim Planen eine solche starrsinnige Entscheidung des Herzens in die Quere gekommen. Aber Elisabeth behielt einen klaren Kopf und überlegte bereits, welche Vorteile die neue Situation für sie hatte.

Tatsächlich bedrohte Maria mit ihrem überstürzten Entschluß den inneren Frieden in Schottland. Eine Verbindung mit einer wichtigen Familie im Königreich bedeutete, daß Maria in die erbitterten Zwistigkeiten der Clans hineingezogen wurde, und zwar unter ungünstigsten Bedingungen! In England wartete man nur darauf, das Feuer neu zu entfachen: Der arrogante, geldgierige Lennox strebte kein geringeres Ziel an als die Wiedereinführung des Katholizismus in Schottland, was unweigerlich auf einen Krieg mit England hinauslaufen mußte. Knox sah den Untergang der Kirche Christi kommen.

Moray, der in der Auseinandersetzung eine führende Rolle spielte, wurde lebhaft aktiv. Er behauptete, er fühle sich bedroht und habe Beweise, daß Lennox und sein Sohn ihm nach dem Leben getrachtet hätten. Er strebte nach einem Bündnis mit seinem einstigen Widersacher Châtellerault, für den Lennox ebenfalls ein gefährlicher Rivale war. Eine Aussprache zwischen Maria und ihrem Halbbruder am 8. Mai endete mit heftigem Streit und Tränen. Die Generalversammlung der *Kirk* bat die Königin dringend, auf die »gotteslästerliche und götzendienerische« Messe zu verzichten. In Edinburgh brachen mehr oder weniger spontan Aufstände aus.

Ein Donnerschlag kündigte kommende Stürme an: Am 4. Juli erhielt Maria eine Warnung, daß man sie auf der Straße von Perth nach Callender überfallen und mit Darnley entführen wolle. Darnley solle nach England ausgeliefert (wo ihn Elisabeth sicher wegen Hochverrats angeklagt hätte) und sie selbst eingesperrt werden. Bis auf weiteres würde Moray zum Regenten von Schottland ernannt. Die Königin nahm die Warnung ernst, sprengte in vollem Galopp über die Straße und erreichte Edinburgh gesund und wohlbehalten. Ob der Überfall tatsächlich geplant war, wurde nie geklärt und von Moray stets abgestritten. Trotzdem war die Angelegenheit ein Vorbote stürmischer Zeiten.

Am 18. Juli trafen Moray, Argyll und Châtellerault in Stirling zusammen und beschworen in einem Brief an Elisabeth eine Bedrohung der schottischen Protestanten herauf und baten die englische Königin »zur Aufrechterhaltung des Evangeliums« um Hilfe. Maria zitierte sie vor ihren Geheimen Rat und verlangte eine Erklärung. Statt der Aufforderung nachzukommen, hoben sie Truppen aus. Es sah ganz so aus, als könne die Ehe nicht ohne vorherigen Krieg geschlossen werden ...

Maria Stuart konnte allerdings ebenso stur wie leidenschaftlich sein. Hindernisse waren für sie kein Grund zur Umkehr, sondern eher eine Herausforderung für ihr Temperament. Gerade zur rechten Zeit gab sie offiziell bekannt, die päpstliche Dispens aus Rom sei eingetroffen.* Am 22. Juli ernannte Maria Henry Darnley zum Herzog von Albany. Sechs Tage später verlieh sie ihm den Titel des Königs und kündigte öffentlich an, daß sie ihn heiraten werde. Die Zeremonie fand am 29. Juli um sechs Uhr morgens nach katholischem Ritus in der Kapelle von Holyrood statt. Es war beunruhigend, daß der katholische Henry Darnley eine Teilnahme an der Messe ablehnte und Maria ihr allein beiwohnen mußte.

Der Tag ging mit einem Bankett, Tänzen und Vergnügungen zu Ende, und wieder wurde Geld unters Volk geworfen. Sicher entging der Braut nicht, daß diese Heirat unter ungünstigeren Vorzeichen stattfand als ihre erste Vermählung 1558 in der Kathedrale Notre-Dame. 1565 hörte man neben Hochzeitsliedern auch das Klicken von Musketen.

---

* In Wahrheit wurde sie erst im September ausgefertigt. Aus kanonischer Sicht war die Zeremonie vom 29. Juli damit ungültig, ein schlechtes Vorzeichen für die Ehe zweier Verfechter des Katholizismus.

Dritter Teil

Dieser junge Wirrkopf ist nicht lange König gewesen. Hätte er sich klüger verhalten, so wäre er, denke ich, noch am Leben. Es ist ein Glück für die Königin von Schottland, daß sie von ihm befreit wurde.

Katharina von Medici, Brief an den Konnetabel von Montmorency, 27. Februar 1566.

7

»In der Blüte ihrer Jahre ...«

Nach dem vernichtenden Schlag gegen den Clan der Gordons im Norden waren die Jahre 1563 und 1564, abgesehen von den regelmäßigen ärgerlichen Zusammenstößen mit John Knox, eine friedvolle Zeit für Schottland und für Maria Stuart.

Die Protestanten empörten sich zwar weiterhin lautstark darüber, daß die Königin an dem papistischen Aberglauben und Götzendienst festhielt, doch sie hatten darunter nicht zu leiden. Die gegen die Katholiken gerichteten Gesetze aus dem Jahr 1560 blieben in Kraft, mit Männern wie Moray und Maitland an der Spitze beherrschte die Congregation nach wie vor die Politik im Land, und zu England bestand eine alles in allem herzliche Verbindung.

Bis zu Maria Stuarts Entscheidung, gegen den Wunsch von Elisabeth ihren Cousin Darnley zu heiraten, floß die Zeit so ereignislos dahin, daß es für den Biographen kaum etwas zu erzählen gibt. Nach den Schilderungen der protestantischen Chronisten war dies eine trügerische Ruhe, in Wahrheit habe Maria Stuart die ganze Zeit nur auf einen Weg gesonnen, die katholische Religion im Land wiederherzustellen, sie sei eine Schachfigur im Spiel der Guisen gewesen. Doch die Fakten bieten keinerlei Anhaltspunkt dafür, daß diese Sicht zutreffend ist, ganz im Gegenteil. Wie bereits erwähnt, gewann der Gesandte des Papstes im Jahr 1562 den Eindruck, daß Maria vollkommen unter dem Einfluß ihres Halbbruders stand, selbst nichts entscheiden konnte, alles in allem eine Geisel der calvinistischen Partei war.

Ihre Autorität stellte im übrigen niemand in Frage, denn sie versuchte nicht, sie zum Nachteil der Lords durchzusetzen. Maria Stuart tat alles, um ihrer Cousine Elisabeth zu gefallen, damit Elisabeth sie als Erbin einsetzen würde, und das sicherte ihr das Wohlwollen Englands. Ein paar unbedachte oder unvorsichtige Schritte, wie etwa die Affäre Châtelard, lieferten bösen Zungen Stoff für böswillige Verleumdungen, aber insgesamt stand die junge Königin in Schottland in einem ausgezeichneten Ruf. »In der Blüte ihrer Jahre, geachtet und verehrt von ihren Untertanen, geschätzt bei ihren Nachbarn, so daß sie jedes Glück und jedes Bündnis bekommen könnte, das sie sich wünschte ..., ist sie die Fürstin mit der vollkommensten Schönheit ihrer Zeit«: So beschreibt sie der französische Diplomat Michel Castelnau de Mauvissière, der sie 1564 anläßlich der Heiratsverhandlungen mit Don Carlos und dem Erzherzog Karl sah.[1]

Maria Stuart hatte noch kaum Gelegenheit, politische Entscheidungen zu treffen, die wahren Herrscher waren Moray und Maitland. Während der Sitzungen des Staatsrats nähte oder stickte sie. Bezeichnenderweise sind ihre Briefe, die Fürst Labanoff zusammengestellt hat, bis zu ihrer zweiten Heirat wenig ergiebig. Für Politik und vor allem für Diplomatie interessierte sie sich durchaus, überdies beherrschte die Frage, wen sie nach dem Tod ihres ersten Gemahls heiraten würde, in jener Zeit die politischen Diskussionen in Europa. Doch es ist schwer festzustellen, inwieweit sie selbst politischen Einfluß zu nehmen versuchte. Sie liebte Zerstreuungen aller Art, Tanz, Maskenbälle, die Jagd, wie das für eine junge Frau von zwanzig oder einundzwanzig Jahren nur selbstverständlich ist, und kümmerte sich offensichtlich nicht sehr viel um Politik. Anders als Elisabeth und Katharina von Medici fand sie an dem komplizierten Spiel der Macht anscheinend weder Interesse noch Gefallen.

Im Hintergrund bauten Moray und Maitland ihre Machtposition in einer Weise aus, die sie für unerschütterlich hielten. Moray wußte, daß seine Schwester ihn liebte, er nutzte seinen Einfluß auf sie und wurde unbestritten zum wahren Herrscher Schottlands. Im Jahr 1562 heiratete er Agnes Keith, die Tochter des Grafen Marshall. Durch die Heirat gelangte er in den Kreis der wichtigsten Familien des Landes und konnte Knox in ihren jahrelangen Auseinandersetzungen die Stirn bieten. Nur ein Mann hätte Moray die Macht streitig machen können, das war der Herzog von Châtellerault, der ehemalige Regent und mehr oder weniger offiziell benannte Erbe Maria Stuarts. Doch dieser stand in einem schlechten Ruf, er war überdies müde und erschöpft und hatte nur noch den einen Wunsch, daß man ihn in Ruhe seinen Besitz und seine Würden genießen ließ. Der älteste Sohn von Châtellerault, der Graf von Arran, war ein geistig verwirrter, halbverrückter Mensch und spielte keinerlei politische Rolle.

William Maitland – oder Lethington, wie er meist genannt wird – war nicht wie Moray von königlichem Geblüt, sondern gehörte einer weniger hohen Adelsschicht an. Er verfolgte deshalb keine so ehrgeizigen Ziele und stellte für Moray keine Konkurrenz dar. Doch innerhalb seines Rahmens gelang Maitland ein genauso spektakulärer Aufstieg. Er führte den Titel »Sekretär« und war de facto der erste Minister, die Königin nannte ihn »mein Lethington«, und er genoß ihr uneingeschränktes Vertrauen. Er hatte es verstanden, in England bedeutende und mächtige Freunde zu gewinnen; ein paarmal war er als Gesandter bei Elisabeth gewesen, sie schätzte ihn sehr. William Maitland hatte sein politisches Glück mit dem von Moray und der protestantischen Partei verbunden, doch mit Knox gab es immer wieder Auseinandersetzungen, denn Knox fand ihn nicht konsequent genug. An Maitlands Treue zu Maria Stuart ist nicht zu zweifeln, zumal er sich in eine ihrer Hofdamen verliebt hatte, in die schöne Mary Fleming, eine der »vier Marias«, die einst die junge Maria Stuart nach Frankreich begleitet hatten und dort die Zierde des Hofes gewesen waren.

Die Enttäuschung, daß Moray ihre Heiratspläne mit Darnley nicht unterstützte, muß unter diesen Umständen ein entscheidender Bruch in Maria Stuarts Leben gewesen sein. Sie hatte fest geglaubt, daß sie sich der unwandelbaren Treue ihres Halbbruders sicher sein könnte, und nun mußte sie erkennen, daß seine Eigensucht größer war als die Liebe zu ihr. Sie stellte weiterhin fest, daß bei den Bemühungen, eine Aussöhnung mit den Protestanten herbeizuführen und freundschaftliche Bande zu England zu knüpfen, sie die Betrogene war. Zum ersten Mal mischte sie sich nun entschlossen in die Politik ein. Maria Stuart war sehr stolz – im Laufe ihres Lebens trat dieser Zug immer deutlicher hervor –, sie vergab nicht leicht, wenn jemand ihre Ehre verletzt hatte, und noch schwerer, wenn jemand ihr Vertrauen mißbraucht hatte.

Daß Moray nicht zu ihr hielt, war offensichtlich. Er sah in Darnley und dessen Vater Matthew Lennox Rivalen, die ihm die Macht streitig machen würden. Hatte er damit unrecht? Es wäre gewagt, diese Frage zu bejahen. Lennox war nicht ehrgeiziger und machtgieriger als jeder andere schottische Adlige seiner Zeit, und Darnley verkündete, daß er die Absicht und auch die Fähigkeiten habe, im vollen Wortsinn König des Landes zu sein, sobald ihm seine Frau den Titel verliehen habe. Er wunderte sich laut darüber, welche Wohltaten die Königin ihrem Bruder habe zukommen lassen. Es ist schwierig, sich vorzustellen, wie Moray und seine Partei unter einem König Darnley hätten weiterhin Schottland regieren können. Morays Verhalten ist demnach verständlich, wenn man den Maßstab seiner Interessen anlegt, dennoch war es für Maria Stuart eine grausame Enttäuschung. Maitland hielt ihr zunächst weiter die Treue; die Zukunft mußte zeigen, ob er es ehrlich meinte.

Auf jeden Fall mußte Maria Stuart so kurz vor der Hochzeit rasch und energisch handeln. Aufgewühlt von der Freude über die bevorstehende Hochzeit und den Ärger über die unerwarteten Hindernisse, entschied sie mit beispielhafter Entschlossenheit; diesmal war der Ärger ein guter Ratgeber.

Moray hatte einem königlichen Wunsch offen widersprochen und sich damit in eine mißliche Lage gebracht. Um ihn scharten sich einige protestantische Lords, die aus unterschiedlichen Gründen eine Machtübernahme der Familie Lennox fürchteten: die Grafen von Argyll und Glencairn, Lord Boyd, Lord Rothes, Lord Ochiltree – der Schwiegervater von John Knox –, William Kirkcaldy of the Grange. Nach langem Zögern hatte sich ihnen auch der alte Herzog Châtellerault angeschlossen, trotz seiner tiefgehenden Abneigung gegenüber Moray. Die Aussicht, daß die Familie Lennox die Hamiltons vom Platz der ersten Familie des Landes verdrängen würde, hatte den Ausschlag gegeben, daß er die Treue zu seiner Cousine vergaß. Der Graf von Morton hingegen, der Kopf des Clans der Douglas', hielt, obgleich er Protestant war und enge Bindungen an die Congregation hatte, treu zu Maria Stuart, denn Darnleys Mutter stammte aus dem Clan der Douglas': Auf dieser Basis wurden damals Bündnisse und Koalitionen im schottischen Adel geschlossen. Der Graf von Atholl, ein Freund der Katholiken und seit jeher ein Feind der Familie Campbell d'Argyll, stand gleichfalls auf der Seite von Maria Stuart. Für den Fall einer bewaffneten Auseinandersetzung waren die Kräfte ungefähr gleich verteilt.

In der Absicht, ihre Partei zu stärken, ergriff Maria Stuart zwei Maßnahmen, die sich als sehr folgenreich erweisen sollten: Sie gewährte George Gordon, dem Sohn des unglücklichen Grafen von Huntly, der in der Schlacht von Corrichie gefallen war, vollständigen Pardon und verlieh ihm den Titel seines Vaters, und sie rief James Bothwell vom Festland zurück.

Der neue Graf von Huntly war ebenso tapfer wie alle seine Vorfahren, und er brachte der Königin die Unterstützung des mächtigen Clans der Gordons und seiner Highlanders. Offiziell war Graf Huntly zum protestantischen Glauben übergetreten, doch im Herzen war er Katholik geblieben, Maria Stuart schätzte ihn darum um so mehr. Er haßte Moray zutiefst, denn er gab Moray – zu Recht – die Schuld für den Untergang seiner Familie und den Tod seines Vaters und seines Bruders. Für die Partei der Königin war der neue Graf Huntly darum ein überaus wertvolles Mitglied, und er blieb ihr auch tatsächlich in der Zukunft treu ergeben.

Auch Bothwell, eine abenteuerlustige und streitbare Persönlichkeit, der seit der eigenartigen Affäre um den angeblichen Entführungsplan von Arran in den Niederlanden im Exil lebte, war ein erbitterter Gegner von Moray. Wir haben keinen Anhaltspunkt, daß Maria Stuart sich zu dieser Zeit bereits zu ihm hingezogen fühlte, und er fiel nicht dadurch auf, daß er seiner Königin besondere Ehrerbietung entgegenbrachte. Der englische Gesandte zitierte Bothwell mit den Worten, »die Königin von England und die Königin von Schottland geben zusammen nicht einmal eine ehrliche Frau ab«. (Dies, so beeilte sich der Gesandte hinzuzufügen, »mag vielleicht für die eine zutreffend sein, doch für die andere ist es ganz und gar falsch«: eine durchaus sinnvolle Vorsichtsmaßnahme für den Fall, daß der Brief Elisabeth in die Hände geraten sollte.[2])

Bothwell rüstete auf eigene Kosten in Vlissingen zwei Schiffe aus. Es gelang ihm, den Engländern zu entkommen, die Jagd auf ihn machten, und am 19. September traf er in Schottland ein. Seine Ländereien lagen in der unruhigen, strategisch wichtigen Grenzregion zu England. Maria mußte die Engländer daran hindern, daß sie den Rebellen Verstärkung sandten, und dabei konnte er eine wichtige Hilfe sein. Im übrigen ließ er sich nach den Frechheiten der Vergangenheit nichts mehr zuschulden kommen, er hielt der Königin unerschütterlich die Treue, und schon bald erwies er ihr einen großen Gefallen, der den Lauf der Geschichte entscheidend veränderte.

Es ist keineswegs sicher, daß Moray vorausgesehen hat, welche Folgen sein Widerstand gegen die Heirat von Maria Stuart und Darnley haben würde. Mit einem Bürgerkrieg hat er wohl kaum gerechnet, ganz bestimmt hätte er ihn nicht gewollt. Unter anderen Umständen regelte man ähnliche Situationen durch Verhandlungen und wechselseitige Zugeständnisse. In diesem Fall wollte Moray seinen Vorteil aus Elisabeths – tatsächlicher oder vorgeblicher – Verärgerung ziehen und sich ihrer Unterstützung versichern. Wie bereits erwähnt, sandte er ihr am 18. Juli, noch bevor die Heiratspläne offiziell bekanntgegeben wurden, ein Schreiben und bat sie, ihm bei seinem Kampf für die »Verteidigung des Evangeliums« beizustehen. Aber die Königin von England war zu vorsichtig, auch zu sparsam, um sich ohne weiteres auf so etwas einzulassen. Daß Moray sie als »besondere Beschützerin der Religion«[3] bezeichnet hatte, war eine reine Schmeichelei. So schnell unternahm sie keinen Kreuzzug gegen eine Cousine, die sie nicht offen angegriffen hatte.

Maria spielte die damals so gewichtige religiöse Karte genauso wirkungsvoll aus wie ihr Halbbruder. Nachdem Moray sich als eifriger Hüter des protestantischen Glaubens hervortat, berief sie sich auf die katholischen Interessen. Am 24. Juli, vier Tage vor der Hochzeit, stellte sie sich in einem Brief an Philipp II. als glühende Kämpferin für die katholische Sache dar:

»Da ich eine derjenigen bin, die Gott auserwählt hat, um ihnen die Bürde eines Königreiches anzuvertrauen [...], glaube ich ganz gewiß, daß Eure Majestät mir Hilfe und Unterstützung bei der Erhaltung des Glaubens gewähren wird [...], denn ich kann mit gutem Recht sagen, daß für die gesamte Christenheit bei keinem Krieg mehr auf dem Spiel steht [...] als bei dem Krieg mit den neuen Evangelisten.«[4]

Diese Taktik war zweifellos ihr gutes Recht. Tatsächlich schickte ihr Philipp II., obgleich er für seine Vorsicht und seinen Geiz gleichermaßen bekannt war, über einen Agenten namens Yaxley zwanzigtausend Kronen. Doch das Schiff mit Yaxley und dem Geld an Bord lief vor dem englischen Kap Bamborough auf Grund. Der Graf von Northumberland, ein Katholik, berief sich auf das »Recht an Strandgut« und behielt den Schatz. Der Zwischenfall zeigt anschaulich, daß religiöse Interessen im Zweifelsfall hinter materiellen Interessen zurückstehen mußten.

Aber Marias Hilfeersuchen an die katholischen Mächte setzte eine für sie gefährliche Entwicklung in Gang. Sie spürte das, denn gleichzeitig gab sie an die Adresse der Protestanten in ihrem Königreich eine beruhigende Versicherung nach der anderen ab. Am 12. Juli verkündete sie nach einer Mahnung der Generalversammlung der *Kirk*, es werde »niemand deshalb behelligt werden, weil er seine Religion nach seinem Gewissen ausübt«. Sie erklärte sich sogar bereit, einer »Disputation« über die Heilige Schrift beizuwohnen; das war ein Lieblingsthema der Calvinisten. »Keiner meiner Untertanen ist jemals wegen Angelegenheiten der Religion oder des Gewissens belästigt worden, und ich werde auch in Zukunft allen Gerechtigkeit widerfahren lassen, die sich als gute und getreue Untertanen erweisen, ohne irgendwelche Neuerungen oder Veränderungen.«[5] Maria Stuart meinte es zweifellos ehrlich, doch sie blieb hinter den Forderungen der Wortführer der *Kirk* zurück. Sie hatten nicht Gewissensfreiheit verlangt, sondern die Beseitigung des katholischen Glaubens im Land. Dieser Forderung konnte Maria Stuart nicht zustimmen. Wie sie sich auch verhielt, der Widerspruch, daß sie als katholische Königin ein protestantisches Land regierte, blieb unauflöslich.

Am 29. Juli 1565 fand die Hochzeit von Maria Stuart und Henry Darnley statt. Am 1. August machte sich Maria daran, dem Ränkespiel von Moray und seinen Gefolgsleuten ein Ende zu setzen. Sie teilte ihnen mit, sie hätten spätestens am 6. August vor dem Geheimen Rat zu erscheinen, sollten sie sich weigern, würde sie dies als Rebellion betrachten. Moray kam nicht, sondern traf sich mit Argyll auf dessen Ländereien im Westen und hob Truppen aus. Am 7. August verkündeten Herolde überall im Land, Moray sei ein Rebell, und Maria rief ihre Vasallen zu einer Strafexpedition gegen ihn zusammen. Der englische Botschafter, der die ganze Zeit mit Moray in Kontakt gestanden hatte, mußte zugeben, daß die Königin »ärgerlicher und entschlossener als erwartet«[6] reagiert hatte.

Elisabeth war beunruhigt über diese Wendung der Dinge, und sie bemühte sich nun, die Wogen zu glätten. Sie schickte John Tamworth als Sonderbotschafter nach Schottland mit dem Auftrag, Maria und ihren Halbbruder zu versöhnen. Ihr Ärger über Darnley, in ihren Augen ein ungehorsamer Untertan der englischen Krone, war ungebrochen, und sie verbot Tamworth ausdrücklich, Darnley als König anzuerkennen. Damit war seine Mission von vornherein zum Scheitern verurteilt. Darnley, voller Freude über den Königstitel, behandelte den Gesandten herablassend. »Ich fühle mich sehr wohl dort, wo ich jetzt bin«, ließ er Randolph wissen, der unverzüglich Elisabeth informierte, »und ich gedenke nicht, in ein anderes Land zu gehen.« Maria reagierte noch hochmütiger: »Ich bin nicht von so geringer Geburt, und meine Bündnisse im Ausland sind nicht so unbedeutend, daß die Königin von England leichtfertig darüber hinweggehen kann. Mein Anspruch in der englischen Thronfolge ist begründet und keine Ausgeburt meiner Phantasie. Mit Gottes Gnade werde ich der Welt zeigen, daß ich genauso wirkungsvoll handeln kann wie meine Nachbarn.«[7] (10. August 1565)

Tamworth blieb nichts anderes übrig, als sich mit leeren Händen auf den Rückweg nach London zu machen. Er bat um seinen Paß, doch als er ihn dann bekam, las er mit Entsetzen die Unterschrift: »Henry, König, Maria, Königin«. Da Elisabeth ihm befohlen hatte, Darnley auf keinen Fall als König anzuerkennen, konnte er den Paß nicht annehmen. Er versuchte, ohne Paß über die Grenze zu kommen, aber er wurde aufgegriffen, verhaftet und in Dunbar festgesetzt. Eine schwere Beleidigung, eine Verletzung der diplomatischen Immunität, empörte sich Elisabeth, im Gegenteil, eine Verletzung der schottischen Gesetze, erwiderte Maria. Damit waren die Verhandlungen gescheitert, bevor sie überhaupt begonnen hatten.

Dem König von Frankreich erging es nicht besser. Er hatte Castelnau de Mauvissière nach Edinburgh entsandt mit dem Auftrag, Maria zu Vorsicht und Zurückhaltung zu ermahnen. Aber Maria ärgerte sich so sehr über die Einmischung, daß sie nur mühsam zu bewegen war, den Gesandten überhaupt zu empfangen. Barsch beschied sie ihn: »Ich würde eher mein Zepter und meine Krone aufgeben, als daß ich mit jenen verhandle, die natürlicherweise mir untertan sind und sich nun so treulos zeigen und überdies undankbar, nachdem sie von mir so viel Besitz und Würden erhalten haben.«[8]

Der weitere Verlauf der Ereignisse gab ihr recht. Mit ihrem Tatendrang und ihrer Entschlußkraft hatte sie diesmal richtig vorhergesehen, wie Moray und seine Helfer sich weiter verhalten würden. Anfang August verließ sie zusammen mit ihrem jungen Gemahl, der in einer goldglänzenden Rüstung an ihrer Seite paradierte, die Hauptstadt und sammelte im Süden des Landes ihre Truppen. Die Bewegung in freier Natur, die Ritte von einem Ort zum nächsten begeisterten sie; selbst John Knox*, der sie verabscheute und ihren Erfolg mehr fürchtete als alles andere, konnte nicht umhin, ihrem Mut Bewunderung zu zollen: »[Am 1. September] herrschte ein fürchterliches Unwetter mit Wind und Regen, das schlimmste seit langem, jedes kleine Rinnsal verwandelte sich in einen reißenden Fluß. Die Armee kam nur mühsam vorwärts, und alle waren erschöpft. Aber die Königin führte ihre Truppen mutiger als die Männer und ritt an der Spitze.«[9]

Der eigentliche Feldzug begann Ende August 1565 und dauerte bis Mitte Oktober. Wegen der vielen Ortswechsel sprechen die schottischen Chronisten von *Chaseabout Raid* oder *Roundabout Raid,* was ungefähr mit »Verfolgungsjagd« zu übersetzen wäre. Die Entscheidung fiel in den Tagen vom 31. Oktober bis zum 3. September, als Moray, Châtellerault, Glencairn, Rothes, Boyd, Ochiltree und Kirkcaldy of the Grange mit zwölfhundert Reitern in die Stadt Edinburgh eindrangen, während Argyll noch einmal ebenso viele Männer auf seinen Besitzungen im Westen zusammengezogen hatte. Doch sie hatten ihre Rechnung ohne den Kommandanten der Festung von Edinburgh gemacht. Er stand treu zu seiner Königin und weigerte sich nicht nur, ihnen die Festung zu übergeben, sondern nahm die Rebellen hoch von den Zinnen herab unter Beschuß. Zu der Zeit hielt sich auch John Knox in der Stadt auf, und er erinnerte sich »an den schrecklichen Klang der Kanonen und Waffen, der so tief in mein Herz schnitt, daß meine Seele am liebsten aus dem Körper geflohen wäre«.[10] Ein Kriegsmann war dieser Prophet nicht.

Den Bürgern von Edinburgh mißfielen die Kanonenkugeln ebenso wie ihrem geistigen Führer, darüber hinaus hatten sie keinen Grund, den Treueid zu brechen, den sie Maria Stuart geschworen hatten. Moray und seine Begleiter räumten die Stadt unter den von Knox beschriebenen Umständen genau in dem Augenblick, als die Armee mit der Königin an der Spitze aus Glasgow eintraf. Damit hatte Maria die »Verfolgungsjagd« praktisch gewonnen, zumal Bothwell den Rebellen im Süden hart zusetzte.

Moray floh nach Dumfries unweit der englischen Grenze und wandte sich ein letztes Mal mit einem Hilfeersuchen an Elisabeth. Elisabeth sah,

---

* Oder vielmehr der anonyme Verfasser, der ab Anfang Juni 1564 die Feder von John Knox führte.

daß die protestantische, England zugeneigte Partei in Auflösung begriffen war, und beschloß, den Grafen von Bedford nach Schottland zu entsenden mit viertausend Pfund Sterling, die er Moray »möglichst unbemerkt übergeben« (12. September) sollte. Sie betonte noch einmal, es sei nicht ihre Absicht, rebellische Untertanen gegen ihre Herrscherin zu unterstützen, sondern sie wolle nur dafür sorgen, daß jene »gerecht abgeurteilt« würden – dasselbe Argument war bereits in den Jahren 1559/1560 im Krieg der Congregation gegen Maria von Guise angeführt worden.[11] Doch die viertausend Pfund reichten nicht aus, Maria Stuart erzielte einen Erfolg nach dem anderen. Randolph, der die ganze Zeit glühend für die Rebellen Partei ergriffen hatte, obgleich er sich als offizieller Botschafter an Marias Hof aufhielt, mußte schon bald zugeben, daß die Sache der Rebellen verloren war und daß den Lords keine andere Wahl blieb, als nach England zu fliehen. Das taten sie dann auch am 8. Oktober.

Anschließend wurde eine doppelte Komödie aufgeführt, und sehr deutlich erkennen wir darin die hervorstechendsten Charakterzüge von Maria und Elisabeth. Zunächst Maria: Sie triumphierte unangefochten und wollte ihren Vorteil bis zum letzten ausnutzen. Am 8. Oktober schrieb sie ihrer Cousine einen Brief in sehr bestimmtem Tonfall: »Ich kann nicht glauben, daß Ihr, die Ihr mir doch so nahesteht, mein Anliegen ohne genaue Prüfung auf eine Stufe stellen wollt mit dem Ansinnen von Leuten, die Ihr, ich versichere Euch, zuletzt ebensowenig wie ich als treu erkennen werdet.«[12] Ihrem Botschafter in Frankreich, dem Erzbischof Beaton*, teilte Maria am 1. Oktober mit, daß nichts auf der Welt sie bewegen könne, mit ihren aufständischen Untertanen zu verhandeln, »nachdem sie mit mir so verfahren sind, wie sie es getan haben«: eine Warnung an Karl IX. und Katharina von Medici für den Fall, daß sie vorhaben sollten, den schottischen Rebellen zu Hilfe zu kommen. Es ist sehr wahrscheinlich, daß weder Henry Darnley noch sein Vater Lennox, noch Bothwell zu Nachsicht in dieser Situation drängten.

Elisabeth befand sich in einer schwierigen Situation, auch wenn sie immer wieder abstritt, daß sie ihre Hände im Spiel hatte, und ihre Unschuld beteuerte. Ihre vorgebliche Neutralität glaubte ihr niemand. Und es half auch nichts, daß sie am 29. Oktober ihrer Cousine schrieb, allein der Gedanke, die schottischen Rebellen zu unterstützen, sei »ihrem Herzen fern,

---

* James Beaton, ein Neffe des im Jahr 1546 ermordeten Kardinals, war 1552 Erzbischof von Glasgow geworden. Als treuer Anhänger des katholischen Glaubens hatte er Schottland 1560 verlassen und lebte seitdem in Paris. Im Jahr 1561, kurz bevor Maria Stuart nach Schottland zurückkehrte, hatte sie ihn zu ihrem Botschafter ernannt.

denn es ist gleichermaßen erniedrigend für eine Herrscherin, eine Rebellion zu erleiden wie eine Rebellion zu befördern«[13]. Der französische Botschafter Paul de Foix vergaß gleichwohl nicht, daß sie ihm einen Monat zuvor »mit großem Ingrimm« versichert hatte, sie werde Moray unterstützen »mit allen Mitteln, die Gott in ihre Hände gelegt habe«[14].

Unter diesen Umständen mußte Elisabeth unbedingt vermeiden, daß sie als Morays Komplizin erschien, weil sie ihm nach seiner Niederlage Unterschlupf gewährt hatte. Elisabeth dachte sich daraufhin eine jener Szenen aus, mit denen sie so oft brillierte. Zwar konnte sie niemand damit täuschen, doch zumindest wahrte sie nach außen hin das Gesicht. Diesmal hatte sie den spanischen Botschafter Guzman de Silva als Zeugen auserschen, und seine lebendige, beabsichtigt humorvolle Schilderung des Auftritts zeigt, daß er sich der Komik der Situation in jedem Augenblick bewußt war.[15]

Elisabeth hatte Moray zu sich gerufen (und ihm vermutlich zuvor die geplante Szene in allen Einzelheiten geschildert), aber sein Auftritt sollte so aussehen, als wäre er zufällig genau in dem Augenblick gekommen, als Guzman de Silva und sein französischer Kollege mit Elisabeth konferierten. »Er trat herein, bescheiden in Schwarz gekleidet, beugte ein Knie zur Erde und richtete auf schottisch das Wort an ihre Majestät. Sie befahl ihm, französisch zu sprechen, doch er entschuldigte sich damit, im Französischen sei er nicht mehr geübt. Daraufhin erwiderte sie, sie wisse, daß er Französisch sehr gut verstehe, und werde in dieser Sprache mit ihm sprechen. Sie drückte ihr großes Befremden aus, daß er es gewagt habe, unaufgefordert [!] zu ihr zu kommen, nachdem er sich gegen seine Herrscherin, die Königin von Schottland, die doch für sie wie eine Schwester sei, erhoben habe [...]. Ihr sei sehr wohl bekannt, daß man ihr vorwerfe, sie gewähre rebellischen Untertanen benachbarter Fürsten Unterschlupf und habe die Rebellion in Schottland begünstigt, was sie natürlich niemals getan habe. Sie wisse doch, daß Gott, der gerechte Richter, sie mit demselben Übel strafen würde, wenn sie sich darauf einließe, aufständische Untertanen gegen ihren Herrscher zu unterstützen [...]. Ihr sei zu Ohren gekommen, Moray habe sich gegen seine Herrscherin erhoben, weil sie ohne die Zustimmung ihres Adels geheiratet habe und weil der Graf von Lennox und seine Partei die Religion bedrohten. Wenn dies zutreffe, habe er unvorsichtig und unklug gehandelt.«

Beide spielten ihre Rollen hervorragend. Moray ging auf ihren Ton ein. »Mylord Moray erwiderte, Gott sei sein Zeuge, daß ihm nichts auf der Welt teurer sei als der Dienst an seiner Herrscherin, die ihm mehr Gunstbeweise und Wohltaten gewährt habe, als er jemals verdienen könne. Um nichts in der Welt habe er sie beleidigen oder ihr gar Schaden zufügen wollen [...]. Die Königin [Elisabeth] antwortete, sie halte eine Waage in den Händen, auf der einen Waagschale lägen die Vorwürfe der Königin von Schottland und das Gewicht ihres Wortes, auf der anderen Waagschale lägen seine Erklärungen. Sie finde nun, daß die erste Waagschale sich sehr viel tiefer neige als die zweite [...]. Er antwortete in schottischer Sprache, welche sie für die Botschafter übersetzte, er habe dem Befehl seiner Königin nachkommen und zu ihr eilen wollen, doch habe er erfahren, daß man ihm unterwegs in einem Hinterhalt auflauere, und er habe sich in einem Brief bei der Königin für sein Fernbleiben entschuldigt. Daraufhin habe sie von ihm verlangt, er solle die Namen seiner Informanten nennen, aber er habe sich geweigert, um sie nicht in Gefahr zu bringen.«

Zum Abschluß teilte Elisabeth Moray barsch mit, »er habe sich in Anbetracht der Schwere seiner Verfehlung als Gefangener zu betrachten«, und Moray verließ rückwärts gehend und mit allen Zeichen tiefster Reue das Zimmer.

Die ganze Szene wurde wohlgemerkt ausschließlich für die beiden Botschafter aufgeführt, damit sie ihren Herrschern davon berichteten und der Vorfall auf diesem Umweg Maria Stuart zu Ohren kam. Moray richtete sich entsprechend seinen Anweisungen mit Kirkcaldy of the Grange und weiteren Gefährten im Unglück in Newcastle ein und wartete auf bessere Tage, die ihm eine Rückkehr nach Schottland ermöglichen würden. Solchermaßen bessere Tage kamen schneller, als er zu hoffen gewagt hatte.

Während der gesamten »Verfolgungsjagd« legte Maria Stuart außerordentliche Entschlossenheit und Tatkraft an den Tag – scheinbar die Qualitäten einer großen Herrscherin, doch in Wahrheit handelte es sich mehr um eine impulsive Reaktion als um kühl abgewogene Politik.

Sobald die Rebellen besiegt waren und damit die protestantische Partei geschwächt oder sogar aufgerieben war, bot sich für Maria Stuart erstmals in ihrer Regierungszeit die Gelegenheit, ihre Ziele zu bestimmen und ihre wahren Absichten zu enthüllen.

Inzwischen glaubten viele, der Sieg über die Rebellen bedeute das Ende des Protestantismus in Schottland oder zumindest das Ende der politischen Vorherrschaft der Protestanten. Tatsächlich sah es im ausgehenden Jahr 1565 so aus, als stünden die Zeichen in ganz Europa sehr günstig für eine katholische Gegenreformation. In Frankreich war Karl IX. unter den Fittichen seiner Mutter im März 1564 zu einer großen Rundreise durch sein Königreich aufgebrochen, und es herrschte Frieden im Land, zumindest hatte es den Anschein. Im Juni 1565, als der Hof in Bayonne weilte, hatte

Katharina von Medici ihre Tochter Elisabeth wiedergesehen, die Gemahlin Philipps II. Katharina von Medici plante bereits weitere Heiraten zwischen Frankreich und Spanien: Heinrich von Anjou (der spätere Heinrich III.) sollte Philipps Schwester Juana heiraten und Margarete von Valois (die spätere Königin Margot) Philipps Sohn Don Carlos. Doch das waren reine Wunschvorstellungen, denn Philipp II. dachte nicht im entferntesten daran, sich mit dem unberechenbaren Haus Valois zu verbinden. In Europa, vor allem in den protestantischen Ländern, interpretierte man die Begegnung in Bayonne dennoch im allgemeinen so, daß dort die katholischen Herrscher ein Bündnis geschlossen hatten, um gemeinsam gegen den Protestantismus vorzugehen.

Zur damaligen Zeit war jeder fest davon überzeugt, daß der Papst entschlossen war, mit allen Mitteln den katholischen Glauben wieder durchzusetzen. Erst nach der Öffnung der diplomatischen Archive in Europa im 19. Jahrhundert stellte sich heraus, daß diese Vorstellung nur ein Schreckgespenst gewesen war. Elisabeth von England nahm die Befürchtungen jedenfalls sehr ernst und glaubte fest, daß Maria Stuart eine treibende Kraft der katholischen Gegenreformation war. Was Randolph nach England berichtete, bestätigte sie in dieser Überzeugung: »Kürzlich wurde ein Bund geschlossen zwischen dem inzwischen verstorbenen Papst, dem Kaiser, dem König von Spanien, dem Herzog von Savoyen und mehreren italienischen Fürsten, möglicherweise auch der Königinmutter von Frankreich, um die Herrschaft des Papstes in der gesamten Christenheit wiederherzustellen. Thornton hat den Vertrag aus Frankreich gesandt, und die Königin von Schottland hat ihn unterschrieben. Falls ich mir eine Abschrift verschaffen kann, werde ich sie Euch umgehend schicken.«[16] Selbst der Botschafter von Frankreich, Paul de Foix, griff das Gerücht auf, Maria Stuart denke an eine Invasion in England, um dort den katholischen Glauben wiederherzustellen: Sie habe, so wußte er zu berichten, ihren Vertrauten versprochen, sie werde »sie nach London führen«, und sie verhandle mit den Katholiken von Irland über die irische Krone.[17]

Der neue Papst Pius V. bereitete zwar nicht – wie die Protestanten meinten – eine großangelegte militärische Unternehmung vor, aber er glaubte fest, daß Marias Sieg der erste Schritt zur endgültigen Beseitigung des Ketzertums war. Aus seinem Brief vom 10. Januar 1566 sprechen deutlich seine Wünsche und seine Befürchtungen: »Vielgeliebte Tochter, Wir haben mit größter Freude erfahren, daß Ihr und Euer Gemahl jüngst einen glänzenden Beweis dafür abgegeben habt, mit welchem Eifer Ihr in Eurem Königreich den wahren Gottesdienst wiederherstellen wollt. Wir beglückwünschen Euch, daß Ihr solcherart die Schatten zerrissen habt, die so lange über diesem Land gelegen haben, und daß dank Euch nun das Licht des wahren Glaubens aufs neue erstrahlt [...]. Wir bitten Euch, daß Ihr das Werk vollendet, das Ihr begonnen habt, und den Stachel der ketzerischen Verirrung vollständig ausreißt, um die Euch anvertrauten Völker wieder auf den Weg des Heils zurückzuführen. Seid versichert, daß Wir für Unser Teil alles für Euch tun werden, was die väterliche Liebe uns rät, und daß wir geneigt sind, all Eure Wünsche zu erfüllen, soweit Gott Uns die Mittel dazu gibt.«[18]

Maria beschloß fürs erste, den Bischof von Dunblane nach Rom zu schicken. Er sollte dem Papst ihre Treue und ihren Glaubenseifer bestätigen und – eine so günstige Gelegenheit konnte sie nicht ungenutzt lassen – ihn um finanzielle Unterstützung bitten. Zu gegebener Zeit werden wir sehen, was aus dieser Mission wurde; freilich war da die Situation bereits grundlegend anders.

Die Gerüchte und die Verhandlungen mit den katholischen Mächten ergaben ein gefährliches Spiel. Eine Grundregel der Politik lautet, daß man niemals den Gegner in Unruhe versetzen darf, wenn man selbst noch nicht so weit ist, daß man ihn schlagen kann. Maria Stuart duldete, daß man erzählte und schrieb, sie plane eine religiöse Umwälzung in ihrem Land, und damit brachte sie all jene gegen sich auf, die, aus welchem Grund auch immer, eine Restauration des Katholizismus fürchteten – und sei es nur deshalb, weil viel Besitz der katholischen Kirche inzwischen in die Hände von Protestanten übergegangen war und niemand dieses Gut zurückgeben wollte.

Wie immer in solchen Situationen wurde die Unruhe durch Unüberlegtheiten noch geschürt. Die Katholiken in Marias Umgebung praktizierten ihren Glauben ein wenig zu demonstrativ, obgleich das Gesetz es verbot. Knox prangerte lautstark an, daß öffentlich papistische Predigten gehalten würden, und daß die Grafen von Lennox und Atholl ganz offen zur Messe gingen.[19]

Es ist durchaus wahrscheinlich, daß Maria nach dem Sieg über ihre aufständischen Untertanen daran dachte, den katholischen Glauben wiederherzustellen oder zumindest gesetzlich wieder zu erlauben (was für glühende Calvinisten auf dasselbe herauskam). Sie wollte das Parlament einberufen, damit es die besiegten Adligen verurteilte und ihren Besitz konfiszieren ließ. Jeder, der ein gutes Wort für die Besiegten einzulegen versuchte, wurde barsch abgefertigt, nicht einmal ihren Freunden erging es besser. Selbst Philipp II. war beunruhigt über ihre Rachsucht und forderte seinen Botschafter auf, er solle ihr zu mehr Zurückhaltung raten: »Ich bitte Euch, teilt der Königin von Schottland mit, sie möge sich der Mäßigung befleißigen und vermeiden, die Königin von England gegen sich aufzubringen [...]. Es darf nichts getan werden, was die Königin [Elisabeth] kränken könnte ...«[20]

In Frankreich war man nicht weniger beunruhigt, aber gute Ratschläge stießen bei Maria auf taube Ohren. Morays Rebellion, vor allem jedoch der Sieg über die Rebellen wirkten auf sie wie ein starkes Aufputschmittel. Selbst der Wunsch, als Erbin Elisabeths eingesetzt zu werden, trat in den Hintergrund. Ab Oktober/November 1565 sind ihre Briefe an die Cousine in einem ungewohnt barschen Ton abgefaßt. Nach dem triumphalen Sieg über ihre rebellischen Untertanen fühlte sich Maria stark im Bewußtsein ihrer herrscherlichen Rechte, und sie wußte, daß es diesmal an Elisabeth war, Erklärungen und Rechtfertigungen abzugeben.

Doch zu ihrem Unglück hatte sich durch die Niederlage der protestantischen Partei in Schottland und Morays Flucht nach England das Kräfteverhältnis zwischen den beiden Königreichen nicht im mindesten verändert. Elisabeth hatte zwar unbestreitbar einen diplomatischen Rückschlag erlitten, aber sie war nach wie vor unvergleichlich viel reicher und mächtiger als ihre Cousine im Norden. Ein Teil des schottischen Adels hatte in die Verbannung gehen müssen, viele Adlige hatten sich nahe der Grenze niedergelassen: eine günstige Ausgangslage, um Intrigen zu spinnen. Unter solchen Umständen hätte es großen Fingerspitzengefühls bedurft, um die Bildung einer neuen »Front der Unzufriedenen« zu verhindern und die Gefahr eines calvinistischen Gegenschlags zu bannen. Fingerspitzengefühl fehlte Maria ganz und gar, sie handelte vielmehr bemerkenswert ungeschickt und verspielte innerhalb weniger Monate all die Vorteile, die sie aus ihrem Sieg in der »Verfolgungsjagd« hätte ziehen können.

Der Logik entsprechend hätten nach dem Ende des kurzen Bürgerkriegs und der Flucht von Moray und seinen Getreuen Ruhe und Frieden in Schottland einkehren müssen. In dieser Situation hätte Maria Stuart ihre Qualitäten als Herrscherin zeigen müssen, denn nun bevormundete sie nicht länger ihr Halbbruder, und die Pastoren in der *Kirk* waren bis auf weiteres in der Defensive.

Doch in einer eigentümlichen Verkehrung der Logik veränderte sich gerade von diesem Punkt an die Situation allmählich zu ihrem Nachteil, und das in einer Weise, die bald nicht mehr umkehrbar schien. Der Grund für diese betrübliche Entwicklung lag in der rapiden und unerwarteten Verschlechterung ihrer ehelichen Beziehung, darin stimmen alle zeitgenössischen Beobachter überein. Wir betreten nun das schwierige Gebiet der Gefühlswelt von Maria Stuart, und es haben sich bereits so viele Psychologen und Schriftsteller damit beschäftigt, daß es für den Historiker nicht leicht ist, die Grenzen seines Fachs zu respektieren. Im folgenden werden wir uns auf die gesicherten Fakten beschränken, wie sie aus zeitgenössischen Dokumenten hervorgehen.

Erstes Faktum: Die Eheschließung von Maria und Darnley galt allgemein als Liebesheirat, zumindest bei Maria sah man kein anderes Motiv. Seit April 1565 berichteten sowohl der französische wie der englische Botschafter von Marias leidenschaftlichen Gefühlen für ihren schönen Cousin. Manche fanden sogar, ihr Verhalten sei unter ihrer königlichen Würde und sie setze auf ärgerliche Weise ihren Ruf aufs Spiel.

Zweites Faktum: Darnley machte auf viele Beobachter von Anfang an einen wenig angenehmen Eindruck. Der Kardinal von Lothringen, der seine Informationsquellen am Hof hatte, bezeichnete Darnley als »Leichtfuß«, als unbesonnenen und nicht sehr klugen Menschen. »Viele nennen ihn einen fröhlichen jungen Mann, aber über seine Qualitäten weiß man nicht viel«, schrieb Botschafter Randolph wenige Tage nach seiner Ankunft in Schottland. Seit Mai – also bereits einige Zeit vor der Heirat – benahm sich Darnley »so unerträglich hochmütig, daß er darüber sogar seine Pflichten ihr [Maria] gegenüber vergaß«. Anfang Juli hatten »Darnleys schlechtes Benehmen und seine Frechheit ein solches Maß erreicht, daß er damit alle gegen sich aufgebracht hat«.[21]

Drittes Faktum: Zwar hatte Maria bei der Eheschließung Darnley den Titel »König« verliehen, zwar sind die königlichen Verlautbarungen aus der Zeit der »Verfolgungsjagd« unterschrieben mit *Henry, König, Maria, Königin,* doch bei allen militärischen und diplomatischen Unternehmen blieb der »König« sehr im Hintergrund, genaugenommen trat er überhaupt nicht in Erscheinung. Er bemühte sich vergebens darum, daß seinem Vater der Oberbefehl über die königlichen Truppen übertragen würde, statt seines Vaters erhielt Bothwell das Kommando. Aus keinem zeitgenössischen Bericht geht hervor, daß der Mann, der theoretisch der Herrscher von Schottland sein sollte, irgendeine politische Rolle gespielt hat. Und alle Berichte über Marias Liebe zu Darnley stammen aus der Zeit vor ihrer Eheschließung.

Auch wenn man die psychologischen Spekulationen über die sexuelle Seite ihrer Beziehung außer acht läßt, zu denen sich manche Autoren verstiegen haben, kann man doch sagen, daß die Verbindung mit Darnley Maria nicht das erhoffte Glück brachte. Der Grund liegt auf der Hand: Darnley war ein Mann mit geringen Fähigkeiten und einem wenig ansprechenden Charakter, ein Wirrkopf, der ganz unter dem Einfluß seines Vaters und der Männer in seiner Umgebung stand. Er verärgerte seine Frau damit, daß er verlangte, sie solle ihm nicht nur den Titel König übertragen, sondern auch die »matrimonial crown«, die Mitkönigskrone, das heißt die tatsächliche Macht – und genau dazu verspürte Maria allem Anschein nach wenig Lust. Gab es daneben auch sexuelle Schwierigkeiten, körperliche Abneigung nach einer enttäuschenden Hochzeitsnacht? In den Quellen finden wir dafür keinen Anhaltspunkt, darum soll diese »Erklärung« den Dichtern vorbehalten bleiben. Sie gründet auf reiner Spekulation, im Licht der weiteren Ereignisse ist sie freilich nicht ganz von der Hand zu weisen.

Aus welchem Grund auch immer, die ersten Gerüchte über ein Zerwürfnis des königlichen Paares kursierten bereits unmittelbar nach der »Verfolgungsjagd«. Aufgezeichnet wurden sie natürlich von dem unerträglich intriganten Randolph, der mit größtem Vergnügen umgehend nach England berichtete, was er gehört hatte. Wenig später findet man entsprechende Hinweise auch in anderen Quellen. Präzise Fakten werden erstmals in einem Brief vom 19. September genannt (die Hochzeit lag gerade eineinhalb Monate zurück – die Dinge entwickelten sich rasch). Dieser Brief vom 19. September ist ein wichtiges Dokument für die Geschichte der Maria Stuart, wir werden gleich auf ihn zurückkommen. Doch zunächst müssen wir zum besseren Verständnis des Briefes ein wenig zurückgreifen und einen neuen Akteur einführen, der schon bald eine Hauptrolle – allerdings eine für ihn sehr unglückliche – spielte.

Marias Minister William Maitland hatte ihr zwar während der Krise im Sommer und Herbst 1565 die Treue gehalten, doch er stand ganz und gar auf der Seite der Protestanten. Maria entzog ihm ihr Vertrauen zwar nicht explizit, aber er konnte nicht der Architekt der neuen prokatholischen Politik sein, die, wie jeder mehr oder weniger genau spürte, die Königin plante. Nach der Heirat von Maria und Darnley herrschte in Schottland ein Klima der Revanche und der Restauration; für diejenigen, die bisher regiert hatten, war kein Platz mehr. Die neue Ära brauchte neue Köpfe.

Einer der neuen Köpfe war natürlich James Bothwell. Er mochte in der Vergangenheit Fehler begangen haben, seit seiner Rückkehr aus den Niederlanden erwies er sich jedenfalls als untadelig loyal und tatkräftig in einer Weise, die sich sehr wohltuend von der Lethargie des »Königs Henry« unterschied. Überdies hätte zu dieser Zeit allein schon Bothwells tiefsitzender Haß gegenüber Moray genügt, um ihm Marias Zuneigung und Vertrauen zu sichern.

Neben Bothwell trat ein anderer Mann mit einem anderen Stil in Erscheinung: Marias italienischer Sekretär David Rizzio.*

---

* Es gibt auch die Schreibweise Riccio, Rizzio ist die heute überwiegend gebräuchliche Form des Namens.

Der Lebensweg dieses Bürgerlichen aus dem Piemont verlief höchst eigentümlich. Im Jahr 1561 war er im Gefolge des Botschafters von Savoyen, Moretta, nach Schottland gekommen und auf Bitten von Maria Stuart als Musiker am Hof von Edinburgh geblieben. Sie schätzte seine Baßstimme und sein Talent als Lautenspieler. Da wir über Rizzio nur das wissen, was seine Gegner berichtet haben, ist es nicht verwunderlich, daß die Angaben über seine Herkunft und seinen Aufstieg lückenhaft und unsicher sind. Nicht einmal sein genaues Geburtsdatum ist bekannt; in dem Bericht eines anonymen Verfassers an den Großherzog Cosimo I. der Toskana aus dem Jahr 1566 heißt es, Rizzio sei mit achtundzwanzig Jahren nach Schottland gekommen, 1565 wäre er demnach zweiunddreißig gewesen. Manche schildern ihn als häßlich, aber Genaues wissen wir nicht. Das einzige »Porträt« von Rizzio zeigt ihn als einen Mann mit dunkler Haut, großen, intelligent blickenden Augen und einem fleischigen Mund unter einem schmalen Oberlippenbart. Doch dieses Bildnis, ein Stich, wurde im 18. Jahrhundert nach einer inzwischen verlorenen Vorlage angefertigt. Ein sicheres Urteil, wie »David« – so nannten ihn die Zeitgenossen – tatsächlich ausgesehen hat, können wir uns danach schwerlich bilden. James Melville, der Rizzio gut kannte und nicht sehr schätzte, schreibt immerhin, er sei ein »recht angenehmer Gesellschafter« gewesen.[22]

Wie dem auch sei, Rizzio erlebte jedenfalls ab 1564 einen kometenhaften Aufstieg. Er begann seine Laufbahn als »Kammerdiener« der Königin (ein damals nicht im geringsten erniedrigender Titel, allerdings stand er damit sehr weit unten in der Hierarchie der Ämter und Titel) und errang nach und nach ihr Vertrauen, 1564 ernannte sie ihn zu ihrem Sekretär für die Korrespondenz in französischer Sprache. Da Maria und ihre wichtigsten Verbündeten in ihrem Austausch bevorzugt die französische Sprache benutzten – Maria korrespondierte auch mit Elisabeth häufig französisch –, hatte ihr Sekretär eine wichtige Vertrauensposition.

Der neue Sekretär unterhielt den Hof weiterhin mit seinem musikalischen Können, daneben fand er bald auch Gelegenheit, seine diplomatischen Fähigkeiten unter Beweis zu stellen. Im Frühjahr 1565, als Maria sich für Darnley zu interessieren begann und eine Heirat in Erwägung zog, spielte Rizzio bereits eine einflußreiche Rolle. Der junge Bewerber um die Hand der Königin fand in David einen Verbündeten und Freund. Rizzios Feinde – hauptsächlich die Männer um Moray und Maitland – behaupteten, er sei ein Spion des Papstes oder der Guisen oder des Königs von Spanien (Savoyen stand damals ganz unter spanischem Einfluß), sein Aufstieg sei das Vorspiel zu dem befürchteten mächtigen katholischen Gegenschlag.

Tatsächlich finden sich weder im Archiv des Vatikans noch in den Archiven von Turin und Simancas* Hinweise, die diese Behauptung stützen. Allerdings war Rizzio Katholik, und seine Zukunft hing von Maria ab. Für seinen weiteren Aufstieg konnte es nur von Vorteil sein, wenn sie einen katholischen Glaubensbruder heiratete und sich von der englisch-protestantischen Bevormundung durch Moray befreite.

Wir dürfen nicht vergessen, daß Darnley als Hoffnungsträger der katholischen Partei in Schottland empfangen wurde, obgleich er wenig religiösen Eifer an den Tag legte, und daß Moray und Argyll ihren Widerstand gegen die Eheschließung zumindest offiziell mit Darnleys katholischem Glauben begründeten. In den gespannten Wochen vor der offiziellen Ankündigung der Heirat wurde Darnley ein intimer Vertrauter von Rizzio; das ging so weit, daß Darnley gelegentlich das Zimmer und sogar das Bett mit Rizzio teilte, damals für enge Freunde nichts Ungewöhnliches. Als im April 1565 das Gerücht kursierte, die Königin habe ihren Cousin heimlich geheiratet, flüsterte man, die Trauung habe in Rizzios Schlafzimmer im Palast Holyrood stattgefunden.[23]

Erstaunlicherweise hatte Marias offensichtliche Enttäuschung in der Ehe mit Darnley nicht zur Folge, daß sie ihrem musikalisch begabten Sekretär, der doch so großen Anteil am Zustandekommen der Verbindung hatte, das Vertrauen entzog. Ganz im Gegenteil, ab August wurde Rizzios Einfluß auf die Königin eher noch deutlicher sichtbar, und alle Botschafter in Schottland berichteten davon. Melville zufolge »traf niemals ein Adliger die Königin allein an, stets war David bei ihr, was den Spott der einen und den Zorn der anderen erregte. Jeder, der einen Rechtsstreit vorzubringen hatte oder eine Gunst erbitten wollte, ging mit vollen Händen zu ihm, so daß er in kurzer Zeit sehr reich wurde.«[24]

Daraus entstand eine gespannte Situation, die unter den feudalen Verhältnissen im Schottland des 16. Jahrhunderts leicht explosiv werden konnte. Wenn man Melville Glauben schenken darf, war sich Rizzio der Gefahr selbst bewußt und wollte sich zurückziehen oder sich zumindest nicht mehr so oft an der Seite der Königin zeigen, doch sie habe ihm mitgeteilt, »ihr Wunsch sei es, daß er sein Betragen nicht im mindesten ändere, und sie befehle ihm, fortzufahren wie bisher«. Sollte diese Äußerung so gefallen sein, wäre das der Beweis für eine erstaunliche Verblendung dieser doch intelligenten Frau.

Tatsächlich kam es so, wie es kommen mußte: Man munkelte, die Königin habe eine Liebesaffäre mit ihrem Sekretär. Der bereits erwähnte Brief

* Archiv in Spanien in der Nähe von Valladolid

vom 19. September, geschrieben vom Grafen von Bedford, der englischer Gouverneur in Berwick und damit nahe an der Quelle der Informationen war, gibt den ersten Hinweis auf ein eheliches Zerwürfnis. Darin heißt es, daß »die Königin sich mit dem Musiker David in einer Weise abgibt, daß ich es um ihrer Ehre willen nicht zu schreiben wage«. Ein wenig genauer verbreitet sich Randolph knapp einen Monat später, am 13. Oktober, in einem Brief an William Cecil über dasselbe Thema: Maria verfolge Moray mit ihrem Haß, »weil er Geheimnisse über sie weiß, die man aus Scham nicht schreiben kann und die ihrer Ehre so sehr schaden, daß er sich als ihr Bruder darüber empört«.[25]

Es wäre vermessen, wollte man aus einem zeitlichen Abstand von vierhundert Jahren auf der Grundlage von Zeugenberichten, die allesamt parteilich sind und sich auf den Klatsch feindseliger Höflinge stützen, ein Urteil darüber fällen, ob der Vorwurf des Ehebruchs begründet war oder nicht. Der Historiker Thomas Henderson, Verfasser einer sehr sachkundigen Biographie der Maria Stuart, kommt nach gründlicher Prüfung aller Dokumente zu dem Schluß, daß Maria tatsächlich in Rizzio verliebt gewesen sei; aber, so fügt er ganz offen hinzu, »für meine Annahme habe ich nicht einen handfesten Beweis«.[26]

Auf Darnleys Meinung in der Sache können wir nicht viel geben, denn er wurde ganz offensichtlich von den Feinden des Italieners manipuliert. Man kann allenfalls noch das Gerücht zitieren, das der französische Botschafter in London, Paul de Foix, nach Paris meldete. Dem Gerücht zufolge »habe der König [Darnley] etwa eine Stunde nach Mitternacht mehrmals an die Tür der Königin geklopft, welche sich über der seinen befindet, und als sie nicht geantwortet habe, habe er wiederholt ihren Namen gerufen und sie gebeten zu öffnen und zuletzt gedroht, er werde die Tür aufbrechen, woraufhin sie ihm schließlich doch geöffnet habe. Der König habe sie allein in ihrem Schlafzimmer angetroffen, doch dann habe er überall gesucht und in einer Kammer David gefunden, nur mit einem Schlafrock und einem pelzgefütterten Umhang bekleidet.«[27] Eine Szene wie aus einer Posse, und Katharina von Medici, für die der Bericht des Botschafters bestimmt war, hatte zweifellos ihren Spaß daran. Einer genaueren Prüfung hält der Bericht freilich nicht stand, denn in einer solchen Situation hätte Darnley Rizzio auf der Stelle getötet – damals die übliche Strafe für ein ehebrecherisches Paar, das man auf frischer Tat ertappt hatte.

Wie dem auch sei, die Gerüchte über eine enge Beziehung zwischen Maria Stuart und Rizzio verdichteten sich gegen Ende des Jahres 1565. Daß im November bekanntgegeben wurde, die Königin sei schwanger, beruhigte die Gemüter nicht im mindesten. Von ihrem Zufluchtsort Newcastle aus gossen Moray und seine Getreuen noch Öl ins Feuer. (Und zugleich schrieb Moray, der sich gern alle Möglichkeiten offenhielt, einen Brief »in tiefster Unterwürfigkeit« an Rizzio mit der Bitte, sich für ihn zu verwenden; seine Bitte untermauerte Moray gleich noch mit der Übersendung eines wertvollen Diamanten: Dies berichtet zumindest Melville.[28])

Im Dezember sprachen alle Diplomaten in Edinburgh über das Zerwürfnis zwischen Maria und Darnley. »Niemals habe ich größere Veränderungen in diesem Land gesehen als gegenwärtig«, schrieb Randolph. »Vor kurzem sagte man noch immer *der König und die Königin,* jetzt heißt es nur noch *der Gatte Ihrer Majestät.* Früher wurde er in allen offiziellen Verlautbarungen an erster Stelle genannt, jetzt nur noch an zweiter. Jüngst wurden Münzen mit ihren beiden Köpfen geprägt, jetzt zieht man sie aus dem Verkehr und ersetzt sie durch andere. Man spricht über eheliche Zwistigkeiten, aber vielleicht sind das nur die Streitereien von Verliebten.«[29]

Randolph hatte gut beobachtet. Der anonyme Verfasser, der John Knox die Feder führte, bestätigt Randolphs Worte. »Der König verbrachte seine Zeit damit, zu jagen und ausschweifenden Vergnügungen nachzugehen in der Gesellschaft von Leuten, die nur darauf aus waren, ihm zu schmeicheln«, jubelte er und sah mit großer Befriedigung zu, wie diese abscheuliche katholische Ehe einen schlimmen Verlauf nahm.[30] Da offizielle Dokumente weiterhin die Unterschrift des königlichen Gemahls tragen mußten, ließ man ein eisernes Siegel mit seiner Unterschrift fertigen. Das Siegel verwahrte selbstverständlich der unersetzliche Rizzio.

Doch zu Marias Unglück beschränkte sich der »König« keineswegs darauf, zur Jagd zu reiten. Unbemerkt zog sich um die Königin und ihren allzu vertrauten italienischen Sekretär ein Netz aus Haß und Rachsucht zusammen. Die Tragödie stand unmittelbar bevor.

8

»Madonna, Madonna, rettet mein Leben!«

Anfang des Jahres 1566 sah es ganz so aus, als hätte Maria Stuart einen triumphalen Sieg errungen. Sie war mit dem Mann verheiratet, den sie hatte haben wollen, die Rebellen, die sich im Juli gegen sie erhoben hatten, hatten das Land verlassen müssen, die Calvinisten befanden sich in der Defensive, und Elisabeth waren teilweise die Hände gebunden, weil sie Rücksicht nehmen mußte auf ihre heimlichen Verbündeten, die sie offiziell verleugnete. Maria Stuarts Lage war günstiger als je zuvor – mit einer Ausnahme: Es wurde immer offensichtlicher, daß ihre Ehe mit Henry Darnley zum Scheitern verurteilt war.

Es scheint sogar, als sei Maria von einer gewissen *Hybris* ergriffen worden, wie die alten Griechen das nannten: einem Taumel der Siegesgewißheit und des Stolzes. Versöhnliche Angebote schlug sie aus, und sie vergaß, wie weit sie tatsächlich noch von der Verwirklichung ihrer Wünsche entfernt war. Während sie ihren ehrgeizigen Plänen nachhing, blieben ihre Feinde nicht untätig und bereiteten den Gegenschlag vor.

Maria Stuarts Feinde waren zahlreich und mächtig, auch wenn sie in ihren Interessen nicht immer übereinstimmten. Eine elementare Vorsichtsmaßnahme hätte darin bestanden, die Feinde gegeneinander auszuspielen, um zu verhindern, daß die verschiedenen Gruppen sich zu einer geschlossenen Opposition gegen sie sammelten. Vor allem aber hätte sie sich unbedingt davor hüten müssen, ihre Anhänger zu verärgern und sie damit ihren Feinden in die Arme zu treiben.

Doch in einer erstaunlichen Verblendung beging Maria Stuart genau diese Fehler, einen nach dem anderen. Es häuften sich zweideutige Erklärungen und Vorstöße, die vermuten ließen, daß sie einen vernichtenden Schlag gegen den Protestantismus plante. Das konnten Männer wie Maitland und Morton, die ihr bis dahin treu ergeben gewesen waren, nicht hinnehmen. Sie wies sämtliche Versöhnungsangebote von Moray, der ins Land zurückkehren wollte, zurück und sagte allen Unterhändlern, daß sie ihn ein für allemal vernichten wolle. Damit zwang sie Moray förmlich zu einer radikalen Lösung. Aber man darf nicht vergessen, daß Maria nicht im entferntesten die Mittel besaß, um die Politik in die Tat umzusetzen, die sie immer wieder verkündete, während ihre Gegner kaum verhüllt von der englischen Königin unterstützt wurden.

Unter all den Ungeschicklichkeiten, die Maria Stuart nach ihrem Sieg bei der »Verfolgungsjagd« im Herbst 1565 beging, fällt ihre unverhohlene Neigung zu David Rizzio besonders schwer ins Gewicht. Wäre er ein schottischer Lord gewesen, so hätte man wenigstens noch denken können, daß sie seine Verwandten und Verbündeten auf ihre Seite ziehen wollte, doch Rizzio war Ausländer und dazu bürgerlicher Herkunft, hinter ihm stand niemand. Er wird in dieser Zeit als habgierig, hochmütig und herablassend geschildert, doch wir dürfen keine schnellen Schlüsse ziehen, denn fast alles, was wir über ihn erfahren, hören wir von seinen Feinden. Maria Stuart hatte ihre Fehler, aber sie war weder vulgär noch blind. Es ist schwer vorstellbar, daß sie einen Menschen ins Vertrauen gezogen und ihm ihr Herz geöffnet hätte, der jenem Bild glich, das manche von Rizzio entwerfen und das eher eine Karikatur denn ein Porträt ist. Hingegen ist wohl unbestreitbar, daß er das Land und die Mentalität der Schotten nicht gut kannte und deshalb die Gefahren um ihn herum verkannte. Er lebte auf großem Fuß, und das schockierte seine Umgebung zu einer Zeit und in einem Land, wo es als ausgemacht galt, daß ein rasch aufgehäuftes Vermögen nur gestohlen sein konnte. Und zweifellos war es leichtfertig, daß er jeden denken und sagen ließ, die Königin richte sich nach seinen Ratschlägen.

Der Erzbischof Spottiswoode berichtet folgende Begebenheit: Eines Tages habe der Priester und Astrologe Damiot, dem möglicherweise etwas über im Hintergrund gesponnene Intrigen zu Ohren gekommen war, Rizzio geraten, er solle sich vor »dem Bastard« in acht nehmen. Rizzio habe unbekümmert erwidert, »er werde dafür sorgen, daß jener niemals wieder einen Fuß nach Schottland setze«. Dabei dachte Rizzio natürlich an Moray in seinem Exil und nicht an die anderen Bastarde, die noch im Land lebten.[1] Damiot wiederholte seine Warnung noch einmal mit Nachdruck und erinnerte Rizzio daran, wie unbeliebt er war und welche Gefahren in seiner Umgebung lauerten. *»Parole, parole«*, soll Rizzio daraufhin auf italienisch geantwortet haben, »die Schotten reden viel und tun wenig.« Freilich kann man mit gutem Grund daran zweifeln, ob sich diese Begegnung so zugetragen hat. Zum einen sind Prophezeiungen *ex post* prinzipiell verdächtig, zum zweiten paßt Rizzios Verhalten in dieser Szene schlecht zu der Vorsicht (oder Feigheit, wie seine Feinde sagten), die er bis dahin an den Tag gelegt hatte. Auf jeden Fall erschien der protestantischen Partei im Januar 1566 die Beseitigung des Italieners als notwendige und unverzichtbare Voraussetzung, um die Königin von dem politischen Kurs abzubringen, den sie nach ihrem Sieg im letzten Herbst eingeschlagen hatte.

Doch wenn es schließlich gelungen wäre, Rizzio auf die eine oder die andere Weise zu beseitigen, wer sollte dann die Fäden der Macht in die Hand nehmen und unter welchem Schleier der Legalität? Da hatte jemand – wir wissen nicht, wer es war, vielleicht Maitland oder Morton oder sogar der intrigante englische Botschafter, der jeden unterstützte, solange er nur ein Feind Marias und Rizzios war – die höchst erstaunliche Idee zu einem denkbar unerwarteten Bündnis: Man wollte sich mit Henry Darnley zusammentun.

Henry Darnley war, wie erwähnt, im Jahr zuvor bei seiner Ankunft in Schottland als glühender Verfechter des katholischen Glaubens aufgetreten. Noch im Januar 1566 beglückwünschte ihn der Papst zusammen mit Maria zu seinem erfolgreichen Kampf für den rechten Glauben. Anfang Februar, anläßlich des Festes Mariä Lichtmeß, schritt Darnley feierlich mit seiner Frau und großem Gefolge zur Messe und schloß sich, eine Kerze in der Hand, der Prozession an. Vergebens hatte er versucht, die protestantischen Lords dazu zu bewegen, daß sie seinem Beispiel folgten, und nun waren sie außer sich vor Empörung (Bothwell, so heißt es, sei ganz besonders aufgebracht gewesen).[2] Aber da er sich stets nach dem Winde drehte, war er durchaus auch zu Annäherungen an die Protestanten bereit, wenn er glaubte, daß dies seinen Interessen dienlich sein könnte. Er hörte sich mehrere Male calvinistische Predigten an, obwohl er damit zumindest einmal wenig erfreuliche Erfahrungen machte: John Knox wollte sich die Gelegenheit nicht entgehen lassen und überschüttete Darnley dermaßen mit feindseligen Bibelstellen, daß dieser mitten in der Predigt wutentbrannt aus der Kirche stürmte.

Tatsächlich zählte für Darnley ein halbes Jahr nach der Hochzeit nur noch eines: Er wollte die Mitkönigskrone haben und zum König proklamiert werden. Er hatte genug davon, der Prinzgemahl an der Seite seiner Frau zu sein, er wollte endlich selbst als König herrschen. Das war nicht allein eine Frage von Ehre und Eitelkeit. Als gekrönter König würde er über Maria stehen, er würde weiterregieren, sollte sie vor ihm sterben, kurzum, er wäre der wahre Herrscher Schottlands, König Heinrich I., und Maria Stuart wäre künftig nur noch die Gattin des Königs.

Bedauerlicherweise war Darnley vollkommen unfähig, diese Rolle auszufüllen. Mit seiner Abneigung gegen jede Form von Arbeit, seinem ungefestigten Charakter, seiner Vergnügungssucht und seiner Unbeherrschtheit war er denkbar ungeeignet als Herrscher. Doch sein ehrgeiziger und machtgieriger Vater drängte unaufhörlich und lag ihm damit in den Ohren, es sei »unwürdig, das Regieren einer Frau zu überlassen«.[3] Darnley gab sich nicht die geringste Mühe, Maria glücklich zu machen, um eines Tages auf diesem Weg die so heißersehnte Krone zu bekommen, statt dessen wurde er von Tag zu Tag anmaßender und frecher. Einmal sagte sie ihm bei einem Bankett, er solle nicht soviel trinken, und er antwortete ihr in aller Öffentlichkeit so unverschämt, daß sie in Tränen ausbrach.[4]

Maria Stuarts politische Gegner begriffen schnell, daß dieser unbedeutende junge Mann sich bereitwillig als Werkzeug zur Verfügung stellen würde, mit dem sie Rizzio vernichten könnten, wenn ihm als Lohn die Krone winkte. Dieser Gesinnungswandel ist zweifellos atemberaubend, denn noch im Sommer zuvor hatten Moray und seine Parteigänger nicht einmal vor einer Revolte zurückgeschreckt, um die Heirat mit Darnley zu verhindern. Doch die damalige Zeit bietet etliche Beispiele für nicht weniger schwindelerregende Umschwünge, man denke nur an Frankreich, wo Katharina von Medici ohne Wimpernzucken die Allianz mit den Spaniern gegen ein herzliches Verhältnis zu den Protestanten eintauschte und umgekehrt.

Natürlich kennen wir nicht alle Einzelheiten des Ränkespiels, durch das Darnley auf die Seite seiner ehemaligen Gegner gezogen werden sollte. Die Hauptrolle dabei dürfte dem Staatssekretär William Maitland zugefallen sein, einem Freund von Moray; er hatte durch David Rizzios Aufstieg immer mehr an Einfluß verloren. In einem Brief vom 1. Dezember 1565 spottete Randolph erbarmungslos über Maitlands Abstieg: »Die Königin verdächtigt Maitland, er habe Moray und seinen Freunden geholfen, und sie vertraut ihm nicht mehr. Er spielt noch seine Rolle bei ihr und David, aber nur zum Schein. Zweifellos hat er mehr Muße, als ein Mann an einem solchen Platze haben sollte.«[5]

Doch Maitland war ein kluger und geschickter Diplomat und achtete darauf, sich möglichst keine Blöße zu geben. Im übrigen mißtraute Darnley ihm, auf Maitland würde Darnley gewiß nicht hören. Der Graf von Morton hingegen war der rechte Mann, um Darnleys Vertrauen zu gewinnen. Er war ein Cousin mütterlicherseits von Darnley und hatte im letzten Sommer während der Ereignisse, die zur »Verfolgungsjagd« führten, gegen Moray und für Darnley Partei ergriffen. Morton war einer der Anführer der protestantischen Partei und sehr ehrgeizig, wie die Zukunft zeigte. Er hatte alles zu verlieren, wenn Rizzio triumphieren und die von allen erwartete katholische Restauration tatsächlich kommen sollte. Zusammen mit Maitland bemühte er sich nun, seinen Cousin auf die Seite der Feinde seiner Frau zu ziehen. Ihr Köder war das Versprechen, daß sie ihm zu seiner »matrimonial crown« verhelfen würden.

Unterstützung fand Morton bei George Douglas, genannt »der Postulant«*, einem Mann von zweifelhaftem Charakter, illegitimer Cousin Mortons (und Onkel Darnleys zur linken Hand) und treuer Begleiter seines Neffen bei dessen Ausschweifungen. George Douglas setzte die begonnenen Bemühungen fort und überzeugte Darnley ohne weiteres davon, daß Rizzio der Geliebte seiner Frau war und ihn entehrte. (Wie erwähnt fand dieses Gerücht, das die Feinde des Italieners aufgebracht hatten und schürten, sogar Eingang in die französische diplomatische Korrespondenz.)

Außer den Genannten waren noch weitere protestantische Lords in das Intrigenspiel verwickelt, vor allem Argyll, der, vom Hof verbannt, auf seinen Besitzungen im Westen lebte. Moray und seine Begleiter standen nach wie vor in einem heimlichen Briefwechsel mit ihren Freunden in Schottland und wurden über den Gang der Ereignisse auf dem laufenden gehalten. Wenn sich alles wie geplant entwickelte, würden die Verhandlungen zu einem für sie höchst paradoxen Ergebnis führen: Ausgerechnet der Mann, den sie ein paar Monate zuvor unbedingt daran hatten hindern wollen, die Königin zu heiraten, sollte nun die Krone tragen.

Ohne Zweifel war auch der englische Botschafter Randolph sehr genau informiert darüber, was sich zusammenbraute, und er berichtete getreulich an seine Regierung. Seine diplomatische Korrespondenz im englischen Nationalarchiv ist in diesem Punkt überaus ergiebig. Wenn man die Fülle von Einzelheiten in seinen Briefen liest (seine Briefe sind im übrigen eine unserer wichtigsten Quellen für diesen Abschnitt der Lebensgeschichte Maria Stuarts), kann man sich trotz seiner ausweichenden Formulierungen im Stil von »Ich habe gehört, daß ...« oder »Man sagt, daß ...« des Eindrucks nicht erwehren, daß er vielleicht das Komplott nicht nur aus einer besonders günstigen Position beobachtete, sondern selbst daran beteiligt war.

Wie sah der Plan genau aus? Am 16. Februar schrieb Randolph seinem Freund und Gönner Leicester, der einst Elisabeths Herz erobert hatte: »Der Ehemann der Königin weiß inzwischen, daß er noch einen Mitspieler bei seinem Spiel hat.«** Zwischen ihm und seinem Vater sind Machenschaften

---
* Er war »Bischofsanwärter« von Moray.
** Diese durchsichtige Umschreibung sollte ausdrücken, er habe einen Rivalen in seinem Ehebett.

im Gange, die ihm gegen den Willen seiner Frau zur Krone verhelfen sollen. David soll in weniger als zehn Tagen *(sic)* mit Zustimmung des Königs [Darnleys] getötet werden. Mir sind sogar noch schwerwiegendere, die Person der Königin betreffende Dinge zu Ohren gekommen, aber darüber schweigt man besser, als in einem Brief davon zu schreiben.«[6]

Anfang März wußte Randolph in einem Brief an Elisabeths Minister William Cecil noch mehr Einzelheiten zu berichten: »Ich habe erfahren, daß in Schottland ein großes Ereignis unmittelbar bevorsteht. Lord Darnley *(sic)* hat Hilfe von bestimmten Adligen bekommen, und er hofft, mit ihrer Hilfe das zu erlangen, was er durch andere Mittel nicht erlangen kann, und die Würde des Königs zu empfangen, denn bislang trägt er nur den leeren Titel [...]. Lord Darnley hat sichere Kenntnis von einem bestimmten Gebaren der Königin erhalten, das er unmöglich dulden kann und das von einer Art ist, daß man es nicht zu glauben wagte, wenn die Kenntnis nicht ganz unzweifelhaft wäre.«[7]

Zu Cecils Information war diesem Brief der Wortlaut eines Kontraktes *(bond)* beigefügt, in dem nach schottischer Sitte die Grafen von Morton, Argyll, Moray, Glencairn, Rothes, die Lords Boyd, Ochiltree und andere Herren dem »erhabenen und mächtigen Prinzen Henry, König von Schottland, Gatten unserer Herrscherin, der Königin Maria« versprachen, ihn zu unterstützen »in all seinen gerechten und rechtmäßigen Handlungen, ihm zu helfen, daß er die Mitkönigskrone erhält und unserer Herrscherin nachfolgt, sollte sie ohne Nachkommen sterben, und die Religion so zu bewahren, wie sie bei der Rückkehr Ihrer Majestät war ...«

Man kann sich ohne weiteres ausmalen, wieviel diese Vereinbarung noch wert gewesen wäre, wenn Maria tatsächlich gestorben wäre und Darnley allein den Adligen gegenübergestanden hätte. Daß er dem Kontrakt Glauben schenkte, wirft ein bezeichnendes Licht auf sein kümmerliches Urteilsvermögen, aber vielleicht war er alles in allem genauso ein Betrogener wie die Adligen. In Bündnissen solcher Art suchte jeder seinen unmittelbaren Vorteil und verschwendete nicht mehr Gedanken als unbedingt nötig an die fernere Zukunft, das werden wir noch an weiteren Beispielen sehen.

Hervorzuheben ist, daß in dem von Randolph zitierten Dokument Rizzio mit keinem Wort erwähnt wird. In einem anonymen Bericht, der später an den Großherzog Cosimo I. der Toskana gesandt wurde, heißt es, man habe zunächst geplant, den Italiener während eines Tennisspiels mit Darnley zu töten, doch dann habe man beschlossen, ihn im Schlafzimmer der Königin umzubringen, »damit das Volk glaubt, der König habe ihn bei einer Tat von der Art überrascht, daß er ihn zum Tode bringen mußte«.[8] Andere Quellen besagen, es habe nie zur Debatte gestanden, Rizzio zu verhaften und vom Parlament aburteilen zu lassen. Selbstverständlich schwanken die Angaben in den Berichten je nachdem, für wen sie bestimmt waren und zu welchem Zeitpunkt sie abgefaßt wurden, aber unzweifelhaft war es das wichtigste Ziel der Verschwörung, den Favoriten der Königin aus dem Weg zu räumen.

Es ist schwer vorstellbar, daß Randolph Einzelheiten des Komplotts nach England berichtete und Maria von all dem nichts gewußt haben soll. Sie lebte zu diesem Zeitpunkt praktisch getrennt von ihrem Ehemann (»Sie ist seiner überdrüssig, und das Verhältnis ist sehr schlecht«, schrieb der Gouverneur von Berwick am 16. Februar[9]), doch ihr vertrauter Berater James Melville bezeugte, daß er sie gewarnt habe, es braue sich etwas zusammen. »Ich habe ihr noch einmal gesagt, daß Newcastle, wohin sich die Flüchtigen zurückgezogen hatten, nicht weit von Schottland entfernt liege, daß die Flüchtigen viele Freunde und Verwandte im Königreich hätten, daß die Zahl der Unzufriedenen größer sei, als sie denke, schließlich daß all diese Erwägungen mich beunruhigten und einen Aufstand fürchten ließen. Ich fügte hinzu, man flüstere, daß es noch vor dem Abschluß des Parlaments eine Veränderung geben werde. – ›Ich habe auch etwas gehört‹, erwiderte darauf die Königin, ›aber die Schotten führen gern große Reden.‹«[10]

Ein solches Ausmaß an Verblendung mag verwundern, aber es wird vom weiteren Gang der Ereignisse bestätigt. Offenkundig war Maria trotz aller warnenden Vorzeichen nicht auf das Drama gefaßt, das schon bald seinen Lauf nahm.

Sie war vielmehr ganz mit ihren Plänen und Machtspielen beschäftigt. Im Februar sprach man oft über den geheimnisvollen Besuch eines französischen Gesandten namens Clernaut (Melville nennt ihn Villemont), der vom Kardinal von Lothringen gekommen sei mit dem Auftrag, die Bande der katholischen Allianz unter der Schirmherrschaft des Papstes und des spanischen Königs fester zu knüpfen. Maria Stuart mischte sich auch in die irische Erhebung gegen England ein, und man verdächtigte sie, sie unterstütze Sean O'Neill, den katholischen Anführer der Rebellen, die sich gegen Elisabeths Vormacht wehrten (Elisabeth beklagte sich darüber in offiziellen Schreiben). Angesichts der prekären Situation in Schottland betrieb Maria ein gefährliches Spiel.

James Bothwell stand zwar weiterhin fest auf der Seite des protestantischen Glaubens, doch er entwickelte sich immer mehr zur wichtigsten Stütze der Partei der Königin. Er stärkte seine Position durch die Heirat mit der Katholikin Jean Gordon, einer Schwester des Grafen Huntly, die am 24. Februar mit großem Pomp gefeiert wurde. Diese dynastische Heirat führte die Clans der Hepburns und Gordons zusammen, auf der anderen Seite stand die Allianz Lennox-Douglas-Campbell. Maria war begeistert und überschüttete das junge Paar mit Geschenken, obwohl die Ehe nach protestantischem Ritus geschlossen worden war. (Allerdings hatte Erzbischof Hamilton die vom katholischen Standpunkt für die Heirat von Cousin und Cousine erforderliche Dispens erteilt.)

In all den hochfliegenden Zukunftsplänen war für Marias Ehemann kein Platz, doch offiziell stand er immer noch als Prinzgemahl an ihrer Seite. Anfang des Jahres erhielt er die Ordenskette des Ordens des heiligen Michael (man nannte sie »die Muschel« nach dem Emblem in Form einer Jakobsmuschel), verliehen vom französischen König und überbracht von einem Sonderbotschafter, Jacques de Rambouillet. Das Ereignis hätte die Gelegenheit zu einer Versöhnung der beiden Gatten sein können, statt dessen wurde einmal mehr in aller Öffentlichkeit ihre Entfremdung deutlich. Als Rambouillet die Königin fragte, welches Wappen das Schild des neuen Ordensritters zieren solle, gab sie barsch zur Antwort: »Setzt sein Wappen darauf.« Direkter konnte sie ihre Verachtung nicht ausdrücken.

Mitte Februar traf Maria Stuart im Rahmen ihrer Politik der Stärke eine schwerwiegende Entscheidung, die man je nach Standpunkt als eine längst fällige Vorsichtsmaßnahme oder als einen tödlich unvorsichtigen Schritt gegenüber England betrachten kann: Maria beschloß die Ausweisung des englischen Botschafters Randolph, nachdem ihr zu Ohren gekommen war, was für eine skandalöse Rolle er bei der Rebellion im letzten Herbst gespielt hatte. Der Brief an Elisabeth, in dem sie ihre Entscheidung mitteilt, ist in einem selten heftigen Tonfall abgefaßt: »Es schien mir angebracht, Euch mit dieser Nachricht von dem schändlichen Betragen Eures Ministers Randolph in Kenntnis zu setzen [...]. Ich weiß aus sicherer Quelle, daß der besagte Randolph auf dem Höhepunkt der Rebellion gegen mich die Aufständischen mit der Summe von 3000 Talern unterstützt hat [...], woraufhin ich unverzüglich, um nicht länger den Dorn in meinem Fuße ertragen zu müssen, den besagten Randolph in Anwesenheit meines Rates zu mir befohlen und ihn mit dem Bericht des Empfängers dieser Summe konfrontiert habe [...]. Nunmehr wage ich mir von Euch zu erhoffen, daß Ihr den Mann, den Ihr in dieses Land gesandt habt, damit er gute Dienste leiste, und der sich für das Gegenteil hergegeben hat, als unwürdig erachtet, weiterhin die Privilegien zu genießen, die dem guten Minister eines befreundeten und verbündeten Fürsten gebühren. Ich wollte keine härteren Maßnahmen gegen ihn ergreifen und lasse es damit bewenden, daß ich ihn mit Briefen, in denen ich meine Anklagen ausführlicher darlege, zu Euch zurückschicke.«[11]

Elisabeth wußte ganz genau, was sie von der Angelegenheit zu halten hatte, dennoch spielte sie die Rolle der beleidigten Unschuld und protestierte im Namen der diplomatischen Immunität gegen die »befremdliche und unhöfliche« Behandlung ihres Botschafters.[12] Dann setzte sie die leichteste Waffe aus ihrem Arsenal ein und verwies ihrerseits den schottischen Botschafter des Landes. In einem Augenblick, da Maria die Neutralität ihrer Cousine, wenn sie schon nicht ihre Verbündete war, dringender gebraucht hätte denn je, waren die Beziehungen gespannt wie am Vorabend eines Krieges.

Randolph verließ Schottland am 28. Februar und hatte nur einen Gedanken im Kopf: Rache. Er ging nicht weit, kurz nach der Grenze, in Berwick, ließ er sich nieder, und von dort spann er mit Billigung seines Freundes, des Grafen von Bedford, weiter seine Intrigen mit den protestantischen Lords und beriet Cecil. Somit hatte Randolphs Ausweisung nur das eine Ergebnis gebracht, daß Elisabeth in der Öffentlichkeit gut dastand.

Um diese Zeit scheiterten die letzten Versuche, doch noch eine Einigung zwischen Maria Stuart und den Oktoberrebellen herbeizuführen. Sowohl der französische Botschafter wie Rizzio selbst, der sich (wie Melville berichtet) für Moray einsetzte, wurden abgewiesen. Maria Stuart wollte ihre Rache, und zwar uneingeschränkt.*

Tatsächlich dachte Maria Stuart an jenen schicksalhaften Tagen im Februar 1566 nur an den Triumph, den sie, so glaubte sie fest, bald im Parlament erleben würde. Das Parlament war nunmehr für den 7. März einberufen, nachdem man den Termin mehrmals verschoben hatte. Nach Marias Wunsch sollte das Parlament die endgültige Verurteilung der Rebellen im Exil beschließen, die Konfiszierung ihrer Güter und wohl auch, da sie nun einmal dabei war, reinen Tisch zu machen, die Aufhebung der antikatholischen Gesetze aus dem Jahr 1560 – kurzum, die Entscheidung des Parlaments sollte ihr und ihren Getreuen die unumschränkte Macht bringen.

Man könnte erwarten, daß der Königin und Rizzio daran gelegen gewesen wäre, Vorsichtsmaßnahmen zu ergreifen, eine zuverlässige Leibwache aufzustellen und mögliche Unruhestifter genau zu beobachten, da anläßlich des Parlaments all ihre Gegner in Edinburgh zusammenkommen würden. Doch nichts dergleichen geschah; sie verhielten sich vollkommen arglos, als würde um sie herum nichts geschehen.

---

* Nur der alte Châtellerault erhielt Vergebung mit der Auflage, für fünf Jahre nach Frankreich ins Exil zu gehen. Maria Stuart blieb den Hamiltons stets verbunden; die zunehmende Entfremdung von ihrem Ehemann, einem Gegner der Hamiltons, förderte gewiß noch die Annäherung.

Das Parlament trat also wie vorgesehen am 7. März 1566 im *Tolbooth* (Rathaus) der Hauptstadt zusammen. Maria eröffnete das Parlament im gewohnten Prunk, angetan mit dem königlichen Mantel, links und rechts von ihr schritten Bothwell mit dem Zepter und sein Schwager Huntly mit der Krone: Deutlicher konnte nicht demonstriert werden, wie hoch sie in der Gunst der Königin standen und welchen Einfluß sie genossen. Es ist nicht überliefert, ob Rizzio ebenfalls bei der Zeremonie zugegen war, aber dies ist mehr als wahrscheinlich. Man munkelte, Maria habe vor, dem Kanzler Graf Morton das Großsiegel des Staates zu entziehen und es dem Italiener anzuvertrauen. Das erscheint kaum glaubhaft, denn selbst beim damaligen Stand der Dinge hätte Maria kaum eine so schwerwiegende Ungeschicklichkeit begangen; wahrscheinlich war nicht das Staatssiegel gemeint, sondern der private Stempel mit Darnleys Unterschrift, den in der Tat Rizzio in Verwahrung hatte. Wie dem auch sei, das Gerücht zeigt jedenfalls, welchen Grad das öffentliche Mißtrauen gegenüber Rizzio und der Königin bereits erreicht hatte. »König Heinrich« für sein Teil blieb der Eröffnung des Parlaments fern. Er gedachte erst dort zu erscheinen, wenn er die Krone auf dem Haupt trug, und er wiegte sich in der Gewißheit, daß seine Verbündeten sie ihm noch vor Abschluß des Parlaments aufsetzen würden.

Am zweiten Sitzungstag, dem 8. März, fand dem Brauch gemäß die Wahl der *»Lords of the Articles«* statt, des legislativen Ausschusses geistlicher und weltlicher Lords, dessen Aufgabe es war, die Beschlüsse der Versammlung zu formulieren. Am 9. März begannen die Debatten über die Anklage gegen Moray und die übrigen flüchtigen Rebellen. Ihnen wurde befohlen, spätestens am 12. März vor dem Parlament zu erscheinen, andernfalls würden sie als Hochverräter geächtet. Damit war die Lunte an dem Pulverfaß angezündet.

Maria Stuart schwelgte im Bewußtsein ihres bevorstehenden Triumphes. Sie ahnte nicht, daß Moray zur gleichen Zeit Newcastle verließ, allerdings nicht, um sich als Angeklagter dem Parlament zu stellen, sondern um die Früchte der Verschwörung zu ernten, der er sich wenige Tage zuvor angeschlossen hatte. An Darnley verschwendete Maria keinen Gedanken, und sie schickte sich an, im Schloß Holyrood vor der Sonntagsmesse einen ruhigen Abend zu verbringen. Doch das Schicksal hatte anders entschieden.

Die Gemächer von Maria Stuart im Nordwestturm von Schloß Holyrood sind bis heute fast unverändert erhalten geblieben. Sie liegen im zweiten Stock über den Gemächern von Darnley. Zu den Gemächern der Königin gehörte ein großes, über die Ehrentreppe zu erreichendes Vorzimmer, wo sie ihre Audienzen abhielt (das sogenannte »Paradezimmer«), dahinter lag ihr Schlafzimmer, und direkt an das Schlafzimmer grenzte ein kleines Turmzimmer. Im Winter hielt sich Maria am liebsten in diesem heimeligen Raum auf, denn er war gut zu beheizen und zu erleuchten. Eine Wendeltreppe in der Mauer führte zu den Zimmern im unteren Geschoß.

Am Abend des 9. März 1566 – um diese Jahreszeit wird es in Edinburgh gegen sieben Uhr dunkel – aß die Königin in dem kleinen Turmzimmer mit einigen engen Vertrauten zu Abend: mit ihrem Halbbruder Robert Stuart, ihrer Halbschwester Jean Steward, der Gräfin von Argyll (beide waren wie Moray illegitime Nachkommen Jakobs V.: Maria hatte einen ausgeprägten Sinn für Familienbande), dem Stallmeister Arthur Erskine, dem Pagen Antony Standen und selbstverständlich David Rizzio. Rizzio bewohnte ein Zimmer ganz in der Nähe und saß in Hauskleidung am Tisch: in einem pelzverbrämten Schlafrock aus Damast, einem Wams aus Atlasseide und leuchtendroten Samtschuhen.

Die Tore des Schlosses waren verriegelt und wurden bewacht. Einige Lords, die zur Parlamentssitzung gekommen waren, wohnten im Schloß, darunter Bothwell, Huntly, Atholl, Fleming und Livingston. Henry Darnley brütete vermutlich in seinen Gemächern vor sich hin, oder er zog wie gewöhnlich mit ein paar Kumpanen von Schenke zu Schenke. Alles war ruhig.

Die weiteren Ereignisse kennen wir vor allem aus zwei zeitgenössischen Quellen. Die eine Quelle ist ein Brief Maria Stuarts an ihren Botschafter in Frankreich, den Erzbischof Beaton. Er ist unmittelbar unter dem Eindruck der Ereignisse geschrieben, aus jeder Zeile spricht höchste Erregung. Der zweite Bericht stammt von einem der Hauptbeteiligten, Lord Ruthven; dieser Bericht wurde am 30. April abgefaßt in der offensichtlichen Absicht, den Verfasser zu entlasten und Darnley zu belasten. Sehr viel später erzählte Maria Stuart in ihrem englischen Gefängnis ihrem französischen Sekretär Claude Nau in allen Einzelheiten von den Geschehnissen im März 1566, und Nau gab ihren Bericht in seinen Erinnerungen wieder. Leider ging der Anfang des Manuskripts verloren, der noch vorhandene Teil setzt erst nach Rizzios Tod ein. Aus dieser Quelle erfahren wir sehr viele Einzelheiten über die Flucht der Königin und ihre Rückkehr nach Edinburgh.[13]

Die drei Berichte stimmen in den Hauptpunkten überein, doch in vielen Details weichen sie voneinander ab. Da es unmöglich ist, die Details zu gewichten, bleibt nur der Weg, die drei Versionen mehr oder weniger zu kombinieren. Dabei darf man freilich niemals aus den Augen verlieren, daß der Standpunkt, der zweifellos der interessanteste wäre, fehlt: die Schilderung der Ereignisse aus Darnleys Sicht. Verständlicherweise hatte Darnley in den verbleibenden Monaten seines Lebens wichtigere Sorgen als die, seine Erinnerungen zu schreiben.

Während also die Königin am Abend des 9. März 1566 im Turmzimmer mit ihren Vertrauten zu Tisch saß, wurde auf einmal die Tür zur Treppe in die darunterliegenden Räume aufgestoßen, und Darnley trat ein. Niemand hatte mit ihm gerechnet, aber Maria rückte zur Seite, und ihre Gäste begrüßten Darnley mit dem ihm gebührenden Respekt. Er küßte seine Gattin, setzte sich ganz eng neben sie und legte einen Arm um ihre Taille. Wenig später ging die Tür zur Treppe ein zweites Mal auf, und diesmal erschien ein sehr viel ungewöhnlicherer Gast: Lord Patrick Ruthven, ein Schwager des Grafen Morton, allgemein als fanatischer Protestant bekannt und von vielen als eine Art Zauberer gefürchtet. Sein Auftauchen war höchst verwunderlich, denn einmal durfte niemand ungebeten bei der Königin erscheinen, zum zweiten glaubten alle am Hof, Lord Ruthven liege schwerkrank zu Bett. Mit seinem vom Fieber gezeichneten Gesicht und der finsteren Miene bot er einen bedrohlichen Anblick, und der Eindruck wurde noch dadurch verstärkt, daß er eine Rüstung trug. Hinter ihm tauchten andere, nicht weniger beunruhigend wirkende Gestalten im Dunkel auf der Treppe auf. Maria fragte Ruthven, was er wolle und mit welchem Recht er in dieser Weise in ihr Zimmer eindringe.

»Ich bin gekommen, um diesen Feigling David aus Eurem Zimmer zu werfen, wo er sich schon viel zu lange aufgehalten hat«, erwiderte Ruthven. Die Königin wandte sich daraufhin zu ihrem Gatten um, der bislang kein Wort gesagt hatte, und verlangte eine Erklärung. Maria berichtete später, Darnley habe geantwortet, er wisse von nichts. Nach Ruthvens Version entspann sich zwischen ihm, Ruthven, und Maria ein Wortwechsel, in dem er sich bemühte, möglichst gut dazustehen: »David hat Eure Majestät, Euren Gatten, den König, den Adel und das Volk des Königreichs schwer beleidigt.« – »Wie das?« – »Um der Ehre Eurer Majestät willen kann ich nicht sagen, welches sein Verbrechen ist.« Marias Bericht fällt knapper aus: »Ich befahl Lord Ruthven, mein Zimmer zu verlassen, andernfalls würde er des Verrats angeklagt, und versicherte, ich würde David vor das Parlament fordern, damit man über alle Vorwürfe, die gegen ihn vorgebracht würden, urteilen könne.« Aller Wahrscheinlichkeit nach ist Ruthvens Bericht in diesem Punkt zuverlässiger, denn aus naheliegenden Gründen hatte Maria kein Interesse, die Anklage des Ehebruchs zu wiederholen, die da in Gegenwart ihres immer noch stummen Gatten erhoben wurde.

Auch in der Schilderung dessen, was nach dem Wortwechsel geschah, unterscheiden sich die beiden Berichte. Ruthven zufolge hätten sich die Diener der Königin auf ihn geworfen (aber wie sollen die Diener in das Zimmer gekommen sein, da doch angeblich Morton und Lindsay die Eingänge bewachten und niemanden hereinließen?), und er habe das Schwert gezogen, um sich zu verteidigen. Maria hingegen behauptet, Ruthven habe sich auf David gestürzt und dabei in dem engen Turmzimmer den Tisch mit den brennenden Kerzen umgestoßen (diese Version erscheint glaubhafter). Mit bemerkenswerter Geistesgegenwart soll Lady Argyll eine Kerze im Fall aufgefangen und sie dann die ganze Zeit über in der Hand gehalten haben. Diese Kerze beleuchtete die Szene.

David hatte inzwischen begriffen, welches Schicksal ihn erwartete. Er verbarg sich hinter der Königin und schrie: »Madonna, Madonna, rettet mich!« Ruthven hielt ihn eisern fest, und ein gefährlicher Schlag traf die Schulter des unglücklichen Sekretärs. Einer der Verschwörer, Andrew Kerr of Fawdonside, legte die Pistole auf ihn an.[*] Wie es der Astrologe prophezeit hatte, führte ein »Bastard«, George Douglas, den ersten Streich. Dann schleiften sie David in das Schlafzimmer, von dort weiter in das Vorzimmer, wo Morton und Lindsay mit ihren Leuten warteten, und schlachteten ihn ab (mit sechsundfünfzig Schwerthieben und Dolchstößen, wie Maria schrieb). Die blutüberströmte Leiche warfen sie die Treppe hinunter und legten sie dort auf die Truhe, auf der er allem Anschein nach fünf Jahre zuvor nach seiner Ankunft in Schottland seine erste Nacht verbracht hatte. Ruthven und seine Gefolgsleute ergingen sich später in vielfältigen Betrachtungen über die verschlungenen Wege des Schicksals.

Es ist hervorzuheben, daß Darnley in den ganzen schrecklichen Minuten, die sich endlos dehnten, kein Wort sagte. Aber Ruthven – er schreibt es selbst – wollte Darnley so nicht davonkommen lassen. »Er versicherte Ihrer Majestät, daß sie nicht in Gefahr sei und daß alles auf Anordnung des Königs geschehe.« Die Königin wollte weiter von Darnley wissen, was da vorging, und schließlich tat er doch noch den Mund auf (das folgende nach Ruthvens Version). »Seit dieser David so vertrauten Umgang mit Euch pflegt, nehmt Ihr von mir überhaupt nicht mehr Notiz. Früher seid Ihr nach dem Diner zu mir in mein Zimmer gekommen und habt Euch mit mir amüsiert. Aber in letzter Zeit war immer, wenn ich Euer Zimmer betrat, dieser David schon da, und nach dem Abendessen spielt Ihr mit ihm Karten bis ein oder zwei Uhr in der Früh. Ich bin Euer Ehemann, und Ihr habt mir bei der Hochzeit Gehorsam geschworen.« Darauf soll Maria geantwortet haben: »In Zukunft bin ich nicht mehr Eure Frau, ich werde nie mehr mit Euch schlafen, und ich werde keine Ruhe haben, bis ich Euch ebenso unglücklich vor mir sehen werde, wie ich es in diesem Augenblick bin.« Maria

---

[*] Ruthven bestreitet in seinem Bericht entschieden, daß die Königin auch nur im mindesten bedroht gewesen sei; es gibt keinen Grund, ihm das zu glauben. Auf jeden Fall verfolgte Maria in der Folgezeit Kerr of Fawdonside mit besonderer Rachsucht.

erwähnt in ihrer Schilderung die Vorwürfe ihres Ehemannes nicht. In Anbetracht der Umstände erscheint es jedoch wahrscheinlich, daß Darnley etwas in der Art tatsächlich gesagt hat.

Rizzio war nicht mehr zu helfen, und nun fürchtete die Königin um ihr eigenes Leben. Ihre Schilderung: »Nachdem Lord Ruthven zurückgekommen war [nach Davids Ermordung], erklärte er, daß er und seine Begleiter durch meine unerträgliche Tyrannei zutiefst gekränkt seien, daß ich mich von David hätte beeinflussen lassen, die alte Religion wiederherzustellen und die geflohenen Lords zu verfolgen. Währenddessen war ich nicht mehr um mich besorgt als um die Lords Huntly, Bothwell, Atholl, Fleming, Livingston, um Sir James Balfour und etliche andere, gegen die der Schlag ebenso gerichtet war wie gegen David.«

Schließlich wurde Ruthven von den Wirkungen des Fiebers und der Aufregung überwältigt, er mußte sich setzen und verlangte Wein. Wenn man Marias Worten in diesem Punkt Glauben schenken kann, verspottete sie ihn und schwor ihm Rache, während er ihr versicherte, er hege allen Respekt für sie und werde nicht dulden, daß ihr auch nur das geringste Leid geschehe. Doch beides erscheint in diesem Zusammenhang nicht recht glaubwürdig.

Sehr viel wahrscheinlicher kreisen die Gedanken der Königin in diesem Moment um die Frage, wie sie aus dieser Situation entfliehen konnte. Daß ihr Mann seine Hände im Spiel hatte, wurde nun unzweifelhaft deutlich: Als der Bürgermeister und die Bürger von Edinburgh, aufgeschreckt durch den Lärm im Schloß, zum Schutz ihrer Königin herbeieilten, trat Henry höchstpersönlich ans Fenster und rief hinab, es sei alles in Ordnung, sie sollten in ihre Häuser zurückkehren. Maria Stuart drohten die Verschwörer, sie würden sie »in Stücke hauen« (so ihre Worte), wenn sie versuchen sollte, sich dem Fenster zu nähern.

Zu Marias Glück waren Bothwell und Huntly, als sie die Schreie und den Tumult aus dem Zimmer der Königin hörten, geistesgegenwärtig aus einem nicht bewachten, tiefliegenden Fenster gesprungen und holten Hilfe. Sie beauftragten Lady Huntly – die Mutter von Lord Huntly –, die Königin darüber zu informieren, sobald sie zu ihr vordringen könne.

Die Absicht der Verschwörer – von diesem Zeitpunkt an erscheint Morton immer deutlicher als ihr Anführer – war klar: Sie würden Maria Stuart gefangenhalten und Vergebung für die Rebellen verlangen, dann eine Junta einsetzen, die in Marias Namen regieren sollte, und Maria nach Stirling verbannen, »wo sie ihre Zeit damit verbringen kann, ihr Kind zu wiegen und ihm Schlaflieder vorzusingen«. Von der Mitkönigskrone für Darnley, die man ihm noch wenige Tage zuvor versprochen hatte, war offensichtlich keine Rede mehr. Vielmehr wurde am Tag nach dem Mord das Parlament aufgelöst, und die Mitglieder wurden bei Androhung der Todesstrafe angewiesen, unverzüglich in ihre Provinzen zurückzukehren.

Am Abend des 9. März sah es demnach so aus, als hätte Maria alles verloren; doch bereits vierundzwanzig Stunden später hatte sie das Blatt entscheidend zu ihren Gunsten gewendet. Der 10. März war ein bemerkenswerter Tag. Während Maria sich in den Monaten davor oft ungeschickt verhalten hatte, zeigte sie an diesem Tag das ganze Arsenal ihrer taktischen Fähigkeiten und erwies sich als eine würdige Schülerin ihrer großen Schwiegermutter Katharina von Medici.

Die Lords ließen sie über Nacht allein, stellten ihr Schlafzimmer jedoch unter scharfe Bewachung. (Von diesem Zeitpunkt an stehen außer Marias Brief und Ruthvens Bericht auch Naus Erinnerungen als sehr detailreiche Quelle zur Verfügung, in die Marias Erzählungen im Gefängnis eingeflossen sind.) Bis zum Morgengrauen war sie noch fest entschlossen, nicht mit ihrem Mann zu sprechen. Darnley war nach dem Mord in seine Gemächer im Erdgeschoß zurückgekehrt, vergebens klopfte er an die Tür zu der kleinen Verbindungstreppe.

In der Nacht hatte er nachgedacht, mit seinem Vater gesprochen, und immer mehr beschlich ihn Angst. Er begriff – reichlich spät –, daß Rizzios Mörder nicht im Traum daran dachten, ihn an ihrem Sieg teilhaben zu lassen, sondern daß er vielmehr ihre Geisel geworden war: Damit sich Darnley dem Komplott nicht entziehen konnte, hatten sie sich seinen Dolch aushändigen lassen, und der Dolch blieb in Davids Leiche stecken – ein für jedermann sichtbares Zeugnis seiner Mittäterschaft. (Maria erfuhr erst ein paar Tage später davon.) Darnley war ein Feigling und sah sich bereits als das nächste Opfer, zumal er erfahren hatte, daß sein Feind Moray in Kürze wieder in Schottland sein würde.

Die Gefahr hatte Maria wieder zu klarem Verstand gebracht, und sie stellte dieselben Überlegungen an wie Darnley. Als Darnley später am Morgen noch einmal an ihre Tür klopfte, öffnete sie ihm, denn sie dachte sich, daß er nun bereit sei, seine Komplizen zu verraten und sich auf ihre Seite zu stellen. Es folgte eine Szene von einzigartiger Verstellungskunst, und Nau berichtet sie ungerührt, als meinten die beiden Akteure tatsächlich, was sie sagten. Zuerst Henry: »Oh, meine Maria! Ich muß bekennen, wie sehr ich mich gegen Euch vergangen habe. Unglücklicherweise bin ich hintergangen und getäuscht worden durch die Überredungskunst jener böswilligen Verräter, die mich in ihre Verschwörung hineingezogen haben [...]. Ich hätte, bei meinem Gott, niemals gedacht, daß sie zu einer solchen Ungeheuerlichkeit fähig wären [...]. Ich flehe Euch an, meine Maria, habt Mitleid mit unserem Kind, mit mir, mit Euch selbst, denn wir wären alle verloren, wenn Ihr Euch nicht eines anderen besinnt.«[14] In Naus Bericht heißt es weiter, Maria habe »angesichts dieser so offenkundig ehrlich gemeinten Reue« ihrem verräterischen Ehemann »die Verfehlungen vorgeworfen, die er sich ihr gegenüber habe zuschulden kommen lassen«, doch »da er sie beide an diesen Abgrund geführt« habe, müsse man nun »darüber nachdenken und sich bemühen, aus der Lage wieder herauszukommen«. Maria weigerte sich, den Verbrechern zu verzeihen (»denn mein Herz duldet niemals, daß ich etwas verspreche, was ich nicht zu halten gedenke«), aber sie willigte ein, sie zu empfangen, damit sie nicht den Verdacht schöpften, es gebe ein geheimes Einverständnis zwischen ihr und Darnley.

In diesem Augenblick trat Moray ins Zimmer seiner Schwester. Er war in der Nacht zuvor aus England eingetroffen, hatte sich jedoch vorsichtshalber von den Ereignissen im Schloß ferngehalten. James Melville – er war bei der Szene nicht selbst dabei – berichtet, Maria habe sich schluchzend in Morays Arme geworfen und ausgerufen: »Mein Bruder, wenn Ihr hier gewesen wäret, hättet Ihr nicht geduldet, daß man mich so schändlich behandelt.« Moray sei von diesem Ausbruch so gerührt gewesen, »daß er die Tränen nicht zurückhalten konnte«.[15] Maria schildert die Szene in ihrem Brief an Beaton im wesentlichen genauso, nur nüchterner. Ob echter Gesinnungswandel oder glatte Lüge – Moray nahm es mit solchen Dingen nicht so genau.

Das wichtigste Ereignis des Tages war, daß die Verschwörer am späten Vormittag der alten Lady Huntly gestatteten, zu Maria zu gehen. Von Lady Huntly erfuhr Maria, daß Bothwell und sein Schwager geflohen waren. Maria entwarf sofort einen Plan, wie auch ihr die Flucht gelingen könnte, und gab der alten Dame eine Botschaft für die beiden Männer mit: Sie sollten mit einigen Getreuen im Schloß Seton auf Maria warten und Pferde bereithalten. Lady Huntly verbarg den Brief »zwischen ihrer Haut und ihrem Hemd«, niemand entdeckte ihn, und er erreichte seine Empfänger.

Nun konnte die Königin ihren Kerkermeistern das Spiel diktieren. Am Montag empfing sie die Verschwörer in ihrem Audienzzimmer (Morton, so heißt es, beugte das Knie genau an der Stelle, wo der Leichnam des armen Rizzio gelegen hatte*). Sie schworen natürlich, es sei niemals ihre Absicht gewesen, etwas zu tun, was Ihrer Majestät mißfallen würde, sie hätten einzig ihr Leben retten wollen, denn »das Parlament und David« hätten ihr Leben bedroht. Dann versprachen sie »bei ihrer Ehre«, ihrer Herrscherin »künf-

---

* Heute markiert eine im Boden eingelassene Kupferplatte die Stelle.

tig treu zu dienen, wenn es ihr gefallen wolle, die Vergangenheit zu vergeben«. Maria warf ihnen (Nau zufolge) vor, sie hätten sich undankbar verhalten, aber sie war einverstanden, daß »im Laufe der Zeit die versprochenen guten und getreuen Dienste die Vergangenheit auslöschen könnten« und sie bereit wäre, alles zu vergessen. »Weil sie fürchtete, sie könnte weiter gehen, als es ihre Absicht war« – das heißt sich verleiten lassen, mehr zu versprechen, als sie wollte –, tat sie auf einmal so, als habe sie Schmerzen »wie kurz vor der Niederkunft«, sie zog sich in ihr Zimmer zurück und verlangte nach der Hebamme.[16]

Ruthvens Bericht fällt, wie zu erwarten war, für die Lords günstiger aus: Die Königin habe sie »in Gnaden« empfangen und ihnen versprochen, einen Generalpardon zu unterzeichnen, Darnley habe sich auf seine Ehre verpflichtet, ihnen das Schriftstück am nächsten Tag zu überbringen. Bei Ruthven ist ganz offensichtlich Darnley das Haupt der Verschwörung, die anderen haben auf seinen Befehl gehandelt, und er verrät sie nun. Hier zeichnen sich bereits die künftigen Koalitionen ab.

Am Abend des 11. März warteten Maria und ihr Mann, bis die Soldaten der Leibwache eingeschlafen waren (Darnley hatte sie zuvor betrunken gemacht), und dann flohen sie durch die Küchentür; glücklicherweise war niemand auf die Idee gekommen, auch dort eine Wache aufzustellen. Sie wurden begleitet vom Stallmeister Arthur Erskine, dem Hauptmann der Wache Stewart of Traquair, dem Pagen Standen und einigen Dienern und Zofen. Bothwell und Huntly hatten nahe der Abteikirche Pferde für sie bereitstellen lassen, die Mauer rund um die Abtei wurde »mittels Sesseln und Bettüchern« überwunden.

Maria gab Nau später eine sehr bewegte Schilderung ihrer Flucht. Als sie über den Friedhof eilten, blieb Darnley einen Moment an Rizzios frischem Grab stehen. (»Mit ihm habe ich einen so guten und treuen Diener verloren, wie ich niemals wieder einen finden werde. Man hat mich aufs übelste getäuscht.«) Die Königin saß hinter Erskine auf einem Pferd, ihr Mann ritt angsterfüllt allein voraus. Maria war erschöpft und fürchtete, die Anstrengung könnte eine Fehlgeburt auslösen. Sie bat Darnley anzuhalten, doch er rief ihr nur wütend zu: »Kommt, bei Gott so kommt doch! Wenn der da verlorengeht, werden wir andere haben.« Schließlich erreichten sie Seton, dort erwarteten sie Bothwell, Huntly und ihre Getreuen. Am Morgen traf der kleine Zug unbehelligt in Schloß Dunbar ein, das Bothwell unterstand. Maria war in Sicherheit.

Während der dramatischen Stunden bekam sie einen lebhaften Eindruck davon, wie feig und weichlich ihr Gatte war. Trotz Darnleys inständiger Bitten hatte sie sich geweigert, seinen Vater Lennox bei der Flucht mitzunehmen, »weil er sich ihr und den ihren gegenüber schon zu oft verräterisch verhalten hatte«[17]. Darnley ließ den alten Mann im Stich, und als Lennox am nächsten Morgen von der Flucht erfuhr, verfluchte er seinen Sohn. In Naus Bericht nehmen alle Vorfälle breiten Raum ein, die Darnleys üblen Charakter in ein möglichst grelles Licht rücken: Auch nach vielen Jahren Abstand war es Maria wichtig zu betonen, daß alle Schuld Darnley traf.

In Holyrood entdeckte man die Flucht des königlichen Paares erst am Morgen, die Verschwörer waren sprachlos vor Überraschung und aufgebracht über Darnleys Verrat. Wie Kinder hatten sich die Lords hinters Licht führen lassen. In der festen Überzeugung, daß Maria ihnen auf Gedeih und Verderb ausgeliefert war, hatten sie in der Wachsamkeit nachgelassen, und nun war ihre Geisel entwischt. Innerhalb weniger Stunden hatte sich die Lage entscheidend zu ihrem Nachteil verändert.

Um Maria sammelten sich die Getreuen. Gleich nach ihrer Ankunft in Dunbar hatte sie verkünden lassen, die Adligen sollten sich binnen sechs Tagen bei ihr einfinden, und nun handelte sie aus einer Position der Stärke. Die Verschwörer sandten Lord Semple von Holyrood aus zu Maria, um sie daran zu erinnern, daß sie Vergebung versprochen hatte. Lord Semple wartete drei Tage vor dem Tor des Schlosses, bis er empfangen wurde, und mußte schließlich mit nichts als Drohungen und Racheschwüren nach Holyrood zurückkehren. Am 18. März stießen Erzbischof Hamilton und seine Neffen in Musselburgh nahe Edinburgh zum königlichen Gefolge. Am nächsten Tag zog Maria im Triumph in der Hauptstadt ein. Sie ritt zusammen mit ihrem Mann an der Spitze des Zuges, es folgten die Lords und Grafen Bothwell, Huntly, Atholl, Crawford, Marshall, Sutherland, Caithness, Livingston, Fleming, Seton, Hume, Borthwick und etliche andere, die sich Maria im Laufe dieses Tages oder bereits am Tag zuvor angeschlossen hatten.

Moray und Argyll, die an dem Attentat vom 9. März nicht beteiligt gewesen waren (zumindest glaubte das Maria), wurden in Gnaden wieder aufgenommen, ebenso Rothes, Glencairn und Boyd, die mit ihnen zusammen den Aufstand im letzten Jahr angezettelt hatten. Morton, George Douglas, Lindsay, Ruthven und Kerr of Fawdonside, an deren Händen Rizzios Blut klebte, flohen nach England und fanden dort »das Nest noch warm« von ihren Vorgängern, wie Melville es so anschaulich ausdrückte. Der Schlag gegen Maria Stuart war gescheitert, doch Elisabeth hatte neue Geiseln, und die Lage in Schottland war so instabil wie eh und je.

9

»Ein schönes Kind, das ein schöner Prinz zu werden verspricht ...«

Wieder einmal triumphierte Maria Stuart. Sie hatte ihre Getreuen fest um sich versammelt und sich mit ihrem Stiefbruder Moray ausgesöhnt (oder stand kurz vor der Aussöhnung). Sie prangerte Rizzios Mörder öffentlich an und beschuldigte sie, sie hätten es auf ihr, Marias, Leben abgesehen gehabt.

Maria Stuart war tatsächlich überzeugt, daß der Anschlag ihr gegolten hatte und daß es das Ziel der Verschwörer gewesen war, sie zu beseitigen und ihren Mann auf den Thron zu bringen. In ihrem Zustand (sie war nicht im siebten Monat schwanger, wie sie in ihren Briefen schreibt, sondern im sechsten Monat, das ergibt sich aus dem Geburtsdatum ihres Sohnes) hätten die Aufregungen oder vielmehr Mißhandlungen jener schicksalhaften Nacht des 9. März ohne weiteres zu einer Fehlgeburt führen können – man kann fast sagen, sie hätten logischerweise zu einer Fehlgeburt führen müssen –, und unter den medizinischen Bedingungen der damaligen Zeit an jenem Ort hätte dies den sicheren Tod der Mutter bedeutet. Die wiederholten Drohungen, man werde sie »in Stücke hauen«, ließen in Marias Augen keinen Zweifel an den mörderischen Absichten von Morton und seinen Komplizen.

Die Ermordung eines Herrschers war durchaus nichts Unvorstellbares. Dafür gab es Vorbilder, und der Fanatismus, der die religiösen Auseinandersetzungen auf beiden Seiten prägte, förderte die allgemeine Verrohung. Maria und ihre Getreuen verbreiteten alsbald, der Anschlag sei gegen sie gerichtet gewesen – der lange Brief vom 2. April an Erzbischof Beaton belegt das –, und an dieser Version hielt sie bis in ihre letzten Jahre hinein fest, wie aus den Erinnerungen von Claude Nau hervorgeht. Im übrigen gibt es keinen Anhaltspunkt dafür, daß ihre Version falsch war: Diese Königin, die so beharrlich den katholischen Glauben verteidigte, war ein Hindernis, und ohne sie wäre möglicherweise vieles einfacher zu regeln gewesen.

Von dem armen Rizzio ist hingegen in den offiziellen Verlautbarungen kaum die Rede. Maria berichtete von seinem Tod ohne erkennbare Gemütsbewegung (lediglich in ihrem Brief vom 15. März an Elisabeth nannte sie ihn »meinen ganz besonderen Diener«). Einige Zeit später ließ sie ihn aus dem noch in der Mordnacht hastig ausgehobenen Grab exhumieren und in die Abteikirche von Holyrood überführen, wo er zur großen Entrüstung des feindseligen Adels an der Seite der Könige beigesetzt wurde. Aber dies war eher ein politischer Racheakt als eine Geste der von Herzen kommenden Trauer. Die Tatsache, daß Rizzio so rasch in Vergessenheit geriet, ist im übrigen ein gewichtiges Argument gegen die Behauptung, zwischen ihm und der Königin habe ein Liebesverhältnis bestanden.*

Auf den ersten Blick bietet die Situation nach der Flucht von Morton und Ruthven nach England einige Parallelen zur Situation im Oktober des Jahres zuvor, als Moray in Newcastle im Exil und Argyll auf seine Ländereien verbannt war. Doch in Wirklichkeit waren die Unterschiede beträchtlich. Die »Partei der Königin« (um an dieser Stelle zeitlich nicht ganz passend einen Begriff zu verwenden, der erst später auftauchen wird) war nicht mehr dieselbe wie ein halbes Jahr zuvor. Rizzio hatte seinen katholischen Glauben vehement vertreten, er war nun tot; der neue »starke Mann«, Bothwell, war gewiß nicht der geeignete Wegbereiter für die Armee der Jesuiten. Huntly erwies sich als ein zuverlässiger Gefolgsmann Marias und wurde an Mortons Stelle Kanzler des Königreiches. Moray wurde wie Glencairn und Argyll die Rebellion im Vorjahr offiziell vergeben, und er kehrte an seinen alten Platz am Hof zurück, wo er notgedrungen mit seinen alten Feinden Bothwell und Huntly verkehren mußte. Nur Maitland konnte (trotz aller Vorsichtsmaßnahmen) seine Beteiligung an dem Attentat vom 9. März nicht vertuschen und zog sich für einige Zeit auf das Schloß eines Freundes zurück, bis Gras über die Sache gewachsen war. John Knox, der diesmal auf die falsche Karte gesetzt hatte, suchte vorsichtshalber Zuflucht in Ayrshire, »zur großen Verzweiflung aller frommen Menschen«[1].

Nachdem die Spitze der Macht mit neuen Männern besetzt war, beschäftigten in der Zeit von April bis Juli 1566 fünf Themen das Land: Da war

---

* Zweifellos aus Trotz ernannte Maria wenig später Rizzios Bruder Giuseppe zu seinem Nachfolger, einen zwielichtigen jungen Mann, der ihr später einigen Ärger machte. Seine Ernennung belegt einmal mehr, wie impulsiv und unvorsichtig sie oft handelte.

zunächst die bevorstehende Niederkunft der Königin, die für Anfang Juni erwartet wurde; dann die zunehmende Verschlechterung des Verhältnisses zwischen ihr und ihrem Mann; weiterhin die Frage, wie die Attentäter bestraft werden sollten, die ihr angeblich nach dem Leben getrachtet hatten; dann die Beziehungen zu England und schließlich die Frage, welche Folgen eine weitere Annäherung an den Papst haben könnte, wie sie im letzten Januar erwogen worden war, zu einer Zeit, als Rizzio besonders hoch in Gunst stand. Die fünf Themen waren undurchdringlich miteinander verwoben, und die wenigen Monate im Frühjahr und Sommer 1566 wurden die interessanteste und komplizierteste Phase im Leben der Maria Stuart. In dieser Zeit bahnte sich die Katastrophe an, besonders hellsichtige Beobachter erkannten bereits die ersten Anzeichen.

Inzwischen waren auch die letzten Unklarheiten beseitigt, welche Rolle Darnley in dem Komplott gegen David und Maria gespielt hatte. Sollte Maria noch irgendwelche Illusionen gehegt haben, so räumten sie die ins Ausland verbannten Verschwörer mit ihren Beschuldigungen endgültig aus. Kaum waren Ruthven und Morton in Berwick eingetroffen, da versicherten sie Cecil, sie hätten nur auf Befehl des Königs gehandelt, »wie man es von seiner eigenen Hand geschrieben lesen kann«[2]. Lennox war nach wie vor erzürnt, daß sein Sohn ihn bei seiner Flucht nach Dunbar im Stich gelassen hatte, und schloß sich den empörten Stimmen an.

Darnley hatte für den Augenblick nichts Wichtigeres zu tun, als sich in den Augen seiner Frau reinzuwaschen, und erging sich in einem wahren Strom von Beschuldigungen gegenüber seinen ehemaligen Komplizen in der Hoffnung, über der Schuld der anderen werde sein Anteil aus dem Blick geraten. »Er erzählt alles, was er über die Angelegenheit weiß, und nennt die Namen derjenigen, von denen er sicher weiß oder die er verdächtigt, daß sie ihre Hände im Spiel hatten.«[3] Aufgrund von Darnleys freimütigen Bekenntnissen wurden sechs Edelmänner aus dem Gefolge von Lord Ruthven verhaftet und abgeurteilt, »obgleich sie bei der Tat selbst nicht dabei waren«; zwei starben durch den Strang, die übrigen vier wurden nach den reichlich grausamen Gepflogenheiten jener Tage am Fuße des Schafotts begnadigt.

Maria zog gründlich Nutzen aus Darnleys Feigheit und entwirrte mit seiner Hilfe das Knäuel der Verantwortlichkeiten. Bald schon hielt sie hieb- und stichfeste Beweise für seine Beteiligung in der Hand. Sie wußte, daß man Darnleys Dolch in Rizzios Leiche gefunden hatte, sie sah mit eigenen Augen Darnleys Unterschrift unter dem Pakt, der ihm die schottische Königskrone einbringen sollte. »Sie ist entschlossen, die Familie Lennox wieder so arm zu machen, wie sie einst war«, schrieb Randolph am 4. April aus Berwick.[4]

Das Zerwürfnis zwischen den beiden Ehegatten hatte inzwischen das Maß einer durchschnittlichen ehelichen Unstimmigkeit überschritten, zumindest auf Marias Seite war es Verachtung, ja sogar Haß. Über Darnleys Gedanken und Befürchtungen kann man nur spekulieren, er schrieb kaum und vertraute sich niemandem an. Er mußte die Verachtung seiner ehemaligen Komplizen spüren, die er verraten hatte. Sein Vater, der ihn so schlecht beraten hatte, war krank und gab ihm die Schuld daran. Und der König von Frankreich wies seinen Botschafter an, er solle möglichst nicht mit Darnley allein sprechen, sondern nur im Beisein der Königin. Am 6. Mai schrieb der klägliche »König« einen ziemlich kleinlauten Brief an Karl IX. und versuchte die Vorwürfe zu entkräften, die gegen ihn im Umlauf waren: »Monsieur mein guter Bruder, ich habe von dem Herrn de Mauvissière die Briefe erhalten, die Ihr geruht habt, mir durch ihn zukommen zu lassen, und was ich selbigen entnommen habe, hat mich nicht wenig verärgert, denn ich mußte feststellen, wie falsch das Gerücht ist, das mich für eine Tat verantwortlich macht, welche ich zutiefst verabscheue.«[5] Darnleys Beteuerungen stießen auf taube Ohren, er hatte alle Gunst verspielt. Wenn er sich nicht das geringste mehr hätte zuschulden kommen lassen, hätte (vielleicht) Aussicht auf eine Versöhnung mit seiner Frau bestanden, aber soviel Disziplin hätte den impulsiven und leichtsinnigen Jungen – im Frühjahr 1566 war er ganze einundzwanzig Jahre und ein paar Monate – hoffnungslos überfordert.

Marias fortschreitende Schwangerschaft und die bevorstehende Niederkunft hätten für den König eine Gelegenheit sein können, sich besonders aufmerksam um sie zu kümmern. Statt dessen benahm er sich, als ginge ihn das Ereignis überhaupt nichts an, und blieb dem Hof geradezu demonstrativ fern. All die wortreichen Versprechungen, die er am Morgen des 10. März abgegeben hatte, waren vergessen. Nach dem kurzen Zwischenspiel auf der Seite der protestantischen Lords zeigte er sich nun wieder als glühender Katholik: Am Gründonnerstag, dem 11. April, wusch er öffentlich den Armen die Füße; eine Geste, die den Engländer Drury zu spöttischen Bemerkungen veranlaßte. Aber alles half nichts und brachte ihm die Gunst der Königin nicht zurück. Maria wollte nicht einmal mehr seinen Namen hören, sie befahl Moray und Argyll, sich nicht mehr mit Darnley abzugeben und seine Annäherungsversuche abzuweisen, wenn ihnen weiter an einem guten Einvernehmen mit ihr gelegen sei. In Andeutungen munkelte man sogar von einer Scheidung. Randolph, der stets auf Neuigkeiten aus Schottland lauerte, berichtete Cecil am 25. April, man erzähle, »daß James Thornton* nach Rom aufgebrochen sei und dort darum bitten solle, daß die Ehe der Königin annulliert werde. Der König wird von keinem Adligen mehr begleitet noch bedient, lediglich von seinen eigenen Dienern und sieben oder acht Wachen.«[6]

Elisabeth befand sich angesichts der Ereignisse des Frühjahrs 1566 in einer höchst unangenehmen Lage. Rizzio hatte sie offenkundig verabscheut, seinen Einfluß auf die schottische Politik scharf verurteilt. Doch als Königin mit einem starken Bewußtsein für ihre herrscherliche Stellung entsetzten sie der Anschlag auf ihre Cousine und der Gedanke an die Demütigungen, die Maria in jener tragischen Nacht und in den darauffolgenden Tagen hatte erdulden müssen.

Auf der anderen Seite waren Rizzios Feinde, die Drahtzieher der Verschwörung, Freunde Englands und die führenden Köpfe der protestantischen Partei; auch diesen Gesichtspunkt durfte man nicht außer acht lassen. Moray war inzwischen nach Schottland und an seinen alten Platz am Hof zurückgekehrt, allerdings war sein Einfluß nicht mehr ganz so groß wie einst. Doch Morton, Lindsay, Ruthven und andere Lords mit Sympathien für England lebten nunmehr im englischen Exil, und Maria verlangte nachdrücklich deren Auslieferung. Die Situation war fast wieder so wie am Vorabend der »Verfolgungsjagd«, mit dem einen Unterschied, daß Elisabeth diesmal keinen akzeptablen Grund hatte, sich zur Fürsprecherin der Lords im Exil zu machen und bei ihrer Cousine um Milde zu bitten. Gleich nach der Ankunft in Dunbar schrieb Maria Elisabeth einen flammenden Brief und wies sie auf ihre Verantwortung hin: »Einige meiner Untertanen haben durch ihre Handlungsweise gezeigt, was für Männer sie sind, sie haben meinen Palast besetzt, in meiner Gegenwart meinen ganz besonderen Diener getötet und mich dann verräterisch gefangengehalten, so daß ich gezwungen war, zu mitternächtlicher Stunde an den Ort zu fliehen, an dem ich mich gegenwärtig befinde, in höchster Gefahr, dauernd in Sorge um mein Leben und in einer schlimmeren Verfassung, als es jemals eine Fürstin war [...]. Ich bin sicher, daß Ihr [jenen Rebellen] nicht helfen und sie nicht gegen mich unterstützen werdet, wie sie prahlerisch behaupten [...]. Ich bitte Euch, denkt an Eure Ehre und erinnert Euch, wie eng wir verwandt sind, denn Gott befiehlt allen Fürsten, sich gegenseitig bei ihren gerechten Angelegenheiten zu unterstützen.« Dieser Brief vom 15. März trägt ein Postskriptum, und darin lebt die dramatische Atmosphäre jener Tage noch einmal auf: »Ich gedachte Euch diesen Brief mit eigener Hand zu schreiben,

---

* Der schottische Edelmann wurde von Maria mehrfach mit diplomatischen Missionen in Frankreich betraut. Er war mit den Guisen verbunden.

doch tatsächlich bin ich so erschöpft und bei so schlechtem Befinden, da ich in einem nächtlichen Ritt zwanzig Meilen in fünf Stunden zurückgelegt habe und meine Schwangerschaft mir Schmerzen und Unannehmlichkeiten bereitet, daß ich die Feder nicht halten konnte, wie ich es beabsichtigt hatte, was Ihr mir, wie ich hoffe, nachsehen werdet.«[7]

Elisabeth wußte sehr wohl, daß Marias Argumente gewichtig waren, und sie teilte Morton mit, er werde aus England ausgewiesen (was dann jedoch nicht geschah). Ruthven starb am 13. Juni in Newcastle; zuvor hatte er zu seiner Rechtfertigung noch jene Darstellung der Ereignisse diktiert, aus der wir im vorangehenden Kapitel im Zusammenhang mit Rizzios Ermordung zitiert haben.

Die Königin von England verlieh bei jeder Gelegenheit wortreich ihrer Empörung über den Anschlag auf ihre »liebe Schwester« in Schottland Ausdruck. Dem spanischen Botschafter Guzman de Silva vertraute sie an, an Marias Stelle hätte sie Darnley eigenhändig getötet, um ihn für die schwere Beleidigung zu strafen[8] (ein unvorsichtiger Ausspruch, der Silva gewiß im nächsten Jahr wieder einfiel, ohne daß er ihn zu wiederholen wagte). Darnley war mehr als je zuvor *persona non grata* am englischen Hof. Seine Mutter, Lady Lennox, blieb im Tower von London gefangen, Interventionen zu ihren Gunsten von Frankreich, Spanien und sogar von Maria Stuart wurden ausnahmslos abschlägig beschieden, der Botschafter Karls IX. durfte sie nicht einmal im Tower besuchen.

Maria Stuart behandelte ihre Cousine mit ausgesuchter Herzlichkeit. Da das Kind, das sie unter dem Herzen trug, nach ihrer Vorstellung berufen war, eines Tages über beide Königreiche zu herrschen (so war es dann auch wirklich), bat sie Elisabeth am 4. April in einem Brief, die Patenschaft zu übernehmen. (»Entschuldigt meine schlechte Handschrift, aber mein Leib ist so dick, denn ich bin in meinem siebten Monat weit fortgeschritten«, setzte sie eigenhändig auf französisch hinzu.) Elisabeth antwortete liebenswürdig und war einverstanden. Dann wünschte sie ihrer Cousine noch, daß »die Schmerzen so kurz sind und Eure Stunde so leicht wird, wie Ihr es Euch erhofft«.[9] Statt kaltem Nordwind wehte nun linder Zephyr.

Doch die Beziehungen zwischen England und Schottland waren nach wie vor getrübt. Der unerträgliche Randolph saß immer noch in Berwick fest und hatte dort angeblich ein beleidigendes Pamphlet gegen die Königin von Schottland geschrieben mit dem Titel *Randolphs Traum*. Das Machwerk kursierte unter der Hand, Maria war empört und verlangte Bestrafung. Elisabeth antwortete höchstpersönlich, die Schrift sei eine Fälschung und ihr ehemaliger Botschafter habe nichts damit zu tun, »andernfalls wäre er nicht würdig, in meinem Königreich zu leben«.[10] Dann gab es noch eine reichlich mysteriöse Geschichte mit einem Papagei, der aus Frankreich an Maria gesandt wurde als Zerstreuung für die Zeit im Wochenbett. Der Vogel wurde an der Grenze von den Engländern beschlagnahmt oder gestohlen. Etliche Briefe gingen zwischen Botschaftern und sogar Ministern hin und her, um das Schicksal des unglücklichen Tieres aufzuklären.

Nach so vielen Gefahren hätte Maria eigentlich vorsichtiger geworden sein müssen, doch allem Anschein nach unterstützte sie weiterhin heimlich die Rebellen um Sean O'Neill in Irland. Es hieß sogar, O'Neill habe ihr die irische Krone angeboten und sie habe nicht abgelehnt. Das war ein gefährliches Spiel und so offensichtlich ohne jeden praktischen Nutzen für die Königin von Schottland, daß man sich fragt, warum sie sich hineinziehen ließ. Möglicherweise bedrängte sie Graf Argyll, denn er verfolgte persönliche Interessen auf der großen benachbarten Insel; aber das ist nur eine Vermutung. In London bauschten die Maria feindlich gesinnten Minister die Angelegenheit groß auf. O'Neill war ein rücksichtsloser Abenteurer, er wurde bald geschlagen, glücklicherweise bevor Schottland offiziell eingreifen konnte (und möglicherweise auch wollte).

Elisabeth spielte ihrer Cousine gegenüber ebensowenig mit offenen Karten. Während sie Maria offiziell in der genannten Weise mit Liebenswürdigkeiten überschüttete, duldete sie zugleich, daß eine verwickelte und höchst undurchsichtige Intrige gesponnen wurde. Im Mittelpunkt stand ein Doppelagent namens Ruxby oder Rokesby. Er gab sich in Edinburgh als englischer Katholik aus, der von der Regierung seines Landes verfolgt werde, und versuchte die Königin von Schottland in das Komplott einer papistischen Restauration hineinzuziehen mit dem Argument, sie sei die katholische Erbin Heinrichs VIII. Glücklicherweise schöpfte Maria Verdacht und ließ sich zu keinen unvorsichtigen Schritten hinreißen.* Schließlich wurde Ruxby entlarvt und verhaftet, und Elisabeth wagte nicht, seine Freilassung zu verlangen. Wenn der Mann geschickter vorgegangen oder Maria weniger mißtrauisch gewesen wäre, hätte die Sache ein übles Ende nehmen können. Zu ihrem Unglück war Maria zwanzig Jahre später bei Gilbert Gifford nicht so vorsichtig.[11]

Trotz dieser Zwischenfälle und wechselseitigen Schikanen war das Verhältnis der beiden Königinnen um die Zeit von Marias Niederkunft allem Anschein nach so herzlich wie schon lange nicht mehr. Man sprach sogar darüber, daß für 1567 erneut eine Begegnung ins Auge gefaßt werde. Doch dieses Treffen kam ebensowenig zustande wie alle früher geplanten.

---

* James Melville schreibt, sein Bruder Robert Melville, damals Botschafter in London, habe Maria über die Intrige aufgeklärt.

Da Maria Stuart wußte, welche Gefahren um sie herum lauerten, wäre es naheliegend gewesen, wenn sie um die Zeit, da sie sich auf die Niederkunft vorbereitete, Vorsorge getroffen hätte, daß sich auf keinen Fall eine Situation wie am 9. März wiederholen konnte, die sie damals beinahe ihre Schwangerschaft gekostet hätte. Aber Vorsicht entsprach ganz und gar nicht ihrer Persönlichkeit. Ihr ganzes Leben lang verzichtete sie nur dann auf etwas, das sie haben wollte, wenn sie dazu gezwungen war. Die bedrohliche Aussicht auf eine katholische Restauration – deren (zweifellos unfreiwilliges) Symbol Rizzio gewesen war – und die Verurteilung von Moray und seinen Freunden hatte zur Zuspitzung der Ereignisse im März geführt. Maria war realistisch genug zu erkennen, daß sie, nachdem sie den Verschwörern nur mit knapper Not entkommen war, mit Männern wie Moray, Argyll und Bothwell – alles Protestanten – an ihrer Seite ihre prokatholische Politik nicht offen weiterverfolgen konnte. Aber sie unterhielt nach wie vor Kontakte mit Rom, die, sollte man davon erfahren oder nur einen entsprechenden Verdacht schöpfen, erneut das Mißtrauen der *Kirk* und ihrer Parteigänger wecken würden.

Die Katholiken nahmen Rizzios Tod als schlimme Niederlage auf. »Das ist ein schwerer Schlag gegen unseren Glauben«, schrieb noch ganz unter dem Eindruck der Ereignisse der spanische Botschafter an Philipp II.[12] Der Papst versicherte die Königin von Schottland seines Mitgefühls und seiner Anteilnahme angesichts der Prüfungen, die sie zu überstehen habe, und lobte ihre »Festigkeit im Glauben«.[13] Aber nicht nur das: Er teilte mit, er werde ihrer Bitte entsprechen (Maria hatte ihm noch vor dem Drama vom 9. März geschrieben) und ihr einen Nuntius schicken, der ihr neben einer finanziellen Unterstützung, »die in Anbetracht Unserer Möglichkeiten leider nicht so groß ausfällt, wie Wir es Uns gewünscht hätten«, den apostolischen Segen und nützliche politische Ratschläge überbringen solle.

Zum Nuntius bestimmte der Papst den italienischen Bischof Fernando Laureo de Mondovi, einen versierten Diplomaten. Er sollte seine Reise in Frankreich unterbrechen und dort die Königinmutter und den Kardinal von Lothringen treffen, damit man Schritte und Strategien koordinieren konnte. Laureo verließ Rom im Juni 1566, wenn er sich ein bißchen beeilt hätte, wäre er gerade noch rechtzeitig zur Geburt des Thronerben in Edinburgh angekommen. Doch statt dessen ließ er sich Zeit. Vielleicht bat ihn Maria (aber dafür gibt es keinen Beweis), seinen Aufenthalt in Frankreich ein wenig zu verlängern, denn sie wußte, daß seine Ankunft in Schottland unweigerlich Komplikationen schaffen würde. Vielleicht wollte auch Katharina von Medici verhindern, daß es so aussah, als würde die Politik in Edinburgh ganz von den Guisen und Spanien bestimmt. Aber es kann auch sein, daß der Nuntius sich der Risiken seiner Mission bewußt war und selbst zögerte, sie zu beginnen.

Soviel immerhin steht fest, daß Laureo mit den Briefen des Papstes immer noch in Paris war, als die Königin sich einige Zeit vor der Niederkunft in die Abgeschiedenheit der Wochenstube zurückzog, wie es damals üblich war. Würde der Inhalt der Briefe in Edinburgh bekannt werden, könnte das ohne weiteres eine neuerliche Revolution auslösen: Von nichts Geringerem war darin die Rede als davon, Moray, Argyll, Morton, Maitland und einige andere hinzurichten, die antikatholischen Gesetze aus dem Jahr 1560 aufzuheben und offiziell wieder zur katholischen Religion zurückzukehren. Die vielgerühmte vatikanische Diplomatie legte in diesem Fall nicht nur eine kaum mit dem Evangelium zu vereinbarende Härte an den Tag, sondern überdies erstaunlich wenig Sinn für Realitäten. Wenn Maria Stuart eine solche Politik hätte verfolgen wollen – und das ist keineswegs sicher –, woher hätte sie die Mittel dazu nehmen sollen? Die »papistische« Partei in Schottland war zu einem verschwindend kleinen Haufen zusammengeschrumpft, auf die Marionette Darnley konnte man nicht zählen, und Elisabeth würde zweifellos ohne Zögern zugunsten der »Religion Christi« eingreifen, wenn die protestantischen Pastoren und Lords sie darum bäten und es den Anschein hätte, als würden die erfolgreich eroberten Positionen der Congregation angetastet.

Tatsächlich hat man fast den Eindruck, als habe Schottland im April und Mai 1566 den Atem angehalten in Erwartung des Ereignisses, von dem aller Wahrscheinlichkeit nach die Zukunft abhing: der Geburt des Thronerben.

Offensichtlich verlief die Schwangerschaft trotz der Aufregungen und Strapazen am 9. März und in den Tagen danach ohne Komplikationen, nichts deutete auf ein vorzeitiges Ende hin. In ihren vielen Depeschen berichteten die Botschafter stets ausführlich über die Gesundheit der Fürsten, und in diesen Quellen finden wir keine Hinweise auf irgendwelche Beschwerden oder Unpäßlichkeiten der Königin in den Wochen vor der Niederkunft.

Viel Kopfzerbrechen bereitete hingegen die Sicherheit im Land, und vielfältige Vorsichtsmaßnahmen wurden ergriffen. Um für einen möglichen Gewaltakt gewappnet zu sein, begab sich Maria Stuart im Laufe des Mai in das Kastell von Edinburgh, eine reichlich düstere, aber wehrhafte Festung; an der Treue des Festungskommandanten, Lord Mar, bestand kein Zweifel. Darnley zog ebenfalls in die Festung. Dort konnte man ihn gut überwachen (Maria traute ihm weniger denn je) und leicht daran hindern, daß er Schenken und andere zwielichtige Orte besuchte, wo er sich so gerne herumtrieb. Auch Moray und Argyll quartierten sich innerhalb der

Festungsmauern ein, der treue Bothwell blieb mit seinem Schwager Huntly ganz in der Nähe.

Um diese Zeit bemühte sich Maria ersichtlich um eine Beruhigung der Lage. Gegen eine Kaution ließ sie den bedauernswerten, geistig verwirrten Arran frei, der seit der abenteuerlichen Geschichte um die geplante Entführung der Königin im Jahr 1562 gefangengehalten wurde. Der Anstoß soll von Bothwell gekommen sein, der sich diese wunderbare Gelegenheit, Moray und Darnley eins auszuwischen, nicht habe entgehen lassen wollen. Arran ging unverzüglich nach Frankreich, und dort versuchte Katharina von Medici vergebens, ihn als Spielfigur auf ihrem Schachbrett einzusetzen.

Das Gerücht lief um – wieviel daran war, ist schwer zu sagen –, Maria wolle nach dem Wochenbett für längere Zeit nach Frankreich reisen, ohne ihren Ehemann, die Regierungsgeschäfte sollte unterdessen ein Rat führen, dem Moray, Bothwell, Argyll und Huntly angehören würden.[14] Sie wolle überdies die Reise in London für das lange geplante Treffen mit ihrer lieben Cousine unterbrechen, bei dieser Gelegenheit werde Elisabeth Maria offiziell als Erbin des englischen Throns anerkennen. Daß ein solches Vorhaben bestand, erscheint (bis auf den letzten Punkt, der, wie wir wissen, jeder realen Grundlage entbehrte) keineswegs abwegig. Während einer längeren Abwesenheit der Königin hätten sich die Gemüter beruhigen können, die protestantische Partei hätte geräuschlos die Macht wieder übernehmen können, und dem Land wäre der Bürgerkrieg erspart geblieben, der dann ein Jahr später tatsächlich ausbrach und das Land spaltete. Bei genauerer Betrachtung stand einer solchen Lösung freilich ein großes Problem im Wege, und das war Darnley. Was sollte mit ihm geschehen? Ihm die Regierungsgeschäfte anzuvertrauen war undenkbar, ganz von der Macht ausschließen konnte man ihn auch nicht, denn immerhin war er der Gemahl der Königin und der Vater des Thronerben. Das Problem Darnley tauchte hier erstmals auf, in den folgenden Monaten stellte es sich immer dringlicher. Man sprach davon – das berichtet zumindest Randolph –, Darnley werde eine Reise nach Flandern unternehmen, wo die Rebellion gegen den König von Spanien brodelte.[15] Aber was sollte Darnley in Flandern? Sollte er die Spanier gegen die Protestanten unterstützen? Konnte er als Katholik die Protestanten gegen den König von Spanien unterstützen? Das eine ist so wenig wahrscheinlich wie das andere. In Frankreich wäre er sicher besser aufgehoben gewesen, als Schotte und Ritter vom Orden des heiligen Michael hätte er dort einiges Ansehen genossen. Aber das wollte er nicht: Er hatte den Gedanken an die Krone immer noch nicht aufgegeben und gedachte nicht, das Feld für seine Feinde zu räumen. Darnleys Rolle in der schottischen Geschichte war noch nicht zu Ende.

Vorerst war er, während die Geburt des Thronerben näher rückte, mit Maria wieder ausgesöhnt – zumindest theoretisch. Der französische Botschafter Mauvissière hatte vermittelt, und nach außen hin wurde der Schein einigermaßen gewahrt. Es wurde offiziell anerkannt, daß er mit dem Mord an Rizzio und der Verschwörung gegen die Königin nichts zu tun hatte, seine Unschuld wurde auf dem Marktplatz von Edinburgh verkündet. Allem Anschein nach fiel niemand auf die Komödie herein, aber in diesem Augenblick zählte nur, daß die Legitimität des Kindes, dessen Geburt bevorstand, nicht in Zweifel gezogen werden konnte.

Eine Geburt war im 16. Jahrhundert immer ein sehr gefährliches Geschehen. Maria bereitete sich, wie es üblich war, auf alle Fälle vor und setzte ihr Testament auf. Über die politischen Verfügungen wissen wir nichts, aber die Liste der Vermächtnisse – Juwelen für ihr nahestehende Personen – ist erhalten geblieben und sehr aufschlußreich. In erster Linie bedachte sie die nächsten Angehörigen: selbstverständlich die Guisen, auch die jüngeren Zweige Aumale und Elbeuf, ebenso die illegitimen Stewarts, ihre Halbbrüder und Halbschwestern, die den Kreis ihrer engsten Vertrauten bildeten. Moray sollte Juwelen erhalten, ebenso die alte und die junge Lady Huntly. Auch Bothwell, Atholl, Huntly und Argyll gingen nicht leer aus. Als offizielles Zeichen der Aussöhnung wurde Darnley mit sechsundzwanzig Schmuckstücken bedacht, darunter dem Ring, den er Maria zur Hochzeit geschenkt hatte. Selbst Matthew Lennox und die immer noch im Tower von London gefangene Gräfin Lennox wurden im Testament erwähnt.[16]

Trotz aller Vorsichtsmaßnahmen wagt man sich kaum auszumalen, was geschehen wäre, wenn es das Schicksal so gewollt hätte und die Königin und ihr Kind tatsächlich bei der Entbindung gestorben wären: Mit Moray auf der einen Seite, Darnley und seinem Vater auf der anderen, den Hamiltons im Hintergrund wäre eine höchst explosive Situation entstanden. Dank Marias starker Natur und vielleicht auch dank ihren Vorsichtsmaßnahmen ging glücklicherweise alles gut aus.

Das Zimmer, in dem das sehnsüchtig erwartete Ereignis stattfinden sollte, kann man noch heute im Kastell von Edinburgh besichtigen. Es ist überraschend klein und eng: 2,75 Meter auf 2,25 Meter. Man kann sich kaum vorstellen, wie sich in diesem Zimmer um das Bett der Gebärenden herum Hebammen und Dienerinnen mit Instrumenten, Schüsseln und Tüchern bewegen konnten. Die Ausstattung des Zimmers war sehr sorgfältig ausgewählt: Taft, blauer Samt, Brabanter Tuch.

Am 18. Juni setzten die ersten Wehen ein. Maria litt so lange und so schwer, daß sie später einmal sagte, in jener Stunde habe sie gewünscht, »niemals verheiratet gewesen zu sein«. Um die Schmerzen der Gebärenden zu lindern, versuchte man, sie durch einen Akt der Magie auf eine ihrer Ehrendamen, Lady Reres, zu übertragen, die ebenfalls in den Wehen lag und als Amme für das Kind der Königin ausersehen war. Es ist nicht überliefert, ob der Zauber die gewünschte Wirkung hatte, auf jeden Fall erblickte am 19. Juni zwischen zehn und elf Uhr morgens der Prinz von Schottland, der spätere König Jakob VI. von Schottland, der noch einige Jahre später als Jakob I. König von England wurde, das Licht der Welt.

Königin Elisabeth, die künftige Patin des Kindes, hatte Sir Henry Killigrew, einen Edelmann ihres Vertrauens, als Sonderbotschafter nach Edinburgh gesandt. Er sollte Maria die Glückwünsche seiner Königin und bei dieser Gelegenheit gleich noch einige kluge politische Ratschläge überbringen. Aus Killigrews Depeschen erfahren wir zum erstenmal etwas über das Aussehen des kleinen Prinzen, Killigrew sah ihn unmittelbar nach der Geburt: »Ein schönes Kind, wohlgestaltet an Haupt, Händen und Füßen, das ein schöner Prinz zu werden verspricht.«[17] Die Königin, berichtete der Botschafter weiter, sei noch schwach und huste, aber sie werde sich rasch erholen.

Wenn man den Erinnerungen von Lord Herries Glauben schenken darf, spielte sich im Geburtszimmer eine merkwürdige Szene ab. Als Maria Darnley das Kind zeigte, schwor sie, das Kind sei von ihm »und von niemand anderem«.[18] Offensichtlich spielte sie damit auf Gerüchte an, die über sie und Rizzio im Umlauf waren. In ihrem tiefen Groll auf Darnley soll sie sogar noch hinzugefügt haben: »Er ist so sehr Euer Sohn, daß ich darum für ihn fürchte.« Darnley scheint zu dieser Zeit keinen Zweifel an seiner Vaterschaft gehegt zu haben, ganz im Gegenteil. Einige Tage später schrieb er, ganz glückstrahlender Vater, dem Großonkel des kleinen Prinzen, dem Kardinal von Lothringen: »Die Königin, meine Gemahlin, ist von einem Sohn entbunden worden, was Euch, wie ich nicht bezweifle, mit ebenso großer Freude erfüllen wird wie uns selbst.«[19] Erst später kamen Gerüchte auf, Darnley sei möglicherweise nicht der Vater von Maria Stuarts Kind; wir haben das bereits erwähnt, als wir davon berichteten, man habe Maria Stuart des Ehebruchs mit Rizzio verdächtigt. Handfeste Anhaltspunkte dafür, daß Jakob nicht Darnleys Sohn war, gibt es nicht. Auf den Gemälden, die Jakob als Heranwachsenden und jungen Mann zeigen, ist er Darnley geradezu verblüffend ähnlich. Allerdings muß man in Rechnung stellen, daß die Maler ein Interesse daran hatten, ihre Loyalität zur Herrscherfamilie dadurch auszudrücken, daß sie die Zeichen der legitimen Abkunft besonders betonten.

Ebensowenig Belege gibt es für eine andere Theorie oder vielmehr eine Legende, wonach der kleine Jakob tot zur Welt gekommen oder bald nach der Geburt gestorben und durch ein Kind der Gräfin Mar ersetzt worden sein soll. Bedenkt man, wie viele Personen bei der Geburt dabei waren und wie viele das Kind von der Geburt an umsorgten, so ist es gänzlich unwahrscheinlich, daß eine solche Vertauschung unbemerkt hätte vonstatten gehen können. Überdies hätte es vieler Mitwisser bedurft, und die Angelegenheit wäre wohl kaum die ganzen Jahre danach geheimzuhalten gewesen. Im übrigen schreibt Lady Antonia Fraser in ihrer kenntnisreichen Biographie der Maria Stuart, daß das Archiv der Familie Erskine of Mar nicht die geringste Spur eines solchen Vorgangs enthält. Hätte ein solches Manöver tatsächlich stattgefunden, dann wäre die heutige Königin von England keine Nachfahrin der Stuarts, sondern der Erskines![20]

Die schottische Bevölkerung stellte jedenfalls keine solchen komplizierten Überlegungen an, sie freute sich einfach. Zum ersten Mal seit einem Vierteljahrhundert gab es wieder in direkter Linie einen männlichen Thronerben. Da die Königin erst vierundzwanzig Jahre alt und bei guter Gesundheit war, der König sogar noch jünger, konnte man auf weitere Kinder hoffen; zerstrittene Ehegatten versöhnten sich schließlich auch irgendwann wieder. Der Frieden im Land schien für lange Zeit sicher. Sobald die Nachricht von der glücklichen Geburt bekannt war, strömten die Bürger von Edinburgh in die Kirche St. Giles und dankten Gott, Freudenfeuer wurden entzündet, im ganzen Land läuteten die Glocken. Kein falscher Ton mischte sich in den allgemeinen Jubel.

James Melville berichtet in seinen Erinnerungen, Maria Stuart habe ihn beauftragt, Elisabeth die Neuigkeit zu überbringen; sein Bericht über diese Mission wurde oft zitiert. Einige Historiker haben Zweifel angemeldet, daß sich die Szene so zugetragen hat, doch abgesehen von einigen Ausschmückungen dürfte Melvilles Bericht den Tatsachen entsprechen, denn er ist in den Einzelheiten so genau, daß er kaum erfunden sein kann.

Seit dem Tag zuvor wurden Pferde bereitgehalten, und wenige Minuten nach der Niederkunft der Königin war Melville im Galopp unterwegs nach England. Vier Tage später wurde er in Elisabeths Schloß zu Greenwich geführt, wo gerade ein Ball stattfand. »Als ich eingetroffen war, flüsterte ihr Cecil ins Ohr, daß die Königin von Schottland von einem Prinzen entbunden worden sei. Sogleich erstarrten die Tänze, das Fest war von einem Augenblick zum anderen vorüber. Die Königin ließ sich auf einen Sessel fallen, senkte den Kopf und sagte zu den Frauen um sie herum: ›Die Königin von Schottland hat soeben einem Sohn das Leben geschenkt, ich aber bin nur ein verdorrter Ast.‹«[21]

Am nächsten Morgen hatte Elisabeth sich wieder gefaßt und empfing Melville freundlich. Sie sagte ihm, sie freue sich sehr, und erneuerte ihr Versprechen, die Patenschaft für das Kind zu übernehmen. Überdies versicherte sie ihm, die Verantwortlichen für den Mord an Rizzio hätten England verlassen, »und wenn man beweisen könne, daß einige ihrer Untertanen es wagten, jenen gegen ihren Willen Zuflucht zu gewähren, so würden sie unverzüglich bestraft werden«. Tatsächlich hatte Elisabeth einen entsprechenden Brief an den Grafen von Bedford gesandt, der Gouverneur von Berwick war und die Befehlsgewalt über die Grafschaften an der Grenze hatte. Doch Morton und seine Freunde hatten es damit bewenden lassen, Zuflucht in grenznahen Schlössern zu suchen und sich still zu verhalten.

Melville berichtet weiter, er habe, da Elisabeth so offensichtlich freundlicher Stimmung gewesen sei, die Gelegenheit ergriffen und die schwierige Frage angesprochen, ob das neugeborene Kind nach seiner Mutter ein Recht auf Elisabeths Nachfolge habe. »Sie antwortete, nach der Geburt des Prinzen müßten die englischen Rechtsgelehrten diese Frage ohne Zweifel rasch entscheiden, sie für ihren Teil finde, daß das Recht ihrer lieben Schwester sehr begründet sei, und hoffe, daß der Spruch der Rechtsgelehrten in Einklang mit ihren Gefühlen stehen werde.« Elisabeth hatte sich nicht festgelegt, aber in erster Linie zählte, daß die offiziellen Beziehungen zwischen den beiden Herrscherinnen herzlicher waren als je zuvor.

Sobald die Anstrengungen und Schmerzen der Niederkunft überstanden waren, hatte Maria Stuart den Wunsch, sich einige Zeit zu erholen. Darnley hatte sich nach Dunfermline zurückgezogen und spielte wie üblich den Gekränkten.

Als Ort, wo sie sich zerstreuen wollte, wählte Maria Stuart das Schloß Alloa des Grafen Mar, einen prachtvollen Landsitz ein Stück flußaufwärts am Firth of Forth gelegen. Maria reiste mit dem Schiff, Lady Huntly, Lady Argyll und andere besonders eng vertraute Hofdamen begleiteten sie. Sehr viel später, als Maria ihren Thron verloren hatte und in ihrem Gefängnis saß, gab George Buchanan, der Wortführer ihrer Feinde, eine für Maria sehr ungünstige Schilderung der Reise. Buchanan behauptete, die Männer, die das Schiff steuerten, seien »berüchtigte Piraten« gewesen und Maria habe sich in Alloa in einer Weise betragen, »die nicht nur einer Königin, sondern jeder verheirateten Frau unwürdig ist« – damit sagte er zuviel und zu wenig zugleich.[22] Die Depeschen der Botschafter deuten auf keine ungewöhnlichen Vorgänge hin. Im Gegenteil: Castelnau de Mauvissière war aus Frankreich gekommen, um Maria die Glückwünsche des französischen Königs zu überbringen, und es gelang ihm, Maria dazu zu bewegen, daß sie Darnley rufen ließ und zwei Nächte mit ihm verbrachte – das würde, so hoffte Mauvissière, das Vorspiel zur endgültigen Versöhnung sein.[23]

Ende August ritten der König und die Königin gemeinsam zur Jagd in das sogenannte Megatland, ein mit Heide und Buschwerk bewachsenes Gebiet im Südwesten nahe der Grenze zu England. Moray, Huntly, Bothwell, Mar und andere Getreue begleiteten sie. Auf Drängen ihres Halbbruders und gegen Bothwells Wunsch erklärte sich Maria bereit, dort Maitland zu empfangen, der seit dem Mord an Rizzio in Ungnade stand. Maitland überwand seinen Groll und kam. Anscheinend gelang die Versöhnung, denn Maitland schrieb seinem englischen Freund Cecil, »die Eifersucht der Ehrgeizigen hat nichts auszurichten vermocht«, und Moray bestätigte, Maitland sei »wieder so hoch in Gunst wie einst«.[24] Die alte Regierungsmannschaft war wieder beisammen.

Lady Antonia Fraser hat in ihrer Biographie der Maria Stuart dem Kapitel über die fünf Monate von der Geburt des Prinzen bis zu seiner Taufe die Überschrift *Zusammenbruch* gegeben. Sie schreibt, die Königin habe in dieser Zeit jeden Sinn für ihre Verantwortung und Pflichten verloren und eine gefährliche Entscheidung nach der anderen getroffen. Sie habe sich in einem Zustand hysterischer Unpäßlichkeit befunden, einer Art Wochenbettpsychose, wie man heute sagen würde. Buchanan hingegen behauptet, in der zweiten Hälfte des Jahres 1566 habe Maria Stuart mit Bothwell den Wonnen der ehebrecherischen Liebe gefrönt und kaltblütig die Ermordung ihres Ehemannes vorbereitet.

Die Berichte von Zeitgenossen sprechen weder für die eine noch für die andere Version. Wie bereits erwähnt, erregte das Benehmen der Königin in Alloa keinerlei Aufsehen, was Buchanan später auch darüber sagen mochte. Sie war sogar zu einer Annäherung an Darnley bereit, die allerdings nicht lange währte.

In politischer Hinsicht setzte Maria Stuart in der Zeit nach der Geburt ihres Sohnes den Weg fort, den sie bis dahin verfolgt hatte. Im September kehrte Maitland auf seinen Posten als Staatssekretär zurück. James Melville, der Maitland eine Zeitlang de facto vertreten hatte, ohne den Titel zu führen, blieb ein geschätzter Diplomat und wurde immer wieder mit wichtigen Missionen betraut. Beide, Melville und Maitland, waren Protestanten. Zugleich gewann ein Katholik immer mehr Einfluß: John Leslie, der Bischof von Ross. Leslie stand, wie Drury berichtete, seit Juni »hoch in Gunst und wird in alle geheimen Vorgänge eingeweiht«.[25] Killigrew, der sich um die Zeit von Marias Niederkunft am Hof aufhielt, schrieb, Leslie »führt alle Staatsgeschäfte«.[26] Melville und Maitland übten im Sinne Englands Einfluß aus, Leslie mehr im Sinne Frankreichs, aber auf Marias Außenpolitik hatte das keine Auswirkungen. Überdies stellt sich die Frage, welche Mittel für einen außenpolitischen Kurswechsel sie überhaupt gehabt hätten.

Moray war zwar wieder mit Maria versöhnt, doch von den Adligen genoß nicht etwa er das meiste Vertrauen, sondern der Protestant Bothwell; Maria konnte nicht vergessen, welche Rolle Moray im Sommer zuvor gespielt hatte. In allen diplomatischen Depeschen ist die Rede von Bothwells wachsendem politischem Einfluß und damit einhergehend seiner zunehmenden Unbeliebtheit. »Die Königin vertraut ihm mehr als allen anderen zusammen«, schrieb Killigrew am 24. Juni.[27] Er sei »der am meisten gehaßte Mann Schottlands«, berichtete Bedford am 8. August.[28] Doch unumschränkt konnte Bothwells Macht nicht sein, denn trotz seiner Einwendungen vergab Maria seinem Erzfeind Maitland. Im übrigen hielt sich Bothwell die meiste Zeit in den Grenzgebieten auf. Dort war er Gouverneur und bekämpfte Banditen.

Maria Stuarts Hauptsorge galt im Herbst 1566 der Sicherheit ihres Sohnes. Im Oktober brachte sie ihn nach Stirling und vertraute ihn der Obhut des Grafen Mar an, eines trotz seines protestantischen Glaubens unerschütterlich loyalen Gefolgsmannes. Stirling, erbaut von Jakob V. nach dem Vorbild der Loireschlösser und anläßlich der Ankunft des Thronerben mit kostbaren Möbeln ausgestattet, war ein Renaissancepalast mit allem zeitgemäßen Komfort und zugleich eine uneinnehmbare Festung. Das Schloß lag hoch auf einem steil abfallenden Hügel, man blickte weit in die Ebene hinaus und über die Ausläufer der Highlands. In Stirling war der Thronerbe in Sicherheit.

Ebenfalls aus Sorge um ihren Sohn bemühte sich die Königin, die Lords untereinander auszusöhnen, denn ihre Zwistigkeiten bedrohten den Frieden im Land. Im September versöhnten sich »auf Befehl der Königin« Moray und Maitland,[29] im April wurde auf Schloß Craigmillar die Versöhnung von Bothwell und Huntly mit Moray und Argyll besiegelt. Auf die näheren Umstände dieses Treffens werden wir noch eingehen.

Die Pastoren der *Kirk* verhielten sich um diese Zeit ziemlich ruhig. Kurz vor Marias Niederkunft hatten sie ihr in einem Bittgesuch vor Augen geführt, in welch schrecklichem Aberglauben sie befangen sei, und sie beschworen, auf die Messe, »eine Anhäufung von Gottlosigkeiten«, zu verzichten; aber mit der Mahnung ließen sie es auch bewenden.[30] Nach der Geburt des Thronerben besuchte der Pastor Spottiswoode Maria, und sie empfing ihn freundlich. Der Pastor konnte sogar einen biblischen Segen über das Kind sprechen, als Antwort bekam er undefinierbares Brummen und beschloß, dies als *Amen* zu verstehen – als Treuegelöbnis gegenüber der calvinistischen Kirche.[31] Maria wies Elisabeth überdies ausdrücklich darauf hin, daß sie in ihrem Land niemanden wegen seiner Religion behelligt oder gar verfolgt habe und daß sie in ihrer engsten Umgebung »mit

Protestanten lieber als mit allen anderen« zu tun habe[32] (das war allerdings nur zur Hälfte richtig).

Nach wie vor kreisten Marias Gedanken in erster Linie um die englische Erbfolge, und das mehr denn je, seit sie einen Erben hatte, während Elisabeth weiterhin hartnäckig eine Eheschließung ablehnte – zur wachsenden Verärgerung und Beunruhigung ihrer Untertanen.

Im Oktober 1566 verlangte das Parlament in einer scharf formulierten Petition, die Herrscherin solle entweder endlich heiraten oder einen Nachfolger bestimmen. Elisabeth schäumte vor Wut und tadelte die Abgeordneten heftig, aber die Antwort auf diese Frage konnte sie nicht unbegrenzt hinausschieben. Im November veröffentlichte ein Schotte namens Patrick Adamson in Paris ein Buch und bezeichnete darin Maria Stuarts Sohn als »Prinzen von Schottland, von England und von Irland«. Elisabeth war verärgert, Diplomaten wurden bei der Königin von Schottland vorstellig und verlangten, sie solle das Buch öffentlich mißbilligen und die Verbreitung unterbinden.[33] Maria ließ sich dadurch nicht aus dem Konzept bringen und verfolgte ihre Pläne zielstrebig weiter. Am 18. November sandte sie ein Schreiben an den Kronrat von England und zählte ihre Rechte und die Rechte ihres Sohnes auf. Ein Hindernis war ohne Zweifel das Testament Heinrichs VIII., das ihr jedermann entgegenhielt. Maria hatte den Verdacht, daß es sich dabei um eine Fälschung handelte, und verlangte, man solle die Echtheit überprüfen.

Elisabeth bemühte sich in dieser Phase sehr um eine Zusammenarbeit mit ihrer Cousine, und so war sie zu vielen Zugeständnissen bereit. Offiziell äußerte sie sich zwar nicht zu dem Gedanken, daß Maria oder deren Sohn eines Tages den Thron von ihr erben könnten, denn für den Notfall wollte sie sich eine Hintertür offenhalten, aber im Grunde ihres Herzens war sie der Vorstellung nicht abgeneigt. Durch die Zustimmung, die Patenschaft für Marias Sohn zu übernehmen, schuf Elisabeth ein neues Band zwischen den beiden Königreichen. Als kluge Politikerin war sie sich der Tragweite und der Konsequenzen dieser Entscheidung sehr genau bewußt, doch sie wollte keine Karte aus der Hand geben. Die Taufe des Prinzen von Schottland sollte die Gelegenheit sein, in diesem Punkt Klarheit zu schaffen.

Maria Stuart hatte gehofft, wenn auch nicht daran geglaubt, daß ihre »liebe Schwester und Cousine« nach Edinburgh kommen würde, um ihr Patenkind über das Taufbecken zu halten. Elisabeth gab zu verstehen, daß dies ausgeschlossen sei. Statt dessen schickte sie den Grafen Bedford, einen glühenden Protestanten. Er war Gouverneur von Berwick und kannte sich in den schottischen Angelegenheiten bestens aus, er hatte bereits 1561 damit zu tun gehabt. Maria Stuart kannte Bedford, und sie wußte, daß die Begegnung nicht einfach werden würde. Aber sie war ebenfalls zu einigem Entgegekommen bereit.

Katharina von Medici mit ihrem ausgeprägten politischen Instinkt ahnte bereits, daß die englische Partei auf diesem Weg am Hof von Edinburgh und vor allem in Maria Stuarts Herzen den Sieg davontragen würde. Sie beschloß, einen ständigen Botschafter nach Schottland zu entsenden. Bislang hatte sie das nicht für nötig befunden, und daß sie nun diese Entscheidung traf, beweist, wie alarmierend sie die Situation fand. Als Botschafter kam Philibert du Croc, ein versierter Diplomat, über den es hieß, er sei den Guisen verbunden. Du Croc trat seinen Botschafterposten im Oktober an, seine hellsichtigen, illusionslosen Depeschen sind eine der wichtigsten Quellen für die Ereignisse der kommenden Monate.

Unterdessen saß der päpstliche Nuntius Laureo weiter in Paris und wartete vergebens auf einen Paß, ohne den er nicht weiterreisen und der Katholikin Maria die Botschaft des Heiligen Vaters überbringen konnte. In Schottland war keine Rede mehr von einer katholischen Restauration, selbst der den Pastoren der *Kirk* so sehr verhaßte Bischof von Ross hatte nichts von einem fanatischen Kreuzritter an sich. So hatten Rizzios Mörder schließlich doch noch ihr Ziel erreicht, und das auf eine Weise, wie sie es wohl selbst am wenigsten erwartet hatten: Alle Zeichen deuteten auf eine Annäherung zwischen England und Schottland hin, im Herbst 1566 konnte man endlich hoffen, daß in der Regierungszeit Maria Stuarts eine Phase des inneren und äußeren Friedens anbrechen würde.

Möglicherweise hätte sich diese Hoffnung erfüllt, wenn es nicht in Marias Privatleben eine tiefe Erschütterung gegeben hätte. Nur einen Aspekt des Seelendramas kennen wir mit Bestimmtheit, das ist der endgültige Bruch mit ihrem Mann. Über den anderen Aspekt, ihre Beziehung zu Bothwell, wurde viel spekuliert. Wir werden beide Aspekte getrennt behandeln und stützen uns dabei auf die oft widersprüchlichen Aussagen der Zeitgenossen.

Aus unzähligen Hinweisen geht hervor, daß das Zerwürfnis zwischen dem König und der Königin von Schottland nach der Geburt des Thronerben nicht mehr zu verheimlichen war und öffentlich diskutiert wurde. Alle Botschafter berichten darüber, auch die in London ansässigen, ganz offensichtlich war dies das beherrschende Gesprächsthema am schottischen Hof. Allerdings gingen die Meinungen auseinander, wem die Hauptschuld anzulasten sei. Marias Anhänger und Darnleys ehemalige Komplizen, die er nach dem Mord an Rizzio verraten hatte, gaben ihm die Schuld daran, daß alle Versöhnungsversuche gescheitert waren. Bei Claude Nau heißt es über Darnley, er »führt ein ganz und gar zügelloses Leben und ist jede Nacht unterwegs, bald badet er im Meer, bald treibt er sich an anderen entlegenen Orten herum«.[34] Darnley verhielt sich unverschämt gegen jedermann, bedrohte Moray mit dem Tod und war nur widerwillig bereit, seine Frau zu treffen. Bei einem Aufenthalt in Traquair im September wollte er unbedingt, daß sie mit ihm zur Hirschjagd ritt; sie lehnte ab, weil sie dachte, sie sei schwanger.* Darauf reagierte er mit seltener Grobheit: »›Nun gut‹, erwiderte er hochmütig, ›wenn das da verlorengeht, machen wir ein neues Kind. Läßt man nicht auch eine Stute arbeiten, wenn sie trächtig ist?‹«[35]

Kurzum, Darnley betrug sich abscheulich, das berichtete auch du Croc im Oktober und November nach Frankreich: »Der König fühlt sich mit der einen so wenig wohl wie mit den anderen [mit der Königin und mit den Lords]. Er kann sich nicht anders betragen, als er es tut, denn er möchte alles sein und überall befehlen und bringt es damit so weit, daß er gar nichts ist [...]. Meinem Eindruck nach treiben ihn zwei Dinge zur Verzweiflung, das eine ist die Aussöhnung der Herren mit der Königin, denn er ist eifersüchtig, weil sie mehr Aufhebens um Ihre Majestät machen als um ihn [...]. Das andere ist, daß er fest glaubt, derjenige oder diejenige, welche anstelle der Königin von England zur Taufe des Prinzen kommen wird, werde keine Notiz von ihm nehmen, und er fürchtet, eine Schmach zu erleiden.«[37]

In den Berichten der Gegenseite liest man, Darnley sei in seine Frau verliebt gewesen, er habe die Verirrungen der Vergangenheit bereut und sich gewünscht, wieder zu einem guten Einvernehmen zu kommen, aber Maria habe ihn erbarmungslos zurückgewiesen und ihn nach Lust und Laune gedemütigt. Wortreich und mit vielen gefühlvollen Adjektiven ausgeschmückt, schilderte Darnleys Vater nach dessen Tod diese Sicht der Dinge. Bei Lennox heißt es, der arme junge König sei »von Trauer überwältigt« gewesen, »daß er gegen seinen Willen von seiner Frau getrennt leben mußte«. Wenn er zu ihr gegangen sei, habe sie ihn »abweisend und unwürdig« empfangen, während sie selbst »ohne Rücksicht auf ihre Würde und ihre Ehre nur ihr Vergnügen gesucht« habe.[38]

Es fällt schwer, angesichts so vieler anderslautender Berichte diesem Bild zu glauben, das Darnley als vorbildlichen Ehemann zeigt. Gewiß ist, daß Maria nichts tat, um ihm Demütigungen und Zurückweisungen zu ersparen. James Melville, der um diese Zeit zur engen Umgebung der Königin

---

* Am 12. Oktober kam dem spanischen Botschafter in London das Gerücht von einer neuerlichen Schwangerschaft der Königin von Schottland zu Ohren.[36] – Wie erwähnt, hatte Darnley nach dem Mord an Rizzio auf der Flucht nach Dunbar etwas Ähnliches gesagt.

gehörte, stellte fest, daß ihr Groll gegen Darnley ein solches Maß erreicht hatte, »daß man sie verärgerte, wenn man von Versöhnung sprach [...]. Der Prinzgemahl war immer allein, und es war ein Verbrechen, wenn man ihn begleitete. Unwillkürlich verspürte man Mitleid, wenn man diesen jungen Prinzen ganz ohne Freunde und ohne jeden Rückhalt sah. Im Grunde seines Wesens war er ein guter Mensch, es fehlte ihm nur ein wenig Erfahrung und Lenkung.«[39]

Unbestreitbar hatte Darnley schwere Fehler gemacht. Doch ohne für ihn Partei ergreifen zu wollen, kann man verstehen, daß dieser junge Mann, stolz wie jeder Adlige seiner Zeit und vollkommen durchdrungen von seiner männlichen Überlegenheit, in seiner Isolation sich immer tiefer in den Groll gegen seine Ehefrau hineinsteigerte, die, wie er glaubte, ihre Versprechen nicht hielt und ihn nicht so behandelte, wie es einem Ehemann gebührte. Wir haben keinen Anhaltspunkt dafür, daß er Maria des Ehebruchs mit Bothwell verdächtigte; in keiner zeitgenössischen Quelle, nicht einmal in den im allgemeinen so ergiebigen Depeschen der Botschafter, finden wir den leisesten Hinweis. Aber Darnley war zutiefst gekränkt, daß ihm die Mitkönigskrone verwehrt blieb, die ihm nach seiner Auffassung zustand, und daß Maria ihn behandelte, als wäre er Luft. Die Situation spitzte sich gefährlich zu, und bald schon nahmen die Ereignisse eine fatale Wendung.

10

»Sorgt Euch nicht um die Mittel ...«

Am 29. September 1566 erhielt Maria Stuart in Holyrood einen höchst beunruhigenden Brief von ihrem Schwiegervater, dem Grafen Lennox. Seit dem Mord an Rizzio war Lennox nicht mehr am Hof erschienen, er saß grollend in seinem Schloß in Glasgow. Lennox schrieb, sein Sohn habe ihm einige Tage zuvor gesagt, er wolle Schottland verlassen und aufs Festland gehen.

Die Folgen einer solchen Eskapade waren nur zu offensichtlich: Aufsehen in ganz Europa und neue Unruhen in Schottland. In Schottland würde sich unweigerlich sofort eine »Partei des Königs« bilden, sobald Darnley das Land verlassen hätte. Wenige Wochen vor der Taufe des Prinzen, zu einem Zeitpunkt, da Maria sich mit allen Mitteln bemühte, Ruhe im Land herzustellen, ging von diesem eigensinnigen, verzogenen Jungen große Gefahr aus.

Maria schrieb ihrem Gatten unverzüglich und forderte ihn auf, nach Holyrood zu kommen. Er folgte der Aufforderung, allerdings sichtlich unwillig. Maria verbrachte die Nacht mit ihm und versuchte, ihn zu einer Erklärung zu bewegen, doch es war vergebens. Am nächsten Morgen bot sie ihm als letzten Ausweg an, er solle seine Vorwürfe vor dem Geheimen Rat erheben. An der Sitzung des Rates nahm auch der gerade in Schottland eingetroffene französische Botschafter Philibert du Croc teil, er schilderte die reichlich dramatische Szene einige Tage später in einem Schreiben an Katharina von Medici: »Die Königin hielt eine sehr schöne Ansprache, und anschließend bat sie ihn inständig, in Gegenwart aller zu erklären, ob sie ihm Grund zur Unzufriedenheit gegeben habe, und sie beschwor ihn bei der Ehre Gottes und mit gefalteten Händen, sie nicht zu schonen.« Man kann sich ohne weiteres vorstellen, wie schwer es dieser stolzen und von ihrer Erhabenheit durchdrungenen Frau gefallen sein muß, sich in dieser Weise vor ihrem übellaunigen Ehemann zu erniedrigen. Die Mitglieder des Rates (vor kurzem hatte auch William Maitland seinen Platz wieder eingenommen) schlossen sich Marias Bitte an und sagten, »sie sähen wohl, daß er ihnen ein unfreundliches Gesicht zeige, sie wüßten nicht, ob sie der Grund seien, daß er das Land verlassen wolle, und sie baten ihn, ihnen zu sagen, womit sie ihn beleidigt hätten«.

Aber der unausstehliche junge Mann wollte sich nicht klar ausdrücken, wahrscheinlich konnte er es auch gar nicht. Möglicherweise hat dieser Tag sein Schicksal besiegelt. Er weigerte sich, seine Klagen und Forderungen eindeutig zu benennen, und ließ zugleich seine Absichten im dunkeln, damit warf er die Tür zu einer Einigung endgültig zu. »Zuletzt sagte er, er hege keinen Groll«, aber »niedergedrückt ging er davon, sagte der Königin adieu, ohne sie zu küssen, und versicherte, Ihre Majestät werde ihn lange Zeit nicht wiedersehen«. Das verstehe, wer kann.[1]

Einige Tage später ließ Darnley du Croc holen, er war vollkommen verwirrt. »Er weiß nicht mehr, woran er ist. Er möchte, daß die Königin ihn wieder zu sich ruft. Ich sagte zu ihm, wenn er, wie er gesagt habe, ohne Groll gegangen sei, hegte ich keinen Zweifel an der Güte der Königin, aber es gebe genug Frauen, die ihn nicht mehr zu sich rufen würden.«[2] Der Botschafter kannte die Frauen und vor allem Maria Stuart besser als der impulsive und leichtfertige Darnley. Auch wenn Darnley es sich nicht eingestand, allmählich begriff er doch mehr oder weniger klar, daß er selbst alle Chancen verspielt hatte. Durch die überstürzte Heirat – für die Maria freilich ebenso verantwortlich war wie er – hatte er sich mit Elisabeth von England überworfen. Mit seinen dummen Angriffen auf Moray hatte er sich einen unversöhnlichen Feind geschaffen, und indem er den Ratschlägen von Morton und dem Douglasclan gefolgt war, hatte er sich für die Interessen der protestantischen Partei einspannen lassen, obgleich er doch anfangs als glühender Verfechter der katholischen Sache aufgetreten war. Nach der Nacht des 9. März hatte er seine Komplizen verraten, seither stand er ohne Verbündete da, und seine Frau haßte ihn ebenso wie die Männer, die wegen seiner Feigheit hatten ins Exil gehen müssen. Sein beharrliches Festhalten an der Krone, die niemand ihm aufzusetzen gedachte, und sein Verhalten am Hof, der demonstrative Rückzug, die Ausfälle gegen die Adligen, hatten ihn die letzten Sympathien gekostet. Daß er die Absicht äußerte, Schottland zu verlassen (ob er tatsächlich gegangen wäre, ist heute nicht mehr zu entscheiden), zeigt, daß er sich des Scheiterns bewußt war. Wie vielen schwachen Menschen erschien ihm die Flucht als die einzige Lösung für seine Schwierigkeiten.

Die Dinge hatten sich mittlerweile so zugespitzt, daß die Mitglieder des Geheimen Rates von Schottland in einem ziemlich ungewöhnlichen Schritt den König von Frankreich ersuchen wollten, einzugreifen. Am 8. Oktober legten sie in einem gemeinsamen Brief an Katharina von Medici ihre Vorwürfe gegen Darnley dar. »Wir würden gerne über das große Unrecht schweigen, das er sich selbst zufügt, doch da er der erste ist, der es durch seine Umtriebe aller Welt bekannt machen will, bleibt uns zu unserer Entlastung und aus Pflicht gegenüber Ihrer Majestät nichts anderes übrig, als an geeigneter Stelle zu bezeugen, was wir gesehen und gehört haben.« Darnley behandelte die Adligen in einer Weise, die sie nicht mehr hinnehmen konnten. So verlangte er, die Königin müsse alle Adligen wegschicken, wenn er zu ihr komme, sonst werde er das Zimmer nicht betreten: »ein vollkommen unvernünftiges Ansinnen, denn selbst die Könige, die von Herkunft und Geburt Herren dieses Landes waren, haben sich niemals solcher Gepflogenheiten im Umgang mit ihrem Adel befleißigt«.[3]

Manche Engländer vermuteten, die Verschlechterung der Beziehungen zwischen Darnley und der schottischen Regierung könne damit zusammenhängen, daß Darnley gemeinsame Sache mit Spanien machte und Philipp II. ihn als Marionette in der Auseinandersetzung mit Elisabeth benutzen wollte: Die Spanier könnten einen Kriegszug beginnen, Darnley würde sich an die Spitze der Armee stellen und Scarborough oder die Scilly-Inseln angreifen oder sich mit den Truppen von O'Neill in Irland vereinigen, Elisabeth entmachten und sich die englische Krone aufs Haupt setzen.[4] Das ist ziemlich weit hergeholt und verdient keine ernsthafte Diskussion. In den spanischen Archiven gibt es nicht die Spur eines Hinweises auf entsprechende Pläne, und wir wissen, daß der spanische Botschafter Guzman de Silva sich keinerlei Illusionen über den Charakter und die Fähigkeiten des »Königs von Schottland« machte. Zudem hätte der überaus vorsichtige Philipp II. ein solches Unternehmen niemals in die Hände eines so unzuverlässigen, »kindischen« Menschen – dies schrieb de Silva in einem Brief vom 29. April 1566[5] – wie Darnley gelegt.

Maria Stuart schenkte solch albernem Gerede gewiß keinen Glauben. Doch ihr genügte die Aussicht, daß ihr Mann Schottland verlassen und an den europäischen Höfen, in Frankreich, den Niederlanden, am Kaiserhof, allen möglichen Klatsch über sie und die Menschen in ihrer Umgebung verbreiten könnte. Die Beunruhigung war ein Grund mehr, die Bande zu Elisabeth fester zu knüpfen. Das Einvernehmen der beiden Königinnen war wichtiger denn je, um den Frieden und die Zukunft des Prinzen Jakob zu sichern. Im Herbst 1566 drehte sich in der schottischen Politik alles um die Verhandlungen mit England, die bevorstehende Taufe des Prinzen und die erwartete Ankunft des Grafen Bedford.

In diesen Zusammenhang gehört die Anfang Oktober begonnene Operation mit dem Ziel, in der unruhigen Grenzregion der Borders Ordnung zu schaffen. Seit geraumer Zeit beschwerte sich Elisabeth immer wieder über Vorfälle an der Grenze, ihre Botschafter waren deshalb mehrfach am schottischen Hof vorstellig geworden. Es war dringend nötig, die schlimmsten Banditen in ihren Schlupfwinkeln aufzuspüren und vor Gericht zu stellen, damit man Bedford mitteilen konnte, daß in diesem schwierigen Gebiet die Ruhe wiederhergestellt war.

Die Verantwortung für den militärischen Teil der Operation fiel Bothwell zu, denn er war Gouverneur der Borders. Seine Fehler sind hinlänglich bekannt, aber mangelnde Tapferkeit konnte man ihm gewiß nicht vorwerfen. Er richtete sich in Hermitage Castle ein, das seiner Familie gehörte, ungefähr zehn Kilometer von der Grenze zu England entfernt, und machte sich an die »Säuberung«, wie man das heute nennen würde. Die Königin ihrerseits begab sich von Edinburgh nach Jedburgh, der Verwaltungshauptstadt der Borders. Dort wollte sie dem Gerichtshof vorsitzen, der die gefangenen Banditen aburteilen sollte.

Maria war kaum in Jedburgh eingetroffen (möglicherweise war sie sogar noch unterwegs, die Berichte der zeitgenössischen Chronisten widersprechen sich in diesem Punkt), da hieß es am 8. Oktober, Bothwell sei bei einem Scharmützel mit einem berüchtigten Banditen, John Elliot of Park, getötet worden. Am nächsten Tag kam eine neue Nachricht: Bothwell sei nicht tot, er liege schwerverwundet in Hermitage. Der Tod eines so treuen und zuverlässigen Verbündeten wäre für Maria ein schwerer Verlust gewesen. Seit Rizzio nicht mehr da war, galt Bothwell allgemein als der einflußreichste Mann in ihrer Umgebung.* Dennoch wartete sie eine volle Woche und besuchte ihn erst am 15. Oktober am Krankenbett.[6]

Von Jedburgh nach Hermitage sind es etwa vierzig Kilometer durch hügeliges und unwegsames Gelände, Banditen und Vogelfreie trieben damals dort ihr Unwesen. Hermitage Castle (heute sind nur noch Ruinen zu sehen) war eine mächtige Ritterburg ohne jeden Komfort, nicht im geringsten eingerichtet auf den Besuch einer Königin mit ihrem Gefolge. Wie wir wissen, liebte Maria Stuart lange Ausritte. In der Nacht vom 11. auf den 12. März hatte sie die fünfunddreißig Kilometer von Holyrood nach Dunbar unter

---

* »Die Königin verliert einen Mann, auf den sie sich verlassen konnte, und davon hat sie nicht viele«, schrieb der spanische Botschafter Guzman de Silva, als man noch glaubte, Bothwell sei tot.

denkbar ungünstigen Umständen zurückgelegt. Am 15. Oktober ritt sie statt dessen am hellichten Tag, begleitet von Moray und einigen anderen Adligen. Es war zwar kein Spazierritt, aber es ist durchaus vorstellbar, daß sie am selben Tag die vierzig Kilometer wieder zurückritt, nachdem sie gesehen hatte, daß Bothwell sich von seiner Verletzung gut erholte. Aus den Depeschen der Botschafter geht nicht hervor, daß sie den Besuch irgendwie ungewöhnlich oder gar anstößig fanden.

Erst später gab George Buchanan eine andere Interpretation. Er behauptete, Maria sei zu dieser Zeit bereits Bothwells Geliebte gewesen (wir werden weiter unten darauf zurückkommen) und nach Hermitage geritten »wie eine Verrückte«, nachdem sie von der Verwundung ihres Geliebten erfahren habe. Dort habe sie sich mit ihm »in einer ihres Ranges und ihres Rufes unwürdigen Weise« betragen.[7] Jeder mag selbst beurteilen, wie wahrscheinlich es ist, daß eine Frau, die gerade vierzig Kilometer zu Pferde zurückgelegt hat, und ein beinahe tödlich verletzter Mann ausgelassene Liebesspiele miteinander treiben. Wie auch immer die Beziehungen zwischen Maria und Bothwell vor ihrer Begegnung auf Hermitage (wo Maria ganze zwei Stunden blieb) gewesen sein mögen, für die Ereignisse jenes Tages sollten wir uns auf Buchanans Skandalversion nicht verlassen.

Bei dem Besuch wurde vereinbart, daß Bothwell in einer Sänfte nach Jedburgh gebracht werden sollte, sobald sein Zustand es erlaubte. In Jedburgh konnte man ihn in einer komfortableren Umgebung pflegen. Um den 20. Oktober war er dann transportfähig; er wurde im selben Haus untergebracht, in dem die Königin wohnte (heute beherbergt es ein Maria-Stuart-Museum), im Stockwerk unter ihren Gemächern. Aber mittlerweile sorgte man sich nicht mehr vorrangig um ihn, vielmehr lag die Königin selbst todkrank darnieder.

Eine genaue zeitliche Abfolge läßt sich nicht mehr rekonstruieren, aber soviel immerhin steht fest: Direkt nach ihrer Rückkehr aus Hermitage fühlte die Königin sich schlecht, sie mußte erbrechen und fiel in Ohnmacht. Offensichtlich dachte man zuerst an Gift. »Euer Durchlaucht mögen raten, von wem und in welcher Absicht dieses Verbrechen begangen wurde«, schrieb der Botschafter Venedigs an den Dogen.[8] Für Buchanan war Marias Erkrankung eine Folge ihrer erotischen Ausschweifungen mit Bothwell. Die zeitgenössischen Chronisten betrachteten den Fall nüchterner: Die Königin habe seit langem an einer »schweren Erkrankung der Milz« gelitten, und der anstrengende Ritt am 15. Oktober erklärte den Zusammenbruch hinreichend. Der spanische Botschafter zitierte das Gerücht, bei der Erkrankung handle es sich um ein »mal de madre«. Damit ist wohl eine Fehlgeburt gemeint, aber keiner der unmittelbaren Zeugen berichtete etwas Entsprechendes.⁹ In der detaillierten Schilderung des Bischofs von Ross, John Leslie, an Erzbischof Beaton vom 26. Oktober heißt es, Maria habe dagelegen wie gelähmt, »die Augen, die Füße und die Nase waren so kalt, daß alle Umstehenden keine Hoffnung mehr für ihr Leben hatten [...]. Ihr Arzt Arnault, ein Mann, der seine Kunst vollendet beherrscht, hat ihr vier Stunden lang die Füße und die Beine mit einer solchen Kraft gerieben, daß keine andere Frau die Schmerzen ertragen hätte.« Im Anschluß daran, am neunten Tag nach Ausbruch der Krankheit, habe sie sehr stark geschwitzt.¹⁰ In den Erinnerungen von Nau heißt es, daß man sie fest in Tücher wickelte und ihr Wein einflößte. In ihrem Erbrochenen sei einmal ein »ganz grünes, dickes und hartes Stück« gewesen, was die Ärzte sehr beunruhigt habe. Im Laufe eines weiteren Rückfalls, der so schlimm war, daß man sich am Hof bereits über die angemessene Trauerkleidung und die Ausgestaltung der Begräbnisfeierlichkeiten Gedanken machte, stieß sie »eine große Menge verdorbenes Blut« aus, und von da an erholte sie sich langsam.¹¹ In unserer Zeit haben Ärzte anhand der überlieferten Symptome zwei Diagnosen in Erwägung gezogen: eine schwere Gallenkolik oder ein durchgebrochenes Magengeschwür. Bekanntlich ist ein Magengeschwür eine Erkrankung mit einer starken psychosomatischen Komponente. Die Ereignisse der nächsten Monate sprechen sehr für diese Diagnose.

Als Maria Stuart um ihr Leben fürchten mußte, rief sie die Adligen, die mit ihr nach Jedburgh gekommen waren – Huntly, Moray, Rothes, Bothwell* – an ihr Krankenbett und traf ihre, wie sie annehmen mußte, letzten Verfügungen. Sie bekräftigte noch einmal ihre Verbundenheit mit dem katholischen Glauben, aber ließ die Lords bezeugen, daß sie »niemals irgendeinen Druck auf sie ausgeübt habe, um sie daran zu hindern, daß sie ihre Religion nach ihrem Gewissen bekannten«. Sie beschwor die Lords, den Frieden im Land zu erhalten, und empfahl den kleinen Prinzen der Obhut »des Königs von Frankreich und der Königin [Katharina von Medici]«. Alle Anwesenden waren offensichtlich tief bewegt. In dem Brief, den Botschafter du Croc am Tag von Marias Besuch in Hermitage an Erzbischof Beaton schrieb, heißt es, »dank ihrem klugen Verhalten« werde »Ihre Majestät heute mehr geliebt und verehrt als jemals zuvor«. Das müßte, nebenbei bemerkt, ausreichen, um Buchanans Behauptung zu widerlegen, ganz Schottland habe sich um diese Zeit über das schändliche Treiben der Königin mit Bothwell empört. Hervorzuheben ist noch, daß Maria in ihrem mündlichen

---

* Man muß wohl glauben, daß Bothwell an diesem 25. Oktober so weit wiederhergestellt war, daß er dabeisein konnte. Möglicherweise hatte man ihn auch auf einer Trage aus dem unteren Stockwerk heraufgebracht.

»Testament« die Adligen inständig bat, Darnley keine Macht zu geben: »Ihr wißt, wie gütig ich mich gegen eine gewisse Person gezeigt, sie zu großen Ehren erhoben und ihr Vorrang vor allen anderen gegeben habe; nichtsdestoweniger wurde meine Güte [...] mit Undank belohnt, und das hat den Verdruß hervorgerufen, der mich augenblicklich am meisten quält und auch der Grund meiner Krankheit ist.«[12] Die peinliche Aussprache vor dem Geheimen Rat lag da erst knapp zwei Wochen zurück.

Darnley glänzte während der dramatischen Ereignisse in Jedburgh wieder einmal durch Abwesenheit. Und seine Abwesenheit blieb nicht unbemerkt. Bischof Leslie schrieb am 26. Oktober, »der König weilt unterdessen in Glasgow und hat Ihre Majestät nicht besucht«. Du Croc zufolge war Darnley über Marias Erkrankung informiert, und er kommentierte Darnleys Fernbleiben: »Das ist eine Verfehlung, die ich nicht entschuldigen kann.«[13] Darnley kam schließlich doch noch, reichlich spät am 28. Oktober, doch er blieb nur ein paar Stunden und brach am selben Tag wieder auf. Bei Buchanan heißt es, Darnley sei »auf der Stelle« zu Maria geeilt, doch sie habe ihn »kalt und verachtungsvoll« empfangen und sich »ungeniert« mit Bothwell abgegeben. Lennox schilderte die Begegnung ein Jahr später noch ein wenig dramatischer und erzählte, Maria habe ihren Mann so »seltsam und widernatürlich« behandelt, »daß er um sein Leben fürchtete«. Die Wahrheit ist wahrscheinlich sehr viel weniger dramatisch: Weder Maria noch ihr Gefolge sahen den geringsten Grund, den verspäteten Besucher am Krankenbett überschwenglich zu begrüßen, und er begriff schnell, daß er überflüssig war.

Die »Kraft der Natur«, wie Nau schrieb, vollbrachte ein wahres Wunder, und Anfang November waren Maria Stuart und Bothwell wieder auf den Beinen. Das heißt freilich nicht, daß wir Buchanan aufs Wort glauben, wenn er schreibt, daß die beiden nach der Genesung von Verwundung und Krankheit sofort »so offen zu ihrem gewohnten Zeitvertreib zurückkehrten, daß ihre Schande allgemein bekannt wurde«.

Tatsächlich erholte sich Maria so rasch, daß sie nicht auf direktem Weg nach Edinburgh zurückkehrte, sondern – höchst überraschend – beschloß, sich mit dem Rückweg Zeit zu lassen und Berwick einen offiziellen Besuch abzustatten. Das war ihr erster (und einziger) Besuch in der Grenzstadt, die in den Beziehungen zu England eine so wichtige Rolle spielte. Geographisch gesehen lag Berwick in Schottland, am Nordufer des Flusses Tweed, doch die Geschichte hatte daraus eine englische Enklave gemacht; wer von Edinburgh nach London reiste oder umgekehrt, kam durch Berwick. In Zeiten politischer Spannungen war Berwick ein Zentrum von Intrigen und Spionage.

Dem englischen Gouverneur von Berwick, Sir John Forster, wurde der Besuch der schottischen Königin so kurzfristig angekündigt, daß er keine Instruktionen mehr aus London einholen konnte. Er zog sich achtbar aus der Affäre: Zu Ehren des hohen Besuchs ließ er die Kanone abfeuern, er zeigte der Königin das wunderbare Panorama von Stadt und Hafen (ein wirklich malerisches Bild), aber er führte sie nicht in den inneren Bereich jenseits der Mauern. Maria ergriff die Gelegenheit und beteuerte, wie sehr sie der englischen Königin zugetan sei und wie glücklich sie sich schätze, daß ihr beider Verhältnis so einzigartig gut sei.

Bei diesem kurzen Besuch in Berwick oder vielmehr vor den Toren der Stadt ereignete sich, wie James Melville berichtet, ein kleiner Unfall – Maria wurde um diese Zeit wirklich vom Pech verfolgt. Forsters Pferd strebte auf die Stute der Königin zu und verletzte sie dabei an einem Bein, glücklicherweise war es keine schwere Verletzung. »Sofort warf sich Forster der Königin zu Füßen und entschuldigte sich mit tiefster Ergebenheit. Zu dieser Zeit war tatsächlich ganz England Ihrer Majestät unendlich zugetan.«[14]

Von Berwick aus reiste die Königin mit ihrem Gefolge in mehreren kleinen Etappen nach Dunbar zurück und von dort weiter nach Edinburgh, wo sie um den 20. November eintraf. Der ganze hohe Adel begleitete sie: Moray, Huntly, Argyll, Bothwell, Maitland und mit ihnen über hundert Reiter. Der König »folgte ihnen überallhin«, wie Melville schrieb, »aber er wurde immer kühl empfangen«. Laut Buchanan war Darnley nicht bei der Königin. Um den 10. November habe sie in Kelso einen Brief von ihm erhalten und sei darüber in Tränen ausgebrochen. Sie habe gesagt, »daß sie keine glücklichen Tage mehr in ihrem Leben haben werde und sich am liebsten töten würde, wenn sie nicht auf die eine oder andere Weise von ihm befreit werde«.[15] Auch wenn man in Rechnung stellt, daß Buchanan ein parteilicher und wenig verläßlicher Zeuge ist, paßt diese Anekdote so gut zu Marias Einstellung gegenüber Darnley, wie sie von anderen Chronisten für diese Zeit berichtet wird, daß man ihm in dem Fall wohl Glauben schenken darf.

Dank ihrer robusten Natur war Maria Stuart zwar rasch wieder auf die Beine gekommen, doch die Erkrankung von Jedburgh hatte tiefe Spuren hinterlassen. Ende November, Anfang Dezember schilderten sie mehrere Zeugen aus ihrer engen Umgebung als depressiv und leicht hysterisch. Das Zerwürfnis mit Darnley rückte immer mehr in den Mittelpunkt, es schien ihr ganzes Leben zu beherrschen. »Die Königin ist wieder krank«, schrieb der scharfe Beobachter du Croc am 2. Dezember. »Ich glaube, die wichtigste Ursache ist ein tiefer Kummer, den nichts vergessen machen kann. Sie sagt immer wieder, sie wäre am liebsten tot. Die Verletzung, die sie [von Darnley] erhalten hat, reicht so tief, daß sie niemals vergeben wird [...]. An dem Tag, als der König sie in Jedburgh besuchte, habe ich eine Unterredung mit ihm gehabt. Er hat mir gesagt, daß er nach wie vor beabsichtige, das Land zu verlassen [...]. Um offen zu sein, ich glaube aus vielen Gründen nicht, daß zwischen ihnen jemals wieder ein gutes Einvernehmen hergestellt werden kann, da müßte schon Gott selbst eingreifen. Der König wird sich niemals so demütigen wollen, wie er es müßte, und wenn die Königin nur sieht, daß jemand ein Wort mit ihm wechselt, argwöhnt sie schon eine Verschwörung.«[16]

James Melville erlebte am eigenen Leib, daß Maria es nicht duldete, wenn jemand freundlich zu Darnley sein wollte; die Einzelheiten sind zu genau geschildert, als daß die Szene gänzlich erfunden sein kann. Melville hatte von einem Händler in Berwick einen kleinen Spaniel bekommen und schenkte ihn dem König, weil er wußte, daß der König »eine Vorliebe für diese Art Hunde hatte«. Die Königin »erzürnte sich daraufhin ganz unvorstellbar über Melville, nannte ihn einen Verräter und Schmeichler und sagte, niemals könne sie jemandem vertrauen, der einem Mann, den sie nicht mehr liebe, Geschenke mache«. Der Graf von Bedford berichtet diesen Vorfall in einem Brief an Cecil, und ganz tugendhaft setzt er noch hinzu, daß man »um der Ehre der Königin willen die Worte nicht wiederholen kann, mit denen sie gewöhnlich von ihrem Gatten spricht«.[17]

Inzwischen handelte es sich längst nicht mehr um eine Verstimmung, wie sie zwischen Eheleuten durchaus vorkommt, sondern das Zerwürfnis hatte eine politische Dimension erreicht. Maria Stuart war fest davon überzeugt, daß Darnley Intrigen gegen sie spann und Unruhe schürte. Möglicherweise hatte sie recht, aber da sie Darnleys wankelmütigen Charakter kannte, hätte sie wissen müssen, daß ihr von ihm keine ernsthafte Gefahr drohte. Im September hatte er vergeblich zu erreichen versucht, daß Moray und Maitland, inzwischen wieder seine Todfeinde, vom Hof verwiesen würden. Darnley führte sich erneut als glühender Verfechter des katholischen Glaubens auf und beschuldigte in Briefen an den Papst und den König von Frankreich seine Frau der Laschheit in Glaubensfragen – eine ungeheuerliche Behauptung. Bei jeder Gelegenheit bekräftigte er, daß er entschlossen sei, Schottland zu verlassen, und diese Drohung durfte man nicht auf die leichte Schulter nehmen. Wenn sich wieder ehrgeizige Männer fanden und ihm mit der Krone winkten, hätten sie genausowenig Mühe wie zehn Monate zuvor, ihn zum Mittelpunkt oder zum Spielball einer gefährlichen Verschwörung zu machen.

Fürs erste lassen wir die Frage, wieviel Grund Maria Stuart hatte, ihrem Ehemann zu mißtrauen, auf sich beruhen und wenden uns der anderen Frage zu, wie in den letzten Monaten des Jahres 1566 ihr Verhältnis zu Bothwell aussah.

Viele Frauen richten sich einigermaßen in einer enttäuschenden Ehe ein, bis eines Tages ein anderer Mann in ihr Leben tritt und sie aus der Ehe ausbrechen, bisweilen unter dramatischen Umständen. Freilich sind Buchanan und Lennox parteiliche Zeugen, und ihre Berichte enthalten viele Ungenauigkeiten, mitunter geradezu absurde Behauptungen, aber das bedeutet nicht, daß alles falsch ist, was sie schreiben. Psychologisch betrachtet erscheint eine ehebrecherische Beziehung zwischen Maria und Bothwell im Herbst 1566 gar nicht so unwahrscheinlich. Etliche Historiker unserer Zeit vertraten diese Hypothese, Stefan Zweig nahm die Hypothese als Gewißheit und baute darauf seine Biographie der Maria Stuart auf. Zweig zufolge war die verzehrende Leidenschaft zu Bothwell die Triebkraft bei allen Handlungen Marias. Es bleibt zu überprüfen, ob diese Interpretation mit den Fakten in Einklang zu bringen ist, wie sie andere Chronisten als die beiden Hauptankläger Buchanan und Lennox berichten.

Bothwell war, wie erwähnt, im September 1565 aus seinem Exil nach Schottland zurückgekehrt und erwies sich vom ersten Tag an als ein unerschütterlich treuer Gefolgsmann der Königin. In den dramatischen Tagen im März 1566 organisierte er Marias Flucht und brachte sie in Dunbar in Sicherheit. Von da an gehörte er zu ihrem engsten Kreis, und sein politischer Einfluß wuchs stetig. Daß er im Oktober im Dienst für seine Königin verwundet worden war, gab seiner Stimme zweifellos noch mehr Gewicht. Aber aus all dem kann man nicht folgern, daß er ihr Geliebter war, keiner der Zeitgenossen schreibt etwas Entsprechendes. Wenn es Anhaltspunkte für ein ehebrecherisches Verhältnis gegeben hätte, hätten Marias Feinde sie mit Sicherheit bei dem Prozeß im Jahr 1568 ausgeschlachtet. Es gibt auch keinen Hinweis, daß man hinter vorgehaltener Hand von Ehebruch flüsterte.

James Bothwell war in seinen Beziehungen zu Frauen gewiß kein Asket, er kannte weder Skrupel noch Feingefühl. Zu der Zeit, um die es hier geht, war er ungefähr dreißig Jahre alt. Das einzige Bild, das wir von ihm besitzen (und es ist nicht einmal sicher, ob es sich wirklich um Bothwell handelt), zeigt ein volles Gesicht mit einem sinnlichen Mund, lebhaften Augen und einem markanten Kinn – unzweifelhaft in allen Zügen ein Mann, das ganze Gegenteil zu dem unreifen Jüngling Darnley. Während seines Aufenthalts – oder seines Exils – in Dänemark im Jahr 1560 hatte Bothwell ein junges Mädchen aus dem dänischen Adel namens Anna Throndsen »geheiratet«.

Aber dann war er nach Frankreich und in die Niederlande weitergereist und hatte nichts Eiligeres zu tun gehabt, als sie wieder loszuwerden. (Das arme Mädchen versuchte mehrere Jahre vergebens, ihre Rechte als legitime Ehefrau des Grafen durchzusetzen. Die Angelegenheit belastete Bothwell später schwer, als er nach seiner letzten Niederlage nach Kopenhagen floh.) Der Engländer Throckmorton beschrieb Bothwell im November 1561 als einen »abenteuerlustigen und kühnen jungen Mann«. Bei der seltsamen Geschichte um die Entführung der Königin spielte er eine undurchsichtige Rolle. Im übrigen haben wir aus dem Munde des unverbesserlich klatschhaften Randolph bereits gehört, wie respektlos Bothwell über die Königin von Schottland und ihre englische Cousine sprach.

Auch nach der Heirat mit Jean Gordon im Februar 1566 lief Bothwell weiter jedem Rock hinterher; das wurde später als Vorwand zur Trennung angeführt. Bothwell war offenbar kein Mann, von dem eine Frau unbedingte Treue erwarten konnte, aber die wenigsten großen Verführer der Weltgeschichte zeichnen sich durch diese Eigenschaft aus. Statt dessen verkörperte er Mut und Entschlossenheit, mit einem Wort Männlichkeit. Er war in jeder Hinsicht das absolute Gegenteil zu Darnley und ein Renaissancemensch im vollen Wortsinn: ein gebildeter Abenteurer, perfekt in der Beherrschung der französischen Sprache, begabt mit Sinn für Gedichte und Romane, auf dem Duellplatz ebenso zu Hause wie am Hofe, genauso geschickt bei der Verfolgung einer Räuberbande wie als Tänzer bei den Festen auf Holyrood.

Diesen skrupellosen Draufgänger beschuldigten Buchanan und Lennox 1568, er sei bereits zu Darnleys Lebzeiten Maria Stuarts Liebhaber gewesen, und er habe sich mit ihr so schamlos betragen, daß sich ganz Schottland darüber empört habe. Es ist der Mühe wert, die Abfolge der Ereignisse, wie Buchanan und Lennox sie schildern, genauer zu untersuchen.

George Buchanan war zu der Zeit, als all dies sich angeblich zutrug, Professor an der Universität von St. Andrews, arbeitete in der Verwaltung der calvinistischen Kirche und stand bei der Königin in einigem Ansehen. Im Jahr 1565 hatte er ihr seine Übersetzung der *Psalmen* gewidmet, er verfaßte Gedichte für ihre Hofdamen und zu festlichen Gelegenheiten. Die Königin hatte ihm eine Pension in Höhe von fünfhundert Pfund gewährt. Buchanan gehörte zwar nicht zum Kreis der politisch einflußreichen Männer, doch er war über die Vorgänge am Hof recht gut unterrichtet. Vor allem aber zählte er zu Morays »Klientel«, er verdankte Moray seinen Posten in St. Andrews, und die beiden hatten enge finanzielle Beziehungen. Im Jahr 1568 wählte Moray ihn aus, um die Anklageschrift gegen Maria Stuart aufzusetzen, und Buchanan wollte seinem Gönner offensichtlich nichts abschlagen. Die republikanischen und puritanischen Theorien, die ihn nach seinem Tod berühmt machten, hatte er zu dieser Zeit noch nicht ausgearbeitet. Alles in allem war Buchanan ein höchst parteilicher Zeuge gegen Maria Stuart.

Buchanan zufolge[18] war Maria wenige Wochen nach ihrer Niederkunft Bothwells Geliebte geworden. Damals hatte der *Court of Exchequer,* das Finanzgericht, in Edinburgh getagt; Maria wohnte für diese Zeit nicht in ihrem Palast Holyrood, sondern in einem Haus in der Stadt in der Nähe des Sitzungsortes. Bothwell hatte sich im Nachbarhaus einquartiert, die beiden Gärten waren durch eine Tür verbunden. Lady Reres, »eine durch und durch schamlose Frau«, ehedem Bothwells Geliebte, habe, so behauptet Buchanan, die Rolle der Kupplerin übernommen und den Grafen in verräterischer Absicht ins Schlafzimmer der Königin geführt. Dort habe Bothwell Maria vergewaltigt (»wie sie selbst später vielen Menschen erzählte, vor allem dem Regenten Moray und seiner Mutter«, setzt Buchanan unbekümmert um die Wahrscheinlichkeit einer solchen Aussage hinzu). Bis dahin kann von Ehebruch im eigentlichen Wortsinn noch nicht die Rede sein, allenfalls von unfreiwilligem Ehebruch. Doch »vermutlich aus dem Wunsch, Gewalt mit Gewalt zu vergelten und nun ihrerseits Bothwell zu vergewaltigen«, habe die Königin am nächsten Tag Lady Reres gezwungen, Bothwell noch einmal zu holen. Lady Reres habe dazu die Mauer zwischen den beiden Gärten mittels einer Strickleiter erklommen. »Doch wie es bei Angelegenheiten solcher Art oft geschieht, daß unverhoffte Ereignisse eintreten, riß die Strickleiter, und Lady Reres, eine Frau von einigem Gewicht und beträchtlicher Körperfülle, fiel mit großem Getöse in den Garten. Nun war sie in solchen Dingen reichlich erfahren, sie rappelte sich wieder auf, ging zu Bothwell, fand ihn halb nackt und halb eingeschlafen in den Armen seiner Frau, riß ihn aus dem Bett und schleppte ihn zur Königin. So berichten es die meisten, die dabei waren.«

Die farbige Schilderung der Szene – im Originaltext ist förmlich jedes Wort ausgekostet – macht verständlich, warum Buchanans Pamphlet ein solcher Erfolg wurde, noch dazu bei einer Leserschaft, in deren Augen die katholische Königin eine verdorbene Frau war. Das Bild, wie die dicke Lady Reres, die natürlich jeder in Edinburgh kannte, in den Blumenrabatten landet, dürfte überall lautes Gelächter ausgelöst haben.

Aber ist die Geschichte wahr? Psychologisch betrachtet könnte es sich so zugetragen haben. Bothwell war ein Draufgänger, ihm ist eine Vergewaltigung durchaus zuzutrauen, und vielleicht glaubte er, die Umstände böten dafür eine gute Gelegenheit. Maria war ihres Gatten überdrüssig, und sie sah Bothwell täglich bei Staatsangelegenheiten oder Vergnügungen. In der Geschichte und in der Literatur gibt es hinreichend Beispiele dafür, daß aus einer solchen Konstellation ein ehebrecherisches Verhältnis entsteht. Gegen diese Version spricht allerdings, daß Buchanan »zahlreiche Zeugen« erwähnt, die von all dem gewußt haben sollen. Ist es denn vorstellbar, daß in keinem Brief, auch nicht in den Briefen der Lords im englischen Exil, von Ehebruch die Rede ist, wenn tatsächlich so viele Menschen davon wußten? Und warum haben sich nach Marias Abdankung keine weiteren »Zeugen« gemeldet?

Von diesem ersten Mal an war Maria Stuart Buchanan zufolge von ihrer Leidenschaft zu Bothwell buchstäblich besessen. Wir haben bereits erwähnt, zu welch unwahrscheinlichen Behauptungen er sich versteigt, zum Beispiel in der Schilderung, wie Maria mit einer ganzen Eskorte den schwerverletzten Bothwell am Krankenbett in Hermitage Castle besucht.

Der andere Zeuge der Anklage ist Matthew Lennox, Darnleys Vater. Er verfaßte seinen Bericht, eine wahre Anklageschrift gegen Maria Stuart, als sie bereits in England eingekerkert war. Aus jeder Zeile spricht tiefster Haß. Ohne nähere Angaben über Zeit und Ort schreibt er, daß sie nach Rizzios Tod (der ebenfalls ihr Geliebter gewesen sein soll) »ohne Rücksicht auf ihre Ehre und ihren guten Ruf und in Mißachtung ihrer Pflichten gegenüber Gott und ihrem Gatten ganz und gar Bothwell in Wollust verfiel«.[19]

Wenn wir ausschließlich die zeitgenössischen Dokumente zu Rate ziehen, deren Wahrheitsgehalt unbestritten ist, finden wir keinen überzeugenden Beweis dafür, daß Maria Stuart und Bothwell Ende 1566 ein intimes Verhältnis hatten. Es ist immerhin vorstellbar, daß ein solches Verhältnis heimlich bestanden haben könnte, auch wenn keine zeitgenössische Quelle es erwähnt. Darnley tat schließlich sein Bestes, Maria in die Arme eines anderen zu treiben. Aber die Version von Buchanan und Lennox, wonach das ganze Land von Marias Ehebruch wußte und sich darüber empörte, können wir ausscheiden, denn in dem Fall müßten wir Hinweise in Briefen aus jener Zeit finden, und es gibt keine solchen Hinweise.

Um den 20. November traf die Königin, inzwischen weitgehend genesen, mit ihrem Gefolge nach Aufenthalten in Berwick und Dunbar in Edinburgh ein. Es war nun an der Zeit, die Taufe des kleinen Prinzen vorzubereiten. Als Termin wurde der 17. Dezember festgesetzt, und sogleich ergingen Einladungen nach England, Frankreich und Savoyen.

In Edinburgh kehrte Maria Stuart nicht nach Holyrood zurück – offensichtlich hatte sie eine Abneigung gegen das Schloß, weil alles dort sie an Rizzios Ermordung erinnerte –, sondern richtete sich für einige Zeit mit ihrem gesamten Hof im Schloß Craigmillar ein, einem Landsitz am Rande der Stadt. (Heute liegt das Schloß in einem relativ dicht bevölkerten Stadtteil und verfällt langsam. Zu Marias Zeit war die Gegend noch für ihre gute Luft bekannt.) Mehrere Quellen berichten, Darnley habe sie für eine Nacht besucht, doch er sei kühl empfangen worden und bereits am nächsten Morgen wieder fortgeritten.

Außer der Königin wohnten ihre wichtigsten Vertrauten im Schloß: Moray, Huntly, Argyll, Bothwell, Maitland. Die Adligen nutzten die Gelegenheit zu einer Beratung. Das Zerwürfnis zwischen Maria und Darnley hatte sich so zugespitzt, daß man die Gefahr für das gesamte Land nicht mehr übersehen konnte. Die fünf Lords mit dem größten Einfluß bei der Königin beschlossen zu handeln. Aber was konnten sie tun?

Was in jenem trüben November des Jahres 1566 auf Schloß Craigmillar beschlossen wurde, erfahren wir hauptsächlich aus einer Quelle. Leider muß man das Dokument mit Vorsicht betrachten, denn es ist erst nachträglich verfaßt worden, und überdies ist es ein Plädoyer *pro domo*. Es handelt sich um einen »Protest«, der Ende 1567 während Marias Gefangenschaft in Lochleven von Huntly und Argyll geschrieben wurde. Sie wollten damit beweisen, daß sie mit dem Verbrechen, um das es ging, nichts zu tun hatten, und die Schuld auf Moray und Maitland abwälzen.[20] Dieser Quelle zufolge suchten Moray und Maitland eines Morgens Argyll, Huntly und Bothwell in ihren Schlafzimmern im Schloß auf, »als sie noch im Bett lagen«, und schlugen ihnen vor, man solle der Königin helfen, daß sie vom König geschieden werde, »der sie auf so mannigfaltige Weise beleidigt hat«. Zugleich wollten sie die Königin bitten, daß sie Morton und die anderen Vasallen, die bei Rizzios Ermordung ihre Hände im Spiel gehabt hatten, aus ihrem Exil zurückrief. Argyll meldete angeblich Bedenken an, doch Maitland habe sie weggewischt mit der Bemerkung: »Sorgt Euch nicht um die Mittel, auf irgendeine Weise wird es uns gelingen, uns seiner [Darnleys] zu entledigen.« Anschließend seien sie alle zusammen zur Königin gegangen. Die Königin sei im Grundsatz mit einer Scheidung einverstanden gewesen, »unter der Bedingung, daß ihrem Sohn daraus kein Nachteil erwachse, andernfalls sie lieber alle Qualen und Gefahren ertragen würde, und daß nichts getan werde, was gegen ihre Ehre und ihr Gewissen sei, denn sonst wäre es besser, daß alles beim alten bliebe, bis es Gott gefalle, Abhilfe zu schaffen, denn sie fürchtete, daß die Lords in dem Bestreben, ihr einen Dienst zu erweisen, ihr Ärger und Verdruß verursachen könnten«. Bothwell habe die Königin beruhigt, daß eine Scheidung keine nachteiligen Folgen für ihren Sohn hätte, und er habe als Beispiel sich selbst angeführt. Seine Eltern waren geschieden, dennoch hatte er ohne weiteres das Erbe seines Vaters antreten können. (In Wahrheit lagen die Dinge sehr viel komplizierter, denn vom Standpunkt des kanonischen Rechts wäre als einziger möglicher Grund für die Auflösung der Ehe die nahe Blutsverwandtschaft der Ehegatten und das Fehlen der päpstlichen Dispens zum Zeitpunkt der Eheschließung in Frage gekommen. Doch in diesem Fall hätte ihre Ehe rechtmäßig nie bestanden, und ihr Kind wäre *ipso facto* ein Bastard. Es bedarf keiner besonderen Phantasie, sich die religiösen und politischen Verwicklungen auszumalen, die ein solcher Prozeß geschaffen hätte.) Wenn die Ehe erst einmal geschieden wäre, sei Moray fortgefahren, könnte Darnley sich entweder »in jedem beliebigen Teil des Königreichs Ihrer Majestät« niederlassen oder in ein anderes Land gehen. Maria Stuart sei es als bessere Lösung erschienen, wenn sie für einen längeren Aufenthalt nach Frankreich reiste, »bis er [der König] wieder zu Verstand gekommen ist«. Daraufhin habe Maitland die Karten offengelegt und den entscheidenden Satz gesagt: »Euer Gnaden, seid versichert, daß wir, die wichtigsten Männer in Eurem Adel und Eurem Rat, Mittel finden werden, Euch von ihm zu befreien *(that Your Majesty shall be quit of him)* ohne Nachteil für Euren Sohn. Und obgleich der hier anwesende Mylord Moray als Protestant ein ebenso strenges Gewissen hat wie ihr als Katholikin, bin ich sicher, daß er durch seine Finger sehen und uns gewähren lassen wird, ohne etwas zu sagen *(he will look through his fingers thereto and will behold our doings, saying nothing to the same)*.«

Schließlich habe Maria zugestimmt, daß die Lords »sich um die Angelegenheit kümmerten, unter der Bedingung, daß nur auf gute und vom Parlament gebilligte Weise gehandelt werde«. Dieser Bericht ist ganz offensichtlich sehr wichtig, denn er stammt von zwei Hauptbeteiligten und entlastet die Königin von jeder Schuld. Nach dieser Darstellung waren die Drahtzieher Moray und vor allem Maitland. Insofern verwundert es nicht, daß Moray, inzwischen Regent von Schottland, auf das entschiedenste bestritt, daß Huntly und Argyll die Wahrheit sagten, als er im Januar 1569 von ihrer Darstellung Kenntnis erhielt: »Ich erkläre Ihrer Majestät der Königin [Elisabeth], wie ich auch vor dem allmächtigen Gott bekennen werde, daß ich niemals an irgendeiner Beratung in Craigmillar teilgenommen habe, die etwas Unrechtmäßiges oder Verbrecherisches zum Ziel hatte, und daß ich ebensowenig einen Pakt zu einem solchen Zweck unterschrieben habe. Der einzige Pakt, den ich mit den Grafen Huntly, Argyll und Bothwell jemals geschlossen habe, wurde im Oktober 1566 unterzeichnet und besiegelte unsere Versöhnung nach den Unstimmigkeiten, die zwischen uns vorgefallen waren, und dies geschah auf den ausdrücklichen Befehl der Königin.«

Der Pakt *(bond)*, von dem hier die Rede ist, wirft ein Problem auf, über das seit dem 16. Jahrhundert bis in unsere Zeit hinein viel diskutiert wurde. George Buchanan[21] behauptet, daß es einen solchen Pakt gegeben hat und daß er zu dem Zweck geschlossen wurde, »den hochmütigen Tyrannen«, zu dem sich Darnley inzwischen entwickelt hatte, »von der Macht zu entfernen, mit welchem Mittel auch immer«. Gleichwohl gibt sich Buchanan, der ergebene Gefolgsmann von Moray, größte Mühe, Moray von aller Verantwortung freizusprechen: Seinem Bericht zufolge trug der Kontrakt nur die Unterschriften von Maitland, Argyll, Bothwell und James Balfour, einem Freund von Bothwell. Damit steht Aussage gegen Aussage: Buchanan entlastet Moray, bei Argyll und Huntly ist Moray die treibende Kraft der Konferenz von Craigmillar. Widersprüchlicher könnten die Quellen nicht sein.

Im Januar 1567 kam dem spanischen Botschafter in London zu Ohren, daß in Schottland irgend etwas im Gange war: »Das Zerwürfnis zwischen der Königin von Schottland und ihrem Mann ist so beträchtlich, daß man ihr ein Komplott gegen ihn vorgeschlagen hat, was sie abgelehnt hat, obgleich sie keinerlei Zuneigung mehr für ihn zeigt.« Allerdings müsse man sagen, fährt der Botschafter fort, »daß er ihr reichlich Gründe dafür gegeben hat«.[22]

Der Pakt, falls es ihn je gab, existiert nicht mehr. Angesichts der Entwicklung der Ereignisse nach Darnleys Tod war das Dokument für alle Unterzeichner eine regelrechte Zeitbombe, und es wäre nur zu einleuchtend, wenn sie alle Abschriften hätten verschwinden lassen. Viele Jahre später erzählte Maria Stuart Claude Nau, daß Bothwell ihr nach der Niederlage von Carberry Hill, bevor er sie für immer verließ, gesagt habe, »der Graf von Morton, der Sekretär Lethington, James Balfour und einige andere*, die damals auf der Gegenseite standen, seien schuld am Tod des Königs, und er habe ihr die Unterschriften gezeigt [...] auf dem Bündnis zu [...] untereinander, und gesagt, sie solle das Papier behalten«.[23] (Naus Manuskript ist bedauerlicherweise an dieser Stelle beschädigt, und etliche Wörter sind nicht leserlich, was die Interpretation des Textes zusätzlich erschwert.) Das Dokument wurde Maria nach der Verhaftung selbstverständlich abgenommen, und später war keine Rede mehr davon. Somit muß der ursprüngliche Wortlaut im dunkeln bleiben.

Nur eine Aussage bestätigt, daß die Lords in ihrem Pakt ausdrücklich Darnleys Ermordung vereinbarten. Diese Aussage stammt von James Ormiston, einem Verwandten von Bothwell, er hat sie im Dezember 1573 kurz vor seiner Hinrichtung gemacht: »Ich bekenne, daß der Graf von Bothwell am Freitag vor dem Verbrechen mir in seinem eigenen Schlafzimmer in Holyrood den verwünschten Pakt gezeigt und mir gesagt hat, daß ich nichts zu fürchten hätte, wenn ich mich anschlösse, denn alle Adligen hätten ihn in

---

* Nau erwähnt Moray nicht. Hat er ihn vergessen oder absichtlich ausgelassen?

Craigmillar unterschrieben, wo sich auch die Königin befand.«[24] Aber dieses Geständnis wurde sechs Jahre nach den fraglichen Ereignissen abgelegt, unter der Regentschaft von Morton, der selbst zu den Verdächtigen gehört. Man darf Ormistons Worten deshalb nur eingeschränkt Glauben schenken.

Soviel läßt sich aus den reichlich ungenauen und widersprüchlichen Angaben immerhin rekonstruieren: Auf Schloß Craigmillar fand in Anwesenheit von Maria Stuart eine Konferenz statt, und dabei ging es um die Frage, wie ihr Eheproblem gelöst werden könnte. Man faßte eine Scheidung ins Auge, aber die Königin lehnte das ab, weil sie damit die legitime Geburt ihres Sohnes aufs Spiel gesetzt hätte. Man sprach auch über eine längere Reise ins Ausland, leider wurde dieser Plan fallengelassen. Die Lords verpflichteten sich Maria gegenüber, nichts Ungesetzliches oder Verbrecherisches zu tun, aber zugleich konnte Maitland – er scheint entsprechend seinem Charakter bei der ganzen Angelegenheit eine führende Rolle gespielt zu haben – versichern, Moray werde »durch die Finger sehen, ohne etwas zu sagen«. Diese Formulierung ergibt nur einen Sinn, wenn etwas anderes geplant war als »gute und vom Parlament gebilligte« Maßnahmen.

Möglicherweise zog man in Erwägung – diese Hypothese wurde bereits kurz nach den Ereignissen aufgeworfen –, Darnley zu verhaften und ihn wegen seiner Beteiligung an dem Attentat vom 8. März, wo auch körperliche Gewalt gegen die Königin angewendet worden war, der Majestätsbeleidigung anzuklagen. Von Anfang an galt es als fraglich, ob es für ein solches Verfahren eine gesetzliche Grundlage gegeben hätte, denn Darnley war König, allerdings weder gesalbt noch gekrönt, und man konnte den Standpunkt vertreten, daß er den Titel nur aus Höflichkeit bekommen hatte. Auf jeden Fall hätte ein solcher Prozeß eine große juristische Debatte ausgelöst, und er wäre zweifellos in die Annalen der Rechtsgeschichte eingegangen.

Es ist ziemlich wahrscheinlich, daß das Ergebnis der Beratungen von Craigmillar schriftlich festgehalten wurde, denn zu jener Zeit waren die schottischen Adligen geradezu davon besessen, für alles und jedes einen Pakt *(bond)* abzuschließen. Aber da so umsichtige Männer wie Moray und Maitland beteiligt waren, können wir sicher sein, daß die Formulierungen unverbindlich im Allgemeinen blieben. Es bedarf schon der polemischen Neigungen eines Buchanan, um sich vorzustellen, daß die Mitglieder des Geheimen Rates, die Träger der höchsten politischen Verantwortung im Land, eine Vereinbarung aufsetzten und unterschrieben, in der von Mord explizit die Rede war. Sie mußten wissen, daß ihre Gegner mit einem solchen Dokument, gleichgültig ob der Anschlag gelingen oder scheitern sollte, eine tödliche Waffe in der Hand hätten.

Auf jeden Fall kann man aus diesen zweideutigen Aussagen nicht folgern, daß Maria in Craigmillar den Beschluß faßte, »sich durch einen Mord ihres Gatten zu entledigen«, wie Buchanan schreibt.[25] Im Gegenteil, wir haben gesehen, wie sehr sie unter dem Dilemma litt, daß sie einerseits den Intrigen und den demütigenden Szenen ein Ende bereiten und andererseits nichts tun wollte, was ihrem Namen oder ihrem Sohn hätte schaden können. Bothwell erscheint ganz und gar nicht als Wortführer der Verschwörung gegen Darnley, in der Schilderung von Huntly und Argyll tritt er gegenüber Moray und Maitland vollkommen in den Hintergrund. Und dabei hatte Huntly zu dem Zeitpunkt, als er seine Sicht der Dinge niederschrieb, weniger Grund denn je, Bothwell zu schonen, denn Bothwell war inzwischen von seiner Schwester geschieden, geflohen und für vogelfrei erklärt. Die später von Lennox erhobene Behauptung, Marias verzehrende Leidenschaft für Bothwell sei die Triebkraft für den Abschluß des Paktes von Craigmillar gewesen, ist reine Erfindung und entbehrt jeder realen Grundlage.

In Craigmillar erholte sich Maria Stuart von den Anstrengungen und gesundheitlichen Belastungen der letzten Zeit. Gleichzeitig gingen die Vorbereitungen für die Taufe des kleinen Prinzen weiter, inzwischen war täglich mit der Ankunft der ausländischen Delegationen zu rechnen. Von Craigmillar aus begab sich der Hof nach Stirling, wo sich der Prinz in der Obhut des Grafen Mar befand. Die Königin traf am 12. Dezember in Stirling ein, die Taufe fand am 17. Dezember statt.

Obwohl Schottland geradezu sprichwörtlich arm war, hatte man die Taufe mit dem Prunk vorbereitet, der nach den Vorstellungen jener Zeit zur herrscherlichen Prachtentfaltung gehörte. Die Stände hatten eine Steuer in Höhe von zwölftausend Pfund bewilligt, die Stadt Edinburgh hatte ein Darlehen gewährt.[26] Um einen friedlichen Ablauf sicherzustellen, wurde durch Erlaß der Königin das Tragen von Feuerwaffen verboten. Selbst die *Kirk* hatte diesmal anscheinend darauf verzichtet, die Propheten des Alten Testaments anzurufen und gegen die gottlosen und götzendienerischen Bräuche anläßlich der Taufhandlung zu protestieren. Maria hatte ohne Diskussion beschlossen, daß die Taufe nach katholischem Ritus vorgenommen werden sollte, und das bedeutete einen Verstoß gegen die Gesetze von 1560. Rings um die Wiege des Thronerben entfaltete sich ganz offensichtlich so etwas wie ein »Gnadenstand«, in gewisser Weise symbolisierten dies auch die Paten des Kindes: auf der einen Seite der König von Frankreich und der Herzog von Savoyen, auf der anderen Seite die Königin von England.

Karl IX. und Katharina von Medici hatten als Vertretung den Grafen von Brienne geschickt. Er überreichte der Königin eine Halskette aus Perlen und Rubinen und dazu passende Ohrringe, aber das meiste Aufsehen erregte das englische Geschenk, ein großes Taufbecken aus ziseliertem Gold, zehn oder elf Kilo schwer. Es wurde allgemein bewundert, und man fand, es sei ein dem Anlaß sehr angemessenes Geschenk.* Der Herzog von Savoyen konnte sich so teure Geschenke nicht leisten, er ließ es mit einem goldenen Fächer, besetzt mit Federn und Juwelen, bewenden.

Die schottischen Adligen überboten sich gegenseitig an Aufwand und Ausgaben. Maria übernahm die Kosten für die zweifellos prächtigen Gewänder der drei bedeutendsten Lords; Moray erschien ganz in Grün gekleidet, Argyll ganz in Rot, Bothwell ganz in Blau.[27] Buchanan, stets begierig, noch »eins draufzusetzen«, wie man heute sagen würde, schreibt, Maria habe eigenhändig an Bothwells Gewand mitgestickt, »als wäre sie seine Frau oder eher seine Dienerin«. Hingegen sei es den Schneidern streng verboten gewesen, für Darnley zu arbeiten, so daß er als neuerliche Demütigung für die feierliche Gelegenheit nichts anzuziehen gehabt habe. An solchen zweifellos unterhaltsamen Details fanden die Bürger Edinburghs damals gewiß ebensoviel Vergnügen wie wir heute an den Meldungen in den Klatschspalten der Zeitungen. Wahrscheinlich kann man ihnen auch ebensoviel Glauben schenken.

Wichtiger als Darnleys Kleidung war die Frage, wie die Taufzeremonie ablaufen sollte. Bedford als überzeugter Protestant weigerte sich, die Kapelle zu betreten, wo die papistischen Rituale stattfinden sollten. Lady Argyll, obgleich ebenfalls Protestantin, sollte ihn bei diesem Teil der Zeremonie vertreten; als Dank für ihre Hilfsbereitschaft erhielt sie einen Rubin, der fünfhundert Kronen wert war. Von den Pastoren der *Kirk* mußte sie sich anschließend eine scharfe Zurechtweisung anhören.

Maria Stuart hatte für diese unverhoffte Wiederauferstehung der katholischen Liturgie alles gut vorbereitet. Die Messe zelebrierte der Erzbischof von St. Andrews zusammen mit den Bischöfen von Dunblane, Dunkeld und Ross, dem Prior von Whithorn und dem gesamten Kollegium der königlichen Kapelle, alle Geistlichen waren in bestickte liturgische Gewänder gekleidet. Wie hatte sich im Vergleich zu der stürmischen Messe vom 24. August 1561 das Bild gewandelt!

---

* Dieses Taufbecken zog das Unglück geradezu an. Auf dem Weg nach Schottland wäre es beinahe Banditen in die Hände gefallen, später, im Bürgerkrieg nach Maria Stuarts Heirat mit Bothwell, wurde es eingeschmolzen. Zeitgenössische Chronisten waren von der Schönheit des Taufbeckens ebenso beeindruckt wie von seinem Gewicht.

Der Graf von Brienne trug den Täufling von seinem Zimmer bis zur Kapelle, dahinter schritt die Königin in einem Kleid aus gekräuseltem Silberstoff, angetan mit den funkelnden Kronjuwelen. Höflinge mit Wachsfackeln in der Hand standen in den Gängen des Schlosses Spalier. In der Kapelle empfing der Thronerbe nach römischem Ritus das Sakrament der Taufe. Auf Marias ausdrückliche Anweisung verzichtete man allerdings auf den – reichlich abstoßenden – Brauch, daß der Priester dem Täufling in den Mund spuckte. »Ich will nicht, daß ein syphiliskranker Priester auf meinen Sohn spuckt«, hatte Maria unumwunden erklärt.[28] Wie man sieht, machte sich die gläubige Katholikin keine Illusionen über den Lebenswandel des Klerus in jener Zeit.

Maria Stuarts Sohn wurde auf die Namen Karl und Jakob getauft (Karl zu Ehren des französischen Königs, Jakob nach seinen Ahnen aus dem Hause Stuart; später regierte er als Jakob VI.), er war Prinz und *stewart* von Schottland, Herzog von Rothesay, Graf von Carrick, Baron von Renfrew. Während der englische Gesandte vor der Kapelle wartete, ging ihm vielleicht durch den Kopf, daß dieses Kind, das gerade getauft wurde, möglicherweise einmal sein König sein würde. Aber niemand konnte damals voraussehen, was für dramatische Ereignisse bis dahin noch geschehen sollten.

Nach der kirchlichen Zeremonie wurde getanzt, es gab ein »Maskenspiel«, eine Art pantomimisches Ballett, nach einem Libretto von George Buchanan – seine *Detectio of the Actions of Mary Queen of Scots* (Enthüllung der Taten der Königin Maria von Schottland) schrieb er erst später –, ein Feuerwerk und danach ein großes Bankett. Einmal hätte die fröhliche Stimmung beinahe umgeschlagen: Der Franzose Bastian, ein Diener der Königin, hatte die Idee gehabt, einen Umzug zu veranstalten »mit einer Gruppe Satyrn, die sich einen Weg durch die Menge bahnten und dabei ihre Schwänze mit höchst komischen Bewegungen schüttelten«. Die Engländer faßten das als Beleidigung auf, denn in Frankreich waren die »Schwänze tragenden Engländer« seit dem Hundertjährigen Krieg eine stehende Redewendung. Nur die Anwesenheit der Königin verhinderte, daß es zu Handgreiflichkeiten kam. Doch schließlich konnte man die Kontrahenten beruhigen, und die Engländer ließen es dabei bewenden, daß sie sich »von ihren Plätzen erhoben und sich hinter dem Tisch aufstellten, damit sie nicht mit ansehen mußten, wie man sie beleidigte«.[29] Wie viele große internationale Konflikte sind aus ähnlich kleinen Anlässen entstanden!

Bedford konnte mit dem Erfolg seiner Mission rundum zufrieden sein. Man hatte ihn mit allen Ehren empfangen («die anderen Botschafter sahen mit einem gewissen Maß an Eifersucht und Verdruß, daß die Engländer aufmerksamer behandelt und mehr gehätschelt wurden als sie«, bemerkte Melville), und die Antworten, die er auf Elisabeths Vorschläge erhalten hatte, klangen denkbar ermutigend.

Doch ein Schatten lag düsterer denn je über dem Gemälde. Der Vater des Täuflings hielt sich zwar in Stirling auf, aber er war weder zu der Taufe noch zu den anschließenden Festlichkeiten erschienen. Er behauptete, er habe gefürchtet, der englische Gesandte werde ihn brüskieren, aber nichts deutet darauf hin, daß Elisabeth eine entsprechende Anweisung erteilt hatte. Ganz im Gegenteil: Beim Abschied beschwor Bedford Maria, sie solle »den König besser behandeln aus Rücksicht auf ihr eigenes Ansehen und ihre Interessen«.[30] Zweifellos fürchtete er wie alle Protestanten, Darnley könne seine Drohung wahr machen und tatsächlich nach Spanien oder Flandern gehen.

Der französische Botschafter du Croc hatte von Katharina von Medici genaue Instruktionen erhalten. »Ich sollte dem König sagen, daß ich, wenn er durch die eine Tür hereinkäme, gezwungen wäre, durch die andere hinauszugehen, und dies wegen seines schlechten Verhältnisses zur Königin«, berichtete er Erzbischof Beaton eine Woche nach der Taufe.[31] Sobald die Feierlichkeiten vorüber waren, verfiel Maria Stuart wieder in ihre »Melancholie«: »Sie ließ mich gestern rufen, und ich fand sie ausgestreckt auf ihrem Bett. Sie weinte bitterlich und klagte über einen Schmerz in der Seite.«

Am Ende des Jahres 1566 sah sich Maria Stuart von Schwierigkeiten umgeben. Ihre Ehe war endgültig zerrüttet, es gab keine Hoffnung mehr, daß sich noch einmal etwas zum Besseren wenden würde. Eine Scheidung schien ausgeschlossen, Darnley gefangenzunehmen war ein gewagtes Unternehmen. Vielleicht – aber nur vielleicht – verdüsterte bereits die Leidenschaft zu Bothwell die Zukunft. »Die Dinge können nicht so bleiben, wie sie sind, sonst werden sie schlimme Folgen zeitigen«, schrieb du Croc am 23. Dezember.[32]

11

»Als ob man dreißig Kanonen abgefeuert hätte ...«

Der Januar 1567 war der letzte ruhige Monat im Leben der Maria Stuart. Für uns ist es schwer, die Geschehnisse dieses Monats richtig zu deuten, denn wir kennen den Fortgang der Geschichte. Tatsächlich ist die Versuchung groß, die Ereignisse rückblickend im Lichte ihrer Folgen zu interpretieren. Doch das hieße zu vergessen, daß niemals etwas unvermeidlich ist und daß die damals Betroffenen keineswegs klar den Ausgang voraussehen konnten, den das Schicksal schließlich herbeiführte.

Wir kommen nun also zu den entscheidenden Wochen, die dem Tod von Henry Darnley vorausgingen. Allein die Schilderung der Fakten, ganz zu schweigen von ihrer Interpretation, fällt vollkommen unterschiedlich aus je nachdem, ob man die üblicherweise als »Kassettenbriefe« bezeichneten Dokumente als echt ansieht oder nicht. Auf dieses schwierige Problem werden wir später noch ausführlich eingehen; zunächst ist festzuhalten, daß die Antwort auf diese Frage von nun an die Sicht der Ereignisse bestimmt.

Wenn Maria Stuarts Gedanken nach der Taufe ihres Sohnes nur um ihre Liebe zu Bothwell und die Beseitigung ihres Ehemannes kreisten, wie ihre Gegner behaupteten und wie es die berühmten Briefe anscheinend beweisen, dann spielen alle anderen Geschehnisse in jenem Monat Januar nur eine untergeordnete Rolle. Doch wenn sie nicht ahnte, was sich um sie herum zusammenbraute, wenn sie tatsächlich zu einer Versöhnung mit Darnley bereit war, wie sie später immer wieder sagte, dann können wir mit gutem Grund annehmen, daß sie in erster Linie mit der Politik beschäftigt war.

Die diplomatische Korrespondenz jener Wochen deutet auf nichts Ungewöhnliches hin. Die Taufe des kleinen Prinzen war nicht nur ein Anlaß zu Festen und fröhlichem Treiben; der Graf von Bedford hatte außer dem berühmten goldenen Taufbecken auch die Vorschläge und Bedingungen der Königin von England für den Vertrag mit ihrer schottischen Cousine mitgebracht, an dem Maria soviel gelegen war.[1] Demnach sollte Maria Stuart Erklärungen abgeben zu Argylls Intrigen in Irland, zu den Grenzzwischenfällen und dazu, warum englischen Banditen in Schottland Zuflucht gewährt wurde. Sie sollte – endlich nach so langer Zeit – den Vertrag von Edinburgh aus dem Jahr 1560 ratifizieren und feierlich darauf verzichten, zu Lebzeiten von Elisabeth und möglichen direkten Nachkommen Elisabeths irgendwelche Ansprüche auf den englischen Thron zu erheben (die bedauernswerte Maria Stuart mußte immer noch dafür büßen, daß ihr Schwiegervater den Fehler begangen hatte, nach dem Tod von Maria Tudor sie zur »Königin von England« auszurufen). Sie sollte sich unmißverständlich verpflichten, den Protestantismus als Staatsreligion in ihrem Land zu erhalten. Wenn diese Bedingungen erfüllt würden, würde Elisabeth einwilligen, daß Juristen das Testament Heinrichs VIII. prüften, um zu einem Urteil zu gelangen, ob es tatsächlich vom König unterzeichnet war und ob die Bestimmung Rechtskraft besaß, daß die schottischen Abkömmlinge der Margarete Tudor von der englischen Thronfolge ausgeschlossen bleiben sollten. Die beiden Königreiche würden ein zeitlich unbegrenztes Bündnis abschließen, und Elisabeth würde zwar Maria Stuart nicht offiziell als ihre Erbin anerkennen, aber »nicht dulden, daß nur das Geringste geschähe, was das Recht ihrer Cousine schmälern könnte, ihr nachzufolgen, wenn sie ohne direkte Erben bleiben sollte«. Als Zeichen ihres guten Willens ließ Elisabeth einen Rechtsanwalt aus Lincoln's Inn ins Gefängnis werfen, der gewagt hatte, Marias Ansprüche auf den englischen Thron öffentlich in Zweifel zu ziehen.

Soweit sah die Zukunft hoffnungsvoll aus. Wenn Elisabeth es ehrlich meinte – und es gab keinen Grund, daran zu zweifeln –, dann konnten ihre Vorschläge zu einem neuen Gleichgewicht in Großbritannien führen. Seit ihrer Rückkehr nach Schottland hatte Maria Stuart mehrfach betont, daß sie die rechtmäßigen Ansprüche ihrer Cousine auf den englischen Thron nicht im mindesten in Zweifel ziehe. Dieser Punkt in Bedfords Vorschlägen warf demnach keine Schwierigkeiten auf. Es blieb die Bestätigung der antikatholischen Gesetze aus dem Jahr 1560. Wir haben reichlich Beweise, daß Maria Stuart diese Gesetze aufheben wollte und daß sie zu Zeiten von Rizzio bereits erste Schritte in dieser Richtung unternommen hatte. Aber nach dem Anschlag vom 9. März hatte sich das Kräfteverhältnis verschoben, und wenn die Anerkennung der protestantischen Vorherrschaft in Schottland die Bedingung dafür war, auf den englischen Thron zu gelangen, dann können wir wohl annehmen, daß Maria Stuart bereit war, diese bittere Pille zu schlucken – in der Hoffnung, daß eines Tages wieder bessere Zeiten anbrechen würden.

Nach der Taufe verabschiedete sich Maria Stuart überaus herzlich von Bedford. Sie schenkte ihm eine goldene, mit Perlen, Diamanten und Rubinen besetzte Kette[2] und übergab ihm einen Brief an seine Herrscherin, in dem sie Elisabeth für ihre Freundlichkeit dankte und ihren guten Willen beteuerte.[3]

Maria Stuart ließ es im übrigen nicht mit Worten bewenden. Am 24. Dezember gab sie Elisabeth einen handfesten Beweis ihrer Versöhnungsbereitschaft und gestattete, daß die Adligen, die seit dem Mord an Rizzio im englischen Exil lebten, nach Schottland zurückkehrten, allen voran Morton und Lindsay. Aus den Berichten von Zeitgenossen geht hervor, daß die Entscheidung auf Anraten und Bitten von Bothwell getroffen wurde. Wenn das stimmt – und wir haben keinen Grund, daran zu zweifeln, denn sogar Bedford bestätigt es –, war Bothwell ein kluger Politiker, denn die Rückkehr von Morton und seinen Freunden stärkte die Partei von Darnleys Gegnern. Auf jeden Fall hatte Elisabeth, nachdem sie sich neun Monate lang bei ihrer Cousine immer wieder für die Verbannten eingesetzt hatte, allen Grund, die versöhnliche Geste mit Befriedigung aufzunehmen.

Fragwürdig erscheint demgegenüber eine andere Entscheidung Maria Stuarts, die sie etwa um dieselbe Zeit traf: Sie stellte die Jurisdiktionsgewalt des Erzbischofs von St. Andrews wieder her, das heißt, sie setzte ihn wieder in seine Rechte ein. Tat sie das, weil sie ihre Ehe mit Darnley nach kanonischem Recht für ungültig erklären lassen wollte? Dieser Weg hätte jedenfalls nicht zum Ziel geführt, denn die Ehe eines regierenden Fürsten konnte nur der Papst aufheben. Die Wiedereinsetzung dieser Galionsfigur des Katholizismus war ein höchst unkluger Schritt zu einem Zeitpunkt, da Maria das Einvernehmen mit der *Kirk* dringender gebraucht hätte denn je. Die Reaktion erfolgte dann auch umgehend: Die Generalversammlung der Presbyter richtete ein Bittgesuch an den Geheimen Rat und verlangte in scharfen Worten, daß »dieser Todfeind Jesu Christi, der grausame Mörder unserer Glaubensbrüder, der sich selbst Erzbischof nennt«, sofort aus dem Amt entfernt werde, in dem er »die ganze Kirche unterdrücken« könne. Maria Stuart begriff, daß sie einen Fehler gemacht hatte, und am 9. Januar, siebzehn Tage nach der Rückberufung des Bischofs, hob sie die Entscheidung wieder auf.[4]

Noch eine andere, reichlich dunkle Angelegenheit beschäftigte Maria Stuart in jenen Tagen. Am 6. Januar stellte sie einem gewissen Giuseppe Lutini, »einem Adligen aus ihrem Haushalt«, einen Paß aus und schickte ihn mit einem Auftrag nach Frankreich. Am 17. Januar schrieb sie dem englischen Gouverneur von Berwick, er solle Lutini verhaften, weil dieser etliche Menschen ihrer Umgebung bestohlen habe. Der Gouverneur wurde nicht recht schlau aus der Sache und berichtete umgehend seiner Regierung: Lutini sei tatsächlich in Berwick, aber er behaupte, die Königin von Schottland »wolle ihn daran hindern, etwas zu enthüllen, was er über sie weiß und was sie unter keinen Umständen bekannt werden lassen will«. Unterdessen schrieb Giuseppe Rizzio – der Bruder des armen David, der nach dessen Tod Maria Stuarts Sekretär geworden war – an Lutini, er habe ihn bei der Königin angeschwärzt, »um einen Verdacht abzulenken«, und beschwor Lutini mitzuspielen, »denn sonst wäre das sein Untergang«. Genaues wissen wir nicht, denn nach Darnleys Tod wurde Lutini freigelassen, und seine Spur verliert sich in Frankreich. Die Angelegenheit wirkt überaus mysteriös: Was hatte sich Guiseppe Rizzio zuschulden kommen lassen, daß er seinen Freund beschuldigte, um sich selbst aus der Affäre zu ziehen? Was wußte Lutini über die Königin? Ging es um etwas Politisches, eine Palastintrige, oder war es nur eine Betrügerei? Viele Fragen bleiben, und es besteht keine Hoffnung, jemals eine Antwort zu finden.[5]

Nach der Taufe des Prinzen Jakob machte sich Maria Stuart wie zuvor die größten Sorgen über »König Heinrich« und seine Pläne. Darnley hatte Stirling gleich nach den Feierlichkeiten verlassen und sich in das dreißig Kilometer entfernte Glasgow zu seinem intriganten Vater zurückgezogen. Unmittelbar nach der Abreise habe er sich krank gefühlt – so heißt es zumindest bei Buchanan –, und überall auf seinem Körper seien bläuliche Pusteln erschienen, »so plötzlich, daß jedermann sah, daß es die Wirkung von Gift war«. In den Berichten der Diplomaten lesen wir eine weniger romanhafte Version: Bedford, der sich um die Zeit noch in Schottland aufhielt, berichtete ganz undramatisch, Darnley sei an den *small pox* (Pocken) erkrankt; der anonyme, stets an den neuesten Gerüchten aus Edinburgh interessierte Verfasser des *Diurnal of Occurrents* (»Chronik der Ereignisse«) schrieb boshafter von *pox* (Syphilis).* Wie auch immer, Darnley traf schwerkrank in Glasgow ein und hütete mehrere Wochen lang das Bett.

Durch eine unglückliche Fügung war Maria Stuart zur selben Zeit ebenfalls ans Bett gefesselt. Bei einem Sturz vom Pferd – wann genau es pas-

---

* Im 19. Jahrhundert untersuchte ein englischer Arzt am *Royal College of Surgeons* in London einen Schädel, der angeblich Darnleys Schädel war, und diagnostizierte »akute Syphilis«. Abgesehen davon, daß eine solche Diagnose aus einem zeitlichen Abstand von dreihundert Jahren einigermaßen gewagt erscheint, ist es keineswegs sicher, daß es sich tatsächlich um Darnleys Schädel handelte. In diesem Zusammenhang sollte man noch festhalten, daß eine beginnende Erkrankung teilweise erklären könnte, warum Darnley den Feierlichkeiten zur Taufe seines Sohnes fernblieb.

sierte, wissen wir nicht – hatte sie sich eine Verletzung an der Brust zugezogen. Aus einem Brief von du Croc (der seine Rückkehr nach Frankreich vorbereitete) geht hervor, daß das Verhältnis der Ehegatten nach der Taufe des Prinzen unverändert schlecht war und daß Maria »nachdenklich und melancholisch« wirkte, »sie weint bitterlich und klagt über Schmerzen in der Seite« (23. Dezember 1566). Anfang Januar suchte sie ein paar Tage Erholung auf den Schlössern Drummond und Tullybardine. Getreu seinem Leitmotiv wußte Buchanan zu berichten, Bothwell habe sie begleitet und sie habe sich mit ihm »so liederlich betragen, daß jedermann sich darüber empörte«. Zumindest in einem Punkt schrieb Buchanan ganz gewiß nicht die Wahrheit: Er behauptete, nachdem Maria von Darnleys Krankheit erfahren habe, habe sie abgelehnt, ihm ihren Arzt zu schicken. Hingegen berichtete Bedford in einem Brief vom 9. Januar, genau dies habe sie sofort getan. Am 20. Januar hatte sie sich von ihrem Reitunfall so weit erholt, daß sie sich zu ihrem Ehemann nach Glasgow begeben konnte. Sie brachte eine Sänfte mit, damit man ihn nach Edinburgh transportieren konnte, sobald sein Zustand es erlaubte.[6] Damit sind wir beim Vorspiel der Tragödie angelangt.

In welcher Absicht begab sich Maria Stuart nach Glasgow? Buchanan und Lennox haben sofort eine Antwort parat: Da der Giftanschlag mißlungen war, wollte sie ihr mörderisches Werk an dem armen Darnley vollenden. Ihr angebliches Mitleid war nur eine zynische Komödie, sie hatte nur eines im Sinn, nämlich ihn möglichst schnell loszuwerden. Für Nau, Leslie und alle anderen, die Marias Darstellung der Ereignisse folgten, handelte sie allein aus ehelicher Zuneigung und beseelt von dem Wunsch, wieder zu einem dauerhaften Einvernehmen mit ihrem Mann zu finden.

Die letztgenannte Interpretation klingt zwar romantisch, aber zugegebenermaßen paßt sie schlecht zu den vielen Beispielen von Argwohn und Groll gegenüber Darnley, die aus den Wochen zuvor berichtet werden. Die wahrscheinlichste Erklärung gab Maria am Tag ihrer Abreise nach Glasgow in einem Brief an ihren Botschafter in Paris, Beaton. Darin schrieb sie, man habe sie in Kenntnis gesetzt, daß Darnley eine Verschwörung plane, um den Prinzen Jakob in seine Gewalt zu bringen; er wolle ihn krönen lassen und dann an seiner Stelle regieren. »Meine einzige Sorge ist es, in meinem Land Frieden und Eintracht zu bewahren. Gott weiß, wie ich mich stets gegen den König, meinen Gatten, verhalten habe. Gleichermaßen sind sein Benehmen und seine Undankbarkeit mir gegenüber bekannt, und meine Untertanen, daran zweifle ich nicht, verdammen sie aus ganzem Herzen [...]. Sein Vater und seine Gefolgsleute wünschen mir nichts Gutes, und sie würden mir großen Schaden zufügen, wenn ihre Macht nur ebenso groß wäre wie ihr böser Wille. Doch Gott hat dafür gesorgt, daß ihre Kräfte beschränkt sind, und hindert sie daran, daß sie ihre böswilligen Absichten ausführen.«[7]

Unter diesen Umständen ist es verständlich, daß die Königin sofort, als sie von den verräterischen Umtrieben Darnleys und seines Vaters Kenntnis erhielt, nach Glasgow aufbrach, um den Machenschaften einen Riegel vorzuschieben und den gefährlichen Verschwörer nach Edinburgh zu schaffen, wo sie ihn besser unter Kontrolle hatte. Diese Interpretation wird dadurch gestützt, daß Maria ungeachtet der winterlichen Witterung und des schlechten Zustandes der Straßen dem Grafen Mar befahl, den kleinen Prinzen schleunigst und unter guter Bewachung von Stirling nach Holyrood zu bringen. Stirling lag zu nahe bei Glasgow und dem Zentrum der Intrigen.

Trotz des gegenseitigen Mißtrauens fiel die Begrüßung der beiden Gatten offensichtlich sehr freundlich aus. War es Heuchelei auf beiden Seiten? Oder ein kurzer Moment der Rührung im Gedenken an die glücklichen Tage ihrer Flitterwochen? Oder war es der wohlüberlegte Wunsch, zu einer Versöhnung zu kommen und es noch einmal miteinander zu versuchen? Mag sein, daß ein wenig von all dem eine Rolle spielte. Darnley glaubte jedenfalls, daß seine Frau ihm wieder zugetan sei. Er war grob, ungezogen, leichtsinnig und eitel, aber leicht zu beeinflussen, und vor allem liebte er sie im Grunde seines Herzens immer noch. Obwohl sein Vater Einwände erhob, kehrte er zusammen mit ihr am 26. Januar nach Edinburgh zurück.

Aber meinte sie es ehrlich mit ihm in den Stunden, die sie an seinem Krankenbett verbrachte, oder dachte sie Tag und Nacht nur an ihren Geliebten Bothwell und an den Mord, durch den sie endlich frei sein würde für ihn? Die Antwort auf diese Frage fiele eindeutig aus, wenn der in Glasgow geschriebene Kassettenbrief echt wäre; wie wir noch sehen werden, ist das keineswegs gesichert. Auf die sogenannten Kassettenbriefe werden wir später ausführlich eingehen, wenn wir schildern, wie diese verhängnisvollen Dokumente in der Öffentlichkeit auftauchten. Für den Augenblick lassen wir es damit bewenden, den Wortlaut des Briefes zu zitieren. Stellen wir uns vor, daß Maria Stuart ihn zu nächtlicher Stunde bei Kerzenschein im düsteren Schloß von Glasgow schrieb, während Darnley sich in einem angrenzenden Zimmer in Fieberträumen wand.[8] Der Brief ist an Bothwell gerichtet, den sie einige Tage zuvor verlassen hatte und nach dem sie sich sehnte. »Nachdem ich den Ort verlassen hatte, wo mein Herz zurückgeblieben ist, ist es leicht zu ermessen, wie mir zumute sein muß, wenn man bedenkt, was ein Körper ohne Herz vermag [...]. Gestern rief der König Joachim zu sich und fragte ihn, warum ich nicht bei ihm wohnen wolle und warum ich gekommen sei, ob ich mich mit ihm versöhnen wolle, ob Ihr hier wäret und ob ich Paris und Gilbert mitgebracht hätte [...]. Er sagte, er freue sich so sehr, mich zu sehen, daß er fürchte, er werde vor lauter Freude sterben [...]. Er schilderte mir seine Krankheit und fügte hinzu, ich sei die Ursache derselben, weil es ihm solchen Kummer bereitet habe, daß ich ihm nicht mehr zugetan gewesen sei. ›Ihr wolltet meine Versprechen und meine Reue nicht annehmen‹, sagte er. ›Ich gebe zu, daß ich Euch sehr beleidigt habe. Ihr sagt, ich sei zu meinen alten Fehlern zurückgekehrt, nachdem Ihr mir vergeben hättet, aber kann denn nicht ein Mann in meinem Alter, dem niemand rät, zwei- oder dreimal fehlen [...]? Wenn ich Vergebung erlange, dann verspreche ich, daß ich Euch niemals wieder beleidigen werde. Ich bitte Euch um nichts weiter, als daß wir wieder Tisch und Bett miteinander teilen, wie es für Ehegatten üblich ist. Wenn Ihr nicht einwilligt, werde ich [mich] niemals wieder von diesem Lager erheben [...]. Gott weiß, welchen Schmerz es mir bereitet, daß ich aus Euch einen Gott gemacht habe und keinen anderen Gedanken kenne als Euch [...]!‹ Ich habe ihn gefragt, warum er mit jenem englischen Schiff wegfahren wolle.* Er stritt dies ab und schwor, daß er keine solche Absicht habe [...]. Er bat mich sehr, bei ihm zu wohnen, was ich ablehnte. Ich sagte ihm, er bedürfe der Läuterung [...]. Wenn ich nicht durch Erfahrung gelernt hätte, daß sein Herz weich wie Wachs ist und das meine hart wie ein Diamant (so daß kein Pfeil es durchbohren kann, es sei denn, er wurde von Eurer Hand abgeschossen), hätte nicht viel gefehlt, und ich hätte Mitleid mit ihm empfunden. Doch seid unbesorgt: Diese Festung wird bis zum Tode gehalten [...]. Heute hat sein Vater aus der Nase und dem Mund geblutet: Ihr werdet Euch denken können, was dieses Vorzeichen bedeutet. Ich habe ihn noch nicht gesehen, denn er bleibt die ganze Zeit in seinem Zimmer [...]. Reizt es Euch nicht zum Lachen, wenn Ihr seht, wie gut ich lüge oder wie gut ich mich verstelle, wenn ich die Wahrheit sage?«

Dieser Brief, der im Jahr 1572 veröffentlicht wurde, ist ein bemerkenswertes Dokument, ein Zeugnis höchsten Zynismus. Er geht weiter wie ein Liebesbrief: »Es bereitet mir große Freude, Euch zu schreiben, während die anderen schlafen, denn ich kann nicht so schlafen, wie ich gerne möchte, das heißt in den Armen meines innig geliebten Freundes, den Gott vor allem Unglück bewahren und dem er Gelingen schenken möge [...]. Laßt

---

* Worauf Maria damit anspielt, wissen wir nicht. Vielleicht hat es damit zu tun, daß Darnley immer wieder drohte, er wolle Schottland verlassen.

mich wissen, was Ihr in der besagten Angelegenheit zu tun gedenkt, damit wir uns verständigen [...]. Verflucht sei er mit seinen Pusteln, daß er mir eine solche Last ist. Mit seinem Atem hat er mich fast umgebracht, denn sein Atem ist noch strenger als der Eures Onkels, und dabei gehe ich nicht einmal nahe zu ihm, sondern setze mich in einen Sessel bei seinen Füßen, an den Teil des Bettes, der am weitesten von seinem Kopf entfernt ist [...]. Nun komme ich zu der abscheulichen Erwägung. Ihr zwingt mich zu einem solchen Maß an Verstellung, daß ich Angst habe, denn Ihr zwingt mich nicht nur, die Rolle der Verräterin zu spielen. Triebe mich nicht der Wunsch, Euch zu Gefallen zu sein, so wollte ich lieber sterben, als derartige Dinge tun [...]. Leider habe ich noch nie jemanden betrogen, aber ich füge mich in allem Eurem Willen [...].«

Ein so perfektes Belastungsdokument wie dieses wäre unvollständig ohne die geradezu klassische Formel: »Verbrennt diesen Brief, denn er ist gefährlich. Ich denke nichts als schlimme Dinge. Wenn Ihr in Edinburgh seid, wenn Ihr diesen Brief erhaltet, laßt es mich wissen. Um Euch zu Gefallen zu sein, werde ich weder auf meine Ehre Rücksicht nehmen noch auf mein Gewissen, nicht einmal auf meinen Rang [...]. Gedenkt Eurer Freundin, und schreibt ihr oft. Liebt mich, wie ich Euch liebe.«

Es fehlt eigentlich nur noch, daß Maria ganz offen schreibt, sie wolle ihren Ehemann nach Edinburgh schaffen, damit er dort zu Tode gebracht werden könne. (Aber in kaum verhüllten Worten steht sogar auch das in dem Brief: »Laßt mich wissen, was Ihr zu tun beabsichtigt, und bedenkt, ob [Ihr] nicht ein weniger offensichtliches Mittel finden könnt, vielleicht einen Trank, denn er muß Arznei einnehmen und gebadet werden. In den nächsten Tagen wird er seinen Aufenthaltsort hier nicht verlassen können. Nach dem, was ich von ihm höre, ist er sehr besorgt, dennoch schenkt er meinen Worten weithin Glauben.«) Alles in allem ist der Brief ein zynisches Dokument, das keinen Zweifel an Marias Schuld läßt.

Wenn Maria Stuart tatsächlich diesen Brief geschrieben haben sollte, muß sie nicht recht bei Verstand gewesen sein. Der erste Teil steht in vollkommenem Widerspruch zum zweiten Teil. Am Anfang schildert sie einen reumütigen Darnley, weich und unterwürfig. Dieser Teil paßt sehr gut zu dem Bild des »armen unschuldigen Lammes«, das Lennox und seine Gefolgsleute später von Darnley zeichneten. Aber warum widmet Maria in einem Brief an ihren Geliebten so viele Zeilen den Bitten ihres Ehemannes um Versöhnung? Im zweiten Teil ist auf einmal nur noch von ihrer Liebe zu dem Empfänger des Briefes die Rede und davon, wie man den abscheulichen Ehemann mit dem übelriechenden Atem am besten in den tödlichen Hinterhalt locken kann. Wir lassen es fürs erste mit der Feststellung bewenden, daß hier zumindest ein erstaunlicher psychologischer Widerspruch vorliegt.

Was während jener dramatischen Tage in Glasgow in Darnley vorging, wissen wir aus den Aussagen von Thomas Crawford, einem Diener seines Vaters Lennox. Doch da Crawford im Prozeß von 1568 als Belastungszeuge gegen Maria auftrat, müssen wir seine Worte mit aller Vorsicht abwägen.[9] Crawford gab in fast identischem Wortlaut jenes Gespräch zwischen Maria und Darnley wieder, das auch in dem Kassettenbrief geschildert wird: »Kann ein Mann meines Alters aus Mangel an Rat sich nicht zwei- oder dreimal irren und dann bereuen [...]? Ich bin genug gestraft, daß ich Euch zu meiner Gottheit gemacht habe [...]. Wenn Ihr mir nicht vergebt, werde ich mich nie wieder von diesem Lager erheben.« Und so geht es weiter. Die fast wörtliche Übereinstimmung der beiden Texte ist verblüffend – der eine streng geheim, geschrieben in der Nacht unmittelbar nach dem Gespräch, der andere eine Wiedergabe aus dem Gedächtnis mehr als einenhalb Jahre später. Sollte Crawford vor seiner Einlassung im Prozeß den Kassettenbrief gelesen haben? Und wie glaubwürdig sind dann seine angeblichen »Erinnerungen«?

Darnley habe erzählt, so Crawford weiter, daß ihm einen Monat zuvor Gerede über einen geplanten Anschlag auf sein Leben zu Ohren gekommen sei, aber Darnley »hat nicht glauben wollen, daß seine eigene Frau darauf sinnen könnte, ihm Schlimmes zuzufügen«. Lennox habe seinen Sohn vor seiner verräterischen Gattin gewarnt, doch der arme Junge habe sich nicht überzeugen lassen und nur gesagt, »wenn man ihn töten wolle, werde er sein Leben teuer verkaufen, es sei denn, die Mörder würden ihn im Schlaf überfallen«. Den Richtern sollte Darnley ganz als das unschuldige Opfer erscheinen.

Wenn wir davon ausgehen, daß Maria Stuarts Brief an Bothwell echt ist und Thomas Crawford als Zeuge die Wahrheit gesagt hat, müssen wir zu dem Schluß kommen, daß es eine Verschwörung zur Ermordung von Darnley gab und daß die Königin daran beteiligt war. Doch Crawford stand in Lennox' Diensten, Lennox hatte ihn im Prozeß gegen Maria als Zeugen aufgeboten, und der Brief ist – vorsichtig ausgedrückt – umstritten. Wenn wir im Gegenteil annehmen, daß Crawford in seiner Zeugenaussage nur das wiederholte, was Maria Stuarts Feinde ihm vorgesagt hatten, und daß der angebliche »Brief aus Glasgow« ein Machwerk war, das sie vernichten sollte, dann wissen wir nur noch eines sicher, und das ist die zeitliche Abfolge der Ereignisse: Am 22. oder 23. Januar 1567 traf Maria Stuart in Glasgow am Krankenbett ihres Mannes ein, am 26. verließ sie Glasgow zusammen mit ihrem Mann. Darnley wurde in einer geschlossenen Sänfte transportiert, zum Schutz der entzündeten Pusteln war sein Gesicht mit einem Seidentuch abgedeckt. Der Zug legte die Wegstrecke in kleinen Etappen zurück, Maria ritt die ganze Zeit neben ihrem Mann. Am 1. Februar erreichten sie Edinburgh, wo man für Darnley ein kleines Haus nahe der Stadtmauer vorbereitet hatte, nicht weit von den Ruinen einer Kirche, die Kirk o'Field* genannt wurde.

Die weiteren Ereignisse sind für sich genommen tragisch genug, und man braucht nicht noch wie Claude Nau düstere Details hinzuzufügen. In seinem Bericht, der Maria Stuarts Erinnerungen folgt, schreibt er: »Während jener Reise begleitete sie die ganze Strecke von Glasgow nach Edinburgh ein Rabe, in Edinburgh saß er oft auf dem Haus des Königs, und am Tag vor seinem Tod krächzte er lange.«

Warum hatte man gerade dieses Haus ausgewählt?

Normalerweise hätte der König im Palast Holyrood wohnen müssen, doch das kam nicht in Frage, weil man wegen der Ansteckungsgefahr den kleinen Prinzen von seinem Vater fernhalten wollte. Einer von Darnleys Dienern, Thomas Nelson, sagte im Prozeß von 1568 aus, die Königin habe ihrem Mann vorgeschlagen, in Craigmillar zu wohnen, doch er habe abgelehnt, und »auf seinen Wunsch wurde beschlossen, daß er in der Nähe der Kirche auf den Feldern wohnen sollte«.[10] Diese Aussage stimmt mit dem überein, was Maria Stuart später Claude Nau erzählte: »Der König wählte als Unterkunft ein kleines Haus außerhalb der Mauern, auf Anraten von James Balfour und einigen anderen und gegen den Willen Ihrer Majestät, die ihn nach Craigmillar bringen lassen wollte, damit Seine Gnaden der Prinz vor Ansteckung sicher war.«[11] Obgleich die beiden Berichte aus sehr verschiedenen Quellen stammen, stimmen sie in einem Punkt überein: Darnley selbst wählte Kirk o'Field als Unterkunft. Damit dürfte Buchanans Behauptung widerlegt sein, die Mörder hätten dieses Haus mit Bedacht ausgesucht wegen seiner Abgeschiedenheit und weil man so gut heimlich habe dorthin gelangen können.[12]

Das Haus lag ruhig, in einer Gegend, die als der Gesundheit besonders zuträglich galt. Es gehörte zu einer quadratischen, halb ländlichen Anlage mit Gärten und Obstwiesen, Besitzer war James Balfour, ein enger Freund von Bothwell – ein Detail, das Bothwells Feinde später selbstverständlich weidlich ausnützten. Da früher der Propst von St. Giles darin gewohnt hatte, hieß es überall »das Haus des Propstes«. Ganz in der Nähe befand sich das Stadthaus des Grafen von Châtellerault, das er bewohnte, wenn er sich

* »Die Kirche auf den Feldern«.

in Edinburgh aufhielt. Kirk o'Field war demnach alles andere als ein düsterer, abgeschiedener Fleck, viel eher eine Wohngegend.*

Trotz – oder vielleicht gerade wegen – der Fülle zeitgenössischer Berichte ist es nicht leicht, ein Bild des Hauses und seiner unmittelbaren Umgebung zu entwerfen. Genauigkeit ist kaum ein Merkmal des literarischen Stils im 16. Jahrhundert, und in vielen Einzelheiten widersprechen sich die Texte. Im 18. und 19. Jahrhundert hat sich das Gesicht des gesamten Stadtviertels durch die Verlegung der South Bridge Street und den Bau der Universität verändert, und heute ist es unmöglich, sich auch nur eine ungefähre Vorstellung davon zu machen, wie die Örtlichkeiten im Jahr 1567 ausgesehen haben.

Mit Bestimmtheit wissen wir nur folgendes: Das Haus stand innerhalb der Stadtmauer, durch eine kleine Pforte konnte man hinaus gelangen. Es hatte zwei Geschosse, der erste Stock war durch eine überdachte Treppe mit dem Garten verbunden. Von Holyrood aus führte ein Weg über die Felder – heute die Holyrood Road – durch die Pforte in der Mauer direkt zu dem Haus, ohne daß man die Stadt berühren mußte. Um so rätselhafter ist es, warum Darnleys Mörder, wie ihre Komplizen in ihren jeweiligen Prozessen übereinstimmend aussagten, die Hauptstraße von Canongate nahmen, auf der sie drei von Soldaten bewachte Tore passieren mußten, bei Holyrood, bei Netherbow und bei Cowgate. Wir werden noch darauf zu sprechen kommen, zu welcher Interpretation dieses anscheinend unverständliche Detail Anlaß gegeben hat.

Ebensowenig Genaues wissen wir – trotz der Fülle (widersprüchlicher) Detailangaben in den verschiedenen Dokumenten – über die räumliche Aufteilung und die Ausstattung des Hauses. Das Haus wurde für den neuen Bewohner vorbereitet: In dem großen Schlafzimmer im ersten Stock stellte man ein geschnitztes, mit schwarzem Samt bezogenes Bett auf, daneben eine Badewanne, damit der Kranke die verordneten Bäder nehmen konnte; weitere Möbel und Wandteppiche wurden aus Holyrood herbeigeschafft. Als Deckel für die Badewanne hatte man die »Durchgangstür zu den Schlafzimmern« aus den Angeln gehoben. Später hieß es, dies sei geschehen, um den Mördern den Weg frei zu machen.**[13]

---

* Thomas Nelson sagte aus, Darnley habe zuerst geglaubt, er werde im Haus des Grafen Châtellerault und nicht in dem kleineren Haus von Balfour untergebracht. Das ist sehr unwahrscheinlich, denn Darnley und Châtellerault waren, wie man allgemein wußte, seit eh und je verfeindet – ein weiterer Widerspruch in dieser an Widersprüchen so reichen Geschichte.

** Als Maria Stuart das Haus besichtigte, verlangte sie, das Bett mit dem schwarzen Samt gegen ein anderes, weniger kostbares, mit violettem Samt bezogenes auszutauschen mit der Begründung, das Bett könne durch die Bäder Schaden nehmen. Buchanan sah darin den Beweis, daß Maria über den Plan, das Haus zu zerstören, Bescheid wußte.

Am 1. Februar 1567, einem Samstag, zog Henry Darnley mit seinen persönlichen Dienern nach Kirk o'Field. Maria Stuart blieb in Holyrood und besuchte ihren Mann jeden Tag, mindestens zweimal übernachtete sie in dem Schlafzimmer im Erdgeschoß. Dort hatte sie ein Bett mit einem Bezug aus gelbem und grünem Damast und einem Überwurf aus Pelz aufstellen lassen: Die Winternächte in Edinburgh sind kalt. Mit der Königin kam eine Schar Höflinge, und so wurde das Haus des Propstes in der ersten Februarwoche des Jahres 1567 das Zentrum des gesellschaftlichen Lebens der Hauptstadt. In krassem Widerspruch dazu steht Thomas Nelsons Aussage, Darnley habe niemanden sehen wollen und sogar angeordnet, Tag und Nacht die Fensterläden geschlossen zu halten.

Allgemein hatte man den Eindruck, daß die beiden Ehegatten wieder versöhnt waren. Wenn man Darnleys Vater Matthew Lennox Glauben schenken kann, fühlte sich Darnley selbst in die Zeit seiner Flitterwochen zurückversetzt.[14] Allem Anschein nach träumte Darnley auch wieder, sobald er sich auf dem Wege der Besserung fühlte, von der Mitkönigskrone, spann Intrigen und erging sich in Beschuldigungen. Er nutzte die neue Eintracht mit seiner Frau und »eröffnete« ihr, Moray und Lethington planten ein Komplott gegen sie.[15] In diesen Zusammenhang könnte auch eine heftige Auseinandersetzung gehören, die Darnley mit Robert Steward, einem von Marias Halbbrüdern, in Marias Gegenwart hatte. Buchanan behauptete, es habe sich dabei um ein von Maria geplantes Manöver gehandelt, denn »sie dachte, daß es einfacher wäre, wenn ihr Ehemann in einem Streit ums Leben käme statt bei der Explosion des Hauses«.[16]

James Melville kostete in seiner Schilderung die dramatische Zuspitzung der Situation in vollen Zügen aus und schrieb, Darnley sei informiert worden, daß ihm Gefahr drohe und daß »er sofort fliehen müsse, weil es ihn sonst das Leben kosten werde«.[17] Aber zu Darnleys Charakter habe es nun einmal gehört, »daß er kein Geheimnis für sich behalten konnte, nicht einmal wenn es in seinem eigenen Interesse war«.[18] Er habe nichts Eiligeres zu tun gehabt, als alles seiner Frau zu erzählen, und als sie dann den Informanten befragt habe, habe jener selbstverständlich von nichts gewußt.

Am Abend des 9. Februar, einem Sonntag, herrschte in Kirk o'Field besonders fröhliches Treiben. Maria Stuart zeigte sich ganz als die besorgte und zärtliche Ehefrau, freute sich sichtlich über die Fortschritte des Patienten und sprach davon, daß er in der nächsten Woche möglicherweise nach Holyrood zurückkehren könne. Sie schickte sich schon an, die Nacht in dem Schlafzimmer im Erdgeschoß zu verbringen wie bereits zweimal in der Woche zuvor, als man sie daran erinnerte, daß sie versprochen hatte, an diesem Abend bei einem Maskenspiel in Holyrood zugegen zu sein, das anläßlich der Hochzeit ihres Dieners Bastian veranstaltet wurde. (Derselbe Bastian hatte sechs Wochen zuvor jenes Maskenspiel der Satyrn mit den Schwänzen in Szene gesetzt, das die Engländer so empört hatte.) Maria verabschiedete sich also von ihrem Mann und gab ihm einen Ring als Zeichen ihrer Liebe und Treue. Augenscheinlich war sie sehr bestrebt – mit ehrlichen oder verräterischen Absichten –, nach außen ein Bild vollkommener ehelicher Harmonie zu vermitteln. Lennox' Behauptung, beim Abschied von Darnley habe sie laut gerufen, dies sei »dieselbe Zeit wie damals, als David Rizzio ermordet wurde«, klingt vollkommen unglaubwürdig.[19]

Gegen elf Uhr abends kehrte Maria Stuart zusammen mit ihren Getreuen – Argyll, Huntly, Atholl, Bothwell –, die sie nach Kirk o'Field begleitet hatten, nach Holyrood zurück. (Nur Moray war nicht dabei: Er war zwei Tage zuvor nach St. Andrews aufgebrochen, weil seine Frau kurz vor der Niederkunft stand.) Darnley blieb mit seinen Dienern allein in Kirk o'Field zurück. Von diesem Augenblick an ist alles in geheimnisvolles Dunkel gehüllt.

Am Montag, dem 10. Februar 1567, wurden die Einwohner von Edinburgh gegen zwei Uhr vom Knall einer Explosion geweckt, die so gewaltig war, »als hätte man dreißig Kanonen im selben Augenblick abgefeuert«.

Aus den Nachbarhäusern stürzten die Menschen zum Ort der Explosion. Das Haus des Propstes lag in Trümmern, »ein Haufen Steine und Holz«, auf der angrenzenden Mauer saß ein Mann und rief um Hilfe. Wenig später fand man jenseits der Pforte im Garten die Leiche von Darnley im Nachthemd, neben ihm seine Kleider, »ordentlich gefaltet und aufeinandergelegt«, und die Leiche seines Dieners William Taylor. Beide Leichen waren augenscheinlich »unversehrt, ohne Verletzungen oder Verbrennungen, die Kleider waren nicht zerrissen und zeigten keine Spuren von Pulver«.[20] Der Mann, der sich gerettet hatte, hieß Thomas Nelson und war ein Diener der Familie Lennox. Seine Zeugenaussage, aus der wir bereits zitiert haben, belastete Maria Stuart bei ihrem Prozeß ein Jahr später schwer.

Es gibt keinen Beweis, daß die Bewohner von Holyrood die Explosion hörten, aber es ist zumindest wahrscheinlich, da die Entfernung bis zum Schloß nur ungefähr einen Kilometer betrug. Wir wissen nur, daß ein gewisser George Hacket von Kirk o'Field zum Schloß lief, in Bothwells Zimmer stürmte – Bothwell lag im Bett – und ihm berichtete, was geschehen war. Bothwell sprang aus dem Bett und rief: »Pfui, Verrat!« Hastig zog er sich an, weckte die anderen Adligen im Schloß – Argyll, Huntly, Atholl,

Die junge Maria Stuart
Zeichnung von Jean Clouet, 1559

Karl IX., König von Frankreich
*Zeitgenössischer Kupferstich,
Domenicus Custos zugeschrieben*

Jakob VI., König von Schottland
Sohn der Maria Stuart und
Lord Darnleys
Kupferstich aus dem 17. Jh.

Philipp II., König von Spanien
und Portugal
*Gemälde von Anthonis Mor,
um 1550*

Katharina von Medici
(1519–1589)
Königin von Frankreich
Gemälde von François Clouet

Maria Stuart, zusammen mit Lord Darnley, ihrem zweiten Gatten
Kupferstich von Elstruk, 17. Jh.

Holyrood Palace in Edinburgh, Residenz der schottischen Könige
Stahlstich, um 1850

London, Vedute mit Krönungszug König Eduards VI. am 28. 2. 1547
Gemälde

Elisabeth I., Königin von England
Bildnis mit dem Hermelin.
Gemälde von Nicholas Hilliard (1547-1619)

William Cecil, Baron Burghley, Schatzkanzler unter Elisabeth I.
Gemälde, Marcus Geeraerts d. J. zugeschrieben (1561–1635)

John Knox, schottischer Reformator
Zeitgenössischer Kupferstich

Die Gerichtsverhandlung gegen Maria Stuart am 14./15. Oktober 1586
im Schloß Fotheringhay (rechts oben: Maria Stuart)
Federzeichnung aus den Papieren Robert Beale's

Maria Stuart auf dem Weg zu ihrer Hinrichtung am 8. Februar 1587
in Schloß Fotheringhay
Lithographie nach einem Gemälde von Volkhart, um 1840

*Nachweis aller Abbildungen:
Archiv für Kunst und Geschichte, Berlin*

Maitland, Lady Mar, Lady Atholl – und ging mit ihnen zusammen zur Königin. Die Königin schlief (nach dem Maskenspiel zur Hochzeit ihres Dieners Bastian war sie spät zu Bett gegangen). Von allen Chronisten schildert nur Buchanan diese Szene. Ihm zufolge nahm die Königin die Nachricht vom Tod ihres Gatten vollkommen ruhig auf, dann schlief sie friedlich weiter »bis zum Mittag des nächsten Tages«.[21]

Tatsächlich hören wir von Maria Stuart erst wieder am 11. Februar. An diesem Tag sandte sie ihrem Botschafter in Paris, Erzbischof Beaton, einen für Katharina von Medici und Karl IX. bestimmten Brief und berichtete über das nächtliche Drama in Kirk o'Field: »Dies ist ein so schreckliches und so seltsames Ereignis, daß ich glaube, es hat nie zuvor und in keinem Land etwas Derartiges gegeben [...]. Man weiß nicht, wer es getan hat und auf welche Weise, aber ich zweifle nicht, daß die gründlichen Nachforschungen meines Rates alles ans Licht bringen werden, und dann soll das Verbrechen mit einer Härte bestraft werden, die künftigen Zeiten als Beispiel dienen mag.«[22]

Am 12. Februar wurde im Namen der Königin und des Geheimen Rates bekanntgegeben, daß zweitausend Pfund in Silber sowie eine jährliche Rente als Belohnung ausgesetzt seien für denjenigen, der »die Urheber und Komplizen dieses abscheulichen und widerwärtigen Verbrechens«[23] nennen könne, außerdem wurde demjenigen Straffreiheit zugesichert.

Nun hätte man erwarten können, daß die Regierung unverzüglich eindeutige offizielle Schritte unternehmen würde, denn immerhin handelte es sich um den gewaltsamen Tod des Ehemanns der Königin, der trotz allem den Titel König trug. Doch die Ereignisse der ersten Tage nach dem Mord sind in ein seltsames Dunkel gehüllt. Das geht so weit, daß wir nicht einmal einen glaubwürdigen Bericht über Darnleys Beerdigung besitzen. Es scheint, daß seine Leiche einen vollen Tag in einem angrenzenden Haus lag, den Blicken der Neugierigen ausgeliefert. Falls eine Obduktion durchgeführt wurde, wurden die Ergebnisse jedenfalls nicht veröffentlicht. (Aus den Abrechnungen des königlichen Haushalts geht hervor, daß für das Einbalsamieren der Leiche 42 Pfund und 6 Shilling bezahlt wurden.) Die Beisetzung fand nachts statt, hastig und ohne jede feierliche Zeremonie. Darnley war katholisch gewesen, und für eine große Messe war es wohl nicht der richtige Zeitpunkt.

Wir kennen die Gründe für die gleichgültige Haltung der Regierung nicht, aber sie gab Anlaß zu allen möglichen Spekulationen. Da vom Hof keine Informationen kamen, blühten die Gerüchte, Maria Stuart blieb nicht verschont. Am 22. Februar schrieb der spanische Botschafter aus London, daß »die Häretiker die Beteiligung der Königin als erwiesen ansehen, selbst die Katholiken sind gespalten. Die Freunde des toten Königs halten sie für schuldig, ihre Freunde sagen das Gegenteil.« Der Botschafter Savoyens berichtete nach seiner Rückkehr aus Schottland »nichts zur Entlastung der Königin von den Vorwürfen, die gegen sie erhoben werden«.[24]

Für den weiteren Gang der Dinge wog es besonders schwer, daß die Gerüchte auch Königin Elisabeth zu Ohren kamen und Elisabeth sie ernst nahm. So schrieb sie am 24. Februar ihrer Cousine: »Madame, meine Ohren sind ganz betäubt, ich kann mich vor Empörung kaum fassen, und mein Herz ist so sehr entsetzt von der Nachricht über den abscheulichen Mord an Eurem Gatten, daß ich noch kaum zu schreiben vermag [...]. O Madame! Ich wäre nicht die treue Cousine und die liebende Freundin, wenn es mir wichtiger wäre, Euren Ohren zu schmeicheln, als daß ich mich bemühte, Eure Ehre zu bewahren; deshalb werde ich Euch kein Wort von dem verhehlen, was die Leute über das Verbrechen sagen: daß Ihr, wenn es darum geht, das Verbrechen zu sühnen, durch die Finger seht und nichts unternehmt gegen jene, die Euch diesen Dienst erwiesen haben.«[25]

Ein perfider Brief, der Schlußsatz ist geradezu ein Meisterwerk an Heuchelei: »Um alles Gold der Welt wünschte ich, daß dieser Gedanke nicht in meinem Herzen wohnte.« Aber man konnte den Brief nicht auf die leichte Schulter nehmen. Auch Erzbischof Beaton in Paris war besorgt über die Gerüchte: »Jetzt ist es wichtiger denn je, Madame, daß Ihr jene große Tugend an den Tag legt, mit der Gott Euch begabt hat [...], denn man spricht so übel über jenes grausame und abscheuliche Verbrechen, daß ich Euch bitte, es mir nachzusehen, wenn ich die Worte nicht wiederhole, denn sie sind gar zu widerwärtig.«[26]

So bildete sich ganz allmählich ein Netz aus Gerüchten und bald schon offenen Anklagen, Maria Stuart habe zu dem Mord an ihrem Gatten angestiftet oder die Tat zumindest geduldet. Wir werden noch sehen, wie sehr sie durch ihr Verhalten, das man zumindest verwirrend nennen muß, ihren Gegnern in die Hände gearbeitet hat.

Doch bevor wir uns den Ereignissen nach Darnleys Tod zuwenden, die seiner Witwe zum Verhängnis wurden, müssen wir noch eine Frage beantworten, die wir erst gestreift haben: Was genau geschah in jener Nacht vom 9. auf den 10. Februar 1567 in Kirk o'Field?

Diese Frage ist eine der schwierigsten der Geschichte. Ströme von Tinte und sogar von Blut sind darüber schon geflossen, und es gibt keine Hoffnung, daß man jemals eine befriedigende Antwort finden wird.

Der Grund für die heillose Verwirrung liegt darin, daß die Urheber des Verbrechens größtes Interesse daran hatten, die Spuren zu verwischen, und daß sie Positionen innehatten, wo sie dies tun konnten. Doch während Bothwell, bald schon der Hauptverdächtige, nicht lange genug an der Macht blieb, um einen wirkungsvollen Verteidigungsschlag zu führen, hatten seine Feinde Zeit genug, Zeugenaussagen zu sammeln, zu veröffentlichen und natürlich auch zu erfinden, die gegen ihn sprachen. Im Juni hatten sie dann endgültig die Oberhand gewonnen. Alle Quellen, die uns heute zur Verfügung stehen, belasten Bothwell, und darum sollte man ihnen nicht vorbehaltlos Glauben schenken.[27]

Die Berichte über das Verbrechen fallen in zwei Gruppen: Auf der einen Seite haben wir die »Geständnisse« von Bothwells Dienern, die nach seinem Sturz ergriffen und abgeurteilt wurden, auf der anderen Seite die Aussagen von Darnleys Dienern (oder den Dienern seines Vaters Lennox, was auf dasselbe herauskommt) beim Prozeß gegen Maria Stuart nach ihrer Flucht nach England. Es ist nicht verwunderlich, daß die Versionen der verschiedenen Zeugen übereinstimmen, denn die Absicht war in allen Fällen die gleiche: Bothwell sollte als der Hauptschuldige erscheinen, und mit ihm sollte Maria Stuart belastet werden.

Ohne Zweifel wurden Bothwells Diener unter Druck gesetzt und sogar gefoltert, damit sie ihren Herrn verrieten. Anders kann man sich die Fülle der oft ziemlich unwahrscheinlichen Einzelheiten nicht erklären, die sie gegen ihren Herrn vorbrachten, und das in einer feudalen Gesellschaft, deren tragende Säule die Treue des Vasallen gegenüber dem Lehnsherrn war. Die sechs wichtigsten Geständnisse aus dem Kreis von Bothwells Getreuen stammen von seinen Kammerdienern George Dalgleish und William Powrie, seinem Pagen John Hay of Tallo, genannt »Tallo der Jüngere«, seinem Vasallen John Hepburn of Bolton – diese vier wurden am 3. Januar 1568 zum Tode verurteilt –, von dem »Franzosen Paris« alias Nicolas Hubert, einem Diener Bothwells, den dieser der Königin überlassen hatte – er wurde im August 1569 zum Tode verurteilt –, und von einem jungen Adligen namens James Ormiston, der zu Bothwells Haushalt gehört hatte. Ormiston wurde erst sehr viel später, im Jahr 1573, befragt.

Mit einigen Abweichungen geben alle sechs Aussagen in etwa die gleiche Schilderung der Ereignisse: Demnach ließ Bothwell am 9. Februar Kisten mit Kanonenpulver nach Kirk o'Field schaffen, gekauft hatte das Pulver sein Freund James Balfour. (»Dem Preis nach, den Balfour angeblich dafür bezahlt hatte«, schrieb der Engländer Drury, »hätte es mit wertvollen Essenzen parfümierter Puder gewesen sein müssen.«[28]) Am Abend, während die Königin und ihre Höflinge mit Darnley plauderten, hatte man die Kisten im Erdgeschoß in dem Zimmer unter Darnleys Schlafzimmer aufgetürmt. In dieses Zimmer war man mittels eines Schlüssels gelangt, denn

Bothwell hatte die Umsicht besessen, sich rechtzeitig alle Schlüssel zu dem Haus zu besorgen. Später begleitete Bothwell die Königin nach Holyrood, zog sich andere, vollkommen schwarze Kleidung an, darüber einen »weiten dunklen Umhang in deutschem Schnitt«, und kehrte dann mit Paris, Dalgleish, einem Diener namens Patrick Wilson, Tallo dem Jüngeren, Hepburn of Bolton und zwei weiteren Männern nach Kirk o'Field zurück. Sie kamen auf der Hauptstraße von Canongate, und an allen Toren riefen sie laut: »Freunde von Mylord Bothwell!« Bothwell ging dann wieder zum Schloß, während Hepburn die Zündschnur in Brand setzte. Kurz darauf flog das Haus in die Luft.

Wie man sieht, wimmelt diese Darstellung förmlich von Ungereimtheiten. Warum kehrte Bothwell mitten in der Nacht nach Kirk o'Field zurück und sorgte so gründlich dafür, daß er nicht unbemerkt blieb? Warum wartete er nicht in aller Ruhe in Holyrood die Explosion ab? Und dann: Warum mußte sich ein Zug von sieben Mann auf den Weg machen, um die Zündschnur in Brand zu setzen, wenn man das Pulver schon am Abend ins Haus geschafft hatte?

Überdies geben die »Geständnisse« keine Antwort auf die Frage, warum die Leichen von Darnley und seinem Kammerdiener ohne sichtbare Verletzungen in dem Garten auf der anderen Seite der Mauer gefunden wurden. Man versuchte es so darzustellen, als seien sie durch die Gewalt der Explosion dorthin geschleudert worden, aber das glaubte niemand. Zwei Versionen kursierten: Die eine besagte, Darnley und der Diener seien im Schlafzimmer erstickt worden (»mit einem in Essig getauchten Taschentuch«, wie Lennox zu berichten wußte), die Leichen habe man dann in den Garten geschafft. Nach der anderen Version hatten sie ein Geräusch im Erdgeschoß gehört und waren daraufhin über die überdachte Treppe geflohen, doch jenseits der Pforte hatten die Mörder sie eingeholt und erwürgt. Die zweite Version klingt plausibler als die erste, aber es bleibt die Frage, warum man die beiden Leichen nicht in das Haus zurückgetragen hatte, um den Anschein zu erwecken, sie seien bei der Explosion getötet worden. Eine mögliche Antwort könnte sein, daß die Zündschnur bereits brannte und die Mörder sich nicht mehr ins Haus wagten.

Wie auch immer, das nächtliche Hin und Her zwischen Holyrood und Kirk o'Field und die beiden Leichen außerhalb der Stadtmauer ergaben in etwa das, was die Verfasser von Kriminalromanen ein »unmögliches Verbrechen« nennen. Die Historiker haben beachtlichen Einfallsreichtum aufgeboten, um doch noch zu einer befriedigenden Erklärung zu gelangen. Die wohl verblüffendste Erklärung stammt von General Mahon: Nach eingehendem Studium aller Quellen kam er zu dem Schluß, die ganze Sache sei von niemand anderem als Darnley selbst eingefädelt worden unter Beteiligung der Jesuiten in der Absicht, Maria Stuart aus dem Weg zu räumen. Durch eine unglückliche Verknüpfung von Umständen sei der Schöpfer des Plan selbst zum Opfer geworden. Maria und Bothwell hätten rechtzeitig davon erfahren und den Verräter in dem Moment getötet, da seine Maske gefallen sei und er das Weite gesucht habe.[29]

Nach dieser Hypothese übernahm Bothwell die Rolle des Sündenbocks, und weil er überstürzt und planlos handeln mußte, beging er auf dem Weg zwischen dem Schloß und dem Ort des Verbrechens eine Ungeschicklichkeit nach der anderen. Wie man sieht, ist diese Hypothese sehr einfallsreich konstruiert; doch ob sie auch glaubhaft ist, steht auf einem anderen Blatt.

Will man die Fäden dieser verworrenen, ja geradezu absurden Angelegenheit wenigstens ein wenig entwirren, muß man sich vor Augen halten, daß alle Angaben darüber, was Bothwell in jener verhängnisvollen Nacht tat, von seinen Feinden oder von eingeschüchterten und gefolterten Dienern gemacht wurden. Die Ankläger des Grafen hatten ein Interesse daran, daß er von den Zeugen möglichst schwer belastet wurde. Anders kann man nicht erklären, daß Bothwell so unwahrscheinliche Äußerungen zugeschrieben wurden wie die von Tallo dem Jüngeren zitierte: »Der Tod des Königs ist beschlossene Sache. Wenn ich ihn nicht töte, wird er mich vernichten.« Genauso unwahrscheinlich klingt die Aussage des Dieners Paris, Maria Stuart sei über die Vorbereitungen zu dem Verbrechen auf dem laufenden gewesen und habe ihm gegenüber sogar damit geprahlt.

Wir haben keinen stichhaltigen Grund, daran zu zweifeln, daß Bothwell an dem Verbrechen beteiligt war, aber ganz gewiß war er nicht der alleinige Schuldige. Sein Freund James Balfour spielte mit Sicherheit eine sehr viel wichtigere Rolle, als aus den »Geständnissen« der Helfershelfer ersichtlich wird. Doch zum Zeitpunkt des Prozesses hatte sich Balfour von Bothwell und Maria Stuart losgesagt und sich auf die Seite der Sieger geschlagen, darum mußte sein Anteil an der Tat verschwiegen werden. Des weiteren wurde ein Cousin des Grafen Mar, Archibald Douglas, am Ort des Verbrechens gesehen, doch er wurde weder verhaftet noch vor Gericht gestellt, weil Moray die Hand über ihn hielt.

Der Gedanke, Bothwell zum Hauptschuldigen zu stempeln, war den anderen Verschwörern gewiß nicht zufällig in den Sinn gekommen. Das würde erklären, warum die Gruppe dunkel gekleideter Männer auf dem nächtlichen Weg die Hauptstraße von Canongate hinab mit dem Ruf »Freunde von Mylord Bothwell!« auf sich aufmerksam machte: Gab es ein wirkungsvolleres Mittel, um Bothwell in Verdacht zu bringen? Bothwell kannte keine Skrupel, ein Mord war ihm durchaus zuzutrauen, aber er war nicht dumm.

Gerade weil er maßgeblich an den Vorbereitungen zu der Tat mitgewirkt hatte, mußte er dafür Sorge tragen, daß er sich zum Zeitpunkt der Ausführung möglichst weit entfernt vom Ort des Geschehens befand, das heißt, er brauchte wie jeder Verbrecher ein Alibi. Aber nach den uns vorliegenden Quellen werden wir nie mehr als ein paar Hypothesen darüber aufstellen können, was in der Nacht vom 9. auf den 10. Februar 1567 in Kirk o'Field geschah.

All diese Spekulationen erhellen überdies nicht jene Frage, die in unseren Augen die wichtigste ist: War Maria Stuart an dem Verbrechen beteiligt oder nicht?

Sie selbst beteuerte bis zu ihrem Tod beharrlich, daß sie nichts davon wußte und daß eigentlich sie als Opfer ausersehen war. »Ich bin sicher, daß dieser fluchwürdige Anschlag ebensosehr meinem Leben galt wie dem des Königs«, schrieb sie am 11. Februar in ihrem Brief an Erzbischof Beaton, »denn ich habe die ganze letzte Woche in diesem Haus zugebracht, und nur durch Zufall bin ich in jener Nacht nicht dort geblieben: oder vielmehr nicht durch Zufall, sondern durch die Gnade Gottes.«[30] Das war dann auch die gewissermaßen offizielle Version, die durch die diplomatischen Kanäle in ganz Europa verbreitet wurde. Aber vor den bald schon erdrückenden Beweisen, daß Bothwell in das Attentat verwickelt war, hatte diese Version nicht lange Bestand. Welches Interesse sollte der Graf gehabt haben, seine Herrscherin aus dem Weg zu räumen? Hätte man die Annahme untermauern wollen, daß der Anschlag Maria Stuarts Leben gegolten habe, dann hätte man andere Schuldige benennen und aburteilen müssen, zum Beispiel die Männer um Moray. Doch das geschah nicht, sei es aus Mangel an Beweisen, sei aus politischer Ohnmacht, und so hatten Bothwells Ankläger freie Hand.

Für Marias Verwicklung in den Anschlag gibt es drei Quellen: zunächst einmal die berühmten Kassettenbriefe, vor allem den bereits zitierten Brief aus Glasgow; dann die Zeugenaussage des »Franzosen Paris« aus dem Jahr 1569; schließlich die Aufzeichnungen von Buchanan und Lennox' Anklageschrift, die er 1568 im Prozeß gegen Maria Stuart einreichte.

Auf die Kassettenbriefe gehen wir hier nicht weiter ein, sie werden in einem späteren Kapitel ausführlich behandelt. Es wurde bereits erwähnt, daß man Buchanans Darstellung mit der Fülle oft widersprüchlicher Einzelheiten nur mit größter Vorsicht folgen darf. Dasselbe gilt für das von Lennox verfaßte Dokument; bei ihm ist Darnley nur gut, ein Engel, und Maria nur schlecht, eine Teufelin. So schreibt Lennox, daß sie sich vor Bothwell damit gebrüstet habe, sie heuchle »Versöhnung mit ihrem Ehemann, um jeden Verdacht bei ihm zu zerstreuen«; daß sie sich als Mann verkleidet habe, um heimlich den Anschlag mit ansehen zu können; daß sie dann ins Schloß zurückgekehrt und »ungeduldig auf die Explosion gewartet« habe. Am nächsten Tag sei sie wiedergekommen, um sich »am Anblick der Leiche des schönsten Prinzen, der jemals gelebt hat, zu weiden«. Wer zuviel beweisen will, beweist letztlich überhaupt nichts. (Im übrigen hat Lennox' Schriftstück allem Anschein nach die Richter nicht sehr beeindruckt.)

Es bleibt also nur noch das »Geständnis« von Paris oder vielmehr Nicolas Hubert, wie er mit richtigem Namen hieß.[31] Wenn es echt ist, gibt es den Ausschlag. Paris zufolge wies die Königin ihn am Abend des Verbrechens an, ihr Bett aus dem Schlafzimmer im unteren Stock wegzuschaffen, »wodurch ich erkannte, daß sie von der Tat Kenntnis hatte«. Er habe sie zur Vorsicht mahnen wollen, darauf habe sie geantwortet: »Sprich mir nicht davon, tue, was du willst.« Als die Vorbereitungen fast abgeschlossen gewesen seien, habe Bothwell ihm folgende Botschaft für Maria gegeben: »Sag ihr, daß ich nicht schlafen werde, bis mein Werk vollendet ist, und wenn ich aus Liebe zu ihr die Lanze mein ganzes Leben mit mir herumschleppen müßte.«

Zu dem Zeitpunkt, als Paris dieses »Geständnis« schrieb oder diktierte, im Jahr 1569, war er Gefangener im Schloß von St. Andrews, das zum Lehnsgut von Moray gehörte. Er durfte mit niemandem sprechen und wurde ganz gewiß gefoltert. Paris wußte, daß er die Wünsche der Männer erfüllte, die jetzt das Sagen hatten, wenn er Bothwell und Maria beschuldigte (Maria Stuart war zu der Zeit in England gefangen, Bothwell in Dänemark, Moray regierte Schottland). Möglicherweise hatte man ihm in Aussicht gestellt, sein Leben zu schonen, wenn seine Zeugenaussage in diesem Sinne ausfiele. Bei diesem Handel wäre er allerdings der Betrogene gewesen, denn einen so wichtigen Zeugen, der seine Aussage jederzeit widerrufen konnte, durfte man nicht am Leben lassen – er wurde hingerichtet wie alle anderen. Maria Stuart erzählte sehr viel später Claude Nau, an jenem Abend sei Paris aus dem unteren Schlafzimmer gekommen, als sie gerade das Haus in Kirk o'Field verlassen wollte. Sein Gesicht sei »ganz entstellt« gewesen, und sie habe ausgerufen: »Jesus, Paris, du bist ja ganz schwarz!« Daraufhin sei er »über und über rot geworden«.[32] Offensichtlich hatte er mit dem Kanonenpulver hantiert. Wir müssen uns damit abfinden, daß wir nie erfahren werden, wieviel Maria Stuart von der Tat wußte, durch die sie zur umstrittensten Witwe der Geschichte wurde.

12

»Dank dem guten Verhalten des Grafen Bothwell«

Zu Darnleys Lebzeiten hatten seine Zeitgenossen nicht viel Gutes über ihn zu sagen gehabt. Nach seinem Tod schien er auf einmal mit sämtlichen Tugenden begabt, und alle trauerten um ihn. Sogar Elisabeth, die einst mit harschen Worten die Eheschließung verurteilt und sich hartnäckig geweigert hatte, Darnley den Titel König zuzubilligen, konnte jetzt sein Andenken nicht hoch genug halten. Es entstand die paradoxe Situation, daß die protestantische Kirche lautstark nach Rache verlangte für den Tod eines Mannes, der noch wenige Wochen zuvor bei jeder Gelegenheit davon gesprochen hatte, das Land solle zur katholischen Religion zurückkehren, und der seine Frau in einem Brief an den Papst der Laschheit in Glaubensfragen bezichtigt hatte. Schon bald bildeten sich höchst überraschende Allianzen: Lennox, der Vater des Opfers, Darnleys Cousin Morton und seine Erzfeinde Moray und Maitland standen auf einmal auf derselben Seite. Bothwell sah sich als einziger – diese Gerechtigkeit muß man ihm widerfahren lassen – nicht genötigt, Bedauern und Abscheu zu heucheln. (Und, nebenbei bemerkt, auch an Katharina von Medicis Einstellung änderte Darnleys Tod nichts. Nachdem sie von dem Drama in Kirk o'Field erfahren hatte, schrieb sie an den Konnetabel von Montmorency: »Dieser junge Wirrkopf ist nicht lange König gewesen. Hätte er sich klüger verhalten, so wäre er, denke ich, noch am Leben. Es ist ein Glück für die Königin, meine Tochter, daß sie von ihm befreit wurde.«[1] Aber da kannte Katharina von Medici noch nicht die genauen Umstände von Darnleys Tod.)

Maria Stuart konnte nicht allzu demonstrativ Schmerz heucheln, denn das hätte ihr niemand geglaubt. Ihr Zerwürfnis mit Darnley war allgemein bekannt und seit Monaten ein Thema in der diplomatischen Korrespondenz in Europa. Doch wenn sie nicht als Mitschuldige an dem Verbrechen erscheinen wollte, mußte sie peinlich genau darauf achten, daß sie die Gepflogenheiten der Trauerzeit einhielt und daß niemand an ihrer Entschlossenheit zweifeln konnte, die Mörder zu finden. Statt dessen benahm sie sich in den Tagen nach dem Mord an ihrem Gatten seltsam und verdächtig und gab damit den schlimmsten Spekulationen Nahrung. Ihr wohlwollend gesinnte Historiker versuchten ihr Verhalten damit zu erklären, daß sie einen Nervenzusammenbruch erlitten habe oder in irgendeiner Weise von außen unter Druck gesetzt worden sei. Im Grunde genommen sind die Ungeschicklichkeiten das stärkste Argument für ihre Unschuld, denn man kann sich kaum vorstellen, daß eine Frau kaltblütig duldet, daß ihr Mann ermordet wird, und dann auf einmal nach der Tat so wirr und unverständlich handelt.

Ob sie nun Mitwisserin war oder nicht, Darnleys Tod veränderte jedenfalls die politische Landschaft in Schottland von Grund auf. Seit der Eheschließung mit der Königin im Juli 1565 wurden alle Bündnisse für oder gegen Darnley geschlossen, hatten alle Intrigen mit ihm zu tun. Zuerst hatte die Frage der Mitkönigskrone die diplomatischen Aktivitäten in Europa beherrscht, dann das eheliche Zerwürfnis des schottischen Königspaares und in jüngster Zeit Darnleys Drohung, ins Ausland zu gehen. Nun war er tot, und ganz andere Probleme tauchten auf.

Die Macht im Land lag bei der protestantischen Partei mit der Galionsfigur Moray, hingegen war der Stern der katholischen Partei, repräsentiert hauptsächlich durch Bischof Ross und Erzbischof Hamilton, im Sinken begriffen. Aber wir wissen hinreichend, daß die konfessionellen Zuordnungen nur allzu häufig Rivalitäten zwischen Personen oder Clans überdeckten, kurzum daß die politischen Verhältnisse im Land höchst instabil waren. Und bald schon drehte sich wie im Jahr 1565 alles um die Frage, wen die Königin heiraten würde – nur traten diesmal andere Protagonisten auf, und die politische Konstellation war eine grundlegend andere als 1565.

In der protestantischen Partei zogen drei Männer, alle ehemalige Mitglieder der Congregation, die Fäden. Die Hauptperson war natürlich Moray. Wie wir gesehen haben, war er in Craigmillar anwesend, als darüber beraten, möglicherweise sogar beschlossen wurde, Darnley zu beseitigen. Hingegen gibt es keinen Anhaltspunkt, daß er bei dem Anschlag in Kirk o'Field mehr tat als »durch die Finger zu sehen«, wie Maitland so boshaft gesagt hatte. Am Tag des Verbrechens hielt sich Moray in St. Andrews auf, auf dem Besitz seiner Familie, wo seine Frau kurz zuvor eine Totgeburt hatte. In den Augen der Öffentlichkeit war er somit unschuldig.

Der zweite »starke Mann« der calvinistischen Partei war Anfang 1567

James Douglas, der Graf von Morton, eine schillernde Persönlichkeit. Morton tritt von diesem Zeitpunkt an immer deutlicher in den Vordergrund. Aufgrund ihrer verwandtschaftlichen Bande (Darnleys Mutter, Lady Lennox, war eine geborene Douglas) hatte er anfänglich trotz ihres unterschiedlichen Glaubens Darnley nahegestanden, und er war einer der Hauptverantwortlichen in dem Komplott gegen David Rizzio gewesen. Wie die anderen Verschwörer hatte er nach England ins Exil gehen müssen, und erst auf Drängen von Elisabeth (und Bothwell) hatte er einige Wochen vor der Explosion in Kirk o'Field zurückkehren dürfen. An der Konferenz von Craigmillar konnte er nicht teilgenommen haben, aber vierzehn Jahre später, kurz vor seinem Tod, gab er zu, daß Bothwell ihn von dem Plan zur Ermordung des Königs in Kenntnis gesetzt hatte. Er habe »nichts gesagt, um nicht sich selbst in Gefahr zu bringen«.[2] Er war seit langem von der politischen Unfähigkeit seines jungen Cousins überzeugt und wollte kein Risiko eingehen, um Darnley vor einem Schicksal zu bewahren, das er – mit Grund – für unausweichlich hielt. Maria Stuart mochte ihn nicht und mißtraute ihm (bereits im Jahr 1565 soll sie mit dem Gedanken gespielt haben, ihm den Titel Kanzler von Schottland abzuerkennen). Die weiteren Ereignisse gaben ihr recht.

Die dritte einflußreiche Persönlichkeit der protestantischen Partei war selbstverständlich der ebenso unentbehrliche wie unbeständige Maitland, Maria Stuarts Staatssekretär, der über alle Geheimnisse Bescheid wußte, das »Chamäleon«, wie Buchanan ihn später nannte. Als Darnley starb, war die Zeit von Maitlands Verrätereien und Seitenwechseln noch längst nicht vorüber, und er spielte wie immer eine undurchsichtige Rolle. Nach der Rückkehr aus dem Exil im Jahr 1566 war er am Hof wieder in Gnade gekommen, bei der Konferenz von Craigmillar war er eine treibende Kraft gewesen. Von dem Anschlag in Kirk o'Field hatte er mit Sicherheit gewußt, möglicherweise hatte er selbst mitgewirkt. Im übrigen ist es verständlich, daß er sich auf die Seite der Königin stellte, denn Ende 1566 hatte er ihre Jugendfreundin und Gefährtin geheiratet, die schöne Mary Fleming, in die er schon lange verliebt war. Wie wir später sehen werden, begleitete er Maria Stuart, als sie sich nach Seton zurückzog. In den Wochen und Monaten nach Darnleys Tod war Maitland eine entscheidende Figur auf dem politischen Schachbrett.

Auf katholischer Seite gab es keine in vergleichbarer Weise dominierende Persönlichkeit. Erzbischof Hamilton hatte einen denkbar schlechten Ruf und besaß keinerlei politischen Einfluß, obgleich er begierig danach war. Der Bischof von Ross war gebildet, sogar gelehrt, aber charakterlich schwach und politisch oft ungeschickt. Der alte Herzog von Châtellerault hatte die konfessionelle Seite so oft gewechselt, daß man gar nicht mehr wußte, ob man ihn den Protestanten oder den Katholiken zurechnen sollte; seit der sogenannten Verfolgungsjagd lebte er in Frankreich im Exil.

Zu Lennox' Charakter hätte es gepaßt, daß er das Vakuum auf der katholischen Seite ausgenutzt und sich selbst an die Spitze der katholischen Partei gesetzt hätte. Doch zunächst hatte er nur den einen Gedanken, nämlich seinen Sohn zu rächen. Im politischen Geschehen spielte er erst drei Jahre später eine Rolle, und sie war so unbeständig wie sein Charakter. Maria Stuart hatte zu dem Zeitpunkt Schottland schon lange verlassen, und jedermann, vor allem Lennox selbst, hatte vergessen, daß er katholisch war.

Derjenige, der schon kurz nach Darnleys Tod in aller Augen als der künftige mächtige Mann im Staat erschien, gehörte genaugenommen keiner Partei und keiner Fraktion an. Er kämpfte für sich allein, und er war entschlossen, an die Spitze zu kommen und auf dem Weg dorthin alle Hindernisse auszuräumen. In der Öffentlichkeit galt er als der Hauptschuldige an dem Verbrechen in Kirk o'Field, die ausländischen Gesandten sahen in ihm schon bald den eigentlichen Machthaber. Dieser Mann war niemand anderer als James Bothwell.

In Europa tauchten durch Darnleys Tod in einem schwierigen politischen Kontext eine Reihe von Problemen auf.

In England war man gewiß nicht unglücklich (auch wenn das selbstverständlich niemand laut sagte) über den Tod dieses unbedeutenden, unruhigen und unberechenbaren Königs, der vor kurzer Zeit noch damit gedroht hatte, die Spanier zu Hilfe zu rufen oder nach Frankreich zu gehen. Für Elisabeth bot sich unverhofft die Gelegenheit, in der Öffentlichkeit gut dazustehen, indem sie ihre Cousine belehrte, wie sie sich zu verhalten habe (den Brief vom 24. Februar haben wir bereits zitiert), und höchst heuchlerisch die Bestrafung der Mörder ihres Cousins forderte – passenderweise fiel ihr die Verwandtschaft mit Darnley gerade jetzt wieder ein. Für Darnleys Mutter, Lady Lennox, die seit der Heirat ihres Sohnes ungeachtet der Interventionen aller europäischen Diplomaten im Gefängnis schmachtete, öffneten sich die Tore des Towers in London, und die englische Königin drückte ihr tiefes Mitgefühl über den tragischen Tod aus. Schottland standen stürmische Zeiten bevor, das konnte Elisabeth nur von Nutzen sein.

Allerdings war zu befürchten, daß Frankreich sich diese Gelegenheit nicht würde entgehen lassen und daß Katharina von Medici und Karl IX. versuchen würden, ihren traditionellen Einfluß in Schottland wieder zu stärken, der gegenüber der Zeit der Maria von Guise so sehr zusammengeschmolzen war. Aber in dieser Hinsicht brauchte Elisabeth nichts zu fürchten: Katharina von Medici hatte andere Sorgen, als sich an der schottischen Distel zu reiben. Nach dem ersten Religionskrieg war der Frieden im Land mühsam wiederhergestellt worden. Die kleinste Erschütterung konnte ihn wieder zerstören, tatsächlich brachen im Herbst 1567 erneut Feindseligkeiten aus. Katharina von Medici hatte, wie bereits erwähnt, nicht viel von Darnley gehalten, in den Wochen nach seinem Tod wartete man in Frankreich ab und beobachtete, wie sich die Dinge entwickelten. Erst sehr viel später, als Maria Stuarts Lage schon verzweifelt war, wurde die französische Diplomatie aktiv.

Maria Stuart kümmerte sich allem Anschein nach wenig um die Reaktionen ihrer ehemaligen Schwiegermutter. Nach dem im letzten Kapitel zitierten Brief, den sie noch ganz unter dem Eindruck der Ereignisse am Tag nach dem Mord geschrieben hatte, sandte sie eine Woche später ein sehr merkwürdiges Schreiben an ihren Botschafter in Paris. Darin sprach sie mit dürren Worten wie nebenbei von dem »plötzlichen Unglück, das den König, meinen Gatten, ereilt hat«, und ging dann zu wichtigeren Dingen über. Da waren einmal die vierzigtausend Pfund, die ihr als Einkommen aus ihrem Leibgedinge zustanden, und als zweites das Amt des Hauptmanns der schottischen Garde des Louvre, das sie gern ihrem Sohn, dem Thronerben, übertragen wollte. Am Schluß des Briefes kam sie noch einmal auf den Mord zurück, als sei ihr das Ereignis gerade erst wieder eingefallen. Sie schrieb, »nach gründlicher Untersuchung könnte sich herausstellen, daß das abscheuliche und verräterische Verbrechen, das an der Person des Königs verübt wurde, gegen mich gerichtet war«, und beteuerte, sie werde »alles erforschen [lassen], damit das Verbrechen bestraft wird, was derzeit meine wichtigste Sorge ist«.[3]

Das reichte nicht aus, um die europäischen Höfe und die schottische Öffentlichkeit davon zu überzeugen, daß sie ernsthaft entschlossen war, die Mörder ihres Mannes dingfest zu machen. Am 12. Februar war zwar eine entsprechende Bekanntmachung verbreitet worden, doch seither war nichts geschehen, obwohl die Spatzen die Namen der Mörder von den Dächern pfiffen.

Am 17. Februar tauchte am Tor des Gerichtshauses von Edinburgh ein handschriftlicher Anschlag auf, worin Bothwell ausdrücklich als Mörder genannt wurde zusammen mit James Balfour und mehreren Vertrauten, darunter dem Franzosen Bastian und dem Italiener Giuseppe Rizzio, die bei der Königin in Diensten standen (und inzwischen Schottland verlassen hatten).[4] Zu nächtlicher Stunde forderte eine Stimme in den Straßen der Stadt Rache an Bothwell. Als Bothwell davon hörte, war er außer sich vor Wut und schwor, er werde »seine Hände im Blut [der Männer] waschen«, die solche Verleumdungen verbreiteten.

Nur Maria Stuart sah nichts und hörte nichts. Zwei Tage nach dem Mord an ihrem Mann hatte sie Holyrood verlassen und sich auf die Festung von Edinburgh begeben mit der Begründung, dort fühle sie sich sicherer. Auf der Festung zog sie sich vollkommen von der Außenwelt zurück, alle Fenster blieben geschlossen – ganz wie es das Protokoll für die Trauerzeit verlangte. Sechs Tage später brach sie auf Anweisung ihrer Ärzte nach Seton auf, dem herrlichen Landsitz inmitten von Gärten, den sie so liebte, ungefähr zehn Kilometer von Edinburgh entfernt. Dagegen wäre grundsätzlich nichts zu sagen gewesen, wenn nicht schon bald üble Gerüchte in Umlauf gekommen wären, wie sie angeblich ihre Zeit in Seton ausfüllte. Buchanans Darstellung, sie habe Bothwell direkt über ihren Gemächern untergebracht, »damit sie ihn mitten in der Nacht rufen konnte, um sich von ihm trösten zu lassen, wenn eine Welle von Kummer sie überflutete«,[5] sollten wir wie üblich mit Vorsicht zur Kenntnis nehmen. Aber dann gibt es noch einen Bericht über einen Wettstreit im Bogenschießen, den Maria und Bothwell gegen Huntly und Lord Seton gewonnen haben sollen – in der Tat nicht gerade der passende Zeitvertreib für eine Königin, die sechzehn Tage zuvor Witwe geworden ist.[6] In Seton lebte Maria nicht isoliert. Die wichtigsten Lords – Argyll, Moray, Morton, Huntly, Maitland, Erzbischof Hamilton – besuchten sie regelmäßig. Bothwell hielt sich nur zeitweilig in Seton auf, denn er spann in Edinburgh seine Fäden. Am 6. oder 7. März empfing Maria Stuart in einem düsteren Zimmer in Seton den englischen Botschafter Killigrew, der ein Beileidsschreiben von Elisabeth überbrachte. In dem Halbdunkel konnte er kaum ihr Gesicht erkennen, aber sie erschien ihm »sehr niedergedrückt und kummervoll«.[7] Von Seton unterhielt Maria Stuart einen regen Briefwechsel, unter anderem mit ihrem Schwiegervater Matthew Lennox; darauf wird später noch einzugehen sein. Buchanans Worte über ihr unpassendes Benehmen während der Trauerzeit sind nicht ganz von der Hand zu weisen, obgleich er gewiß übertreibt.

Erst um den 20. März herum, mehr als einen Monat nach dem Mord, kehrte die Königin nach Holyrood zurück. Der Aufenthalt in Seton hatte keine Besserung ihrer melancholischen Verfassung gebracht. Am 29. und 30. März sei sie immer noch »krank und niedergeschlagen«[8] gewesen, sie betete stundenlang in ihrer Kapelle. Die politische Situation hatte sich während ihrer langen Abwesenheit hoffnungslos zu ihren Ungunsten gewendet. Moray spielte zweifellos eine wichtige Rolle, aber wie seine Rolle genau aussah, ist schwer zu sagen, denn er verstand es meisterlich, seine Spuren zu verwischen. Im übrigen war er klug und besaß ein feines Gespür dafür, wann der Wind sich drehte. So hatte er bereits Mitte März um die Erlaubnis gebeten, Schottland verlassen und auf das Festland reisen zu dürfen; am 10. April überschritt er die Grenze. (Zielsicher war er immer dann außer Landes, wenn etwas Dramatisches geschah: so 1566, als Rizzio ermordet wurde, ein Jahr danach bei dem Mord an Darnley. Wenn er abreiste, verhieß das nichts Gutes.)

Unterdessen betrat Matthew Lennox, der Vater des ermordeten Königs, der bislang nur im Hintergrund gewirkt hatte, mit einem spektakulären Schritt die politische Bühne. Möglicherweise hatte Moray ihn dazu gedrängt, sehr wahrscheinlich Maitland, die beiden waren Meister der Intrige. Nach dem Drama vom 10. Februar war Lennox in Glasgow geblieben.* Am 15. Februar schrieb er seiner Schwiegertochter und forderte Rache. Maria antwortete von Seton aus, sie werde das Parlament einberufen, und unterzeichnete ihren Brief: »Eure gute Tochter.« Aber damit gab sich Lennox nicht zufrieden. Er verlangte, unverzüglich die Männer zu verhaften, deren Namen auf Anschlägen überall in Edinburgh zu lesen waren, und ihnen den Prozeß zu machen, und drückte Verwunderung aus, daß die Untersuchungen so langsam vorangingen.

Diesmal reagierte Maria Stuart heftig (Brief vom 1. März, wiederum aus Seton): »Wie Ihr, so wünsche auch ich, daß unverzüglich Gerechtigkeit getan werden könnte [...], doch was die Männer anbetrifft, die auf den Anschlägen genannt werden, so weiß ich nicht, wen ich verfolgen soll, denn es sind so viele und so verschiedene und widersprüchliche Namen.« Wenn Lennox die richtigen Namen angeben könne, so solle er dies tun, und die Betreffenden würden nach den Gesetzen des Königreiches abgeurteilt werden.[9]

Für Mitte April wurde das Parlament einberufen. Doch Lennox ließ nicht locker. Am 24. März begab er sich in aller Eile zu Maria Stuart und erhob förmlich Anklage gegen den Großadmiral Bothwell, er sei der Mörder seines Sohnes. Nun gab es kein Zurück mehr. Es wurde festgesetzt, daß der Prozeß Lennox gegen Bothwell am 12. April vor der Versammlung des Adels stattfinden sollte; entsprechend den Gepflogenheiten mußten Männer seines Standes über Bothwell zu Gericht sitzen. Die Sache hätte gefährlich für Bothwell werden können, wenn er nicht so wagemutig und Lennox nicht so ungeschickt und unfähig gewesen wäre. Während Lennox weiter untätig in Glasgow saß, sammelte Bothwell seine Anhänger und Vasallen und schüchterte seine Gegner ein. Nicht genug damit: Die Königin legte deutlich Parteilichkeit für Bothwell an den Tag, wie der spanische

---

* Im Ausland hatte man kurze Zeit geglaubt, Lennox sei zusammen mit seinem Sohn ermordet worden. In der Tat behauptete er, er fürchte um sein Leben, möglicherweise hatte er Grund dazu.

Botschafter in London in einem Brief vom 24. März empört berichtete.[10] Das höchst wichtige Amt des Kommandanten der Festung Edinburgh – wer die Festung beherrschte, beherrschte die Stadt – wurde dem Grafen Mar aberkannt, weil er Moray zu nahestand, und James Balfour übertragen, einem der Hauptverdächtigen der Mordtat. Am 29. März liefen in Berwick Gerüchte um, daß die Königin möglicherweise den Großadmiral heiraten werde.[11]

Unter diesen Umständen mußte man damit rechnen, daß es bei dem Prozeß turbulent zugehen würde. Lennox war inzwischen klargeworden, in welches Wespennest er gestochen hatte; er bekam es mit der Angst zu tun und versuchte die Sache rückgängig zu machen. Er wandte sich an Elisabeth und bat sie, eine Verschiebung zu erwirken. Elisabeth ergriff begierig diese Gelegenheit, sich in die inneren Angelegenheiten Schottlands einzumischen, und schickte unverzüglich einen Gesandten zu ihrer Cousine. Doch es war zu spät, Maria weigerte sich, den englischen Gesandten zu empfangen. Lennox unternahm noch einen letzten Versuch und teilte seiner Schwiegertochter am 11. April mit, er sei krank und nicht in der Lage, nach Edinburgh zu kommen.[12] Bothwell war sich seines Sieges gewiß und gab nicht nach: Der Prozeß sollte zum festgesetzten Termin stattfinden, mit oder ohne Lennox.

Das Schauspiel, das sich am 12. April entfaltete, war die reine Parodie einer Gerichtsverhandlung. Seit dem Morgengrauen säumten viertausend Infanteristen und zweitausend Arkebusiere, alles Bothwells Männer, die Straßen der Hauptstadt. Sämtliche Eingänge zum Rathaus, wo das Gericht tagte, wurden scharf überwacht. Der Graf von Argyll, der oberste Gerichtsherr des Königreichs, leitete die Verhandlung, an seiner Seite saßen Lord Lindsay, James MacGill und Henry Balnaves, zwei Bothwell ergebene Juristen, und der Kommandant von Dunfermline. Als einziger hatte Morton im Hinblick auf seine Verwandtschaft mit dem Opfer die Erlaubnis erhalten, der Gerichtsverhandlung fernzubleiben. Dem Grafen von Cassillis wurde eine entsprechende Erlaubnis verweigert.

Sollten die Einwohner von Edinburgh bis dahin noch daran gezweifelt haben, daß Maria Stuart auf Bothwells Seite stand, so wurden sie an diesem Tag eines Besseren belehrt: Von ihrem Fenster im Palast Holyrood winkte Maria Bothwell zu und machte ihm Zeichen, als er umgeben von seinen Getreuen zum Gerichtshaus ritt (auf Darnleys Pferd, wie einige Zeugen behaupteten).[13]

Die Abwesenheit des Anklägers erregte allgemein Aufsehen. Vor Gericht ließ sich Lennox von seinem Vasallen Robert Cunningham vertreten. Cunningham brachte vor, man habe seinem Herrn nicht genügend Zeit eingeräumt für die Vorbereitung der Anklageschrift, und erhob förmlich Protest, daß man ihm untersagt habe, »zu seiner Ehre und Sicherheit seine Freunde und Diener mitzubringen«.[14]

Die Anklageschrift war denkbar zurückhaltend formuliert, schlimmer noch: Sie enthielt einen gravierenden sachlichen Fehler (ob zufällig oder beabsichtigt, wissen wir nicht). In der Anklage war davon die Rede, das Verbrechen habe am 9. Februar stattgefunden, während sich die verhängnisvolle Explosion tatsächlich um zwei Uhr morgens am 10. Februar ereignet hatte. Nach einer kurzen Verhandlung, in der fast ausschließlich Bothwell zu Wort kam, wurden er und seine Mitangeklagten für unschuldig befunden und von allen Anschuldigungen freigesprochen. In der Euphorie nach dem Sieg forderte Bothwell jeden zum Duell heraus, der es wagen sollte, den Spruch des Gerichts in Frage zu stellen. Niemand hob den Fehdehandschuh auf, und der Großadmiral kehrte bester Stimmung nach Holyrood zurück. Zweifellos fiel der Empfang durch die Königin so freundlich aus, wie es die morgendlichen Zeichen am Fenster verheißen hatten.

Nach diesem wenig ruhmvollen 12. April 1567 überstürzten sich die Ereignisse in Schottland, und Maria Stuarts Lebensweg wendete sich zum Tragischen. Wie eine Lawine – unaufhaltsam und immer schneller – nahm das Verhängnis seinen Lauf.

In den ersten beiden Monaten nach Henry Darnleys Tod waren die Karten des politischen Spiels in Schottland neu verteilt worden. Den höchsten Trumpf hielt Bothwell in der Hand. Allerdings war er mit dem Ansinnen gescheitert, die Obhut über den Prinzen Jakob zu bekommen. Der Thronerbe wurde definitiv dem Grafen Mar anvertraut, als Gegenleistung dafür, daß er den Oberbefehl über die Festung hatte abgeben müssen. Ende Februar oder Anfang März brachte Graf Mar den Prinzen wieder nach Stirling. Gerüchte tauchten auf, die Königin beabsichtige, ihren Sohn nach England zu schicken, damit er dort am Hofe Elisabeths erzogen werde. Doch es ist nicht recht einsichtig, warum sie um diese Zeit einen solchen Plan gehegt haben sollte.[15]

Die Beziehungen zu Frankreich waren höflich, aber nicht mehr. Katharina von Medici wurde über Bothwells Aufstieg am schottischen Hof auf dem laufenden gehalten und wappnete sich beizeiten gegen die Folgen. Sie wollte unbedingt verhindern, daß Frankreichs Stellung durch ein politisches Abenteuer mit mehr als ungewissem Ausgang Schaden litt.

Angesichts all dieser Verwicklungen trat die Mission des päpstlichen Abgesandten Laureo, der sich ein Jahr zuvor auf eine Bitte von Maria Stuart hin auf den Weg gemacht hatte, wahrhaftig in den Hintergrund. Der Nuntius war immer noch in Paris und wartete seit inzwischen einem halben Jahr darauf, daß die Umstände ihm endlich die Weiterreise in das Land von John Knox gestatten würden. Dann erreichte ihn die Nachricht von Darnleys Tod, und er wußte, daß damit keine Hoffnung mehr bestand, daß er seine Mission jemals würde erfüllen können. Er vertraute dem Botschafter Venedigs an, daß er eine Botschaft der schottischen Königin erhalten habe, »worin sie ihn gebeten habe, so lange in Frankreich zu bleiben, bis die Ruhe in ihrem Land wiederhergestellt sein würde«.[16] Noch länger zu warten wäre sinnlos gewesen, Ende April kehrte Laureo nach Italien zurück. Das war das Ende des Traums von einer katholischen Restauration in Edinburgh – falls dieser Traum überhaupt geträumt worden war.

Bezeichnenderweise versuchte Maria Stuart noch am Tag vor ihrer Entführung durch Bothwell, den Faden für Verhandlungen wieder aufzunehmen, und versicherte dem Nuntius in einem Schreiben, sie sei »fest entschlossen, im katholischen Glauben zu sterben«.[17] Zu dem Zeitpunkt hatte Laureo Paris bereits verlassen. An diesem Brief vom 22. April fällt vor allem auf, wie weit sich die Königin von den politischen Realitäten entfernt hatte. In offenkundiger Verkennung der Situation verwechselte sie Wunsch und Wirklichkeit.

Die Pastoren der calvinistischen Kirche hingegen merkten genau, daß der Wind sich zu ihren Gunsten gedreht hatte, und sie gedachten ihren Nutzen daraus zu ziehen. Am 16. April, einen Tag vor der Eröffnung des Parlaments, wandten sie sich mit einer sehr nachdrücklich formulierten Petition an die Königin und verlangten die strikte Anwendung der antikatholischen Gesetze aus dem Jahr 1560, die endgültige Beseitigung der Oberhirtengewalt der Bischöfe, die Zuweisung des Kirchenbesitzes an die Pastoren und – selbstverständlich – die Bestrafung der Mörder des Königs.[18] In Anbetracht der Umstände blieb Maria Stuart nichts anderes übrig, als wohlwollend zu reagieren. Tatsächlich sah es schon bald so aus, als wären für die protestantische Partei die schweren Zeiten nun endlich vorüber: eine für die katholische Königin paradoxe Folge des Todes ihres Gatten.

Das Parlament trat wie vorgesehen am 17. April zusammen. Anläßlich der Eröffnungssitzung fand regelmäßig eine Prozession durch die Straßen von Edinburgh statt, und auch diesmal hielt man sich an die Tradition. Die Tatsache, daß Bothwell das königliche Zepter trug, erregte einiges Aufsehen, obwohl das für einen Großadmiral Schottlands nichts Ungewöhnliches war und Bothwell das Zepter bereits bei der Parlamentseröffnung im März 1566 getragen hatte. Maria Stuart ritt ganz in Schwarz gekleidet inmitten ihrer Adligen. Alle wichtigen Männer des Königreichs waren gekommen mit Ausnahme von Moray, der kurz zuvor aufs Festland abgereist war,

Lennox, der in England Zuflucht gesucht hatte, und Châtellerault, der immer noch in Frankreich im Exil lebte.
Offiziell standen nur Routineangelegenheiten zur Entscheidung. Schloß Stirling und der Prinz wurden der Obhut des Grafen Mar unterstellt, die antikatholischen Gesetze von 1560 wurden für gültig erklärt, Graf Huntly erhielt formell seine Ämter und Besitzungen zurück. Aber jedermann wußte, daß die wirklichen Probleme nicht auf der Tagesordnung standen. Die wichtigste Frage war, wer künftig die Macht im Land haben würde, und für den Augenblick lag die Macht in den Händen von James Bothwell.

Offenkundig Bothwells Handschrift trug ein eilends beschlossenes Gesetz, das die Todesstrafe vorsah für »jeden, der einen Aushang oder Anschlag verfaßt, anbringt oder zu zerstören unterläßt, worin Ihre Majestät die Königin beleidigt wird«. Kaum war das Gesetz verkündet, wurde es mit aller Härte angewendet: Der Mann, der Bothwell zu nächtlicher Stunde des Mordes an Darnley bezichtigt hatte, wurde ergriffen und in den sogenannten *foul pit* geworfen, das vor Dreck starrende Verlies, in dem Schwerverbrecher verfaulten. Man munkelte überdies, daß ein Diener von James Balfour, der allzu redselig über die Vorfälle in jener tragischen Nacht in Kirk o'Field geplaudert habe, unauffällig zu Tode gebracht worden sei.[19] Es war für jedermann offensichtlich, daß der Großadmiral triumphierte; diejenigen, denen dies wie Morton »sehr mißfiel«, wagten nicht, das laut auszusprechen. Seit der unumschränkten Herrschaft von Moray in der Anfangszeit der Regentschaft hatte niemand mehr so große Macht in Schottland besessen. Und anders als Moray konnte Bothwell eine noch höhere Sprosse der Leiter zur Macht erklimmen: Maria Stuart war Witwe, er konnte sie heiraten und den Thron mit ihr teilen. Spätestens seit Anfang März waren entsprechende Gerüchte in Umlauf.

Grundsätzlich hätten solche Heiratspläne nicht unbedingt absurd oder skandalös klingen müssen – doch Bothwell war bereits verheiratet. Er besaß zweifellos genug Ehrgeiz, um nach dem höchsten Ziel zu streben, aber besaß er auch die nötigen Fähigkeiten? Diese Frage ist kaum zu beantworten, denn das Schicksal ließ ihm nicht die Zeit, sich als Kopf der Regierung zu bewähren. Bei der England zugeneigten protestantischen Partei stand er in einem denkbar schlechten Ruf, er galt praktisch als ein Straßenräuber. Aber das ist kein ausreichender Beweis. Als Vasall war Bothwell Maria Stuart stets eine sichere Stütze gewesen. Sie konnte sich mit Recht sagen, daß in Anbetracht der Situation im Lande seine Energie und seine Unerschrockenheit genau die Eigenschaften waren, die die königliche Regierung am dringendsten brauchte.

Aber die Umstände von Darnleys Tod hatten alles verändert. Bothwell war nicht ein Adliger neben anderen, vielleicht loyaler und fähiger als die meisten, er war – zu Recht oder zu Unrecht – der Hauptverdächtige bei dem Mord, und darum hätte er der letzte sein müssen, den Maria zu heiraten gedachte. In Friedenszeiten wäre eine solche Heirat schon schwierig genug gewesen. Man denke nur daran, wie sehr ihre Entscheidung für Darnley kritisiert worden war, und in Darnleys Adern floß immerhin königliches Blut. Was würde man sagen, wenn sie einen einfachen Untertanen, obschon aus dem vornehmen Geschlecht der Hepburns, wählte? Im Frühjahr 1567 waren solche Heiratspläne schlicht selbstmörderisch.

Doch Bothwell war nicht der Mann, der sich durch Überlegungen über den rechten Zeitpunkt oder die Schicklichkeit eines Vorhabens von etwas abbringen ließ. Er wollte Maria heiraten, und er würde sie heiraten. Zu diesem Zweck verschaffte er sich von sämtlichen schottischen Adligen einen Freibrief – der überraschendste und geheimnisvollste Schachzug in seinem an Überraschungen reichen Spiel. Welcher Mischung aus Wagemut, Schmeichelei, Überredungskunst und Einschüchterung hatte es bedurft, um die Zustimmung derjenigen zu erlangen, von denen der meiste Widerstand gegen seine Pläne zu erwarten war? Wir können über diesen Punkt nur Mutmaßungen anstellen, denn aus verständlichen Gründen hatten die Hauptbeteiligten später wenig Interesse, sich über ihre Gründe zu äußern.

Dies sind denn die Fakten: Am Abend der Schlußsitzung des Parlaments, am 19. April 1567, lud Bothwell die wichtigsten Männer des Königreiches zu einem Abendessen in Ainslies Schenke in Edinburgh und legte ihnen einen Pakt *(bond)* zur Unterzeichnung vor. Darin verpflichteten sie sich, bei der Königin zu seinen Gunsten zu sprechen, »für den Fall, daß Ihre Majestät die Königin, die zur Zeit ohne Gatten ist, die Neigung verspüren sollte, sich wieder zu verheiraten, und bereit sein sollte, sich so weit zu erniedrigen, daß sie einen ihrer Untertanen, welcher in Schottland geboren ist, in Anbetracht der treuen und ergebenen Dienste, die er ihr stets geleistet hat, und seiner anderen guten Eigenschaften und Verdienste zum Manne nehmen wollte«.[20]

Dieses seltsame Dokument ist wie alles, was mit Maria Stuarts Geschick im Jahr 1567 zu tun hat, teilweise in dunkel gehüllt. Der Wortlaut des Paktes wird in mehreren zeitgenössischen Abschriften überliefert, aber die Abschriften stimmen nicht in allen Einzelheiten überein, und vor allem nennen sie jeweils unterschiedliche Unterzeichner. In der Abschrift, die wahrscheinlich nach Marias Sturz auf Wunsch des englischen Ministers Cecil angefertigt wurde und heute in der *British Library* in London einzusehen ist,[21] werden Argyll, Huntly, Cassillis, Morton, Rothes, Glencairn, Maitland und einige andere als Unterzeichner genannt, aber auch Moray, und Moray hielt sich zu der Zeit gar nicht in Schottland auf.

Eine weitere Abschrift, die einst im *Collège des Écossais* in Paris aufbewahrt wurde und heute verloren ist, trug die Unterschriften, für die in der Tat am meisten spricht: Erzbischof Hamilton (weiter unten werden wir noch sehen, welche Rolle er in der ganzen Angelegenheit spielte); der Bischof von Ross; der Bischof der Orkaden, ein Cousin von Bothwell; der Bischof von Dunblane, ein diplomatischer Berater der Königin; und die weiter oben genannten Grafen mit Ausnahme von Moray. Daß Morays Name fehlt, spricht sehr für die Echtheit der Pariser Abschrift, im übrigen wurde die Echtheit auch vom Sekretär des Geheimen Rates bezeugt (dies schrieb zumindest im 18. Jahrhundert der Historiker Robert Keith, der das Dokument veröffentlichte).

Bothwells Feinde – und er hatte viele Feinde – brachten alle möglichen komplizierten Deutungen vor, um zu erklären, daß Männer wie Argyll, Morton und Cassillis ein Dokument unterzeichneten, in dem praktisch der Thron ihrem Rivalen zugesprochen wurde. Besonders verwunderlich ist die Unterschrift von Huntly: Er war Bothwells Schwager, und damit die geplante Heirat mit der Königin zustande kommen konnte, mußte Bothwell sich von Huntlys Schwester scheiden lassen.

Die geläufigste Erklärung für die Unterschriften der Lords besagt, sie hätten aus Angst gehandelt: »Die Lords mißtrauten sich gegenseitig und wagten nicht, das abzulehnen, was Graf Bothwell von ihnen verlangte.«[22] Ainslies Schenke sei von zweihundert Bewaffneten umstellt gewesen, bei deren Anblick sei jeder Gedanke an Widerstand verflogen (nur Lord Eglinton sei entkommen und damit der entwürdigenden Unterschrift entgangen).[23] Doch vollständig vermag auch diese Erklärung nicht zu überzeugen: Es ist nicht recht vorstellbar, daß alle diese weltlichen und geistlichen Herren, der Kern des schottischen Adels, so ahnungslos in die Falle getappt sein sollen, zumal sie doch genau wußten, mit was für einem Mann sie es zu tun hatten. Warum folgten sie einer Einladung zum Abendessen, die so leicht zu einer Falle werden konnte?

In Anbetracht all dieser Unwahrscheinlichkeiten ist man geneigt, Maria Stuart zu glauben, die später sagte, der »Ainslie-Bond« (unter dieser Bezeichnung ist das Dokument in die Geschichte eingegangen) sei die Frucht einer Verschwörung ihrer Feinde. Deren Ziel sei es gewesen, sie zur Heirat mit Bothwell zu zwingen und damit ins Verderben zu stürzen. Das erscheint ungewöhnlich machiavellistisch und raffiniert gedacht von Männern, die eher brutal handelten als klug taktierten. Aber zu jener Zeit in jenem Land war mit allen erdenklichen Verrätereien zu rechnen, und der intrigante Maitland, der von allen wohl am meisten zu verlieren hatte, wenn Bothwell triumphierte, besaß durchaus die Fähigkeiten, einen so diabolischen Plan zu ersinnen und in die Tat umzusetzen.

An diesem Punkt ist es eine entscheidende Frage, ob Maria Stuart von dem Abendessen in Ainslies Schenke und von Bothwells Heiratsabsichten wußte. Bei dem Prozeß im Jahr 1568 wurde eine Abschrift des Paktes mit folgendem Zusatz vorgelegt: »Ihre Majestät die Königin verspricht als Fürstin, nachdem sie diesen *bond* gesehen und geprüft hat, daß weder sie noch ihre Nachfolger ihn jemals den Unterzeichnern als Verbrechen oder Beleidigung anlasten werden [...] und daß sie die Unterschrift niemals als Flecken auf der Ehre der Unterzeichner oder als Verfehlung ihrer Pflichten gegen sie [die Königin] betrachten wird.«[24] Da Maria Stuart im Prozeß nicht zu einer Stellungnahme aufgefordert wurde, wissen wir nicht, wie sie über diesen Zusatz dachte. Allem Anschein nach handelt es sich um eine Art Ehrenerklärung, die sie nachträglich, nach ihrer Heirat mit Bothwell, abgab und die deshalb keinerlei Beweiskraft besitzt, was den *bond* anbetrifft.

In der Darstellung der Ereignisse, die Maria Stuart nach ihrer Heirat gab, erklärte sie förmlich, der Pakt sei ohne ihr Wissen geschlossen worden, sie habe erstmals nach ihrer Entführung davon gehört. Von dieser Erklärung rückte sie bis zu ihrem Tod nicht ab. Mehr noch: Sie sagte, als Bothwell zum ersten Mal von seinen Plänen gesprochen habe, habe sie ihm in einer Weise geantwortet, »die in vollkommenem Gegensatz zu seinen Wünschen stand«.[25]

Doch es konnte ihr kaum entgangen sein, daß seit einigen Wochen offen über eine mögliche Eheschließung gesprochen wurde. Selbst dem päpstlichen Nuntius in Paris waren entsprechende Gerüchte zu Ohren gekommen: »Ich fürchte, die Königin könnte, dem Stachel gehorchend, welcher nur zu oft junge und ungebundene Frauen antreibt, einen seltsamen Entschluß fassen und den Grafen Bothwell heiraten.«[26] Wenn man James Melvilles Erinnerungen Glauben schenken darf, warnte er selbst die Königin vor den Gerüchten und zeigte ihr einen Brief aus England, obwohl er sich damit in Gefahr brachte. »Wo war Euer Verstand«, soll Maitland gefragt haben, als Melville ihm davon erzählte, »als Ihr der Königin jenen Brief zeigtet? Wußtet Ihr denn nicht, daß Bothwell Euch ermorden lassen würde, wenn er davon erfahren hätte?« Tatsächlich hätte Bothwell beinahe davon erfahren, und beinahe hätte es Melville das Leben gekostet – so berichtete er jedenfalls.[27]

In einem Brief vom 20. April, einen Tag nach dem Abendessen in Ainslies Schenke, schrieb Kirkcaldy of the Grange, ein tapferer Hauptmann und erbitterter Feind Bothwells, »die Königin sagt, es mache ihr nichts aus,

Frankreich, England und Schottland zu verlieren, und sie wolle eher in einem einfachen weißen Unterrock bis ans Ende der Welt gehen als dulden, daß sie von Bothwell getrennt werde«.[28] Nicht wenige glaubten demnach an eine Liebesbeziehung zwischen Maria Stuart und dem Großadmiral, ob sie nun tatsächlich bestand oder nicht.

Mit der Unterzeichnung des Paktes am 19. April waren die Vorbereitungen abgeschlossen, Bothwell konnte zum zweiten Teil seines Planes übergehen: die Königin entführen und zur Heirat zwingen. Wiederum stellt sich die Frage: War sie in den Plan eingeweiht oder nicht? Sie bestritt selbstverständlich beharrlich, daß sie etwas gewußt hatte, ihre Zeitgenossen hingegen waren fest davon überzeugt.

Die wichtigste Quelle für die Ereignisse des 24. April ist der Bericht des Augenzeugen James Melville. Nach allem, was er an jenem Tag sah und hörte, kam er zu dem Schluß, daß Maria Stuart informiert gewesen sein mußte. Sie war auf dem Rückweg von Stirling (wo sie ihren Sohn besucht hatte) nach Edinburgh, da stellte sich ihrer Eskorte bei der Überquerung eines Flusses unweit von Linlithgow plötzlich ein Trupp Reiter mit Bothwell an der Spitze in den Weg: »Graf Huntly, der Sekretär Lethington [Maitland] und ich wurden von den Männern des Grafen Bothwell festgehalten.* Wir wurden als Gefangene nach Dunbar gebracht, die anderen ließ man gehen, wohin sie wollten. Hauptmann Blacater, der mich ergriffen hatte, sagte, dies alles geschehe mit dem Einverständnis der Königin.«[29] Melvilles Aussage hat insofern besonderes Gewicht, als er später, während ihrer Gefangenschaft, ein enger Vertrauter für Maria wurde.

In Dunbar sorgte Bothwell dafür, daß alle Welt glaubte, er habe die Königin zu seiner Geliebten gemacht. Wenn er, wie seine Feinde behaupteten, bereits seit Monaten eine Liebesbeziehung mit ihr hatte, war das eine reine Komödie; aber die Heirat mußte erzwungen sein, oder es mußte zumindest so aussehen. Maria Stuart erzählte später, »er habe sie anders behandelt, als sie es gewünscht habe«.[30] In der Öffentlichkeit hatte man ein anderes Bild, selbst Maria freundlich gesonnene Diplomaten geben in ihren Briefen eine andere Einschätzung wieder: »Man glaubt allgemein, daß all dies eingefädelt wurde, um den Anschein zu erwecken, sie habe den Grafen gezwungenermaßen geheiratet«, schrieb Guzman de Silva.[31] Katharina von Medici glaubte ebenfalls an ein Täuschungsmanöver. Ein Kassettenbrief (der siebte) von Maria an Bothwell würde ihre Mitwisserschaft eindeutig

---

* Mindestens Maitland wußte, was geschehen würde: Er hatte am Abend zuvor eine lange Unterredung mit einem Boten von Bothwell gehabt.

beweisen, wenn er echt wäre. Aber wir werden noch sehen, daß und warum die Kassettenbriefe als Informationsquelle gänzlich unbrauchbar sind.

Für die Annahme eines heimlichen Einvernehmens zwischen Maria Stuart und ihrem Entführer spricht, daß sie sich größte Mühe gab, ihre ergebenen Untertanen von dem Gedanken abzubringen, sie zu befreien, und daß sie Bothwell auf der Stelle verzieh. Sobald die Nachricht von der Entführung der Königin – Verbrechen der Majestätsbeleidigung par excellence – nach Edinburgh gedrungen war, ordnete der Bürgermeister an, die Stadttore zu verriegeln, Alarm zu schlagen und die Bürgerwehr zu bewaffnen. Doch »da die Sache, wie man sagte, mit Zustimmung Ihrer Majestät geschehen sei«,[32] erging sogleich die neue Order, daß nichts zu unternehmen sei. Am 3. Mai, neun Tage nach der Entführung, kehrte Maria Stuart in die Hauptstadt zurück; der Großadmiral führte ihr Pferd am Zügel, »als wäre sie eine Gefangene«. Den Soldaten hatte man vorsorglich die Waffen abgenommen, um zu zeigen, daß keinerlei Gewalt gegen die Königin angewendet worden war. Aber die Bürger ließen sich nicht täuschen. Die Königin wurde mit feindseligem Schweigen empfangen, nur auf der Festung, die inzwischen James Balfour unterstand, donnerten die Kanonen wie zu einer feierlichen Begrüßung.

Von da an überstürzten sich die Ereignisse. Am 2. Mai, einen Tag vor der Rückkehr der Königin, hatte der calvinistische Kirchenvorstand Bothwells Ehe geschieden. Der Antrag kam von der Ehefrau, als Grund wurde angeführt, Bothwell habe sie mit einer gewissen Bessie Crawford betrogen. Man muß zugeben, daß es eine merkwürdige Art war, dem Grafen seine Freiheit wiederzugeben, indem man in aller Öffentlichkeit verkündete, er habe Ehebruch begangen. Wenn man den Worten von Bischof Leslie Glauben schenken darf, war der armen Lady Bothwell nichts anderes übriggeblieben. Angeblich hatte sie nur die Wahl gehabt zwischen der Scheidung und einem Gifttrank.*[33]

Größere Schwierigkeiten bereitete es, bei den katholischen Verantwortlichen die Auflösung der Ehe nach kanonischem Recht zu erwirken (Lady Bothwell, die Schwester des Grafen Huntly, gehörte bekanntlich der römischen Kirche an). Maria Stuart leitete die nötigen Schritte ein und gab passenderweise genau zu dieser Zeit Erzbischof Hamilton seine Rechtsprechungsbefugnisse zurück. Das gestattete ihm, den bischöflichen Gerichtshof einzuberufen, und am 7. Mai erklärte er die ein Jahr zuvor geschlossene Ehe für aufgelöst. Diesmal wurde ein noch dreisterer Vorwand verwendet:

---

* Bereits im März hatte Venedigs Botschafter in Paris das Gerücht gehört, es sei geplant, die Gräfin Bothwell zu vergiften.

Man führte die enge Verwandtschaft der beiden Gatten ins Feld – und dabei hatte der Erzbischof höchstpersönlich ein Jahr zuvor die erforderliche Dispens wegen Blutsverwandtschaft erteilt.*
Offensichtlich hatte Huntly der Scheidung zugestimmt, das ist ein weiterer seltsamer Punkt in dieser undurchsichtigen Intrige. Vielleicht hielt er es für besser, ein gutes Einvernehmen mit dem Mann zu wahren, der voraussichtlich der nächste König Schottlands werden würde, als ihn zu verärgern, indem er die Zustimmung verweigerte. Überdies hätte Huntly damit das Leben seiner Schwester in Gefahr gebracht.

Gegen die erwartete Eheschließung Bothwells und der Königin regte sich vielfältiger Widerstand, der zwar kurzfristig wirkungslos blieb – alles deutete darauf hin, daß die Hochzeit beschlossene Sache war –, langfristig jedoch erhebliche Gefahren für die Königin barg. Anfang Mai schrieb Robert Melville an William Cecil, in Stirling habe unter dem Vorsitz des Grafen Mar eine Beratung stattgefunden, wie man die Königin aus der Gefangenschaft des Grafen Bothwell »befreien« könne. In einem außerordentlich drängenden Brief beschwor Kirkcaldy of the Grange am 8. Mai die englische Königin, sie möge eingreifen und die Heirat verhindern, denn sie bedeute »den Untergang aller ehrbaren Menschen des Königreiches«. Die Schüler von Stirling spielten in einem improvisierten Theaterstück die Ermordung Darnleys und die Hinrichtung Bothwells durch den Strang (so realistisch, daß der Junge, der die Rolle des Mörders übernommen hatte, beim »Erhängen« beinahe tatsächlich zu Tode gekommen wäre).[34]

Im Ausland entfaltete man diplomatische Aktivitäten. Elisabeth schickte Lord Gray nach Schottland, er sollte Maria Stuart vor überstürzten Schritten warnen. Katharina von Medici sandte ihrem Botschafter du Croc eine Eilmitteilung: »Wenn die Königin den Grafen Bothwell heiratet, kann sie auf die Freundschaft und das Wohlwollen des Königs von Frankreich nicht mehr zählen.«[35] Die Hochzeitsvorbereitungen standen wahrlich unter keinem guten Stern.

Inzwischen war es offenkundig zu spät. Am 12. Mai trat Maria Stuart vor die Versammlung ihres Adels, und »Ihre Majestät erklärte sich, obgleich Ihre Majestät im Augenblick der Entführung entsetzt gewesen sei, dank dem guten Verhalten des Grafen Bothwell ihr gegenüber und in Anbetracht der ausgezeichneten Dienste, die er ihr in der Vergangenheit geleistet habe und

---

* Die katholischen Anhänger Maria Stuarts haben viel Tinte über Bothwells Scheidung vergossen. Es ist offensichtlich, daß eine so dreiste Manipulation der kanonischen Bestimmungen kein gutes Licht auf die Königin wirft, die später als Märtyrerin für den katholischen Glauben gefeiert wurde.

in Zukunft noch leisten werde, mit ihm zufrieden und vergab ihm und seinen Helfern«.[36] (Wahrscheinlich schrieb sie bei dieser Gelegenheit auch den bereits erwähnten entlastenden Zusatz zum »Ainslie-Bond«.) Am selben Tag verlieh sie Bothwell die Titel eines Herzogs der Orkaden und Lords der Shetlandinseln – in königlichen Dokumenten war von ihm künftig als »Herzog« die Rede – und gab offiziell ihre Vermählung in naher Zukunft bekannt.

Kaum war die Hochzeit angekündigt, tauchte am Gerichtshaus von Edinburgh von unbekannter Hand ein Anschlag auf mit einem für die Braut wenig schmeichelhaften Vers von Ovid: *Mense malas maio nubere vulgus ait* – Schlechte Frauen heiraten im Monat Mai.[37]

Die Empörung schlug so hohe Wellen, daß Pastor Craig sich weigerte, das Aufgebot in St. Giles zu verkünden, wie man ihn beauftragt hatte. Maria Stuart mußte ihm erst den förmlichen Befehl dazu erteilen und ihm schriftlich versichern, »daß sie niemals gewaltsam entführt noch gegen ihren Willen gefangengehalten worden war«. Dies berichtete zumindest Craig selbst ein Jahr später zu seiner Verteidigung vor der Versammlung der Presbyter. Dennoch bleiben Zweifel, denn in dem offiziellen Dokument vom 12. Mai hatte die Königin erklärt, sie sei »entsetzt« *(commoved)* gewesen über die Entführung. Der Pastor verkündete dann zwar das Aufgebot, aber mit einem so unfreundlichen Kommentar, daß er vom Geheimen Rat getadelt und von Bothwell bedroht wurde.

Am 14. Mai wurde der Ehevertrag unterzeichnet. Der Wortlaut ist in einer französischen Abschrift aus dem 17. Jahrhundert überliefert, doch unter den Kassettenbriefen findet sich ein anderer Vertrag oder besser ein Heiratsversprechen mit dem Datum des 5. April (zu Seton), abgefaßt von Huntly, wie Maria Stuarts Ankläger behaupteten[38]: »In Anbetracht der Unannehmlichkeiten, die daraus entstehen können, und angesichts der Notlage, in welcher sich das Königreich befände, wenn Ihre Majestät ohne einen Gatten bliebe, hat Ihre Hoheit beschlossen sich zu vermählen, und in dem Bewußtsein der Nachteile, welche es für das Königreich haben könnte, wenn sie sich einem ausländischen Fürsten verbände, hat sie beschlossen, einen ihrer Untertanen zum Manne zu nehmen. Unter denselben hat Ihre Majestät keinen gefunden, der mit mehr guten Eigenschaften begabt ist als ihr Cousin James, Graf von Bothwell, welcher Ihrer Majestät bislang stets unfehlbar gute Dienste erwiesen hat [...]. Darum nimmt sie vor dem ewigen Gott den besagten James Graf von Bothwell zum Manne und rechtmäßigen Gatten, und Ihre Hoheit verspricht, daß sie den besagten James Graf von Bothwell unverzüglich heiraten und zum rechtmäßigen Gatten nehmen wird, sobald der Scheidungsprozeß zwischen dem besagten James Graf von Bothwell und Lady Jean Gordon, seiner angeblichen Ehefrau, ordnungsgemäß abgeschlossen sein wird [...]. Gegeben zu Seton am 5. Tag des Monats April 1567 in Anwesenheit von George Graf von Huntly und Thomas Hepburn, Pfarrer von Hauldanthor.«

Wie alle anderen Kassettenbriefe ist auch dieses Dokument mit Vorsicht zu betrachten. Sollte es echt sein, wäre es ein weiterer Beweis dafür, daß die Eheschließung lange vorbereitet wurde und Maria damit einverstanden war, denn dieses Heiratsversprechen wäre dann fast drei Wochen vor der Entführung und der angeblichen Vergewaltigung abgefaßt worden.*

Am Morgen des 15. Mai wurden im kleinen Kreis und ohne besonderen Prunk Maria Stuart und Bothwell im großen Saal von Holyrood getraut. Eine katholische Trauung hatte diesmal nicht zur Diskussion gestanden: Bothwell war Protestant, und sein Verhältnis zum schottischen Adel war schwierig genug, daß er nicht auch noch in den Verdacht geraten wollte, er hege Sympathien für die papistische Religion. Die Trauung nahm ein Vetter des Gatten vor, Adam Bothwell, der calvinistische Bischof der Orkaden, derselbe, der ein Jahr zuvor die Ehe mit Jean Gordon geschlossen hatte. Alle Kirchenmänner hatten ein kurzes Gedächtnis und ein nachgiebiges Gewissen.

Philibert du Croc, der einige Tage zuvor nach Schottland gekommen war, weigerte sich, an der Zeremonie teilzunehmen.[39] Auch kein Vertreter Englands war zugegen. Anders als bei Fürstenhochzeiten üblich gab es keine Feste und Vergnügungen und kein öffentliches Maskenspiel. Allen Gästen fiel auf, wie unglücklich die im Trauerkleid erschienene Braut wirkte. Vielleicht erfaßte sie allmählich, was für ein Abgrund sich vor ihr auftat. Nur noch ein Monat sollte vergehen, bis sie hineinstürzte.

---

* Die Kassette enthielt noch ein weiteres Heiratsversprechen, das nicht datiert ist, aber mit Sicherheit nach Darnleys Tod abgefaßt wurde: »Da Gott meinen verstorbenen Gemahl Henry Stuart, genannt Darnley, zu sich genommen hat und ich frei bin ...« Es ist schwer zu sagen, ob dieses Schriftstück vor oder nach dem anderen vom 5. April entstanden ist.

13

»Tod der Hure, der Hexe ...«

Für die Heirat Maria Stuarts mit Bothwell gilt noch mehr als für ihre Heirat mit Henry Darnley, daß sie bittere Früchte brachte. Noch vor der Eheschließung, am 13. Mai 1567, kam William Drury in Berwick das Gerücht zu Ohren, Bothwell benehme sich anmaßend und rücksichtslos und Maria Stuart sei eifersüchtig auf Lady Bothwell, die nach wie vor freundschaftlich mit ihrem ehemaligen Gatten verkehre. Am 20. Mai stand es noch schlimmer: Die Königin habe sich »im Aussehen stärker verändert als jemals eine Frau vor ihr in so kurzer Zeit«.[1] Man könnte solche Bemerkungen als haltloses Gerede abtun (in demselben Brief vom 20. Mai war noch die dumme Anklage zu lesen, Maria Stuart habe versucht, ihren Sohn mit einem Apfel zu vergiften – ein Apfel für ein Kleinkind von elf Monaten), aber du Croc bestätigt die Gerüchte aus eigener Anschauung ausdrücklich: Am 15. Mai, dem Tag der Eheschließung, fand er die Königin in Tränen aufgelöst vor. »Ich bemerkte ein seltsames Gebaren der beiden Gatten, welches sie damit entschuldigen wollte, daß sie sagte, wenn ich sie traurig sehe, so deshalb, weil sie sich nie mehr freuen wolle, wie sie es gesagt habe, und sie wünsche sich nichts als den Tod. Gestern, als sie mit dem Grafen Bothwell allein in einem Zimmer war, rief sie auf einmal laut, man möge ihr ein Messer bringen, damit sie sich töten könne [...]. Ich habe sie getröstet und ihr gut zugeredet bei den drei Gelegenheiten, da ich mit ihr gesprochen habe.«[2]

Derselbe Vorfall wird auch von James Melville berichtet. Er habe gehört, wie die Königin »nach einem Dolch verlangte, um sich zu töten, andernfalls, so drohte sie, werde sie sich aus dem Fenster stürzen«.[3] Bischof Leslie von Ross, ein treuer Berater von Maria Stuart, erzählte später, »auf dem Heimweg von jener ketzerischen Zeremonie [ihrer Eheschließung nach calvinistischem Ritus] konnte sie die Tränen nicht zurückhalten. Sie ließ mich rufen und versprach in tiefster Reue, sie wolle nie wieder gegen die Regeln unserer heiligen Kirche verstoßen und nicht dulden, daß etwas Derartiges in ihrer Gegenwart geschehe, und müßte sie dafür ihr Leben aufs Spiel setzen.«[4]

Wir haben keinen Grund, an den Worten des Bischofs von Ross zu zweifeln: Maria Stuart war unbestreitbar katholisch, und eine Eheschließung nach calvinistischem Ritus mußte ihr Gewissen schmerzlich belasten. Doch mit diesem »Bekenntnis« und den Beteuerungen des Bedauerns bekommt der Bericht einen moralischen Ton. Dies stiftete später große Verwirrung unter den Historikern, und auch heute noch erschwert es die objektive Untersuchung der Tatsachen.

Für den katholischen Bischof waren die Seelenqualen der Königin Folge religiöser Skrupel, Marias Feinde interpretierten sie bald schon als Ausdruck von Gewissensbissen, weil sie bei Darnleys Ermordung ihre Hände im Spiel gehabt habe. Die puritanischen Gelehrten des 19. Jahrhunderts griffen, dem Geist ihrer Epoche folgend, dieses Motiv auf: Die ehebrecherische Herrscherin (die, das kommt erschwerend hinzu, auch noch katholisch ist) büßt mit Qualen und Verzweiflung für ihre Sünden und Verbrechen. Ausgehend von den gleichen Prämissen, wenn auch in einer anderen Sichtweise, schildert der Schriftsteller Stefan Zweig eindringlich das seelische Martyrium der Königin nach der Eheschließung mit ihrem Geliebten: »Denn ein Furchtbares ist in dieser Leidenschaft, was sie zugleich so großartig und grauenhaft macht – das unüberbietbar Furchtbare, daß die Königin vom ersten Augenblicke weiß, daß ihre Liebeswahl eine verbrecherische und eine völlig ausweglose ist. Entsetzlich muß das Erwachen schon aus der ersten Umarmung gewesen sein, ein Tristansaugenblick, da sie, vergiftet von dem Liebestrank, aus dem Taumel auffahren und beide sich erinnern, daß sie nicht allein leben in der Unendlichkeit ihres Gefühls [...]. Nur vergiftete Frucht kann diese sündige Liebe tragen, und Maria Stuart weiß mit grauenhafter Wachheit von der ersten Stunde an, daß es für sie von nun ab keine Ruhe mehr gibt und keine Rettung.«[5]

Das klingt fast so, als wäre Zweig Zeuge der Ereignisse gewesen und als hätte die Königin von Schottland ihm ihre geheimsten Gedanken mitgeteilt. Es ist unnötig zu betonen, daß diese Schilderung allein Zweigs Phantasie entstammt. Freilich ist mehrfach bezeugt, daß Maria Stuart nach ihrer dritten Heirat sehr niedergeschlagen war; überhaupt befand sie sich seit dem letzten Herbst nach Aussage etlicher Zeugen in einer deprimierten Verfassung. Aber ist dafür keine andere Erklärung denkbar als die, daß sie Gewissensbisse nach einer verbrecherischen Tat quälten oder daß sie von ihrem Geliebten enttäuscht war?

In Anbetracht aller Umstände hatte sie durchaus zu Recht glauben können, daß die Verbindung mit Bothwell eine annehmbare politische Lösung für Schottland darstellte. Der Ainslie-Bond, den Bothwell ihr gezeigt hatte, während er sie in Dunbar festhielt (das sagte sie später selbst[*6]) bewies, daß zumindest ein wichtiger Teil des schottischen Adels mit dieser Lösung einverstanden war, ja sie sogar wünschte. Wenn wir einmal von der Hypothese ausgehen, daß sie nicht Bothwells Geliebte war, bleibt immer noch, daß sie ihn schätzte und Vertrauen in seine Fähigkeiten hatte. Ein Beweis dafür ist, daß seit Anfang des Jahres, eigentlich bereits seit seiner Verwundung in Hermitage, sein Einfluß in der Regierung stetig gewachsen war.

Mit Sicherheit dürfte sie gewußt haben, daß Anfang Mai die Grafen von Argyll, Mar, Montrose, Morton und andere in Stirling zusammengekommen waren und darüber beraten hatten, »die Königin zu befreien, denn solange sie mit Bothwell zusammen war, war sie in den Augen der Grafen nicht frei«.[7] Vor allem wollten die Grafen verhindern, daß Bothwell den Prinzen Jakob in seine Gewalt bekam. Daß ein Teil des Adels Widerstand leisten würde, war vorauszusehen gewesen, denn schon ein Jahr zuvor, im Juli 1566, hatte man über Bothwell gesagt, er sei der »am meisten gehaßte Mann Schottlands«. Wir haben gesehen, daß sich in Schottland, in Frankreich und in England viele warnende Stimmen dagegen erhoben hatten, daß die Königin den mutmaßlichen Mörder ihres Mannes heiratete.

Abgesehen von den politischen Verwicklungen mußte Maria Stuart klar sein, daß sie sich mit dieser Heirat erniedrigte. Sie war stets stolz auf ihre Herkunft und ihren Rang, durchdrungen von dem Bewußtsein, Königinwitwe von Frankreich zu sein und wahrscheinlich eines Tages Erbin des Thrones von England, und nun war sie die Ehefrau eines einfachen Adligen, schlimmer noch: eines Untertanen. In ganz Europa gab es kein Beispiel einer so wenig standesgemäßen Heirat, und an allen europäischen Höfen war man sich dieser Einzigartigkeit bewußt. (Bezeichnenderweise stand es nie zur Diskussion, Bothwell den Titel »König« zu verleihen. Für Maria war er stets »der Herzog, mein Gatte«.)

Warum hatte sie in Anbetracht dieser Umstände in die Heirat eingewilligt? Alles führt immer wieder auf diese brennende Frage zurück. Die meisten der Königin wohlgesonnenen Chronisten nahmen an, sie sei Opfer einer Verschwörung geworden. So schrieb im Jahr 1568 der treue Bischof von Ross zur Verteidigung der Königin in ihrer Gefangenschaft: »Ihre Ratgeber

---

[*] Wir lassen an dieser Stelle die Frage beiseite, ob Maria Stuart den Ainslie-Bond vor ihrer Entführung kannte und ob er mit ihrer Zustimmung geschlossen wurde.

nutzten die Not und Verzweiflung, in welche sie nach dem seltsamen und abscheulichen Mord an ihrem Gatten gestürzt war, und brachten sie mit erdachten Gründen dazu, oder vielmehr drängten und zwangen sie, daß sie einen Mann zu ihrem Trost, als Stütze und Beschützer erwählte.«[8] Maria Stuart drückte das später noch klarer aus, als sie ihrem Sekretär Claude Nau ihre Erinnerungen erzählte: »Diese arme Prinzessin, unerfahren in derartigen Dingen, umgeben von Menschen, die sie zu überreden trachteten, Ersuchen an sie richteten und sie bedrängten, teils in allgemeinen Worten, teils durch Gesuche, die sie unterzeichnet hatten und die sie vor dem versammelten Rat und unter vier Augen vorlegten ...«[9] (An dieser Stelle bricht der Satz in Naus Manuskript ab, aber man kann die Fortsetzung ohne weiteres erraten.) Wie Maria Nau weiterhin berichtete, habe sie die Eheschließung, zu der man sie habe zwingen wollen, »rundweg« abgelehnt, »und auf die Gerüchte hingewiesen, die über den Tod ihres verstorbenen Gatten im Umlauf seien«, aber die Lords hätten sich für Bothwells Unschuld verbürgt und am Tage der Hochzeit »sich sehr liebenswürdig gezeigt«.[10]

Bei dieser Darstellung bleibt allerdings ein Punkt im dunkeln: Was hatte dazu geführt, daß die Lords ihre seit langem bestehende tiefe Abneigung gegen Bothwell so plötzlich überwanden und Maria drängten, ihn zu heiraten? Maria gab Nau dafür eine verblüffende Erklärung: Die Lords hätten sich Bothwells bedient, »um ihre wahre und rechtmäßige Herrscherin zu vernichten, und sie überredeten sie zu der Heirat mit dem Grafen«, damit sie später ihre Ehre in den Schmutz ziehen und sie anklagen konnten, sie habe den Mörder ihres Mannes geheiratet.[11]

Sollte das tatsächlich die Absicht der Lords gewesen sein, dann muß man zugeben, daß die Ereignisse alle ihre Erwartungen übertrafen. Die bedauernswerte Königin wäre demnach Opfer einer geradezu machiavellistischen Verschwörung geworden, jede Einzelheit des Planes wäre nur zu dem Zweck ersonnen worden, sie schuldig erscheinen zu lassen, ihr Mißtrauen und ihr Zögern hätte man durch gezielte und beharrliche Manipulation, wie man das heute nennen würde, zum Verstummen gebracht.

Zunächst einmal kann man annehmen, daß Maria Stuart sich in jenen kritischen Wochen in einem derartigen Zustand deprimierter Erstarrung befand, daß ihr normales Denkvermögen fast vollkommen außer Kraft gesetzt war. Obwohl Moray und Maitland sich große Mühe gaben, sie von allen Kontakten mit der Außenwelt abzuschneiden, empfing sie weiterhin Botschafter, las die diplomatische Korrespondenz und sprach mit ihren Bedienten; sie mußte demnach wissen, wie man in Schottland und im übrigen Europa über die Heirat dachte. Bischof Leslie berichtete, nach dem Mord an ihrem Gatten sei sie immer mehr unter Bothwells Einfluß geraten, und zuletzt sei sie ihm gänzlich ausgeliefert gewesen – das mag stimmen. Aber wie ist zu erklären, daß diejenigen, die bald schon zum Aufstand gegen Bothwell bliesen, darauf hingearbeitet haben sollen, ihren Erzfeind auf den Thron zu bringen? Mußten sie nicht befürchten, daß Bothwell, wenn er erst einmal mit der Königin verheiratet war, über sie triumphieren und sie vernichten würde, wie einst Darnley an der Seite seiner jungen Frau seine Gegner in der denkwürdigen »Verfolgungsjagd« des Jahres 1565 geschlagen und zerstreut hatte? Und Bothwell war aus anderem Holz geschnitzt als der klägliche »König Heinrich«.

Wenn Maria Stuart tatsächlich vor der Heirat mit dem Großadmiral zurückschreckte, wenn sie die Eheschließung gar »rundweg« ablehnte, wie Claude Nau aufzeichnete, dann hätte sie doch reichlich Gelegenheit gehabt, ihn loszuwerden. Nachdem er sie entführt und Gewalt gegen sie angewendet hatte, hätte sie ohne weiteres von ihren Edelleuten und Untertanen verlangen können, daß sie sie rächten. Statt dessen teilte sie unmißverständlich mit, sie sei mit ihrem Entführer »zufrieden«, und untersagte, Maßnahmen gegen ihn zu ergreifen.

Wir haben somit zwei mögliche Erklärungen vor uns, doch keine ist nach unserem Kenntnisstand vollkommen überzeugend. Die eine Hypothese besagt, Maria Stuart habe sich in einem Zustand der krankhaften Willenlosigkeit, fast schon Depression befunden. Sie sei für ihre Handlungen nicht verantwortlich zu machen, sondern habe sich im April und Mai 1567 wie eine Marionette von ihrer Umgebung führen und sich schließlich auch zu der Heirat zwingen lassen, die ihr eigentlich widerstrebte. Die zweite Hypothese ist die Interpretation von Buchanan und Stefan Zweig. Demnach sei Maria Stuart Bothwell hörig gewesen und habe bereitwillig an einem Verbrechen mitgewirkt, um ihren Geliebten heiraten zu können. Beide Erklärungen sind nicht rundum stimmig, aber fürs erste können wir keine eindeutig verwerfen. Es bleibt abzuwarten, ob der weitere Gang der Ereignisse mehr Licht in das Dunkel bringt.

In den meisten Darstellungen heißt es, der Herzog der Orkaden habe, kaum sei er mit der Königin vermählt gewesen, sie roh und rücksichtslos behandelt. Doch es gibt auch anderslautende Zeugnisse. So schrieb William Drury am 27. Mai: »Der Herzog erweist seiner Gemahlin den höchsten Respekt, er tritt nur mit entblößtem Haupt vor sie.« Bei einem Fest am 25. Mai wetteiferte Bothwell unter ihren Augen im Ringestechen, und das königliche Paar »trug große Freude zur Schau«.[12] Man wird ohne weiteres einräumen können, daß solche offiziellen Vergnügungen in einer bedrükkenden politischen Situation eher aus protokollarischen Gründen denn aus

Lust an der Unterhaltung stattfanden, aber der Bericht belegt immerhin, daß wenige Tage nach der Hochzeit in Holyrood das gewohnte höfische Leben weiterging. Maria Stuart hatte sich weder vollkommen zurückgezogen, noch schien sie willens, auf den Thron zu verzichten.

In dieser ganzen Zeit spielte William Maitland eine höchst undurchsichtige Rolle. Drury zufolge stand er mit der Königin auf gutem Fuße, aber »fürchtete« Bothwell – das klingt durchaus plausibel.[13] Einige Zeit später eröffnete Maitland du Croc in einem vertraulichen Gespräch, der Herzog »behandle die Königin eher als Konkubine denn als Ehefrau« und sie habe »nicht einmal die Freiheit, einen einzigen Menschen anzusehen, noch sehe jemand sie an«.

Bothwell – wir nennen ihn weiter mit diesem Namen und nicht mit seinem offiziellen Titel eines Herzogs der Orkaden, den er nur so kurze Zeit führen konnte – machte sich daran, die Regierung des Landes entsprechend den neuen Machtverhältnissen umzugestalten. Der Geheime Rat wurde umgebildet, Huntly wurde neuer Kanzler (was zumindest beweist, daß er seinem ehemaligen Schwager wegen der Scheidung nicht grollte), Erzbischof Hamilton und Bischof Ross saßen Seite an Seite mit Morton, Cassillis, Rothes, Fleming, Boyd, Maitland und anderen tatsächlich oder vermeintlich Getreuen.

Maria Stuart setzte unterdessen alles daran, ihren Ruf zu verteidigen, und warb bei den Herrschern in Europa, vor allem in Frankreich und England, um Wohlwollen für ihre neue Ehe. Sie schickte den Bischof von Dunblane als Gesandten nach Paris und Robert Melville nach London und gab ihnen schriftlich genaue Instruktionen mit. Diese Dokumente sind unsere ergiebigste Quelle für Maria Stuarts seelische Verfassung Anfang Juni 1567, zumindest spiegeln sie das Bild wider, das sie nach außen hin zeigen wollte. Sie nannte die Gründe, warum sie Bothwell als ihren treuen und ergebenen Untertanen ansah, zählte auf, was er seit seiner Rückkehr nach Schottland für sie getan hatte, und erinnerte daran, daß ihre Edelleute mehrfach zu erkennen gegeben hatten, daß sie der Heirat zustimmten. »Als er mir zum ersten Mal seine Absichten enthüllte und feststellen mußte, daß mein Wunsch seinen Absichten entgegenstand [...], beschloß er, sein Glück zu versuchen, und [...] vier Tage später nutzte er die Gelegenheit aus, daß ich meinen geliebten Sohn besuchte; auf dem Rückweg hielt er mich mit einer großen Reiterschar auf und führte mich in aller Eile nach Dunbar Castle.« Diese Passage wirft eine neuerliche Ungereimtheit auf: Wie kann man sich erklären, daß die Königin Bothwell verzieh, nachdem er ein so eindeutiges Verbrechen der Majestätsbeleidigung begangen hatte? »Obgleich sein Handeln roh war, waren seine Worte sanft. Er versprach, daß er mich ehren und mir dienen werde, bat mich um Verzeihung für seine dreiste Tat, denn er habe allein aus Liebe gehandelt [...]. Zuletzt zeigte er mir das Schriftstück, in welchem der Adel meines Königreichs ihm Unterstützung versprochen hatte [...], und da ich sah, daß ich mich in seiner Gewalt befand, nicht hoffen durfte, befreit zu werden, und daß alle meine Edelleute mit seinem Tun einverstanden waren, gewährte ich ihm die Gunst, ihn zu heiraten [...]. So muß er nun als mein Gemahl anerkannt werden, ich werde ihn lieben und ehren als meinen Gatten, der mir unauflöslich verbunden ist.«[14]

Es versteht sich von selbst, daß dieses Schriftstück unter den Augen von Bothwell verfaßt, möglicherweise sogar von ihm diktiert wurde. Der weitere Gang der Ereignisse bietet freilich keinen Beweis, nicht einmal einen Anhaltspunkt dafür, daß das Schreiben nicht Maria Stuarts ehrliche Überzeugung in jenem Augenblick ausdrückte. Einige Wochen später, als sie sich von Bothwell trennen mußte, zeigte sich, daß sie ihm tatsächlich so zugetan und so treu war, wie sie in ihren Briefen an Katharina von Medici und Elisabeth geschrieben hatte. Aus welchen Gründen auch immer die Ehe an jenem 15. Mai geschlossen worden war, Maria Stuart betrachtete sie jedenfalls als rechtmäßig und gültig.

Zu ihrem Unglück nahm der Widerstand gegen Bothwell, der bereits unmittelbar nach der Hochzeit erkennbar geworden war, bald schon ein Ausmaß an, daß eine gewaltsame Auseinandersetzung unausweichlich schien.

Die Feinde des Herzogs fanden schnell einen Vorwand, um gegen ihn vorzugehen: die angebliche Sorge um die Sicherheit des Thronerben. Sie behaupteten, sie wüßten mit Bestimmtheit, daß Bothwell nach der Königin auch ihren Sohn in seine Gewalt bekommen und ihn aus dem Weg räumen wolle, so wie Richard III. vierundzwanzig Jahre zuvor im Tower von London seine Neffen beseitigt habe, um die Krone an sich zu reißen: »Niemand zweifelte, daß der Herzog im Interesse seiner Sache seine Hand auf jenes unschuldige Kind legen würde, um es daran zu hindern, daß es eines Tages Rache für den Mord an seinem Vater nehmen könnte.«[15]

Tatsächlich gibt es keinen Beweis – und es wird sich wohl auch niemals beweisen lassen –, daß Bothwell derartig finstere Absichten hegte. Mit Sicherheit hätte er den Thronerben, der auf Stirling Castle in der Obhut des Grafen Mar heranwuchs, gerne bei sich gehabt, denn allein die Tatsache, daß Jakob sich in den Händen seiner Feinde befand, stellte für Bothwell eine dauernde Bedrohung dar; das wurde in Zukunft mehr als deutlich. Aber daraus kann man nicht folgern, daß Bothwell Mordabsichten gegenüber dem Prinzen hegte, ganz im Gegenteil. Wenn Maria Stuart ein Unglück zustoßen sollte, konnte ihr Gatte rechtmäßig die Vormundschaft für ihren Sohn beanspruchen und in dessen Namen regieren. Hingegen würde sein

Einfluß, wenn kein Erbe da wäre, erlöschen. Maria Stuart hatte als Mutter und als Königin hinreichend Grund zu wünschen, daß der kleine Jakob bei ihr lebte und nicht bei Menschen, die ihr den Zugang zu ihrem Kind auf alle erdenklichen Weisen erschwerten.

Jedenfalls verbreiteten die Lords und die Pastoren in Edinburgh so lange, der Thronerbe sei in Gefahr, bis alle es glaubten und nur noch mit Abscheu über die Ehe der Königin sprachen. Die Depeschen der ausländischen Botschafter und Agenten klangen von Mal zu Mal besorgniserregender. Der Bischof von Dunblane erreichte in Frankreich nicht viel: Katharina von Medici und Karl IX. teilten ihm mit, ihrer Meinung nach sei »diese Heirat auf Wunsch der Königin zustande gekommen«, sie habe »Fehler gemacht und so das Einvernehmen mit ihren Untertanen aufs Spiel gesetzt«.[16] Der ständige Botschafter Schottlands in Paris, Erzbischof Beaton, war selbst fassungslos angesichts der Vorgänge in seinem Land, und Philibert du Croc gab in seinen Berichten aus Edinburgh die Ansichten der Bothwell feindlich gesonnenen Lords wieder. Maria Stuarts schärfste Kritiker in Paris urteilten, sie sei »durch Zauberei und Hexerei in die Irre geführt worden, worauf er [Bothwell] sich versteht, denn schon auf den Schulen, die er besucht hat, hat er nichts anderes getan, als die Nekromantie und verbotene Magie zu lesen und zu studieren«.[17]

Bothwell hatte dem König von Frankreich kurz nach der Eheschließung, am 27. Mai, einen respektvollen Brief geschrieben und den König seiner »Zuneigung« versichert und »der guten Absicht, welche ich mein Leben lang hegen« werde, Euch und Eurer Krone ergebene Dienste zu erweisen«.[18] Doch Moray, der sich zu der Zeit ebenfalls in Paris aufhielt, fand mehr Gehör beim König, als er berichtete, was für ungeheuerliche Dinge man sich über den neuen Herrn in Schottland erzählte.[19]

Auch von Elisabeth war keine Unterstützung zu erhoffen. Die englische Königin zeigte sich empört über die Eheschließung vom 15. Mai, überdies gehörten die in Stirling versammelten Lords alle der England zugeneigten Partei an, für die Bothwell seit eh und je das schwarze Schaf war. Da half es auch nichts, daß er an Cecil und an Elisabeth schrieb und versicherte, er wolle die guten Beziehungen zwischen den beiden Königreichen erhalten, und sich gegen die »böswilligen Gerüchte« verteidigte, die über ihn in Umlauf seien. England stand auf der Seite von Bothwells Gegnern, zumal jene England förmlich mit Beteuerungen ihrer Freundschaft und Ergebenheit überschütteten.

Die Ausgangsposition von Maria Stuart und Bothwell für die bevorstehenden Auseinandersetzungen war demnach denkbar ungünstig. Doch Bothwell dachte nicht im Traum daran, zurückzuweichen oder das Spiel verloren zu geben. Als offensichtlich war, daß es zum Kampf kommen würde, handelte er rasch und entschlossen. Am 1. Juni, während die Lords noch in Stirling versammelt waren, ließ er in Edinburgh eine scharf formulierte königliche Bekanntmachung verlesen und anschlagen: »Da der Neid der Feind der Tugend ist und da aufrührerische und unruhige Gemüter Zwietracht zu säen trachten, wird die Güte Ihrer Majestät verkannt und mit Undank und Rebellion vergolten. Dies geht so weit, daß man im Volk munkelt, sie vernachlässige die Sicherheit ihres vielgeliebten Sohnes, des Prinzen, sie beabsichtige, die Gesetze zu verletzen und die alten Gewohnheiten des Königreiches aufzugeben, sie sei nicht mehr um das Wohl des Volkes besorgt.«[20] Allen diesen verleumderischen Gerüchten widerspreche die Königin entschieden, und sie erneuere ihre Verpflichtung, alle Gesetze zu achten und sich der Erziehung des Prinzen zu widmen.

Gleichzeitig wurden die Kronvasallen für den 12. Juni zu einer Zusammenkunft in der Abtei Melrose nahe der englischen Grenze einberufen. Sie sollten einen neuerlichen Schlag gegen die Räuberbanden führen, die schlimmer als je zuvor im Grenzland wüteten.* Zweifellos hatte Bothwell, als er die Lords zusammenrief, anderes im Sinn als den offiziell erklärten Zweck. Wenn die Kronvasallen erst einmal versammelt waren, konnte man sie ohne weiteres vor Stirling führen, und mit etwas Glück würde es gelingen, die rebellischen Lords zu vertreiben, bevor Verstärkung eintraf.

Doch die Lords waren schneller. Maria Stuart und ihr Gatte wurden gewarnt, man plane einen Handstreich gegen Holyrood und wolle sich ihrer bemächtigen. Daraufhin flohen sie am 6. Juni nach Borthwick Castle, zwanzig Kilometer südwestlich von Edinburgh an der Straße in das Grenzgebiet gelegen.** Wenig später war auch ein Trupp ihrer Feinde dort, Bothwell konnte mit knapper Not entkommen. Die Chroniken berichten, in der Nacht habe »weniger als ein Pfeilwurf« zwischen ihm und seinen Verfolgern gelegen und er habe einzelne Stimmen unterscheiden können, die grobe Beleidigungen gegen ihn und die Königin ausstießen. Am nächsten Tag verließ Maria in Männerkleidern das Schloß und ritt im gestreckten Galopp nach Dunbar, wo ihr Mann sie erwartete. In Dunbar, einer uneinnehmbaren Festung, waren sie in Sicherheit.[21]

Wenn es eines Beweises bedurft hat, so zeigt der Ablauf der Flucht aus Borthwick, daß Maria Stuart zu diesem Zeitpunkt ihr Schicksal fest mit dem

---

* Die Berichte der englischen Agenten sind um diese Zeit tatsächlich voll von Klagen über die unsicheren Verhältnisse in der Grenzregion.
** Borthwick Castle ist heute ein Hotel in einer ländlichen, waldigen Gegend, die sehr an die Landschaft der Normandie erinnert.

von Bothwell verbunden hatte. Nachdem Bothwell nach Dunbar geritten war, hätte sie ohne weiteres zu den Lords nach Stirling reiten und dort erklären können, sie sei nun wieder frei – wenn das ihre Überzeugung gewesen wäre. Daß sie es nicht tat, ist das stärkste Argument für die Hypothese, daß sie aus freien Stücken Bothwells Ehefrau geworden war.

Die Lords in Stirling zögerten nicht lange und ergriffen die Gelegenheit, die sich ihnen nach der Flucht des königlichen Paares bot. Am 11. Juni standen sie vor den Mauern von Edinburgh. Gegen den Widerstand von Marias Anhängern erzwangen sie die Öffnung der Tore und besetzten die Stadt mit Ausnahme der Festung, die noch kurze Zeit von James Balfour gehalten wurde.

Am nächsten Tag, dem 12. Juni, übernahmen die Lords offiziell die Macht. Sie ließen eine Bekanntmachung anschlagen, in der sie Bothwell zum Feind erklärten und die Einwohner der Hauptstadt aufforderten, die Königin aus ihrer »Gefangenschaft« zu befreien: »Da der Graf von Bothwell [er wird nicht mit seinem Herzogstitel bezeichnet] sich mit Gewalt der Königin bemächtigt und versucht hat, sie als seine Gefangene festzuhalten [...], da er an dem König Heinrich ein abscheuliches Verbrechen begangen hat und nun plant, die geheiligte Person des Prinzen in seine Gewalt zu bekommen [...], ergeht an alle Untertanen Ihrer Majestät die Aufforderung, sich zusammenzuschließen, um sie zu befreien und den besagten Bothwell der Strafe für seine Verbrechen zuzuführen.«[22]

Wenn Bothwell die Geduld gehabt hätte, mit Maria in Dunbar auszuharren, bis ihre Getreuen ihnen zu Hilfe gekommen wären, hätte die Geschichte vielleicht einen anderen Verlauf genommen. Bei weitem nicht alle schottischen Adligen waren an dem Aufstand beteiligt. Huntly, Fleming und die Hamiltons konnten beträchtliche Kräfte aufbieten, und Männer wie Maitland, Kirkcaldy of the Grange und James Melville waren wankelmütig genug (das zeigten die weiteren Ereignisse), daß man sie – wieder – für die königliche Partei hätte gewinnen können. Zudem widerstrebte es Elisabeth, sich auf die Seite der Feinde ihrer Cousine zu schlagen.

Aber Bothwell war von Natur aus impulsiv und wollte das Schicksal bezwingen. In aller Eile zog er in Dunbar zweihundert Arkebusiere und vierzig Reiter zusammen; damit glaubte er sich gerüstet, seine Feinde zu vernichten. Maria Stuart erzählte später Claude Nau, James Balfour, der Kommandant der Festung von Edinburgh – den sie für einen Getreuen hielt, da er seit langem ein Gefolgsmann Bothwells war –, habe ihr eine Botschaft zukommen lassen und sie ermutigt, in die Hauptstadt zurückzukehren. Er habe ihr versichert, sobald die königliche Armee in Sichtweite sei, werde er die Kanonen gegen die Aufständischen abfeuern lassen.[23]

Am 13. Juni waren Maria und Bothwell in Haddington, dort stießen sechshundert Reiter zu ihnen. Am 14. erreichten sie Seton – wie viele schöne Erinnerungen waren mit Seton verbunden, und wie sehr hatte sich inzwischen alles verändert! – mit mehr als viertausend Mann. Die Hamiltons und Huntly sammelten in ihren Gebieten unterdessen weitere Verstärkung. Aber es war zu spät: Die Lords verließen Edinburgh und zogen der königlichen Armee entgegen.

Am Morgen des 15. Juni 1567 standen sich die beiden Armeen am Carberry Hill gegenüber, »einem Hügel und Durchgang, den es zu verteidigen galt«, in der Nähe der Stadt Musselburgh ungefähr acht Kilometer von der Hauptstadt entfernt.* Es wurde ein sonniger, drückend heißer Tag. Bothwells Männer litten bald Durst, den Fluß am Fuße des Hügels hatten sie unglücklicherweise den Rebellen überlassen. Dieses Detail wog im weiteren Verlauf des Tages sehr schwer.

Was an jenem Tag geschah, wissen wir aus dem höchst lebhaften Bericht eines unbekannt gebliebenen französischen Hauptmanns, der auf der Seite der königlichen Armee Augenzeuge der Ereignisse wurde, und aus einem langen Rechtfertigungsschreiben von du Croc an Karl IX., das am übernächsten Tag verfaßt wurde.[24] Der französische Botschafter spielte in jenen dramatischen Stunden eine wichtige, wenngleich reichlich zwiespältige Rolle. Von seiner Abneigung gegen Bothwell und Empörung über die Heirat war bereits die Rede. Obschon er für England keinerlei Sympathien hegte, sammelte er doch bereitwillig unfreundliche Gerüchte, die über die schottische Königin in Umlauf waren. Vor Carberry Hill wählten ihn bezeichnenderweise die aufständischen Lords als Vermittler und nicht Maria Stuart. Sein Bericht ist darum in gewisser Hinsicht parteilich, und der neutrale Tonfall aus der Feder eines Botschafters des allerchristlichsten Königs klingt höchst überraschend. Der Umstand, daß er damit den Instruktionen Katharinas von Medici folgte, zeigt, daß die Königinmutter nicht die Absicht hatte, sich für eine Seite – ihre ehemalige Schwiegertochter oder deren Feinde – zu entscheiden.

Die königliche Armee war bunt zusammengewürfelt und ohne rechten Kampfgeist. Die meisten Männer stammten aus dem Grenzland und waren persönliche Vasallen von Bothwell. Sie verstanden sich eher darauf, im Grenzland Unternehmungen im Handstreich durchzuführen, eine regelrechte militärische Operation war nicht ihre Sache. Überdies ließen Führung und Versorgung der Männer zu wünschen übrig, obwohl sie hinter dem roten Löwen Schottlands ritten. Das Banner der Lords, das sie eigens

---

* Der Ort liegt heute im östlichen Teil des Großraums Edinburgh.

hatten anfertigen lassen, zeigte Darnleys Leichnam nackt unter einem Baum, daneben kniend den kleinen Prinzen Jakob und darunter die Worte *Räche meine Sache, o mein Gott*. Damit traten die Lords als Streiter für die Gerechtigkeit auf, in der Öffentlichkeit fand das großen Anklang.

Bothwell wollte wohl unverzüglich angreifen, bevor die feindliche Armee Zeit gehabt hätte, sich am Fuß des Hügels in Schlachtordnung aufzustellen. Das war eine vernünftige Taktik, und möglicherweise hätte er damit Erfolg gehabt. Doch gerade als er den Befehl geben wollte, tauchte der Unterhändler du Croc auf.

Wie du Croc berichtete, hatten die Lords ihn beauftragt, vor Beginn der Schlacht der Königin die Botschaft zu überbringen, daß sie, »wenn sie von jenem Unglücklichen lassen wollte, welcher sie festhielt«, bereit wären, sich ihr »als ergebene und gehorsame Untertanen« zu Füßen zu werfen. Maria Stuart lehnte stolz ab: Die Lords »handelten gegen alles, was sie selbst unterzeichnet hätten, schließlich hätten die Lords sie mit jenem Mann vermählt, den sie erst entschuldigt hätten [wegen des Mordes an Darnley] und den sie jetzt anklagen wollten«. Sie drückte ihre Verwunderung aus – durchaus mit Grund –, daß die Lords Bothwell erst jetzt verfolgten, wo er »in Begleitung Ihrer Majestät sei, wodurch es den Anschein habe, als gelte der Angriff ihr, um ihr die Krone wegzunehmen«. Dennoch wäre sie, wenn die Lords um Vergebung flehten, bereit, die Rebellion zu vergessen und sie »mit offenen Armen« aufzunehmen. Angesichts so unvereinbarer Standpunkte schien eine Annäherung ausgeschlossen.

An diesem Punkt mischte sich Bothwell in die Unterredung. Er schwor, daß er unschuldig sei an allen Verbrechen und Missetaten, die man ihm anlaste. Es entspann sich ein geradezu komödienreifer Wortwechsel mit du Croc: »Er [Bothwell] fragte mich laut, damit seine Armee es hörte, ob sie es auf ihn abgesehen hätten. Ich antwortete laut, daß sie mir versichert hätten, sie seien ergebene Diener und Untertanen der Königin (und leise setzte ich hinzu, sie seien seine Todfeinde). Er fragte laut, was er ihnen getan habe, und sagte, daß er niemals beabsichtigt habe, nur einem einzigen zu mißfallen, vielmehr habe er immer allen gefallen wollen.«

Auf diesem Weg kam man nicht weiter. Ernstzunehmender war da schon das Angebot von Bothwell, er werde mit jedem, der bereit sei, sich mit ihm zu messen, einen Zweikampf bestreiten. Selbst du Croc vergaß einen Moment seine feindseligen Gefühle und erkannte an, daß Bothwell sich als »großer Feldherr« zeigte und »seine Armee mutig und klug führte«.

Gerichtskämpfe waren in der zweiten Hälfte des 16. Jahrhunderts nicht mehr üblich, aber ganz in Vergessenheit geraten waren sie auch nicht, man erinnere sich nur an den berühmten Kampf zwischen Jarnac und La Châtaigneraie in Saint-Germain-en-Laye vor Heinrich II. im Jahr 1547. Bothwell hatte eine Vorliebe für Zweikämpfe, er hatte bereits einige Wochen zuvor jeden Adligen zum Zweikampf gefordert, der ihn des Mordes an Darnley beschuldigen wollte. Vor Carberry Hill gab es keinen Zweikampf, sei es, daß Maria Stuart es nicht duldete, sei es – so berichtet zumindest Bothwells erbitterter Feind James Melville –, daß »dem besagten Grafen [Bothwell] der Mut fehlte, und man wußte allgemein, daß seine Arme nicht soviel wert waren wie seine Zunge«. Die Schilderungen dieser Szene unterscheiden sich stark, und es werden ganz verschiedene Namen genannt, wer bereit gewesen sei, Bothwells Fehdehandschuh aufzunehmen: der Herr von Tullybardine, Kirkcaldy of the Grange – beide, so befand man, entstammten zu niedrigem Adel, als daß sie gegen den Herzog der Orkaden hätten kämpfen können –, der Graf von Lindsay, sogar Morton. Aber dann schritt die Königin ein und untersagte das Duell. Keiner der Chronisten nennt einen Grund dafür.

Während ringsum die Soldaten lautstark forderten, sie wollten endlich kämpfen, zogen sich die Verhandlungen immer mehr in die Länge. Die Königin verlangte Maitland zu sprechen, aber man antwortete ihr, er sei nicht im gegnerischen Lager. Schließlich bahnte sich Kirkcaldy einen Weg durch die feindlichen Linien und versicherte der Königin, die Lords seien bereit, sie in Ehren zu empfangen und ihre Sicherheit zu garantieren, wenn sie alleine komme, ohne Bothwell. James Melville – nur er schildert diese Szene – berichtet weiter, Bothwell habe Kirkcaldy töten wollen, als er die königlichen Reihen erreicht hatte, und Maria habe um Kirkcaldys Leben »geweint und gefleht«.

Im Verlauf der endlosen Unterredungen hatte sich die militärische Situation spürbar zum Nachteil der königlichen Partei verändert. Die Sonne brannte erbarmungslos, und Bothwells wenig an Disziplin gewöhnte Männer hatten sich zerstreut, »um in den umliegenden Dörfern zu trinken und sich zu erfrischen«. Als Kirkcaldy die Vorschläge der Lords überbrachte, waren nur noch fünfhundert oder sechshundert erschöpfte und ausgelaugte Männer bei der Königin und Bothwell. Maria Stuart war mit ihren Nerven am Ende. Sie fragte Kirkcaldy, was für Garantien die Lords Bothwell geben würden, wenn sie mit seinen Vorschlägen einverstanden wäre und zu ihnen ginge. Kirkcaldy versprach Bothwell freies Geleit, er werde persönlich dafür Sorge tragen. Maria war einverstanden.

Bothwell war nicht so leicht zu überzeugen, aber er mußte einsehen, daß in militärischer Hinsicht für die königliche Partei an diesem Tag keine Hoffnung mehr bestand. Er bat die Königin, ihn vor allen Zeugen ihrer Treue zu versichern, das tat sie feierlich. Man kam überein, daß Bothwell nach Dunbar gehen und dort die Beratung des Parlaments abwarten sollte, das Maria unverzüglich einberufen würde. Das Parlament sollte unparteiisch alle Vorwürfe gegen ihn prüfen und ein Urteil sprechen. (In ihren Erinnerungen, die sie Claude Nau diktierte, sagte sie, wenn das Parlament Bothwell für unschuldig erklärt hätte, »hätte nichts sie daran gehindert, ihre Pflichten als wahre und rechtmäßige Ehefrau zu erfüllen«. Aber wenn das Parlament ihn für schuldig befunden hätte, »hätte sie es ihr ganzes Leben lang bedauert, durch ihre Heirat etwas getan zu haben, wodurch ihr Ruf ein für allemal zerstört gewesen wäre«.[25] Eine gewisse Skepsis gegenüber diesem Bekenntnis *a posteriori* scheint angebracht.)

Am späten Nachmittag trennten sich Maria Stuart und Bothwell. Der Abschied war für beide ein denkbar bewegender Augenblick. Der französische Hauptmann erlebte die Szene mit und berichtete, sie »küßten sich viele Male«, und als er davonritt, »sah sie ihm mit großer Bangigkeit und tiefem Schmerz nach«. Maria erzählte später Claude Nau, bei dieser Gelegenheit habe Bothwell ihr den Pakt von Craigmillar mit den Unterschriften von Morton, Maitland, Balfour und anderen gezeigt, der Darnleys Schicksal besiegelt hatte. Aber wie sollte er in den Besitz des Schriftstücks gekommen sein, und warum sollte er es so lange vor seiner Frau verborgen haben?

Die Königin war nach der sengenden Hitze dieses Tages gewiß müde und erschöpft. Sie dachte wahrscheinlich, daß Bothwell in Dunbar unverzüglich seine Truppen sammeln und sich auf den Weg machen würde, sie zu befreien. Das hatte er auch vor. Die Lords paßten nicht gut auf, vielleicht fehlte es auch an Entschlossenheit, oder es herrschte Verwirrung über die Befehlsgewalt, jedenfalls gelang es Bothwell, mit einer Handvoll Getreuer zu entkommen, und niemand verfolgte sie. Er floh in die uneinnehmbare Festung am Meer, die seit langem seine Zuflucht und Ausgangsbasis seiner Unternehmungen war. Daß die Lords offensichtlich nur halbherzig versuchten, ihren Feind Bothwell gefangenzunehmen, blieb natürlich nicht unbemerkt; für manche Chronisten war damit ihre Doppelzüngigkeit erwiesen. »Wie wollen uns die Herren erklären, daß sie den Grafen Bothwell laufen ließen, nachdem sie ihn schon in ihrer Gewalt hatten?« schrieb der Bischof von Ross ein Jahr später in seiner Verteidigungsschrift für Maria Stuart. »Warum ergriff ihr Abgesandter Grange Bothwell bei der Hand und bat ihn, sich zu entfernen, und versicherte ihm, niemand werde ihn verfolgen, wie es denn auch geschah? [...] Man sieht also, daß sie auf einen anderen Vogel aus waren und daß sie diesen Vogel im Käfig hatten.«[26]

Alles in allem nahm das tragikomische Zusammentreffen vor Carberry Hill einen seltsamen Ausgang. Was nach einem blutigen Zusammenstoß ausgesehen hatte, endete mit einer gütlichen Einigung – das wenig ruhmreiche Ende einer Herrschaft, in der es durchaus Stunden des Triumphs gegeben hatte. Denn mit jenem 15. Juni 1567 war tatsächlich Maria Stuarts Zeit als Königin von Schottland vorüber. Die Episode im Mai 1568 war nur noch ein Strohfeuer ohne Zukunft.

Vor Carberry Hill hatte niemand eine gute Figur gemacht: Philibert du Croc hatte eine für einen Botschafter höchst eigentümliche Rolle gespielt; Maitland hatte sich wieder einmal als nicht festzulegendes »Chamäleon« gezeigt; Kirkcaldy of the Grange überbrachte Versprechen, von denen er wußte, daß sie nicht eingehalten werden würden; Bothwell zögerte und zauderte; und bei Maria kann man sich nur wundern, wie leicht sie sich in die Falle locken ließ. Du Croc ist immerhin so neutral zuzugeben, daß militärisch gesehen die Königin und Bothwell vermutlich im Vorteil waren. Sie begingen den entscheidenden Fehler, Verhandlungen in der sengenden Sonne zu akzeptieren, und der Preis dafür war, daß die Kampfmoral ihrer Truppen dahinschwand. Fehler dieser Art sind nicht wiedergutzumachen, das mußte Maria Stuart schon bald erkennen.

Falls die Königin den von Kirkcaldy of the Grange überbrachten Versprechen Glauben geschenkt hatte (Kirkcaldys persönliche Aufrichtigkeit steht im übrigen außer Zweifel, das zeigen die weiteren Ereignisse), so verlor sie bald alle Illusionen.

Gleich nachdem Bothwell weggeritten war, stieg sie auf ihr Pferd und folgte Kirkcaldy ins Lager der Lords. Alle Augenzeugen berichten übereinstimmend – auch sie selbst sagte es später –, daß sie dort mit der ihr gebührenden Ehrerbietung und sogar mit »Beifall« empfangen worden sei. Doch es mischten sich auch Mißtöne hinein: Einige Soldaten »des untersten Ranges«, wie es heißt, riefen ihr Schimpfworte zu.

Im Lager konnte sie sich ein wenig erfrischen, dann wurde sie unter starker Begleitung und Bewachung nach Edinburgh gebracht. Inzwischen war es sieben Uhr abends, und die Sonne brannte nicht mehr so erbarmungslos. Nach dem einstündigen Ritt erwartete sie, daß sie in ihre Gemächer in Holyrood gehen könnte, statt dessen führte man sie ungeachtet ihrer Proteste in das Haus des Profoses von Craigmillar. Zum dritten Mal in ihrem Leben durfte sie sich nicht frei bewegen.

Der Abend und die folgende Nacht gehörten zu den schlimmsten Stunden im Leben der Maria Stuart. Keine Spur von Ehrerbietung mehr, sie war eine Gefangene und wurde auch so behandelt. Als Kerkermeister hatte man ihr zwei übel beleumundete Männer namens Drumlanrig und Cessford gegeben, die für ihre Brutalität berüchtigt waren. Die beiden Haudegen hatten den Auftrag, die Gefangene nicht aus den Augen zu lassen.

Sie besaßen die Unverschämtheit, die ganze Nacht in ihrem Zimmer zu bleiben, so daß sie sich in ihren Kleidern auf das Bett legen mußte, und das nach einem endlosen Tag mit glühender Sonne, Staub und einem Ritt. Kein Lord hatte bis dahin mit ihr gesprochen, ihr eine Erklärung gegeben. Sie verlangte nach Maitland oder Morton, doch vergebens. Spätabends, am Rande eines Nervenzusammenbruchs, trat sie mit aufgelösten Haaren und verschwitzt ans Fenster – sie trug seit dem Morgen denselben roten Kilt, der die Beine nur zur Hälfte bedeckte: ein zweifellos praktisches Kleidungsstück für das Schlachtfeld, aber bestimmt nicht das richtige für eine Königin – und rief nach draußen. Schmährufe und Beleidigungen waren die Antwort. Vor dem Haus wurde das Banner mit dem Bild des ermordeten Darnley aufgezogen. Nun endlich begriff sie, in was für einen Abgrund sie gestürzt war, und sie brach in Tränen aus.

Am nächsten Morgen sah sie Maitland vorübergehen. Sie rief »mit kläglicher Stimme« seinen Namen, doch er ging weiter »und tat so, als hätte er Ihre Majestät weder gesehen noch gehört«. Die Wachen schlossen das Fenster und verboten ihr, sich dem Fenster noch einmal zu nähern, »weil eine Kugel sie treffen könne«. Den ganzen Tag blieb sie eingesperrt in ihrem Zimmer, ohne Nachricht von den Lords. Am Abend kam endlich Maitland. Maria empfing ihn verständlicherweise wütend. Sie sagte, sie wünsche sich nichts dringender, als daß die Mörder ihres Mannes verfolgt würden, aber nun seien Maitland, Morton und Balfour mehr in Gefahr als andere, »da sie dem besagten Verbrechen zugestimmt hätten und mitschuldig seien, wie sie von dem Grafen Bothwell erfahren habe, als er sich von ihr verabschiedet habe« (so diktierte sie es Nau). Daraufhin habe Maitland »sich entdeckt gewußt« und sei weggegangen, fest entschlossen, seine Wohltäterin zu vernichten.

Die Szene klingt dramatisch, aber nicht sehr glaubhaft in Anbetracht der Umstände. Die Königin war den Lords auf Gedeih und Verderb ausgeliefert, und sie wußte es. Dies war gewiß nicht der richtige Moment, um sie zu provozieren, nicht einmal einer so stolzen und impulsiven Frau wie Maria Stuart traut man solche Worte zu.

Auf jeden Fall konnte dieser Zustand nicht von Dauer sein. Am Abend des 16. Juni brachte man die gefangene Königin nach Holyrood, dort konnte sie sich erstmals seit den traurigen Ereignissen vor Carberry Hill erfrischen und die Kleider wechseln. Philibert du Croc, der die ganzen Vorgänge aus nächster Nähe miterlebte, schrieb an Katharina von Medici, unterwegs habe sie »nur immer wieder gesagt, daß sie alle hängen und kreuzigen lassen werde«, und sie habe »nur die eine Bitte gehabt, daß man sie beide [sie und Bothwell] in ein Schiff setze und dahin fahren lasse, wohin der

Wind sie treiben werde«.[27] Bei anderen Zeugen ist die Rede von einem Brief, den sie ihrem Mann habe zukommen lassen wollen, und von einem Schwur, kein Fleisch mehr zu essen, bis sie wieder mit ihm vereint sei. Es kann so gewesen sein, aber bei all dem darf man nicht vergessen, daß es der Selbstrechtfertigung der Lords diente, wenn sie den Eindruck vermittelten, die Königin habe ihr Schicksal fest mit Bothwell verbunden. Die Argumentation der Lords liegt auf der Hand: Wir würden nichts lieber tun, als der Königin ihre Macht zurückzugeben, aber sie hindert uns daran, weil sie sich nicht vom Mörder ihres Gatten lossagen will. Würden wir sie unter diesen Umständen freilassen, »würde alles von vorn beginnen«, wie du Croc unverblümt schrieb.

Wieder einmal müssen wir uns zwischen zwei möglichen Erklärungen entscheiden. Wollten die Lords unbedingt Maria Stuart stürzen und ihr »die Krone wegnehmen«, wie sie später zu Claude Nau sagte? Oder trieb Maria Stuarts unnachgiebige Haltung die Lords wider Willen zum Äußersten? Die weiteren Ereignisse sprechen eher für die erste Erklärung, denn als Maria Stuart zwei Jahre später in die Scheidung von Bothwell einwilligte als Preis für den Thron, widersetzten sich die Lords und brachten den Plan zu Fall. Im Leben der Maria Stuart gibt es viele Beispiele, daß sie stolz war und oft impulsiv handelte, und so sind der Zornesausbruch und die Racheschwüre, von denen du Croc berichtet, durchaus glaubhaft. Bothwell befand sich zu diesem Zeitpunkt immer noch in Freiheit, noch war nichts endgültig entschieden.

Ähnliche Gedanken dürften auch die Lords beschäftigt haben. Ihnen war es zunächst das Wichtigste, ihre Gefangene an einen sicheren Platz zu bringen. Mit einem Vorwand begründeten sie, warum sie nicht in Edinburgh bleiben könne: Die Menge habe sich so feindselig gezeigt, daß man die Sicherheit der Königin nicht mehr gewährleisten könne. Selbstverständlich sei die Königin nicht ihre Gefangene, es gehe ihnen nur darum – zumindest gegenüber der europäischen Öffentlichkeit sollte es so dargestellt werden –, sie vor Beleidigungen und womöglich sogar Attentaten zu schützen. Und natürlich müsse man auch verhindern, daß der Verbrecher Bothwell sich noch einmal der Königin bemächtige.

Am Abend des 17. Juni, nach Einbruch der Dunkelheit, verließ Maria Stuart ihr Schloß Holyrood. Sie sollte nie mehr dorthin zurückkehren. Man ließ sie in dem Glauben, sie werde nach Stirling zu ihrem Sohn gebracht. Als sie in Leith zur Überfahrt über den Firth of Forth auf ein Schiff ging, schrie die Menge: »Tod der Hure, der Hexe, verbrennt sie, ertränkt sie!«[28] Wieder brach sie in Tränen aus. Am anderen Ufer wartete eine Eskorte mit Pferden. Jemand flüsterte ihr ins Ohr, die Hamiltons wollten sie befreien.

Sie versuchte, langsam zu reiten, aber ihre Bewacher trieben ihr Pferd mit der Peitsche zur Eile an. Bald merkte sie, daß sie nicht nach Westen ritten, auf Stirling zu, sondern nach Norden. Nach einigen Stunden erreichten sie den See Lochleven, am Ufer lagen Boote bereit. Wenig später fielen die Tore des mitten im See gelegenen Schlosses hinter ihr zu.

Maria Stuart war nun fünfundzwanzig Jahre und sechs Monate alt. Sie hatte noch zwanzig Jahre zu leben, zwei Wochen davon in Freiheit.

14

»Wie ein Mann seine Schätze ins Meer wirft ...«

Das Schloß Lochleven war bestens geeignet, der Königin den Aufenthalt so unangenehm wie möglich zu machen und einen Fluchtversuch zu verhindern. Es lag auf einer kleinen Insel ungefähr achthundert Meter vom Ufer entfernt[*], ein abweisendes, schroffes Gemäuer, in der Mitte ein Innenhof und ein dicker, quadratischer, fast fensterloser Turm. Von den Annehmlichkeiten des Hoflebens in der Renaissance war in Lochleven nichts zu spüren.

Daß die Lords gerade dieses Schloß als Gefängnis für Maria Stuart ausgewählt hatten, sagte einiges über ihre Absichten aus. Der *laird* (Schloßherr) von Lochleven war niemand anderer als William Douglas, ein Sohn von Morays Mutter und damit Morays Stiefbruder, wie Moray ein Cousin von Marias ärgstem Gegner, dem Grafen Morton. Die Mutter von Moray und William Douglas, Margaret Erskine – die »alte Lady«, wie man sie nannte – lebte im Schloß mit ihrem Sohn, ihrer Schwiegertochter und ihren Bedienten. Lady Margaret war die Geliebte König Jakobs V. gewesen, des Vaters von Maria Stuart (vor seiner Ehe mit Maria von Guise). Sie drückte sich oft so aus, daß man verstehen konnte, in Wahrheit sei sie Jakobs Frau gewesen und Moray, das Kind aus dieser Verbindung, sei der rechtmäßige Thronerbe. Aber das behauptete sie nie direkt, und ihre Andeutungen nahm niemand ernst. Allerdings kann man sich vorstellen, daß sie für die Königin, die Tochter ihrer »Rivalin« Maria von Guise, nicht gerade herzliche Gefühle hegte. Der Herr von Lochleven war ein besonders unerbittlicher

---

[*] Der Wasserspiegel des Sees wurde im 19. Jahrhundert abgesenkt, so wirkt die Insel heute größer, und der Wasserarm, der sie vom Ufer trennt, ist sehr viel schmaler. Zur Zeit von Maria Stuart fühlte man sich dort noch wie in einer Wildnis.

Anhänger der protestantischen Partei und hatte sich bereits sehr früh den Lords angeschlossen, die gegen Maria und Bothwell rebellierten.

Um Maria Stuart auch noch die letzten Illusionen über die Umstände ihrer Gefangenschaft zu rauben, gab man ihr als Bewacher zwei als besonders roh und grob berüchtigte Männer aus dem an brutalen Haudegen nicht armen Adel: William Ruthven, Sohn jenes Ruthven, der an der Ermordung von David Rizzio beteiligt gewesen war, und Patrick Lindsay, der an jenem verhängnisvollen Tag vor Carberry Hill Bothwells Fehdehandschuh hatte aufheben wollen. Maria Stuart hatte das verhindert, und sie sagte, sie »habe deswegen den Kopf behalten«.[1]

In Lochleven wurde die Königin in einem niedrigen, spärlich möblierten Zimmer untergebracht. Ihre Bewacher schnitten sie vollkommen von der Außenwelt ab, sie durfte mit niemandem sprechen, auch nicht mit den Bewohnern des Schlosses. Maria Stuart versank in tiefe Niedergeschlagenheit. Wie sie später Claude Nau berichtete, weinte sie vierzehn Tage ununterbrochen, aß nichts und trank nichts, so daß man um ihr Leben fürchtete.[2] Selbst wenn man ein gewisses Maß an Übertreibung in Rechnung stellt, bleibt die Vorstellung anrührend, wie diese junge Frau einsam, grausam getrennt von ihrem Mann, mit nicht mehr als den Kleidern, die sie am Leibe trug, überdies schwanger (wie sie sagte) in dem düsteren Schloß saß.

Daß Maria Stuart im Juni/Juli 1567 schwanger war, ist eindeutig bezeugt, aber wir wissen weder genau, wie weit die Schwangerschaft fortgeschritten war, noch wie sie endete. Maria erzählte Claude Nau, bei der Ankunft in Lochleven sei sie »ungefähr sieben Wochen« schwanger gewesen[3], demnach hätte die Empfängnis Ende April stattgefunden, das heißt, nachdem Bothwell sie entführt hatte. Das würde bedeuten, daß sie den Vater geheiratet hatte, um die Legitimität ihres Kindes zu sichern, weil sie nicht »die Mutter eines Bastards sein« wollte. Aber diese Rechnung wirft Schwierigkeiten auf: Wenn Maria das Kind empfangen hätte, während Bothwell sie in Dunbar festhielt (24. April bis 6. Mai), wäre sie zum Zeitpunkt der Eheschließung (15. Mai) höchstens in der dritten Woche schwanger gewesen und hätte ihren Zustand kaum sicher gewußt haben können. Wahrscheinlicher ist es, daß die Empfängnis im März oder Anfang April stattfand. Dann allerdings konnte ihre Beziehung zu Bothwell nicht erst mit der Entführung und angeblichen Vergewaltigung in Dunbar begonnen haben.*

---

* Dem spanischen Botschafter in London kam zu Ohren, Maria Stuart sei im fünften Monat schwanger. Aber das ist vollkommen unglaubwürdig, denn dann hätte sie das Kind noch zu Lebzeiten von Darnley empfangen und keinen Grund gehabt, die Schwangerschaft zu verheimlichen.

Bei einer Unterredung mit Robert Melville am 17. Juli deutete Maria Stuart an, sie sei Anfang Juni schwanger geworden. Dann würde das Argument entfallen, sie habe Bothwell gezwungenermaßen um der legitimen Geburt ihres Kindes willen geheiratet, denn sie hätte das Kind erst nach der Eheschließung empfangen.

Was das Ende der Schwangerschaft anbetrifft, gibt es zwei vollkommen widersprüchliche Darstellungen. Maria Stuart berichtete Claude Nau später, sie habe irgendwann vor dem 24. Juli eine Fehlgeburt erlitten, es seien Zwillinge gewesen. Im 18. Jahrhundert kam in Frankreich dem Abt Le Laboureur, dem Beichtvater des Königs, die »Überlieferung« zu Ohren, die Schwangerschaft habe termingerecht im Februar 1568 geendet. Das Kind, ein Mädchen, sei heimlich nach Frankreich geschafft worden und dort viele Jahre später, zur Regierungszeit Ludwigs XIII., im Kloster Notre-Dame de Soissons gestorben.[4] Die romantische Geschichte der »Nonne von Soissons« gehört wohl eher ins Reich der Phantasie und Träumerei, denn man kann sich schwer vorstellen, daß ein Ereignis wie eine solche Geburt unbemerkt von all den zahlreichen Spionen und Diplomaten stattgefunden haben und erst zwei Jahrhunderte später bekannt geworden sein soll. Nehmen wir also bis zum Beweis des Gegenteils an, daß Maria Stuart ein oder zwei Kinder von Bothwell trug und daß die Schwangerschaft Ende Juli in ihrem Gefängnis in Lochleven durch eine Fehlgeburt endete: tragisches Nachspiel einer Verbindung, über der von Anfang an der Schatten von Unglück und Tragödie gehangen hatte.

In den ersten Tagen nach dem Zusammentreffen vor Carberry Hill und der Gefangennahme der Königin nutzten die siegreichen Lords die Situation so prompt und so skrupellos aus, daß man sie wegen ihrer Geschicklichkeit, wenngleich nicht wegen ihrer Ehrlichkeit, nur bewundern kann.

Die Anhänger von Maria Stuart und Bothwell waren zerstreut, aber nicht vernichtend geschlagen. Die Hamiltons streckten wie üblich ihre Fühler nach beiden Seiten aus, andere verhielten sich eindeutiger, vor allem Huntly und Argyll sammelten Truppen im Norden und Westen. Bothwell, den die Lords vor Carberry Hill hatten entkommen lassen, hatte sich mit seinen treuen Burschen aus dem Grenzland in Dunbar verschanzt. Wie England und Frankreich auf die Gefangennahme der Königin reagieren würden, war nicht absehbar. Die Lords mußten darum unbedingt rasch und entschieden handeln. Sie beschlossen, ihre Gefangene zunächst vollkommen zu isolieren, damit sie keinen Kontakt zu ihren Anhängern draußen aufnehmen konnte.

Am 21. Juni konstituierten sich die Lords als Geheimer Rat und übernahmen entgegen den Gesetzen die königliche Macht. Als eine ihrer ersten Maßnahmen verfügten sie, daß alle Diener Bothwells aufgespürt würden, die sich im ganzen Land versteckt hielten. Die Lords hofften zum einen, sie würden dabei belastendes Material gegen Bothwell in die Hände bekommen, das er in der Eile womöglich zurückgelassen hatte.* Zum anderen wollten sie die Öffentlichkeit dadurch beruhigen, daß sie Bothwells Diener als Sündenböcke verurteilten, wenn sie schon nicht Bothwell selbst präsentieren konnten. Nach und nach wurden William Powrie, John Hay of Tallo, John Hepburn of Bolton und George Dalgleish verhaftet – alles Namen, denen wir im Zusammenhang mit Darnleys Ermordung bereits begegnet sind.

Später hieß es, George Dalgleish habe bei seiner Verhaftung unter Androhung der Folter gestanden, daß sein Herr ihm eine Kassette anvertraut und er sie unter seinem Bett versteckt habe. Unverzüglich holte man die Kassette – am 20. Juni um acht Uhr abends –, und am nächsten Morgen wurde sie dem Grafen Morton, dem Kopf der rebellischen Lords, übergeben. Morton öffnete sie im Beisein der Grafen Argyll, Mar, Glencairn, der Lords Hume, Semple, Sanquhar, von Maitland und anderen Zeugen. Anschließend wurde sie Morton zur Obhut übergeben, und er bewahrte sie auf, »ohne etwas zu verderben, zu verändern, hinzuzufügen oder wegzunehmen«.[5]

Auf diese sonderbare und geheimnisvolle Weise tauchte jene Kassette auf, deren Inhalt Maria Stuart den Thron und ihre Ehre kostete. Seit vierhundert Jahren erhitzen die Kassettenbriefe die Gemüter von Anhängern und Gegnern der schottischen Königin, denn sie sind das stärkste Beweismittel derjenigen, die Maria Stuart eine Mitschuld an der Ermordung Darnleys geben.

Auf die Frage, was sich in jener Kassette tatsächlich oder vermutlich befand, werden wir ausführlich eingehen, wenn wir schildern, wie der Inhalt eineinhalb Jahre später öffentlich bekannt gemacht wurde. Für den Augenblick halten wir nur soviel fest, daß die Kassettenbriefe in keinem um diese Zeit entstandenen Dokument erwähnt werden (vor allem nicht, was besonders verwunderlich ist, in dem Protokoll über die Vernehmung

---

* Drury hörte Ende Oktober, bei dieser Gelegenheit habe Maitland »das Dokument, das die Namen der Mörder des Königs enthielt und ihre Unterschriften trug«, verbrannt. Ist damit der Pakt von Craigmillar gemeint, den Bothwell Maria Stuart angeblich beim Abschied vor Carberry Hill ausgehändigt hatte? Wir wissen es nicht. Sie erwähnte das Schriftstück Claude Nau gegenüber nicht mehr.

von Dalgleish am 26. Juni), daß aber der englische Botschafter Throckmorton am 22. Juli schrieb, die Lords »sagen, sie besäßen unwiderlegliche Beweise gegen die Königin, welche aus Schriftstücken von ihrer eigenen Hand hervorgingen«. Am 2. August kam dem spanischen Botschafter in London zu Ohren, Moray erzähle herum, er sei im Besitz eines handschriftlichen Briefes von Maria Stuart an Bothwell, in dem von der Vorbereitung des Mordes an Darnley die Rede sei.[6] Einen Monat nach der Verhaftung von George Dalgleish gab es zumindest Gerüchte über belastendes Material, und nicht ganz zwei Monate später wurden die Kassette und ihr Inhalt gegenüber den Lords des Rates erwähnt; darauf kommen wir noch zu sprechen. Die Behauptung mancher Anhänger Maria Stuarts, die Kassettenbriefe seien eine reine Erfindung, ersonnen für die Beratung des Parlaments im Dezember 1567 oder für den Prozeß im Oktober 1568, ist somit nicht haltbar. Wenn es tatsächlich Manipulationen gegeben hat, dann fanden sie schon viel früher statt, in den ersten Wochen oder sogar bereits in den ersten Tagen nach der Gefangennahme der Königin vor Carberry Hill.

Während ein »Schuldiger« an dem Mord an König Heinrich nach dem anderen verhaftet wurde, unternahmen die Lords weitere, weniger spektakuläre, aber dafür im wahrsten Sinne des Wortes lohnendere Schritte. Dank dem Verrat eines italienischen Dieners von Maria Stuart wurden ihre Juwelen, ihr Silberzeug und ihr persönlicher Besitz »konfisziert« oder vielmehr gestohlen. Das ganze Jahr 1568 und noch weit darüber hinaus sprach man überall in Europa von jenen sagenhaften Juwelen, vor allem Perlen von einzigartiger Schönheit. Alle europäischen Herrscher – auch Elisabeth und Katharina von Medici – bemühten sich, Stücke zu kaufen, und niemand verspürte anscheinend auch nur die geringste Neigung, die Juwelen ihrer rechtmäßigen Besitzerin zurückzugeben. Acht Jahre später, 1575, übergab Morton, inzwischen Regent von Schottland, dem Thronschatz die Stücke, die er mühsam wieder hatte herbeischaffen können. Die ganze schmutzige Angelegenheit wirft ein bezeichnendes Licht auf die Ehrvorstellungen jener Männer, die bei jeder Gelegenheit Gott und das Evangelium zitierten und sich so gerne als Streiter für Recht und Gerechtigkeit darstellten.

Auch bei der Behandlung Maria Stuarts spielte religiöser Fanatismus eine Rolle: Am 20. Juni zertrümmerte Graf Glencairn mit einem Hammer den Zierat in ihrer Privatkapelle in Holyrood (die heiligen Gefäße und die goldenen Leuchter nahm er vorsorglich an sich, was ihm harsche Vorwürfe der übrigen Lords eintrug).

Aber die Lords hatten wichtigere Sorgen: Was sollte aus Maria Stuart werden? Wie ging es mit Schottland weiter? Wie würden die ausländischen Mächte reagieren, allen voran England und Frankreich? Auf all diese Frage mußten die Sieger von Carberry Hill schnellstmöglich Antworten finden.

Bothwell, der Urheber all dieser Verwicklungen, versuchte immer noch, seinem Schicksal zu entgehen. Doch in Dunbar war er zu weit weg von den Regionen im Norden und Westen des Landes, wo Maria Stuart ihren hauptsächlichen Rückhalt hatte. Überdies konnte er nicht sicher sein, daß die Lords, die auf Marias Seite standen, auch für ihn eintreten würden. Weder die Hamiltons noch Argyll dachten daran, für den Mann zu kämpfen, der in ihren Augen verantwortlich war für das Unglück der Königin. Am 26. Juni hatten die siegreichen Lords ein Kopfgeld auf Bothwell ausgesetzt. Von da an war es ein gefährliches Unternehmen, fast schon ein Verbrechen, ihm auch nur Unterschlupf zu gewähren.

In den Erinnerungen, die Bothwell später in seinem dänischen Gefängnis schrieb, berichtet er, Maria Stuart habe es geschafft, ihm aus Lochleven eine Nachricht zukommen zu lassen und ihn ihrer Treue zu versichern.[7] Das ist höchst zweifelhaft, denn wie erwähnt verhinderte man in Lochleven alle Kontakte der Königin zur Außenwelt. Bothwell erfuhr, daß die Lords eine Armee aufstellten und Dunbar belagern wollten. Daraufhin entfloh er auf dem Seeweg zunächst nach Norden zu einem Verwandten, dem Bischof von Moray (der später dafür verurteilt wurde, daß er einen Gesetzlosen aufgenommen hatte), und dann, als sich das Netz immer mehr zusammenzog, weiter auf die Orkaden, deren Herzog er zumindest theoretisch immer noch war. Von dort aus machte er als Pirat die Meere unsicher.

Unterdessen berieten die Hamiltons (der Erzbischof von St. Andrews war nunmehr das Oberhaupt des Clans, da sich der alte Herzog von Châtellerault immer noch in Frankreich aufhielt), Argyll, Huntly, Boyd, Fleming, Seton und einige andere auf dem Schloß der Hamiltons und dann in Dumbarton, wie man die gefangene Königin befreien könnte.[8] Am 29. Juni schlossen sie zu diesem Zweck einen Pakt, außerdem sandten sie Botschaften nach Frankreich und England. Aber der königlichen Partei fehlte ein führender Kopf, die einzelnen Mitglieder hatten ganz unterschiedliche politische Interessen, und ihre Einflußgebiete waren zu sehr über das ganze Land verstreut, als daß sie eine geschlossene Front hätten bilden können. Während die Lords in Edinburgh rasch und zielstrebig handelten, vergeudeten ihre Gegner wertvolle Zeit mit Beratungen, zögerndem Abwarten und unkoordinierten Schritten. Noch im September hieß es, es werde demnächst Verhandlungen zwischen den beiden Gruppen geben. Der englische Botschafter berichtete seiner Herrscherin zynisch, die Hamiltons würden Maria Stuart »innerhalb von zwei Tagen aufgeben«, wenn sie sicher sein könnten, daß sie niemals wieder an die Macht zurückkehren würde.[9] Von Maria Stuarts Anhängern hatten die neuen Herren im Geheimen Rat somit keinen wirksamen Gegenschlag zu fürchten. Mehr Sorgen bereitete ihnen die Haltung von Frankreich und England.

Elisabeths Reaktion auf die Ereignisse des 15. Juni und die Nachricht von der Gefangennahme ihrer Cousine fiel eindeutig aus: Sie konnte nicht dulden, daß eine Person von königlichem Geblüt, in dem Fall sogar eine nahe Verwandte, von ihren Untertanen mißhandelt wurde. Wir haben bereits gesehen, was für eine große Bedeutung sie der unantastbaren Stellung der Könige beimaß; die Vorstellung, daß es in ihrem eigenen Königreich einen Aufstand geben könnte, verfolgte sie wie ein Alptraum. So war es nur logisch, daß sie am 30. Juni Nicholas Throckmorton nach Schottland sandte. Er hatte die klare Anweisung, umgehend die Freilassung von Maria Stuart zu erwirken, die Freilassung sei die absolute Vorbedingung für Verhandlungen mit den Lords. Das heißt freilich nicht, daß Elisabeth die Politik ihrer Cousine seit Darnleys Tod oder gar deren Heirat mit Bothwell billigte, ganz im Gegenteil. Am 23. Juni hatte Elisabeth Maria Stuart einen denkbar strengen Brief geschrieben (den Maria aber wahrscheinlich in ihrem Gefängnis in Lochleven nicht zu Gesicht bekommen hatte): »Madame, man sagt zu Recht, daß Freundschaften in guten Zeiten entstehen und im Unglück wachsen. So ergreife ich die Gelegenheit, Euch durch meinen Zuspruch meiner Freundschaft zu versichern, aber ich versäume nicht, Euch zu sagen, daß mein Kummer groß war, als ich sah, wie Ihr den Mann geheiratet habt, welcher allgemein angeklagt wird, der Mörder Eures Gatten zu sein [...]. Keine andere Wahl wäre verderblicher für Eure Ehre gewesen.«[10] Aber physische Gewalt gegen eine gekrönte Königin würde Elisabeth nie und nimmer hinnehmen. »Diejenigen, welche sie wider alles Recht gefangenhalten, sind ihre Untertanen und als solche ihrer Gewalt unterworfen.«[11]

Nach Maria Stuarts Freilassung wollte Elisabeth dann allerdings ihren Einfluß geltend machen, daß die Macht in den Händen der Lords blieb. Sie schlug vor, Prinz Jakob solle nach England gebracht werden, »wo er von seiner Großmutter [Lady Lennox] erzogen werden kann, woraus viel Gutes für die Angelegenheiten beider Königreiche entstehen würde«[12]: Damit deutete sie kaum verhüllt an, daß sie Jakob als ihren Erben anerkennen und damit den Grundstein für eine künftige Vereinigung beider Königreiche legen könnte. Maria Stuart werde man dazu bewegen, sich endgültig von Bothwell loszusagen und Darnleys Mörder so zu bestrafen, daß niemand mehr an ihrer Haltung zweifeln könnte. (»Daran bin ich persönlich interessiert«, schrieb Elisabeth mit unbeabsichtigter Ironie, »da das Opfer des abscheulichen Verbrechens mein Untertan und naher Verwandter war.« Sie hatte schnell vergessen, wie sie zu Darnleys Lebzeiten über ihn gedacht hatte.)

Ein solcher Plan war durchaus kein Hirngespinst. Man hätte Maria Stuart der Vormundschaft Englands und der protestantischen Lords unterstellt, Elisabeth hätte damit die Früchte ihrer Politik gegenüber Schottland geerntet, die sie seit Beginn ihrer Herrschaft verfolgte. Aber die Lords in Edinburgh hatten nicht die Absicht, sich mit einer Regierung unter der Aufsicht der englischen Königin zufriedenzugeben. Sie besaßen zwei Geiseln, Maria Stuart und ihren Sohn, die sie um keinen Preis aus der Hand geben wollten. Solange sie diese beiden Geiseln hatten, konnte, das wußten sie genau, niemand etwas gegen sie ausrichten außer mit Waffengewalt, und ein militärischer Schlag war höchst unwahrscheinlich.

Die Antwort der Lords auf Elisabeths Botschaft fiel dementsprechend eindeutig aus: Sie seien ergebene Freunde der Königin von England, aber sie könnten weder Throckmorton noch irgend jemand sonst gestatten, mit der Gefangenen zu sprechen. Im übrigen werde eine solche Begegnung sowieso zu nichts führen, denn Maria Stuart halte nach wie vor fest zu Bothwell und wolle nichts davon hören, daß sie sich von ihm lossagen solle.[13] Heute ist nicht mehr zu entscheiden, ob das die Wahrheit war oder ob die Lords gezielt dieses Gerücht ausstreuten, damit sie eine Rechtfertigung hatten, daß sie die Königin weiterhin gefangenhielten. Zu diesem Zeitpunkt war Maria Stuart noch von Bothwell schwanger, und es ist durchaus denkbar, daß sie sich mit Rücksicht auf die legitime Geburt ihres Kindes nicht von ihm lossagen wollte. Mit der Fehlgeburt im Juli wurde dieses Argument hinfällig.

Den ganzen Monat Juli 1567 hindurch versuchte Throckmorton immer wieder, angetrieben durch drängende Briefe seiner Herrscherin, die Erlaubnis für einen Besuch bei Maria Stuart zu bekommen, doch vergebens. Zur Tatenlosigkeit verurteilt, sandte er fast täglich lange Berichte nach London. Diese Dokumente, die heute im englischen Staatsarchiv aufbewahrt werden, sind unsere wichtigste Informationsquelle für die Ereignisse jenes Zeitabschnitts, auch wenn man sorgfältig zwischen »Propaganda«, wie man heute sagen würde, und Information unterscheiden muß.[14]

Während Elisabeth aus prinzipiellen Gründen darauf beharrte, daß ihre Cousine freigelassen werden müsse, urteilte ihr Minister Cecil nüchterner und befand, daß eine Maria Stuart im Gefängnis England weniger Schwierigkeiten bereitete als eine Maria Stuart in Freiheit. In seinen Briefen nach Edinburgh forderte er Throckmorton auf, den Lords gegenüber Entgegenkommen zu zeigen. Den Lords entging natürlich nicht, daß die englische Position keineswegs eindeutig war, und sie nutzten das bedenkenlos aus. Die Haltung Frankreichs war nicht so zwiespältig. Karl IX. hatte für seine ehemalige Schwägerin stets große Sympathie empfunden, womöglich sogar mehr als Sympathie, und er hätte sich gewiß um ihre Freilassung bemüht. Aber seine Mutter Katharina von Medici, die wahre Herrscherin Frankreichs, war nicht so einsatzfreudig. Im Juli hatte sie ungeschminkt erklärt, »sie habe genügend andere Eisen im Feuer«, die in ihren Augen wichtiger seien als das Schicksal der Königin von Schottland.[15] Zum zweiten Mal drohte in Frankreich ein Bürgerkrieg zwischen Katholiken und Protestanten. Der Hugenottenführer Condé hatte am 11. Juli dem Hof den Rücken gekehrt, Admiral Coligny bereitete einen Gewaltstreich gegen die königliche Regierung vor. Unter diesen Umständen kam es nicht in Frage, Truppen nach Schottland zu schicken und Maria Stuarts Freilassung zu erwirken. Im übrigen war Katharina von Medici ein gutes Verhältnis zu den Lords, die nun in Edinburgh regierten, wichtig, und um ihrer ungeliebten Schwiegertochter willen wollte sie das nicht aufs Spiel setzen.

Doch ungerührt zusehen konnte man nicht, es mußte etwas unternommen werden, und sei es nur der Form wegen. Zwei Sonderbotschafter, Nicolas de Villeroy und danach der Herr von Lignerolles wurden nacheinander nach Schottland entsandt, ihre Instruktionen klangen sehr viel entgegenkommender als Elisabeths Instruktionen für Throckmorton. Natürlich würde es Karl IX. »sehr mißfallen, wenn der Königin von Schottland ein Leid geschähe, da sie ihm als Verwandte und Verbündete nahesteht«, aber der Botschafter erhielt auch die genaue Anweisung, nichts zu tun, »was dem besagten Königreich zu Verderben und Ruin gereichen und dem König ein schlechter Dienst sein könnte«.[16] Frankreich mußte vor allem verhindern, daß England die Situation ausnutzte und seinen Einfluß auf Schottland ausdehnte. Lignerolles war Hugenotte, das zeigt deutlich, daß Frankreich mit seiner Entsendung keineswegs die Absicht verfolgte, die alten Herrschaftsverhältnisse wiederherzustellen.

Dies begriff jeder ohne viel Worte, und die Lords begriffen es als erste. Doch es gab auch das Gerücht, der Vicomte de Martigues (der schon zur Zeit der Maria von Guise viel mit schottischen Angelegenheiten zu tun gehabt hatte) rüste eine kleine Flotte mit achthundert Arkebusieren an Bord aus, um die Gefangene zu befreien.[17] Katharina von Medici verhielt sich unterdessen überaus freundlich gegenüber dem durch und durch protestantischen Grafen Moray, der seine Rückkehr nach Schottland vorbereitete, damit er dort die Früchte der Taten seiner Freunde ernten konnte. Sie bot ihm die Ordenskette des Ordens des heiligen Michael sowie eine große

Summe Geld an, wenn er bereit wäre, in Schottland die politischen Interessen Frankreichs zu vertreten. Moray lehnte höflich ab, beim damaligen Stand der Dinge war für ihn die Unterstützung Englands wertvoller als die Allianz mit einem ohnmächtigen, in Auflösung begriffenen Frankreich.

Villeroy und Lignerolles erhielten ebensowenig wie Throckmorton die Erlaubnis, Maria Stuart in ihrem Gefängnis zu besuchen. Die Lords empfanden hohen Respekt gegenüber Karl IX. und seiner Mutter, aber das bedeutete nicht, daß sie ihnen Einblicke in die inneren politischen Verhältnisse Schottlands gewährten. Villeroy und etwas später Lignerolles kehrten mit den schlimmsten Befürchtungen für das Schicksal der gestürzten Königin nach Frankreich zurück.*

Während zwischen London, Paris und Edinburgh rege diplomatische Bewegungen (oder eher Scheingefechte) im Gange waren, lebte Maria Stuart weiterhin von der Außenwelt abgeschnitten in Lochleven. Die Lords waren nunmehr beruhigt, daß es keine militärische Intervention von Frankreich oder England geben würde, und sie begannen, sich Gedanken über die Zukunft zu machen.

Einige Lords – vor allem Maitland und Kirkcaldy of the Grange – neigten der »englischen Lösung« zu: Sie wollten Maria freilassen und ihr formal den Thron zurückgeben, sie aber nur unter Aufsicht regieren lassen. Eine Möglichkeit wäre gewesen, daß man ihre Ehe mit Bothwell annullieren ließ und sie mit einem der Lords verheiratete (mehrere Heiratskandidaten waren im Gespräch). Aber die anderen Lords, angeführt von Morton, wollten keinen Kompromiß eingehen. Sie mißtrauten Maria Stuart und glaubten fest, wenn sie wieder auf dem Thron säße, würde sie nichts Eiligeres zu tun haben, als sich an ihren Gegnern zu rächen. Ganz von der Hand zu weisen war diese Befürchtung durchaus nicht. Der alte John Knox grub seinen Haß auf die papistische Königin wieder aus und verglich sie in seinen Predigten mit den ägyptischen Plagen. Er wetterte mit solchem Zorn, daß Throckmorton die Lords bitten mußte, sie sollten ihn ersuchen, »sich nicht in Dinge einzumischen, für welche er nicht zuständig ist«.[18]

Mortons Plan sah folgendermaßen aus: Man würde Maria Stuart zur Abdankung zwingen, den Prinzen Jakob zum König krönen und Moray als Regenten einsetzen. Moray hatte sich während der Ereignisse im Juni in

---

* Es ist interessant, daß der spanische Botschafter in London im Juli 1567 meinte, für sein Land sei es das wichtigste, »die Franzosen daran zu hindern, daß sie aus den Vorkommnissen in Schottland Nutzen ziehen und dort wieder Fuß fassen oder sich der Person der Königin oder des Prinzen bemächtigen«. Zu dieser Zeit betrachtete Spanien offensichtlich das katholische Frankreich und nicht das protestantische England als seinen Hauptgegner.

Frankreich aufgehalten, er konnte sich den Anschein der Unbeteiligtheit, sogar Neutralität geben.

Ein Grund, warum die Lords zur Eile drängten, war der bevorstehende fünfundzwanzigste Geburtstag der Königin. Nach altem schottischem Gewohnheitsrecht konnte der Herrscher nach diesem Geburtstag Titel und Ländereien, die er bis dahin verliehen hatte, widerrufen. Die Lords, allen voran Moray, mußten damit rechnen, daß die Königin ihnen den Landbesitz und die Würden, die ihnen seit einem Vierteljahrhundert gehörten, aberkennen würde. Maria Stuart wußte selbst, daß dieses Datum ihre Situation in Lochleven verschlimmerte.[19]

Leider sind die Briefe, die Moray in den Monaten Juni und Juli 1567 mit den Lords wechselte, nicht erhalten. Gab es, seitens Morays oder seitens der Lords, genau festgelegte Verpflichtungen, Garantien, wurde vereinbart, wie man die Beute aufteilen wollte? Vermuten können wir es, aber wir wissen es nicht genau. Maria Stuart mußte aus dem weiteren Gang der Dinge schließen, daß Moray von Anfang an der Drahtzieher gewesen war und seit dem Tod von Maria von Guise oder sogar noch früher bewußt und planvoll ihr Unglück herbeigeführt hatte. In ihren Augen hatte Moray die ganze Zeit über nach der Krone getrachtet, und jeder Schritt, den er seit der Rückkehr seiner Schwester nach Schottland im August 1561 unternommen hatte, war ein Schritt in Richtung auf dieses Ziel gewesen. In dieser Sicht der Dinge war die Rebellion der Lords im Mai und Juni 1567 von Moray aus Frankreich »ferngesteuert« in der Absicht, ihn an die Macht zu bringen. In den zeitgenössischen Quellen findet sich kein eindeutiger Beweis, daß Moray bei den Ereignissen im Sommer 1567 tatsächlich diese Rolle spielte, aber es gibt auch keinen Beweis für das Gegenteil. Moray war zu vorsichtig, auch zu sprunghaft, um schriftliche Spuren seiner Handlungen zu hinterlassen. Aber sein Verhalten, nachdem er endlich an die Spitze der Macht im Lande gelangt war, spricht zugegebenermaßen sehr für die Vermutung, daß er seit langem wohlüberlegt auf dieses Ziel hingearbeitet hatte.

Wir müssen die Frage auf sich beruhen lassen. Damit der Plan der Lords aufging, war es wichtig, daß es so aussah, als wäre Maria Stuart freiwillig zurückgetreten, und daß sie zurücktrat, während Moray noch in Frankreich war. Man wollte den Anschein erwecken, als hätte es viel Mühe gekostet, ihn zu überreden. Die Lords bereiteten ein Dokument vor, das die legale Absetzung Maria Stuarts zum Inhalt hatte.

In den ersten zwei Wochen ihrer Gefangenschaft durchschritt Maria Stuart den tiefsten Punkt der Verzweiflung, danach erholte sie sich ganz allmählich. Der Schloßherr von Lochleven war ein erbitterter politischer und religiöser Gegner Maria Stuarts, aber kein schlechter Mensch. Seine Mutter, die »alte Lady«, legte ihre anfängliche Feindseligkeit bald ab und kümmerte sich freundlich, fast mütterlich um die Gefangene. Vor allem ein Mitglied der Familie Douglas war ihr sehr zugetan: George, der jüngere Bruder des *laird*, war in kurzer Zeit von ihr ganz bezaubert. Ein anderer junger Verwandter, William Douglas, genannt Willy, der im Haushalt so etwas wie ein Diener oder Page war, erwies sich zu gegebener Zeit ebenfalls als ein glühender Anhänger Maria Stuarts und spielte eine wichtige Rolle bei ihrer Flucht.

All dies bedeutet nicht, daß Maria Stuart die Gefangenschaft in irgendeiner Weise erleichtert wurde. Kontakte zur Außenwelt blieben weiterhin untersagt, die Überwachung ging so weit, daß zwei junge Mädchen, Tochter und Nichte des Schloßherrn, nachts bei ihr in dem Zimmer im ersten Stock schliefen, in das man sie inzwischen einquartiert hatte. Aber die Zeit der Mißhandlungen und materiellen Entbehrungen schien vorüber zu sein. Zwei Zofen und ein Arzt standen ihr zur Verfügung, man behandelte sie mit dem ihr gebührenden Respekt, der Schloßherr war so etwas wie der Vorsteher ihrer Dienerschaft. Man ließ Kleider und Toilettengegenstände nach Lochleven bringen, Maria Stuart konnte mit angemessenem Gefolge im Garten spazierengehen. Unter Aufsicht durfte sie sogar einige nichtssagende Briefe schreiben. Über ihre Gedanken, Hoffnungen und Befürchtungen in jener Zeit wissen wir nur das, was sie viele Jahre später Claude Nau erzählte. Die Lords paßten sehr genau auf, daß nur solche Nachrichten über ihre Verfassung und ihr Verhalten nach draußen drangen, die ihnen paßten. Gerüchte, sie sei nach wie vor Bothwell zugetan und wolle sich nicht von ihm lossagen, waren vermutlich gezielt ausgestreut worden und kamen auch Throckmorton und Lignerolles zu Ohren. Was hinter den Mauern des Schlosses auf der Insel geschah, blieb vor aller Augen verborgen.

Diese relativ ruhigen Tage waren gezählt. Die Lords im Geheimen Rat hatten ihren Entschluß gefaßt und ihre Strategie festgelegt. Nun mußten sie handeln, und zwar schnell.

Am 26. Juli kamen Lindsay, Ruthven und Robert Melville auf die Insel und legten Maria Stuart drei Dokumente vor, die sie unverzüglich unterzeichnen sollte. Sie weigerte sich, daraufhin drohte Lindsay brutal, er werde »ihr die Kehle durchschneiden«. Sie war (nach ihrer eigenen Schilderung) geschwächt »durch die äußersten Unbilden, die sie ertragen mußte, und durch einen starken Blutfluß« – kurz zuvor hatte sie die bereits erwähnte Fehlgeburt erlitten. Throckmorton hatte ihr heimlich durch Robert Melville eine Nachricht zukommen lassen und ihr versichert, eine unter Zwang geleistete Unterschrift sei null und nichtig und die Königin von England werde eine solche Abdankung nicht anerkennen. Nicht genug damit: Robert Melville hatte ihr einen Türkis zurückgegeben, den sie einst dem Grafen Atholl geschenkt hatte, und ein Schmuckstück aus Gold von Maitland, »worauf Äsops Fabel von dem Löwen eingraviert war, welcher in einem Netz gefangen ist und von der Maus befreit wird, indem sie das Netz zernagt, und rundum auf italienisch die Worte: *A chi basta l'animo non mancano le forze.*«* Unter diesen Umständen konnte sie annehmen, daß ihre Unterschrift keine endgültige Abdankung bedeuten würde und daß ihre Freunde sich bemühten, sie zu befreien. Sie unterschrieb. Ihr Sprecher, Bischof Leslie, faßte die Situation später in einem treffenden Bild zusammen: »Sie unterzeichnete, wie ein Mann in einem Unwetter seine Schätze ins Meer wirft, um das nackte Leben zu retten.«[20] Ihr ganzes weiteres Leben lang waren für sie die Dokumente von Lochleven nichts als wertlose Fetzen Papier.

In dem ersten der drei Dokumente erklärte Maria Stuart, daß sie zugunsten ihres Sohnes Jakob abdanke. Als Begründung wurde »eine Erschöpfung nicht allein des Körpers, sondern auch des Geistes und der Sinne« genannt, sie sei nicht mehr in der Lage, »so große und unerträgliche Schmerzen zu erdulden«. Darum übergebe sie »mit Freude und Glück« die Krone ihrem »geliebten Sohn, von Geburt Erbe dieses Königreichs«, und sie tue dies »aus freien Stücken und eigenem Willen«.[21]

In dem zweiten Dokument wurde ein Rat der Lords beauftragt, über den König zu wachen »während seiner jungen Jahre«, zu dem Rat gehörten der Herzog von Châtellerault, Graf Lennox, die Grafen Argyll, Atholl, Morton, Glencairn und Mar. (Es fällt auf, daß auf dieser Liste die Namen von Lords, die sich im Mai 1567 gegen Maria Stuart erhoben hatten, neben getreuen Anhängern der Königin stehen: ein geschicktes Mittel, ihre Anhänger einzubinden, vor allem Châtellerault, der stets ängstlich darauf bedacht war, daß sein zweiter Platz in der Thronfolge anerkannt wurde.)

In dem dritten Dokument wurde in feierlichen Worten Moray als Regent eingesetzt: »Eingedenk der engen Blutsbande zwischen uns, der natürlichen Zuneigung und Liebe, welche er Uns stets bezeugt hat, seiner erwiesenen Ehrlichkeit, seines Geschicks und seiner Fähigkeit, die Last der Regierungsgeschäfte zu tragen [...], setzen Wir Unseren geliebten Bruder James, Graf von Moray, als Regenten ein im Namen Unseres geliebten Sohnes während dessen Minderjährigkeit bis zur Vollendung seines siebzehnten Lebensjahres [...] dergestalt, daß er [Moray] alle Privilegien, Ehren und Befugnisse übernimmt, welche zur Würde des Königs gehören.«

---

* Wer Mut besitzt, dem wird es an Kraft nicht mangeln.

Und so endete am 26. Juli 1567 offiziell die Herrschaft von Maria Stuart. Am nächsten Tag bestätigte der Geheime Rat die Dokumente, das Parlament würde voraussichtlich Ende des Jahres zusammentreten und sollte dann seine Zustimmung geben. Am 29. Juli wurde hastig der kleine Jakob in Stirling vom Bischof der Orkaden (demselben, der zwei Monate zuvor Bothwell und Maria Stuart getraut hatte: denkwürdiges Beispiel eines jener John Knox so verhaßten Geistlichen, die die Fronten schneller wechselten als ein Chamäleon die Farbe) zum König gekrönt. Der Bischof hielt eine Predigt, da man die Krone dem Kind nicht aufsetzen konnte, führte man seine Händchen daran, Morton und Hume legten im Namen des neuen Herrschers den Eid ab. Am Abend ließ William Douglas, der Hausherr von Lochleven, die Kanone abfeuern und entzündete ein Freudenfeuer im Garten. Als die gefangene Königin fragte, was das zu bedeuten habe, bekam sie die spöttische Antwort: »*Deposuit potentes de sede.*«* Sie weinte »bitterlich« und verfluchte den Schloßherrn und seine Familie. Er sei daraufhin »sehr nachdenklich« geworden – mit gutem Grund: Er starb »noch vor Ablauf eines Jahres«.[22] (Maria Stuart erinnerte sich noch zehn oder fünfzehn Jahre später, als sie Claude Nau ihre Erinnerungen diktierte, voller Genugtuung an dieses Beispiel immanenter Gerechtigkeit.)

Man hätte erwarten können, daß sich das Los der entmachteten Königin bessern würde, nachdem die Abdankung unterzeichnet war. Statt dessen waren von nun an die Umstände ihrer Haft schlimmer denn je, der große viereckige Hauptturm wurde strengstens bewacht. Morton, Mar, Atholl und Glencairn, in deren Händen vorübergehend, bis zu Morays Ankunft (man hatte ihn in Frankreich benachrichtigt, aber er ließ sich mit der Rückkehr Zeit, traf erst noch in London mit Elisabeth zusammen und versicherte sie seiner guten Absichten), die Regentschaft lag, wollten kein Risiko eingehen. Im Volk hatten die Pastoren gegen die Königin Stimmung gemacht, die Menschen tanzten nach der Krönung Jakobs VI. auf den Straßen. Die Anhänger der Königin hingegen betrachteten die Zeremonie in Stirling als eine offene Kriegserklärung, und so war sie in der Tat gedacht.

In dieser Phase war Maria Stuarts Leben akut bedroht. Throckmorton, dem nach wie vor hartnäckig die Besuchserlaubnis verweigert wurde, glaubte fest, daß die Lords planten, Maria Stuart aus dem Weg zu räumen. Sie wurde schwer krank, ihre Haut war ganz gelb und mit Bläschen übersät. Sie meinte, man wolle sie vergiften, das Gerücht drang bis nach Paris.[23] Wir wissen natürlich nicht, ob ihr Argwohn begründet war oder nicht, wir

---

* Er stürzt die Mächtigen vom Thron. (Lukas 1,52)

können nur festhalten, daß der Tod ihrer Gefangenen den Lords zu diesem Zeitpunkt höchst gelegen gekommen wäre. Aber nichts rechtfertigt es, eine so schwerwiegende Anklage gegen den Schloßherrn von Lochleven und seine Familie zu erheben.

Um diese Zeit ereignete sich ein Vorfall, den Maria Stuart später Nau erzählte und der – wenn er sich tatsächlich so zutrug – ein bezeichnendes Licht auf die Atmosphäre in Lochleven wirft. Demnach kam eines Nachts William Ruthven, der schlimmste ihrer Kerkermeister, in ihr Turmzimmer und warb um ihre Gunst; als Lohn stellte er in Aussicht, ihr zur Flucht zu verhelfen. Glücklicherweise hatte sie ihre Zofen angewiesen, sich hinter den Wandteppichen zu verbergen (hatte man sie vorher gewarnt?). Sie erzählte der »alten Lady« von dem ungeheuerlichen Vorfall, und der unwürdige Lord wurde von seinem Wächteramt abberufen. Andere Quellen lassen es mit der diskreten Andeutung bewenden, Ruthven sei seines Amtes enthoben worden, weil man befürchtet habe, er könne dem Charme der Gefangenen erliegen.[24]

Throckmorton hatte es abgelehnt, bei der Krönung Jakobs VI. anwesend zu sein – er wußte, daß seine Herrscherin die Zeremonie für einen Rechtsverstoß hielt –, aber er vollbrachte geradezu ein Wunderwerk an Diplomatie, um zu verhindern, daß die Lords erfuhren, was in Elisabeths wütenden Briefen stand. Elisabeth befahl ihm, Protest einzulegen gegen »die unerträgliche Art und Weise, wie sie ihre Königin behandeln«, und drohte, sie werde »für diese ungeheuerliche Beleidigung Rache nehmen in einer Weise, welche der Nachwelt ein Beispiel geben wird«.[25] Throckmorton wußte genau, daß er Maria Stuarts Leben gefährdet hätte, wenn er den Lords offen gezeigt hätte, daß England der neuen Politik in Schottland ablehnend gegenüberstand. Maitland bestätigte ihm später, daß seine Vorsicht vermutlich der gefangenen Königin das Leben gerettet hatte, und Throckmorton strich das Elisabeth gegenüber gebührend heraus. Für Maria Stuart schien das politische Spiel zum damaligen Zeitpunkt jedenfalls verloren.

Die entscheidende Frage war nun, wie sich Moray nach der Rückkehr nach Schottland verhalten würde. Er hatte sich erst einmal bitten lassen, bevor er Frankreich verließ. Katharina von Medici glaubte oder gab dies zumindest vor, er werde die Herrschaftsgewalt nur im Namen seiner Halbschwester übernehmen und ihr die Krone zurückgeben, sobald sie sich von Bothwell losgesagt haben würde. Wahrscheinlich machte er bei seinem Zwischenaufenthalt in London Elisabeth gegenüber ähnliche Versprechungen, weil Elisabeth so großen Wert darauf legte, daß das heilige Recht der Könige geachtet wurde. Maria Stuart wartete in ihrem Gefängnis ungeduldig auf den Bruder, der ihr soviel verdankte und der ihrer Leidenszeit gewiß unverzüglich ein Ende bereiten würde.

Die Wirklichkeit sah ganz anders aus. An der Grenze in Berwick wurde Moray von einer vierhundert Mann starken Eskorte empfangen – der Empfang für einen König. Am 11. und 12. August war er in Edinburgh. Die Lords des Geheimen Rates boten ihm offiziell die Regentschaft im Namen des minderjährigen Königs an, wie es in dem Dokument stand, das Maria Stuart am 25. Juli unterzeichnet hatte. Wie er seine Antwort meinte, war spätestens nach seinem Besuch in Lochleven am 15. August klar. Über das Zusammentreffen von Maria Stuart und Moray berichten drei Quellen: Maria selbst gegenüber Claude Nau, der englische Botschafter Throckmorton (er war nicht selbst dabei, hatte aber so gute Kontakte, daß er stets Informationen aus erster Hand bekam) und James Melville in seinen *Memoirs*.

Ausnahmsweise stimmen die drei Schilderungen einmal im wesentlichen überein. Moray trat nicht im mindesten herzlich und respektvoll oder gar zerknirscht auf, wie Maria Stuart erwartet hatte, sondern schritt in wahrhaft königlichem Glanz herbei, bestand auf der Anrede »Euer Gnaden« – die traditionell dem Herrscher und dessen Erben vorbehalten war – und hatte einen strengen Gesichtsausdruck aufgesetzt. Er ritt die zierliche Hackney-Stute der Königin, was sie sehr empörte, denn sie verstand das als Ankündigung, daß er nicht daran denke, ihren Besitz zurückzugeben. »Ihre Majestät wünschte, die besagte Stute möge ihm den Hals brechen, und tatsächlich warf sie ihn ins Wasser, so daß er fast glaubte, er müsse ertrinken.«[26] Das war kein guter Anfang für ein geschwisterliches Gespräch.

Beim Abendessen reichte Moray seiner Halbschwester nicht die Serviette und demonstrierte damit, daß er im Rang nicht mehr unter ihr stand. Nach dem Essen führte er sie in den Garten und hielt ihr nach allen Regeln der Kunst eine Strafpredigt. Er warf ihr vor, sie habe sich lasterhaft mit Bothwell betragen, zitierte die Gerüchte, die besagten, sie habe bei Darnleys Ermordung ihre Hände im Spiel gehabt, und versicherte ihr am Schluß, er werde die Regentschaft nur ihr zuliebe übernehmen, da »solche ehrgeizigen Ziele seinem Wesen vollkommen fremd seien, wie sie selbst wisse«. Kurzum, nach Claude Naus Worten sprach er »wie ein echter Heuchler [...], ermahnte Ihre Majestät zur Geduld und riet ihr, sie solle sich damit trösten, daß der König von Frankreich sich in kurzem in einer schlimmeren Verfassung befinden werde als sie, wie er von Admiral Coligny erfahren habe.«*[27]

Es wäre denkbar, daß diese lange nach dem Vorfall gegebene Schilderung eher den Groll widerspiegelt, den Maria Stuart über so viele Jahre

---

* Eine Anspielung darauf, daß Coligny plante, Karl IX. Anfang September 1567 auf Schloß Monceaux in der Nähe von Meaux zu entführen.

hinweg angesammelt hatte, als die Realität des Jahres 1567, aber Throckmortons Brief vom 20. August stimmt im Kern damit überein: »Der Graf sprach eher als strenger Vater denn als Ratgeber. Sie weinte bitterlich, gab Fehler in der Regierung des Landes zu, bestritt anderes und führte für manches Entschuldigungen an. Daraufhin versuchte er sie zu trösten, versicherte ihr, er werde ihr Leben schützen und, soweit es in seiner Macht stehe, auch ihre Ehre, aber was ihre Freiheit anbetreffe, so sei es besser, wenn sie ihn für den Augenblick nicht darum bitte [...]. Daraufhin küßte sie ihn und bat ihn, die Regentschaft zu übernehmen, um den Prinzen zu retten und das Königreich [...], worin er schließlich widerstrebend und unter Protest einwilligte.«[28]

In der Schilderung des englischen Botschafters erscheint Morays Rolle noch schändlicher, weil noch heuchlerischer, als in den Erinnerungen der gestürzten Königin. James Melville schreibt nur, der Graf »bedeckte seine Schwester mit Beschimpfungen und Vorwürfen und bereitete ihr schlimmere Schmerzen, als sie jemals empfunden hatte«.[29]

Nachdem diese Vorarbeiten geleistet waren und Moray sich genügend hatte drängen lassen, ernannte der Geheime Rat ihn am 22. August offiziell zum Regenten von Schottland. Moray schwor, er werde »die Kirche Gottes und die wahre Religion verteidigen«, die Gesetze des Königreichs achten, für die Sicherheit des Königs Jakob Sorge tragen und die Schuldigen des Mordes an König Heinrich bestrafen. Die Pastoren drückten in biblischen Formulierungen ihre Billigung aus, und das Volk von Edinburgh jubelte dem Regenten zu. Damit begann die Regierungszeit von König Moray.

Ihr ganzes weiteres Leben war für Maria Stuart ihr Halbbruder der Inbegriff eines undankbaren und verräterischen Menschen. Und sie hatte durchaus Grund, so zu denken. Als sie im August 1561 als Witwe des Königs von Frankreich nach Schottland zurückgekehrt war, war der spätere Graf Moray noch der »Prior von St. Andrews«, ein Bastard ohne Amt und Einfluß mit einem nichtssagenden kirchlichen Titel. Viele königliche Bastarde beschlossen ihr Leben in einem Orden oder in einer subalternen Stellung. Er hatte schnell verstanden, sich der jungen Königin als Ratgeber unentbehrlich zu machen. Sie nannte ihn in aller Öffentlichkeit »mein Bruder« und trug damit selbst unvorsichtigerweise dazu bei, daß seine illegitime Abkunft, das große Hindernis auf dem Weg zum Thron, verwischt oder sogar weggewischt wurde. Unter seinem Einfluß hatte sie die denkwürdige Expedition gegen den Gordon-Clan im Hochland beschlossen und damit den Rückhalt der wichtigsten katholischen Familie im Land zu einem Zeitpunkt verspielt, da sie daran dachte, den Katholiken das Recht zur freien Ausübung ihrer Religion zurückzugeben.

Maria Stuarts Wohlwollen verdankte es der Prior von St. Andrews, daß er als Graf von Moray eine Art Vizekönig ohne Titel geworden war. Vergebens hatte er sich Marias Ehe mit Darnley in den Weg gestellt, und seinen vielleicht einzigen politischen Fehler hatte er begangen, als er die Waffen gegen seine Schwester und seinen Schwager erhob. Mit einigen Monaten Exil nach der »Verfolgungsjagd« im Herbst 1565 hatte er für diesen taktischen Fehler gebüßt. Maria Stuart hatte ihm vergeben, er konnte nach Schottland zurückkehren und bekam nach und nach seine Ämter, Besitztümer und Würden zurück. Niemand im Land hatte vergessen, daß er alles Maria Stuart verdankte. Und nun, da er das höchste Ziel seines Strebens erreicht hatte, behandelte er sie herablassend, raubte ihren Besitz und griff unter dem Deckmantel der Regentschaft nach der Krone.

Wenn man sich in dieser Weise Morays Aufstieg noch einmal vor Augen führt, ist verständlich, daß Maria Stuarts Anhänger – die wir mit einem Begriff, der später unter ähnlichen Umständen geprägt wurde, die »Legitimisten« nennen könnten – Moray als den Erzverräter ansahen, den es mit allen Mitteln zu bekämpfen galt. Doch in der Politik ist Moral eine Sache, Erfolg eine andere. Moray war zwar undankbar, aber er hatte alle Qualitäten eines Staatsmannes, vor allem war er skrupellos. Er hatte die Macht auf legalem Weg übernommen (denn die Königin hatte eine schriftliche Abdankungserklärung unterzeichnet), und nun nutzte er die Möglichkeiten der Macht kühn und entschlossen. Innerhalb weniger Wochen neigte sich die Waagschale zu seinen Gunsten.

15

»Auf der Flucht, ohne zu wissen, wohin ...«

Einen ersten Erfolg konnte der neue Regent wenige Tage nach seiner Einsetzung verbuchen: die Rückgabe der Festung von Edinburgh. Bis dahin hatte James Balfour die Festung im Namen der Königin kommandiert, ein Freund Bothwells, der, wie allgemein bekannt war, bei Darnleys Ermordung seine Hände im Spiel gehabt hatte. Nach Maria Stuarts Gefangennahme und Bothwells Flucht hatte Balfour die Festung behalten, gute Miene nach beiden Seiten gemacht und abgewartet, wie die Dinge sich weiter entwickeln würden. Dann war Moray zurückgekehrt und hatte die Regentschaft übernommen. Balfour begriff, daß sich damit die Situation für einige Zeit stabilisiert hatte, und verhandelte. Er bot an, die Festung zurückzugeben, und stellte zwei Bedingungen: Er verlangte Straffreiheit für seine Beteiligung an Darnleys Ermordung und Geld, eine größere Summe sofort und eine kirchliche Pfründe mit ansehnlichen Einkünften. Moray war einverstanden, die Festung von Edinburgh, das wichtigste militärische Faustpfand, wechselte den Besitzer.

Es war ein skandalöser Kuhhandel, und genau so nahm es auch die Öffentlichkeit auf. Daß man einem Mann, dessen Beteiligung an dem Verbrechen allgemein bekannt war, Straffreiheit zusicherte, während die Handlanger spektakulär abgeurteilt und hingerichtet wurden, gab Anlaß zu bitterem Spott. Maria Stuart verfluchte in ihrem Gefängnis den Verräter. Einige Zeit danach besaß er die Stirn, Moray nach Lochleven zu einem Besuch bei der ehemaligen Königin zu begleiten. In Claude Naus farbiger Schilderung liest sich das Weitere so: »Während das Wetter bis dahin ruhig gewesen war, erhob sich ein plötzlicher Windstoß, und mit einem Krachen schlugen alle Fenster im Zimmer auf. Ihre Majestät sagte mit lauter

Stimme, dies gelte einem Erzverräter, woraufhin der besagte Balfour stark errötete.«[1]

Unterdessen ließ Moray, ohne daß er »stark errötete«, Bothwells Diener aburteilen, die seit ihrer Gefangennahme im Juni und Juli auf ihre Prozesse warteten. Im Januar wurden sie hingerichtet mit der brutalen Raffinesse, die der Mord an einem König verlangte: Sie wurden aufgehängt, ausgeweidet und zerstückelt, die Gliedmaßen wurden sodann in verschiedene Städte des Königreichs gesandt und dort an den Mauern zur Schau gestellt. (Die makabre Aufstellung der Transportkosten ist erhalten geblieben: 4 Pfund 2 Shilling an John Brown und einen Jungen aus Edinburgh dafür, daß sie den Kopf und die Beine von Hay of Tallo und Hepburn of Bolton nach Glasgow, Hamilton, Dumbarton, Ayr und Wigtown brachten; 55 Shilling für drei Jungen aus Edinburgh dafür, daß sie die Arme und Beine von Powrie nach Perth, Dundee, Inverness und Aberdeen brachten, und so geht es weiter. Wenige Dokumente geben so drastisch Aufschluß über die Sitten der Zeit.[2])

Bothwell hatte sich auf den Orkaden unangreifbar gefühlt, aber es dauerte nicht lange, bis auch er zu spüren bekam, was es hieß, daß Moray der starke Mann im Land war. Moray entsandte eine Flotte unter dem Kommando von Tullybardine und Kirkcaldy of the Grange. Bothwell entkam ihnen zwar, aber er mußte Segel setzen und über das Meer fliehen. Ein Sturm verschlug ihn an die norwegische Küste, um den 10. September legte er dort an. Damit war seine Rolle in der Geschichte Schottlands und im Leben Maria Stuarts beendet.*

Die Anhänger Maria Stuarts waren machtlos. In den diplomatischen Depeschen vom September und Oktober ist von heimlichen Verhandlungen zwischen den Hamiltons, Argyll, Herries und dem Regenten die Rede. Throckmorton führte am 23. August vor seiner Rückkehr nach London ein letztes Gespräch mit Moray im Beisein von Maitland. Maitland teilte ihm mit, »die Königin [Maria] befindet sich derzeit in der Verfassung einer Person, welche vom Fieber ergriffen ist und alles zurückweist, was ihr guttun

---

* Dieses Buch handelt von Maria Stuart und nicht von Bothwell. Dennoch soll sein weiteres Schicksal wenigstens kurz skizziert werden: Weil er keinen Kaperbrief vorweisen konnte, wurde er in Bergen verhaftet. Die Eltern des dänischen Mädchens, das er in jungen Jahren geheiratet und sitzengelassen hatte, machten ihn ausfindig, er kam in ein dänisches Gefängnis. Dort verlor er den Verstand und starb zehn Jahre später. Die Tatsache, daß Maria Stuart sich seit August oder September 1567 nicht im geringsten mehr für Bothwell interessierte, ist ein starkes Argument dafür, daß die Ehe unter Zwang und ohne Liebe geschlossen wurde. In ihrem englischen Gefängnis sprach Maria Stuart Claude Nau gegenüber ohne jede Gefühlsregung über Bothwell.

könnte, hingegen nach allem verlangt, was ihr nur schaden kann [...]. Wenn wir sie in ihrer derzeitigen Gemütsverfassung freiließen, würde sie unverzüglich zu Bothwell zurückkehren und damit das Leben ihres Sohnes und die Sicherheit des Königreiches gefährden ...« Es war zwecklos, auf der Freilassung der Königin zu bestehen. Der Botschafter verließ Schottland mit leeren Händen. Elisabeth war empört.

Bei seiner Einsetzung als Regent hatten die Lords des Geheimen Rates Moray noch einen Gegenstand anvertraut, der in der Zukunft eine schwerwiegende Rolle spielen sollte. In einem Beschluß des Rates vom 16. September 1567 hieß es: »An diesem selben Tag bestätigt der edle und mächtige Fürst James Graf von Moray, Regent des Königreiches, daß er aus den Händen von James Graf von Morton, Kanzler Schottlands, eine mit Gold beschlagene Kassette aus Silber empfangen hat, darin Briefe, Heiratsverträge, Liebesgedichte und andere Schreiben enthalten sind, welche zwischen der Königin, der Mutter unseres Königs, und James, ehedem Graf Bothwell, ausgetauscht wurden. Die besagte Kassette und alles, was darin enthalten ist, wurde bei George Dalgleish, Diener jenes Grafen Bothwell, am 20. Juni im Jahre des Herrn 1567 entdeckt und beschlagnahmt. Der Regent [...] erklärt, daß der besagte Graf Morton von der Kassette und allen Briefen, Verträgen, Gedichten und anderen Schriftstücken, welche sich darin befinden, befreit und der Aufsicht ledig ist [...], und bezeugt, daß er [Morton] ehrlich und treu die besagte Kassette [...] aufbewahrt hat, ohne etwas zu verändern, hinzuzufügen oder wegzunehmen.«[3]
Damit wurden die Kassette und ihr Inhalt erstmals offiziell erwähnt. Dieses Dokument hielt nur eine interne Vereinbarung der Lords fest, aber Moray sicherte sich darin die Möglichkeit, in Zukunft von der Kassette Gebrauch zu machen, wie es das politische Kalkül erforderte. Eine Gelegenheit ließ nicht lange auf sich warten.

Wenn Moray seiner Herrschaft einen legalen Anstrich geben wollte, mußte er das Parlament dazu bringen, daß es alles billigte, was seit der Rebellion der Lords geschehen war. Das Parlament wurde für den 15. Dezember einberufen.

Es ist aufschlußreich, die Liste der Teilnehmer dieses Parlaments mit der Liste vom April desselben Jahres zu vergleichen. Auf den ersten Blick fällt im Dezember die Abwesenheit der Hamiltons auf, aber andere Anhänger Maria Stuarts waren der Einberufung des Parlaments merkwürdigerweise gefolgt: Huntly, Argyll, Herries saßen neben erklärten Gegnern wie Atholl, Morton, Glencairn, Mar, Ruthven und Lindsay. Unter den Vertretern des Klerus befanden sich der Prior von Pittenween, der ganz und gar nicht religiöse James Balfour (das Priorat von Pittenween war der Lohn für seinen Verrat), und, Seite an Seite, der Bischof von Moray, der Bothwell Unterschlupf gewährt hatte, und der Bischof der Orkaden, der Bothwell und Maria getraut hatte. Moray konnte es als Erfolg verbuchen, daß die Versammlung im Namen Jakobs VI. mit dem für ein Parlament üblichen Zeremoniell zusammengetreten war.

Von ihrem Gefängnis aus erhob Maria Stuart vergebens Protest gegen das Parlament. Die Beschlüsse untermauerten in der erwarteten Weise den Sieg der Lords vor Carberry Hill. Die Abdankung Maria Stuarts und die Regentschaft von Moray, dem »lieben Vetter unseres Königs« (eine freundliche Umschreibung für einen Onkel illegitimer Abstammung), wurden endgültig bestätigt. Die antikatholischen Gesetze aus dem Jahr 1560 wurden erneuert, und ein eigenes Gesetz erklärte alle Handlungen der Lords seit dem 10. Februar 1567 für rechtens.

Dennoch blieb ein juristisches Problem bestehen: Es war zwar plausibel, Maria Stuart nach ihrer Abdankung am 25. Juli als Untertanin ihres Sohnes anzusehen, aber wie wollte man die Rebellion im Mai rechtfertigen, zu einer Zeit, da sie noch unbestritten als Königin regiert hatte? An diesem Punkt holte Moray die Kassette hervor, die er seit September in seinem Besitz hatte. Das Parlament befand, die Rebellion gegen Maria Stuart sei legitim gewesen und ihre Gefangennahme gerechtfertigt, »denn es ist durch verschiedene Briefe, welche sie mit eigener Hand an den Grafen Bothwell, den Hauptschuldigen des abscheulichen Mordes an dem König [...], teils vor der Ausführung des besagten Mordes, teils danach geschrieben und gesandt hat, und auch durch ihre entwürdigende und empörende Heirat mit jenem [Bothwell] so kurz und überraschend nach dem Verbrechen bewiesen, daß sie von dem besagten Mord an dem König, ihrem rechtmäßigen Gatten, wußte und ihre Hände im Spiel hatte [...]. Und darum verdient sie alles, was seitdem ihr gegenüber getan wurde und was sie betreffend in Zukunft von den Adligen beschlossen wird.«[4]

Der Stil ist zwar etwas holprig, aber der Inhalt ist klar: Die Mitglieder des Parlaments haben die Dokumente gesehen, die Maria Stuarts Beteiligung an Darnleys Ermordung beweisen. Ohne Zweifel handelte es sich um den Inhalt jener Kassette, die Moray im September aus Mortons Händen entgegengenommen hatte. Viele Fragen sind offen: Stammte die Kassette tatsächlich aus Bothwells Besitz? Hatte Morton sie wirklich Dalgleish abgenommen? Waren die Kassette und ihr Inhalt noch in demselben Zustand, in dem Morton und dann später Moray sie bekommen hatten? Über die Antworten läßt sich nur spekulieren. Es bleibt das Faktum, daß im Dezember 1567, ein halbes Jahr nach Maria Stuarts Gefangennahme vor Carberry

Hill, dem Parlament Schriftstücke vorgelegt wurden, die sie schwer belasteten. Die tödliche Maschinerie war in Gang gesetzt.

Das Jahr 1567 war für Maria Stuart voller Gefahren und Schrecken gewesen. Im Jahr 1568 erlebte sie einen kurzen Höhepunkt des Glücks und wenig später die grausame Ernüchterung.

Die politische Situation in Schottland veränderte sich im Zeitraum zwischen Dezember 1567, als das Parlament allem Anschein nach Morays Position stärkte, und den Ereignissen des folgenden Mai in höchst erstaunlicher Weise. Die Beschlüsse des Parlaments verliehen der neuen Herrschaftsordnung den Anstrich der Legalität, lösten aber kein einziges sachliches Problem. Nach wie vor war offen, was aus der entmachteten Königin werden sollte, wie man auf den anhaltenden Widerstand der Legitimisten reagieren sollte und wie sich das Verhältnis zu England in Zukunft entwickeln würde. Hinzu kam noch ein besonders harter Winter, das ganze Land hungerte: »Es gab kaum etwas, womit man die Märkte versorgen und die Notleidenden speisen konnte«, schrieb ein zeitgenössischer Chronist, der anonyme Verfasser der *History of James the Sext*. Das waren für Moray und seine Gefolgsleute keine guten Ausgangsbedingungen für eine stabile und dauerhafte Herrschaft.

Elisabeth gab sich nicht damit zufrieden, daß ihre bisherigen Vorstöße, die Freilassung ihrer Cousine zu erwirken, gescheitert waren. Sie hatte aus ihrer Unzufriedenheit oder vielmehr ihrer Verärgerung über Maria Stuart nach Darnleys Ermordung und bei der Heirat mit Bothwell keinen Hehl gemacht, aber sie konnte nicht dulden, daß Untertanen sich gegen ihre rechtmäßige Herrscherin erhoben. Viele zeitgenössische Chronisten glaubten, Elisabeth treibe ein doppeltes Spiel und ermutige heimlich diejenigen, die sie öffentlich verdamme. (»Der englische Hof facht das Feuer von beiden Seiten an, indem er beiden Seiten seine Hilfe anbietet«, schrieb James Melville später in seinen *Memoirs*.[5]) Aus Elisabeths Korrespondenz, die inzwischen veröffentlicht ist, geht nichts hervor, was diese Vermutung stützt, ganz im Gegenteil. Sie drängte ihre Botschafter und Agenten unablässig, sie sollten mit den schottischen Adligen zusammenarbeiten, die sich um die Freilassung der gefangenen Königin bemühten. Am 13. August 1567 schrieb Throckmorton an Erzbischof Hamilton: »Meine Herrin, die Königin, hat mir befohlen, mit den in Edinburgh versammelten Lords darüber zu verhandeln, daß Eure Königin freigelassen und in ihre Würden wiedereingesetzt werde, aber ich konnte keinerlei Entgegenkommen von ihrer Seite erwirken [...]. Daher hat Ihre Majestät mir aufgetragen, Euch mitzuteilen, daß sie ihre Kräfte mit Euren und denen Eurer Freunde zu verbinden gedenkt, um Eurer Königin ihre Freiheit und Würde wiederzugeben, mittels Gewalt oder auf andere Weise.«[6]

Man kann wohl mit Sicherheit annehmen, daß Moray auf der Rückreise von Frankreich bei seinem Aufenthalt in London Elisabeth versprochen hatte, daß er sich um Maria Stuarts Freilassung bemühen würde, sobald er an der Macht war. Daß er in seinen Gesprächen mit Throckmorton so verzweifelt Gründe suchte, die Maria Stuarts Freilassung angeblich im Wege standen, spricht sehr für diese Vermutung. Doppelzüngigkeit ist Elisabeth für diese Phase nicht vorzuwerfen. Freilich ist es möglich, daß William Cecil sich hinter den Kulissen kompromißbereiter zeigte als seine Herrscherin, aber die Entscheidungen traf nicht er, sondern die Königin.

Im Grunde genommen hatte Elisabeth Schottland stets als Vasallenreich und die schottischen Lords als ihre Untertanen betrachtet. Das war die traditionelle Sicht der englischen Könige, Heinrich VIII. hatte hinreichend Beispiele dafür gegeben und war eklatant gescheitert. Morays Weigerung, Maria Stuart freizulassen, mußte darum wie eine Verweigerung des Gehorsams, fast schon wie eine Herausforderung an die englische Krone erscheinen. Doch Elisabeth hielt nicht viel von militärischen Unternehmungen (nicht zuletzt aus Gründen der Sparsamkeit, es ist bekannt, daß sie Geld nicht leicht ausgab), und Throckmorton betonte immer wieder, mit einer bewaffneten Intervention in Schottland setze man Maria Stuarts Leben aufs Spiel. Elisabeth konnte somit nur wirtschaftliche Druckmittel anwenden. Im September untersagte sie ihren Untertanen jeglichen Handel mit Schottland und schrieb ihrem Botschafter in Paris, Henry Norris, er solle die französische Regierung dazu bewegen, dem Beispiel zu folgen: »Zwischen dem König [Karl IX.] und Uns möge vereinbart werden, daß schottische Untertanen mit unseren beiden Königreichen keinen Handel mehr treiben dürfen, bis sie unsere liebe Schwester, die Königin, wieder als Herrscherin ansehen und nicht länger ihren Sohn als König betrachten.«[7] Leider ist nicht überliefert, ob die Wirtschaftsblockade – möglicherweise das erste Beispiel für die Anwendung dieses Mittels in der europäischen Geschichte – durchgeführt wurde und welchen Erfolg sie hatte. Vielleicht blieb es auch bei entsprechenden Überlegungen. Karl IX. verfolgte den englischen Vorschlag jedenfalls nicht weiter, er hatte im September 1567 genug andere Sorgen.

Moray stieß bei seinen Bemühungen, das Fundament seiner Macht zu festigen, immer mehr auf Schwierigkeiten. Bündnisse, auf die er gezählt hatte, kamen nicht zustande oder hielten nicht. Schlimmer noch: Auch seine eigenen Anhänger standen nicht mehr geschlossen hinter ihm. Die schottischen Lords hatten sich der königlichen Gewalt stets nur murrend gebeugt; es wäre sehr erstaunlich gewesen, wenn sie sich gegenüber einem Regenten anders verhalten hätten, den sie selbst eingesetzt hatten. Den Kern der Opposition bildeten nach wie vor die Hamiltons. Im Dezember hatte der alte Herzog von Châtellerault aus Frankreich einen Brief an das Parlament gesandt und dagegen protestiert, daß man bei der Krönung von Jakob VI. versäumt hatte, ihn, Châtellerault, als nächsten in der Thronfolge zu ernennen. Das Parlament wies den Protest zurück, Moray dachte darüber nach, sich selbst zum Erben des Thrones proklamieren zu lassen. All das brachte die Hamiltons und ihre Gefolgsleute noch mehr gegen den Regenten auf.

Die führenden Köpfe des Clans der Hamiltons waren damals außer dem alten Herzog von Châtellerault – der nur dem Namen nach noch eine Rolle spielte, weil er viel zu weit vom schottischen Schauplatz entfernt lebte – sein Halbbruder, der Erzbischof, und seine beiden Söhne, die Laienäbte von Paisley und Arbroath.* Ihre wichtigsten Verbündeten waren Huntly, Fleming, Seton und der Bischof von Ross. Fleming unterstand die Festung Dumbarton, die den gesamten Westen des Landes beherrschte. (Dunbar hingegen war im Oktober in die Hände des Regenten gefallen.) Zusammen bildeten sie eine mächtige, wenngleich wenig organisierte Partei. Im September und Oktober hatte der Erzbischof kurzfristig Moray die Hand zur Versöhnung ausgestreckt, aber Moray hatte jegliche Verhandlungen abgelehnt, solange man ihn nicht als Regenten im Namen von Jakob VI. anerkennen würde. Das konnten die Hamiltons nicht, denn genau darüber wollten sie ja verhandeln.

Die Männer an der Spitze des Landes nahmen zunehmend Anstoß an Morays herrscherlichem Gebaren. Vor allem Maitland, daneben auch James und Robert Melville und Kirkcaldy of the Grange (der die Nachfolge von James Balfour als Kommandant der Festung Edinburgh angetreten hatte) plädierten dafür, Maria Stuart freizulassen und ihr den Thron zurückzugeben, nachdem Bothwell nicht mehr im Land war und man auch nicht befürchten mußte, daß er zurückkehren würde. Sie sagten, sie hätten nur aus Feindschaft gegenüber Bothwell und aus Sorge um die Sicherheit des Prinzen Jakob zu den Waffen gegriffen. Immer mehr Lords schlossen sich – möglicherweise von England beeinflußt – ihrem Standpunkt an. Nachdem der Bürgerkrieg in Frankreich dank den Zugeständnissen von Katharina von Medici ein vorläufiges Ende gefunden hatte, entsandte Frankreich im April 1568 Villiers de Beaumont (einen Katholiken, der mit den Guisen verbunden war) als neuen

---

* Der älteste Bruder, Arran, war nach wie vor geistesgestört und lebte von der Außenwelt abgeschlossen unter der Aufsicht seiner Familie.

Botschafter nach Schottland und bezeugte damit wiedererwachte Anteilnahme am Los der gefangenen Königin. Maria Stuarts Schicksal schien um diese Zeit ganz und gar nicht mehr besiegelt.

Unterdessen gewöhnte sich die Gefangene in Lochleven allmählich an das Leben in Abgeschiedenheit. Äußerlich veränderte sich wenig um sie herum. Die beiden jungen Mädchen, die das Zimmer mit ihr teilten, verehrten sie mittlerweile in einer Weise, wie das sehr junge Mädchen manchmal bei einem Erwachsenen tun, der in ihren Augen mit allen Vorzügen begabt ist. *Hero worship,* wie die Engländer sagen, ist ein treffender Begriff für ihr Verhalten gegenüber Maria Stuart.

Auch die alte Lady Douglas behandelte ihren unfreiwilligen Gast inzwischen fast herzlich. Mag sein, daß mütterliches Kalkül dabei eine Rolle spielte, zumindest munkelte man so etwas in Edinburgh. George Douglas, der jüngere Bruder des Hausherrn, kam durchaus als Heiratskandidat für die junge Königin in Betracht (im Dezember 1567 war Maria Stuart gerade fünfundzwanzig Jahre alt, George war zwanzig oder zweiundzwanzig). Seit Bothwell auf Nimmerwiedersehen verschwunden war, blühten erneut die Spekulationen und Kombinationen, wen seine Frau heiraten würde. Die Annullierung der im Mai 1567 geschlossenen Ehe schien eine reine Formalität zu sein, die niemandem Kopfzerbrechen bereitete. Es hieß, die Hamiltons wollten sie mit einem Mitglied ihres Clans verheiraten, mit John of Arbroath. Moray plante angeblich, sie einem seiner Cousins zur Frau zu geben.[8]

Wir wissen nicht, ob Maria Stuart über diese Gedankenspiele informiert war und was sie davon hielt. Bezeichnenderweise war ab September 1567 keine Rede mehr davon, daß sie an Bothwell hing und nicht von ihm lassen wollte. Möglicherweise hatte der Gesinnungswandel damit zu tun, daß sie mittlerweile nicht mehr fürchten mußte, Mutter eines Bastards zu werden. Aber bei diesem Punkt sind wir ausschließlich auf Vermutungen angewiesen, die psychologisierende Interpretation von Stefan Zweig hat in der Dichtung ihren Platz, nicht in der Geschichtsschreibung.

Soviel immerhin ist gewiß, daß George Douglas heftig in die schöne Gefangene verliebt war und daß man öffentlich darüber klatschte. Man erzählte sich auch, Moray habe sich darüber empört (George war ja sein Halbbruder) und es habe eine lautstarke Auseinandersetzung gegeben. Wenn es um seine Pflichten als Kerkermeister ging, verstand der Schloßherr von Lochleven keinen Spaß. Er jagte schließlich seinen Bruder aus dem Schloß und verbot ihm, jemals wieder einen Fuß auf die Insel zu setzen. Vergebens trat die alte Lady dazwischen, sie weinte und flehte, wie alle

Mütter es in einer solchen Situation tun. George drohte, er werde Schottland verlassen und nach Frankreich ins Exil gehen, wenn man ihm seinen Platz am heimischen Herd verwehre. Die Mutter hatte eine Schwäche für den jüngsten Sohn, heimlich, ohne daß der ältere etwas bemerkte, wechselte sie Briefe mit ihm. Der junge Mann nahm Verbindung mit den Hamiltons auf, um mit ihnen gemeinsam Maria Stuart zu befreien. Dieses Bündnis zwischen einem Douglas und den Hamiltons ist reichlich überraschend, denn die beiden Häuser waren seit eh und je verfeindet. Allem Anschein nach verriet George aus Liebe oder aus Ehrgeiz (oder einer Mischung von beidem) seine Familie.

Maria Stuart war zeitweilig guter Dinge, dann wieder litt sie wie so oft unter ernsten Erkrankungen. Im Februar ging es ihr so schlecht, daß Moray ihr einen Besuch abstattete. Bei dieser Gelegenheit zeigte er ihr gegenüber (so erzählte sie wenigstens Claude Nau) »eine solche Verachtung und Geringschätzung, daß alles noch schlimmer wurde dadurch«. Sie beschloß daraufhin, »nie mehr nach ihm zu schicken, gleichgültig um was es ginge, und lieber ihre Zeit in lebenslanger Gefangenschaft zu verbringen, als mit seiner Hilfe in die Freiheit zu gelangen«.[9]

Gelegentlich kam auch Lady Moray nach Lochleven, brachte Toilettenartikel und allerlei Dinge zum Zeitvertreib. Maria Stuart durfte sich Kleider bestellen. In einem Brief vom 3. September bat sie um »eine halbe Elle blutrote Atlasseide und eine halbe Elle blaue [...], dazu goldenen und silbernen Faden zum Nähen, ein Leibchen und einen Rock aus weißem Satin, ein Leibchen in blutroter Farbe, ein weiteres in Schwarz und den Rock in derselben Farbe, aber keinen Rock zu dem blutroten Leibchen, außerdem ein Kleid aus Taft, wie ich es bereits Lady Lethington gesagt habe«.*[10] Hin und wieder durfte sie ihr Zimmer verlassen, dann wurde sie in Begleitung des Schloßherrn mit einem Boot über den See gerudert. Einmal bei einer solchen Gelegenheit wollte ein Bewacher sich einen Scherz erlauben, zielte mit einer vermeintlich ungeladenen Hakenbüchse und verletzte zwei Kameraden schwer.[11]

Maria Stuart wurde nach wie vor streng überwacht, aber von Zeit zu Zeit gelang es ihr doch, einen Brief aus ihrem Gefängnis herauszuschmuggeln. Für sie und ihre hilfreichen Boten war das mit einem erheblichen Risiko verbunden. In einer Nachricht an Katharina von Medici vom 31. März heißt es: »Wenn man erfährt, daß ich einen Brief geschrieben habe, wird das vielen das Leben kosten und mein Leben in Gefahr bringen.« In diesem Fall war John Beaton der Bote, der Bruder des Erzbischofs und Botschafters.

* Die ehemalige Mary Fleming

Er kannte George Douglas gut und war der Kontaktmann zu den Hamiltons.

Allmählich nahm der Fluchtplan für die Königin Gestalt an. Der wichtigste Verbündete innerhalb der Schloßmauern war William Douglas, der junge Verwandte des *laird*. Er hatte sich hoffnungslos in die unglückliche Gefangene verliebt. Wie Drury in einem Brief an Cecil berichtete, unternahm Maria Stuart einen ersten Fluchtversuch bereits im März; seltsamerweise vergaß sie diesen Fluchtversuch, als sie Claude Nau später ihre Erinnerungen diktierte. Sie tauschte ihre Kleider mit einer Wäscherin, die mit frischer Wäsche ins Schloß gekommen war, und setzte sich mit dem Korb auf dem Schoß in das Boot, das sie ans Ufer bringen sollte. Der Bootsführer wollte mit ihr schäkern, dabei fielen ihm ihre weißen Hände auf. Er begriff, wer da in seinem Boot saß, und ruderte zurück zur Insel. Man kann sich vorstellen, daß die Bewachung nach diesem Zwischenfall noch weiter verschärft wurde.

Im April ergab sich durch Zufall eine Gelegenheit, und die Verschwörer nutzten sie aus. Die Frau des Schloßherrn erwartete ein Kind. Wie damals üblich, brachte die bevorstehende Niederkunft einige Veränderungen in den Gepflogenheiten des Haushaltes mit sich. Die Hamiltons und George Douglas außerhalb der Schloßmauern und William Douglas innerhalb entwarfen einen ausgeklügelten Plan.

Maria Stuart war auf dem laufenden, aber aus Vorsicht tat sie so, als wüßte sie von nichts. Am 1. Mai – vier Tage vor dem festgesetzten Termin – schrieb sie an Elisabeth heimlich einen verzweifelten Brief: »Madame, meine liebe Schwester, meine zermürbende Gefangenschaft dauert nun schon so lange, und ich habe nichts als Beleidigungen von jenen erlitten, denen ich soviel Gutes getan habe. Aber all das schmerzt mich nicht so sehr wie der Umstand, daß ich niemandem die Wahrheit sagen kann über die Kränkungen und Beleidigungen, welche mir zugefügt wurden. Nun habe ich diesen treuen Diener gefunden, welcher Euch diese Nachricht überbringt, und ich schütte mein Herz aus und bitte Euch, daß Ihr alles glaubt, wie Ihr mir glaubtet, spräche ich selbst zu Euch.«[12]

Während sie diesen Brief und einen ähnlich lautenden an Katharina von Medici schrieb, setzten ihre Freunde ihren Fluchtplan ins Werk. Zunächst hatte man daran gedacht, die Königin in einer Truhe über den See zu schaffen, aber bei genauer Prüfung erwies sich das als nicht durchführbar. Dann zog man in Erwägung, die Königin solle von der Schloßmauer herabspringen, doch bei einem Versuch verletzte sie sich »am Knöchel eines Fußes«, und man mußte auch diesen Plan aufgeben.

Am Abend des 5. Mai ging sie nach dem Abendessen in ihr Zimmer, schlüpfte heimlich in das rote Kleid einer Dienerin, legte einen weiten Überwurf an und zog sich dann unter dem Vorwand, sie wolle ihre Gebete sprechen, in ihre Kapelle zurück («und sie sprach sie sehr demütig und empfahl sich Gott, der schon bald zeigte, daß er Sorge und Mitgefühl für sie hatte», setzte Claude Nau auf Frömmigkeit bedacht, hinzu). Unterdessen nahm der Schloßherr mit seiner Familie das Abendessen ein. William Douglas, der bei Tisch bediente, entwendete geschickt den Schlüssel zum Haupttor und schloß auf. Maria Stuart erhielt das vereinbarte Zeichen, eilte aus dem Schloß und stieg in das Boot, das für sie bereitstand. William Douglas verschloß das Tor wieder und warf den Schlüssel in ein Kanonenrohr. Die anderen Boote hatte er vorsichtshalber mit Pflöcken festgemacht, so daß niemand der Königin folgen konnte.

Die Überfahrt gelang unbehelligt. (Eine Wäscherin, die in der lauen Frühlingsnacht spazierenging, erkannte die Königin, als sie ins Boot stieg; Willy überredete sie, nichts zu verraten.) Am anderen Ufer warteten George Douglas und John Beaton mit Pferden, zwei Meilen weiter stießen Lord Seton und der Gutsherr von Roccarton zu dem kleinen Trupp. Bei Queensferry durchquerten sie den Firth of Forth, gegen Mitternacht erreichten sie Schloß Niddry, und dort wurde Maria Stuart »mit allen Ehren empfangen, festlich bewirtet und mit Kleidung und anderen Dingen ausgestattet, wie es ihrem Geschlecht und ihrem Range gebührte«. Am nächsten Tag war sie auf Schloß Hamilton im Kreise ihrer Getreuen.[13]

In Lochleven wunderten sich die beiden jungen Mädchen, die mit der Königin das Zimmer teilten, daß sie nicht aus der Kapelle zurückkam. Sie sahen nach, stellten fest, daß die Königin verschwunden war, und gaben Alarm. Der Schloßherr William Douglas war so verzweifelt, »daß er raste und sich mit seinem eigenen Dolch erstechen wollte, woran ihn die Anwesenden hinderten«. Schließlich schickte er einen Boten zu Moray, der in Glasgow Gerichtstag hielt.

Der Lauf der Geschichte hatte sich geändert – zumindest sah es eine Zeitlang so aus.

Schloß Hamilton existiert heute nicht mehr, es stand zwölf Kilometer südöstlich von Glasgow. Der Zufall hatte es gefügt, daß die Königin und der Regent an zwei benachbarten Orten weilten – eine gefährliche Situation.

Was wäre aus Maria Stuart geworden, wenn ihr die Flucht nicht gelungen wäre? Viele Möglichkeiten sind denkbar. Gutinformierte Beobachter sprachen davon, der Regent wolle einen Prozeß gegen seine Halbschwester anstrengen; die Präsentation der Kassettenbriefe vor dem Parlament im Dezember 1567 wirkt wie ein Vorspiel zu einem Gerichtsverfahren. Die Pastoren, allen voran John Knox, drängten in diese Richtung. Es erhebt sich die Frage, wie ein solcher Prozeß wohl ausgegangen wäre. Ein Todesurteil ist zwar vorstellbar, aber unwahrscheinlich in Anbetracht der außenpolitischen Folgen. Sehr viel mehr spricht dafür, daß Maria Stuart zu lebenslanger Gefangenschaft verurteilt oder aus Schottland verbannt worden wäre. Sie hatte in Lochleven selbst in Erwägung gezogen, sich nach Frankreich in den Schutz ihrer Cousins aus dem Hause Guise zurückzuziehen. Höchstwahrscheinlich jedoch wäre Maria Stuart in ihrem Gefängnis in aller Stille umgebracht worden, nach außen hin hätte man es als einen natürlichen Tod erscheinen lassen. Damit wäre dieses Kapitel der schottischen Geschichte ohne großes Aufsehen – und darum zur allgemeinen Zufriedenheit – abgeschlossen gewesen.

In Hamilton sagte Maria Stuart zwar, nach den Einschränkungen von Lochleven fühle sie sich frei, doch in Wahrheit hatten nur ihre Bewacher gewechselt. Sie war die Geisel eines mächtigen Clans, der durch seine häufigen Konflikte mit der Krone ihr und den Herrschern vor ihr reichlich Schwierigkeiten bereitet hatte. Wenn sie ihren Handlungsspielraum wiedererlangen wollte, mußte sie sich von den Hamiltons befreien. Bis sie nach Edinburgh zurückkehren konnte – dazu brauchte sie eine starke Armee –, mußte sie unbedingt an einem ausreichend befestigten Ort Zuflucht suchen, wo sie vor Morays Truppen sicher war und in Ruhe die Ankunft von Verstärkung abwarten konnte.

Wenn die Königin besser beraten oder weniger impulsiv gewesen wäre oder sich einfach nur taktisch geschickter verhalten hätte, hätte sie die Situation vielleicht ohne militärische Konfrontation zu ihren Gunsten wenden können. Es hätte genügt, laut zu erklären, daß sie Versöhnung wünschte, und ihren rebellischen Untertanen Straffreiheit in Aussicht zu stellen. Auf Morays Seite gab es viele, die sich ihr liebend gern angeschlossen hätten. Aber für solche Taktiken war sie zu stolz und zu leidenschaftlich, zu sehr erfüllt von dem Gefühl, daß ihr bitteres Unrecht geschehen war, zu sehr durchdrungen von der Vorstellung, mit der sie am Hof der Valois' aufgewachsen war, daß der Herrscher seine Macht von Gott empfangen hatte. Am Tag nach ihrer Ankunft auf Schloß Hamilton verfaßte sie eigenhändig eine verhängnisvolle Proklamation, jedes Wort bebt förmlich vor Zorn. Die Rebellen werden gehässig beschimpft: »James, der sogenannte Graf von Moray, ehemaliger Mönch und nichtswürdiger Bastard, aus dem ich einen Lord und Grafen gemacht habe«, »der schändliche Verräter William Maitland, ehemaliger Page, den meine teure Mutter und ich unterhalten und zur Würde eines Sekretärs erhoben und mit Reichtümern und Wohltaten überhäuft haben«, und so geht es weiter. Alle Dokumente, die sie im Gefängnis unterzeichnet hatte, wurden für ungültig erklärt, weil »treulose Verräter« ihr die Unterschriften abgepreßt hätten. Moray verlor alle Titel und Würden, Châtellerault (»der mich wie ein Vater angenommen hat und mir lieb und wert ist«) setzte sie als Thronerben ein für den Fall, daß der kleine Prinz Jakob vor seiner Mutter sterben sollte, und vorsorglich auch als Regenten nach ihrem Tod.[14] Es fehlte nur noch der Name Bothwell, dann hätte sie in diesem Schriftstück alle Fehler versammelt, die man nur begehen kann. Aber Bothwell wird mit keiner Silbe erwähnt. Hatte sie, wie sie später sagte, dieses »Kapitel abgeschlossen«? Oder hielt sie den richtigen Augenblick noch nicht für gekommen, um seine Auslieferung aus der dänischen Gefangenschaft zu fordern? Beides ist denkbar.

Die Nachricht, daß Maria Stuart aus Lochleven geflohen war, brachte das ganze Land in Aufruhr. Am 10. Mai wußte Drury in Berwick noch nicht, wie er sich verhalten sollte,[15] und wartete auf Instruktionen seiner Herrscherin: Sollte er sich auf die Seite der Königin oder auf die Seite des Regenten stellen? Doch die Ereignisse entwickelten sich so schnell, daß Elisabeth keine Zeit hatte, eine Wahl zu treffen. An ihrer Stelle entschieden die Waffen.

Marias Anhänger strömten nach Hamilton. Bis zum 8. Mai hatten sich die Grafen Argyll, Huntly, Eglinton, Crawford, Cassillis, Rothes, Montrose, Sutherland, Errol, Erzbischof Hamilton, die Bischöfe von Dunkeld, Ross, Galloway, Aberdeen, Brechin, Moray, den Orkaden sowie die Lords Fleming, Livingston, Seton, Boyd, Herries, Ross, Maxwell, Glamis, Elphinston und viele andere Adlige, alles in allem vierhundert Mann, dort eingefunden. Sie unterzeichneten einen *bond,* in dem sie sich verpflichteten, die Königin wieder in ihre vollen Rechte einzusetzen und die »Rebellen und Verräter« zu vernichten, die die Macht an sich gerissen hatten. Allem Anschein nach hatte sich die Situation verkehrt: Die Partei der Königin ging in die Offensive und versammelte die Mehrheit des Adels. Gegenüber dem Parlament vom Dezember hatte sich das Bild grundlegend gewandelt.

Morays Phalanx hingegen wankte gefährlich. Der Großteil seiner Truppen befand sich in Edinburgh, in Glasgow war er von ihnen abgeschnitten. Das Geld wurde knapp. (»Seine Soldaten fordern lautstark Geld und sagen, wenn man sie nicht bezahle, wüßten sie nicht, was sie tun würden«, berichtete Drury.[16]) Die meisten Adligen in seiner Begleitung rieten ihm, sich nach Stirling zurückzuziehen, in den Norden des Landes, und sich dort zu verschanzen, denn Glasgow war schwierig zu verteidigen. Moray lehnte das ab, »denn er wollte nicht den Eindruck erwecken, daß er floh«. Er riskierte seinen Kopf, und er wußte es. Die Zeitgenossen waren von seiner Standfestigkeit beeindruckt, aber wahrscheinlich hatte er keine andere Wahl. Maria Stuart hatte ihm nach der unglückseligen Proklamation vom

7. Mai (die möglicherweise gar nicht öffentlich bekannt gemacht wurde, wir wissen es nicht) ein Friedensangebot geschickt, aber er hatte nicht einmal mit ihrem Boten sprechen wollen. Für ihn gab es keinen Kompromiß mehr, nur Sieg oder Untergang.

In Maria Stuarts Lager herrschte Unsicherheit. Die Hamiltons wollten verhindern, daß sie sich ihrem Einfluß entzog, andere drängten sie, sich so schnell wie möglich von den Hamiltons zu lösen, deren Gesellschaft mehr Bewachung als Schutz war. Maria Stuart fürchtete, man wolle sie zu einer Heirat mit dem ungeliebten John of Arbroath zwingen. Graf Argyll riet ihr, nach Westen zu gehen. Dort war sie weit genug weg von Glasgow und Moray, und in der uneinnehmbaren Festung von Dumbarton, die dem treuen Lord Fleming unterstand, konnte sie sich sicher fühlen. Maria folgte Argylls Rat.

Später wurde manchmal gesagt, der Aufbruch nach Dumbarton sei ein strategischer Fehler gewesen, aber das stimmt nicht. Schloß Hamilton lag zu nahe an Glasgow und war schwer zu verteidigen, dort mußte man immer mit einem Handstreich rechnen. In Dumbarton konnte Maria in Ruhe abwarten, bis Argyll und Huntly im Norden und Westen Unterstützung gesammelt hatten, Herries und Maxwell würden unterdessen den Süden verteidigen. Zudem konnten über die Irische See Truppen aus Frankreich zu ihr stoßen, falls Katharina von Medici sich doch noch entschließen sollte, Truppen zu schicken.

Der Weg von Hamilton nach Dumbarton über Glasgow, am rechten Ufer des Flusses Clyde entlang, war versperrt. Maria Stuart mußte den Weg am linken Ufer entlang nach Süden nehmen, der durch hügeliges Gelände mit vielen Hohlwegen führte.*

Maria Stuarts Armee war zahlenmäßig stark, aber bunt zusammengewürfelt, jeder Lord hatte eigene Truppen ausgehoben. Zeitgenössische Chronisten schätzten die Armee der Königin auf sechstausend Mann, Morays Armee auf viertausend, die Armee der Königin hatte sieben Geschütze, Moray sechs. Die größten Unterschiede gab es an der Spitze: Kirkcaldy of the Grange, ein erfahrener Soldat, kommandierte Morays Reiterei; Maria Stuart hatte das Kommando über ihre Reiterei dem Grafen Argyll übertragen müssen, der das größte Truppenkontingent gebracht hatte, an dessen Treue man aber Zweifel haben konnte. (Zur Zeit der Maria von Guise war er ein führender Kopf der Congregation gewesen, und der legitimistischen Partei gehörte er noch nicht lange an.)

* Das Gebiet gehört heute zum Großraum Glasgow. Im 16. Jahrhundert hatte Glasgow ungefähr 5000 Einwohner, 1978 waren es 1 500 000.

Die Ratgeber der Königin planten einen Überraschungsschlag. Der konnte nur gelingen, wenn die Armee rasch vorrückte. Früh am Morgen des 13. Mai brachen die Truppen der Königin in Hamilton auf, am Abend desselben Tages wollte man in Dumbarton oder gegenüber von Dumbarton sein. Die Entfernung betrug fünfunddreißig bis vierzig Kilometer, und die Route verlief so weit südlich von Glasgow, daß Moray nichts bemerken würde.

Zu Marias Unglück wurde Moray in der Nacht von dem Plan unterrichtet (von einem Verräter, so hieß es). Er schickte seine Kavallerie aus, damit sie der königlichen Armee den Weg abschnitt. Kirkcaldys Männer versteckten sich in den »Gärten und Hütten« des Dorfes Langside, und genau in dem Moment, als die Soldaten von Argylls Vorhut aus einem Hohlweg herauskamen, stürmten sie hervor und überrumpelten den Gegner. Wie James Melville (er war Augenzeuge) in seinen *Memoirs* berichtet, wurde so verbissen gekämpft, »daß die Soldaten, nachdem sie ihr Pulver verschossen hatten, ihre Musketen als Knüppel benutzten und ihre Gegner erschlugen«.[17]

Sobald die Königin von dem Zusammentreffen der beiden Armeen erfahren hatte, bezog sie mit einigen Getreuen auf einem Hügel in der Nähe Stellung. Argyll drängte mit seinen Reitern nach vorn, aber genau in diesem Moment ergriff ihn heftiges Unwohlsein – manche vermuteten einen epileptischen Anfall –, und im Augenblick der Entscheidung stand die Armee der Königin führerlos da. Ob es eine plötzliche Erkrankung oder Verrat war, ist nicht zu klären. Moray ließ sich jedenfalls diese Gelegenheit nicht entgehen. Marias Truppen liefen auseinander, während Morays Männer diszipliniert weiterkämpften. Die ganze Schlacht dauerte kaum mehr als eine Stunde. Am Ende blieb der Königin kein anderer Ausweg als die Flucht.

Nach Dumbarton konnte sie nicht zurückkehren. Zwei Fluchtwege waren noch offen: nach Norden auf das Gebiet der Huntlys, aber auf dem Weg dorthin lag das Nadelöhr Stirling, oder nach Süden auf das Gebiet von Herries und seinem Sohn Maxwell. Die Königin wählte die zweite Möglichkeit.

Die legitimistische Partei hatte schwere Verluste erlitten: Dreihundert Tote waren zu beklagen, noch mehr Männer waren in Gefangenschaft geraten, darunter Seton, Ross und mehrere Mitglieder der Familie Hamilton. Für ruhiges Nachdenken blieb keine Zeit, jede Minute zählte. Maria Stuart verlor die Nerven, sie war außer sich vor Angst bei dem Gedanken, sie könnte ihrem Halbbruder in die Hände fallen. Kopflos gab sie ihrem Pferd die Sporen und preschte Richtung Dumfries davon. Eine Handvoll Getreue,

Herries, Maxwell, Fleming, John Beaton, George Douglas und Claude Hamilton, folgten ihr.

Mit Grauen dachte Maria Stuart später an jenen ziellosen Ritt zurück. In einem Brief an ihren Onkel, den Kardinal von Lothringen, schrieb sie einige Wochen danach, sie sei »geflohen, ohne zu wissen, wohin, zweiundneunzig Meilen durch das Land, ohne haltzumachen oder abzusitzen, auf der nackten Erde mußte ich schlafen, saure Milch trinken und Hafergrütze ohne Brot essen. Drei Nächte habe ich wie ein Waldkauz gelebt.«[18]

Diese Schilderung ist etwas übertrieben, denn die zweite Nacht verbrachte sie auf Schloß Terregles, das Lord Maxwell gehörte, und beriet sich mit ihren Getreuen. Die Lords meinten, sie solle entweder auf dem Schloß bleiben und eine neue Armee zusammenziehen oder nach Frankreich gehen. Dort werde man sie als Königinwitwe empfangen, von Frankreich aus könne sie ihre Rückkehr nach Schottland vorbereiten. Herries gab zu bedenken, daß beide Pläne mit erheblichen Gefahren verbunden waren: Heinrich IV. von England habe einst Jakob I. von Schottland auf See gefangengenommen und zwanzig Jahre festgehalten. Elisabeth habe sich wenig freundschaftlich ihrer Cousine gegenüber verhalten, ihr altes Zerwürfnis sei niemals endgültig beigelegt worden. Aber Maria Stuart hörte nicht auf ihre Ratgeber, ihr Entschluß stand fest. Später gestand sie zu, daß sie allein jene verhängnisvolle Entscheidung getroffen habe.

Für das letzte Stück der Flucht lieh sie sich fremde Kleider und ließ sich die Haare abschneiden. Über einsame Pfade gelangte sie von Terregles zur Abtei Dundrennan. Dort verbrachte sie die Nacht, und am 16. Mai erreichte sie die Bucht von Solway. Gegenüber lag England.

Sobald der Entschluß gefallen war, hatte sie dem Gouverneur von Carlisle, der Hauptstadt der nächsten Grafschaft auf englischer Seite, eine Nachricht senden lassen und um die Erlaubnis gebeten, in England an Land gehen zu dürfen. An Elisabeth hatte sie einen vertrauensvollen Brief geschickt: »Meine geliebte Schwester, ich will hier nicht all das Unglück berichten, welches mir widerfahren ist, denn dies ist Euch gewiß bekannt. Ich sage nur soviel, daß diejenigen meiner Untertanen, welchen ich am meisten Gutes getan habe [...], mich nun gänzlich aus meinem Königreich vertrieben und mich in einen Zustand gestürzt haben, daß ich nach Gott nur noch auf Euch zu hoffen wage.«[19] Maria Stuart wartete die Antworten auf beide Schreiben gar nicht erst ab. Am Nachmittag ging sie mit einer Handvoll ihrer Getreuen auf ein einfaches Fischerboot. Um sieben Uhr abends betrat sie englischen Boden.

VIERTER TEIL

Wir verpflichten uns durch unseren Eid vor Gott, jede Person, für die ein Attentat gegen die geheiligte Person Ihrer Majestät der Königin unternommen wird, ohne Ansehen ihres Ranges zu töten ...

Bond of Association, Zusammenschluß zur Verteidigung der Königin Elisabeth, 1584.

16

»Um meine Ehre wiederzuerlangen ...«

Als Maria Stuart am Sonntag abend, dem 16. Mai 1568, in England landete, ahnte sie nicht, daß sie die letzte Station ihres Lebens erreicht hatte, noch neunzehn Jahre und drei Monate an verschiedenen Orten gefangengehalten und schließlich in Fotheringhay hingerichtet werden würde.
Freilich wäre es eine grobe Täuschung zu glauben, daß die endlose Periode der Gefangenschaft für Maria ohne Ereignisse verlief. Ganz im Gegenteil: Niemals entstanden um ihre Person mehr Intrigen, unterhielt sie eine regere geheime und offizielle Korrespondenz, erlebte sie größere Augenblicke der Hoffnung und Enttäuschung als in englischem Gewahrsam. Nie war sie gegenwärtiger in der europäischen Politik, entfachte sie eine lebhaftere diplomatische Aktivität als hier. In diesem Lebensabschnitt kristallisierte sich jenes Bild Maria Stuarts heraus, das der Nachwelt erhalten blieb, ein Mythos, der ihre wirklichen Züge, die wir heute, nach vierhundert Jahren, kaum noch rekonstruieren können, so lange Zeit entstellte.

Als Maria auf den Kiesstrand des kleinen Hafens Workington in der Grafschaft Cumberland ihren Fuß setzte, stolperte sie und ging zu Boden. Ihre Begleiter nahmen es als gutes Omen: Sie habe die Erde geküßt, um ihr zukünftiges Königreich in Besitz zu nehmen. So hartnäckig hielten sich die Illusionen.
Maria war völlig überzeugt, daß ihre »gute Schwester« Elisabeth sie mit offenen Armen empfangen, ihr entgegeneilen (die Begegnung war ja schon so lange geplant!) und ihr die eigenen Streitkräfte zur Verfügung stellen würde, damit sie ihren Thron zurückerobern und die treubrüchigen Untertanen bestrafen könnte. Die Schreiben, die ihr Throckmorton ins Gefängnis

von Lochleven übermittelt hatte, sprachen eindeutig dafür: Elisabeth war empört über den Aufstand der Lords und den Angriff auf Ihre königlichen Majestät, und sie hatte die Hamiltons und deren Freunde wissen lassen, daß sie sie gegebenenfalls unterstützen werde. Die Sache war völlig klar.

Maria wäre weniger zuversichtlich gewesen, wenn sie einen Brief gelesen hätte, den ihr Elisabeth am 15. Mai geschickt hatte. Zwar drückte die englische Königin ihre Freude darüber aus, daß ihre Cousine wieder in Freiheit sei, fiel dann aber in die Rolle der Moralpredigerin, statt ihre Hilfe als Freundin anzubieten: »Da ich die glückliche Nachricht von Eurer Flucht erhalten habe, muß ich Euch aus Zuneigung zu Euch und aus dem Pflichtbewußtsein gegenüber der Königswürde sofort schreiben. [...] In der Vergangenheit habt Ihr Euch die Sorge um Euren Stand und Eure Würde wenig angelegen sein lassen. Ich würde Euch dies ins Angesicht sagen, wenn ich Euch persönlich sähe. Wenn Ihr Euch ebensosehr um Euren Ruf gekümmert hättet wie um diesen erbärmlichen Taugenichts *[that miserable villain]*, hätte alle Welt Euer Unglück bedauert, was, um die Wahrheit zu sagen, nicht viele getan haben [...]. Ich sag Euch, was ich mir selbst sagen würde, wenn ich mich in Eurer Lage befände.«[1]

Diesen Brief konnte man sicher nicht als Huldigung oder als stürmischen Willkommensgruß mißverstehen. Da er allerdings erst in Schottland eintraf, als Maria die Heimat bereits verlassen hatte, behielt sie ihre Illusionen über die Beziehungen zu ihrer Cousine.

Der Gouverneur von Carlisle, Lord Scrope, befand sich zufällig in London, als die Königin von Schottland in seiner Grafschaft landete. So mußte sein Stellvertreter Richard Lowther ohne Weisung der Regierung die Verantwortung für Maria übernehmen. Er entschied sich für die klügste Lösung: Er wollte die Königin ehrenvoll bei sich aufnehmen und zugleich einen Eilboten mit der Bitte um Befehle nach London schicken. Als Katholik, der bekanntermaßen mit Maria Stuart sympathisierte, befand er sich in einer heiklen Situation.

Maria erinnerte sich später schmunzelnd daran, daß der treue Lord Herries auf den Gedanken gekommen war, sie für die erste Nacht in England auf das nahe gelegene Schloß eines Bekannten zu bringen (Cumberland lag direkt an der Grenze zu Schottland, Herries Ländereien befanden sich genau auf der anderen Seite). Er wollte sie als eine junge schottische Erbin ausgeben, die den Hausherrn heiraten wollte. Dann wurde Maria aber von einem französischen Diener erkannt, so daß dieser Teil des Planes scheiterte.

Wahrscheinlich auf diesem Schloß schrieb Maria am 17. Mai einen Brief an Elisabeth, in dem sie von ihrem Abenteuer berichtet und darum bittet, von ihr empfangen zu werden: »Ich bitte Euch inständig, mich so bald wie möglich holen zu lassen, denn ich befinde mich nicht nur für eine Königin, sondern auch für eine Edelfrau in einer erbärmlichen Lage; ich habe nichts mehr auf der Welt als das nackte Leben, das ich gerettet habe.«[2] Noch behauptete sie nicht wie später, sie sei völlig freiwillig nach England gekommen: Sie war eine Frau auf der Flucht, die um Asyl bat, mehr nicht.

Bald traf Lowther mit einer Eskorte ein und brachte die Königin nach Carlisle, wo sie respektvoll empfangen und auf dem Schloß, der Residenz des Gouverneurs, einquartiert wurde. Da sie nichts mehr besaß, ließ sie sich rasch ein Kleid aus schwarzem Stoff nähen (»auf Kredit«, wie sie später ihrem Sekretär Claude Nau rückblickend berichtet). Und da sich die Nachricht von ihrer Ankunft in der Region bereits verbreitet hatte, strömten katholische Adelige zu ihr aufs Schloß.

Der Norden des Elisabethanischen Königreichs war eine Hochburg der Katholiken. Zur Zeit Heinrichs VIII. war dort als Reaktion auf den Vormarsch des Protestantismus ein Aufstand, die sogenannte »Gnadenwallfahrt«, ausgebrochen. Maria Stuart hatte dort seit langem Freunde und aktive Anhänger, darunter den Grafen von Northumberland, dessen Vater die »Gnadenwallfahrt« mit angeführt und den Einsatz für den Katholizismus mit dem Leben bezahlt hatte. Northumberland kam mit einer starken Eskorte als einer der ersten nach Carlisle. Er sagte, er wolle die Königin abholen und mit allen Ehren behandeln. Wollte Northumberland, ein Freund der Gräfin von Lennox, sie in Wirklichkeit entführen, wie Maria vermutete?[3] Oder wollte er, was wahrscheinlicher war, Maria als Symbolfigur für einen katholischen Aufstand benutzen, um Elisabeths Herrschaft zu destabilisieren? Lowther ließ die »Besucherin« trotz der Drohungen Northumberlands jedenfalls nicht gehen, und der Graf verschwand wütend. Er sollte noch von sich reden machen.

Zuversichtlicher denn je wartete Maria auf Elisabeths Antwort auf ihren Brief. Daß so viele katholische Standesherren zu ihr kamen, bestärkte sie im Glauben, ihre Ankunft werde in England sehnsüchtig erwartet. Obwohl vieles dagegen sprach, war sie völlig davon überzeugt, daß die meisten Engländer im Innersten Katholiken geblieben seien, die von einer Clique von Ketzern in die Irre geleitet würden. Diese Täuschung sollte noch achtzehn Jahre später ihr Handeln bestimmen und ihr schließlich mit zum Verhängnis werden.

Der kleine Hof, der sich in Carlisle um die Königin versammelte, beunruhigte den vorsichtigen Lowther. Die Aufregung verhieß nichts Gutes. Überraschung herrschte auch in Greenwich in Elisabeths Umgebung. Die Königin zog zunächst tatsächlich in Erwägung, eine Begegnung mit ihrer

Cousine zu arrangieren, was dem französischen Botschafter Bochetel de La Forest, einem skeptischen alten Höfling, Anlaß zum Spott gab: »Man muß wohl fürchten, daß ihre Freundschaft, da es zwischen ihnen Unterschiede hinsichtlich ihrer Schönheit und Anmut gibt, schon nach einer Woche des Zusammenseins zu schlimmstem Neid und garstiger Eifersucht wird.«[4] Dann aber riet William Cecil Elisabeth dringend von einer solchen Begegnung ab, was La Forest zynisch mit den Worten kommentierte: »Als sei bei der Regierung großer Staaten und Fürstentümer noch Raum für private Gefühle!«

In einem Memorandum, das von Cecil stammt oder für ihn verfaßt wurde, wird in den düstersten Farben geschildert, in welch delikater Lage sich England mit Maria Stuart befinde:[5] Wenn man sie nach Frankreich ausreisen lasse, könne das zu einem zweiten Hundertjährigen Krieg führen, wobei »das Königreich Frankreich über eine den englischen Geschützen haushoch überlegene Artillerie und über die dreifache Truppenstärke« verfüge. Wenn man sie in England behalte, stachle sie ihre Anhänger »aus religiösen oder anderen Gründen« zum Aufstand an. Wenn man sie ohne Vorbedingungen nach Schottland zurückkehren lasse, triumphiere die Faktion der Hamiltons, die die Freunde Englands ausmerzen und das Leben des kleinen Prinzen in Gefahr bringen würden. Angesichts der heiklen Lage schlug Cecil vor, eine Untersuchung zu veranstalten, bei der Moray und Maria Stuart ihre Positionen vortragen können (er berief sich auf das gewohnheitsmäßige Recht Englands, über schottische Angelegenheiten zu befinden, wie es »in der Vergangenheit vielerlei Fälle und Beispiele gegeben« habe). Anschließend werde man sehen, was zu tun sei.

Niemand war beherrschter und war auf berechnendere Art großzügig als Elisabeth. Cecil hatte sie mühelos überzeugt, mit einem Zusammentreffen mit ihrer Cousine noch etwas zu warten. Wenn Moray und seine Freunde Beweise dafür haben wollten, daß Maria an Darnleys Ermordung mitschuldig war, warum sollte man ihnen dann nicht Gelegenheit geben, diese vorzulegen? Warum sollte man sich nicht ohne großes Aufsehen ihre verschiedenen Darstellungen anhören? Elisabeth war für diesen Plan schon deshalb zu haben, weil sie sich damit auf keine klare Haltung Maria Stuart gegenüber festlegen mußte, was sie sowieso nicht gerne tat. Außerdem gab ihr das Gelegenheit, über das Schicksal Schottlands mitzubestimmen.

Die englische Königin schickte Gouverneur Lord Scrope und ihren Cousin Francis Knollys nach Carlisle. Sie erklärten der Königin der Schotten dort, sie würde erst dann von »ihrer guten Schwester« empfangen, wenn diese »aus gutem Grund« sicher sein könne, daß Maria an dem ihr zur Last gelegten Verbrechen keinerlei Mitschuld trage. Bis dahin werde man sie respektvoll wie eine Königin behandeln und, vor dem Zugriff ihrer Feinde geschützt, in England behalten. Maria war erwartungsgemäß zutiefst empört. Sie sei aus freien Stücken nach England gekommen (ihr Gedächtnis war nicht das beste) und lasse es nicht zu, daß man sie in ihrer Bewegungsfreiheit einschränke. Sie schrieb Elisabeth einen wütenden Brief und ließ ihn durch Herries überbringen: »Ich fand es ein starkes Stück, daß ich, nachdem ich mich freiwillig in Euer Land begeben hatte [...], Euch meine Sache nicht vortragen darf und in Eurem Schloß geradezu wie eine Gefangene gehalten werde.« Wenn ihre Cousine sie nicht empfangen wolle, werde sie Hilfe bei »anderen Fürsten und Freunden suchen [...]«.[6] Tatsächlich beauftragte sie Herries, nach Frankreich zu reisen und bei Karl IX. und den Guisen um Unterstützung nachzusuchen.

Ein Appell an die Franzosen! Das war das Schlimmste, was Elisabeth passieren konnte. Sie verweigerte Herries den Paß zur Überquerung des Ärmelkanals. Und Scrope und Knollys übermittelten beunruhigende Nachrichten aus Carlisle: »Die Königin [Maria] denkt nur an Rache und sähe lieber ihre Ratgeber tot, als sich dem Grafen von Moray zu unterwerfen. Wenn sie frei wäre, ginge sie eher in die Türkei, als daß sie Frieden schlösse.«[7] So konnte es natürlich nicht weitergehen. Die Untersuchung, die Cecil verlangte, mußte sofort eingeleitet werden.

Zu diesem Zweck wurde der inoffizielle Gesandte Henry Middlemore zu Maria Stuart und Moray geschickt. Middlemore, ein versierter adliger Diplomat, der Maria nicht besonders mochte, überbrachte ihr einen handgeschriebenen Brief Elisabeths: »O Madame! Es gibt keine Kreatur auf Erden, die lieber Eure Entschuldigung hören wollte als ich, niemand, der eher als ich bereit wäre, jeder Antwort, die Eure Ehre reinwaschen könnte, ein wohlmeinenderes Ohr zu leihen. Aber ich kann meinen Ruf Euretwegen nicht opfern. Um die Wahrheit zu sagen, beschuldigt man mich bereits, ich sei mehr geneigt, Euch zu verteidigen, als die Dinge zu betrachten, die Euch von Euren Untertanen zur Last gelegt werden [...] Mit meinem Wort als Fürstin verspreche ich, daß weder Eure Untertanen noch einer meiner persönlichen Ratgeber mich dazu bringen werden, Euch irgend etwas abzuverlangen, das Euch im mindesten schadet oder an Eurer Ehre rührt.«[8]

Maria befand sich damit zwar nicht in der Lage einer Angeklagten, mußte sich aber nach Elisabeths Meinung rechtfertigen. Enttäuscht mußte die schottische Königin schließlich begreifen, daß sie in England keineswegs willkommen war. Diesen kühlen Empfang ließ sich die stolze Frau nicht bieten: »Madame«, schrieb sie Elisabeth am 13. Juni, »Ihr braucht nicht glauben, daß ich hierhergekommen bin, um mein Leben zu retten [...], vielmehr um meine Ehre wiederzuerlangen und um die Personen, die mich verlogenerweise anklagen, zu bestrafen. Deshalb bitte ich Euch dringend, mir zu helfen oder unparteiisch zu sein und mich mein Heil anderswo suchen zu lassen.«[9]

Knollys, der Maria Stuart zumeist bewundernd beschreibt, schildert ihren damaligen Gemütszustand folgendermaßen: »Sie spricht viel und gibt sich fröhlich und zuversichtlich. Sie will sich unbedingt an ihren Feinden rächen und würde allen Gefahren trotzen, um ans Ziel zu kommen. Sie bewundert Mut und Tapferkeit und kann zaghaftes Verhalten nicht einmal bei Freunden ausstehen.«[10] Beim Gedanken, daß die englische Königin ihr Wort gegen das des »Verräters und Bastards« Moray aufwiegen werde, habe sie vor Middlemores Augen »leidenschaftlich geweint«. Alle Zeugnisse lassen darauf schließen, daß Maria die Depression vom Vorjahr überwunden hatte und sich nun in einer erregten Phase befand. Aus ihrer aufbrausenden Reaktion auf Elisabeths Entscheidung erklärt sich auch, warum die Engländerin noch weniger Lust verspürte, sie ihrer Wege ziehen zu lassen. Erneut mußte Maria Stuart für ihr impulsives und unbeherrschtes Wesen büßen.

Unterdessen wurde Moray, der fast offen von Cecil unterstützt wurde, lebhaft aktiv. Er führte eine Reihe vernichtender Militärschläge gegen die königstreue Partei. Wer aufs falsche Pferd gesetzt und Maria nach der Flucht aus Lochleven unterstützt hatte, mußte teuer bezahlen. (Nach Marias von Claude Nau verfaßten Memoiren wurden sogar die Häuser der Bauern niedergebrannt, die Maria nach der Niederlage von Langside aufgenommen hatten.)[11] Aber die »Marianisten«, wie sie inzwischen hießen, waren so schnell nicht auszurotten. Im Volk nahm man am Schicksal der gestürzten Königin neuerdings sogar Anteil, und Moray mußte darauf bald Rücksicht nehmen.

Es dauerte lange, bevor endlich diplomatische Aktivitäten zugunsten von Maria Stuart in Gang kamen. Das hing damit zusammen, daß Nachrichten, vor allem wenn sie den Ärmelkanal oder die Nordsee überqueren mußten, damals nur langsam übermittelt wurden, daß sie beim Eintreffen beim Empfänger oft längst überholt waren. Und zudem wußte man nicht, ob es sich nicht um Tratsch oder Gerüchte handelte. So glaubte beispielsweise der gut informierte Botschafter von Venedig in Paris noch am 6. Juni, daß man für die Ankunft der schottischen Königin in London einen Palast bereitgestellt habe, und am 24. Juni, daß sie in die englische Hauptstadt unterwegs sei![12]

Als Katharina von Medici die Nachricht von Marias Flucht nach England erhielt, schickte sie rasch den Gesandten Hector de Montmorin nach London und Carlisle. Nach einer Unterredung mit Maria Stuart kehrte er mit

Briefen an Karl IX., Heinrich von Anjou und den Kardinal von Lothringen nach Frankreich zurück. Maria beklagte sich darin, daß sie in England unwürdig behandelt würde, daß Elisabeth geizig sei und ihr nur schäbige Gewänder habe schicken lassen. So verlasse sie sich im Hinblick auf ihre Rettung ganz auf ihre französischen Freunde und Verwandten. Aber in Paris dachte man gar nicht daran, aktiv zu werden. Katharina wollte erst dann etwas unternehmen, wenn sie in Erfahrung gebracht hätte, was die englische Königin mit Maria vorhatte. Von ihr war für die nähere Zukunft keine Unterstützung zu erwarten.

Auch in Spanien interessierte das Schicksal der Schottin nicht besonders. Philipp II. war überzeugt davon, daß sie für die Ermordung ihres Gatten mitverantwortlich war. Durch ihre Heirat mit Bothwell war sie bei ihm endgültig in Mißkredit geraten. Als sich die Madrider Regierung schließlich sehr viel später für die katholische Königin einzusetzen begann, geschah es hauptsächlich als Reaktion auf die Schritte der französischen Diplomatie. Einstweilen mußte Maria viel Energie aufwenden, um König Philipp davon zu überzeugen, daß die Vorwürfe gegen sie nicht zutrafen.

Dennoch war sich Elisabeth im klaren darüber, daß die diplomatischen Aktivitäten zugunsten Marias irgendwann richtig in Gang kommen würden. Sie konnte die Königin nicht ewig ohne Rechtfertigung in ihrem Gewahrsam halten. Wie sollte sie bei der geplanten Anhörung vorgehen? Eine öffentliche Verhandlung kam nicht in Frage, weniger noch ein geheimer Prozeß. Wer hätte auch angeklagt werden sollen? Die Königin von Schottland wegen Beihilfe zu Mord? Oder ihr Halbbruder als Aufrührer und Verräter? Nach einer turbulenten Sitzung des Kronrates fand Cecil eine geschickte Lösung, die Elisabeths Geschmack entsprach: Die Vertreter beider schottischen Parteien sollten vor drei von der englischen Königin ernannten »Kommissaren« erscheinen, die die Zeugen anhören und sich eine Meinung bilden sollten.

Damit Maria keinen Kontakt zu ihren Anhängern aufnehmen konnte, mußte man sie von ihrem jetzigen Aufenthaltsort verlegen, der sich in Grenznähe befand. So wurde beschlossen, sie nach Süden auf Schloß Bolton in Yorkshire zu bringen, eine Besitzung Lord Scropes (der wegen der »ungeduldigen und unerträglichen« Königin allmählich die Fassung verlor).[13]

Als die Gefangene von dem Vorhaben erfuhr, begann sie zu toben. Man erklärte ihr mühselig, sie solle an einen Ort näher bei London gebracht werden, um ein eventuelles Zusammentreffen mit ihrer Cousine zu erleichtern. Am 13. Juli wurde Maria Stuart, die sichtlich verzweifelt war und ihren Bewachern drohte, mit einer bewaffneten Eskorte aus Carlisle fortgeführt und in drei Etappen nach Bolton gebracht. Bolton war eine finstere und fast unmöblierte Burg, die von Elisabeth ausgesucht worden war, weil sie sich wegen ihrer abgeschiedenen Lage sehr gut verteidigen ließ. Sieben Monate verbrachte Maria unter der Aufsicht Knollys und seiner Frau in dieser Festung.

Nach dem erzwungenen Ortswechsel versuchte Elisabeth offenbar, den Beschwerden ihrer Cousine zuvorzukommen, gab sich besonders konziliant und ließ Herries seiner Dienstherrin einen Vorschlag überbringen: Maria solle feierlich auf den Thron von England verzichten, solange die Königin oder direkte Nachkommen lebten, das *Book of Common Prayer*, das Gebetbuch der anglikanischen Kirche in Schottland anerkennen und einem Bündnis mit den Franzosen eine Absage erteilen. Im Gegenzug erkläre sie sich bereit, Maria wieder in ihre Rechte als Königin einzusetzen und sich zu bemühen, sie mit ihren Untertanen auszusöhnen.

Maria täuschte sich nicht darüber hinweg, daß dieser Vorschlag eine reine Finte war, zeigte sich diesmal aber geschickter und machte gute Miene zu bösem Spiel. Scheinbar kompromißbereit und im Bemühen um Glaubwürdigkeit hörte sie sich in Bolton sogar die Predigten des anglikanischen Priesters an und gab zu erkennen, daß sie nichts gegen eine theologische Einführung in den neuen Glauben einzuwenden habe. Damit hatte sie allerdings über das Ziel hinausgeschossen: In Europa ging bald das Gerücht um, die Königin von Schottland wolle zum Protestantismus übertreten, und es kostete Maria viel Mühe, ihren katholischen Freunden diese Überzeugung wieder auszureden. Und Moray spottete über den überraschenden Glaubenseifer seiner Halbschwester. So verlief das ganze Täuschungsmanöver jedenfalls im Sande.

Während sich Elisabeth über Marias Winkelzüge amüsierte, wurde der Schottin der Ernst der Lage immer mehr bewußt. Sie war eine Gefangene, zog jetzt alle Mittel in Betracht, um wieder in Freiheit zu kommen, und begann ganz Europa mit jenem Netz von Intrigen zu überspinnen, in dem sie sich etliche Jahre später selbst verfangen sollte. In ihrer Jugend am Hof der Valois hatte sie gelernt, daß Fürsten in der Diplomatie die Lüge, den Wortbruch und das Doppelspiel einsetzen durften. Allerdings sollte sie ihr Leben lang nicht begreifen, daß man dabei aber mit Geschicklichkeit, Diskretion, Gelassenheit, Selbstbeherrschung und Umsicht zu Werke gehen muß, alles Fähigkeiten, die der aufbrausenden und ungeduldigen Frau völlig abgingen.

Fast empfindet man Mitleid mit ihr, wenn man ihre Manöver verfolgt: Am 7. August teilt sie Elisabeth mit, sie akzeptiere sie als Schiedsrichterin, am 12. Juli schreibt sie Châtellerault, sie ernenne ihn zum Reichsverweser, am 9. September setzt sie einen schottischen Bischof über einen Plan zur Landung der Franzosen in Kenntnis, und am 24. September verrät sie schließlich der Königin von Spanien,* daß »die Königin dieses Landes [Elisabeth] nicht besonders beliebt« sei und sie, Maria, »seit der Ankunft einen guten Teil der Herzen der einfachen Menschen gewonnen« habe. Und bei all dem versichert sie Elisabeth in einem Brief vom 12. September, daß sie »ihre ganze Hoffnung« in sie setze und überhaupt nicht daran denke, anderswo um Hilfe nachzusuchen.[14] Die peinlichen Widersprüche mußten früher oder später ans Tageslicht kommen, aber bei Maria ging es eben nicht ohne.

Zu dieser Zeit war auch Moray seiner Sache nicht sicher. Er wußte aus Erfahrung, daß auf die Versprechungen Elisabeths, die ihn momentan der Form halber noch als Rebell gegen seine legitime Herrscherin behandelte, kaum Verlaß war.** Trotz seiner Bereitschaft, sich vor der englischen Königin oder ihren Kommissaren zu rechtfertigen, wußte er nicht so recht, welche Haltung Maria Stuart gegenüber einzunehmen war: Sollte er sie öffentlich in aller Form der Beihilfe zum Mord an ihrem Gatten beschuldigen und als Beweis die Kassettenbriefe vorlegen? Oder sollte er sich damit begnügen, die Revolte vom Vorjahr als Akt zur Rettung des kleinen Prinzen darzustellen? Cecil, den er diskret um Rate befragte, antwortete ausweichend.[15]

Moray hielt es auf alle Fälle für angezeigt, gegen die geflohene Königin eine Schmutzkampagne – um einen heutigen Begriff zu gebrauchen – zu starten. Behilflich war ihm dabei Graf Matthew von Lennox, der sich noch immer in England aufhielt. Lennox beauftragte George Buchanan (der damit in Maria Stuarts Leben tritt), in Latein eine Art Anklageschrift zu verfassen und in ihr alle Argumente aufzuzählen, die dafür sprachen, daß seine Ex-Schwiegertochter an Darnleys Tod mitschuldig war. Die Schrift, die unter dem Titel *Book of Articles* (Buch der Artikel) ins Englische übertragen wurde, kam im Juni*** 1568 in Umlauf. Gleichzeitig ließ Moray unter der Hand französische Rückübersetzungen der Kassettenbriefe, die er als Abschriften ausgab, unter die Leute bringen.

Obwohl die Kampagne inoffiziell geführt wurde, hatte sie für Maria katastrophale Folgen. Sie blieb nur deshalb so verblüffend gelassen, weil sie

---

* Ihre Jugendfreundin Elisabeth von Valois.
** Es sei daran erinnert, wie man ihn nach der »Verfolgungsjagd« von 1565 in England empfangen hatte.
*** Die Schrift, von der es mehrere verschieden ausgefeilte Versionen gibt, hat eine sehr komplizierte Entstehungsgeschichte. Der Tenor ist in allen Ausgaben im wesentlichen aber gleich. Siehe hierzu R. H. Mahon, *The indictment of Mary Queen of Scots*.

Moray als Rebellen und undankbaren Günstling betrachtete, dem die Königin von England sicher nichts glauben würde. Sie hielt an der bedauerlichen Fehleinschätzung sehr lange fest und erkannte bis zum Schluß der Konferenz von York überhaupt nicht, welche Gefahren ihr von den Kassettenbriefen und vom *Book of Articles* drohten. Daß sie so sorglos war und es ihren Feinden besonders leicht machte, kann man als Leichtsinn, als Indiz für ihre Unschuld oder einfach für ein Ergebnis ihrer Erziehung am Hof von Frankreich sehen, wo man ihr beigebracht hatte, daß Fürsten von Natur aus über jeden Verdacht erhaben sind. Die zuletzt genannte Erklärung ist wohl die wahrscheinlichste.

Dagegen schätzte Moray seine Vorteile richtig ein. Um seine Stellung zu festigen, berief er am 18. August das Parlament ein – das zweite seit seiner Machtergreifung und das erste nach Marias Flucht nach England –, ließ Maria förmlich verurteilen und die Lords, die ihr treu geblieben waren, für abgesetzt erklären. Maria protestierte und erklärte die Versammlung für illegal, wodurch sich jedoch nichts änderte.

Elisabeth, die keinen Vorwand mehr hatte, um Maria Stuart gegen ihren Willen in England festzuhalten, geriet in Zugzwang: Es war höchste Zeit, die Kommission einzuberufen, vor der beide Parteien ihren Standpunkt darlegen sollten. Als Ort wurde York festgesetzt, als Datum Anfang Oktober.

Jetzt fehlte nur noch die Zustimmung der Königin von Schottland. Obwohl man sich alle Mühe gab, diesen Eindruck zu vermeiden, ähnelte die ganze Prozedur doch sehr einem Gerichtsverfahren. Elisabeth ging so geschickt wie möglich zu Werk, um ihre Cousine von den Vorteilen dieser Anhörung zu überzeugen, und teilte ihr mit, sie werde wieder in ihre Rechte als Königin eingesetzt, sobald die Kommission über ihre Unschuld an der Ermordung ihres Gatten befunden hätte. Sollten Zweifel bestehen bleiben (»Was Ihre Majestät nicht glauben könne«), so werde sie einen für alle Beteiligten ehrenhaften Kompromiß aushandeln.[16] Unterdessen beruhigte Cecil seinen alten Freund Moray: Sollte die Halbschwester für schuldig befunden werden, werde sie auf den schottischen Thron ganz sicher nicht zurückkehren.[17] In dieser gewundenen Affäre spielte nicht nur Maria ein Doppelspiel.

Solchermaßen beschwichtigt, erklärte sich Maria schließlich zur Entsendung einer Delegation nach York bereit, beklagte sich aber heftig darüber, daß sich Moray ungerechterweise persönlich verteidigen dürfe, während sie, die Königin der Schotten, in Bolton festgehalten werde. Und natürlich komme es für sie überhaupt nicht in Frage, sich einem Urteilsspruch zu beugen: Als gekrönte Königin sei sie nur Gott verantwortlich. Sie wolle allein ihrer »guten Schwester« ihre Anschuldigungen gegen Moray vortragen, damit Elisabeth ihr zu ihrem Recht verhelfe. Aber Maria lehnte sich damit etwas weit aus dem Fenster: Was wäre, wenn ihre »gute Schwester« nicht von ihrer Unschuld zu überzeugen wäre oder, was noch schlimmer wäre, wenn sie den Rebellen recht geben würde? Solange Maria Stuart es einfach ablehnte, sich einer Untersuchung oder einem Kreuzverhör zu unterziehen, war ihr juristisch nicht beizukommen. Jeder europäische Herrscher wäre im Namen der Monarchie mit ihr einer Meinung gewesen, daß für sie keine irdische Gerichtsbarkeit zuständig war. Aber in dem Augenblick, als sie ihre Vertreter zur Schiedsgerichtsbarkeit nach York entsandte, verzichtete sie in den Augen der Weltöffentlichkeit auf das Privileg, sich nur vor Gott verantworten zu müssen. Mit diesem besonders gravierenden politischen Fehler, der nicht ihr letzter sein sollte, zeigte Maria Stuart, daß sie der geschickten Taktikerin Elisabeth einfach nicht gewachsen war.

Dann traf der Bischof von Ross, der treue John Leslie, den Maria zu ihrem wichtigsten Fürsprecher auserwählt hatte, mit beunruhigenden Nachrichten aus Schottland ein. Trotz des vereinbarten Waffenstillstandes plünderten und brandschatzten die Truppen des Regenten noch immer auf den Gebieten von Marias Anhängern. Zudem hatte der Bischof aus zuverlässiger Quelle erfahren, daß Moray die vielbeschworene Kassette mit Inhalt nach York mitbringen wollte. Leslie wußte, daß von diesen Dokumenten Abschriften zirkulierten, und rechnete entsetzt mit dem Schlimmsten. Aber Maria blieb ruhig: Es seien doch Fälschungen, was sie leicht beweisen könne, eine schwere Täuschung.

Am 5. Oktober 1568 wurde die Konferenz von York eröffnet. Es wäre unsinnig, hier den ganzen Ablauf dieser turbulenten, von Streitigkeiten um Verfahrensfragen gekennzeichneten Anhörung wiederzugeben, die nur durch unklare und widersprüchliche Berichte bekannt ist. In groben Zügen ist diese Konferenz insofern interessant, als sie Maria Stuarts späteres Schicksal negativ beeinflußte.

Zu Kommissaren hatte Elisabeth den Herzog Norfolk, der den Vorsitz führen sollte, den Grafen von Sussex und Sir Ralph Sadler ernannt. Die wichtigste Rolle fiel dabei Norfolk zu, der aus dem höchsten englischen Hochadel stammte und Oberhaupt der illustren Familie Howard war. Der prunkliebende Norfolk war vor allem dadurch bekannt, daß er mit den Katholiken sympathisierte und ungebundene Ansichten hatte. Daß Elisabeth gerade ihn zum Vorsitzenden der Kommission berufen hatte, war ein kluger Schachzug gewesen, da sie sich so nicht vorwerfen zu lassen brauchte, sie wolle der schottischen Königin übel: Norfolk war alles andere als ein Freund Cecils.

Moray wurde von Morton, Lindsay, Maitland, George Buchanan, dem *laird* von Lochleven und anderen Mitgliedern seiner Partei begleitet. Die Stoßrichtung ihrer Aussagen lag auf der Hand.

Marias Vertreter waren der Bischof von Ross, Herries, Boyd, Fleming, Livingston und andere. Die Königin hatte ihnen klare Anweisungen erteilt, was sie zu sagen hätten: Moray und seine Komplizen seien Rebellen, die die legitime Herrscherin ihres Landes verraten hätten; sie habe von den Plänen zu Darnleys Ermordung keine Ahnung gehabt und Bothwell nur deshalb geheiratet, weil »der Großteil des Adels« sie dazu gedrängt habe. Die Schriftstücke, mit der man ihre Schuld beweisen wolle, seien »Fälschungen und Erfindungen«, und es fehle »in Schottland nicht an Personen, Männern wie Frauen«, die ihre Schrift täuschend echt nachmachen könnten.[18]

Tatsächlich war Moray zu Beginn der Debatten eher in der Position eines Angeklagten als in der des Anklägers. Norfolk verlangte hochmütig von ihm, er solle Elisabeth im Namen der Oberherrschaft von England über Schottland einen Eid ablegen. Moray wies die Forderung empört zurück. Allerdings sah es nur vordergründig so aus, als verlaufe die Konferenz günstig für Maria: Im Hintergrund spann Maitland, ein meisterhafter Intrigant, seine Fäden, legte den englischen Kommissaren unter der Hand die vielzitierten Kassettenbriefe vor* und wartete ab, wie sie reagieren würden. Gleichzeitig unterbreitete er Norfolk, der seit kurzem verwitwet war, einen Vorschlag, der von mehreren schottischen Lehnsherren stamme: Der Herzog solle Marias Ehe mit Bothwell für geschieden erklären lassen, Maria selbst heiraten und an ihrer Seite den Thron von Edinburgh besteigen.

Die geplante Heirat zwischen Maria und Norfolk, die an dieser Stelle erstmals ins Gespräch kommt, beschäftigte die gefangene Königin und ihre Ratgeber fast vier Jahre, bis die Sache jenen tragischen Ausgang nahm, von dem noch die Rede sein wird. Als der Plan im Herbst 1568 in York erstmals auftauchte, gab er der Debatte eine unerwartete Wendung und sorgte dafür, daß die Konferenz noch komplizierter wurde. Wie sich Maitland dem Herzog gegenüber geäußert hat, soll Moray diese Heirat befürwortet haben. Über die Motive, die hinter seiner Haltung gestanden hatten, kann man nur Spekulationen anstellen. Möglicherweise ging er davon aus, daß Elisabeth sowieso entschlossen war, Maria wieder in ihre Rechte einzusetzen. In dem Falle wäre es gleichgültig gewesen, wenn ein Mann wie Norfolk neben ihr auf dem Thron von Edinburgh Platz genommen hätte. Oder Moray spielte von Anfang an ein doppeltes Spiel und unterstützte die geplante

---

* Möglicherweise handelte es sich um Abschriften. Genaueres geht aus dem Brief der englischen Kommissare vom 11. Juni, in dem Maitlands Schritt erwähnt wird, nicht hervor.

Heirat nur scheinbar, um seine Halbschwester besser kompromittieren zu können: Maria faßte es jedenfalls so auf, und vielleicht hatte sie sogar recht. Als Leslie, der Bischof von Ross, Maria in die Heiratspläne einweihte (von denen er selbst vom agilen Maitland erfahren hatte), reagierte sie zunächst zurückhaltend, aber nicht etwa deshalb, weil der damals zweiunddreißigjährige Herzog kein Adonis war (er hatte ein kantiges breites Pferdegesicht), sondern weil sie die ganze Intrige zu Recht mit Mißtrauen betrachtete. Dann aber freundete sie sich langsam mit dem Gedanken an diese Heirat an, die ihr eine Rückkehr auf den schottischen Thron ermöglichte. Später behauptete sie standhaft, sie sei zunächst davon überzeugt gewesen, daß Elisabeth die Heiratspläne gekannt und gebilligt habe, aber in ihren Briefen ist von der geplanten Verbindung mit keinem Wort die Rede. Maria und die Teilnehmer an der Intrige spielten von Anfang an mit verdeckten Karten, was das Durcheinander im Umfeld der Konferenz von York noch weiter steigerte.

Es wäre interessant zu wissen, was der Herzog, der als Gatte der Königin von Schottland vorgesehen war, über die Kassettenbriefe dachte, und inwieweit er seine zukünftige Verlobte für mitverantwortlich am Tod ihres zweiten Gatten hielt. Norfolk, der Präsident der Kommission, und seine beiden Kollegen hatten Maitland und Buchanan am 10. Oktober empfangen und bekamen von ihnen »geheim und vertraulich« die vielzitierten Schriftstücke vorgelegt: den Vertrag, in dem sich Maria, bevor sie von Bothwell entführt wurde, zu einer Heirat mit ihm verpflichtet hatte, ein Schreiben, in dem sie sich mit ihrer Entführung einverstanden erklärte, jener lange Brief, mit dem »gemeinen und abscheulichen Inhalt«, der in Glasgow geschrieben worden war und der deutliche Anspielungen auf den geplanten Mord an Darnley enthielt, sowie das Liebesgedicht an Bothwell, das Maria »eigenhändig verfaßt« haben soll. So wie das Schreiben formuliert ist, in dem Norfolk und seine beiden Kollegen Elisabeth am 11. Oktober um Instruktionen bitten, läßt sich schwer sagen, ob sie persönlich an die Echtheit der Dokumente glaubten. Sie geben Maitlands und Buchanans Vorwürfe gegen Maria einfach wieder, ohne sie als richtig darzustellen oder Skepsis auszudrücken. Elisabeth sollte unvoreingenommen eigene Schlüsse ziehen und sich selbst überlegen, wie sie weiter vorgehen wollte. Das Schreiben warf natürlich ein schlechtes Licht auf die Königin der Schotten: Immerhin wurden Schriftstücke aufgezählt, denen man zahlreiche Einzelheiten zu Marias Ehebruch mit Bothwell und zum Mord an Darnley entnehmen konnte, und es war von Marias »zügelloser Liebe« die Rede, »die jeden ehrbaren Menschen mit Abscheu und Empörung erfüllen« müsse. Andererseits wurden diese Beschuldigungen aber immer wieder durch den

Einschub »wie behauptet wird« relativiert, so daß der Brief insgesamt in einem neutraleren Tonfall abgefaßt ist, als gemeinhin angenommen wird.[19] Die Behauptung, Norfolk habe an Marias Schuld geglaubt (was von puritanischen Historikern im 19. Jahrhundert, vor allem von Froude, vertreten wurde), ist schlichtweg übertrieben: In Wahrheit kann man dazu nichts sagen, weil er sich zu diesem Punkt nicht geäußert hat. Wenn er die Absicht hatte, Maria zu heiraten, so heißt das andererseits natürlich auch nicht unbedingt, daß er von ihrer Unschuld überzeugt war: Im 16. Jahrhundert nahm man in der Politik auch nicht mehr Rücksicht auf die Moral als heute. Und schließlich war es höchst unwahrscheinlich, daß die schottische Königin nach den zurückliegenden Ereignissen versuchen würde, ihren vierten Ehemann zu beseitigen, schon gar nicht, wenn er ein Lord des englischen Hochadels war. Norfolk hätte um seine Sicherheit nicht zu fürchten brauchen, und das wird ihm wohl das Wichtigste gewesen sein: Die schottische Krone (und die Aussicht auf die englische nach Elisabeths Tod) waren einige Kompromisse mit der Justiz wert.

Wie dem auch sei, als Elisabeth den Brief ihrer Kommissare erhielt, begriff sie sofort, welche Chancen sich ihr boten. Auf wundersame Weise schien sich das heikle Problem, das sich seit der Ankunft ihrer Cousine in Carlisle gestellt hatte, wie von selbst zu lösen. Da es ebenso gefährlich war, Maria Stuart offiziell zu verurteilen, wie sie freizusprechen, gab es nur einen Ausweg, der ebenso zynisch wie wirksam war: Elisabeth mußte dafür sorgen, daß der Verdacht an Maria Stuarts Person für immer bestehen blieb. Elisabeth hatte ihre Entscheidung gefällt: Sie würde Maria vor den Augen Europas gerade so sehr kompromittieren, daß das Verhalten der Lords um Moray berechtigt erschien, ohne sie jedoch öffentlich für schuldig zu erklären, und sich für später weitere Schritte vorbehalten.

Die Tudor-Königin beherrschte solche Balanceakte meisterhaft. Sie umgab sich das ganze Leben mit Ratgebern mit entgegengesetzten Einstellungen und Temperamenten und verstand sich darauf, deren jeweiligen Einfluß auszutarieren. In der Angelegenheit ihrer »guten Schwester« aus Schottland ließ sie sich weder auf den Kurs derjenigen festlegen, die sie zu einer radikalen Lösung drängten, noch auf denjenigen, der Maria gerne wieder auf dem schottischen Thron gesehen hätte. Das war nicht unbedingt Heuchelei: Vieles deutet darauf hin, daß sie tatsächlich nicht wußte, ob sie Maria Stuart für schuldig halten sollte oder nicht. Elisabeth war von Natur aus unentschlossen, und sie verhielt sich oft nach der Devise Montaignes, nach der »der Zweifel ein weiches Kissen für den klugen Kopf ist«. Und zuweilen fiel ihre angeborene Skepsis mit ihren politischen Interessen zusammen. Viele Ereignisse, die die Zeitgenossen überraschten und schockierten und über die sich die Historiker vierhundert Jahre lang empörten, erklären sich eben aus diesem Charakterzug der englischen Königin.

Elisabeth reagierte am 16. Oktober auf den Brief ihrer Kommissare, indem sie die Parteien für den 25. November nach Westminster zitierte. Sie wollte die Debatte aus größerer Nähe verfolgen und die ungemein lange Wartezeit auf die Nachrichten aus York verkürzen. Ein weiterer Grund für die Verlegung des Tagungsortes war die Tatsache, daß sie das Gremium der Kommissare um die Creme ihres Kronrates erweitern wollte: um den Staatssekretär William Cecil, den Großsiegelbewahrer Nicholas Bacon, die Grafen von Arundel und Leicester und um den Großadmiral Lord Clinton. Elisabeth wurde Norfolk gegenüber offenbar mißtrauisch und wollte ihm die Fäden aus der Hand nehmen.

Als Maria Stuart erfuhr, daß ihre Vertreter nach London beordert wurden, lehnte sie diese Aufforderung zunächst ab. Dann aber gab sie der Bitte des Bischofs von Ross doch nach, mit Herries, Boyd und dem Abt von Kilvinning nach London zu reisen, hob aber mit allem Nachdruck hervor, daß sie eine gekrönte Königin sei, keiner irdischen Justiz unterstehe und sich für keine Beschuldigung rechtfertigen werde.* Ihre Weigerung stand zwar mit den monarchistischen Rechtsvorstellungen in Einklang, konnte aber im Hinblick auf die belastenden Dokumente aus der Kassette leicht so gedeutet werden, als fürchte sie sich vor der Wahrheitsfindung.[20]

Die Kommission versammelte sich in Westminster in der *Camera Depicta*. Allerdings spielte sich das Wesentliche der Verhandlungen wie zuvor in York außerhalb der eigentlichen Konferenz ab. Während dieser sieben Wochen wurde ein so dichtes Netz an Intrigen gesponnen, daß man es nicht in allen Einzelheiten rekonstruieren kann, schon deshalb nicht, weil die Quellen unvollständig und nicht selten widersprüchlich sind.

Elisabeth gab sich bei allem möglichst unparteiisch. Sie empfing Marias Vertreter bei sich und sagte ihnen allerlei Liebenswürdigkeiten. (»Ihr könnt mir gegenüber so offen sein wie Eurer Dienstherrin gegenüber«, soll sie dem Bischof Ross gesagt haben.)[21] Moray, der sich über die Absichten der englischen Königin immer weniger im klaren war, fürchtete trotz Cecils Beschwichtigungen einen Kompromiß zu seinen Ungunsten. Seine wirksamste und fast einzige Waffe waren die Kassettenbriefe, und bisher hatte Elisabeth noch nicht kundgetan, ob er sie der Kommission offiziell vorlegen

---

* Dennoch gab sie ihren Vertretern eine wichtige Instruktion: »Sollte zu meiner Heirat mit dem Grafen von Bothwell ein Vorschlag gemacht werden, so antwortet Ihr, ich sei mit ihrer Auflösung einverstanden, sofern dies nach dem Gesetz möglich sei.«

dürfe. Eine billige Posse lieferte der Bischof der Orkaden, als er Morays Sekretär beim Versuch, ihm die Dokumente zu entreißen, unter dem Gelächter und Hohngeschrei der Anwesenden um einen Tisch jagte.[22] Moray stellte während der Szene Betroffenheit zur Schau. Es wundert nicht, daß die schottische Königin in ihrem unfreiwilligen Aufenthaltsort Bolton gegen das ganze Verfahren immer wieder protestierte.

Da die ganze Prozedur in eine Sackgasse geraten war, machten der Bischof von Ross und seine Kollegen beim Regenten Ende November einen erstaunlichen Vorstoß: Sie schlugen vor, die Anklage auf beiden Seiten fallenzulassen – in Marias Fall Beihilfe zum Mord, in Morays Fall Rebellion und Majestätsbeleidigung – und einen friedlichen Kompromiß auszuhandeln. Man kann diesen Schritt leicht als Eingeständnis deuten, mit dem die Kassettenbriefe als echt anerkannt worden seien. Moray faßte es so auf und hob dies den englischen Kommissaren gegenüber auch ausdrücklich hervor. Maria war betroffen über die Ungeschicktheit ihrer Vertreter, konnte aber nichts mehr ändern.

Anfang Dezember beschloß Elisabeth, sich die Schriftstücke, die immer mehr ins Zentrum der Debatte gerieten, persönlich in Hampton Court im Kreis ihrer Ratgeber vorlegen zu lassen.* Als Maria davon erfuhr, protestierte sie heftig. Allmählich wurde ihr bewußt, welche Gefahr von diesen Dokumenten ausging. Sie verlangte, persönlich angehört zu werden, Einblick in die Dokumente aus der Kassette nehmen zu können und eine Erklärung abgeben zu dürfen. Ihre Forderungen stießen auf taube Ohren: Elisabeth ging einer persönlichen Begegnung aus dem Weg.

Was der Bischof von Ross befürchtet und Moray sich gewünscht hatte, trat ein: Die Kassettenbriefe waren ins Zentrum der Debatte gerückt, von der Maria Stuarts Schicksal abhing.

Mit ihnen müssen wir uns nun befassen.

---

* Morton berichtete bei der Gelegenheit, wie er zu der Kassette gekommen war.

17

»Ich schlafe gerne sicher auf meinem Kissen …«

Zu einer Biographie Maria Stuarts gehört traditionell eine Untersuchung der Kassettenbriefe. Das gilt auch für dieses Buch, denn je nachdem, ob man diese Schriftstücke für Fälschungen hält oder nicht, erhält man ein völlig anderes Bild von der schottischen Königin.[1]

Wir werden den Gelehrtenstreit um die Echtheit der Dokumente, mit dem sich eine Bibliothek füllen ließe, nicht in allen Einzelheiten wiedergeben. Man hat seit dem 16. Jahrhundert alle Briefe genauestens untersucht und Satz für Satz auseinandergenommen. Da die Schriftstücke, die Elisabeth und ihrem Kronrat am 7. und 8. Dezember 1568 als Originale vorgelegt wurden, längst verschwunden sind, kann man keine graphologische Expertise mehr durchführen und muß somit den einzig zuverlässigen Beweis für ihre Echtheit schuldig bleiben.*

Wenn man eine Diskussion über die Echtheit dieser Schriftstücke führt,

---

* Nach Abschluß der Untersuchungen in Westminster nahm Moray die Kassette mit Inhalt wieder mit nach Schottland. Nach seinem Tod kam sie nacheinander in den Besitz der Regenten Lennox, Mar und Morton. Nach Mortons Hinrichtung wurden sie 1581 Eigentum des Grafen Gowrie. Elisabeth bemühte sich 1582 vergeblich, die Dokumente zu kaufen. Als Gowrie dann 1584 ebenfalls hingerichtet wurde, war von der Kassette und ihrem Inhalt »nicht mehr die Rede«. Die Vermutung, nach der Jakob VI. die Dokumente verbrennen ließ, könnte mit den Tatsachen durchaus übereinstimmen. Dagegen besitzt das Museum Lennoxlove, ein Besitz des Herzogs von Hamilton, eine Silberkassette, auf die die Beschreibung der Kassette Maria Stuarts paßt und die allgemein auch als diese präsentiert wird. Die Kassette von Lennoxlove ist seit dem 17. Jahrhundert im Besitz der Familie Hamilton. Wenn man davon ausgeht, daß es sich tatsächlich um Maria Stuarts Kassette handelt, so weiß man doch noch nichts über ihren Verbleib zwischen 1584 und dem Jahr 1632, als sie vom damaligen Herzog gekauft wurde.

stützt man sich notgedrungen auf Abschriften oder Abschriften von Abschriften, wobei wenigstens hier Treue verbürgt ist. Ursprünglich waren die acht Briefe und Gedichte auf französisch verfaßt worden, aber es liegen heute nur noch vier Abschriften in dieser Sprache vor. Die anderen Briefe gibt es nur noch als englische, schottische oder lateinische Übersetzungen, wobei ein und derselbe Brief in seinen verschiedenen Übersetzungen Abweichungen aufweisen kann. Eine wichtige französische Version, die zuweilen fälschlich als Original bezeichnet wird, ist in Wahrheit eine Rückübersetzung, die 1572 in La Rochelle, der Hochburg der Hugenotten, veröffentlicht wurde. Sie fußt auf der lateinischen und der schottischen Ausgabe der Schriftstücke, die George Buchanan in seiner *Detectio* ein Jahr zuvor veröffentlicht hatte. Was die Gedichte betrifft, so ist nur die von Buchanan gedruckte französische Ausgabe bekannt.

Die acht von Hand gefertigten Abschriften (vier auf französisch, vier in Englisch), die im englischen Nationalarchiv und im Archiv der Familie Cecil in Hatfield House verwahrt werden, sind durch Vermerke – die zum Teil von Cecil persönlich stammen – zwar als authentische Abschriften der von Moray vorgelegten Briefe ausgewiesen, können aber aus stilistischen und orthographischen Gründen keine genauen Abschriften der Originalbriefe Maria Stuarts sein.

Auch die Anzahl der Schriftstücke, die sich in der Kassette befunden haben sollen, schwankt je nach Quelle. Die Debatte der Gelehrten dreht sich in der Hauptsache um die acht Briefe, die Buchanan veröffentlicht hat. Da sie nicht datiert sind, ist ihre Reihenfolge umstritten.

Bei den Briefen handelte es sich, grob gesagt, um die Schreiben einer Frau, die für ihren unbeständigen Geliebten, der sich nicht besonders für sie zu interessieren scheint, eine fast bis zur Hörigkeit gehende Leidenschaft und rasende Eifersucht empfindet. Oft beschwert sich die Absenderin dieser Briefe, in denen mehrfach von einer Rivalin und einem niederträchtigen Schwager die Rede ist, über die mangelnde Leidenschaft des Geliebten und gibt ihrer Verzweiflung Ausdruck. Der Inhalt der Briefe wäre bedeutungslos, wenn drei davon (der zweite, der erste und der siebte) nicht auf nachprüfbare und genau datierbare Ereignisse im Leben der Maria Stuart Bezug nähmen: auf ihren Besuch beim kranken Darnley im Januar 1567 in Glasgow und auf ihre Entführung durch Bothwell im April des gleichen Jahres.

Der erste dieser drei Briefe* ist bei weitem der wichtigste. Da er auch

---

* Nach der üblichen Numerierung moderner Ausgaben. In Buchanans Veröffentlichung trägt der Brief die Nr. 2.

der längste ist – die Abschrift im englischen Staatsarchiv umfaßt sieben handgeschriebene Seiten –, wird er »der lange Kassettenbrief« genannt. Das Schreiben, das bereits anläßlich von Marias Besuch in Glasgow zitiert wurde, soll angeblich nachts neben dem Zimmer, in dem Darnley seine Infektionskrankheit auskurierte, entstanden sein. Der schlechte Aufbau an sich beweist noch nicht, daß es sich um eine Fälschung handelt, und im Gegenteil wird er gerade deshalb, weil er nicht in einem Zug niedergeschrieben wurde und an mehreren Stellen inhaltliche Brüche aufweist, als echt angesehen. Dagegen leuchtet nicht ein, warum Maria diese kompromittierenden Gedanken (von der geplanten Ermordung Darnleys ist eindeutig die Rede) einem Brief hätte anvertrauen sollen, wenn sie Bothwell schon in zwei oder drei Tagen wiedersehen würde (daß sie ihren Vertrauten Paris mit der Auslieferung beauftragt hat, ändert an der Ungereimtheit auch nichts). Noch stutziger macht ein Hinweis, daß sie dem Geliebten ein Armband schicken wolle, das sie augenblicklich flechte, daß er es aber niemandem zeigen solle, weil sie es »in der Eile vor aller Augen« angefertigt habe. Dieser Brief, der sehr oft auf zeitgenössische Personen und Ereignisse Bezug nimmt, ist sicherlich von jemandem geschrieben worden, der mit dem Milieu am Hof bestens vertraut war – wenn nicht von Maria Stuart selbst, dann von einer Person aus ihrer allernächsten Umgebung. Besonders seltsam mutet die Aufzählung am Ende des Briefs an, die wahrscheinlich als Stoffsammlung gedient hatte: »Über die Engländer / über seine Mutter / über den Grafen von Argyll / über den Grafen von Bothwell / über die Wohnung in Edinburgh.« Warum wird Bothwell als ein Thema neben anderen erwähnt, wo sich der Brief doch gerade an ihn richtet? Der Hinweis ist rätselhaft, egal, ob man die Schriftstücke für echt hält oder nicht.

Der zweite, sehr kurze Brief (der erste bei Buchanan) ist als Fortsetzung des ersten aufzufassen. Maria schreibt in ihm: »Ich bringe den Mann am Montag mit nach Craigmillar, wo er den ganzen Mittwoch bleibt. [...Ich gehe nie hin], um ihn zu sehen, ohne daß mich Schmerzen in meiner Seite quälen, so sehr ermüdet er mich.«

Der siebte Brief wurde anscheinend ein oder zwei Tage bevor Maria von Bothwell entführt wurde, in Stirling geschrieben: »Was Zeit und Ort betrifft, überlasse ich das Eurem Bruder und Euch.« (Wenn Maria Stuart den Brief wirklich geschrieben hat und sich auf die geplante Entführung am 24. April bezieht, ist unter dem »Bruder« Bothwells Schwager Huntly zu verstehen.) Der Brief enthält die Aufforderung an Bothwell, alles so zu arrangieren, daß man ihn nicht beschuldigen könne, er halte Maria gefangen. Die Verfasserin des Dokumentes zeigt sich mit der geplanten Entführung eindeutig einverstanden.

Diese drei Briefe, von denen angenommen wird, daß sie vor Marias Heirat mit Bothwell entstanden sind, zeigen im Hinblick auf ihre Datierung keine auffälligen Ungereimtheiten. Anders ist dies beim vierten Brief, der ebenfalls vor Marias Heirat entstanden sein müßte, aber offenbar von einer Frau geschrieben wurde, die völlig aufgelöst und verzweifelt ist (»wie ein Vogel, der dem Käfig entnommen ist, oder eine Turteltaube ohne Gefährten, so werde ich einsam Eure Abwesenheit beklagen ...«),[2] eine Gemütsverfassung, die auf Maria vor ihrer Heirat mit Bothwell sicher nicht zutrifft. Eine ähnliche Unstimmigkeit findet sich auch im sechsten Brief, in dem vor einem »verräterischen Schwager« gewarnt wird, der sich der geplanten Verbindung widersetze (während Huntly in Wahrheit am aktivsten für Marias Vermählung mit Bothwell eingetreten war). Und der Ausdruck »ehemaliger Schwager« (offenbar wieder Huntly), der im achten Brief auftaucht, macht erst Sinn nach Bothwells Scheidung von seiner ersten Frau.

Man hat auch vermutet, daß diese Briefe entweder vom Mai oder Juni 1567 stammen, womit sie dann aber nichts Anstößiges mehr hätten – es würde sich ja dann um Briefe einer Frau an ihren Ehemann handeln –, oder daß sie von einer eifersüchtigen Mätresse Bothwells stammen, was erklären würde, wieso in ihnen von einem »verräterischen Schwager« und einer »Turteltaube ohne Gefährten« die Rede ist.*

Was den »langen Brief aus Glasgow« betrifft, so ist vermutet worden, daß es sich um ein authentisches Schreiben handelt, in das man einige falsche Passagen eingeschoben hat, um Maria zu belasten. Dies würde nicht nur die inhaltlichen Brüche in diesem Brief erklären, sondern auch die spürbaren Unterschiede im Tonfall und die Ungereimtheiten im Hinblick auf das, was über den geplanten Mord an Darnley gesagt wird.

Zumindest eines spricht dagegen, daß die Briefe in ihrer Gesamtheit echt sind: Obwohl Maria mehrmals Einblick in die Schriftstücke verlangt, haben sich ihre Ankläger immer geweigert, sie ihr vorzulegen. Offenbar hatten Moray und seine Freunde Angst, Maria könne glaubhaft erklären, warum es sich um Fälschungen handelt und wie sie sich zusammensetzen. Andererseits war zwischen dem Auffinden der Kassette und der ersten Erwähnung der Briefe so wenig Zeit vergangen, daß sich Morton kaum ihren gesamten Inhalt aus den Fingern gesaugt haben dürfte. Die Vermutung liegt nahe, daß sich in der Kassette tatsächlich handschriftliche Dokumente Marias befunden hatten, die von ihren Feinden dann präpariert worden sind, um sie zu

---

* Denkbar wäre auch, daß die Warnungen an den »verräterischen Schwager« von Marias Feinden stammen und dazu dienen sollten, ein Zerwürfnis zwischen ihr und Huntly herbeizuführen, der damals ein besonders zuverlässiger Anhänger war.

belasten. Bei dem Fälscher hat es sich ganz offensichtlich um eine Person aus Marias allernächster Umgebung gehandelt. Er mußte ihre Schrift gut gekannt, fließend Französisch gesprochen und über ihre Vertrauten, ihren Werdegang und ihr Privatleben genauestens Bescheid gewußt haben. Die Beschreibung paßt auf William Maitland. Maitland, das berüchtigte »Chamäleon«, seit langem der Ratgeber der Königin, kam in seinen Ämtern mit ihrer gesamten Korrespondenz in Berührung und war zudem mit einer ihrer langjährigen Vertrauten verheiratet. Und daß Maitland in York und Westminster zu den führenden Anklägern Marias gehörte, die den englischen Kommissaren das belastende Material vorlegten, macht die Annahme, daß er auch der Fälscher ist, besonders verlockend.

Als Fälscher verdächtig ist auch George Buchanan, ein Humanist von internationalem Ruf, der die italienische Schreibschrift (»die humanistische«, wie man sie zuweilen nennt) benutzte und das Französische wie seine Muttersprache beherrschte. Als Morays Vertrauter wäre es ihm ein leichtes gewesen, an jene Detailinformationen heranzukommen, die für eine glaubwürdige Fälschung der Dokumente notwendig waren. Immerhin war es Buchanan, der sie 1571 zusammen mit den Gedichten in seiner *Detectio* veröffentlicht hatte. Jedenfalls spricht in psychologischer Hinsicht und im Hinblick auf äußere Umstände nichts dagegen, daß Buchanan, ein notorischer Feind Marias, die in York und Westminster vorgelegten Schriftstücke angefertigt haben könnte. Daß es zwischen der französischen Version und der Ausgabe von La Rochelle Abweichungen gibt, ändert nichts daran, da es sich bei der erstgenannten ja nicht um die ursprüngliche Fassung handelt, sondern um eine Rückübersetzung nach der lateinischen und der schottischen Ausgabe der Briefe.

Im Protokoll der Konferenz heißt es, die in York und Westminster vorgelegten Briefe seien in »italienischer Schrift« abgefaßt gewesen, also in einer Schriftart, wie sie Maria Stuart, die am Hof der Valois' erzogen worden war, benutzt hatte. Im damaligen England wurde dieser Schrifttyp, der Vorläufer unserer heutigen lateinischen Schreibschrift, dagegen sehr selten verwandt. Gebräuchlich waren Spielarten der gotischen Schrift, die erst im 18. Jahrhundert durch die lateinische Schreibschrift ersetzt wurden. Heute gibt es nur noch eine in »italienischer« Schrift abgefaßte Kopie eines Kassettenbriefes; die Schrift ähnelt im allgemeinen stark dem Schriftbild anderer Dokumente, die sicher aus der Feder Maria Stuarts stammen. Es liegt auf der Hand, daß sich die Engländer, die diese kontinentale Schrift selten zu sehen bekamen, mit dem Erkennen einer Fälschung sehr schwer taten, besonders, wenn sie eigentlich kein Interesse daran hatten, die Wahrheit herauszufinden.

Oben war bereits von einem anderen Schriftstück aus der Kassette mit einem Heiratsversprechen Marias an Bothwell die Rede. Was die angeblichen zwölf »Sonette« angeht, bei denen es sich in Wahrheit um einzelne Strophen eines langen Gedichtes von hundertneunundfünfzig Versen handelt, so spricht in ihnen eine unglückliche Frau in Gewissensnöten, die einem Liebhaber alles geopfert hat. Der Tonfall ist ziemlich pathetisch:

> Um ihn hab manche Träne ich vergossen,
> Als er das erste Mal den Leib besaß,
> Mein Herz zu fragen aber er vergaß.
> Sterben möcht ich, damit er weiterkommt ...
> Für ihn hab ich die Ehre hingegeben,
> Die uns das Glück gewährt allein im Leben,
> Gewissen, Größe setzte ich aufs Spiel:
> Für ihn ließ ich Verwandte, Freunde ziehn:
> Und alle Bande gab ich auf für ihn:
> Vereinigung mit ihm, mein höchstes Ziel!

Wenn die französischen Originalverse oft ziemlich holprig sind, so scheidet Maria Stuart deshalb noch nicht als Verfasserin aus, auch wenn Brantôme und Ronsard, gute Kenner ihres dichterischen Stils, versichert haben, daß sie derart schlechte Verse unmöglich geschrieben haben könne. Wichtiger ist dagegen, daß das Gedicht Einzelheiten enthält, die auf Marias Lebenssituation einfach nicht zutreffen: Weder hat sie für Bothwell Verwandte oder Freunde verlassen, noch ist bekannt, daß er an der Dauerhaftigkeit ihrer Liebe hätte zweifeln müssen. Und sicher hat sie auch nie erwogen, seinetwegen in den Tod zu gehen. Überhaupt passen die ganzen Einzelheiten eher auf die Lebenssituation jener eifersüchtigen Mätresse Bothwells, der man nachgesagt hat, daß sie die Verfasserin der Gedichte sei. Um den Text glaubwürdig als ein Erzeugnis aus der Feder Maria Stuarts erscheinen zu lassen, könnten die Fälscher die folgende Passage mit direkterem Bezug in die Verse eingeflickt haben:

> In seine Hände und in seine Macht
> Hab meinen Sohn ich, Ehrgefühl und Leben,
> Land, Leute, meine Seele hingegeben ...

Nur daß der kleine Jakob niemals unter Bothwells Obhut gestanden hat.
Nach dieser Deutung dürfte es sich bei den Schriftstücken aus der Kassette um eine Fälschung handeln, die sich aus folgenden Einzelteilen zu-

sammensetzt: aus authentischen Abschnitten aus Marias Briefen an Bothwell, aus Passagen von Briefen, die Bothwell von einer eifersüchtigen Mätresse* erhalten hat, und aus frei erdichteten Teilen, die beweisen sollten, daß die schottische Königin Ehebruch begangen und bei Darnleys Ermordung mitgewirkt hatte.

Dieser Hypothese, die man sicher nie richtig beweisen kann, haben sich seit Anfang des Jahrhunderts die meisten Historiker angeschlossen, die sich mit der Frage auseinandergesetzt haben. Die Kassettenbriefe für sich genommen, können jedenfalls nicht als Beweismaterial gelten: Jede Argumentation, die sich nur auf sie stützt, ist vom Ansatz her verfehlt.

War Elisabeth, die das Belastungsmaterial aus der Kassette am 7. und 8. Dezember 1568 vorgelegt bekam, von seiner Echtheit überzeugt? Auf den ersten Blick könnte man das meinen. Jedenfalls schrieb sie Maria Stuart am 21. Dezember einen Brief, den man in diesem Sinn interpretieren kann: »Madame, ich kann nicht umhin, Euch zu sagen, daß ich, so betrübt ich seit langem schon über Euer Unglück bin, noch viel mehr Kummer darüber empfinde, daß es Beweise gibt, daß Ihr selbst die Ursache Eures Unglücks seid. Nie hätte ich gedacht, daß ich eines Tages etwas, das sich so sehr auf unser Verhältnis auswirken würde, zu sehen und zu hören bekäme.«³

Elisabeth erklärte allerdings zugleich förmlich, daß sie sich ein Urteil erst bilden werde, wenn sie von Maria »eine Antwort gehört« habe: Offenbar hatten sie die angeblichen Beweise doch nicht restlos überzeugt. Und in ihrem späteren Briefwechsel mit ihrer Cousine war von den berüchtigten Briefen auch nicht mehr die Rede. Keiner kannte Marias Schrift besser als Elisabeth, die als gebildete Fürstin die gleiche Schreibschrift benutzte und durchaus ihre Zweifel an der Echtheit der belastenden Dokumente haben konnte. Allerdings lag es überhaupt nicht im Interesse ihrer Politik, derartige Zweifel laut zu verkünden. Im Gegenteil haben wir gesehen, daß ihr gerade daran gelegen war, daß der Verdacht an der Ex-Königin von Schottland möglichst hängenblieb. Das ist das einzige, was wir zur Frage, ob Elisabeth die Kassettenbriefe für echt hielt, sagen können.

Jedenfalls hatten die Dokumente die Rolle gespielt, die sie von der englischen Regierung zugewiesen bekommen hatten. Von da an ließ man die Sache besser auf sich beruhen. Jetzt mußte nur noch die Konferenz von Westminster beendet werden, was besonders schwierig war, da sich die

---

* Möglicherweise hat Bothwell die Briefe der Mätresse mit denen Marias in der Kassette aufbewahrt, was Morton und Maitland auf die Idee zu einer entsprechenden Fälschung gebracht haben könnte. Die Dame muß auf alle Fälle Französin gewesen sein oder ihre Briefe zumindest auf französisch verfaßt haben.

beiden widerstreitenden Parteien, die die Herrschaft in Schottland für sich beanspruchten, unversöhnlicher denn je gegenüberstanden: Maria Stuart pochte noch immer auf ihre Unschuld und ihre Prärogativen als Königin von Gottes Gnaden, und Moray berief sich nach wie vor auf Marias Abdankung und das parlamentarische Votum vom Dezember 1567.

Eine Zeitlang ging das Gerücht um, Elisabeth und der schottische Regent wollten vertraglich festlegen, daß der kleine König aus Stirling nach England gebracht und von der Tudor-Königin als Erbe anerkannt würde. Damit wäre seine Mutter politisch endgültig ausgeschaltet gewesen. Maria, die in Bolton festgehalten wurde, nahm sich die Sache arg zu Herzen. »Aus natürlicher Liebe zu meinem Kind und weil ich erhalten muß, was Gott mir zur Aufsicht unterstellt hat, muß ich Euch Dinge mitteilen, die Ihr sicher noch nicht wißt«, schrieb sie am 17. Dezember dem Grafen von Mar, dem Bewacher des Kindes. »Mein Sohn soll aus Euren Händen genommen und in dieses Land gebracht, Schloß Stirling einer ausländischen Garnison ausgeliefert werden. Ihr wißt, daß ich Euch beides ausgehändigt habe, weil ich Vertrauen in Euch setzte.«[4]

Was an den Gerüchten stimmte, wissen wir nicht. Angesichts der Interessen der beiden beteiligten Parteien lagen solche Pläne durchaus im Bereich des Möglichen. Elisabeth bemühte sich später tatsächlich mehrmals, das Kind in ihre Obhut zu bekommen: Es wäre die beste Garantie dafür gewesen, Schottland England einverleiben zu können, was ein dauerhaftes Ziel ihrer Politik war. Und aus eben diesem Grund weigerten sich die aufeinanderfolgenden schottischen Regenten so hartnäckig, den kleinen Jakob herauszugeben.

Die billigste Lösung für Elisabeth und Moray wäre es gewesen, wenn die Stuart ihre Abdankung von Lochleven erneuert hätte. Als man in Bolton entsprechend Druck auf sie ausübte, reagierte sie mit heftiger Empörung: »Ich bin fest entschlossen, eher zu sterben, als auf die Krone zu verzichten, die ich von Gott erhalten habe [...]. Das letzte Wort, das ich in diesem Leben sprechen werde, ist das einer Königin von Schottland.« Wenn sie abdanke, erklärte sie, verurteile sie sich selbst, denn dann sei sie Privatperson, unterstehe der Rechtsprechung der englischen Königin und müsse »ständig um ihr Leben fürchten«. Und zudem würden sie dann »die Völker dieser Insel« ganz zu Recht verabscheuen.[5]

Maria dachte überhaupt nicht daran nachzugeben und ging statt dessen in die Offensive. Am 7. Januar 1569 beauftragte sie den Bischof von Ross, Elisabeth eine offizielle Anklageschrift zu übergeben, in der Moray und seine Komplizen als »Verräter, Anstifter und Ausführende des Mordes an [ihrem] königlichen Gatten und anderer, nicht minder entsetzlicher und abscheulicher Verbrechen« beschuldigt wurden. Die Sache drohte für den Regenten übel zu enden. Aber Elisabeth nahm die Beschuldigung nicht ernst. Da sie sich bewußt war, daß sie die von ihr selbst in Gang gebrachte Intrige keiner endgültigen Lösung mehr zuführen konnte, ließ sie William Cecil den schottischen Vertretern beider Parteien mitteilen, daß »nichts, das gegen die Ehre und Treue des Grafen von Moray und seiner Freunde« spreche, erwiesen sei, daß aber andererseits auch nichts gegen die Königin von Schottland vorgebracht worden sei, das »Ihre Majestät veranlassen könnte, von ihrer guten Schwester eine schlechte Meinung zu haben«. Damit war die Konferenz beendet.[6]

Nach einem Wort des Historikers Patrick Tytler, der sicher kein Freund Maria Stuarts ist, »kann man sich einen absurderen und unbefriedigenderen Ausgang für ein solch außergewöhnliches Verfahren kaum vorstellen[7]«. Tatsächlich war jedermann klar, daß diese Erklärung mehr eine Ausflucht als ein Urteil war. Das Verfahren war damit für alle Parteien unbefriedigend ausgegangen: Natürlich für Maria Stuart, die nicht offiziell für unschuldig erklärt worden war, und für Moray, der nicht förmlich als Regent von Schottland, der den unmündigen König Jakob vertrat, bestätigt worden war.

In Wahrheit hatte sich die Waagschale aber doch zugunsten einer Seite geneigt: Moray wurde am 12. Dezember von Elisabeth empfangen und erhielt die Erlaubnis, nach Schottland zurückzukehren (was ihm praktisch freie Hand gab). Maria wurde dagegen weiterhin eine Begegnung mit ihrer Cousine verweigert, und sie wurde weiterhin in England festgehalten. Zu keinem Zeitpunkt in Marias Leben hatte man mehr Grund, von einer Rechtsverweigerung in ihrer Sache zu sprechen, als Mitte September 1569. Juristisch gesehen war es untragbar, Maria noch länger festzuhalten, da die englische Königin ja öffentlich erklärt hatte, die Beschuldigungen gegen sie seien unbewiesen. Die Staatsräson zeigte sich offen von ihrer zynischen Seite. Von da an fühlte sich Maria gegenüber Elisabeth, von der sie ohne Rechtsgrundlage gefangengehalten wurde, keinen moralischen Grundsätzen mehr verpflichtet. Maria Stuarts Verhalten in den nächsten achtzehn Jahren muß vor dem Hintergrund dieser Entscheidung der englischen Königin gesehen werden.

Freilich haben wir allen Grund zu glauben, daß es Elisabeth nicht für ewig bei ihrem Entschluß belassen und keiner der beiden Parteien recht geben wollte. Statt dessen wurden die Verhandlungen das ganze Frühjahr 1569 unter ihren Auspizien fortgeführt; in der Hauptsache ging es darum, daß sich Maria feierlich verpflichten sollte, auf Rache an ihren schottischen Untertanen zu verzichten, alle antikatholischen Gesetze von 1560 zu bestätigen, zum Zeichen des guten Willens an England einige Burgen auszuliefern und mit der französischen Allianz Schluß zu machen. Dann würde sie auch wieder in ihre Rechte als Königin eingesetzt. (Um die Frage, ob Maria an der Ermordung Darnleys mitgewirkt hatte, ging es dabei ebensowenig wie darum, ob Moray und seine Freunde Rebellen seien.)

Maria, die Gefangene im goldenen Käfig, kam in die schlimmste Entscheidungsnot. Zum einen schien es Elisabeth mit den Vorschlägen ernst zu meinen, was tatsächlich auch der Fall war, da sie kein Interesse daran haben konnte, ihre »gute Schwester« für immer in England zu behalten, wie sich später zeigen sollte. Zum anderen aber waren die Marianisten nördlich und südlich des Tweed noch immer mächtig, und in Europa interessierte man sich jetzt, nach Abschluß der Konferenz von York und Westminster, allmählich wieder für die gefangene Königin. Spanien war drauf und dran, sich wegen Übergriffen englischer Piraten auf spanische Schiffe, die Gold geladen hatten, mit Elisabeth zu überwerfen. Als im November 1568 bekannt wurde, daß die junge, charmante Königin Elisabeth von Valois in Madrid gestorben war, schrieb ihre Jugendfreundin Maria Stuart dem verwitweten Philipp II. einen rührenden Brief: »Von der besten Schwester und Freundin, die ich auf der Welt besaß und in die ich die größte Hoffnung setzte [...], kann ich Euch nicht schreiben, ohne daß mein Herz vergeht vor Tränen und Seufzern.« Bei der Gelegenheit versicherte sie dem spanischen König, sie sei dem Katholizismus unverbrüchlich treu geblieben, auch wenn ihre Feinde anderslautende Gerüchte in Umlauf gesetzt hätten.[8] Philipp nahm ihren Brief sehr wohlwollend auf und wies seinen Botschafter an, sich stärker als bisher für die Gefangene einzusetzen.

Dann wurde auch noch der französische Botschafter in London, Bochetel de La Forest, im November nach Paris zurückbeordert und durch Bertrand de La Mothe Fénelon abgelöst, einen hochkarätigen und sehr geschickten Diplomaten, der sofort nach seiner Ankunft intensiv für Maria Stuart eintrat. Mit ihm gewann die französische Diplomatie wieder gewaltig an Einfluß. Bald gelang es ihm auf unbekanntem Weg und ohne das Wissen der Bewacher, mit Maria verschlüsselte Botschaften auszutauschen. Als in Frankreich die religiösen Feindseligkeiten erneut aufflammten* und das Waffenglück diesmal auf seiten der Katholiken war, brauchte sich Königin Katharina nicht mehr bei den Hugenotten anzubiedern: Der junge Herzog von Anjou, der spätere Heinrich III., war zum ruhmreichen Sieger von Jarnac geworden, und die Krone der Valois' erstrahlte nach

---

* Der dritte Religionskrieg, September 1568 bis August 1570

den Niederlagen der vergangenen Jahre wieder in altem Glanz. Das machte sich auf diplomatischer Ebene sofort bemerkbar: »Die Königin von England schreibt in ihren Briefen an mich einen neuen Stil«, bemerkte Maria Stuart im April.[9]

Maria war in einem Zwiespalt. Sollte sie Elisabeths Druck nachgeben und die Aussöhnung mit Moray suchen? Oder sollte sie sich Frankreich und Spanien anvertrauen, die sie befreien und ohne Vorbedingungen wiedereinsetzen würden? Im Frühjahr 1569 schwankte die Gefangene offenbar zwischen beiden Lösungen hin und her, oder besser gesagt, sie versuchte es entsprechend ihrer verhängnisvollen Neigung mit beiden Lösungen. Damit beschwor sie immer weitere Intrigen um ihre Person herauf. Maitland (das »Chamäleon« war auf Distanz zu Moray gegangen) und der Bischof von Ross sorgten dafür, daß die Pläne einer Heirat mit Norfolk schließlich Gestalt annahmen. Selbst Moray teilte Norfolk mit, daß er die geplante Heirat befürworte, da diese Verbindung mit Elisabeths erklärtem Ziel einer Aussöhnung zwischen ihm und Maria bestens vereinbar war. Aber wieder erschwerte mangelnde Offenheit auf beiden Seiten die Verhandlungen. Als Elisabeth Norfolk im November 1568 auf ein entsprechendes Gerücht ansprach, wies er die Behauptungen heftig von sich: »Wie, ich? Dieses liederliche Frauenzimmer, diese Ehebrecherin und Gattenmörderin heiraten? Ich schlafe gerne sicher auf meinem Kissen. Ich betrachte mich als einen ebenso bedeutenden Fürsten in meinem Reich Norwich, wie sie eine in Schottland ist.«[10] Nach dieser Erklärung bedeutete jede weitere Verhandlung Lüge und Verrat. Die Briefe, die er von da an mit Maria austauschte, hatten somit einen hochbrisanten Charakter. Maria spielte das gefährliche Spiel mit. Am 11. Mai 1569 schrieb sie Norfolk: »Eure Korrespondenz bleibt unter allen Umständen geheim. Ich halte Eure Briefe unter Verschluß.« In einem Schreiben vom 24. Juli wird sie Norfolk gegenüber schon sehr vertraulich: »Ihr sagt, mein Norfolk, daß Ihr auf meine Weisungen wartet, aber ich habe keine für Euch [...] Wenn es meine Gesundheit erlaubt, werde ich Euch mit dem größten Vergnügen schreiben und auch Eure Briefe in Empfang nehmen. [...]. Seid gewiß, daß sie niemandem, für den sie nicht bestimmt sind, in die Hände kommen.« Die Affäre nahm langsam einen geradezu konspirativen Charakter an, mit allen zugehörigen Risiken.[11]

Zu allem Überfluß geriet Maria Stuart in einen schlimmen Verdacht. Im Frühjahr 1569 ging das Gerücht um, sie habe ihre Ansprüche auf den englischen Thron an den Herzog von Anjou abgetreten, den Bruder des französischen Königs und Sieger von Jarnac. Der Gedanke, daß man dynastische Rechte an eine Person, mit der man weder verwandt noch verschwägert ist, so einfach weitergeben, sie ihr vermachen oder ihr sogar verkaufen können sollte, war so verwegen, daß sie damals wohl kaum jemand ernst genommen haben dürfte. Trotzdem war Elisabeth sehr beunruhigt – oder das Gerücht war für sie ein willkommener Vorwand, um ihre Cousine länger in Gewahrsam behalten zu können. Das Gerücht war insofern nicht völlig haltlos, als Maria Stuart ihr eigenes Königreich als Eigentum betrachtete, was sie während ihrer Jugend am Hof Heinrichs II. in Frankreich bewiesen hatte.* Und viel später drohte sie damit, ihre Ansprüche auf den Thron von England dem spanischen König abzutreten, auch wenn sie diesen Schritt dann vielleicht doch nicht getan hat. Im Juni 1569 wies Maria Stuart – wahrscheinlich völlig zu Recht – entsprechende Vorwürfe im Hinblick auf den Herzog von Anjou jedenfalls energisch zurück, und Karl IX. und sein Bruder erklärten feierlich, daß dieses Gerücht jeder Grundlage entbehre.[12] Alles deutet darauf hin, daß sie die Wahrheit sagten und die Affäre nur Stimmungsmache gegen Maria und die Spanier war. Immerhin zeigte die ganze Angelegenheit, daß diese unbequeme Gefangene in England für größte Aufregung sorgte.

Wie entwickelten sich die Ereignisse unterdessen in Schottland? Letztlich mußte dort die endgültige Entscheidung im Konflikt zwischen Maria und Moray fallen. Ganz nach Tradition des Landes wurde der Konflikt der verfeindeten Parteien mit Gewalt ausgetragen, waren Brandschatzungen und Plünderungen, Bündnisschlüsse und Verrat mehr denn je an der Tagesordnung. Nur eine Lösung war nicht in Sicht.

Moray wurde von der englischen Regierung unbestreitbar tatkräftig unterstützt. Das zeigte sich schon daran, daß er nach der Konferenz von Westminster sofort nach Schottland hatte zurückreisen dürfen, während Marias Anhänger noch über einen Monat in England zurückgehalten wurden. Moray nutzte diesen Vorteil, so gut er konnte, und führte eilig eine Serie von Strafexpeditionen gegen Marias Anhänger, die schon im vorigen Sommer und Herbst gelitten hatten. Maria protestierte bei ihrer »guten Schwester« ebenso heftig wie erfolglos gegen die diskriminierende Behandlung.

Die Partei Maria Stuarts war freilich nicht völlig vernichtet. Argyll, Huntly, die Hamiltons und Fleming hatten noch immer bedeutende Stellungen, darunter die Feste Dumbarton, in der Hand. Der alte Herzog von Châtellerault hatte sich nach langem Zögern entschlossen, aus Frankreich ins Heimatland zurückzukehren, wo ihn Maria ebenso wie Argyll und Huntly zu ihrem Generalleutnant ernannt hatte. Der Bischof von Ross, Herries, Boyd

---

* Damals hatte sie ohne Rücksicht auf ihre Untertanen vertraglich verfügt, daß der Valois-König das Königreich Schottland erben würde, falls sie kinderlos sterben sollte.

und Livingston hielten mit Reisen nach Schottland die Nachrichtenverbindung zwischen Maria und ihren Anhängern in der Heimat aufrecht.

Dort herrschte wie immer Geldmangel, wobei es um Morays Finanzen nicht viel besser stand. Das ganze Jahr 1569 hindurch wurden Verhandlungen geführt, Bündnisse geschlossen und Kehrtwendungen vollzogen. Châtellerault, der so wankelmütig wie ehedem geblieben war, erkannte Jakob VI. als König und Moray als Regenten an, überlegte es sich aber bald wieder anders und wurde mit Argyll für einige Zeit ins Gefängnis geworfen. In seinen Briefen an Maria Stuart gibt er sich wechselweise zuversichtlich und besorgt.

In dieser festgefahrenen Situation hatte ein Kompromiß, wie ihn Elisabeth offenbar aufrichtig anstrebte, die besten Aussichten auf Erfolg. Sie einigte sich mit Maria darauf, deren Vertrauten Lord Boyd die Mission zu übertragen, der Versammlung des schottischen Adels in Perth im Juli folgenden Vorschlag zu unterbreiten: Maria solle (mit Jakob als König an der Seite oder nicht) wieder in ihre Rechte als Königin eingesetzt werden, wenn sie ihren Widersachern voll vergebe, wofür sich die Engländer verbürgen würden. Von sich aus hatte sie bereits erklärt, daß sie ein Gericht über die Gültigkeit ihrer Ehe mit Bothwell befinden lassen wolle, was soviel bedeutete, wie daß sie zu einer Trennung bereit war.[13]

Diese Heirat war im Juni 1567 offiziell der Anlaß für den Aufstand der Lords gewesen. Wenn sie jetzt, zwei Jahre später, aufgelöst worden wäre, hätte der Konflikt logischerweise ausgeräumt sein müssen. Aber die Logik spielte in Schottland keine große Rolle: Die Versammlung von Perth lehnte die Vorschläge mit der Begründung ab, Maria habe ihr Schreiben als Königin verfaßt und unterzeichnet, obwohl Jakob VI. der legitime Herrscher des Landes sei. Und die protestantischen Geistlichen waren mehr denn je gegen die Rückkehr der Königin, die den Erzbischof Hamilton, diesen verdorrten Zweig am Weinstock Christi, als rechtmäßiges Kirchenoberhaupt betrachtete. Boyd kehrte mit einer höflichen Ablehnung zu Elisabeth zurück.

An dem abschlägigen Bescheid hatte sicher auch Moray mitgewirkt. Er war keinen Moment an einer Aussöhnung mit seiner Halbschwester interessiert gewesen. Das Mißtrauen und Rachebedürfnis war so groß geworden, daß ein Einvernehmen zwischen den Parteien nicht mehr möglich war. Nur die direkte militärische Intervention der englischen Königin hätte den Regenten noch dazu bringen können, einer Rückkehr Marias auf den Thron zuzustimmen. Indes war klar, daß sich Elisabeth darauf sicher nicht einlassen würde. Und die Lords in Morays Umgebung, Morton, Mar und Atholl, hatten bei dem Kompromiß nur etwas zu verlieren. Unter diesen

Voraussetzungen überraschte die Entscheidung der Versammlung von Perth überhaupt nicht. Kurz darauf ging Bothwells Diener Nicolas Hubert, der Franzose Paris, der bei Darnleys Ermordung eine wichtige Rolle gespielt hatte, den Häschern ins Netz, als er mit einer Botschaft von Bothwell in der Tasche aus Dänemark zurückkehrte. Im Gefängnis von Saint-Andrews preßte man aus ihm Aussagen heraus, die Maria Stuart schwer belasteten. Damit er nicht in Versuchung kam, sein Geständnis zu widerrufen, wurde er anschließend sofort hingerichtet.

Maria Stuart hatte keine andere Möglichkeit mehr, als zu kämpfen. Im Herbst 1569 kühlten die Beziehungen zu ihrer Cousine merklich ab, während die Intrige um eine Heirat mit Norfolk Auftrieb bekam. Dunkle Wolken zogen am Horizont herauf.

Obwohl sich Elisabeth bemüht hatte, Maria mit ihren Gegnern in Schottland auszusöhnen, war sie stets mißtrauisch ihr gegenüber geblieben. Ihr war bewußt, daß sie ihre Cousine unrechtmäßig in England festhielt und daß Maria somit zu jedem Mittel greifen würde, um wieder in Freiheit zu gelangen. Damit war sie für die gesamte Dauer ihrer Gefangenschaft eine Gefahr.

Die politische Situation in England wurde schlagartig turbulent, und daran hatte die schottische Königin maßgeblich Anteil. Elisabeth wurde im September 1569 sechsunddreißig Jahre alt. Da es immer mehr so aussah, als würde sie nicht mehr heiraten, wurde die Frage ihrer Nachfolge immer akuter. Catherine Grey, der Abkömmling des jüngeren Zweigs der Tudors, auf der die Hoffnungen der Protestanten geruht hatten, war 1568 gestorben; ihr Sohn Edward Seymour war im Augenblick erst sieben Jahre alt. Damit vergrößerte sich die Wahrscheinlichkeit (oder Gefahr), daß Maria Stuart den englischen Thron besteigen würde. Die Frage der Thronfolge rückte immer stärker in den Vordergrund der englischen Innenpolitik. Der calvinistische Pastor Sampson veröffentlichte ein Buch, in dem er Maria Stuart die Ansprüche auf den englischen Thron absprach. Bischof Leslie anwortete sofort mit einer Schrift mit folgendem übersetztem Titel: *Verteidigung der Ehre der erlauchtesten, sehr mächtigen und edelsten Fürstin Maria, Königin von Schottland und Königinwitwe von Frankreich, mit einer Erklärung zu ihren Rechten und ihrem Anspruch auf die Nachfolge der Krone von England.*[14] Elisabeth, die noch nie geduldet hatte, wenn laut über ihre Nachfolge nachgedacht wurde, sorgte dafür, daß beide Werke verboten und vernichtet wurden. Trotzdem zerbrach man sich über diese Frage, die sie wie die Pest haßte, weiterhin den Kopf.

Aber es gab Schlimmeres. Wie überall in Europa blieb auch der englische Königshof von Reibereien und Machtkämpfen nicht verschont. Die herausragende Rolle William Cecils, der die Regierungsgeschäfte immer stärker bestimmte, sorgte für Spannungen, die fast zu gewalttätigen Auseinandersetzungen eskalierten. Cecils erbittertster Gegner dürfte der Graf von Leicester gewesen sein, der einstige Herzensfreund Elisabeths, den sie selbst Maria Stuart 1564 als möglichen Gatten vorgeschlagen hatte. Leicester war noch immer Elisabeths Vertrauter, aber sein politischer Einfluß war im Schwinden begriffen, während der Emporkömmling Cecil immer mehr Terrain gewann.

Cecil war ein Vertreter der protestantischen Partei, die seit Elisabeths Machtantritt im Land eine vorherrschende, aber keineswegs unangefochtene Stellung innehatte. Noch immer war ein nicht zu vernachlässigender Teil des Adels katholisch. Elisabeth hatte gegen den Widerstand orthodoxer Calvinisten eine gemäßigte Form des Protestantismus durchgesetzt – liturgischer Pomp, Kerzen, Chorhemden und Kirchweihfeste blieben unangetastet –, durch den England blutige Auseinandersetzungen wie in Schottland oder Frankreich erspart blieben. Dennoch gab es weiterhin starke religiöse Auseinandersetzungen vor allem deshalb, weil hinter dem vordergründigen Zwist um Glaubensfragen wie so oft persönliche und soziale Spannungen steckten.

Maria Stuart, die noch nie besonders viel politischen Sachverstand besessen hatte und keine Theologin war, wußte von diesen Gegebenheiten wahrscheinlich nur sehr wenig und glaubte, was man ihr immer gesagt hatte: daß sich die Engländer im tiefsten Inneren nach der Rückkehr der wahren, der römischen Religion sehnten und daß sie, die Königin von Schottland und legitime Erbin Englands, von Gott dazu ausersehen sei, das heilige Werk zu vollbringen. Dabei spielte auch die geplante Heirat mit dem Herzog von Norfolk eine wichtige Rolle: Norfolk war selbst zwar nicht katholisch – er beteuerte später mehrmals glaubhaft, er sei niemals vom Protestantismus abgerückt –, war aber durch seine Familie traditionell der katholischen Partei des Nordens verbunden, und er hatte zahlreiche katholische Freunde.

Im Sommer 1569 weitete sich die Intrige, die von den Schotten Maitland und Bischof Leslie gesponnen worden war, zu einer geheimen Staatsaffäre aus. Im Juni übergaben die englischen Standesherren Arundel, Pembroke, Lumley und vor allem Leicester, allesamt Gegner Cecils, dem Bischof von Ross ein Memorandum, in dem eine eventuelle Heirat Maria Stuarts mit dem Herzog von Norfolk begrüßt wurde. Ausdrücklich hieß es, »die Königin von England« ziehe »diese Heirat gerne jeder anderen vor.«[15] Nicholas

Throckmorton, der frühere Botschafter Englands in Schottland, der Maria stets wohlgesinnt war, beteiligte sich an der Affäre und hielt den Kontakt zu Maitland. Die Botschafter von Frankreich und Spanien, die man auf dem laufenden hielt, stimmten der Heirat mit Vorbehalten zu.

Maria selbst reagierte auf die Heiratspläne anfangs zurückhaltend. »Ich habe, was meine Ehen angeht, in meinem bisherigen Leben so wenig Erfolg gehabt, daß ich den Rest meiner Tage am liebsten unverheiratet verbrächte [...]. Mein vergangenes Leid hat meinen Körper so geschwächt, daß ich nicht weiß, ob ich weiterleben werde [...] Und doch möchte ich der Königin, meiner guten Schwester, zu Gefallen sein, mich der Meinung ihres Adels anschließen und die guten Absichten des Herzogs von Norfolk honorieren, der vom Adel und den Gemeinen dieses Königreichs hochgeschätzt wird [...] So werde ich diesem Ratschlag folgen.«[16]

Leider fehlte noch Elisabeths Einverständnis, ohne das nichts ging und das alle für eine reine Formalität hielten. Throckmorton, der klüger hätte sein müssen, teilte Maitland am 20. Juli in einem Brief mit, daß »Ihre Majestät von nichts« wisse.[17] Die ganze Intrige war somit ein Spiel mit dem Feuer: Wenn sich die Affäre auch nicht gegen die Königin richtete, war sie durch ihren geheimen Charakter doch höchst verdächtig.

Und dann nahm man Maitland, ihrem wichtigsten Betreiber, plötzlich die Fäden aus der Hand. Seine Beziehungen zu Moray, die sich nach der Konferenz von Westminster stetig verschlechtert hatten, waren bei der Versammlung von Perth auf dem Nullpunkt angekommen. Beim diesmaligen Farbwechsel machte das Chamäleon das gesamte Spektrum durch und setzte sich öffentlich für Marias Wiedereinsetzung ein. Über die Gründe des Revirements wissen wir nur wenig. Mehrfach hieß es, Moray habe sich zu einem Tyrannen entwickelt, der Maitlands Ratschläge ignorierte, ihm mißtraute und ihn demütigte. Und der geniale Intrigant Maitland war den Mächtigen im Lande verdächtig. Sie fanden rasch den Vorwand, wie sie ihn stürzen konnten (auch wenn ihn später wieder andere benutzten). Er wurde mit James Balfour, der ebenfalls in Ungnade fiel, öffentlich beschuldigt, er habe an Darnleys Ermordung mitgewirkt, und mit seinem Leidensgefährten am 5. September 1569 verhaftet.

Aber in Schottland ging nichts reibungslos über die Bühne. Zu Maitlands Anhängern gehörte der tapfere Kirkcaldy of the Grange, der seit Bothwells Sturz Gouverneur der Feste von Edinburgh war. Als Kirkcaldy von der Verhaftung des Freundes erfuhr, bildete er ein Kommando, befreite ihn gewaltsam und brachte ihn in die sichere Feste, wo – Ironie des Schicksals! – Erzbischof Hamilton, Lord Herries und weitere Anhänger Marias zu ihm stießen. Für Maria Stuart bedeutete dies ein unverhofftes

Glück: Die schottische Hauptstadt war dem Geschützfeuer ihrer Freunde preisgegeben.

Einige Wochen lang war Morays Macht im Schwinden begriffen. Am 22. November, dem Tag, an dem der Prozeß gegen Maitland und Balfour hätte stattfinden sollen, waren in den Straßen von Edinburgh so viele ihrer Freunde unterwegs, daß Morton, der wichtigste Belastungszeuge, nicht vor Gericht erschien und der Urteilsspruch aufgeschoben werden mußte.[18] (Das Ganze erinnert an den Prozeß gegen Bothwell von vor zweieinhalb Jahren.)

Größere Auswirkungen auf Marias Schicksal als Maitlands Kehrtwende hatten Ereignisse, die zuvor in England stattgefunden hatten und in Europa gespannt verfolgt worden waren.

Am 13. August geriet Leicester, dem die Tragweite der Heiratsintrige um Norfolk bewußt wurde, in Panik und informierte Elisabeth über die Affäre. Wie zu erwarten gewesen, nahm die Königin die Sache sehr ernst, besonders als Moray Cecil Beweise über die Machenschaften von Maitland und Leslie lieferte. Arundel, Pembroke, Lumley und Throckmorton wurden verhaftet. Schonungsvoller ging Elisabeth mit Norfolk um: Sie begnügte sich mit einer freundschaftlichen Verwarnung und dem Hinweis, er solle vorsichtig sein, auf welches Kissen er sein Ohr lege (eine deutliche Anspielung auf die Unterhaltung vom vorigen Herbst).[19] Der Herzog, der nie ein beherzter Feldherr war, verlor die Nerven: »Bei der Königin von Schottland war er ein Löwe, ein Hase bei der von England«, konstatierte der spanische Botschafter.[20] Überstürzt verließ er den Hof und eilte in sein Herzogtum zurück. Sich ohne Erlaubnis vom Hof zu entfernen war ein ernster Verstoß gegen herrschende Sitten und fast schon Majestätsbeleidigung: Elisabeth beorderte Norfolk unverzüglich zurück. Der Herzog, der zum Rebellen nicht das Zeug hatte, traf nach einigen Tagen des Zögerns und mit der Entschuldigung, er sei krank gewesen, am 2. Oktober wieder in London ein und wurde in den Tower geworfen.

Als die Nachricht von seiner Gefangennahme im Norden eintraf, brach in der ganzen Gegend ein Sturm der Entrüstung los. Die Grafen von Northumberland und Westmoreland, die beiden mächtigsten Grundherren der Region, die offen mit dem Katholizismus sympathisierten (man erinnere sich an Northumberlands Reaktion bei Marias Ankunft in England), wurden verdächtigt, bei der Intrige um die Heirat zwischen Norfolk und Maria mitgewirkt zu haben. Als sie eine Vorladung an den Hof erhielten, wurden sie von ihrer Umgebung zum offenen Aufstand angestachelt. Unter Glockengeläut strömten auf dem Land die Bauern zusammen. Die Banner mit den fünf Wunden Christi, Erinnerungen an die Gnadenwallfahrt vom Anfang des Jahrhunderts, wurden aus den Verstecken geholt. (Die Revolte erinnert in mehrfacher Hinsicht an den Aufstand in der Vendée 1793 gegen den Nationalkonvent.) Am 14. November 1569 marschierte die Armee der beiden Grafen in Durham ein, zertrümmerte in der Kathedrale den protestantischen Altar und feierte vor einem anderen in aller Eile errichteten Altar die katholische Messe. Überall im Norden tauchten Katholiken aus dem Untergrund auf. Die Pastoren flohen oder tauchten unter.

Fast wäre Maria Stuart von der katholischen Armee befreit worden. Aber man hatte sie am 26. November aus Sicherheitsgründen nach Coventry überführt. Dann aber weitete sich die Bewegung, die nicht das ganze Land erfaßt hatte, nicht mehr weiter aus. Da geeignete Anführer fehlten, bröckelte der Aufstand nach wenigen Wochen ab. Am 20. Dezember zogen sich Northumberland und Westmoreland zurück und flüchteten über die Grenze nach Schottland zu Anhängern Maria Stuarts.* Als im Februar 1570 der letzte Rebell, Leonard Dacres, vernichtend geschlagen wurde, waren die letzten Zuckungen dieses Aufstandes vorüber. Elisabeth war mit der einzigen bewaffneten Erhebung in ihrer Regierungszeit mühelos fertig geworden. Dann kam die Stunde der Rache.

Marias Rolle in der ganzen Affäre war rein passiv gewesen. Daß sie vor und während der gescheiterten Rebellion Kontakte zu den Grafen gehabt hatte, ist kaum anzunehmen. So schnell, wie sich die Ereignisse abspielten, dürfte sie kaum Zeit gehabt haben, Briefe hinauszuschmuggeln, Intrigen zu spinnen oder Komplotte zu schmieden; und mehr konnte sie in ihrem Gefängnis auch nicht tun.

Trotzdem war der Aufstand letztlich von ihrem unvorsichtigen Briefwechsel mit Norfolk ausgelöst worden. Allein dadurch, daß Maria in England anwesend war, hatte sich die katholische Opposition, die sich bisher ruhig verhalten hatte, lebhaft bemerkbar gemacht. Wie Moray Elisabeth am 2. Januar 1570 schrieb, war die gestürzte Königin die »Ursache von allen Tumulten, allen Unruhen und allen Gefahren im Königreich«.[21] Elisabeth mußte einsehen, daß es ein Fehler gewesen war, Maria Stuart gegen ihren Willen in England festzuhalten. Es war besser, eine Einigung in Schottland zu suchen und Vorkehrungen zu treffen, damit die Franzosen oder Spanier dort nicht wieder Fuß fassen konnten. Im Jahre 1570 wurde vornehmlich an dieser Lösung gearbeitet.

---

* Westmoreland gelang die Flucht in die Niederlande, wo er dreißig Jahre später starb. Northumberland hatte weniger Glück und wurde von Moray gefaßt. Mar lieferte ihn an Elisabeth aus, worauf er 1572 in York enthauptet wurde.

18

»Diese Magd aller Sünde, Elisabeth ...«

Nach dem gescheiterten Aufstand des Nordens wollten sowohl Moray als auch Elisabeth, daß Maria Stuart nach Schottland zurückkehrte. Aber sie hatten völlig verschiedene Motive. Der Königin von England ging es darum, eine unbequeme Gefangene loszuwerden, die in ihrem Königreich ständig für Aufruhr sorgte. Dagegen wollte der Regent von Schottland Maria Stuart den Prozeß machen, sie zu lebenslänglicher Haft oder zum Tod verurteilen lassen, damit sie von der politischen Bühne des Landes endgültig verschwinden würde. Moray schlug ein schmutziges Geschäft vor: Maria sollte gegen den Aufrührer Northumberland, der in Lochleven gefangengehalten wurde,[1] ausgetauscht werden. Elisabeth ging auf den Vorschlag nicht ein, weil sie ihre Cousine nicht an deren Feinde ausliefern wollte, wenn sie nicht für ihre Sicherheit garantierten: Sie mußte auf die europäische Öffentlichkeit Rücksichten nehmen.

Dann aber geschah etwas Unerwartetes, das alles ungewiß machte: Moray wurde am 11. Januar in Linlithgow von einem gewissen John Bothwellhaugh ermordet. Bothwellhaugh, ein Mitglied des Clans Hamilton, rächte mit der Bluttat seine Frau, die von Moray beleidigt worden war. Sofort erklärte die protestantische Partei Moray zum Märtyrer, während Marias Freunde den Anschlag als Geschenk des Himmels priesen. Maria frohlockte: »Was Bothwellhaugh getan hat, geschah ohne meine Anweisung, aber nichtsdestoweniger bin ich ihm ebenso dankbar, als wenn ich dazu geraten hätte«, schrieb sie im folgenden Jahr und setzte dem Mörder, den die Vorsehung geschickt hatte, aus den Einkünften ihres Witwengutes eine Pension aus.[2]

Bischof Leslie, der seine Herrscherin möglichst als vorbildliche Christin darstellen wollte, versichert dagegen, Maria habe, »als sie die Nachricht vom Tod des Grafen von Moray erfuhr, der die Hauptschuld an ihrem Unglück trug, nicht anders gekonnt, als zu weinen«. Und zwar deshalb, weil sie »Zuneigung und Mitleid empfunden und bedauert habe, daß er nicht lange genug gelebt hatte, um seine Ungerechtigkeiten ihr gegenüber einzusehen. Und weil er auf so abscheuliche Weise hatte sterben müssen«.[3]

In Wahrheit betrachtete Maria Stuart ihren Halbbruder bis an ihr Lebensende als undankbaren Verräter und war überzeugt davon, daß er es von Anfang an darauf abgesehen habe, sie zu stürzen und die Macht, wenn nicht sogar die Krone, an sich zu reißen. Daß Moray so etwas angestrebt hat, ist möglich, aber nicht bewiesen. Er war sicher nicht der makellose Held, als den ihn seine Verteidiger hinstellen, aber andererseits auch kein skrupelloser Machtmensch. Und als Regent von Schottland war er sicher kein großer Staatsmann, wie man bisweilen behauptet. Moray besaß letztlich nicht mehr Qualitäten als Tatkraft, Mut und die Fähigkeit, rasch Entscheidungen zu treffen. Mehrmals ging er bei der Durchsetzung seiner Politik ebenso brutal, opportunistisch und hinterhältig vor wie alle anderen schottischen Adligen seiner Zeit. Er war kein strenggläubiger Calvinist; Knox überwarf sich wegen mangelnden Glaubenseifers mit ihm. Und wie sich Moray 1565 von Elisabeth gegen Maria Stuart ausspielen ließ, spricht keineswegs für sein politisches Gespür.

Mit seinem Tod war jedenfalls eine neue Situation entstanden. Wenn Marias Anhänger anstelle des unzuverlässigen Maitland oder des wankelmütigen Châtellerault einen ordentlichen Führer gehabt hätten, dann hätte sich das Blatt jetzt zu ihren Gunsten wenden können. Aber so weit ließ es Elisabeth auch nicht kommen. Moray war ihr Verbündeter, wenn nicht ihre Kreatur gewesen: Sie würde schon dafür sorgen, daß England nicht die Früchte ihrer jahrelangen Intrigen und Täuschungsmanöver verlieren würde. Auch unter Marias Gegnern gab es keine Führungspersönlichkeit, die sich klar als Nachfolger Morays angeboten hätte. Rivalitäten und Ehrgeiz würden bei der Nachbesetzung seines Amtes unweigerlich eine Rolle spielen, und aus solchen Situationen wußte Elisabeth hervorragend Kapital zu schlagen.

Zunächst schickte sie den Diplomaten und Agenten Thomas Randolph, der schon in der Vergangenheit in Marias Nähe eine unheilvolle Rolle gespielt hatte, nach Schottland. James Melville schildert Randolphs Haltung nach Morays Tod in anschaulichen Worten: »Wie Nero voller Genuß von einem Turm herab auf das brennende Rom blickte, so beobachtete Sir Randolph mit äußerstem Behagen, wie sich das Feuer des Zwistes in unserem Königreich immer weiter ausbreitete und es schließlich ganz zu verzehren drohte.«[4]

Da die Zwistigkeiten in Schottland nicht ausreichten, um Marias Anhänger in Schach zu halten, griff Elisabeth auf Cecils Ratschläge hin auf die traditionsreiche Politik der starken Hand zurück, die schon ihr Vater rücksichtslos praktiziert hatte. Als Freunde der Hamiltons militärische Streifzüge nach England unternahmen, hatte Elisabeth ihren Vorwand: Sie schickte den protestantischen Grafen von Sussex, einen notorischer Gegner der schottischen Königin, mit einer kleinen Armee über die Grenze, wo er den Schotten Respekt gegenüber dem mächtigen Nachbarn beibringen solllte. Im April 1570 wurde erneut eine der verheerenden Blitzaktionen gestartet, die die Borderers so oft schon erlebt hatten. Fünfzig Schlösser und dreihundert Dörfer wurden dem Erdboden gleichgemacht, die gesamte Region um Glasgow verwüstet, Schloß Linlithgow geplündert und das Schloß der Hamiltons niedergebrannt. Drei Wochen nach der Aktion kehrte Sussex nur mit einem Schnupfen im Triumph nach England zurück. »Das war die ehrenvollste Expedition«, schrieb er Elisabeth am 3. Juni, »die je mit so wenigen Männern und einer so sicheren Rückkehr geführt worden ist.«[5] Der Graf hatte eine seltsame Auffassung von Ehre.

Angesichts der englischen Überlegenheit hatten Marias Anhänger keine Aussicht, die militärische und politische Lage zu ihren Gunsten zu verändern. Daran änderte auch nichts, daß ihnen der französische König, der noch immer mit dem Bürgerkrieg im eigenen Land beschäftigt war, (der Friede von Saint-Germain wurde erst im August geschlossen), eine kleine Hilfstruppe unter dem Befehl des Sieur de Vérac geschickt hatte. Elisabeth, die an einem willfährigen Verhandlungspartner in Edinburgh interessiert war, setzte schließlich Matthew Lennox, der sicher kein glänzender Politiker war, als Morays Nachfolger und Regenten von Schottland durch. Lennox, der seit dem Verfahren gegen seine Ex-Schwiegertochter noch immer in England lebte, hatte bei der Anklage gegen sie eine wichtige Rolle gespielt. Unter seiner Herrschaft konnte Elisabeth sicher sein, daß sich die schottische Regierung ohne ihre ausdrückliche Anweisung nicht mit Marias Anhängern verständigen würde. Lennox war der beste Garant dafür, daß der englische Einfluß in Schottland weiterhin vorherrschte.

Mit diesem Schachzug im Jahre 1570 traten die Leitlinien von Elisabeths Politik am deutlichsten hervor. Sie wollte ihre Cousine loswerden und damit den englischen Katholiken die Bereitschaft zur Rebellion und Intrige nehmen, war zugleich aber sorgsam darauf bedacht, daß deren Rückkehr nach Schottland nicht dazu führte, daß die den Engländern freundlich gesinnten Kräfte geschwächt würden. Marias Wiedereinsetzung hätte also auf keinen Fall zu einem Triumph für ihre Anhänger werden sollen: Es ging um einen Kompromiß, bei dem Maria ihre Krone zurückerhielt und ihre

Gegner unter dem Schutz ihrer »guten Schwester und Cousine« die Macht in den Händen behielten.

Elisabeths Vorhaben kam einer Quadratur des Kreises gleich. Die Lords in Edinburgh hatten bestimmt keine Lust, die Königin wiedereinzusetzen, die sie vor drei Jahren (so lange war sie schon Gefangene!) verjagt und gedemütigt hatten. Sie kannten Maria und ihren Stolz und wußten, daß sie alle Versprechen, nach denen alles vergeben und vergessen sein sollte, nur so lange einhalten würde, bis sie in Schottland wieder Fuß gefaßt und die Partei ihrer Anhänger neu organisiert hätte. Wer hätte sie hindern sollen, die Franzosen, die Spanier oder den Papst zu Hilfe zu rufen? Auch an Elisabeths Hof gab es Widerstand. Cecil und seine Freunde machten ihren gesamten Einfluß geltend, um die Wiedereinsetzung der Stuart-Königin zu verhindern. Sie hielten es trotz aller Gefahren für das Beste, Maria weiterhin in England festzuhalten, in Yorkshire oder Staffordshire. Dort hatte man sie wenigstens unter Kontrolle und konnte sie notfalls schärfer bewachen lassen. Und wenn in Schottland die Kämpfe zwischen beiden Parteien immer weitergingen, war das für England nur von Vorteil.

Die Verhandlungen, die auf Elisabeths Wunsch stattfanden, begannen im Juni. Die englische Königin hatte veranlaßt, daß Maria aus der finsteren Burg Tutbury (in der sie seit Ende der Konferenz von York und Westminster festgehalten wurde) in das komfortablere Schloß Chatsworth verlegt wurde. Und sie hatte Bischof Leslie, den man als Komplizen beim Aufstand des Nordens verdächtigt und ohne Beweise eingesperrt hatte, wieder auf freien Fuß setzen lassen.

Maria, die sich schon in Freiheit sah, gab sich versöhnlich wie nie: »Ich werde Euch mein ganzes Leben treu und gehorsam sein, wie ich es Euch versprochen habe, solange ich lebe«, schrieb sie der Cousine am 14. Juni. »Ich unterstelle mich Euren Anweisungen. Von ganzem Herzen möchte ich Euch hinsichtlich meiner Ansprüche auf diese Krone alle Sicherheiten geben. Ich werde unfehlbar [...] alle kriegerisch gesinnten Ausländer hindern, mein Land zu betreten. [...] Ich bitte Euch inständig, das Zeichen meines guten Willens anzunehmen, denn ich gebe es in aller Aufrichtigkeit; mögen wir einander so fest verbunden sein, daß keine Fürsten oder Untertanen je wieder einen Vorwand finden, uns zu entzweien.«[6] Was wollte man mehr? Die Verhandlungen kamen gut voran. Und da in Frankreich der Bürgerkrieg zu Ende war, konnten König Karl IX. und seine Mutter den Sondergesandten de Poigny über den Kanal schicken, um die Parteien zu ermutigen: Am 14. Juni dankte Maria Stuart Katharina von Medici brieflich für die wertvollen Schritte zu ihren Gunsten. Selbst der Herzog von Norfolk profitierte von der günstigen Atmosphäre: Er wurde am 4. August aus dem Tower entlassen, blieb aber in seinem Palast unter Arrest.

Im Oktober schienen die Verhandlungen fast abgeschlossen. Der Staatssekretär William Cecil persönlich und der Finanzminister Walter Mildway sollten Maria einen zwölf Artikel umfassenden Vertragsentwurf überbringen, mit dem sie wieder in ihre Rechte als Königin von Schottland eingesetzt würde.[7] Sie akzeptierte den Vertragsentwurf mit Ausnahme der Verpflichtung, den Grafen von Northumberland an England auszuliefern. (Ihre Ehre erlaube es nicht, diejenigen, die in ihrem Land Zuflucht gesucht hätten, ihren Gegnern zu überstellen.) Maria stimmte dem Vertrag unter dem Vorbehalt zu, daß er nicht als Verzicht auf ihre Ansprüche als Elisabeths Erbin interpretiert werden könne, und verpflichtete sich, auf jedes Bündnis mit einer ausländischen Macht und auf jede Heirat zu verzichten, die von Elisabeth nicht gebilligt würde. Sie gab sogar ihre Zustimmung, den kleinen Prinzen (der in dem von Cecil und Mildway vorlegten Vertragsentwurf als »junger König« bezeichnet wird) »zu seiner Sicherheit« nach England bringen und dort bis zu seinem fünfzehnten Lebensjahr als »jüngsten Verwandten Ihrer Majestät« erziehen zu lassen. Im Klartext bedeutete dies, daß Schottland zum englischen Dominion würde.*

Nachdem sich beide Königinnen auf den Wortlaut des Vertrages geeinigt hatten, mußte man nur noch die Zustimmung des Regenten Lennox und seiner Freunde in Edinburgh einholen. Daß dies nicht leicht würde, war jedermann bewußt. Und tatsächlich zogen sich die Verhandlungen endlos in die Länge. Morton, der Lennox vertrat, lehnte den Vertragsentwurf mit der Begründung ab, man habe dem kleinen König Jakob einen Treueid geleistet, weshalb jede Vereinbarung, die seine Absetzung beinhalte, einem Verrat gleichkomme. Maria war nach tagelangen ergebnislosen Verhandlungen schließlich völlig verunsichert. Meinte es ihre »gute Schwester« ehrlich? Sie hätte es gerne geglaubt, hatte aber erfahren, daß Lennox wieder Militärschläge gegen ihre Anhänger führte und Elisabeth trotz des offiziell vereinbarten Waffenstillstandes nicht dagegen protestierte. Und empört erfuhr sie, daß George Buchanan, den man zum Erzieher des kleinen Jakob ernannt hatte, seinem Zögling »Schmutziges und Unanständiges« von seiner Mutter berichten dürfe, was »eine fürchterliche Bosheit« sei.[8] In den Tagen,

---

* Im Briefwechsel zwischen Maria und Elisabeth finden sich trotz aller Liebenswürdigkeiten auch kleine Spitzen. Auf Marias Bitte, statt von den »Kindern« der englischen Königin genauer von den »legitimen Kindern« zu sprechen, antwortet Elisabeth schnippisch: »Meine gute Schwester in Schottland geht bei der Beurteilung ihrer Mitmenschen stets von sich selbst aus.«

Wochen und Monaten des zermürbenden Wartens verlor Maria Stuart immer mehr den Glauben an Elisabeths Aufrichtigkeit. »Die Königin von England gibt durch ihre Handlungsweise zu erkennen, daß sie eher die Rebellen in meinem Land unterstützt, als sich dazu herabzulassen, eine Einigung herbeizuführen oder mich in Freiheit zu setzen, gleichgültig, was sie dem König [Karl IX.] über seinen Botschafter [...] ausrichten läßt. Von ihr ist nur Verstellung und Hohn zu erwarten«, schrieb sie Erzbischof Beaton am 7. Januar 1571.

Tatsächlich ließ Elisabeth in ihrem Bemühen um eine Aussöhnung zwischen Maria und ihren Untertanen im Laufe der Monate bis zum Ende des Jahres immer stärker nach. War dies Cecil, Marias Gegner, zu verdanken, der damals in der Gunst ganz oben stand und im Januar zum Baron von Burghley ernannt worden war?* Oder hatte Elisabeth von Marias ungeschickten Intrigen erfahren, von denen die Rede sein soll? Möglicherweise war beides der Fall.

Wenn man daran zweifeln kann, daß es die englische Königin während der langwierigen Verhandlungen ernst meinte, so gilt dies mehr noch für Maria Stuart: Man hat in den Archiven mehrere Briefe von ihr gefunden, die hinreichend beweisen, daß sie trotz der gegebenen Versprechen weiterhin in ganz Europa höchst kompromittierende Beziehungen unterhielt.

Wie ihr das gelang, ist nicht genau bekannt. Sie wurde sowohl in Chatsworth als auch in Sheffield, wohin sie im November gebracht wurde, strengstens bewacht, worüber sie sich in ihren Briefen immer beklagt. Trotzdem ließ sie dem Botschafter von Frankreich, Maitland, Kirkcaldy of the Grange, Erzbischof Beaton, dem Herzog von Alba und dem Herzog von Nemours verschlüsselte Briefe zukommen, ganz zu schweigen vom stets regen Bischof Leslie und dem immer unvorsichtigen Norfolk. Geholfen haben dürften ihr dabei Diener, Besucher mit einer Erlaubnis der englischen Regierung und vielleicht sogar ihre Bewacher. Als sicher darf man dagegen annehmen, daß Cecil zumindest von einigen ihrer Intrigen gewußt hat oder sie doch wenigstens erahnte.

Wenn man Maria Stuart zu dieser Zeit den Prozeß gemacht hätte, hätte die Verteidigung einiges vorzubringen gehabt. Maria betrachtete sich trotz allem und mit Recht noch immer als Gefangene, die man ohne Rechtsgrundlage festhielt. Aber wie später Robespierre beim Prozeß gegen Ludwig XVI. gesagt hat: »Wenn Ludwig unschuldig ist, sind diejenigen, die sei-

---

* Von diesem Zeitpunkt an müßte man Cecil eigentlich »Lord Burghley« nennen. Wir bleiben der Klarheit halber entgegen dem, was in Großbritannien üblich ist, trotzdem beim Namen »Cecil« und bitten eventuelle englische Leser um Entschuldigung.

nen Sturz herbeigeführt haben, schuldig.« Hätte man die Königin von Schottland für unschuldig erklärt, so hätte dies unwillkürlich eine Verurteilung der Edinburgher Lords als Rebellen bedeutet. Elisabeth verhielt sich Maria gegenüber schon unglaubwürdig: Sie gab einerseits vor, Maria wieder in ihre Rechte einsetzen zu wollen, und andererseits begünstigte sie fast unverhohlen ihre Feinde. Daß die Schottin unter diesen Umständen ihre Rettung überall suchte, wo sie sie finden konnte, ist völlig verständlich. Sie war eine souveräne Fürstin und deshalb (ihrer Meinung nach) keinem Menschen Rechenschaft schuldig.

Aber mit diesen Manövern verscherzte sie sich nur das bißchen Vertrauen, das ihr Elisabeth entgegenbrachte. Der tragische, bald unlösbare Konflikt nahm von hier seinen Ausgang. Wenn Maria Stuart die Rolle, die ihr die »gute Schwester« zugedacht hatte, richtig erfüllt hätte, hätte sie dann ihre Freiheit und den Thron wiederbekommen? Das ist möglich, aber keineswegs sicher: Die verschiedensten Interessen waren mit im Spiel, und Elisabeth war wankelmütig! Andererseits verschlimmerte Maria natürlich ihre Lage und lieferte ihrer Cousine immer neue Vorwände, die Verhandlungen mit der schottischen Regierung in die Länge zu ziehen, wenn sie einerseits auf ihre Wiedereinsetzung durch die Engländer hoffte und zugleich auf eine französische oder spanische Intervention in Schottland, auf den militärischen Sieg, setzte.

Auch in Schottland verliefen die Ereignisse nicht zugunsten der gestürzten Königin. Obwohl Frankreich und Spanien heimlich und unter großen Risiken gelegentlich Hilfstruppen schickten, wurde es immer schwieriger, die beiden noch in der Hand der Anhänger Marias befindlichen Festungen Edinburgh und Dumbarton zu halten. Es fehlte an Geld, Munition und selbst Lebensmitteln. Lennox war sicher kein politisches Genie, wurde aber von tatkräftigen und entschlossenen Männern, von Morton und Mar, unterstützt und hatte, was sich als besonders wirkungsvoll erwies, vor allem noch immer John Knox und die calvinistische *Kirk* hinter sich. Obwohl John Knox alt, verbraucht und krank war (»mit einem Bein im Grab«, wie er meinte), hielt er wieder so feurige Predigten wie einst und wetterte gegen jeden Versuch, sich mit der katholischen Königin zu einigen. »Wenn man nicht an der Wurzel zuschlägt, wachsen immer neue Zweige nach, obwohl sie abgestorben scheinen«, schrieb er damals an Cecil.[9]

Maria Stuart korrespondierte zwar heimlich mit verschiedenen Empfängern, konnte aber nicht direkt ins Geschehen eingreifen. Zudem war sie in Geldverlegenheit – die Einkünfte aus Frankreich kamen nicht regelmäßig – und konnte ihren Anhängern nicht persönlich helfen. Selbst Leslie, dessen schottischer Privatbesitz von Lennox' Regierung beschlagnahmt worden war, lebte jetzt auf ihre Kosten. So mußte sie sogar ihren »guten Bruder« Karl IX. bitten, ihr eine Pfründe zu verleihen, damit sie weiterhin ein standesgemäßes Leben führen könne.[10] Mit jedem Monat wurde ein Sieg der Anhänger Marias in Schottland unwahrscheinlicher. Am Ende des Winters 1570/71 hatten sich alle Hoffnungen auf eine friedliche Restauration, die im vorigen Sommer und Herbst noch berechtigt erschienen waren, praktisch in Luft aufgelöst.

Im Frühjahr 1571 veränderte sich die politische Situation in Europa spürbar. Es gab drei wichtige Neuerungen, die entscheidende Rückwirkungen auf Maria Stuarts Situation hatten.

Erstens verschlechterten sich die Beziehungen zwischen England und Spanien aus wirtschaftlichen und ideologischen Gründen rapide. 1568 war Botschafter Guzman de Silva, den Elisabeth sehr geschätzt hatte, nach Madrid zurückgerufen und durch Don Guerau de Espès ersetzt worden, der weniger Format besaß und sich wegen seiner Intrigen und seines ungeschickten Benehmens bei Elisabeth unbeliebt machte. Der Streit um Piraten und die Beschlagnahme einer Ladung Gold durch die Engländer vergiftete die Atmosphäre zwischen den Ländern schließlich. Philipp II., der sich für die Königin von Schottland bisher nur wenig interessierte, entdeckte sie als ein mögliches Werkzeug seiner Politik. Eine spanische Landung in Großbritannien, die vor einigen Jahren noch völlig utopisch gewesen war, rückte in den Bereich des Möglichen.

Zweitens veränderten sich auch Englands Beziehungen zu Frankreich. Der Friede von Saint-Germain brachte nicht nur einen Frieden zwischen Katholiken und Protestanten: Katharina von Medici schlug in ihrer Politik einen jener plötzlichen Richtungswechsel ein, für die sie bekannt ist (und die manche seltsamerweise für genial halten), und begann die hugenottische Partei zu begünstigen. Coligny weckte das Interesse Karls IX. für großangelegte Pläne, zu denen auch gehörte, daß Frankreich wieder eine gegen Spanien gerichtete Politik betreiben und das Bündnis mit dem protestantischen England suchen sollte. Zunächst vage, dann konkreter tauchten Heiratspläne auf: Die eingeschworene Junggesellin Elisabeth sollte den charmanten und achtzehn Jahre jüngeren Herzog von Anjou heiraten, den Lieblingssohn Katharinas von Medici. Die französische Diplomatie wurde mobilisiert. Botschafter La Mothe Fénelon konnte sich von da an für die gefangene Maria Stuart, an der seine Regierung nur ein beschränktes Interesse hatte, kaum noch einsetzen. Zahlreiche Beobachter waren sogar der Ansicht, Katharina von Medici lege überhaupt keinen Wert darauf, daß ihre Ex-Schwiegertochter je aus dem Gefängnis komme: »Es war sicher, daß Frankreich eine Vereinigung der Kronen von Schottland und England auf einem Haupt nicht wünschte und daß man von dieser Seite keine Hilfe erwarten konnte«, schrieb James Melville.[11]

Drittens trat auch das Papsttum in Europa mit einer neuen Politik in Erscheinung und schlug gegenüber dem Protestantismus, der seit einem Jahrzehnt unablässig an Boden gewonnen hatte, in ideologischer und politischer Hinsicht eine härtere Gangart ein. Da sich Elisabeth Tudor, die Tochter des Ketzers Heinrich VIII., als Ketzerin bestätigt hatte, mußte sie konsequenterweise exkommuniziert werden: Der Bannstrahl traf sie im Februar 1570 mit der Bulle Pius' V. *Regnans in Excelcis,* und schon bald darauf hatten die katholischen Engländer den Streich des Papstes auszubaden. In der Bulle ging Pius hart mit der englischen Königin ins Gericht: »Diese Magd aller Sünde, Elisabeth, sogenannte Königin von England, hat das Maßopfer, die Gebete, das Fasten, die Sakramente und alle Riten der heiligen Kirche zerstört und verboten [...], hat ihre Untertanen gezwungen, sich gottlosen Gesetzen zu beugen, die Autorität des Heiligen Stuhls zu leugnen und sie als geistliche wie weltliche Herrscherin anzuerkennen [...]. Deshalb erklären Wir kraft Unserer ganzen apostolischen Gewalt, daß sie eine Ketzerin und nicht mehr mit dem Leib Christi verbunden ist und daß ihr alle Rechte auf das Königreich England und alle anderen Würden entzogen sind. Wir entbinden alle Untertanen des besagten Königreiches von ihrer Treuepflicht ihr gegenüber [...] und untersagen unter Androhung des gleichen Fluchs, ihr zu gehorchen.«[12] Obwohl die Verbreitung der Bulle in England sofort bei Todesstrafe verboten wurde, gelang es Bischof Leslie, eine Abschrift an das Eingangstor des anglikanischen Bischofspalastes in London anzuheften. Der Wortlaut der Bulle dürfte viele Katholiken in Gewissensnöte gebracht haben, und Königin Maria Stuart, die bei den Katholiken als eine Gefangene wegen ihres Glaubens galt, erschien in dieser Situation als mögliche Retterin aus der Not.

Maria selbst wurde in ihrer streng bewachten Residenz in Sheffield nur unzureichend über diese Ereignisse informiert. Wie ihre Briefe zeigen, wußte sie über manches überhaupt nicht Bescheid oder erfuhr es erst mit großer Verspätung. Dennoch hielten sie Leslie oder La Mothe Fénelon über das Wichtigste auf dem laufenden. Besonders beunruhigt war Maria über die Pläne einer Heirat Elisabeths mit dem Herzog von Anjou. In ihren Briefen an Fénelon und Beaton bittet sie sie immer wieder dringend darum, diese Heirat möglichst zu vereiteln.

Zwischen April und Mai 1571 erhielt Maria die erschütternde Nachricht vom Fall der Festung Dumbarton, der vorletzten Burg in Schottland, die sich noch in der Hand ihrer Anhänger befand. Für den Regenten Lennox und die Partei König Jakobs bedeutete die Eroberung der Burg einen gewaltigen Erfolg. Im Siegesrausch ließen die Eroberer Erzbischof Hamilton, der sich in der Festung befand und den man beschuldigte, er habe an Darnleys (und Morays) Ermordung mitgewirkt, nach Stirling bringen und ohne Gerichtsverfahren in seinen Pontifikalgewändern aufhängen. »Glücklicher Baum, mögest du wachsen und leben und weiterhin solche Früchte tragen«, kritzelte ein anonymer Verfasser auf den Galgen. Elisabeth frohlockte: »Dieser boshafte Mensch hatte den Tod wirklich verdient.« Marias Anhänger hatten damit nur noch die Festung Edinburgh in der Hand, um die sich der Ring der Belagerer immer enger zusammenzog und die man immer schwerer mit Lebensmitteln versorgen konnte. Es sah ganz so aus, als würde sich Maria Stuarts Partei bald in nichts auflösen.

Vor diesem Hintergrund muß die große Verschwörung gesehen werden, die im Februar oder März 1571 angezettelt wurde und die auf Maria Stuarts Schicksal schwere Auswirkungen hatte: das Komplott Ridolfi.

Roberto Ridolfi war ein florentinischer Bankier, der sich fest in London niedergelassen hatte. Zu seinen Kunden gehörte der Großteil des englischen Adels. Cecil hielt ihn völlig zu Recht für einen Geheimagenten des Papstes. Seine Geschäftsbriefe enthielten oft getarnte hochbrisante Mitteilungen. Während seiner Reisen auf den Kontinent knüpfte er zahlreiche Kontakte zu bedeutenden Politikern und führte allerlei Verhandlungen. Beim Aufstand des Nordens war er verhaftet, dann aber wieder auf freien Fuß gesetzt worden, weil ihm eine Mittäterschaft an der Rebellion nicht nachzuweisen gewesen war.

Wann und über wen Ridolfi mit Maria Stuart in Kontakt kam, wissen wir nicht genau. Wenn nicht der Florentiner selbst den Anstoß für die Verschwörung gegeben hatte, so dürfte es Bischof Leslie gewesen sein, der sich aufs Intrigieren bekanntlich gut verstand. Und mit von der Partie war der spanische Botschafter Guerau de Espès.

Der Plan, den Ridolfi oder Leslie ersonnen hatte, war ebenso grandios wie unausgegoren. Er bestand in der Hauptsache aus vier Teilen: einer Erhebung des katholischen Adels in England und Schottland, wobei Norfolk die Führung haben sollte; dann einer bewaffneten Intervention spanischer Expeditionskorps in beiden Ländern, der Befreiung Maria Stuarts und ihrer Heirat mit Norfolk. Offen blieb dabei, wie man nach der Eroberung der beiden Länder durch die Spanier mit Elisabeth verfahren würde. »Wir lassen sie an der Messe teilnehmen, ob sie will oder nicht«, meinte Ridolfi. In der Bulle, mit der sie exkommuniziert worden war, war sie ausdrücklich als abgesetzt erklärt worden. Winkte ihr der Tower, wenn das Unternehmen glücken würde? Die Verschwörer legten sich wohlweislich nicht fest.

Maria, die von Leslie über das geplante Unternehmen unterrichtet wurde, war sofort gewonnen. Das Vorhaben kam in einem Augenblick, als die Verhandlungen über ihre Wiedereinsetzung ins Stocken geraten waren, als die Festung Dumbarton belagert wurde und die Pläne einer Heirat zwischen Elisabeth und dem Herzog von Anjou konkreter wurden. Die Aussicht auf ein bewaffnetes Eingreifen durch die Spanier erschien in dieser Situation als Geschenk des Himmels.

Der Kontakt zwischen Maria Stuart und Norfolk war trotz ihrer Versprechen vom Vorjahr nie richtig abgerissen. Als Norfolk im Tower eingesperrt gewesen war, hatte ihn Maria in einem Brief sogar ermuntert, zu fliehen und sie zu befreien: »Ich scheue keine Gefahr, und wir werden Freunde finden, die uns helfen. Glaubt nicht denen, die behaupten, ich würde Euch je verlassen; ich bin entschlossen, auf immer die Eure zu bleiben ...« (31. Januar 1570)*[13] Norfolk hatte Elisabeth bei der Freilassung im August 1570 versichert, er habe mit der Königin von Schottland keinerlei Kontakt mehr und wolle sie auch nicht mehr heiraten; allerdings fühlte er sich an seine Versprechen nicht mehr gebunden als Maria Stuart, was einiges heißen will.

Erstmals im Februar 1571 taucht der Name Ridolfi in Maria Stuarts Korrespondenz auf. Der Plan der Verschwörer stand zu diesem Zeitpunkt allerdings schon fest. In einem langen Brief, der auf den 8. Februar datiert ist, erklärt Maria, daß sie dem Florentiner voll vertraue. Sie sei einverstanden, daß der kleine Jakob nach Spanien gebracht und dort »fern der Fährnisse und Gefahren, die diese Insel umgeben«, erzogen werde.[14] Nur eins stand der Verwirklichung des Planes damit noch im Wege: Der Herzog von Norfolk war Protestant, was Philipp II. und den Papst hätte stören können. So verpflichtete er sich, baldmöglichst zum katholischen Glauben überzutreten.

Ein so enges Bündnis mit Spanien paßte nicht so recht zu Marias wiederholten Treuebekundungen gegenüber Frankreich.** Die Ex-Königin der Schotten, die sich der kompromittierenden Situation bewußt war, warnte in ihrem Schreiben: »Die Verhandlungen müssen völlig geheim bleiben. Ri-

---

* Das Schreiben, das fast ein Liebesbrief ist, entstand pikanterweise unmittelbar nach dem Aufstand des Nordens. Maria spielte mit dem Feuer.
** Am 26. Juli 1570 schrieb Maria noch an die Adresse der Katharina von Medici, sie habe eine »natürliche Neigung«, sie »jederzeit zu lieben, zu ehren und hochzuhalten«, und versicherte ihr, sie werde »jederzeit ihrem Willen folgen«!

dolfi muß es in Frankreich vermeiden, sich in meine Angelegenheiten zu mischen; zwischen dem König von Frankreich und dem König von Spanien gibt es nämlich eine Rivalität.«[15] Maria verstrickte sich immer mehr in die Intrige.

Am 24. März reiste Ridolfi mit genauen Instruktionen von Maria und Norfolk auf den Kontinent. Er hatte zudem eine Liste mit englischen Standesherren bei sich, von denen man annehmen konnte, daß sie das Unternehmen unterstützen würden.[16] Diese Liste, die dem Papst übergeben wurde und heute im Vatikanischen Archiv liegt, ist den Historikern noch heute ein Rätsel: Man kann sich kaum vorstellen, daß Norfolk so unvorsichtig gewesen war, sie selbst zusammenzustellen. Wahrscheinlich hat sie Ridolfi, der bekanntlich gute Beziehungen zum englischen Adel hatte, angefertigt. Jedenfalls wäre das Schriftstück äußerst kompromittierend gewesen, wenn es Elisabeth in die Hände gefallen wäre. Trotzdem ist es als Beweisstück mit größter Vorsicht zu genießen.

Ridolfis erste Station in Europa war Brüssel, wo er mit dem Herzog von Alba zusammentraf, der Philipp II. vertraut. Alba spielte bei der geplanten Invasion eine wesentliche Rolle, da das Expeditionskorps zur Unterstützung von Norfolk und seinen Freunden von den spanischen Niederlanden aus starten sollte. Nach dem Brief, in dem Alba dem spanischen König von der Begegnung berichtete, hatte Ridolfi auf ihn offenbar keinen guten Eindruck gemacht: Alba hielt ihn vor allem für einen »großspurigen Schwätzer« und das ganze Projekt für äußerst riskant. Im Falle eines Scheiterns müsse damit gerechnet werden, daß sich die englische Königin schrecklich rächen werde. Gewinner wären dann vor allem die Franzosen (eine Vorstellung, die Philipp II. besonders unerträglich fand: damals waren die Heiratsverhandlungen zwischen Elisabeth und dem Herzog von Anjou voll im Gange). Zwar könne alles auch ganz anders kommen, wenn Elisabeth »eines natürlichen oder anderen [sic!] Todes sterben sollte«, aber solange dies nicht eingetreten sei, halte er das Projekt für zu gefährlich.[17] Der vorsichtige König brauchte nicht erst diese Warnung, um auf dieses Abenteuer vorerst zu verzichten.

Günstiger wurden Ridolfis Vorschläge in Rom, seiner nächsten Station, aufgenommen. Der Papst war angetan von dem Vorhaben, dessen Verwirklichung ein Ende des Schismas in England und das Aus für die Ketzerkönigin bedeutet hätte. Wohlwollend nahm er auch den Brief Maria Stuarts auf, den Ridolfi ihm überbrachte: Die schottische Königin bat um die Auflösung ihrer Ehe mit Bothwell, die »gegen ihren Willen« geschlossen worden sei. Anschließend reiste der Unterhändler nach Spanien weiter, wo sich alles entscheiden mußte.

Der Sommer 1571 wurde für viele eine gefährliche Zeit. Elisabeth drohten Aufstände und vielleicht eine Landung spanischer Truppen, und Maria mußte fürchten, daß ihre gewagten Intrigen ans Tageslicht kämen. Besonders gefährlich wurde es für Norfolk, der als Peer von England Hochverrat beging.

Während Ridolfi noch in geheimer Mission durch Europa reiste, wußte die englische Regierung über seine Machenschaften bereits Bescheid. Leslies Diener Charles Baillie, der von seinem Dienstherrn als Kurier nach Brüssel geschickt worden war, war bei seiner Rückkehr in Dover mitsamt einem Packen Briefe, die von Ridolfi und anderen stammten, den Häschern ins Netz gegangen. Wenigstens gelang es Baillie mit Hilfe von Lord Cobham, dem Gouverneur von Dover, der mit Norfolk befreundet war, das gröbste Belastungsmaterial gegen eilig angefertigte unverfängliche Briefe auszutauschen. Trotzdem gestand Baillie unter der Folter, daß Ridolfi und Leslie auch Briefe mit subversivem Inhalt ausgetauscht hatten. Der Bischof wurde sofort verhaftet, verhört und weit abseits von London in die Diözese Ely geschickt. Leslie war endgültig diskreditiert, auch wenn es gegen ihn keine stichhaltigen Beweise gab.

Jetzt, wo die englische Regierung von der geplanten Verschwörung erfahren hatte, war eine Fortsetzung des Komplotts glatter Selbstmord. Aber Leslie, Maria Stuart und Norfolk blieben unverbesserlich optimistisch und leichtsinnig. Als Maria erfuhr, daß man ihren Gesandten verhaftet hatte, gab sie sich überrascht und empört: »Wenn ich hätte glauben können, daß der Bischof von Ross der Königin, meiner guten Schwester, eine Schmach antun könnte, so würde ich ihn persönlich mit der härtesten Strafe belegen. Aber ich kenne ihn seit langem und weiß, daß er ein ehrbarer und zurückhaltender Mensch ist«, schrieb sie Cecil am 4. Juni. (Am 12. Juni, also acht Tage später, übergab sie Fénelon »einige Briefe von Ridolfi« mit der Bitte, er solle sie zerreißen, sobald er sie dem Empfänger gezeigt habe.) Als sich Fénelon für Leslie einsetzte, reagierte Elisabeth gereizt: Es erstaune sie doch sehr, daß der Botschafter eines verbündeten Fürsten sich für einen Verräter und Verschwörer einsetze.

Wahrscheinlich war die Verschwörung auch nicht mehr aufzuhalten gewesen. Fast zur gleichen Zeit, als Baillie in Dover festgenommen wurde, traf Ridolfi in Madrid ein. Diesmal zeigte sich Philipp II. »sehr zum Handeln entschlossen, nicht aus Eigennutz, sondern allein zum Ruhme Gottes«.[18] Auf einer nichtöffentlichen Sitzung des spanischen Kronrates, an der auch der päpstliche Nuntius teilnahm, entschloß man sich zur geplanten Unternehmung gegen England. Bevor man losschlagen konnte, mußte Elisabeth allerdings noch aus dem Weg geräumt werden. Nachdem Ridolfi mehrere englische Standesherren aufgezählt hatte, die ihre Ermordung angeblich gerne übernehmen würden, wählte man für diese Großtat schließlich einen Flamen namens Chapin aus. Sofort nach dem Attentat sollten sich die englischen Katholiken unter Führung des Herzogs von Norfolk erheben, worauf Albas Armee in England landen würde. Maria Stuart sollte aus dem Kerker befreit und der Sache Gottes zum Sieg verholfen werden. Die Originaldokumente zu dieser Versammlung vom 7. Juli 1571 werden noch heute im Generalarchiv der spanischen Krone auf Schloß Simancas verwahrt.[19] Heutzutage geht man bei derartigen Unternehmungen diskreter ans Werk.

Wenn die Spanier die Sache zügiger vorangetrieben hätten, wäre das große Unternehmen vielleicht sogar geglückt. Nur ging unter der besonnenen Herrschaft Philipps II. alles langsam und bedächtig voran. Albas Flotte und die des Herzogs von Medina, die ihr aus Spanien nachkommen sollte, mußten zunächst für das Unternehmen ausgerüstet werden. Vor Herbst war mit dem Abschluß der Vorbereitungen nicht zu rechnen. Und bis dahin hatte die englische Regierung das gesamte Komplott aufgedeckt.

Zunächst bediente sich die englische Spionageabwehr einiger schmutziger Tricks, denen selbst der mißtrauische Philipp auf den Leim ging. Am Anfang dieser Kampagne stand der berühmte Korsar John Hawkins, der für zahlreiche Plünderungen an der spanischen Küste verantwortlich war. Hawkins, der seine Gefährten aus dem Gefängnis von Sevilla befreien wollte, versuchte den spanischen Behörden weiszumachen, er sei in Wahrheit Katholik und wolle den Spaniern seine Flotte ausliefern. Um die atemberaubende Behauptung glaubhaft zu machen, brauchte er einen Beweis oder ein Pfand. Hawkins trug sein Problem gerade zu jenem Zeitpunkt Cecil vor, als die Verschwörung Ridolfi ans Tageslicht kam. Cecil witterte eine Möglichkeit, über Hawkins einen Agenten in spanische Kreise einzuschleusen. Hawkins Offizier George Fitzwilliams wurde nach Madrid geschickt, wo er mit Philipps Minister zusammentraf, dem Herzog von Feria. Er erschlich sich Ferias Vertrauen, indem er behauptete, er habe Kontakte zur Umgebung Maria Stuarts. Der Herzog, der sich an einer Zusammenarbeit mit Fitzwilliams interessiert zeigte, wollte als Beweis allerdings einen Brief der gefangenen Königin sehen. Fitzwilliams kehrte nach England zurück, wo ihm Cecil sofort eine Begegnung mit Maria ermöglichte. Unter dem Vorwand, er brauche ihre Hilfe, um seine Kameraden aus spanischer Gefangenschaft zu befreien, ließ er sich von Maria ein nichtssagendes Schreiben an Philipp II. ausstellen. Maria schöpfte keinen Verdacht. Dabei hätte es sie mißtrauisch machen müssen, daß man trotz strenger Bewachung einen Seemann zu ihr vorließ. Aber sie glaubte gerne, was ihren Wünschen entgegenkam.

Mit Maria Stuarts Brief in der Tasche reiste Fitzwilliams nach Madrid zurück, erhielt diesmal eine Audienz beim König persönlich und wurde über das geplante Unternehmen Ridolfi informiert. Cecil war am Ziel. Fitzwilliams schloß mit den Spaniern einen Vertrag, nach dem die gefangenen Seeleute in Sevilla auf freien Fuß gesetzt würden (der einzig positive Aspekt an der Affäre) und Hawkins sich im Gegenzug dazu verpflichtete, Alba bei der geplanten Landung in England zu unterstützen. Nachdem Fitzwilliams seine Mission erfüllt hatte, kehrte er schleunigst in die Heimat zurück. »Der Vertrag ist unterzeichnet«, triumphiert er in seinem Brief an Cecil vom 4. September 1571. »Verfluchte Praktiken, aber mit Gottes Hilfe fangen wir sie in ihren eigenen Netzen.«[20] (Die Spanier erfuhren seltsamerweise nie, daß die beiden Engländer für Cecil gearbeitet hatten. Ihr Doppelspiel wurde erst im 19. Jahrhundert entdeckt, als man gleichzeitig in englischen und spanischen Archiven Nachforschungen anstellte.)

Cecil war folglich über das geplante spanische Unternehmen genauestens auf dem laufenden. Um handeln zu können, brauchte er aber noch schriftliche Beweise.

Durch eine Unvorsichtigkeit Norfolks fielen sie ihm fast zufällig in die Hände. Der Herzog, der eine Vorliebe für Intrigen hatte, ließ für Maria Stuart Geld, das ihr der französische Botschafter zukommen ließ, nach Schottland schaffen. Da es sich bei dem Geld um Einkünfte aus ihrem Witwengut handelte, war die Transaktion an sich nicht zu beanstanden. Da man sie aber mit höchster Geheimhaltung durchführte, machte man die englischen Behörden gerade mißtrauisch, und das zum denkbar ungünstigsten Zeitpunkt. Besonders leichtsinnig war auch die Tatsache, daß man das Geld, die runde Summe von sechshundert Pfund in Gold, einem aus Shrewsbury stammenden Kaufmann namens Brown anvertraute, der es nach Schottland mitnehmen und Lord Herries, einem bekannten Anhänger Marias, aushändigen sollte. Der Kaufmann wurde mißtrauisch, öffnete einen Sack, entdeckte zwischen dem Gold verschlüsselte Briefe, machte kehrt und übergab die ganze Fracht Cecil.

Norfolks Sekretär Higford, der Brown das Geld übergeben hatte, wurde verhaftet und verhört. Unter der Folter verriet er, daß der Kode für die Briefe im Schlafzimmer des Herzogs unter einem Teppich versteckt sei. Bei der Durchsuchungsaktion fanden Cecils Leute allerdings statt des gesuchten Kodes Belastungsmaterial gegen die Teilnehmer an der Verschwörung, zum Beispiel einen Brief Maria Stuarts, in dem Ridolfis Mission erwähnt wurde. Cecil hatte die gewünschten Beweise für ein weiteres Vorgehen. In kürzester Zeit verhaftete man Norfolks Diener, stellte sein Haus auf den Kopf und verhörte den Herzog. Norfolk leugnete eine Mitbeteiligung an der geplanten Verschwörung so hartnäckig, daß Sadler, der als Kommissar mit der Untersuchung betraut worden war, unsicher wurde und sich fragte, ob er »einen Dämon oder Christenmenschen« vor sich habe.

Was dann folgte, ist sehr bedauerlich. Unter der Folter oder entsprechenden Drohungen gestanden die Diener nacheinander alles, was sie wußten. Norfolk verwickelte sich in Widersprüche. Angeblich soll dieser erste Peer von England, ein Abkömmling der ruhmreichen Howards und Cousin der Königin, auf Knien um Gnade gebettelt haben. Es war sehr leichtsinnig gewesen, das gesamte belastende Material zu Hause aufzubewahren. Es nutzte Norfolk nun auch nichts mehr, daß er alle Vorwürfe gegen ihn bestritt.*

Je mehr Papiere von den Experten entschlüsselt wurden, desto wichtiger erschien die Rolle, die Bischof Leslie bei der Verschwörung gespielt hatte. Leslie war noch immer im Gewahrsam des Bischofs der ländlichen Diözese Ely. Am 19. Oktober wurde er abgeholt und zum Verhör nach London gebracht.

Ein juristisches Problem tauchte auf. Als Gesandter Maria Stuarts genoß Leslie nach internationalem Recht eine gewisse Immunität, und er war zudem Schotte. Konnte man gegen ihn wie gegen einen Engländer verfahren, der als Verräter verdächtigt war? Eine eiligst zusammengerufene Kommission von Juristen beantwortete die Frage mit Ja: Als gestürzte Königin könne Maria Stuart keinen Anspruch auf einen Gesandten mit diplomatischem Status erheben, und außerdem habe Leslie an einer Verschwörung gegen die Herrscherin des Landes teilgenommen und damit sein Recht auf Exterritorialität verwirkt. Die Würfel waren gefallen: Leslie wurde ohne jede Rücksicht verhört.

Das Verhör des Bischofs von Ross, das uns aus den Protokollen und den Briefen der Ermittler mit allen Details bekannt ist, wurde furchtbar.[21] Der Mann, dem Maria jahrelang uneingeschränkt vertraut hatte, wurde durch Folter oder entsprechende Drohungen moralisch vollkommen gebrochen. Er verriet den Peinigern alle ihm bekannten Einzelheiten zum Aufstand des Nordens, zu der geplanten Heirat Norfolks mit Maria und zum Komplott Ridolfi. Wie mancher Angeklagte in berühmten Prozessen unseres Jahrhunderts fiel er regelrecht in einen Rausch der Selbstbezichtigung. Und Maria schrieb er am 8. November: »Diese Entdeckung ist der Vorsehung zu verdanken, damit sich Eure Majestät in Zukunft nur noch Gott und ihrer guten Schwester, der Königin dieses Landes, anvertrauen werden.«

---

* In seiner Rechtfertigungsschrift behauptet Leslie, Norfolk habe seine Sekretäre angewiesen, die Schriftstücke nach und nach zu verbrennen. Sie sollen ihm absichtlich nicht gehorcht haben, um »ihn zu verraten«, was allerdings sehr unwahrscheinlich ist.

Es kam noch schlimmer: Mit versteinerter Miene beschuldigte Leslie seine Herrscherin vor dem englischen Richter Thomas Wilson aller möglichen Verbrechen. »Er sagt, die Königin, seine Herrin, sei keines Gatten würdig. Zunächst habe sie ihren ersten Gatten vergiftet, den König von Frankreich. Dann habe sie der Ermordung ihres zweiten Gatten, Lord Darnley, zugestimmt und ihn nach Kirk o'Field geführt, um seinen Mörder heiraten zu können. Schließlich habe sie den Herzog [von Norfolk] heiraten wollen, der nach seiner Ansicht nicht länger gelebt hätte als die anderen.« »O Herr, was sind dies für Menschen!« schloß der Richter empört. »Welche Königin, welcher Gesandte!«

Historiker, die davon überzeugt sind, daß Maria an der Ermordung Darnleys mitgewirkt und mit Bothwell Ehebruch begangen hat, berufen sich oft auf dieses Geständnis Bischof Leslies. Der englische Historiker J. A. Froude, dessen Werk in England lange Zeit als Standardwerk galt, betrachtet seine Aussagen sogar als eindeutigen Beweis für Marias Schuld. Heutzutage gibt man weniger auf solche Geständnisse. »Der Bischof von Ross ist nur ein armer gemarterter und erschreckter Priester«, schrieb Maria, als sie vom Verrat ihres früheren Ratgebers erfuhr.[22] Sie trug ihm das erpreßte Geständnis keineswegs nach und veranlaßte später sogar, daß er sich in allen Ehren in Frankreich zur Ruhe setzen konnte. Trotzdem hinterläßt der Gedanke, daß dieser langjährige und enge Vertraute die Königin so schwer belastete, einen bitteren Nachgeschmack.

Mit den Geständnissen der Sekretäre und des Bischofs war das Komplott Ridolfi endgültig aufgeklärt.

Als erste Konsequenz wurde der spanische Botschafter ausgewiesen: Daß er von der geplanten Verschwörung gewußt hatte, war eindeutig durch Briefe bewiesen, die man in Norfolks Haus ebenfalls beschlagnahmt hatte. Er verließ England Ende Dezember.

Vor allem war ein Prozeß gegen Norfolk jetzt unvermeidbar. Elisabeth zögerte fast einen Monat, bevor sie den entscheidenden Schritt tat und das Verfahren gegen den ersten Peer von England eröffnen ließ.

Sie war stolz darauf gewesen, daß seit ihrem Amtsantritt noch kein Adliger das Schafott bestiegen hatte. Nach dem Blutrausch ihres Vaters und ihrer Schwester war ihre Herrschaft gleichbedeutend mit Aussöhnung, während zur gleichen Zeit in Frankreich und den Niederlanden die Religionskriege wüteten und in Spanien die Scheiterhaufen der Inquisition loderten. Der Aufstand des Nordens Ende 1569 war gleichsam ein Warnschuß gewesen. Angesichts der Ausmaße des Komplotts Ridolfi mußte man mit aller Härte gegen die Verschwörer vorgehen: Die Zukunft des Landes und das Leben der Königin standen auf dem Spiel. Milde war jetzt fehl am Platze.*

Von Rechts wegen mußte der Fall vor der Peerskammer verhandelt werden. Da Norfolk dort zahlreiche Freunde hatte, wäre er wahrscheinlich freigesprochen worden, wenn die Beweislast nicht so erdrückend gewesen wäre. Um ganz sicherzugehen, ließ Cecil Marias Bewacher, den Grafen von Shrewsbury, aus Sheffield kommen und übertrug ihm die Leitung der Verhandlung. Seine moralische Integrität und Loyalität gegenüber der Regierung bürgten für ein ordentliches Verfahren, das ohne Rücksicht auf die Person des Angeklagten geführt würde.

In diesem Prozeß scheint Norfolks Persönlichkeit seltsam zwiegespalten und widersprüchlich. Er hatte seine anfängliche panische Angst überwunden und stellte sich jetzt würdevoll der Anklage. Aber seine Verteidigung war völlig absurd: Er leugnete alles, auch das nicht zu Leugnende. Er kenne Ridolfi nicht, liebe und verehre seine Herrscherin und habe gegen sie nie etwas im Schilde geführt. Zwar habe er die Königin von Schottland heiraten wollen und ihr geholfen, deren Anhänger in Edinburgh mit Geld zu versorgen, aber dies sei kein Verbrechen. Die Königin von England habe Prinz Jakob schließlich nie als König anerkannt, womit Maria noch immer legitime Herrscherin ihres Königreiches sei. Offenbar hatte Norfolk vergessen, daß er Elisabeth vor einem Jahr geschworen hatte, er unterhalte zur Gefangenen keinerlei Beziehungen mehr und habe die Heiratspläne aufgegeben.

Norfolks Behauptungen waren unhaltbar. Die Richter hatten seinen Briefwechsel mit Ridolfi, Maria Stuart und mit Leslie vor Augen. Der Herzog wurde am 16. Januar 1570 nach einem ganzen Tag der Verhandlung – damals eine ungewöhnlich lange Dauer – für schuldig befunden und zum Tod verurteilt. »Das ist ein Urteil für einen Verräter, und doch bin ich so unschuldig wie jeder andere lebende Mensch!« schrie er, als der Präsident des Gerichtshofs den schwarzen Schleier, das Symbol der Todesstrafe, rituell über seinen Kopf warf. Fast meint man, in diesem Ausruf den verzweifelten Aufschrei eines Unschuldigen zu hören. Und doch werden in den Archiven von England und Spanien und im Vatikan Schriftstücke verwahrt, die seine Mitverantwortung an der Verschwörung beweisen.

Ein weiterer Weggefährte war für Maria Stuart in den Tod gegangen. Er sollte nicht der letzte sei.

Mary, the dangerous Queen.

* Als die Verschwörung aufflog, hielt sich Ridolfi in Paris auf. Er reiste überstürzt nach Italien ab und starb dort 1612, also vierzig Jahre nach dem Komplott. Charles Baillie, durch dessen Unvorsichtigkeit die Verschwörung gescheitert war, wurde ein Jahr nach seiner Festnahme freigelassen und lebte dreiundvierzig Jahre im französischen Exil.

19

»Die beste Art, den Aufruhr zu beenden ...«

Norfolk war zum Tode verurteilt, Leslie eingekerkert, der Botschafter Guerau de Espès ausgewiesen und das Netz von Ridolfis Agenten zerschlagen worden. So endete das großspurige Abenteuer, an dem auch Maria Stuart maßgeblich beteiligt gewesen war. Hatte sie gewußt, auf was sie sich einließ? Und sollte gerade sie ungeschoren davonkommen?

Nachdem Norfolks Sekretär Higford gestanden und man das Belastungsmaterial im Zimmer seines Dienstherrn entdeckt hatte, wurde die Gefangene verschärften Sicherheitsvorkehrungen unterzogen. In Briefen klagte sie heftig über die Behandlung: »Ich werde strengstens bewacht, alle meine Briefe werden geöffnet. Meine Schreiben an Botschafter La Mothe Fénelon schickt Graf von Shrewsbury an den Hof, wo man nach Gutdünken mit ihnen verfährt«, teilte sie Erzbischof Beaton am 28. August 1571 mit. »Ich kann Euch nicht schreiben, was mir beliebt [...], sondern nur unter größten Schwierigkeiten und Gefahren, denn man überprüft alle Zustellwege. Und ich selbst werde so genau kontrolliert, daß ich nur heimlich schreiben oder diktieren kann; aus Angst, ertappt zu werden, lasse ich die verschlüsselten Originale sofort verbrennen.«[1]

Kurz darauf verschärfte man die Sicherheitsmaßnahmen noch mehr, durchwühlte sogar Marias Leibwäsche und verbot ihr den Ausgang. »Angesichts der äußerst schlechten Behandlung, die Ihr mir angedeihen laßt, kann ich nicht umhin, Euch diesen Brief zu schreiben. Ich muß Euch nämlich sagen, daß meine Kräfte nicht ausreichen, um weiterhin diese Behandlung zu ertragen [...]. Ich bin in Eurer Hand, und Ihr könnt mit mir jederzeit nach Eurem Gutdünken verfahren, aber gleichzeitig erkläre ich Euch und aller Welt, daß ich Euch zu all dem keinen Anlaß gegeben habe.«[2] Man könnte Marias überraschte Haltung in diesem Brief an Elisabeth für aufrichtig halten, wenn er nicht vom 8. September stammte, also zu einem Zeitpunkt entstanden war, da man eben erst die Geheimkorrespondenz Norfolks und Ridolfis entdeckt hatte. Daß sie über die Gründe der Durchsuchungsaktionen durchaus Bescheid wußte, entnimmt man einem Brief an Fénelon: Man verdächtige sie, eine Verschwörung angezettelt und die Spanier zu einer Intervention angestiftet zu haben, was aber freilich alles »falsch und boshaft erlogen« sei. Zugleich mußte Maria damit rechnen, daß der französische Botschafter von ihren Machenschaften mit den Spaniern erfahren und mit heftiger Empörung darauf reagieren würde. Dieser Eventualität kam sie zuvor: »Wenn ich sehe, in welcher Lage sich der Herzog von Norfolk augenblicklich befindet,* sehe ich Gott sei Dank, daß es mir wenig eingetragen hätte, wenn ich mit ihm Einvernehmen erzielt oder Umgang gepflegt hätte. Ich wäre dadurch in große Gefahr geraten.«[3]

Der Brief ist einer der aufschlußreichsten, den Maria Stuart je geschrieben hat. Sie wußte genau oder konnte sich zumindest denken, daß ihre verschlüsselten Briefe Cecil in die Hände gefallen waren und daß Fénelon dies früher oder später erfahren würde. Sie hätte schon unter Gedächtnisschwund leiden oder besonders leichtsinnig sein müssen, wenn sie sich nicht mehr daran erinnerte, daß sie mit Norfolk sehr wohl »Umgang gepflegt« hatte. Noch war Zeit, über ihre Beziehungen zu Norfolk eine Erklärung abzugeben und sich zu rechtfertigen. Aber statt dessen stritt Maria Stuart einfach alles ab, obwohl greifbare Beweise gegen sie vorlagen. Genauso sollte sie sich auch fünfzehn Jahre später während der Affäre Babington verhalten. Der Brief zeigt uns Maria Stuart als eine ebenso gewissenlose wie ungeschickte Lügnerin, der man keine Behauptung glauben sollte, so aufrichtig sie auch klingt.**

Mitte September appellierte Maria an Beaton, er sollte Karl IX. dazu bringen, sich für sie einzusetzen: »Mein Leben ist in Gefahr, wenn der König sich nicht gegen diese Königin [Elisabeth] erklärt, die sich seiner sicher glaubt und mich deshalb so behandelt.« Am 29. Oktober scheint Maria den Ernst ihrer Lage begriffen zu haben: »Ich empfehle mich der Barmherzigkeit Gottes und bin entschlossen zu sterben, wenn es Ihm gefällt, mich aus dieser unglückseligen Welt zu erlösen«, schrieb sie Elisabeth mit ebensoviel Pathos wie später in ihrem Abschiedsbrief vor der Hinrichtung. Fénelon erhielt da-

---

* Er wurde im Londoner Tower eingekerkert.
** Marias Verteidiger haben natürlich behauptet, die Briefe an Norfolk und Ridolfi seien Fälschungen wie die Kassettenbriefe und die Briefe an Babington. Es handelt sich dabei um eine Glaubensfrage, die sich per Definition der Überprüfbarkeit entzieht.

gegen einen alltäglicheren Brief: »Laßt mir durch die Fuhrleute etwas überbringen, und vergeßt das Band nicht. Zimtwasser hätte ich gerne ...«[4]

Maria war durch die Aufregung um die Verschärfung der Sicherheitsbestimmungen krank geworden. Der stechende Schmerz in der Seite und ihr Magenleiden hatten sich »sehr verschlimmert«, daher die Bitte um Zimtwasser und »eingelegte Muskatnuß«. Graf von Shrewsbury, der nicht an eine ernste Krankheit glaubte, führte das Unwohlsein auf einen überhöhten Medikamentenkonsum zurück. Genaueres wußte man nicht.

Sicher ist dagegen, daß immer deutlicher wurde, daß Maria Stuart tief in das Komplott Ridolfi verstrickt war. Es war gewiß kein Zufall, daß im November die erste (lateinische) Ausgabe von Buchanans *Detectio* mit den Kassettenbriefen im Anhang erschien. Zweifellos hatte Elisabeth ihrer Verbreitung zugestimmt, denn sie gab kurz darauf ihre Einwilligung, die englische Ausgabe zu veröffentlichen.

Die Immunität, die Maria seit der Konferenz von York unausgesprochen genoß, war damit zu Ende. Im folgenden Frühjahr konnte der Abgeordnete Peter Wentworth die Ex-Königin von Schottland, ohne zur Ordnung gerufen zu werden, als »größte Hure der Welt« bezeichnen. Vor allem die anglikanische Kirche drängte auf eine Bestrafung der katholischen Königin. Damit Elisabeth ohne Rücksicht auf Verluste gegen sie vorging, überreichte man ihr eine besonders boshafte Schmähschrift, in der sie im Zusammenhang mit biblischen Namen wie Saul, Ahab, Benhadad, Isebel und Athalja genannt wird: »Ehebruch, Mord, Verrat und Gotteslästerung dürfen nicht ungesühnt bleiben«, meinte der Bischof von London.[5] Im Frühjahr 1572 hätten viele Maria Stuarts Kopf gerne auf dem Richtblock gesehen: Das war in ganz Europa die Strafe für Verschwörer und Helfershelfer.

Mehrere rieten Elisabeth dringend, gegen die Stuart vorzugehen. Die Tudor zögerte, denn sie wußte, daß ein Prozeß gegen eine Königin dem Ansehen der Monarchie zutiefst schaden würde. Sie schob sogar die Hinrichtung Norfolks, der juristisch einwandfrei verurteilt worden war, von Woche zu Woche hinaus. »Ihre Majestät waren von jeher sanftmütig und barmherzig«, schrieb Cecil am 23. Januar 1572. »Das hat ihr mehr Unannehmlichkeiten eingetragen, als Gerechtigkeit walten zu lassen, auch wenn sie meint, Nachsicht nütze ihr mehr.«[6] Mehrmals unterzeichnete sie den Hinrichtungsbefehl und hob ihn wieder auf. »Die Bösen können sich freuen, denn Ihre Majestät hat die Kraft zu strafen verloren«, klagte Sadler.

Unter dem Druck der öffentlichen Meinung berief Elisabeth schließlich das Parlament ein. Es trat am 8. Mai zusammen und verabschiedete fast sofort eine *Bill of Attainder,* mit der die schottische Königin wegen Hochverrates verurteilt wurde. Maria, die alle Ereignisse immer verspätet erfuhr, rechnete höchstens mit einer Aberkennung ihrer Ansprüche auf Elisabeths Nachfolge. Ein entsprechendes Gesetz wurde tatsächlich verabschiedet. Allerdings verweigerte die englische Königin wortreich beiden Gesetzestexten ihre Unterschrift. »Ihre Majestät ist sich selbst der schlimmste Feind«, kommentierte Cecil bitter.[7] Maria war sich wahrscheinlich gar nicht bewußt, daß sie knapp einem Todesurteil entgangen war. Elisabeth mußte, um das Parlament nicht zu verärgern, ein Opfer bringen. Am 2. Juli bestieg Norfolk das Schafott. Er beteuerte vor dem Henker abermals seine Unschuld und bekannte sich leidenschaftlich zum Protestantismus.

Anfang Sommer 1572 hatte Maria Stuart aus Europa praktisch keine Hilfe mehr zu erwarten. Philipp II. nahm nach dem Scheitern des Ridolfi-Komplotts wieder seine abwartende Haltung ein. Frankreich suchte augenblicklich die Annäherung an England, wobei die Hugenotten am Hof größeren Einfluß gewannen. Ein französisch-englisches Bündnis wurde am 29. April in Blois unterzeichnet. Maria Stuart blieb im Vertragstext unerwähnt. Im Juni, als Norfolk enthauptet wurde, brachte der Botschafter Paul de Foix die Verhandlungen zu einer Vermählung Elisabeths mit dem Herzog von Anjou wieder in Gang. Cecil hatte dem französischen Diplomaten wahrscheinlich Abschriften von Marias Briefen geschickt, in denen sie Ridolfi rät, Frankreich in das geplante Unternehmen nicht mit einzubeziehen. »Man sagt, der König [Karl IX.] tue sein Mögliches, um das Leben der unglücklichen Königin von Schottland zu retten«, schrieb der venezianische Botschafter in Paris, »aber es wird ihm wohl nicht gelingen, denn wenn sie der öffentlichen Verurteilung entgeht, wird man sie wahrscheinlich heimlich hinrichten.«[8]

Derweil klagte Maria über Schmerzen im Arm, bat um Erlaubnis, wegen ihres Rheumatismus in Kur gehen zu dürfen, und drohte Karl IX., wenn er ihr keine Hilfe schicke, werde sie sich mit seinen Gegnern in Schottland verbünden. Noch nie war das Verhältnis zwischen Maria Stuart und ihrem »geliebten Frankreich« so unterkühlt gewesen.

Um in einem Zug über die Ereignisse der Verschwörung Ridolfi und ihre Auswirkungen auf Maria Stuart berichten zu können, mußten wir notgedrungen auf eine Schilderung dessen verzichten, was sich zur gleichen Zeit in Schottland abspielte. Zuletzt war die Rede davon, daß die Festung in die Hände des Regenten Lennox gefallen und Erzbischof Hamilton, der sich lange schon verhaßt gemacht hatte, ohne Gerichtsverfahren aufgehängt worden war.

Freilich war die Partei der Anhänger Marias deshalb noch nicht ausgelöscht. Der Norden wurde noch immer von Huntly kontrolliert, und die strategisch besonders bedeutende Festung Edinburgh war nach wie vor in der Hand von Kirkcaldy of the Grange, Claude Hamilton, Kerr of Fernyhurst, Maitland und anderen.

Auch wenn Schottland in zwei feindliche Lager gespalten war, schloß das nicht aus, daß Vertreter verschiedener Seiten Gespräche führten, Kuhhandel abschlossen oder in kleinerem Umfang Verrat begingen. Es herrschte Anarchie, und nicht selten steckte hinter den Überfällen, Plünderungen und Morden trotz des politischen Anstrichs das reinste Banditentum. Elisabeth, die in Schottland ihren zuverlässigen Botschafter Randolph sitzen hatte, begünstigte Lennox' Partei (offiziell die Partei König Jakobs), arbeitete aber vor dem Komplott Ridolfi nicht konsequent auf die Ausschaltung von Marias Anhängern hin; im Grunde kamen ihr die bürgerkriegsähnlichen Zustände im Nachbarland sehr gelegen, wenn auch nur deshalb, weil sie sich so nicht klar für eine der beiden Seiten, für Mutter oder Sohn, erklären mußte: Die Unentschlossenheit war bekanntlich Elisabeths liebste Haltung.

Als im Sommer 1571 Marias Intrigen mit den Spaniern ans Tageslicht kamen, änderte das jedoch alles. Sicher war es kein Zufall, daß Lennox die Belagerung der Festung von Edinburgh gerade zu einem Zeitpunkt verschärfte, als den Engländern Charles Baillie mit geheimen Dokumenten ins Netz gegangen war. Immerhin war das französische Geld, das Norfolk im August nach Schottland hätte schaffen sollen, für Kirkcaldy of the Grange und Maitland bestimmt gewesen. Randolph versicherte Lennox' Anhängern damals, daß ihr Sieg nahe sei, was Maria in ihrem Gefängnis als Morddrohung auffaßte: »Ganz offenbar erklärt Randolph, wie ich in die andere Welt befördert werden soll [...] denn er schreibt den Aufrührern in meinem Königreich, sie seien mich bald los.«[9]

Um die gegnerische Partei schneller auszuschalten, berief Lennox das Parlament nach Stirling ein: Es sollte Marias Anhänger endgültig verurteilen und ihre Güter für beschlagnahmt erklären – eine Maßnahme, vor der man im damaligen Schottland nie sicher war. Als der kleine König Jakob bei dieser Gelegenheit seinen ersten offiziellen Auftritt hatte (der damals Fünfjährige soll seiner Entwicklungsstufe voraus gewesen sein) und im Boden (vielleicht war es auch die Decke) des Saales ein Loch entdeckte, bemerkte er: »Ich glaube, das Parlament ist durchlöchert.« Das Wort war gleichsam ein Omen. Ein Kommando der Anhänger Marias, das im Galopp die fünfundfünfzig Kilometer von Edinburgh nach Stirling geritten war, brachte in einem tollkühnen Handstreich im Nu den Regenten und seine Anhänger in seine Gewalt. Für einige Stunden sah es so aus, als habe sich das Blatt gewendet. Fast wäre der kleine Jakob den Anhängern seiner Mutter in die

Hände gefallen. Aber Graf von Mar, der auf Schloß Stirling die Obhut über den König hatte, trommelte seine Truppen zusammen und eilte den Freunden in der Unterstadt zu Hilfe. Überrumpelt sprengten Marias Anhänger in alle Himmelsrichtungen davon, worauf die Partei des Königs wieder Herr der Lage war. Jemand hatte im Eifer des Gefechtes allerdings den Regenten Lennox schwer verwundet: Claude Hamilton soll es gewesen sein, vielleicht war es auch sein Vasall Calder. Einig war man sich jedenfalls darüber, daß es ein Vergeltungsschlag für Erzbischof Hamilton gewesen war, den man im vorigen Frühjahr wegen Beihilfe an der Ermordung Morays aufgehängt hatte. Das Ganze ähnelte einer italienischen Vendetta. Lennox erlag Tage später seinen Verletzungen. »Ihre Majestät [Elisabeth] wird für die Zukunft schwerlich einen so ergebenen Menschen finden«, klagte Drury, ein sehr seltsamer Nachruf auf einen Regenten von Schottland.

So dramatisch und spektakulär die Ereignisse in Stirling vom 3. September 1571 auch gewesen waren, im Grunde hatte sich durch sie nichts geändert. Mar, der Held des Tages, wurde nach Lennox Regent von Schottland und kämpfte weiterhin gegen Marias Anhänger. Da sich Frankreich immer stärker einem Bündnis mit England zuwandte und die Stuart-Königin immer größere Schwierigkeiten hatte, mit ihren Anhängern in Schottland in Kontakt zu treten, geriet die Festung von Edinburgh mehr und mehr in Bedrängnis. Mehrere Anhänger Marias, die ahnten, daß ihre Sache verloren war, erklärten sich für König Jakob.

Vielleicht hätte die allgemeine Kriegsmüdigkeit zu einer allmählichen Befriedung Schottlands geführt, wenn auf dem Kontinent nicht ein Ereignis stattgefunden hätte, das alles wieder in Frage stellte: die Bartholomäusnacht. Mit dem gräßlichen Blutbad, das sich am 24. August 1572 ereignete, war das herzliche Einvernehmen zwischen England und Frankreich fürs erste beendet. In Paris hatte wieder die katholische Partei das Sagen, und die Guisen stellten sich an ihre Spitze. In den protestantischen Ländern hatte das Gemetzel eine gewaltige psychologische Wirkung. Wieder hatte sich die katholische Kirche als das menschenfressende Untier aus der Apokalypse erwiesen. In England und Schottland kursierten zahllose Pamphlete mit der Forderung, die Katholiken zu ächten und Maria Stuart, die diesmal keine Schuld traf, hinrichten zu lassen.

Vor diesem Hintergrund heckten Elisabeth oder Cecil im Herbst 1572 einen ziemlich schmutzigen Plan aus, an den man nicht glauben würde, wenn er nicht durch Schriftstücke in Archiven eindeutig belegt wäre: Maria Stuart sollte ihren Feinden nach Schottland ausgeliefert werden, und dabei wollte man sich versichern, daß dort mit ihr kurzer Prozeß gemacht würde.

Um den blutigen Handel abzuschließen, wurde Henry Killigrew, der zuvor ehrenhaftere Aufgaben erfüllt hatte, nach Edinburgh geschickt, wo er mit dem Regenten Mar und seinem wichtigsten Ratgeber Morton zusammentraf. Killigrew hatte genaue Instruktionen: Er sollte verlangen, daß Maria im Falle einer Auslieferung unbedingt hingerichtet würde («um den Teufel nicht mit Beelzebub auszutreiben»), wobei Elisabeths Namen in diesem Zusammenhang nicht genannt werden dürfe. »Nach Abwägung aller Argumente scheint dies die beste Lösung«, schrieb Cecil Killigrew am 29. September 1572. »Setzt also im Interesse des Regenten [Mar] und der Religion Euren ganzen Eifer daran, daß sie in die Tat umgesetzt wird.«[10]

Nach einer Geheimkonferenz bei Morton am 8. Oktober war die Sache fast beschlossen: »In der besagten Angelegenheit sind der Regent und der Graf von Morton gerne bereit, Euren Wünschen zu entsprechen. Sie sind sich einig, daß man den Unruhen in unseren beiden Königreichen so am besten beikommt«, schrieb Killigrew Cecil am 9. Oktober. Allerdings verlangten die Schotten Garantien und eine »großzügigere Hilfe Ihrer Majestät zum Unterhalt der Soldaten«, eine Bedingung, die der sparsamen Elisabeth ganz und gar nicht gefiel.

Die Übereinkunft sah grob folgendermaßen aus: Die Königin von England sollte den König von Schottland ihrem Schutz unterstellen, den gesamten noch ausstehenden Sold für Mars und Mortons Truppen bezahlen und mit Schottland ein uneingeschränktes Verteidigungsbündnis schließen. (Elisabeth träumte erneut davon, das Königreich im Norden in ein englisches Protektorat zu verwandeln.) Zu klären blieb damit nur noch, wie Maria Stuart liquidiert werden sollte. Die Engländer hätten es am liebsten gesehen, wenn sie »vier Stunden nach ihrem Grenzübertritt nach Schottland ins Jenseits« befördert würde.[11] Die Schotten waren dagegen für ein förmlicheres Ende: Sie sollte vom Parlament abgeurteilt und, was noch wichtiger war, öffentlich hingerichtet werden. Stellvertretend für Elisabeth hätten ein wichtiger englischer Lehnsherr – Bedford, Essex oder ein anderer – und dreitausend englische Soldaten der Hinrichtung beiwohnen sollen. Aber Killigrew hatte ganz offenbar Weisung, einer hochoffiziellen Hinrichtung auf keinen Fall zuzustimmen und statt dessen auf ein diskreteres Ende zu drängen.

Das war der Stand der Dinge, als am 28. Oktober 1572 unerwartet der Graf von Mar starb, angeblich durch Gift. Sein Nachfolger wurde Morton: Er war der vierte Regent Schottlands, seit Maria Stuart sechs Jahre zuvor abgedankt hatte. Killigrew verlangte neue Instruktionen aus London, die ihm Cecil aber wohlweislich nicht gab. Die Verhandlungen wurden abgebrochen, Maria Stuart war gerettet. Wahrscheinlich wußte sie gar nicht, wie knapp sie dem Tod entronnen war. Nach ihren Briefen sorgte sie sich hauptsächlich darum, an die fälligen Einkünfte aus ihrem Witwengut zu kommen und die Erlaubnis zu erhalten, in Buxton ihre Leiden zu lindern. Morton, dem das Vergnügen entging, seine frühere Herrscherin hinrichten oder ermorden lassen zu dürfen, wollte den Bürgerkrieg in Schottland nicht ewig weitergehen lassen und holte zum letzten Schlag aus.

Zunächst mußten noch die letzten Möglichkeiten der Versöhnung ausgeschöpft werden. Killigrew vermittelte; die Hamiltons, Huntly, Argyll und Balfour, die den endlosen Bürgerkrieg ebenfalls satt hatten, erklärten sich schließlich bereit, Jakob VI. als legitimen König anzuerkennen, wenn ein Schlußstrich unter die Vergangenheit gezogen würde. John Knox richtete einen ergreifenden Appell an seinen früheren Anhänger Kirkcaldy of the Grange: »Wende dich von diesen Gefährten der Sünde ab, sonst zerrt man dich vielleicht bald schon aus deinem Schlupfwinkel und hängt dich im Angesicht der Sonne auf!« Kirkcaldy und Maitland hielten durch: Die Männer, die mit zahlreichen anderen 1566 den Sturz Maria Stuarts herbeigeführt hatten, waren jetzt bereit, für sie zu sterben.

Die Festung Edinburgh wurde von Mortons Truppen und einem viertausend Mann starken Expeditionskorps unter dem Befehl von William Drury belagert, und nur ausländische Hilfe hätte sie jetzt noch retten können. Aber eine französische Flotte unter Véracs Kommando, die man in aller Eile ausgerüstet hatte, wurde in einem Sturm vor Scarborough auseinandergesprengt. Die Würfel waren gefallen. Am 17. Mai 1573 wurde das Artilleriefeuer auf die Festung eröffnet. Am 24. Mai klafften in den Mauern Breschen. Am 29. Mai ergaben sich Kirkcaldy of the Grange, Maitland und die Gefährten dem Engländer Drury.

Ein langer Kampf war damit ruhmreich zu Ende gegangen. Morton, der ein erneutes Aufflammen der Kämpfe nicht riskieren wollte, verlangte von Elisabeth, daß ihm die Gefangenen überstellt würden. In einem schwachen Augenblick gab Elisabeth nach. Maitland, das Buchanan verhaßte »Chamäleon«, starb rechtzeitig am 8. Juni im Gefängnis. Melville behauptete, er habe sich »wie die alten Römer« das Leben genommen, während Maria Stuart stets an einen Giftmord glaubte. Kirkcaldy und sein Bruder wurden Morton ausgeliefert und auf dem Marktplatz von Edinburgh inmitten des johlenden Pöbels vor schimpfenden Pastoren aufgehängt. Elisabeth gab sich angesichts des barbarischen Aktes empört: Wenn das schmutzige Geschäft erledigt war, zeigte sie immer gerne Reue.

Für die Gefangene in Sheffield waren alle Illusionen verflogen. In Schottland gab es nur noch König Jakob VI. und Morton, der das Land mit eiserner Hand regierte. Die Herrschaft der Maria Stuart war endgültig vorüber. Dafür begann jetzt eine lange Abenddämmerung.

Die dreizehn oder vierzehn Jahre, die Maria Stuart nach dem Zusammenbruch ihrer Partei in Schottland noch zu leben hatte, gingen keineswegs ereignislos vorüber. Sie wurden durchzogen von einer Serie von Komplotten, Intrigen und Verschwörungen, die zum bekannten Ende führten. Zugleich waren es auch endlos eintönige Jahre der Gefangenschaft mit all den großen und kleinen Erniedrigungen und Nöten, die auch einer Königin in der Haft nicht erspart bleiben. Nun ist es an der Zeit, über Maria Stuarts Leben in der Gefangenschaft zu berichten, über das vieles aus ihren Briefen und aus den Berichten ihrer aufeinanderfolgenden Kerkermeister bekannt ist.

Natürlich wirkten die äußeren politischen Ereignisse in den neunzehn Jahren, in denen Maria Stuart in englischem Gewahrsam war, stets auf ihre Haftbedingungen zurück. Von der jeweiligen politischen Großwetterlage hing es ab, ob die Bewachung scharf oder lax gehandhabt wurde, ob Maria bequem oder unkomfortabel untergebracht wurde und ob die Korrespondenz mit Elisabeth in einem giftigen Tonfall gehalten war oder nicht. Freilich war die Gefangenschaft einer Königin keine mittelalterliche Kerkerhaft, sondern meistens einfach ein überwachter Zwangsaufenthalt auf einem Schloß, von dem aus Maria in den umliegenden Wäldern und Fluren spazierengehen, ausreiten, jagen und sich in Thermalbädern sogar gesundkuren durfte. In kritischen Zeiten wurde die Bewachung dann verschärft, so zum Beispiel nach der Aufdeckung des Komplotts Ridolfi, nach der Verschwörung Throckmortons, von der noch die Rede sein wird, oder in den Monaten vor der Hinrichtung. Maria Stuart wurde außer in den letzten Wochen ihres Lebens stets so würdevoll behandelt, wie es eine Herrscherin erwarten durfte. Ihre Besucher empfing sie auf einem Thronsitz unter einem Baldachin. Sie unterhielt in Paris und gelegentlich in Rom und Madrid einen Gesandten mit diplomatischem Status. Fast bis zu ihrem Ende hielt man mit gewissen Einschränkungen die Fiktion einer amtierenden Königin aufrecht.

Ebenso wechselhaft wie ihr Geschick waren auch ihre Aufenthaltsorte. Die zahlreichen Umzüge von Schloß zu Schloß erklären sich zum einen aus den allgemeinen Lebensbedingungen des 16. Jahrhunderts. Damals waren alle Höfe gezwungen, ständig ihre Residenzen zu wechseln, weil es nirgendwo fließendes Wasser und sanitäre Einrichtungen gab. Nach wenigen Wochen oder Monaten wurde der weitere Aufenthalt auf einem Schloß untragbar, vor allem im Winter, wenn man nicht dauernd lüften konnte. Der Hof mußte weiterziehen, damit man ordentlich Großreinemachen durchführen konnte.

Es wäre sinnlos, alle Schlösser und Burgen aufzuzählen, die Maria Stuart in England bewohnt hat. Damit haben sich schon viele befaßt wie beispielsweise John Daniel Leader 1880 und Michael Schoemaker 1902, die den gesamten Tagesablauf der Königin von Monat zu Monat minutiös dokumentiert haben. Besonders wichtige Etappen sind dagegen das Schloß von Carlisle und dann Bolton, wo Maria unmittelbar nach ihrer Landung untergebracht wurde und von wo aus sie die Konferenz von York und Westminster verfolgte, von der letztlich alles abhing. Nächste Stationen waren Tutbury und Wingfield. Kurz bevor der Aufstand des Nordens ausbrach, verlegte man sie eilig nach Coventry außerhalb der Reichweite eventueller Befreier. Als sich die Lage stabilisiert hatte, wurde sie für längere Zeit nach Chatsworth und dann nach Sheffield gebracht.

Am längsten residierte Maria Stuart in Sheffield, wo sie sich fast die gesamte Zeit zwischen den Jahren 1570 und 1584 aufhielt. Sie bewohnte abwechselnd das eigentliche Schloß, eine mittelalterliche Burg, die heute nicht mehr steht, und das kleinere, aber bequemer eingerichtete *Manor House*. Beide Bauten gehörten dem Grafen von Shrewsbury, dem Elisabeth die Aufgabe übertragen hatte, die Gefangene mehr oder weniger auf eigene Kosten zu beherbergen.* Auf dem umliegenden Land konnte man ausgedehnte Spaziergänge und Ausritte unternehmen, auf die Maria Stuart, der die Aufenthalte im Freien über alles gingen, nicht verzichten konnte.

George Talbot Graf von Shrewsbury spielte somit im Leben der Königin von Schottland ungewollt eine zentrale Rolle. Es gab schlimmere Bewacher als Shrewsbury, der ein Grandseigneur und Ehrenmann erster Güte war und der die Gefangene trotz seiner etwas verdrossenen und kleinlichen Haltung voller Respekt und Verständnis behandelte. Der aufrichtig gläubige Protestant trat Maria wesentlich versöhnlicher und toleranter entgegen als zahlreiche andere wie Paulet oder Walsingham, die mit ihr zu tun hatten. In den Jahren, in denen Maria Stuart unter seiner Aufsicht stand, hatte sie ihm persönlich niemals etwas vorzuwerfen und begegnete ihm mit größter Ehrerbietung.

Dagegen war seine Gattin ein händelsüchtiges Weib, und das unfreiwillige Zusammenleben zwischen der gefangenen Königin und der Gräfin führte immer wieder zu Konflikten. Lady Shrewsbury, die 1570 neunundvierzig und damit um acht Jahre älter war als ihr Gatte, war nicht zum ersten Mal verheiratet: Drei Männer hatte sie bereits zu Grabe getragen, und aus den vorigen Ehen waren ihr mehrere Kinder geblieben, weshalb es im häuslichen Kreis leicht zu Spannungen kam.

---

* Er erhielt eine Entschädigung von zweiundfünfzig Pfund pro Woche, später nur noch dreißig Pfund. Die tatsächlichen Ausgaben zum Unterhalt der Gefangenen lagen weitaus höher, so daß Shrewsbury sehr zum Ärger seiner Frau kräftig zuzahlen mußte.

Bess of Hardwick, so ihr Mädchenname, mit dem sie in die Geschichte einging, verstand sich hervorragend darauf, Ränke zu schmieden und anderen übel nachzureden. Sie war der Inbegriff dessen, was man als Klatschmaul zu bezeichnen pflegt. Diese ehrgeizige und umtriebige Frau verabscheute den unfreiwilligen Aufenthalt in Sheffield ebenso wie Maria Stuart. So vertrieb sie sich die Zeit damit, leidenschaftlich Tratsch und Gerüchte in die Welt zu setzen. Sie war die niederträchtigste und wachsamste Feindin, die Maria Stuart je gehabt hatte. Frauen lassen sich untereinander oft zu Indiskretionen hinreißen, und wenn Lady Shrewsbury und Maria Stuart an langen Winterabenden beisammen saßen, wurden auch sie leichtsinnig. So verbreitete die Gräfin selbst über Königin Elisabeth Skandalgeschichten, die sich Maria sehr genau merkte. Man kann sich die Atmosphäre gut vorstellen, in der der arme Graf von Shrewsbury zwischen diesen beiden Frauen lebte, die sich bis aufs Blut haßten und notgedrungen Frieden miteinander geschlossen hatten.

In materieller Hinsicht dürfte Maria Stuart kaum Mangel gelitten haben. Als Königinwitwe verfügte sie theoretisch über die Einkünfte aus ihren französischen Besitzungen. Auf dieses Einkommen war allerdings wenig Verlaß, weil in Frankreich die Kämpfe zwischen den Protestanten und Katholiken immer wieder aufflammten. Karl IX. und später Heinrich III. machten ihrer Ex-Schwägerin mehrmals Vorschläge oder zwangen sie vielmehr dazu, Ländereien einzutauschen, was für sie zumeist nachteilig ausfiel. Da Maria Stuart ihre Besitztümer nicht vor Ort verwalten konnte, war sie ständig auf ihre Unterhändler angewiesen, und die erwiesen sich nicht immer als Ehrenmänner. In Briefen klagt die Gefangene immer wieder heftig über ausbleibende Zahlungen, unstimmige Abrechnungen oder fehlende Mittel, um die Diener zu bezahlen, Beschwerden, die sich wie ein Leitmotiv durch ihre gesamte Korrespondenz ziehen.

Dabei war ihre Lebenshaltung alles andere als bescheiden. Wenn nicht gerade aus Sicherheitsgründen die Zahl ihrer Diener verringert worden war, um ihr den Schmuggel von geheimen Briefen zu erschweren, unterhielt Maria Stuart einen regelrechten Hofstaat: um die dreißig Personen, Zimmermädchen, Köche, Kutscher und Stallknechte, Apotheker, Ärzte und Sekretäre. Natürlich hatte die Königin auch ihre Ehrendamen, die im 16. Jahrhundert unabdingbarer Bestandteil des fürstlichen Lebens waren. An diesem Hof lebten auch Mitglieder von Familien, die schon in Schottland zu Maria Stuarts Gefolge gehört hatten: Lord und Lady Livingston, Mary Seton, der junge William Douglas, mit dessen Hilfe sie aus Lochleven entkommen war, und John sowie Andrew Beaton, die Brüder des Erzbischofs Beaton. Elisabeth duldete diese aufwendige Hofhaltung, um wenigstens nach außen hin den Schein aufrechtzuerhalten, als behandle sie ihre Cousine so würdevoll wie eine Königin.

Neben ihren Dienern unterhielt Maria Stuart mehr oder weniger regelmäßig auch eine diplomatische Vertretung im Ausland und unterstützte zudem bis 1573 ihre Anhänger in Schottland, die einen Bürgerkrieg finanzieren mußten. All dies waren selbst für eine Königinwitwe von Frankreich gewaltige finanzielle Belastungen, um so mehr, als Maria auf Komfort und Luxus nicht verzichten wollte. Noch immer legte sie großen Wert auf ihr Äußeres und kleidete sich möglichst nach der neuesten französischen Mode. Erzbischof Beaton bat sie, er solle ihr aus Paris »Schnittmuster und Stoffproben von Gold-, Silber- und Seidentuch« schicken, »das Hübscheste und Ausgefallenste, was man bei Hofe trägt«. Und in Italien solle er für sie »die neuesten Frisuren, Schleier und Gold- und Silberbänder ausfindig machen«. Wichtig war für sie auch die Innenausstattung ihrer Residenz. So bestellte sie (seltsamerweise heimlich) »sechs große Kandelaber für den Saal, möglichst groß, schön und reich verziert«.[12] Auf Dauer war eine derartige Hofhaltung natürlich ruinös. Erzbischof Beaton mußte ihr trotz seiner spärlichen Einkünfte (seine Diözese Glasgow war beschlagnahmt worden) mehrfach Geld aus eigener Tasche vorstrecken, was er verständlicherweise nur ungern tat.

Wie füllte Maria Stuart ihre Zeit aus? Wenn sie konnte, ging sie im Schloßpark spazieren oder ging ihrer Lieblingsbeschäftigung nach und durchstreifte das umliegende Land. Wenn eine ihrer Intrigen aufgeflogen war, verbot man ihr aus Sicherheitsgründen oder zur Strafe den Ausgang. Maria Stuart hielt gerne Tiere. Beaton schickte ihr Turteltauben, Perlhühner und kleine Hunde »in mollig warmen Körbchen«. Sie selbst züchtete Jagdhunde und ließ Heinrich III. über den französischen Botschafter Welpen zukommen. »So vertreibt sich eine Gefangene die Zeit«, schrieb sie ihm melancholisch.

Im Winter nahm sie den Stickrahmen zur Hand, wie damals die meisten Frauen. Schon in Schottland hatte sie Stickereien angefertigt, und sie beherrschte diese Handarbeit meisterhaft. In ihren Briefen bittet sie immer wieder um Beschaffung von Garn und anderem Material. La Mothe Fénelon schrieb sie: »[Sendet mir rasch] acht Ellen blutroten Atlas, von der Farbe der Seidenprobe, die ich Euch schicke, vom Besten, was Ihr in London auftreiben könnt, dazu ein Pfund feinsten doppelten Silberfaden [...]. Wenn ich es nicht bald bekomme, geht mir die Arbeit aus.«[13] Einige der Möbelstoffe, Gürtel und Kissen, die Maria mit Mustern und Devisen bestickte, schenkte sie Lady Shrewsbury und Elisabeth, rührende Versuche um eine

Aussöhnung mit den beiden Frauen, von denen ihr Schicksal am meisten abhing. Elisabeth bekundete im Mai 1574 Gefallen an einer Arbeit mit Silberfaden. Maria schrieb sofort einen überschwenglichen Brief zurück: »Ich schätze mich glücklich, daß Euch die Arbeiten gefallen, mit denen ich mich bemühe, wieder in Eure Gunst zu kommen.«[14] Aber Elisabeth Tudors Herz war mit Stickereien sicher nicht zu erweichen!

Heute befinden sich mehrere Handarbeiten, die angeblich von Maria Stuart stammen, in verschiedenen englischen Museen und Privatsammlungen. Als sicher echt gilt zumindest der große Wandbehang auf Schloß Oxburgh Hall in der Grafschaft Norfolk: Er ist bestickt mit heraldischen Motiven, die zumeist auf das Wappen der Valois' zurückgehen: Mondsichel, Salamander, Glücksrad, Füllhorn, Phönix, Löwin und junger Löwe, Pelikan, Einhorn und die später berühmt gewordene Devise *En ma fin est mon commencement* (in meinem Ende liegt mein Anbeginn).[15] Es handelt sich um sehr feine Stickarbeiten auf höchstem handwerklichem Niveau.

Freilich füllten solche Beschäftigungen eine kerngesunde, sportbegeisterte junge Frau nicht aus. Schon bald sorgten sich ihre Vertrauten um ihren Gesundheitszustand. Sie hatte bereits in Schottland Beschwerden gehabt (vor allem der vielbeschworene stechende Schmerz in der Seite, der vor allem dann auftrat, wenn sie besonders angespannt oder verstimmt war). Wie im Oktober 1566 in Jedburgh konnten diese Beschwerden durchaus dramatisch werden, und mit Beginn der Gefangenschaft in England wurden sie häufiger und hielten länger an.

Die Leiden, über die Maria Stuart in ihren Briefen klagt, waren sicher rheumatische Erkrankungen, die auf das englische Klima und die schlecht beheizten Schlösser – vor allem in Tutbury pfiff der Wind durch alle Ritzen – zurückzuführen waren. Der Katarrh, von dem die Gefangene oft spricht, war vermutlich nur eine Gelenkentzündung, oder es handelte sich dabei um arthritische Schwellungen. Gelegentlich hatte Maria Magenbeschwerden (die sie bei einem weniger vertrauenswürdigen Wächter als Shrewsbury sicher für Vergiftungen gehalten hätte), Tertiana- oder Quartanfieber und Kopfschmerzen. Wenn Maria schlechte Nachrichten erhalten hatte, konnte sie stundenlang ohne Unterbrechung weinen. Und in kritischen Augenblicken befiel sie immer wieder der stechende Schmerz in der Seite. Im Februar 1581 glaubte sie sich »dem Ende nahe«, und im November 1582 war ihr Zustand so bedenklich wie sechzehn Jahre zuvor in Jedburgh. Ihr schlechter Gesundheitszustand fiel Besuchern und ihren Vertrauten auf: Sie war um 1580 aufgedunsen, hinkte zeitweilig, klagte über Schmerzen im Arm und konnte nur mit Mühe eine Schreibfeder halten. Gewaltige Mengen von Medikamenten ruinierten ihr die Gesundheit vollends.

Nach all diesen Symptomen haben moderne Ärzte versucht, eine Diagnose zu stellen.[16] Man hat vermutet, sie habe ein Magengeschwür, Gicht oder Nierensteine, vor allem aber Porphyrie gehabt, eine Erbkrankheit, von der auch ihr Vater und ihr Sohn betroffen waren und die sich durch eine Rotfärbung des Urins – daher der Name –, Unterleibsbeschwerden, Kopfschmerzen und depressive Verstimmungen äußert. Maria Stuarts Leiden waren sicher psychosomatischer Natur. Sie traten immer dann auf, wenn sie Stimmungstiefs und Angstzustände hatte, zum Beispiel während ihrer Ehe mit Darnley und während der Konferenz von York. Und wie alle Gefangenen beschäftigte sie sich natürlich viel mit sich selbst. Immer wieder spricht sie in ihren Briefen über ihre schlechte Gesundheit, und immer wieder klagt sie über schlechte Haftbedingungen. Oft beschwört sie den Tod als Erlöser herauf, auch wenn solche Äußerungen des Lebensüberdrusses nicht ganz ernst zu nehmen sind. Überhaupt wuchs sich jede Kleinigkeit in der räumlichen und seelischen Eingeengtheit zum psychischen Problem aus.

Als im August 1574 Marias französischer Sekretär an Tuberkulose starb, brauchte sie einen zuverlässigen Nachfolger: Ihr Onkel, der Kardinal von Lothringen, schickte ihr seinen Sekretär Claude Nau, der später ihre Memoiren, die in den vorigen Kapiteln bereits mehrfach zitiert wurden, verfassen sollte. Nach einem einjährigen Aufenthalt in Sheffield schrieb Nau einen schwermütigen Brief an Erzbischof Beaton: »Unser Gefängnis hier ist enger und öder als die Verliese der Bastille. Wenn ich nicht dem Andenken des verstorbenen Kardinals, meines werten Dienstherrn, verpflichtet wäre,* wünschte ich mir die Freiheit zurück, um mir weiteren Verdruß zu ersparen.«[17]

In dieser abgeschlossenen Welt, die ein Nährboden für Intrigen und häuslichen Zwist war, geriet Maria mitunter aus der Fassung. »Gefangene, die nicht immer die gewünschte Behaglichkeit haben, müssen geduldige und friedliebende Menschen sein«, schrieb sie am 18. Juli 1574. Oft steigerte sie sich in den Ärger über die Dienerschaft hinein. »Ihr würdet nicht glauben, wie frech und aufsässig mir diese Halunken (der Koch und seine Frau) gekommen sind.« (15. September 1578)[18]

Die Situation spitzte sich dramatisch zu, als die Gräfin von Shrewsbury ihren Mann 1584 beschuldigte, er habe ein ehebrecherisches Verhältnis mit der gefangenen Königin. Maria raste vor Zorn, schrieb bitterböse Briefe und verlangte Abbitte und Wiedergutmachung. Da Elisabeth die Angelegenheit offenbar nicht ernst nahm, trug Maria Mauvissière auf, er solle der Königin drohen: »Ich empfinde aus tiefstem Herzen Empörung über die

---

* Der Kardinal von Lothringen war am 26. Dezember 1574 gestorben.

Ungerechtigkeit und die nicht wiedergutzumachende Beleidigung, die man mir an diesem Ort angetan hat [...] Mein Geschrei soll weit bis über die Mauern dieses Hauses hinaushallen, und ich glaube nicht, daß ich so wenig Freunde in der Christenheit besitze, daß es sich keiner zur Pflicht macht, mich zu verteidigen.«[19]

Um ihrem Ärger Luft zu machen, schrieb Maria Stuart einen bösen Brief: Sie gab Elisabeth den Klatsch wieder, den die Gräfin von Shrewsbury über sie verbreitete: »Die Gräfin von Shrewsbury hat mir gesagt, daß jemand* unzählige Male mit Euch geschlafen habe, mit der gesamten Freizügigkeit und Intimität, die zwischen Gatte und Gattin möglich sind, daß Ihr aber nicht wie andere Frauen seid und es deshalb Irrsinn sei zu behaupten, Ihr wolltet den Herzog von Anjou heiraten [...] und daß Ihr nie die Freiheit verlieren wolltet, Euch beschlafen zu lassen und Eure Lust bei neuen Geliebten zu suchen [...]. Sie sagt auch, daß Ihr Euch so viel auf Eure Schönheit einbildet, als wärt Ihr eine himmlische Göttin, daß Ihr großes Vergnügen an den unpassendsten Schmeicheleien fändet und Euch zum Beispiel gerne sagen lasset, daß man Euch nicht voll anzublicken wage, weil Euer Gesicht wie die Sonne leuchte.«[20]

Der Brief ist wahrscheinlich nie abgeschickt worden. Maria hat ihn anscheinend in ihrer Schatulle verwahrt, wo er bei der Durchsuchungsaktion nach dem Babington-Komplott mit sämtlichem Belastungsmaterial beschlagnahmt wurde. Maria dürfte es eine große Genugtuung gewesen sein, ihrer verhaßten Cousine wenigstens in diesem Brief ordentlich die Meinung zu sagen; er ist einer der menschlichsten, den sie je geschrieben hat, und stilistisch deshalb auch so gelungen, daß er einen Platz in einem Florilegium verdienen würde.

Elisabeth reagierte empört auf die Verleumdungen Lady Shrewsburys, zitierte sie an den Hof und zwang sie, auf Knien öffentlich zu erklären, daß die Gerüchte, die sie über ihren Ehemann und die Königin von Schottland in Umlauf gesetzt hatte, Verleumdung und reine Erfindung seien. Maria hatte Genugtuung. Allerdings ereignete sich der Skandal zu einem Zeitpunkt, als die englische Regierung angesichts der spanischen Komplotte ganz andere Sorgen hatte, als der Gräfin das zügellose Mundwerk zu stopfen. Maria konnte nicht länger in Sheffield bleiben, wo sie zu leicht mit der Außenwelt in Kontakt treten und intrigieren konnte. Graf von Shrewsbury wurde zu seiner großen Erleichterung von seiner Aufgabe befreit. Er sah die Gefangene erst sehr viel später wieder, als sie angeklagt und zum Tode verurteilt wurde.**

* Wahrscheinlich Leicester
** Über Marias Abreise aus Sheffield siehe das folgende Kapitel.

In Sheffield, wo Maria Stuart unter Shrewsburys Obhut wahrscheinlich die erträglichsten Jahre der Gefangenschaft verbrachte, waren ihre Lebensumstände ordentlich, wenn nicht sogar ausgesprochen gut. Die mißtrauische englische Regierung erlaubte ihr trotz allem sogar, von Zeit zu Zeit Adlige aus der Umgebung zu empfangen, mit denen sie musizierte, spazierenging oder sogar tanzte, was sie seit ihrer Jugend besonders gerne tat. Schließlich war sie Elisabeths nächste Verwandte, und falls ihr etwas zustoßen sollte, hatte sie die allergrößten Aussichten, ihre Nachfolge anzutreten. Unter diesen Umständen wollte es sich niemand mit ihr verderben, Shrewsbury nicht und nicht einmal Cecil. Die Gefangene von Sheffield konnte schon morgen auf dem Thron von Westminster sitzen. So bemühte sich wohl jeder, der Königin von Schottland die Haft möglichst zu versüßen, wahrscheinlich sogar Lady Shrewsbury, der dieses Leben in der Abgeschiedenheit und ohne großen Prunk überhaupt nicht gefiel.

Zu den Lichtblicken im eintönigen Leben der Gefangenschaft gehörte es, wenn der ganze Hofstaat von Sheffield zum Sommeraufenthalt nach Buxton fuhr, was ab 1573 fast jährlich geschah. Das Baden in der Thermalquelle war damals hoch in Mode und soll sehr gut gegen rheumatische und arthritische Beschwerden geholfen haben, an denen im 16. Jahrhundert fast jeder chronisch litt.

Maria und ihr Gefolge bewohnten in Buxton einen eigens für sie errichteten Pavillon. Sie empfing dort zahlreiche Adlige, einmal sogar Lord Burghley – William Cecil – ein anderes Mal den Grafen von Leicester. Beide zeigten sich höflich und zuvorkommend und freuten sich sicher über die gute Gelegenheit, Elisabeths potentieller Nachfolgerin ihre Aufwartung machen zu können. (Maria amüsierte sich dabei über Leicesters – vielleicht unbeabsichtigte – Indiskretion: »Man vermutet, daß er diese Königin [Elisabeth] heimlich geheiratet hat, und er selbst spricht offener darüber, als ihm nützlich sein kann.«) Als Elisabeth von den Begegnungen erfuhr, reagierte sie mit Beunruhigung und Ärger. Die Kuren in Buxton verbot sie allerdings erst 1584, was Maria besonders hart traf und für sie einen Vorgeschmack auf eine noch schlimmere Zukunft bedeutete.

Zu ihrer Unterhaltung trugen auch die kleinen Liebesaffären in ihrem Gefolge bei. Oft heirateten Diener, und wenn sie Kinder bekamen, übernahm Maria die Patenschaft und überhäufte die Kleinen mit Geschenken. Anders als ihre Cousine Tudor war Maria von Natur aus sehr herzlich und großzügig.

Als sich ihr Kammerherr Andrew Beaton in Mary Seton verliebte, versuchte sie, so gut sie konnte, die junge Frau zu einer Heirat zu überreden.

Diese Romanze beschäftigte den kleinen Hof in Sheffield mehrere Monate lang, dann aber kam Andrew Beaton ums Leben, so daß aus einer Ehe nichts wurde.

Eine andere Heirat, die langfristig unerwartete Folgen haben sollte, kam dagegen zustande. Elisabeth Cavendish, eine Tochter Lady Shrewsburys aus erster Ehe, vermählte sich mit Charles Stuart Darnley, dem jüngeren Bruder des unglücklichen Henry Darnley: Der Bräutigam war also ein naher Verwandter des englischen und des schottischen Königshauses.* In die Wege geleitet worden war diese Verbindung von den Müttern der Brautleute, von Lady Shrewsbury und Lady Lennox, beide große Meisterinnen der Intrige.

Als Elisabeth von der Heirat erfuhr, reagierte sie wie immer in solchen Fällen mit einem heftigen Wutausbruch und ließ die Gräfinnen für einige Zeit in den Kerker sperren. Aus der Ehe ging ein Mädchen hervor, das man Arabella taufte und das bald Waise wurde. Lady Shrewsbury nahm das Mädchen zur Erziehung nach Sheffield mit; Maria Stuart war in dieses Kind, für sie eine Quelle unverhoffter Freude, fast ebenso vernarrt wie in ein eigenes. Dann aber ließ Lady Shrewsbury nach ihrer Verleumdungskampagne gegen Maria die Zehnjährige aus Sheffield wegholen. (Arabella, in deren Adern das Blut der Stuarts und der Tudors floß, hatte eine glücklose Zukunft vor sich: Sie starb 1615 umnachtet im Kerker, nachdem sie unfreiwillig in eine Verschwörung gegen Jakob I. von England verwickelt worden war und heimlich einen anderen Thronanwärter geheiratet hatte. Eine enge Verwandtschaft mit dem Herrscherhaus war damals nicht unbedingt von Vorteil ...)

So verbrachte die schottische Ex-Königin ihre Tage in der Gefangenschaft zwischen Handarbeit, ärztlicher Behandlung, häuslicher Intrige und dem Lachen eines kleinen Mädchens.

Ein Porträt, das ein unbekannter Maler 1577 von Maria Stuart angefertigt hat, zeigt uns die Fünfunddreißigjährige in einem schlichten schwarzen Kleid. Mit ihrem leichten Doppelkinn erscheint sie als eine gereifte Frau, aber ihr Gesicht, das von einem gestärkten Spitzenkragen und einer Haube aus feinem weißem Leinen eingerahmt wird, ist noch immer blaß und wächsern, und ihre Augen blicken einen noch immer sanftmütig an.

Die dreimal verwitwete** Königin ist zwar nicht mehr die reizende Jugendliche aus Fontainebleau oder Saint-Germain, aber sie hat noch so viel

---
* Siehe Stammbaum
** Bothwell starb im April 1576 in seinem Gefängnis in Dänemark.

Grazie, daß man sich erklären kann, warum sie weiterhin Hingabe und sogar Leidenschaft weckte.*

Es überrascht vielleicht, daß nichts darüber bekannt ist, ob zu Maria Stuarts Beschäftigungen auch Andachtsübungen gehörten. Trotzdem war sie ohne jeden Zweifel noch immer Katholikin geblieben und bekannte sich mehrfach zu ihrem Glauben. Ihre wiederholte Forderung nach einem Hauskaplan lehnte Elisabeth stets ab, und wenn sie Priester empfing, kamen sie heimlich und verkleidet. Aber in ihren Briefen aus Sheffield haben Glaubensfragen einen geringen Stellenwert. Eine tiefe Religiosität, in der sie wirklich Trost findet, entwickelt sie erst in der leidgeprüften Zeit am Ende ihres Lebens. Bis dahin beschäftigt sie sich vor allem mit Politik, mit der erträumten Rückkehr auf den schottischen Thron und mit der offiziellen und geheimen Korrespondenz mit den europäischen Höfen. Von diesen gefährlichen Beschäftigungen soll jetzt die Rede sein.

---

* Es handelt sich um das berühmte »Sheffielder Porträt«, das nach einem Hinweis von Claude Nau vom 31. August 1577[21] mit an Sicherheit grenzender Wahrscheinlichkeit datierbar ist. Das Original dürfte ziemlich klein gewesen sein, weil es nicht mit offizieller Erlaubnis entstanden war. Ob sich unter den vielen erhaltenen Versionen des Porträts auch das Original befindet, ist nicht bekannt. Die vielen Kopien oder Kopien von Kopien sind frappierend ähnlich. Als Urheber gelten der berühmte Porträtmaler Nicholas Hilliard oder der Maler Oudry, die das Gemälde aber beide auch nur kopiert haben könnten.

20

»Ein verkommener, undankbarer und niederträchtiger Sohn ...«

Mit dem Fall der Festung von Edinburgh und dem Tod von Maitland und Kirkcaldy of the Grange waren für Maria Stuart alle Hoffnungen auf eine Wiedereinsetzung in Schottland auf unabsehbare Zeit verschwunden. Nicht, daß sich alle Anhänger von ihr abgewandt hätten: Die Grafen von Argyll und Atholl, Lord Herries, Lord Seton und andere blieben lange noch leidenschaftliche Anhänger; aber militärisch hatten sie ausgespielt, und erst später gelang es ihnen mühselig, in der Umgebung des jungen Königs wieder zu Einfluß zu kommen. Jakob VI. war jetzt jedenfalls unangefochtener Herrscher, auch wenn seine Mutter ihn als Thronräuber beschimpfte. Wie oft in der Geschichte hatte sich das Prinzip der Legitimität nicht durchsetzen können, da die realen politischen Kräfteverhältnisse ihm entgegenstanden. Um den jungen König und den Regenten Morton hatte sich gegen 1575 ein allgemeiner Konsens in der Gesellschaft gebildet, den Maria Stuart einfach nicht zur Kenntnis nahm.

Freilich verschwand die Ex-Königin damit nicht einfach von der politischen Bühne, selbst wenn sie ihre Chancen von nun an eher in England als in Schottland sah.

Die politischen Verhältnisse in England hingen natürlich von der europäischen Großwetterlage ab, die noch immer durch den großen Konflikt zwischen Katholiken und Protestanten, der gegen 1560 begonnen hatte, bestimmt wurde. Moderne Historiker spielen das eigentlich religiöse Element in dieser Auseinandersetzung gerne herunter und heben statt dessen stärker auf die ökonomischen und sozialen Hintergründe, auf zwischenstaatliche Rivalitäten und dynastische Streitigkeiten ab. Diese Betrachtungsweisen sind sicher berechtigt: Frankreich und Spanien führten schon Krieg gegeneinander, bevor es Protestanten gab, und sie bekriegten sich noch immer, als sich in beiden Ländern längst der Katholizismus durchgesetzt hatte. Ebensowenig kann man den Aufstand in den Niederlanden gegen die Spanier erklären, wenn man nicht stillschweigend davon ausgeht, daß es dort schon so etwas wie ein Nationalgefühl gegeben hat. Eine wichtige Rolle spielte sicher auch der rapide Bevölkerungszuwachs in diesen Ländern. Aber über all dem darf keineswegs die gewaltige Kraft des Glaubenseifers vergessen werden, der in diesem Jahrhundert entscheidend war. Man kann sich heute kaum noch vorstellen, wie abgründig die Spanier jedes theologische Abweichlertum haßten und wieviel Abscheu den Calvinisten der papistische »Götzendienst« einflößte.

Angesichts der äußeren Umstände konnten religiöse Minderheiten – Protestanten in Spanien oder die Katholiken in England – kaum darauf vertrauen, ein Leben in Frieden und Sicherheit zu führen. Die Politik der friedlichen Koexistenz, die Katharina von Medici in Frankreich, Elisabeth in England und Maria Stuart in Schottland versucht hatten, war gescheitert.

Elisabeth war sicher keine religiöse Fanatikerin, und nach allem, was man weiß, waren ihr Glaubensfragen in Grunde gleichgültig. Sie selbst neigte einer Art nationalem Katholizismus zu, einer reformierten Religion mit schönen Zeremonien, liturgischer Prachtentfaltung und Etikette. Ketzerverbrennungen, wie sie ihre Schwester Maria Tudor praktiziert hatte, waren ihr zuwider. Daß sie dennoch Protestantin war, ist eher der Tatsache zu verdanken, daß ihre Legitimität aus katholischer Sicht zweifelhaft war, was ihr Maria Stuart ungeschickterweise auch vorgeworfen hatte. Der reformierte Glaube hatte in England mit den Jahren tiefe Wurzeln geschlagen. Elisabeths wichtigste Ratgeber und Minister, vor allem William Cecil, aber auch Leicester und Walsingham, waren spätestens ab 1573 entschlossene Verfechter des Protestantismus, und der setzte sich in den Jahren zwischen 1575 und 1580 endgültig als die führende Religion durch.

Hätte man den Katholiken nach dem Siegeszug des Protestantismus die freie Ausübung ihrer Religion garantieren können? Dies zu glauben wäre naiv. Sowenig die Protestanten geneigt waren, die »Götzendiener« zu tolerieren, sowenig waren die Katholiken bereit, sich den Bedingungen der »Ketzer« zu unterwerfen: Ein unüberwindliches Hindernis war schon der seit 1559 vom Parlament als zwingend vorgeschriebene Suprematseid, mit dem man die Königin als Oberhaupt der anglikanischen Kirche anerkennen mußte.

Elisabeth verwies am Anfang ihrer Herrschaft gerne stolz darauf, daß ihre katholischen Untertanen ebenso loyal seien wie ihre protestantischen.* Aber diese Situation hatte sich nach dem Aufstand des Nordens und ihrer Exkommunizierung durch Pius V. 1570 völlig geändert, worauf die Herrscherin bei allem Widerwillen doch zu den äußersten Maßnahmen griff.

Sicher wäre es übertrieben zu behaupten, daß bis zum Jahre 1580 alle englischen Katholiken Gegner der protestantischen Königin gewesen seien oder sich gar mit den Spaniern verbündet hätten. Aber schon 1572 hatte das Ridolfi-Komplott gezeigt, daß sich einige katholische Adlige hilfesuchend an den Escorial wandten.

Philipp II. war für eine entsprechende Intervention auf den Britischen Inseln ursprünglich nicht zu begeistern. Er hatte genug Sorgen mit dem endlosen antikatholischen Aufstand in den Niederlanden, der seine Finanzen erschöpfte. Und doch gab es Faktoren, durch die beide Länder trotz der versöhnlichen Absichten Philipps und Elisabeths immer wieder aneinandergerieten: fanatische Protestanten in England, katholische Fanatiker in Spanien, der Nationalstolz und die wirtschaftliche Konkurrenz bei der Ausbeutung der Reichtümer in der Neuen Welt. Englische Korsaren kaperten immer wieder spanische Galeoten mit Gold an Bord oder landeten sogar auf spanischem Hoheitsgebiet wie Sir Francis Drake, der 1578 während seiner aufsehenerregenden Weltumseglung in Peru an Land ging.

Auch zeichnete sich ein englisch-französisches Bündnis gegen Spanien ab, bei dem Elisabeth und der jüngere Bruder Heinrichs III., François d'Alençon,** heiraten und die beiden Länder dann gemeinsam in den Niederlanden intervenieren sollten. Der damals fünfundzwanzigjährige Alençon hatte seine sechsundvierzigjährige Braut – der Altersunterschied spielte damals keine Rolle – 1579 bei einem Besuch in London kennengelernt und war mit verlockenden Vorschlägen in der Tasche wieder in die Heimat zurückgefahren.

Aus all diesen Gründen hielten viele eine spanische Operation gegen England für unvermeidlich. Für immer mehr Untertanen Philipps II. war Elisabeth, die in ihrem Land die Ketzerei verbreitete, den Aufstand in den Niederlanden unterstützte und dem wahren Glauben das Grab schaufelte,

---

* Nach einer Anekdote soll ein katholischer Priester, als Elisabeths Kutsche an ihm vorüberfuhr, »Vivat Regina! Honi soit qui mal y pense!« gerufen haben. Entzückt hat Elisabeth angeblich dem spanischen Botschafter von dem Vorfall erzählt und bei anderer Gelegenheit geäußert: »Ich habe nicht die Absicht, Fenster zu öffnen, um ins Herz meiner Untertanen zu blicken.« Ähnlich dachte auch Katharina von Medici in Frankreich.
** François d'Alençon hatte im Mai 1576 den Titel des Herzogs von Anjou erhalten, den sein Bruder Heinrich III. bis zu seiner Thronbesteigung innegehabt hatte. Der Klarheit halber nennen wir ihn weiterhin Alençon.

zu einer unerträglichen Herausforderung geworden. Während die unterdrückten Katholiken in England die Spanier um Hilfe baten und der Vatikan zum Eingreifen drängte, zögerte der vorsichtige Philipp II. länger, als irgendein Herrscher gezögert hätte.

In den Plänen der Spanier spielte Maria Stuart als willkommener Ersatz für die Tudor-Königin eine zentrale Rolle. Sobald die Landung geglückt und die katholischen Aufständischen Herr der Lage gewesen wären, hätte Maria an die Stelle der Ketzerin treten sollen. Ihre Befeiung wäre ein direktes Kriegsziel und der willkomme Vorwand für die Intervention gewesen. Um 1580 waren Darnley und die skandalöse Heirat mit Bothwell, die Marias Freunde vor fünfzehn Jahren schockiert hatte, im katholischen Europa längst vergessen. Maria war nur noch eine gefangene Königin und Märtyrerin in den Klauen einer schamlosen Ketzerin. Schon zu Ridolfis und Norfolks Zeiten taucht dieses Klischee auf, und von da an bilden eine Invasion in England und Maria Stuarts gewaltsame Befreiung bis zu ihrer Hinrichtung die beiden Seiten von ein und demselben Vorhaben, das immer wieder in Angriff genommen wurde und das die Diplomaten damals schlicht als »das Unternehmen« bezeichneten.

Wichtig im Hinblick auf den weiteren Fortgang der Ereignisse ist die Frage, wieviel Maria von den Plänen der Verschwörer jeweils wußte und inwiefern sie an ihnen beteiligt war. Ihre Korrespondenten hielten sie natürlich, so gut es ging, auf dem laufenden, aber trotzdem wußte sie bei weitem nicht alles. In vielen Briefen drückt sie Verärgerung aus, daß man sie über vieles in Unkenntnis halte. Obwohl ihre Freunde für sie ein ganzes Netz von Geheimkurieren aufgebaut hatten, mußte sie auf direkte Kontakte zu Freunden, vor allem in Spanien, verzichten.

Sämtliche »nichtoffiziellen« Briefe vom Kontinent gingen Maria über den französischen Botschafter in London zu. Sie gelangten mit der Diplomatenpost in die Botschaft und wurden von bestochenen Dienern oder Besuchern (zwischen 1575 und 1580 wurden die Sicherheitsvorkehrungen etwas gelockert) an Maria weitergeleitet. Den gleichen Weg nahmen auch ihre Antworten, die sie selbst schrieb oder einem ihrer beiden Sekretäre diktierte: Gilbert Curle war für die englischen, Claude Nau für die französischen Briefe verantwortlich. Periodisch wurde ein Kode entwickelt, woran Maria, die Geheimnisse und Abenteuer sehr romantisch fand, besonders viel Spaß hatte. Sie beschrieb Wäschestücke oder die Zwischenräume der Zeilen in gekennzeichneten Büchern mit unsichtbarer Tinte und versteckte Briefe in den doppelten Sohlen von Schuhen. In einem Brief vom 31. Januar 1586 gibt sie naiv und sehr leichtsinnig Ratschläge für den vollkommenen Geheimagenten.[1]

Maria Stuart korrespondierte auf diese Art mehr oder weniger regelmäßig mit ihrem Gesandten in Paris, dem treuen Erzbischof Beaton, seltener mit Heinrich III., dem Herzog von Guise oder dem Papst. Obwohl diese Briefe sehr kompromittierend waren und ihren Feinden auf keinen Fall in die Hände fallen durften, geht aus ihnen nicht hervor, was Maria Stuart von den Verschwörungen der Spanier wußte, die sie befreien und an Elisabeths Stelle setzen wollten.

So wissen wir in dieser Hinsicht auch wenig von dem Verschwörungsplan, der die Geheimkanzleien in den Jahren 1573 bis 1578 auf Trab hielt und in dessen Mittelpunkt Don Juan d'Austria stand, der Halbbruder Philipps II.*

Don Juan hatte damals den Gipfelpunkt von Ruhm und Ansehen erreicht. Der Sieger von Lepanto und Tunis über die Türken war ein schöner und ausgesprochen charmanter Mann, der 1573 sechsundzwanzig Jahre alt war. Don Juan, ein Sohn Karls V. mit einer deutschen Wäscherin, der unter seinem Status als königlicher Bastard litt, wollte mit einer Heirat an einen Thron kommen. Mit kriegerischem Geschick winkten einem Gatten der Maria Stuart die Kronen von England und Schottland, und Don Juan war für ein solches Abenteuer genau der richtige Mann. Sein Freund und Ratgeber Escobedo warb beim Papst um Unterstützung, der sich für dieses Unternehmen sofort begeistern konnte.

Weniger enthusiastisch war Philipp II., der seinen tapferen Halbbruder um die militärischen Erfolge und die Popularität beneidete und ihm eine Krone unter keinen Umständen gönnte. Außerdem war Philipp zu diesem Zeitpunkt noch eher bestrebt, die Beziehungen zu Elisabeth zu verbessern, als gegen sie einen Krieg zu führen. Er teilte Don Juan mit, daß eine spanische Landung in England und eine gewaltsame Befreiung Marias im Augenblick nicht in Frage kämen.

Don Juan gab seine Pläne trotzdem nicht auf. Als sie über den Vatikan an die Öffentlichkeit gelangten, waren die Katholiken in England begeistert, die Protestanten entsetzt. In Yorkshire sahen Katholiken über Schloß Sheffield am Himmel die Figur eines Löwen, der mit den Buchstaben »M Q E«, *Mary Queen of England,* einen Drachen tötete.[2]

Maria ließ sich auf diese Heiratsintrige ein. Zwar versicherte sie Elisabeth

---

* Die Bezeichnung d'Austria (von Österreich) bezieht sich auf Don Juans Abstammung vom Hause Österreich: Don Juans und Philipps Vater Karl V. war Mitglied der Habsburger, die seit der Heirat des österreichischen Erzherzogs Philipp des Schönen mit Johanna der Wahnsinnigen im Jahre 1496 auch Spanien beherrschten. Allerdings hatte Don Juan zu Österreich keine direkten Verbindungen mehr und war, wie erwähnt, schon 1564 als möglicher Gatte Maria Stuarts im Gespräch gewesen.

und dem französischen Botschafter, sie wisse nichts von der ganzen Sache, und ließ in ihren offiziellen Briefen auch nichts darüber verlauten, daß sie aber doch mehr wußte, als sie zugab, zeigte sich im November oder Dezember 1571, als sie König Philipp mitteilte, daß sie Don Juan heiraten wolle.[3] Dabei legte sie Wert auf größte Geheimhaltung gegenüber dem französischen König und war bereit, alles abzustreiten, wenn doch etwas von den Heiratsplänen durchsickern sollte. Daß sie sich in Widersprüche verwickeln könne, hatte Maria Stuart bekanntlich noch nie gestört.

Don Juan war unbestreitbar ein sehr interessanter Bewerber, der über alle Qualitäten eines Herrschers verfügte. Leider konnte er das Unternehmen gegen England alleine nicht durchführen, und sein Halbbruder dachte überhaupt nicht daran, ihn zu unterstützen. So blieb Marias geplante Hochzeit nur ein schöner Traum, dem der plötzliche Tod Don Juans, der am 1. Oktober 1578 im Alter von einunddreißig Jahren – vielleicht an einer Vergiftung – starb, dann endgültig ein Ende setzte. Don Juan war der letzte Bewerber um Maria Stuarts Hand gewesen. Und die Zeit für das »Unternehmen« war noch nicht reif.*

Ungefähr zur gleichen Zeit eröffneten sich der gefangenen Königin in Schottland unerwartet neue Perspektiven: Diese Veränderungen fanden hauptsächlich um ihren Sohn, den jungen König Jakob VI., herum statt und standen möglicherweise, was aber nicht bewiesen ist, im Zusammenhang mit der geplanten spanischen Verschwörung.

Dank George Buchanans strenger Erziehung war aus dem kleinen König ein verschlossenes, altkluges Kind geworden, das sehr sensibel und nachtragend war. Durch die vielen Demütigungen in der frühen Kindheit hatte Jakob eine erstaunliche Fähigkeit zur Verstellung entwickelt. Und er war sehr empfindlich im Hinblick auf seine Königswürde. Er zweifelte nie daran, daß die Abdankung seiner Mutter in Lochleven rechtsgültig sei, und hielt sich stets für Schottlands legitimen König. Maria sah das anders: Für sie war Jakob nie mehr gewesen als der Erbprinz. Diese verschiedenen Auffassungen stellten sich später als unüberbrückbar und endgültig heraus. Aber im Jahre 1580, als Jakob vierzehn Jahre alt war, konnte Maria noch hoffen.

Wie bei jedem Herrscher im 16. Jahrhundert beschäftigte man sich am

* Der englische Romancier G. K. Chesterton, ein Katholik, hat darüber spekuliert, was gewesen wäre, wenn die Heirat zwischen Don Juan d'Austria und Maria Stuart zustande gekommen wäre (in: *If it had happend otherwise,* hg. von John Collings Squire, 1931). Wenn Chestertons Schilderung in künstlerischer Hinsicht auch sehr gelungen ist, so kann man daran zweifeln, daß eine Wiedereinführung des Katholizismus in England zu diesem Zeitpunkt noch möglich gewesen wäre.

Hof des Königs von Schottland und in den europäischen Kanzleien eingehend mit der Frage, wen er heiraten würde. Morton und Elisabeth waren natürlich für eine protestantische Prinzessin wie zum Beispiel Katharina von Bourbon, die Schwester des jungen Königs von Navarra, die 1576 im Gespräch war. Maria reagierte auf diese Heiratspläne empört: »Diese Pläne sind mir keineswegs angenehm, und ich habe Mittel, sie zu vereiteln.«[4] Um Morton das Kind aus der Hand zu nehmen, verfiel sie sogar auf den Gedanken, ihn nach Spanien entführen, katholisch umziehen und dann mit einer Infantin, einer Tochter Philipps II., vermählen zu lassen. Allerdings rechnete Maria dabei zu sehr mit dem Wohlwollen Philipps, dem ihre Heiratspläne mit Don Juan, die damals noch aktuell waren, ganz und gar nicht gefielen.

In ihren Briefen stellte Maria gleichzeitig Überlegungen an, ob sie den »Prinzen« nicht nach Frankreich bringen lassen solle. In einem Schreiben an Erzbischof Beaton vom 5. November drängt sie sogar zu einem solchen Schritt; sie hatte erfahren, daß Elisabeth ebenfalls Pläne schmiedete, den Knaben nach England holen und dort erziehen zu lassen.[5]

Die gestürzte Königin lebte in der Selbsttäuschung, daß ihr »armer Kleiner« nur an sie denke. »Mein Sohn unterstellt sich ganz meinen Weisungen, und die Standesherren in seiner Umgebung haben mir schon versichert, daß sie sich mir direkt unterstellen wollen.«[6] Es mußte noch viel Zeit vergehen, ehe Maria begriff, daß sie vollkommen auf dem Holzweg war.

Zuvor aber taten sich für Maria Stuart erst einmal neue Möglichkeiten auf: Um das Jahr 1580 traf Esmé d'Aubigny, ein Cousin Jakobs VI. und Mitglied eines Zweigs der Familie Stuart, der sich seit langem in Frankreich niedergelassen hatte, in Schottland ein. Der einnehmende, ehrgeizige und geschickte Aubigny erlangte rasch die Gunst des jungen Königs und wurde zu seinem Favoriten. Er galt sogar als Spion der Guisen und des Papstes. Wenn dies anfangs der Fall gewesen war, dann hatte sich das sicher rasch geändert: Aubigny, der es bald zum Grafen, dann zum Herzog von Lennox brachte, arbeitete nur für sich selbst. Nach zweijährigem heimlichem Kampf gelang es ihm, den Regenten Morton schachmatt zu setzen: Er wurde mitten in der Ratssitzung verhaftet, wegen Teilnahme an Darnleys Ermordung, die vierzehn Jahre zurücklag, zum Tode verurteilt und am 2. Juni 1581 hingerichtet. Während Maria in ihrem Gefängnis frohlockte, schäumte Elisabeth vor Wut. Ganz Europa glaubte an eine Wende in der schottischen Politik und an ein Ende der englischen Vormundschaft über das Land. Die Gefangene von Sheffield hatte wieder Hoffnung.

Wir wissen nicht genau, wer damals den Gedanken aufbrachte (Aubigny? Maria? Oder ein halboffizieller Vermittler), daß die ehemalige Königin nach Schottland zurückkehren und dort gemeinsam mit ihrem Sohn regieren solle, eine elegante Lösung, die den fortdauernden Konflikt der beiden Herrschaftsansprüche aus der Welt geschafft hätte. Marias Rückkehr wäre für alle von Vorteil gewesen, sogar für Elisabeth, die ihre unbequeme Gefangene endlich losgeworden wäre. Aber wieder scheiterte alles an einem Mangel an Vertrauen bei den Beteiligten. Die englische Regierung wollte Maria nur dann freigeben, wenn sie sich verpflichtete, nach einer Rückkehr nach Schottland den Katholizismus nicht wieder einzuführen und kein Bündnis mit Frankreich oder Spanien anzustreben. Dagegen hatten die schottischen Ratgeber Jakobs VI. nicht die geringste Lust, für die Ex-Königin irgend etwas zu opfern: Einen Platz auf dem Thron neben ihrem Sohn wollten sie ihr nur dann zugestehen, wenn die Macht faktisch in ihren Händen bleiben würde. Und Marias Verhandlungspartner wußten genau, daß die Königin jeden Meineid schwören würde, nur um die Herrschaft wieder an sich zu reißen. »Diejenigen, die ihr Innerstes kennen, meinen, daß sie lieber ihren Willen durchsetzt, als Verträge einzuhalten«, schrieb der englische Agent Bowes trocken an Walsingham.[7]

So scheiterten die Verhandlungen schon im Vorfeld an einer Formfrage: Maria lehnte es ab, ihren Sohn als »König von Schottland« zu bezeichnen, solange sie ihm diesen Titel nicht zu geeigneter Zeit und zu ihren Bedingungen verliehen habe. Die Anerkennung Jakobs als König war für die Schotten die Voraussetzung für jedes weitere Gespräch. Damit schienen die Verhandlungen vorerst am Ende.

Aber Frankreich, das an dieser Doppelherrschaft Interesse hatte, setzte alle Hebel in Bewegung und versuchte die Schwierigkeiten aus dem Weg zu räumen. »Ich habe gehört«, schrieb Heinrich III. Maria sehr taktvoll, »daß mein Neffe, Euer Sohn, der Prinz, Euch die gebührende Freundschaft, Ehrerbietung und Anerkennung entgegenbringt. Laßt mich Euch sagen, daß es nach meiner Meinung an Euch ist, diese ergebene Haltung zu festigen [...], was Ihr am besten dadurch tut, daß Ihr ihm erlaubt, sich ebenfalls mit dem Königstitel anreden zu lassen.«[8]

Im Frühjahr 1582 schienen die Verhandlungen dann doch richtig in Gang zu kommen. Im Marias Briefen ist keine Rede mehr davon, daß sie Jakob entführen lassen oder ihn unter ihren »Gehorsam zwingen« wolle. Statt dessen wolle sie ihm »die Zuneigung zeigen«, die »sie ihm von jeher entgegengebracht« habe. Aller persönliche Ehrgeiz scheint verflogen: »[...] da ich durch die schlechte Behandlung, die ich seit dreizehn Jahren in diesem Gefängnis erlitten habe, krank und schwach geworden bin, möchte ich alles tun, was in meiner Macht steht, um meine Freilassung zu erleichtern.«[9] Elisabeth schien zu diesem Schritt fast bereit: Sie erleichterte die Bedingungen ihrer Haft und erlaubte ihr Spaziergänge und Aufenthalte im Freien. Maria ermahnte ihren Sohn, seine Patentante zu lieben »wie seine eigene Mutter«. Sogar der König von Spanien schien an dem Handel interessiert. Ein paar Monate vielleicht noch ...

Aber die gegnerischen Kräfte in Schottland waren nicht zu unterschätzen: Die Presbyterialkirche und die Lords, die Aubigny feindlich gesinnt waren, wandten sich strikt gegen diese Doppelherrschaft. Auch in England regte sich Widerstand: Cecil, Walsingham und viele andere fürchteten nichts mehr, als daß sich nördlich des Tweed wieder die Franzosen und der Katholizismus festsetzen könnten. So wurde mit englischem Segen ein Komplott angezettelt, bei dem Jakob VI. am 22. August 1582 auf Schloß Ruthven gefangengenommen wurde. Aubigny mußte ins Ausland fliehen und starb im folgenden Jahr in Frankreich. Erneut triumphierte die Partei der Calvinisten. Der junge König wurde erst zehn Monate später befreit, worauf er die Staatsgeschäfte selbst in die Hand nahm.

Die Diskussion um eine Doppelherrschaft von Mutter und Sohn wurde im Herbst 1583 wieder aufgenommen, aber nur noch halbherzig geführt. Jakob VI. machte seinen neuen Favoriten Patrick Gray zum Unterhändler, einen charmanten, aber moralisch verkommenen jungen schottischen Adligen, der sich Marias Vertrauen erschlich und sie schamlos hinterging. Noch mehrere Monate wurden Briefe ausgetauscht, die aber auf beiden Seiten mit immer mehr Mißtrauen aufgenommen wurden. Maria, die gerne an den gehorsamen Sohn geglaubt hätte, mußte feststellen, daß der »Prinz« nur lustlos mit seiner Mutter verhandelte. Schließlich verlor sie die Geduld: »Ich hoffe, mein Sohn blockiert die Verhandlungen um eine Doppelherrschaft zwischen uns nicht länger; ich glaube, ich erweise ihm eine Ehre und tue meine Pflicht als gute Mutter, wenn ich ihn zu meinem Verhandlungspartner mache. [...] Ich will sichergehen, daß er mir gegenüber nicht ungehorsam ist oder mich sogar ernsthaft beleidigt, angesichts dessen, was ich für ihn bin«, schrieb sie Gray am 14. Dezember 1584.* Um den Handel zum Abschluß zu bringen, zog Maria sogar eine gewaltsame Lösung in Betracht. Sie ernannte den Herzog von Guise, ihren Cousin, zum »Generalleutnant« von Schottland und wies ihn an, den »Prinzen« nach Frankreich zu entführen.[10]

Jakob VI. verhandelte allerdings gleichzeitig mit Elisabeth um ein Bünd-

---

* Im Dezember 1582 führte Gregor XIII. seine Kalenderreform durch, die von den katholischen Ländern übernommen wurde. England und Schottland behielten dagegen bis zum Jahre 1752 den Julianischen Kalender bei, der um zehn Tage vom Gregorianischen abweicht; der 10. Dezember in England entsprach dem 20. Dezember in Frankreich. Maria Stuart datierte ihre gesamte Korrespondenz weiterhin nach dem Julianischen Kalender.

nis zwischen England und Schottland, dem er seine persönlichen Ambitionen und das Schicksal seiner Mutter opferte. Die geplante Doppelherrschaft war für ihn in Wahrheit nur ein Druckmittel, um das geplante Bündnis mit Elisabeth zu möglichst günstigen Konditionen zu bekommen. Entsprechend lautete die Mitteilung des englischen Unterhändlers Bowes an seinen Dienstherrn Walsingham: »Sollte die Königin der Schotten weiterhin behaupten, er habe schriftlich sein Wort gegeben, den Thron mit ihr zu teilen, so wird er beweisen, daß dem nicht so ist und daß derartige Pläne ganz gegen seinen Willen sind.«[11] Cecil und Walsingham sahen nämlich für den Fall, daß Maria in ihre Heimat zurückgekehrt wäre, englische und schottische Interessen ernsthaft bedroht, weshalb sie Elisabeth die Mittel abrangen, die den ehrgeizigen Jakob für ein englisch-schottisches Bündnis günstiger stimmen würden: eine Jahresrente von fünftausend Pfund Stirling, Pferde und lebendes Jagdwild. Walsingham war persönlich nach Edinburgh gefahren, um Jakob, den er für »einen bemerkenswerten jungen Prinzen« hielt, die frohe Botschaft zu unterbreiten.

Von diesem Augenblick an hatte der König keinen Grund mehr, die Scheinverhandlungen mit seiner Mutter weiterzuführen. Im Februar 1585 teilte er ihr in einem Brief mit, seine Ratgeber hätten eine Doppelherrschaft nach reiflicher Überlegung endgültig abgelehnt.

Maria Stuart fiel aus allen Wolken. Und sie war maßlos wütend: »Der Brief [meines Sohnes]«, schrieb sie am 12. März an Mauvissière, »ist nach Ausdruck und Inhalt von der Erfüllung seiner Pflicht und Schuldigkeit und seinen früher gegebenen Versprechen so weit entfernt, daß ich glaube, daß er in Wahrheit nicht von ihm, sondern von Gray stammt, diesem erbarmungslosen Heuchler vor Gott und den Menschen, der einzig und allein danach strebt, meinen Sohn und mich völlig zu entzweien [...]. Wenn mein Sohn dabei bleibt, so schwöre ich einen Eid darauf, daß ich den göttlichen Fluch über ihn bringe [...] und ihn als verkommenen, undankbaren und niederträchtigen Sohn, der keinen Gehorsam kennt, enterbe und all der Größe beraube, die er in dieser Welt durch mich erreichen kann. Und lieber gebe ich meine Rechte seinem schlimmsten Feind, als zuzulassen, daß er sie sich widerrechtlich anmaßt.«[12] Das war der endgültige Bruch zwischen Mutter und Sohn. In Briefen an verschiedene Empfänger wetterte Maria noch mehrmals gegen den undankbaren Jakob, der an der Ketzerei festhalte und ihren Thron geraubt habe. In den folgenden Monaten protestierte sie immer wieder gegen die Annäherungsversuche Frankreichs an den König in Edinburgh, der für sie immer nur der »Prinz« bleiben sollte.

Dagegen befaßte sich Jakob VI. kaum noch mit seiner Mutter, jedenfalls bis zu den verhängnisvollen Wochen 1586, als er notgedrungen versuchen mußte, sie vor dem Schafott zu retten. Kann man ihm Undankbarkeit vorwerfen oder sogar von einem entarteten Sohn sprechen? Man darf nicht vergessen, daß er seine Mutter zum letzten Mal im Alter von zehn Monaten gesehen hatte. Während seiner ganzen Kindheit hatte er Männer um sich, für die Maria Stuart eine Gattenmörderin und Ehebrecherin war. Zuweilen zweifelte Jakob sogar an seiner legitimen Geburt.* Da man ihn als König erzogen hatte und er auf seine Würde großen Wert legte, hätte er als allerletztes etwas von seinem Herrschaftsanspruch abgegeben: schon gar nicht an seine Mutter, die ihn nicht einmal als König anerkannte. Die Kluft zwischen Maria und ihrem Sohn konnte schon deshalb nicht überbrückt werden, weil Maria Jakob gegenüber herrschsüchtig auftrat, obwohl sie in die Verhandlungen nichts Konkretes einzubringen hatte. Mutter und Sohn waren beide unverbesserliche Egoisten, deren Stolz einer Einigung im Wege stand. So scheiterten die Pläne einer Doppelherrschaft an den äußeren Umständen und an den Charakteren der Verhandlungspartner.

Im Sommer 1585 blieb Maria Stuart nur noch eine Möglichkeit, um die Freiheit wiederzuerlangen: Sie mußte auf den katholischen Umsturz durch die Spanier setzen, auf das »Unternehmen«.

Nach dem Tod Don Juan d'Austrias hatten die Pläne einer Invasion weiter Gestalt angenommen. Die diplomatischen Beziehungen zwischen England und Spanien waren immer schlechter geworden, auch wenn mit Don Bernardino de Mendoza 1578 in London wieder ein spanischer Botschafter, der erste seit Guerau de Espès' Ausweisung, berufen worden war. Wichtiger war noch, daß der Vatikan mit Hilfe eines Netzes sehr aktiver Priester, vor allem Jesuiten aus dem englischen Seminar von Douai-Reims,** erneut einen katholischen Propagandafeldzug in England führte. Die Pamphlete gegen Elisabeth wurden immer aggressiver. Immer mehr englische Katholiken schlossen sich der römischen Forderung nach einem Sturz Elisabeths zugunsten Maria Stuarts an.

1581 hatte man den frommen und wortgewaltigen Jesuiten Edmund Campion, der im Vorjahr in England gelandet war, verhaftet und hingerichtet. Er wurde beschuldigt, eine päpstliche Bulle überbracht zu haben, worauf nach einem Parlamentsbeschluß von 1572 die Todesstrafe stand. Glücklicher als dieser Märtyrer war sein Glaubensbruder Robert Parsons, der den

---

* Einem Vertrauten gegenüber sagte Jakob 1584 »mit Tränen in den Augen«, er vermute, sein Vater sei nicht Darnley, sondern Rizzio.
** Das englische Seminar wurde 1568 als spanische Besitzung in Douai gegründet und 1578 vor allem auf Betreiben der Guisen nach Reims verlegt. Das religiöse Zentrum war eine Keimzelle der gegen Elisabeth gerichteten Hetze.

Häschern entkommen war und von Frankreich und den Niederlanden aus den katholischen Widerstand jenseits des Ärmelkanals leitete. Von den Komplotten, die dort geschmiedet wurden, wissen wir nichts Genaues. Im Mai 1582 wurde an der schottischen Grenze ein Kurier des spanischen Botschafters mit einem Spiegel im Gepäck gefaßt, in dessen doppelter Rückwand Papiere zum geplanten »Unternehmen« entdeckt wurden. Wahrscheinlich arbeiteten an diesem Projekt gleich mehrere Parteien, ohne daß die Beteiligten voneinander wußten.

Ein gefürchteter Gegner für diese Komplotteure war Staatssekretär Walsingham, der sich regelrecht zu einem Polizeiminister entwickelt hatte. Er preßte aus Verdächtigen durch Drohungen und Folter Geständnisse heraus und hob die Nester der Verschwörer aus. Seine Spione saßen überall. Er fing zahlreiche Briefe Maria Stuarts ab und hatte seine Agenten selbst im Ausland sitzen. »In Rom oder Frankreich gibt es kein Jesuitenkolleg, in dem nicht ein Diener der Königin von England zur Tarnung jeden Tag die Messe liest«, schrieb der französische Diplomat Châteauneuf.[13]

Manchmal hatte Maria den Verdacht, daß der englischen Regierung Briefe von ihr in die Hände gefallen seien. Dann aber wurde sie wieder so unvorsichtig wie gewöhnlich. Claude Nau war über ihren Leichtsinn schockiert: »Ihre Majestät ist rühriger, als die Sicherheit gebietet. Es gefällt mir ganz und gar nicht, daß es hier an erfahrenen Männern und Rat fehlt, die ihr helfen könnten, diese Notwendigkeiten bei den Geschäften besser zu berücksichtigen«, klagte er in einem Brief an Erzbischof Beaton.[14] Er sollte Maria noch öfter zur Vorsicht mahnen müssen.

Zu einer Tragödie kam es im November 1583, als der junge katholische Adlige Francis Throckmorton Walsinghams Polizei ins Netz ging. Er war der Neffe des gleichnamigen Botschafters, der zu Maria Stuarts Zeit in Schottland und während der Gefangenschaft in Lochleven mehrfach eine Rolle gespielt hatte. Der junge Throckmorton war mehrere Male auf den Kontinent gereist und hatte dort die Guisen und Freunde Marias kennengelernt, vor allem Charles Paget und Thomas Morgan, auf die gleich zurückzukommen sein wird. Throckmorton hatte sich überreden lassen, verschlüsselte Botschaften zum »Unternehmen« über den Kanal und zurück zu befördern. Wichtigster Ansprechpartner auf englischer Seite war der spanische Botschafter Mendoza gewesen, der in aller Diskretion hervorragende Spionagedienste leistete.

Der Leichtsinn, der fast allen Teilnehmern an Komplotten im Zusammenhang mit dem »Unternehmen« gemein war, wurde Throckmorton und seinen Freunden zum Verhängnis. Throckmorton, der fast völlig offen beim spanischen Botschafter verkehrte, wurde schließlich denunziert und verhaftet: Unter der Folter verriet er alles, was er wußte. In seinem Quartier fand man Listen katholischer Mitverschwörer, Pläne von englischen Häfen für die geplante Landung der spanischen Truppen und schriftliche Belege für die Ansprüche Maria Stuarts auf den englischen Thron.

Walsingham hatte die Beweise, auf die er lange sehnsüchtig gewartet hatte, endlich in der Hand. Um die öffentliche Meinung zu bearbeiten, ließ er sofort eine Flugschrift mit dem Titel *Die Aufdeckung des geplanten und durchgeführten Verrates gegen Ihre Majestät die Königin und das Königreich* drucken. Throckmorton wurde zum Tode verurteilt und am 10. Juli 1584 hingerichtet. Botschafter Mendoza, der Spion, war bereits im Januar ausgewiesen worden: Der Bruch zwischen England und Spanien war vollzogen.

Gleichwohl mußte Walsingham noch beweisen, daß Maria Stuart an dem Komplott mitgewirkt hatte. Die Gefangene begriff sofort, was die Stunde geschlagen hatte, und beteuerte, sie kenne Throckmorton überhaupt nicht. Und sie verwies geschickt darauf, daß es nicht ihre Schuld sei, wenn sie von jemandem ohne ihr Zutun zur Symbolfigur auserwählt worden sei. »Wenn es in diesem Königreich einige Katholiken oder Protestanten gibt, die durch Worte oder anders eine Vorliebe für mich bekunden oder ohne mein Wissen meine Leiden für ihre Zwecke benutzen, so darf man das nicht mir als Verbrechen anlasten.«[15]

Tatsächlich fand man unter den Papieren, die man bei Throckmorton beschlagnahmt hatte, kein direktes Belastungsmaterial gegen die Ex-Königin von Schottland. Walsingham hatte keine Möglichkeit, Maria in den Prozeß um die Verschwörung mit einzubeziehen. Trotzdem bekam sie die Auswirkungen der Affäre zu spüren: Ende August mußte sie Sheffield, wo sie seit vierzehn Jahren untergebracht war, endgültig verlassen und nach Wingfield in Derbyshire übersiedeln. Ihr Bewacher Graf von Shrewsbury wurde durch Lord Sir Ralph Sadler abgelöst,* den Maria vor ihrem Sturz als Elisabeths Botschafter in Edinburgh kennengelernt hatte.

Unterdessen wurde die Offensive zur Wiedergewinnung Europas für den Katholizismus massiv vorangetrieben. Am 10. Juli 1584 ermordete ein von den Spaniern gedungener Fanatiker Wilhelm von Oranien, den Anführer des protestantischen Aufstandes in den Niederlanden. In Frankreich verbündeten sich die Katholiken unter Führung des Herzogs von Guise offen mit den Spaniern. Unter ihrem Druck mußte Heinrich III. die Konzessionen

---

* Die Aufdeckung des Komplotts um Throckmorton fällt zeitlich mit der Affäre um Lady Shrewsbury zusammen, die ihren Ehemann beschuldigte, er habe mit Maria Stuart intime Beziehungen.

an die Protestanten rückgängig machen, was erneut zu einem Ausbruch des Bürgerkriegs führte. Unter diesen Voraussetzungen konnte sich Walsinghams Polizei nicht auf ihren Lorbeeren ausruhen.

Um so weniger, als schon knappe vier Wochen nach Throckmortons Hinrichtung eine neue Verschwörung gegen Elisabeth aufflog. In den Niederlanden wurde der schottische Jesuitenpater Crichton wegen Mittäterschaft an der Ermordung Wilhelms von Oranien verhaftet und an England ausgeliefert. Bei seinen Unterlagen hatte man Schriftstücke gefunden, in denen von der geplanten spanischen Invasion in England die Rede war und die zudem klare Anspielungen auf die Ermordung Elisabeths enthielten. Crichton wurde am 16. September 1584 in den Tower gesperrt und der üblichen Folter unterzogen. Er legte jedes gewünschte Geständnis ab. Diese weitere Verschwörung, die so kurz auf Throckmortons Hinrichtung folgte, machte das Maß voll. Das protestantische England zitterte angesichts der Möglichkeit, daß Elisabeth ermordet werden könne. Das Schreckgespenst einer Wiederkehr der Terrorherrschaft Maria Tudors ging um. Überall im Land kam es zu spontanen Aktionen, mit denen man der Königin die Treue bekundete. Der Kronrat der Königin ergriff die Initiative und forderte Adlige und Bürgerliche auf, sich per Eid zu verpflichten, die Königin zu verteidigen und gegebenenfalls ihren Tod zu rächen. Aus dem ganzen Königreich kamen massenhaft Unterschriften: Eine Liga wurde geschlossen, der *Bond of Association,* ein Zusammenschluß zur Verteidigung der Königin.

Der Pakt richtete sich in erster Linie gegen Maria Stuart: »Wir, die Unterzeichnenden, geborene Untertanen dieses Königreichs, deren legitime Herrscherin die Königin Elisabeth ist [...] versprechen und beeiden angesichts der Tatsache, daß das Leben Ihrer Majestät kürzlich von den Anhängern einer Person mit angeblichem Anspruch auf ihre Krone in Gefahr gebracht wurde, vor Gott, daß wir unser Leben und all unsere Güter einsetzen werden, um unserer Herrscherin zu dienen und sie vor jedem Feind zu schützen [...] und daß wir jede Person, die eine Handlung, die sich gegen das Leben Ihrer Majestät richtet, unternimmt, zu ihr rät oder an ihr mitwirkt, unabhängig von ihrem Rang bestrafen [...]. Ebenso verpflichten wir uns, jede Person zu töten, zu deren Gunsten eine solch abscheuliche Tat begangen oder versucht wird.«[16]

Als im November 1584 das Parlament zusammentrat, billigte es offiziell das Dokument, womit es als rechtmäßig anerkannt wurde. Maria Stuart, die in Wingfield gefangengehalten wurde, erfuhr sofort von dem Schriftstück. Daß es auf sie gemünzt war, konnte nicht übersehen werden. Erstaunlich frech (oder naiv?) schützte sie vor, daß sie den Pakt voll und ganz unterstütze und ihm wegen ihrer besonderen Zuneigung zu ihrer »lieben Schwester« Elisabeth beitrete: »Ich erkläre und verspreche mit meinem Wort als Königin, auf Glaube und Ehre, daß ich sofort ausnahmslos alle, die durch Ratschlag, Mitwisserschaft, Einverständnis oder irgendeine andere Tat der Königin, meiner guten Schwester, Schaden zufügen oder dies versuchen, zu meinen Todfeinden erkläre.«[17]

Glaubte Maria Stuart ernsthaft, sie könne mit der naiven Erklärung jemanden hinters Licht führen? Nachdem bei Throckmorton und Crichton das Belastungsmaterial entdeckt worden war, wußte Elisabeth über Marias Beziehungen zu Spanien genauestens Bescheid. Es überrascht heute schon, mit welcher Scheinheiligkeit und Verlogenheit im 16. Jahrhundert Diplomatie betrieben wurde.

Elisabeth ließ sich von der Beitrittserklärung, die sie kurz darauf erhielt, jedenfalls nicht täuschen und sorgte statt dessen dafür, daß ihre Cousine am 13. Januar 1585 wieder in die unbequeme und verhaßte Festung Tutbury gebracht wurde. Dort bekam sie auch einen neuen Wärter, den besonders dienstbeflissenen Diplomaten Sir Amyas Paulet.

Paulet hatte mit dem höflichen Grandseigneur Graf von Shrewsbury nicht das geringste gemein. Er war vielmehr ein kleinlicher Bürokrat und Puritaner, der für den legendären Charme seiner Gefangenen völlig unempfänglich war und den Katholizismus als Götzendienst verabscheute. Paulet war Walsingham, mit dem er persönlich befreundet war, völlig ergeben und versicherte ihm in einem Brief, er werde »die Gefangene eher eigenhändig töten, als sie entkommen zu lassen«, falls man sie zu befreien versuche.

Maria bekam das Regiment des neuen Mannes rasch zu spüren. Mehrere Diener wurden entlassen, die anderen streng überwacht. Ihre Weißwäsche wurde durchsucht, alle Ausländer, die sie besuchen wollten, unnachgiebig abgewiesen oder sogar verhaftet. Im Dezember 1584 versiegte der Strom der geheimen Mitteilungen: Beim Botschafter Mauvissière stapelten sich Briefe aus Frankreich, die man der Empfängerin nicht mehr zustellen konnte, ohne daß Paulet von ihnen erfuhr. Wenigstens konnte Maria jetzt eher glaubhaft machen, daß sie von weiteren Verschwörungsplänen nichts wußte: Im März 1585 wurden der Parlamentsabgeordnete William Parry und sein Mitverschworener Edmund Neville wegen eines geplanten Attentats auf Elisabeth verhaftet. Das Komplott war zwar nachweislich mit Billigung von Marias Freunden auf dem Kontinent angezettelt worden. Da ihr Kontakt zum Netz ihrer Agenten abgerissen war, mußte man ihr aber wohl oder übel glauben, daß ihr Parry »völlig unbekannt« sei, wie sie dem Botschafter Mauvissière schrieb.[18]

Das Komplott Parry war nicht die wichtigste Verschwörung zwischen 1583 und 1586, sollte für Maria Stuart aber besonders schwere Konsequenzen haben. Elisabeth bekam es jetzt ernsthaft mit der Angst zu tun. Die Unzahl der Komplotte, die ihr Walsingham und Leicester anschaulich vor Augen führten, zeigten deutlich, daß Spanien England immer stärker in die Zange nahm. Die Zeit der Mäßigung und der Suche nach friedlichen Kompromissen war vorbei. Elisabeth berief das Parlament ein, das den *Bond of Association* zur Verteidigung der Königin absegnete und das sogenannte *Gesetz zum Schutz der geheiligten Person Ihrer Majestät der Königin* verabschiedete. Das unsägliche Gesetz bedrohte nicht nur die Anstifter und Helfershelfer einer Verschwörung mit der Todesstrafe, sondern auch jede Person, »zu deren Gunsten sie« unternommen wurde. Mit anderen Worten, Maria Stuart mußte gar nicht mehr selbst in einen Komplott gegen ihre Cousine verwickelt sein, damit man sie zum Tode verurteilen konnte; es reichte, daß sich ein Attentäter oder Verschwörer auf sie berief. Das skandalöse Gesetz war damals schon juristisch umstritten, da das englische Recht den Begriff einer Kollektivschuld nicht kannte. Aber die Engländer waren so erschreckt und verunsichert, daß das Parlament das Gesetz allen Einwänden zum Trotz verabschiedete.

Walsingham hatte damit eine schreckliche Waffe in der Hand. Maria in ihrem Gefängnis Tutbury – von da an handelte es sich wirklich um Gefangenschaft und nicht mehr nur um einen Gewahrsam – bekam die veränderte politische Lage rasch zu spüren. Da gleichzeitig mit der Aufdeckung des Komplotts Parry auch die Verhandlungen mit Jakob VI. endgültig gescheitert waren, mußte die englische Regierung auf Maria keine Rücksicht mehr nehmen. Als Anfang April ein junger Katholik mit ihr in Kontakt zu treten versuchte, wurde er in Tutbury eingekerkert und später tot aufgefunden – ob er sich aufgehängt hat oder ob er erdrosselt wurde, ist nicht bekannt. Jedenfalls habe sich die Tragödie fast direkt vor Marias Fenster abgespielt, wie sie sich bei Elisabeth in einem Brief beschwert: »Diese puritanische Faktion wird Euch schließlich noch das Gesetz vorschreiben [...] Es ist sehr gefährlich, wenn man duldet, daß die Untertanen, nur weil sie ihre Religion achten, gegen ihr Gewissen aufs äußerste verfolgt und bedrängt werden; dies treibt viele Herzen in die Verzweiflung, und dies kann allerlei verhängnisvolle und völlig unerwartete Folgen haben.«[19]

Wir wissen nicht, ob Elisabeth diesen Brief – einen der schönsten, den Maria Stuart schrieb – je gelesen hat. Walsingham hat ihn möglicherweise verschwinden lassen. Die Gefangene machte sich zu diesem Zeitpunkt jedenfalls auf das Schlimmste gefaßt: »Ich habe damit zu tun, mein Leben zu schützen; falls ich es verliere, soll es wenigstens nicht ohne das Wissen der Königin, meiner guten Schwester, durch einen heimlichen Anschlag meiner Feinde geschehen«, schrieb sie Botschafter Mauvissière. Der Brief wurde selbstverständlich abgefangen, so daß ihn der Empfänger nie erhielt.[20]

Von nun an war Walsingham unbestrittener Herr der Lage. Paulet unterrichtete ihn von Tutbury fast täglich über jedes kleine Vorkommnis in Marias Leben, über ihre Klagen, ihre körperlichen Leiden und über die häuslichen Streitereien. »Die Unpäßlichkeit der Königin und ihre Beschwerden im Bein, die sehr ernst sind und die sie für unheilbar hält, sind ein Vorteil für mich, denn so brauche ich ihre Flucht nicht mehr zu fürchten; man müßte sie schon mit Gewalt von hier wegholen«, schrieb er zynisch in einem Brief vom 23. September 1585. Am 16. Oktober berichtete er: »Die Königin hofft nicht auf ein langes Leben, sie kann die Glieder kaum noch bewegen und sagt, daß ihr aller Ehrgeiz fernliege.« Am 25. April war die Lage in Tutbury dann geradezu dramatisch geworden: »Mehrere Diener der Königin sind krank. Jetzt muß ich mich auch noch darum kümmern, daß man sie pflegt.« Tutbury muß eher einem Hospital als einem Sommersitz geähnelt haben.

Wie wir Maria Stuart kennen, hat sie in dem schrecklichen Gefängnis mehr unter dem fehlenden Kontakt zur Außenwelt gelitten als unter der Feuchtigkeit, dem eisigen Luftzug und dem Gestank aus den Latrinen. Paulet dürfte sie über die politischen Ereignisse auf dem laufenden gehalten haben, aber eben nur mit seiner Sichtweise, die Maria sicher nicht aufgemuntert hat.

So teilte er seiner Gefangenen – aus Unkenntnis oder um sie nicht zu ermutigen – sicher nicht mit, daß trotz des Gesetzes zum Schutz der Königin weiterhin Komplotte geschmiedet wurden und, was noch wichtiger war, daß sich der spanische König mit dem Gedanken an das »Unternehmen« immer mehr anfreundete.

Im 16. Jahrhundert galt der politische Mord in Europa als weniger abscheulich als in anderen Epochen, in denen man sich zivilisierter gab oder einfach besser heuchelte. Der sogenannte »Tyrannenmord«, der vielleicht sogar als Kontrollinstanz gegen das Gottesgnadentum aufgefaßt wurde, galt durchaus als legitim. Noch in der Ära der Romanows wurde die zaristische Autokratie in Rußland als eine »durch das Attentat kontrollierte Diktatur« bezeichnet. Ähnlich lassen sich gewisse staatspolitische Konzepte zur Zeit Elisabeths I. und Philipps II. interpretieren. Besonders fanatisierte Gläubige waren empfänglich für eine Theorie, nach der man zur Rettung von Seelen und zur Befreiung des Volkes verpflichtet war, einen »ketzerischen« oder »götzendienerischen« Tyrannen zu liquidieren. Philipp II.

machte beispielsweise keinen Hehl daraus, daß er die Ermordung Wilhelms von Oranien mit finanziert hatte. Auch Elisabeth zog in Erwägung, Maria Stuart diskret in ihrem Gefängnis beseitigen zu lassen. Und im Vatikan wurde ernsthaft darüber diskutiert, ob es einen gerechten Tyrannenmord geben könne, was zahlreiche Theologen bejahten.

Für Walsingham, der kein Theologe, sondern Politiker war, handelte es sich um ein einfaches Dilemma: Entweder man wartete, bis Maria Stuart die englische Königin ermorden ließ und sich an ihre Stelle setzte, oder man schaffte sie sich vom Hals, bevor der niederträchtige Plan ausgeführt werden konnte.

Für Walsingham war es überhaupt keine Frage, daß die schottische Ex-Königin bei sämtlichen Komplotten zur Vorbereitung des »Unternehmens« aktiv mitgewirkt hatte. Und daß er Elisabeth davon noch nicht völlig überzeugen konnte, lag einfach daran, daß er ihr keine greifbaren Beweise vorzulegen hatte. Solange die schottische Ex-Königin in ihrem Gefängnis Tutbury am Leben war, konnten weder der wachsame Amyas Paulet noch die gewiefte englische Polizei die Jesuiten und Spanier daran hindern, immer neue Mordpläne gegen Elisabeth zu schmieden, um Maria Stuart auf den Thron von Westminster zu helfen. Und Walsingham dachte nicht daran, es bei dieser Situation zu belassen.

Maria Stuart mußte beseitigt werden. Die Frage war nur, wie ihre Liquidierung zu bewerkstelligen war, wenn man sie (worüber man damals noch nicht ernsthaft nachdachte) nicht einfach ermorden wollte. Jetzt erwies sich als sehr ungeschickt, daß man die Schottin in ihrem Gefängnis völlig von der Außenwelt abgeschnitten hatte: Wenn Maria mit ihren Freunden nicht korrespondieren konnte, konnte sie sich auch nicht kompromittieren. Es war also besser, man ließ ihr die Möglichkeit, Briefe zu schreiben, die nach draußen geschmuggelt und dann abgefangen werden konnten. Walsingham war auf den richtigen Gedanken gekommen. Jetzt mußte er nur noch Mittel und Wege finden, ihn in die Tat umzusetzen.

Vor einigen Monaten, im September 1585, war Mauvissière, der französische Botschafter in London, durch den Guillaume de L'Aubespine Châteauneuf abgelöst worden. Auf Anweisung Heinrichs III. unternahm Châteauneuf mehrmals Schritte, um die Haftbedingungen der Gefangenen zu erleichtern.

Am 24. Dezember erfuhr Maria erleichtert, daß sie das schreckliche Tutbury endlich verlassen durfte. Ihre neue Residenz war Schloß Chartley in Staffordshire, ein Besitz des Grafen von Essex. Das hübsche Schloß, das mitten in einem See lag, konnte zwar besonders gut bewacht werden, war aber deutlich komfortabler als Tutbury. In der Überzeugung, daß Maria auf seine Intervention hin verlegt worden sei, dankte Châteauneuf der englischen Regierung. Walsingham ließ ihm die Illusion gerne.

Da eine gute Nachricht selten allein kommt, bekam Maria Stuart bald einen feuchten, nach Bier riechenden Holzbehälter überreicht, in dem sie einen Brief fand. Ein Mann namens Gilbert Gifford teilte ihr mit, er sei von ihren Pariser Freunden beauftragt, den geheimen Briefkontakt, der abgerissen war, wieder anzuknüpfen.

Gifford konnte seine Behauptung tatsächlich mit Empfehlungsschreiben von Thomas Morgan und Charles Paget belegen, von zwei besonders zuverlässigen Anhängern Marias auf dem Kontinent, die über alle Aktivitäten ihres Agentennetzes Bescheid wußten. Sie lebten beide in der Nähe des Erzbischofs Beaton, dem sie gelegentlich als Sekretäre und Boten dienten.

Zur gleichen Zeit, als Gifford auf der Bildfläche auftauchte, saß Morgan in der Bastille. Man hatte ihn auf Bitten Elisabeths eingesperrt, die ihn zu Recht der Mittäterschaft am Komplott Parry beschuldigte, mit dem man sie hatte beseitigen wollen. Trotzdem konnte Morgan ohne Schwierigkeiten Briefe mit Freunden austauschen und Besuche empfangen; Heinrich III. drückte gerne ein Auge zu.

Für den Neuankömmling bürgten Paget und Morgan, denen Maria voll vertraute. Gifford, der mehrere Jahre in Reims und Rom verbracht hatte, besaß gute Kontakte zu Jesuiten und war begeisterter Katholik. Ein glücklicher Zufall wollte, daß er aus Staffordshire stammte, aus der Gegend um Chartley, wo er gute Beziehungen hatte. Ein bestochener Bierbrauer, der das Schloß belieferte, hatte ihm dabei geholfen, den geheimen Briefwechsel mit Maria Stuart wieder in Gang zu bringen: Von da an wurden ihre ein- und ausgehenden Briefe in einen Holzbehälter geschoben und dieser in ein Bierfaß gesteckt, womit man sie unbehelligt weiterleiten konnte. Die anschließende Beförderung von Chartley nach London und in Gegenrichtung besorgten Giffords zuverlässige Freunde. Innerhalb weniger Wochen erhielt Maria in Chartley sämtliche Schreiben, die sich ein Jahr beim französischen Botschafter angestaut hatten. Der Kontakt zur Außenwelt war wiederhergestellt.

Maria glaubte an ein Geschenk des Himmels.

Walsingham, der ihre Beseitigung plante, verbuchte einen ersten Erfolg.

21

»Sechs hochherzige Edelleute nehmen sich der Sache an ...«

Botschafter Châteauneuf war bei Gilbert Giffords erstem Besuch mißtrauisch gewesen. Zu unverhofft kam dieser Mann zu ihm, der die Empfehlung der zuverlässigsten Mitglieder des Agentennetzes der Königin von Schottland hatte und dem gelungen war, woran alle anderen seit einem Jahr gescheitert waren: mit der Gefangenen in Chartley in Kontakt zu treten.

Châteauneuf war schon deshalb vorsichtig, weil Maria ihn in einem Brief, den Gifford aus Chartley mitbrachte, vor Spionen warnte: »Man schickt sie Euch im Gewand der katholischen Religion, wodurch sich Euer Vorgänger [Mauvissière] sehr täuschen ließ [...] Ich bitte Euch, das, was wir einander zu übermitteln haben, niemandem anzuvertrauen außer Chérelles* und Cordaillot.«[1] Maria, die nach dem kläglichen Scheitern der Verhandlungen mit ihrem Sohn vom Vorjahr verbittert und enttäuscht war, fühlte sich von Verrätern umgeben. Aber sie brauchte den Kontakt zu den Freunden und das Gefühl, wieder im Zentrum des Geschehens zu stehen, deshalb war sie vertrauensselig, wo Vorsicht am Platz gewesen wäre. Der junge Gifford, der in Reims zum Diakon ordiniert worden war, setzte sich offenbar begeistert für sie ein, war bestens über alle Unternehmungen der Katholiken informiert und schien zu jedem Risiko für sie bereit. Der Mann kam wie gerufen, und Maria Stuart begab sich ganz in seine Hand. Gifford hielt tatsächlich Wort: Er leitete die Schreiben, die Châteauneuf ihm aushändigte,

---

* Ausgerechnet Chérelles sollte sich einige Monate später als Verräter herausstellen. Es ist geradezu tragisch, wie wenig Menschenkenntnis Maria Stuart in der ganzen Affäre unter Beweis gestellt hat.

regelmäßig im Faß des Bierbrauers an Maria weiter, die auf demselben Weg Mitteilungen nach draußen schmuggeln ließ.

Trotzdem war das anfängliche Mißtrauen des Botschafters Châteauneuf gerechtfertigt gewesen: Gifford war ein Verräter, ein Agent Walsinghams, der die ganze Affäre von Anfang an inszeniert hatte. Gifford war zwar tatsächlich in Frankreich gewesen und hatte Kontakte zu Beaton, Paget und Morgan gehabt, stand aber trotzdem in Walsinghams Diensten. Sie waren gemeinsam auf den Gedanken gekommen, Maria Stuarts Geheimkorrespondenz mit Hilfe des Bierbrauers wieder in Gang zu bringen: Alle Briefe an Maria und alle Schreiben, die sie nach draußen schmuggeln ließ, wurden vorsichtig entsiegelt und dann von einem speziellen Agenten entschlüsselt. Für diese Aufgabe zuständig war Thomas Phelippes, der sich als geradezu genialer Kodeknacker erwies und dadurch entscheidend zum Gelingen des Unternehmens beitrug.* Anschließend wurden die Briefe scheinbar unversehrt weitergeleitet.

Daß man gerade Chartley als Aufenthaltsort für Maria Stuart ausgewählt hatte, war sicher auch kein Zufall: Gifford hatte familiäre Beziehungen in Staffordshire, wodurch sich um die gefangene Ex-Königin besonders leicht ein lokaler Agentenring aufbauen ließ.

Aber auch das beste Spionagenetz nutzte Walsingham nichts, solange Maria in den Briefen, die abgefangen und entschlüsselt wurden, nur Banalitäten und Belanglosigkeiten schrieb. Wenn er Elisabeth zu einem Prozeß gegen ihre Cousine bewegen wollte, brauchte er Beweise für deren Teilnahme an einer Verschwörung.

Aber die leichtsinnige Maria war wenigstens in ihren Briefen zumeist vorsichtig. Sie kannte die diplomatischen Spielregeln und wußte, daß sich eine Königin bei riskanten Unternehmungen auf alle Fälle im Hintergrund zu halten hat. Und sie wußte auch, daß sie von Spionen umgeben war, daß es Verräter gab und daß Briefe von ihr dem Gegner in die Hände fallen konnten.

Außerdem gingen manche Betreiber des spanisch-katholischen »Unternehmens« ab 1584 und 1585 zu Maria Stuart spürbar auf Distanz: Mit den Verhandlungen mit ihrem Sohn über eine Doppelherrschaft in Schottland, ihren Zugeständnissen und wiederholten Freundschaftsbekundungen an Elisabeth hatte sie Rom schließlich verärgert. Im Dezember 1584 schickte ihr der Jesuit Martelli eine Warnung: »Man fürchtet, Madame, daß es um

---

* Einzelheiten der Intrige sind vor allem durch den ausführlichen Bericht des Botschafters Châteauneuf bekannt, der sie seinerseits erst nach dem Prozeß gegen Maria Stuart und ihrer Hinrichtung erfuhr.

Euch herum Verräter gibt. Und man zweifelt sogar an Eurer Diskretion. Um Gottes willen, Madame, nehmt Euch in acht. Eure Sache ist die Sache Gottes, in Seiner Gegenwart müßt Ihr ehrbar bleiben. Ihr habt zu viele Feuer im Eisen, zu deutlich sind die Widersprüche [...]. Hütet Euch, das Einvernehmen mit Isebel zu suchen. Wenn Ihr den Kampf der Katholiken aufgebt, lauft Ihr Gefahr, Euch alles zu verderben ...«[2]

Papst Gregor XIII. wußte nicht mehr, woran er bei ihr war: »Verständigt sie sich etwa mit den Ketzern? Entehrt sie sich in dieser Gesellschaft und bringt ihre Seele in Gefahr?« fragte er Marias ehemaligen Beichtvater Pater La Rue.

Und Philipp II., der Maria noch nie besonders gemocht hatte, kam langsam zur Überzeugung, daß diese labile, launische und unzuverlässige Intrigantin kaum die richtige Königin war, um England wieder entschlossen und kompromißlos zum Katholizismus zurückzuführen. Zudem fürchtete Philipp, daß Marias Sohn, der junge Ketzer, den Knox und Buchanan verdorben hatten, alles, was sie für die Sache Roms hätte tun können, wieder zunichte machen würde. Er erinnerte sich, daß auch er Ansprüche auf den englischen Thron erheben konnte, und zwar über seine Urururgroßmutter, die Enkelin Eduards III. Plantagenêt. Über dieses weitläufige Verwandtschaftsverhältnis hatte er mindestens ebenso große Rechte auf die englische Krone wie das Haus Tudor, das von einem Bastard des Sohnes Eduards III. abstammte. Die Jesuiten gründeten eine Partei, die es sich zur Aufgabe machte, die Erbansprüche des spanischen Königs auf die englische Krone zu verteidigen: Daß damit Maria Stuart ausgebootet werden sollte, wurde zwar nicht gesagt – es war nicht einmal vom Ausschluß ihres ketzerischen Sohnes aus der englischen Erbfolge die Rede –, aber trotzdem wurde durch diese Angelegenheit das Verhältnis zwischen ihr und den Spaniern merklich getrübt.

Seit dem Komplott Parry, das im März 1585 aufgeflogen war, hatte Walsinghams Polizei keine weitere Verschwörung gegen Elisabeth aufgedeckt. Drei Monate lang überprüfte man dank Giffords System Maria Stuarts Briefe, ohne daß man etwas Brauchbares fand. Zu vorsichtig waren die Schreiben, die sie erhielt oder schrieb, und zu vage für eventuelle Schlußfolgerungen. In ihnen ging es vor allem um den undankbaren Jakob VI., dem Maria, um den Rebellen im eigenen Land keinen Vorschub zu leisten, die Unterstützung entzog und den sie nach Spanien entführen lassen wollte.[3] Zwar war in einem Brief vom 29. Mai 1586 vom »vorgeschlagenen Unternehmen zur Wiedererrichtung dieses Staates« die Rede, aber mehr wurde nicht gesagt.

Am 20. Mai wagte sich Maria dann weiter vor: In einem Brief an Mendoza, der inzwischen der Botschafter Spaniens in Paris war, erwog sie explizit, ihre Ansprüche »auf die Nachfolge in England« dem spanischen König zu übertragen, da ihr Sohn Jakob in der Häresie verharre. Maria bat Mendoza vorläufig um strengste Geheimhaltung, denn wenn von ihrem Plan etwas bekannt würde, drohe »ihr in Frankreich der Verlust des Witwengutes, in Schottland der endgültige Bruch mit [ihrem] Sohn und in diesem Land [ihr] vollständiger Ruin und Untergang.«[4]

Der Brief war zwar kompromittierend, aber was in ihm gesagt wurde, reichte noch nicht, um Maria strafrechtlich verfolgen lassen zu können. Walsingham benötigte weiteres Belastungsmaterial, wenn er Elisabeth überzeugen wollte, ihre Cousine beseitigen zu lassen.

In dieser Situation kam dem Polizeiminister die Verschwörung Babington wie gerufen.

Wie die Verschwörung angefangen hat, ist uns nur unzureichend bekannt: Vielleicht deshalb, weil die englische Regierung beim Prozeß gegen Maria Stuart die Hintergründe des Komplotts vertuscht hat.

Bei Historikern seit dem 16. Jahrhundert umstritten ist vor allem ein Punkt: Handelte es sich wirklich um eine Verschwörung, die von Anhängern Maria Stuarts in Paris geschmiedet wurde? Oder wurde die ganze Affäre von Anfang an von Walsinghams Agenten inszeniert? Noch heute ist diese Frage offen, und kein Dokument aus der damaligen Epoche gibt eindeutig Aufschluß in der Sache.

Nach Châteauneuf soll Gifford die ganze Affäre im Auftrag der englischen Regierung während einer Reise nach Paris im März 1586 eingefädelt haben: »Das ganze Komplott wurde vom Rat von England ins Leben gerufen.«[5] Gifford soll in Paris mit dem Priester John Ballard, der ebenfalls das Seminar in Reims besucht hatte, zusammengetroffen sein. Bei der gemeinsamen Rückkehr nach England soll Ballard ihn mit Anthony Babington bekannt gemacht haben, einem jungen Höfling aus der Umgebung Elisabeths, der ein glühender Anhänger Maria Stuarts war und für ihre Befreiung alles unternommen hätte. Nach Châteauneuf soll der steinreiche Babington von jugendlicher Begeisterung übergeströmt und geradezu einfältig naiv gewesen sein. Nach Châteauneufs Darstellung soll die Verschwörung jedenfalls von Anfang an Walsinghams Werk gewesen sein.

Nach anderen Quellen, vor allem nach den Geständnissen der Verschwörer, war das Komplott zunächst ohne das Zutun Giffords entstanden, der erst später – um einen Ausdruck unseres Jahrhunderts zu gebrauchen – auf den fahrenden Zug aufgesprungen sein soll. Treibende Kraft des Unternehmens war demnach John Savage, ein tapferer Militär, der in den Niederlanden in den Reihen der Spanier gekämpft hatte und von Ballard eigens angeheuert worden war, eine Verschwörung zu organisieren. Das Geld zu ihrer Finanzierung soll Botschafter Mendoza beschafft haben.

Anfang Mai war Babington dem Spionagering jedenfalls beigetreten, und Thomas Morgan schrieb aus der Bastille an Maria Stuart, um ihr den Neuling zu empfehlen: »Ein Edelmann aus gutem Hause und mit guter Verwandtschaft. Ich bin der Ansicht, dem genannten Babington könnten drei oder vier Zeilen von Eurer Majestät sehr nützlich sein; in ihnen könntet Ihr ihm attestieren, daß Ihr eine gute Meinung von ihm habt, daß Ihr ihm vertraut und daß Ihr ihm für die Zuneigung dankt, die er Eurer Majestät entgegenbringt.«[6] Maria wartete mit einem entsprechenden Schreiben bis zum 25. Juni. Nach ihrem Brief kannte sie Babington offenbar schon vorher: »Mein großer Freund, auch wenn Ihr lange keine Nachricht von mir habt, so wäre ich sehr betrübt, wenn Ihr glaubtet, ich würde mich nicht mehr an die Zuneigung erinnern, die Ihr mir gegenüber in jeder Hinsicht bewiesen habt.«[7] Auf welche früheren Beziehungen Maria in ihrem Brief anspielt, bleibt indes rätselhaft. Der Name Babington war vor diesem Schreiben vom Mai 1586 in ihrer Korrespondenz noch nie aufgetaucht. Nach Châteauneuf soll er zum Kreis um den Grafen von Shrewsbury in Sheffield gehört und sich schon dort in die Gefangene verliebt haben. Das ist möglich, aber nicht bewiesen, und Babington hat beim Prozeß gegen die Verschwörer nichts dergleichen erwähnt. Dagegen leugnete Maria energisch, Babington je gekannt zu haben, während ihr Brief vom 25. Juni das Gegenteil beweist: Von früheren Fällen wissen wir bereits, was von ihren Beteuerungen zu halten ist.

Jedenfalls kann man folgendes festhalten: das Komplott wurde Ende Mai 1586 angezettelt; Marias Freunde in Paris wußten nicht nur von der Sache, sie nahmen sogar aktiv an ihr teil; in England bereitete ein ganzes Netz von Agenten, zu denen auch Babington, Savage und Ballard gehörten, eine Verschwörung vor. Als Steuerungszentrale des ganzen Komplotts diente die spanische Botschaft in Paris. Und dank dem Verräter Gifford war Walsingham die ganze Zeit über jeden Schritt der Komplotteure genau unterrichtet.

Worin bestand das Komplott genau? Letztlich war es eine Neuauflage des »Unternehmens«, das man in den letzten sieben Jahren und zuvor immer wieder versucht hatte: Die Spanier hätten in England landen, die Katholiken im Land eine bewaffnete Erhebung durchführen und Maria Stuart mit Waffengewalt befreien sollen. Und mit zum Plan gehörte natürlich wieder Elisabeths Ermordung.* Den letztgenannten Teil der Operation sollte

---

* Ein Brief Mendozas an Philipp II. beweist das unwiderlegbar: »Durch das Schwert oder durch Gift«, wie er sich genauer ausdrückte.[9] Philipp II. stimmte der Tat zu: »Als erstes muß die Königin beseitigt werden«, vermerkte er eigenhändig.

John Savage mit sechs tapferen Kameraden durchführen, während Babington und seinen Freunden die dankbarere Aufgabe zufiel, Maria aus Chartley zu befreien.

Walsingham hütete sich natürlich, Elisabeth über alle Einzelheiten seiner Intrige zu informieren. (Fouché in Frankreich dachte später auch nicht daran, Napoleon über sämtliche Polizeiaktionen auf dem laufenden zu halten.) Der Polizeiminister wartete, bis er den entscheidenden Schlag ausführen konnte. Elisabeth wußte trotzdem, daß etwas im Schwange war, denn bei einer Audienz im April ließ sie Maria Stuart über Châteauneuf sogar eine Warnung zukommen: »Monsieur l'ambassadeur, Ihr pflegt vielfachen Umgang mit der Königin von Schottland und habt Geheimnisse mit ihr, aber Ihr dürft mir glauben, daß ich über alles, was in meinem Königreich geschieht, Bescheid weiß. Ich war Gefangene zur Zeit der Königin, meiner Schwester, und kenne die Methoden, mit denen Gefangene Diener gewinnen und sich heimlich Verbindungen verschaffen.«[8] Châteauneuf machte den Bock zum Gärtner und leitete die Warnung an Gifford weiter.

Wir kommen damit auf eine grundlegende Frage, die bei Historikern seit vierhundert Jahren ebenso umstritten ist wie die Echtheit der Kassettenbriefe: War Maria am Babington-Komplott mitschuldig, und wußte sie, daß ihre Cousine ermordet werden sollte?

Nicht zu bezweifeln ist die Tatsache, daß ihr die Pläne bekannt waren, nach denen die Katholiken einen Aufstand anzetteln und sie befreien sollten. Maria spricht in einem Brief an Charles Paget vom 20. Mai den Wunsch aus, daß der spanische König dieses Unternehmen möglichst rasch durchführen solle: »[die Invasion] scheint mir das sicherste Mittel, wenn man die Ursache der bösen Stimmung beseitigen und sich von dieser Königin [Elisabeth] befreien will.«[10] Beim Gedanken, daß sie bald schon frei sein könne, wurde sie so erregt, daß Paulet am 3. Juni vermerkte: »Es geht ihr sehr viel besser, und sie ist sogar zur Wildentenjagd gegangen.« Wenn Maria den Ausdruck »sich von der Königin befreien« gebraucht hat, bedeutet dies dann, daß sie auch von den Mordplänen gegen Elisabeth wußte? Klarheit schafft ein Brief Babingtons vom 6. Juli, den Maria am 12. Juli erhielt: »Vortrefflichste und erlauchteteste Herrscherin und Herrin, der ich alle Treue und allen Gehorsam schulde, Eure Majestät mögen mein langes Schweigen entschuldigen [...]. Ballard hat mir von dem Plan berichtet, den die christlichen Fürsten, die mit Eurer Majestät befreundet sind, erstellt haben, um unser Land aus der gegenwärtigen elenden Lage zu befreien [...]. Es geht darum, die Invasion in den Häfen vorzubereiten, in denen eine starke Truppe die gelandeten Streitkräfte unterstützen wird. Eure Majestät werden befreit und die Thronräuberin wird getötet *[dispatched]* werden, eine Tat, bei deren Ausführung sich Eure Majestät ganz auf mich verlassen können. Ich schwöre dem allmächtigen Gott, der Eure königliche Person wie durch ein Wunder dem Gemeinwohl erhalten hat, daß alles Besprochene geschieht oder daß wir in diesem Unternehmen freudig unsere Leben lassen. [...] Da jeder Aufschub äußerst gefährlich ist, appelliere ich eindringlich an die Klugheit Eurer Majestät, uns die Beschleunigung der Angelegenheit anzuraten [...] Ich selbst nehme mich mit sechs Edelleuten und hundert Gefährten der Aufgabe an, Eure königliche Person von Ihren Feinden zu befreien. Der Aufgabe, die exkommunizierte Thronräuberin zu töten *[s. o.]*, der wir keinerlei Gehorsam mehr schulden, nehmen sich sechs hochherzige Edelleute an, die mit mir befreundet sind und sich für die Sache des Katholizismus und Eurer Majestät begeistern. Angesichts ihres heroischen Aktes wünsche ich mir, daß sie ehrenhaft belohnt werden, wenn sie noch am Leben sind, oder andernfalls ihre Kinder [...]. Der treuste und ergebenste Diener Eurer Majestät, Anthony Babington.«[11]

Man hat sich darüber gestritten, ob dieser Brief und sein Antwortschreiben tatsächlich von Babington und Maria Stuart stammen. Das Original, das verschwunden ist, hat die Ex-Königin der Schotten sicher verbrannt. Andererseits hat der junge Verschwörer das oben zitierte Schriftstück selbst mit folgenden Worten beglaubigt: »Dies ist eine getreue Abschrift des Briefs, den ich der Königin von Schottland geschrieben habe.« Selbst wenn man berücksichtigt, daß man diese Beglaubigung aus Babington mit der Folter herausgepreßt hat, dürfte sie trotzdem gültig sein, da alle genannten Einzelheiten in der Abschrift mit denen des Komplotts übereinstimmen. J.-H. Pollen, ein moderner Historiker, der sich besonders eingehend mit der Verschwörung befaßt hat und der selbst Jesuit und ein großer Bewunderer Marias war (»diese Frau mit dem großen Herzen«), sieht den Brief als erwiesenermaßen echt an.

Daß Maria den Brief erhalten und voll und ganz begriffen hat, was in ihm stand, geht aus ihrer Antwort vom 17. Juli klar hervor. Man hat auch die Echtheit dieses Schreibens in Zweifel gezogen (vor allem, da Maria bestritten hat, daß es von ihr stamme), aber ein Brief, den Mendoza während des Prozesses am 10. September aus Paris an König Philipp geschrieben hat, beweist das Gegenteil: »Ich glaube, daß die Königin von Schottland über die Angelegenheit sehr wohl informiert war, denn das geht aus einem Brief hervor, den sie mir geschickt hat.«[12]

Jedenfalls hat dieser Brief an Babington, der das Datum des 17. Juli trägt und den englische Historiker den »blutigen Brief« nennen, Maria am stärksten belastet und schließlich zu ihrer Verurteilung geführt.

Bevor wir uns damit auseinandersetzen können, ob der Brief tatsächlich echt ist, müssen wir die Abschrift zitieren, die während des Prozesses gegen Maria Stuart in mehrfacher Ausführung in französischer Sprache vorgelegen hat: »Teuerster und treuer Freund, da ich bemerkt habe, daß Ihr Euch die Sache der Religion im allgemeinen und meine im besonderen mit Eifer und Zuneigung zu mir angelegen sein laßt, hielt ich Euch stets für ein wichtiges und sehr würdiges Werkzeug für beides und verließ mich stets fest auf Euch.« Maria dankt ihm für den oben zitierten Brief vom 6. Juli und fährt dann fort: »Um das Unternehmen auf eine gute Basis zu stellen und einem guten Ausgang zuzuführen, müßt Ihr Punkt für Punkt überlegen, wieviel Leute zu Pferd und zu Fuß Ihr ausheben könnt [...], welche Anzahl ausländischer Kräfte [Ihr] erbitten wollt und für welche Zeit sie besoldet werden müssen [...], wieviel Waffen und Geld Ihr Euch beschaffen müßt [...], *wie die sechs Edelleute am besten vorgehen sollen* und welche Mittel nötig sind, um mich aus diesem Gefängnis zu befreien [...]. Wenn diese Dinge vorbereitet sind und die Kräfte inner- und außerhalb meines Königreichs bereitstehen, *dann muß man dafür sorgen, daß die sechs Edelleute ihre Aufgabe erfüllen, und Befehl geben, daß ich nach Ausführung ihres Planes hier sofort befreit werde [...]*. Da man aber nicht von vornherein für die Erfüllung dessen, was die *besagten Edelleute unternommen haben,* einen bestimmten Tag festsetzen kann, sollen sich ihnen vier tapfere und gut gerüstete Männer beigesellen, die meinen Befreiern, *sobald das Vorhaben durchgeführt ist, eiligst Kunde vom Erfolg geben,* noch bevor mein Wächter von dieser Tat *[de ladite exécution]* erfährt.«

Weiterhin werden in dem Brief Einzelheiten zur geplanten Befreiung Marias aus Chartley genannt: Zur Ablenkung der Bewacher sollen die Ställe angezündet und die Tore des Schlosses mit Karren versperrt werden. Maria gibt weiter Anweisungen zur Durchführung des geplanten Unternehmens und weist darauf hin, daß der französische Botschafter auf keinen Fall etwas von der Sache erfahren dürfe. Sie schließt den Brief an Babington mit den Worten: »Eure liebe Freundin. X. Vergeßt nicht, diesen Brief sogleich zu verbrennen.«[13]

Die Stellen, die kursiv gesetzt wurden, sind hinsichtlich ihrer Echtheit umstritten. Einige Historiker wie Fürst Labanoff gehen davon aus, daß sie von Walsinghams Spion Phelippes nachträglich eingefügt worden sind, um Maria Stuart stärker zu belasten (das betrifft vor allem die direkten Anspielungen auf Elisabeths Ermordung). Maria selbst ging soweit, daß sie beim Prozeß rundweg abstritt, den Brief an Babington überhaupt geschrieben und von ihm je einen Brief erhalten zu haben. Wenn man sich in der Sache ein Urteil bilden will, muß man sich eingehend mit der Herkunft des Schriftstückes befassen.

Die genauen Aussagen von Marias Sekretären Curle und Nau helfen uns auf die Sprünge. Maria schrieb ihre Briefe gewöhnlich auf französisch ins unreine oder diktierte sie Nau auf französisch. Ihre französischen Briefe wurden von ihm dann ins reine geschrieben und mit einem Kode verschlüsselt, den nur die Empfänger kannten (in Wahrheit dann natürlich auch der Verräter Gifford, Phelippes und Walsingham). Marias englische Briefe wurden von Curle übersetzt und chiffriert.

Nau und Curle bezeugten, daß der fragliche Brief vom 17. Juli an Babington von Curle nach einem handgeschriebenen Entwurf, den man anschließend sofort verbrannt hatte, ins Englische übersetzt und verschlüsselt worden war. Man übergab ihn am 18. Juli dem Bierbrauer, worauf ihn noch am gleichen Abend Phelippes in Händen hatte. Walsingham besaß bereits zwei Tage später eine entschlüsselte Abschrift, während das Original von Phelippes persönlich nach London gebracht wurde. Babington erhielt es scheinbar unversehrt am 29. Juli, als er von einer Reise nach Lichfield zurückkehrte.

Offenbar hatte er das Original, wie von Maria verlangt, vernichtet, denn bei seiner Verhaftung fand man es nicht mehr. Statt dessen legte man beim Prozeß gegen die Verschwörer die von Phelippes angefertigte Abschrift vor, die sich heute im englischen Nationalarchiv befindet. Drei handschriftliche Vermerke auf dem Rand bescheinigen dem Dokument Originaltreue: Babington: »Dies ist eine Abschrift des Briefs, den die Königin der Schotten zuletzt an mich schrieb.« Nau: »Ich glaube aufrichtig, daß dies der Brief ist, den Ihre Majestät an Babington geschrieben hat, soweit ich mich noch erinnere.« Und Curle: »So oder ähnlich scheint das Antwortschreiben gelautet zu haben, das Nau auf französisch niedergeschrieben hat und das ich übersetzt und verschlüsselt habe.« Diese Beglaubigungen können Zweifel an der Echtheit des Dokumentes ausräumen.

Etwas anderes kann man sich dagegen bis heute nicht überzeugend erklären: Warum stützte sich die Anklage auf diese französische Abschrift, während das an Babington gerichtete und von Phelippes entschlüsselte Original in englischer Sprache abgefaßt war? Keiner der zitierten Zeugen hat sich zu diesem Punkt geäußert, und anscheinend haben sich die Richter beim Prozeß auch nicht daran gestört.

Zu diesem Brief und der Frage seiner Echtheit gibt es nach wie vor drei Hypothesen. Die erste stimmt mit dem überein, was Maria zu ihren Richtern gesagt hat: daß der Brief insgesamt eine Fälschung ist, eine sicher unhaltbare Behauptung angesichts von Babingtons Geständnis und der Tatsache, daß Maria zudem rundweg geleugnet hat, zu dem Verschwörer überhaupt Beziehungen gehabt zu haben, was indes durch andere Dokumente und Aussagen unwiderlegbar bewiesen ist. Nach der zweiten Hypothese soll der gesamte Brief echt und Maria schuldig sein. Die dritte Hypothese besagt, daß Maria in dem Brief nur Anweisungen zu ihrer geplanten Befreiung gab und daß Phelippes die Passagen, in denen es um Elisabeths Ermordung geht, nachträglich hinzugefügt hat. Diese Fälschung soll also auf die gleiche Art zustande gekommen sein wie seinerzeit – nach den Behauptungen von Marias Anhängern – die Kassettenbriefe von 1567.

Die letzte Hypothese ist nicht mit absoluter Sicherheit auszuschließen. Walsingham und Phelippes wären durchaus fähig gewesen, eine solche Fälschung anzufertigen. Andererseits kann man diese Hypothese nicht als erwiesen ansehen und sich allenfalls wünschen, daß Maria von dem geplanten Attentat nichts gewußt hat. Wenn man die Affäre umfassend betrachtet, die vertraulichen Mitteilungen des spanischen Botschafters an Philipp II. nimmt und sich die Zeugenaussagen von Nau, Curle und Babington vor Augen führt, so kommt man zu dem Schluß, daß der Brief vom 17. Juli aller Wahrscheinlichkeit nach ohne fremde Hinzufügungen von Maria Stuart stammt. Wenn ein Historiker die Echtheit eines Schriftstückes anzweifelt, benötigt er konkrete Anhaltspunkte, und die fehlen im vorliegenden Fall völlig. Wenn man den »blutigen Brief« nicht als Beweismittel anerkennt, so entspringt das sicher weniger einer kritischen Auseinandersetzung mit seinem Inhalt als vielmehr dem Wunsch, Maria Stuart von aller Schuld reinzuwaschen. Wir gehen folglich davon aus, daß die beim Prozeß gegen Maria Stuart vorgelegte Abschrift tatsächlich nach einem Brief angefertigt wurde, den die Königin der Schotten in dieser Form ihrem Sekretär diktiert oder sogar niedergeschrieben hatte.*

Walsingham hielt Maria Stuarts Brief am 20. Juli in Händen. »Ich glaube, nun habt Ihr genug Beweise, was Babington betrifft. Vielleicht braucht Ihr weitere Einzelheiten über seine Komplizen«, vermerkte Phelippes, als er ihm den Brief zuschickte: Auf die Rückseite hatte er einen Galgen gezeichnet.[14]

Walsingham ließ weitere zwei Wochen verstreichen, ehe er zuschlug. Man hat diese Frist als die Wartezeit gedeutet, die Walsingham benötigte,

---

* Auf einigen Abschriften taucht ein Postskriptum auf, in dem Maria um die Namen der sechs Edelleute bittet, die mit der Ermordung Elisabeths beauftragt sind. Dieser Zusatz ist sicher apokryph. Es handelt sich um einen Einfall Phelippes, den Walsingham nach reiflicher Überlegung als zu unglaubwürdig streichen ließ, so daß er auf der von Babington, Nau und Curle beglaubigten Abschrift nicht mehr auftaucht.

um Marias Brief entsprechend präparieren lassen zu können. Eine bessere Erklärung ist dagegen die Tatsache, daß Babington beim Eintreffen des Briefs in London nicht zu Hause war und daß für Walsinghams Polizei die Aussichten, die Verschwörer sogar *in flagranti* zu ertappen, mit jedem Tag größer wurden. Elisabeth geriet dadurch nicht in Gefahr, da Marias Korrespondenz in beide Richtungen durch Phelippes' Hände ging und alle Verschwörer beschattet wurden.

Babington wurde unterdessen unruhig. Am 3. August, nach seiner Rückkehr nach London, teilte er Maria schriftlich mit, daß sich Ballards Kamerad Maude als Spion der englischen Regierung herausgestellt habe. Das geplante Unternehmen werde trotzdem erfolgreich zum Abschluß gebracht.[15]

Er täuschte sich: Ballard wurde am folgenden Tag verhaftet. Babington floh in panischer Angst in die Wälder um London und versteckte sich bei einem Freund in Harrow. Er wurde am 30. August gefaßt.*

Walsingham hatte die ganze Affäre meisterhaft dirigiert. Jetzt blieb nur noch, Elisabeth das Ausmaß der Verschwörung vor Augen zu führen und sie zu überzeugen, daß Maria Stuart verurteilt und hingerichtet werden mußte.

Die englische Königin hatte bis dahin nur gewußt, daß ihr Minister Verschwörern auf der Spur war. Als er sie über die Tragweite des Komplotts unterrichtete und ihr Abschriften der Briefe Babingtons und Marias vorlegte, soll sie wie »vom Donner gerührt« gewesen sein.[17] Sie gab Befehl, sofort alle Komplizen zu verhaften und dafür zu sorgen, daß die Gefangene von Chartley keinen Schaden mehr stiften könne.

Beide Operationen wurden gleichzeitig durchgeführt. Babington, Savage und ihre Komplizen waren am 2. oder 3. August hinter Schloß und Riegel. Maria, die schon in Gefangenschaft war, konnte man eigentlich nicht mehr verhaften, aber man konnte sie in strengeren Gewahrsam nehmen. Das geschah am 16. August bei einer Jagdpartie, die man eigens zu diesem Anlaß veranstaltet hatte. Ihr Arzt Bourgoing, der sie an diesem Tag ebenso wie Nau und Curle begleitete, schildert das Ereignis anschaulich mit vielen Einzelheiten. Die Königin soll den Vorschlag, eine Jagdpartie zu unternehmen, begeistert aufgenommen haben. Als sie frühmorgens zwischen ihren Bewachern nach Schloß Tixall ritt, stellten sich der Gruppe mehrere Reiter in den Weg. Maria brachte erwartungsvoll ihr Pferd zum Stehen, da sie glaubte, sie habe es mit Babington und seinem Befreiungskommando zu

---

* Nach Robert Polay, einem skrupellosen Doppelagenten, soll Babington Walsingham vorgeschlagen haben, ihm alle Einzelheiten zur Verschwörung preiszugeben, wenn man ihn am Leben ließ. Beweise gibt es für diesen Verrat nicht.[16]

tun. Als sich die Reiter weiter genähert hatten, stieg ihr Anführer Thomas George vom Pferd und verlas eine Order, nach der Maria Stuart im Namen der englischen Königin wegen Verschwörung gegen das Königreich und das Leben Ihrer Majestät verhaftet werden müsse. Maria wehrte sich heftig, als man sie von ihren Dienern trennte und nach Tixall brachte. Derweil wurden in Chartley ihre Räume durchsucht und ihre Truhen versiegelt.

Neun Tage verbrachte die Königin der Schotten in strenger Isolation ohne Kontakt zur Außenwelt in Tixall. Von den Verbrechen, die man ihr zur Last legte, erfuhr die Öffentlichkeit erst am 25. August. Unterdessen herrschte in London, wo die schockierende Nachricht der Verschwörung und die Verhaftung Ballards bekannt geworden war, größter Jubel. An den Kreuzungen loderten Freudenfeuer, und die Glocken läuteten »vierundzwanzig Stunden und drückten die Erleichterung der Königin aus, die einer so großen Gefahr entronnen war«. Um die Flucht von Komplizen zu verhindern, wurden die Häfen blockiert und Schiffe festgehalten. Man ließ sogar die französische Botschaft bewachen, die an der Verschwörung überhaupt nicht beteiligt war. Als sich Châteauneuf beschwerte, brachte ihn Walsingham mit einem Hinweis auf die Bartholomäusnacht zum Schweigen.[18]

Als Maria Stuart nach Chartley zurückgebracht wurde, waren ihre Truhen durchwühlt, ihr Schmuck gestohlen und ihre Diener verschwunden. Sie protestierte lautstark gegen die Verletzung ihrer Privatsphäre: »Es gibt zwei Dinge, die man mir nicht nehmen kann: mein englisches Blut und meine katholische Religion. Beides behalte ich bis zu meinem Tod.« In ihrer Erregung ließ sich Maria trotz der heiklen Lage dazu hinreißen, Drohungen gegen die Bewacher auszustoßen: »Ihr werdet noch bereuen, was ihr mir angetan habt.« Sie schrieb sofort an Elisabeth. Paulet weigerte sich, den Brief weiterzuleiten. Nur der engste Kreis ihrer Dienerschaft durfte wieder zu ihr zurückkehren, vor allem der Arzt Bourgoing und Curles Frau, die inzwischen ein Mädchen zur Welt gebracht hatte. Da Paulet den Priester Du Préau weggeschickt hatte, taufte Maria das Kind nach katholischem Brauch selbst auf den Namen Maria, für den Puritaner Paulet eine empörende »Verletzung göttlicher und menschlicher Gebote«.[19]

Alles weitere hing vom Prozeß gegen Babington und seine Freunde ab. Sie verrieten rasch den gesamten Ablauf der Verschwörung und belasteten die Gefangene von Chartley. Drei Tage lang, vom 13. bis zum 15. September, wurden sie verhört und nach damaligem Recht immer wieder gefoltert. Sie sagten alles, was sie wußten, und schoben sich gegenseitig die Schuld zu. Als Hauptverantwortlicher stellte sich schließlich der Priester Ballard heraus. Sie wurden alle zum Tode verurteilt und am 20. und 21. September angesichts der Schwere ihres Verbrechens besonders barbarisch hingerichtet: Sie wurden aufgehängt und noch lebend wieder vom Galgen geschnitten. Dann schlitzte man ihnen den Bauch auf und zog die Eingeweide heraus. Anschließend wurden sie geviertelt. Als Elisabeth nach dem ersten Hinrichtungstag von Ballards, Savages und Babingtons schrecklichem Ende erfuhr, soll sie entsetzt für den folgenden Tag schnellere Hinrichtungen befohlen haben.*

Babington hatte vor seinem Tod nicht nur bezeugt, daß Maria den oben zitierten Brief vom 17. Juli geschrieben hatte, am Tag vor seiner Hinrichtung hatte er auch noch bestätigt, daß er und Maria ihre Korrespondenz tatsächlich mit dem Kode verschlüsselt hatten, der Walsinghams Leuten inzwischen bekannt war. Das war mehr als genug, um der Ex-Königin der Schotten den Prozeß machen zu können.

Die Sekretäre Nau und Curle bestätigten Babingtons Geständnis. Am 3. und 5. September erklärten sie – unter Androhung der Folter allerdings – vor dem Kronrat, daß ihre Dienstherrin tatsächlich mit den Verschwörern korrespondiert habe; und soweit sie sich erinnerten, sei das Schreiben, das man ihnen vorgelegt habe, identisch oder fast identisch mit dem Wortlaut des Briefs vom 17. Juli gewesen, den Curle ausformuliert und verschlüsselt habe. Weiteres Beweismaterial war bei der Durchsuchungsaktion in Chartley natürlich nicht aufgetaucht, aber da es damals nirgendwo ein kontradiktorisches Verfahren gab und Belastungszeugen den Angeklagten nicht gegenübergestellt wurden, hatte Walsingham genug Munition, um Elisabeth dazu zu bringen, ein Verfahren gegen ihre Cousine eröffnen zu lassen.

Wie vor achtzehn Jahren in York war zunächst eine wichtige Frage zu klären: Konnte man eine Königin vor die Richter zitieren? Es war abzusehen, daß Maria Stuart wie damals, im Jahre 1568, keine irdische Gerichtsbarkeit als zuständig in ihrem Fall anerkennen würde. Aber diesmal hatte die englische Regierung bessere Argumente als in York: Während damals der Mord an Darnley verhandelt werden sollte, der strenggenommen nicht unter die Zuständigkeit der englischen Rechtsprechung fiel, ging es jetzt um ein Verbrechen, das auf englischem Boden stattgefunden hatte und das gegen die englische Königin gerichtet gewesen war. Eine zusätzliche Handhabe war das Gesetz zum Schutze der Königin, das 1585 vom Parlament verabschiedet worden war und das sich nicht nur gegen die direkt Beteiligten an

---

* Der Verräter Gilbert Gifford tauchte bei der offiziellen Aufdeckung der Verschwörung sofort unter. Er starb vierzehn Jahre später unter unrühmlichen Umständen in Frankreich im Gefängnis nach einer Schlägerei in einem Bordell.

einem Attentat auf die Königin richtete, sondern gegen jede Person, »zu deren Nutzen« es unternommen wurde.

Aber Elisabeth zögerte noch immer, ihre Cousine aburteilen zu lassen. Leicester, der sich damals in den Niederlanden aufhielt, legte ihr nahe, Maria heimlich ohne ein Urteil beseitigen zu lassen, was damals bei Verbrechen, die die Sicherheit des Staates gefährdeten, durchaus üblich war.[20] Walsingham lehnte diese Lösung allein deshalb ab, weil sich kaum jemand bereit erklären würde, diese Liquidierung im Eilverfahren durchzuführen. Elisabeths Vertraute hatten Angst, daß sie nach Marias Tod als Sündenböcke dienen würden, eine Befürchtung, die sich später als völlig begründet herausstellte.

Elisabeth schwankte wie gewöhnlich noch immer: Am 10. September schrieb Cecil an Walsingham, sie sei »launisch wie das Wetter«.* Nach einer langen Unterredung mit Cecil rang sie sich schließlich durch: Das Gesetz zum Schutz der Königin solle angewandt und der Prozeß in der Hauptsache um den versuchten Anschlag auf ihre Person geführt werden. Statt von einem Gerichtshof solle Maria Stuart von einer Kommission mit sechsundvierzig Mitgliedern, die sie persönlich designieren würde, abgeurteilt werden. Der Ausgang des Verfahrens schien von vornherein festzustehen.

Nach ihrer Rückkehr nach Chartley erhielt Maria Stuart keinerlei Nachrichten über die Ereignisse draußen. Nach ihrem Arzt Bourgoing trat erneut ihr Leiden »an einem Arm und einem Bein« auf, so daß sie die meiste Zeit ans Bett gefesselt war. Paulet war angewiesen worden, sie so streng wie möglich zu überwachen. Auf Walsinghams Befehl hin hatte sie gerade noch fünfzehn Diener und Dienerinnen zur Verfügung, was für damalige Verhältnisse bei einer Frau ihres Ranges undenkbar war. Ihr Kutscher und ihre Reitknechte wurden mit dem Hinweis entlassen, daß sie sie jetzt nicht mehr brauche, da die Zeiten des Ausgangs vorbei seien.[21]

Maria hatte schon bei ihrer Gefangennahme in Tixall am 16. August beteuert, daß sie nichts von einem Anschlag auf das Leben ihrer »guten Schwester« Elisabeth gewußt habe. Die englische Königin wisse doch, daß »man sie schon mehrfach falsch informiert und ihr schlechte Dienste erwiesen« habe. Am 10. September gab Paulet ihr offiziell die Anklagepunkte

---

* Ungefähr zu diesem Zeitpunkt dürfte der bereits erwähnte Bericht im Archiv des Siegelbewahrers Sir Nicholas Bacon entstanden sein. Der Bericht führt juristische und historische Argumente auf, nach denen Elisabeth entgegen der französischen Auffassung doch das Recht hatte, einen Prozeß gegen Maria Stuart führen zu lassen. Wichtigster Präzedenzfall ist dabei König Kleomenes von Sparta, der nach einer Niederlage gegen Antigonus Doson an den Hof des ägyptischen Königs Ptolomäus floh und 219 v. Chr. (!) nach einem mißlungenen Putschversuch von diesem umgebracht wurde.

bekannt und nahm ihr alles Geld ab, damit sie »die verräterischen Ungeheuer gegen ihre Heimat« nicht mehr unterstützen könne. Maria beteuerte bei der Gelegenheit erneut ihre Unschuld. Paulet ließ ihr nur zehn Taler »zum Spielen und Ausgelassensein«. Für den Rest erhielt sie eine Quittung. Das Netz um sie herum zog sich zusammen.[22]

Zur größeren Bequemlichkeit für die Kommissare wurde Maria auf Walsinghams Weisung näher nach London gebracht, in die Umgebung von Petersborough nach Fotheringhay. Das Schloß hatte zwei große Säle, in denen die Kommission ihre hochoffiziellen Sitzungen abwickeln konnte. Für die zahlreichen Mitglieder standen große Wohnräume zur Verfügung. Damit Maria den Ortswechsel ohne Aufruhr über sich ergehen ließ, gab Paulet vor, sie werde aus gesundheitlichen Gründen verlegt. Vom 21. bis zum 25. September wurde sie ohne Zwischenfälle in einer Kutsche nach Fotheringhay gefahren. Eine Eskorte von zweihundert Berittenen, bewaffnet mit Lanzen, Hellebarden, Wurfspießen, Armbrüsten, Arkebusen, Speeren, Dolchen und Pistolen beugte jedem Befreiungsversuch vor: Das Aufgebot schüchterte selbst die unerschrockensten Katholiken ein, sofern das nach den Hinrichtungen Babingtons und seiner Kameraden noch nötig war.

Das Schloß Fotheringhay, das heute dem Erdboden gleichgemacht ist, war eine finstere und besonders abweisend wirkende Burg. Als Maria Stuart diesen Ort vor sich auftauchen sah, soll sie nach einer lokalen Überlieferung »*Perio!*«[*] ausgerufen haben. Zweifellos erwartete sie, daß man sie dort, wie üblich in solchen Fällen, erwürgen oder vergiften würde. Sechs Tage später erhielt sie Gewißheit über ihr weiteres Schicksal: Paulet teilte ihr mit, daß sie von den Kommissaren der englischen Königin verhört würde, worauf sie antwortete, daß ihr »als souveräner Königin weder eine Schuld noch ein Vergehen« bekannt seien, »wegen deren sie sich vor irgendeinem Menschen auf der Welt rechtfertigen« müsse. Die Kommissare machten sich »wegen geringer Dinge viel Mühe«, womit sie nicht sehr weit kämen.[23]

Elisabeth hatte die sechsundvierzig Mitglieder der Kommission unter den wichtigsten Standesherren und höchsten Würdenträgern des Königreiches ausgesucht. Um dem Rang der Angeklagten Rechnung zu tragen, mußte das in der Geschichte beispiellose Verfahren möglichst feierlich ausfallen. Zu den Teilnehmern zählten der anglikanische Erzbischof von Canterbury und Primas von England, Lordkanzler Bromley, Großschatzmeister Cecil

---

[*] »Ich sterbe!« Es handelt sich um ein Wortspiel mit »Perryho Lane«, dem Namen eines Ortes in der Nähe.

(Lord Burghley), der Großkämmerer Oxford, die Staatssekretäre Walsingham und Davison, Justizbeamte, Lords, Ritter und mehrere Höflinge aus der direkten Umgebung der Königin. Zur Teilnahme an der Sitzung war auch Graf von Shrewsbury bestellt worden; als er gesundheitliche Gründe vorschob, um nicht erscheinen zu müssen, gab man ihm zu verstehen, daß er der Sitzung besser nicht fernblieb. Paulet hatte natürlich keine Bedenken, an ihr teilzunehmen.

Diese ganzen wichtigen Personen fanden sich am 11. Oktober in Fotheringhay ein. Einige Tage zuvor hatte Paulet noch versucht, Maria zu einem spontanen Geständnis zu bewegen, indem er einen Gnadenakt der englischen Königin in Aussicht stellte. Allerdings hatte man dieses Manöver schon vor achtzehn Jahren während der Konferenz von York ohne Erfolg ausprobiert. Maria lehnte den Handel diesmal mit der Bemerkung ab, daß man so gewöhnlich mit einem kleinen Kind rede, wenn es zugeben solle, daß es etwas Unrechtes getan habe.[24]

Vielleicht um Maria einzuschüchtern oder um ihrer Wut Luft zu machen, hatte ihr Elisabeth schon in einem Brief mitgeteilt, daß sie vor eine Kommission zitiert würde: »Zu meinem großen, unaussprechlichen Kummer mußte ich erfahren, daß Ihr steif und fest behauptet, das Komplott gegen meine Person und gegen den Staat in keiner Hinsicht gebilligt oder von ihm gewußt zu haben. Wie ich indes weiß, liegen klar und deutlich Fakten vor, die das Gegenteil beweisen und Euch widerlegen [...]. So habe ich es als opportun angesehen, mehrere Persönlichkeiten aus dem erlauchtesten und ältesten Adel meines Königreiches mit einigen persönlichen Ratgebern und meinen wichtigsten Justizbeamten zu Euch zu schicken, damit sie Euch anklagen, von dem abscheulichen und ungeheuerlichen Attentat gewußt und es gebilligt zu haben.«[25]

In ihrem Antwortschreiben vom 12. Oktober schlug Maria bei ihrer Verteidigung eine Richtung ein, von der sie von da an nicht mehr abwich: »Ich bin sehr bekümmert, daß die Königin, meine allerliebste Schwester, in meiner Sache so schlecht informiert ist [...]. Es dünkt mich sehr seltsam, daß sie mich vor die Richter befiehlt, als sei ich ihre Untertanin. Ich bin gesalbte Königin und werde nichts billigen, was meiner königlichen Würde oder der meines Sohnes schadet [...]. Ich bin unschuldig an jedwedem Verbrechen gegen die Königin und habe niemanden gegen sie aufgestachelt. Ich leugne nicht, meine Sache einigen ausländischen Fürsten anempfohlen zu haben, aber mehr ist gegen mich nicht vorzubringen.«[26]

Zwar erklärte sie sich zu einer Rechtfertigung vor dem englischen Parlament bereit, aber nur als Königin und nicht als die Untertanin ihrer Cousine. »Ich sterbe lieber tausend Tode, als anzuerkennen, daß ich Untertan von irgend jemandem bin«, erklärte sie Cecil und Lordkanzler Bromley, als sie das erste Mal vor ihr erschienen. »Eure Kommission wurde nur deshalb zusammengerufen, damit sie einen legalen Prozeß vortäuscht, während ich in Wahrheit schon verurteilt und gerichtet bin. Ich warne Euch: Befragt Euer Gewissen, und besinnt Euch, daß die Weltbühne unendlich viel größer ist als das Königreich England!« Die Kommissare lehnten es erwartungsgemäß ab, diese als »nachteilig für die Krone« befundene Erklärung zu Protokoll zu nehmen.

Aber wie seinerzeit während der Konferenz von York gab Maria Stuart, nachdem sie auf ihre Unabhängigkeit und Souveränität gepocht hatte, schließlich doch nach. Am 14. Oktober erklärte sie sich bereit, ihre Gemächer zu verlassen und vor der vollständig versammelten Kommission zu erscheinen. Eine Zeichnung der Zeit zeigt die räumliche Anordnung: In der Mitte des Saales befand sich ein großer rechteckiger Tisch, auf beiden Seiten standen zwei Bankreihen; die Sekretäre mußten notgedrungen auf den Knien mitschreiben. Daß an einem Ende des Saales nicht identifizierte Personen abgebildet sind, bei denen es sich um Edelleute aus der Nachbarschaft handeln könnte, deutet auf eine öffentliche Untersuchung durch die Kommission hin. Auf einem Podest am anderen Ende des Saales stand ein Thronsitz, darüber ein Baldachin mit englischem Wappen. Maria Stuart steuerte ihn nach dem Eintreten instinktiv an, worauf ihr Kanzler Bromley, der Vorsitzende der Kommission, einen Platz auf einem roten Samtsessel am Kopfende des Tisches zuwies: Der Thron, der unbesetzt blieb, symbolisierte Elisabeths Anwesenheit. »Ich sehe viele Richter, aber keinen, der mir günstig gesinnt wäre«, bemerkte Maria und setzte sich.[27]

Es wäre stumpfsinnig, hier den gesamten Ablauf des Verfahrens zu schildern, das sich über den ganzen 15. und 16. Oktober hinzog. Die Anklage ist bekannt: Verschwörung gegen das Leben der Königin von England und gegen die Sicherheit des Königreiches. Bekannt ist auch Marias Verteidigung: Als Königin unterstehe sie nicht der Autorität Elisabeths I., und als Schottin unterliege sie nicht der englischen Rechtsprechung. Seit achtzehn Jahren werde sie widerrechtlich in diesem Land festgehalten, in dem sie auf das mehrfach wiederholte Versprechen von Königin Elisabeth hin Zuflucht und Hilfe gesucht habe. Schließlich wiederholte Maria, daß sie von der Verschwörung, mit der man sie in Verbindung bringe, überhaupt nichts wisse.

Anschließend verlas der königliche Offizier Gawdy, ohne auf Marias grundsätzliche Erklärung einzugehen, die Anklageschrift und nannte sämtliche Schriftstücke, die im Zusammenhang mit dem Komplott bereits erwähnt wurden.* Wenn sich Maria nicht sicher gewesen war, ob Walsingham ihren gesamten Briefwechsel der letzten Monate gekannt hatte, so verlor sie jetzt jede Illusion. Maria blieb nur noch eine einzige Möglichkeit, sich zu verteidigen: Sie verlangte, daß statt der Abschriften die handschriftlichen Originale vorgelegt würden, was natürlich völlig unmöglich war, da sie und ihre Korrespondenten alle Briefe nach Erhalt sofort vernichtet hatten, weshalb bei der Durchsuchung ihrer Truhen in Chartley kein Belastungsmaterial aufgetaucht war. Aber die Meinung der Kommissare stand schon fest, und es hat viele moderne Historiker befremdet, daß Maria auf der Grundlage von Beweisstücken, die nur in Abschriften vorlagen, verurteilt worden war. Frédéric Pottecher, ein hervorragender Spezialist in Verfahrensfragen, hat die Ansicht vertreten, daß ein heutiges Geschworenengericht Maria sicher nicht ohne weiteres schuldig gesprochen hätte, was ihn allerdings nicht hindert, an Marias Mitwisserschaft bei der Verschwörung Babington und an ihre Schuld nach damals gültigem englischem Recht zu glauben.[28]

Den Anklägern hinderlich war vor allem die Tatsache, daß sie nicht zugeben konnten, woher die Schriftstücke, die sie der Kommission vorlegten, eigentlich stammten. Sie hätten erklären müssen, welche Rolle Gifford, Phelippes und der willfährige Bierbrauer in der Affäre gespielt hatten, womit die ominösen Hintergründe des Falls ans Tageslicht gekommen wären. So begnügte man sich damit, den Schriftstücken, die Nau und Curle schon beglaubigt hatten, Echtheit zu attestieren, und ging auf Marias Verlangen, die Originale vorzulegen, einfach nicht ein. Das Ganze erinnerte an die damalige Situation während der Konferenz von York, als man gegen Maria schriftliches Beweismaterial ins Feld führte, das sie selbst nie zu Gesicht bekam. Obwohl beide Verhandlungen unter ganz anderen Begleitumständen stattfanden, haben viele Anhänger Marias seit dem 16. Jahrhundert in dieser Gemeinsamkeit der Prozesse auch den Beweis für ihre Unschuld gesehen.

Daß die These von ihrer Unschuld so großen Erfolg hatte, ist unter anderem der Tatsache zu verdanken, daß selbst die Gegner der schottischen Ex-Königin zugeben mußten, daß sie während des gesamten dubiosen Verfahrens eine würdevolle Haltung einnahm. Wenn Maria in den harten Jahren der Gefangenschaft schon nicht Bescheidenheit und Vorsicht gelernt hatte, so zumindest eine Gelassenheit, die angesichts der Gefühlsausbrü-

---

* Es gibt eigentlich kein offizielles Protokoll zur Untersuchung von Fotheringhay. Cecil ließ einen Bericht anfertigen, in dem vor allem die Urkunden der Anklage aufgeführt werden. Dagegen kommt im *Journal* des Arztes Bourgoing vornehmlich Maria Stuart zu Wort. Beide Schriften zusammen geben ein ziemlich umfassendes Bild vom Verlauf des Verfahrens.

che in ihrer Jugend sehr überrascht. Maria, die über keinen Verteidiger und keinen juristischen Berater verfügte und sich vor den beschlagensten Rechtskundigen des Königreichs verantworten mußte, vertrat ihre Sache auf äußerst eindrucksvolle Weise: »Ihre Majestät antwortete, daß sie ihr Recht nie abgetreten habe und es nie abtreten werde und daß sie den Schatzmeister [Cecil] bitte, keinen weiteren Druck auf sie auszuüben [...]; sie habe sehr wohl gewußt, daß ihre Feinde und diejenigen, die ihr das Recht [als Erbin Englands] absprechen wollten, mit allen verfügbaren Mitteln ans Ziel zu gelangen versucht und ihr sogar nach dem Leben getrachtet hätten [...]; doch habe Gott sie mit der Geduld beschenkt, alle Widrigkeiten, die Er ihr in den Weg legte, zu ertragen, und sie bitte Ihn, zum größeren Nutzen Seiner Kirche, in der sie leben und sterben möchte und für die sie ihren letzten Blutstropfen vergießen werde, beliebig weiter mit ihr zu verfahren.«[29]

Der rüde Tonfall beim Verhör hatte Maria wahrscheinlich schon auf ihr Schicksal vorbereitet. Von nun an blieb sie bei ihrer Haltung: Sie werde wegen ihres Glaubens verfolgt und sterbe als Märtyrerin der katholischen Kirche. Endgültig vorbei waren die Zeiten, da sie mit dem Protestantismus geliebäugelt und Elisabeth Freundschaft bekundet und ihr gute Beziehungen angetragen hatte. Jetzt war sie die Hüterin des Glaubens, die Auserwählte Gottes, die ihre Treue zu ihm beweisen mußte. Die immer heftiger werdenden Attacken der Richter waren bedeutungslos. Sie wisse »weder von einem Mord noch von einem Attentat gegen irgendeine Person, noch von einer Verschwörung oder einer Invasion in diesem Königreich«. Dagegen sei ihr bewußt, daß »jeden Tag überall Katholiken verbannt und ins Exil geschickt« würden, »daß sie fliehen, ziellos umherirren und sich verstecken« müßten. Was den Titel der Königin von England angehe, so habe »nicht sie ihn angenommen, sondern ihn von der gesamten katholischen Kirche und den christlichen Fürsten bekommen, die dies als legitim« angesehen hätten. Als Maria am Abend in ihre Gemächer zurückkehrte, »plauderte sie vertraulich und sehr fröhlich mit ihrem Gefolge, ohne einen Anflug von Traurigkeit, heiterer, ja besser gelaunt als vor dieser ganzen Aufregung«.[30]

Am Abend des 15. Oktober kehrten die Kommissare nach London zurück, da Elisabeth vor dem Urteil die Beweisstücke persönlich einsehen wollte. Wie zu erwarten gewesen, sprachen sie die Angeklagte am 25. Oktober in der *Starchamber* von Westminster schuldig.* Der Schuldspruch

---

* Ein einziges Mitglied der Kommission, Lord Zouch, stimmte für Marias Unschuld. Zwölf Mitglieder, darunter Shrewsbury, enthielten sich der Stimme.

kam nach dem Gesetz zum Schutz der Königin von 1585 einem Todesurteil gleich. Um Jakob VI. nicht zu verärgern, brachte man an die Urkunde einen Zusatz mit dem Hinweis an, daß dieses Urteil seinen Ansprüchen als englischer Thronfolger keinen Abbruch tue.

Das Urteil wurde wenige Tage später vom Parlament bestätigt, das eigens zu diesem Zweck einberufen worden war. In der Begründung bediente man sich zahlreicher biblischer Anspielungen und verglich Maria Stuart mit Isebel und Athalja. Die Sitzung endete mit einem leidenschaftlichen Appell an Elisabeth, die Verurteilte zum Wohl der Religion Christi (des Protestantismus) und des Königreichs möglichst rasch hinrichten zu lassen.

Elisabeth antwortete mit einer langen Rede, in der sie den Verrat ihrer lieben Cousine zutiefst bedauerte, entschied vorläufig aber nichts. »Dies ist eine höchst ernsthafte Angelegenheit«, sagte sie, »und ihr wißt, daß ich gewöhnlich lange mit mir zu Rate gehe, bevor ich mich entscheide, selbst bei weniger wichtigen Dingen. Ich bitte Gott, meinen Geist zu erleuchten und mir einzugeben, was das Beste für Seine Kirche, den Staat und für euch alle ist. Ich werde euch meinen Entschluß zu gegebener Zeit wissen lassen, und ihr könnt sicher sein, daß er dem entsprechen wird, was die besten Untertanen vom besten Fürsten erwarten können.«[31]

Das lange Warten begann. Auf dem politischen Schachbrett Europas war jetzt die Diplomatie am Zug.

22

»Das erbärmliche Schauspiel und diese barbarische Hinrichtung ...«

Im damaligen Europa, als die Vorrechte des Königs ihren Siegeszug antraten, war die Hinrichtung einer Königin, selbst wenn sie seit zwanzig Jahren gestürzt war, eine höchst brisante Angelegenheit. Die Juristen konnten sich nur auf einen einzigen Präzedenzfall berufen, auf den jungen sizilianischen König Konradin, der von Karl von Anjou besiegt und 1268 hingerichtet worden war: Diese Tat war sicher kein Ruhmesblatt gewesen. Überdies war das Todesurteil damals vom Papst als Stellvertreter Jesu Christi abgesegnet worden, was im Jahre 1586 ganz bestimmt nicht der Fall sein würde.

Bei aller Ehrfurcht vor dem gesalbten Königtum hatten die protestantischen Mächte doch in Wahrheit kein Interesse daran, Maria Stuart zu retten. Das katholische Spanien würde auf eine Hinrichtung mit Empörung reagieren, aber das Land war zutiefst in die Babington-Verschwörung verstrickt gewesen, und Marias Tod würde seine Stellung nicht grundlegend verändern. Elisabeth kannte Philipp II. gut genug, um zu wissen, daß er sich nach Jahren des Abwartens nicht plötzlich in das Abenteuer einer militärischen Operation gegen England stürzen würde, nur um Maria Stuart zu retten.

Andererseits gab es zwei Länder, die ausreichend Grund und auch die Möglichkeit hatten, für die Gefangene einzutreten: Frankreich und Schottland.

In Frankreich hatte Heinrich III. bekanntlich mit der Liga und den Guisen zu kämpfen, die ihn in aller Offenheit stürzen wollten. Diese Umstände waren sicher nicht dazu angetan, daß der König sich leidenschaftlich für ihre Cousine Maria einsetzte, aber andererseits durfte nicht vergessen werden, daß sie Königinwitwe von Frankreich war und bei der großen katholischen Mehrheit im Land als Opfer der schamlosen Ketzerin Elisabeth geradezu verehrt wurde. Heinrich III., der bei der Abreise seiner Ex-Schwägerin erst neun Jahre alt gewesen war und sie von daher kaum kannte, schien von ihrer Mitschuld bei der Ermordung Darnleys und beim Komplott Babington überzeugt gewesen zu sein. Und als Lieblingssohn seiner Mutter Katharina von Medici, die ihr von jeher nur laue Gefühle entgegengebracht hatte, mochte er Maria auch persönlich nicht gerne. Aber der Prozeß von Fotheringhay und das Todesurteil hatten die Situation völlig verändert. Die Hinrichtung einer ehemaligen Königin von Frankreich hätte für das Königreich der Valois eine schallende Ohrfeige bedeutet und dem Ansehen des Landes gewaltig geschadet. Heinrich war zu sofortigem Handeln gezwungen.

Schritte zugunsten Maria Stuarts waren für die französische Diplomatie besonders delikat, denn Heinrich brauchte bei seinem Kampf gegen die Liga, bei dem es um Leben und Tod ging, Elisabeths Unterstützung. Objektiv gesehen waren Maria Stuarts Verbündete, die Spanier, der Papst und die Guisen, die Feinde des französischen Königs, und seine Interessen deckten sich zumindest zeitweilig mit denen der englischen Regierung.

Und zu Marias Erbitterung versuchte Frankreich schon seit Jahren, sich Jakob VI. anzunähern und ein freundschaftliches Verhältnis zu Schottland aufzubauen, auch wenn an ein enges Bündnis zwischen Frankreich und Schottland wie zu Anfang des Jahrhunderts nicht mehr zu denken war: Jakobs wichtigster Bundesgenosse war zwangsläufig England, dessen König er nach Elisabeths Tod zu werden hoffte. Da aber England und Frankreich augenblicklich gute Beziehungen hatten, konnten auch Paris und Edinburgh wieder freundschaftlich Umgang pflegen. Einziges Hindernis dabei war die standhafte Weigerung Maria Stuarts, ihren Sohn als König von Schottland anzuerkennen, worauf man allerdings auch nicht allzuviel Rücksicht zu nehmen brauchte. Heinrich III. hatte im Dezember 1585 kurz entschlossen den Gesandten Charles de Prunelé, Baron von Esneval, zu seinem »allerliebsten Neffen Jakob, König von Schottland« geschickt. Obgleich die Mission keine greifbaren Ergebnisse brachte – Jakob VI. hatte von Frankreich nicht viel zu erwarten, und Heinrich konnte ihm auch nichts Besonderes anbieten –, kühlten sich die Beziehungen zwischen Heinrich und Maria, die jede Annäherung an ihren »aufrührerischen und undankbaren« Sohn für Verrat hielt, doch merklich ab.[1]

Vor diesem Hintergrund versuchte Heinrich III. das Los der gestürzten Königin dennoch günstig zu beeinflussen, aber er wollte unter keinen Umständen politisches Porzellan zerschlagen: »Wenn es Euch gelingt, das Gespräch auf die Freilassung der Königin der Schotten zu bringen, so achtet darauf, daß Ihr es maßvoll tut und so, daß es nicht negativ aufgefaßt werden kann«,[2] schrieb er seinem Botschafter Châteauneuf am 16. Februar 1586. Châteauneuf, der Marias Eskapaden zwar streng mißbilligte, aber an ihrem Schicksal persönlich interessiert war, konnte sich für sie nur soweit einsetzen, wie es ihm sein Dienstherr vorschrieb.

Durch Depeschen erfuhr der französische Hof schon kurz nach Ballards Verhaftung und ihrer offiziellen Bekanntgabe vom Babington-Komplott und seinen Folgen. Als Châteauneuf am 3. September von Elisabeth in Windsor empfangen wurde, war sie gegen die Königin der Schotten »sehr aufgebracht« und übelster Laune. Châteauneuf hatte den Eindruck, sie werde »die genannte Königin schlecht behandeln«.[3] Aus Vorsicht oder weil er den Ernst der Lage nicht erkannte, zitierte Heinrich den englischen Botschafter erst am 17. September zu sich in den Louvre. Dort teilte er ihm mit, er dulde es nicht, »daß man Hand an die Person der Königin von Schottland lege«.[4] Elisabeth war offenbar überhaupt nicht beeindruckt: Am 4. Oktober äußerte Châteauneuf Befürchtungen, daß »die geringe Anteilnahme Frankreichs an den Angelegenheiten in England mit dazu beiträgt, daß diese arme Fürstin zugrunde gerichtet wird«. Am 20. Oktober konstatiert er erneut, daß man »sich in Frankreich recht wenig um die Angelegenheiten der Königin von Schottland« kümmere und daß sie »verloren und in erbärmlichem Zustand« sei. Die französische Regierung hatte offenbar wenig Lust, sich für die Gefangene von Fotheringhay in die Nesseln zu setzen.

Von schottischer Seite war die Bereitschaft dazu auch nicht größer. Als Babington hingerichtet wurde, ging Charles von Esnevals Gesandtschaft gerade zu Ende. »Die armen, erbärmlichen Verschwörer sind schlecht beraten gewesen mit ihren Unterstützern; jetzt hängen sie wie Würstchen am Galgen«, schrieb er anschaulich. Jakob VI. hätte allenfalls etwas verlieren können, wenn die Verschwörung, bei der seine Mutter die Hand mit im Spiel gehabt hatte, geglückt wäre. Die Spanier waren seine wichtigsten Feinde, und er war für Philipp II. ein unverbesserlicher Ketzer. Vor allem aber hatte Jakob panische Angst davor, daß man ihn aus der englischen Thronfolge ausschließen könnte, wenn seine Mutter nach dem Gesetz von 1585 verurteilt würde.

Als die Aufdeckung der Konspiration offiziell bekanntgegeben wurde, beeilte er sich, seiner Patin seine Glückwünsche zu übermitteln. Und als der französische Botschafter ihn bedrängte, sich für Maria einzusetzen, antwortete er trocken, seine Mutter solle »die Suppe ruhig auslöffeln, die sie sich eingebrockt« habe. Er wisse übrigens aus sicherer Quelle, daß sie ihn habe stürzen wollen, so daß er ganz froh sei, daß sie »ihre Machenschaften und Intrigen« von nun an nicht weiterführen könne.[5]

Elisabeth hatte Jakobs Unmut im übrigen vorgebeugt und ihm eine Abschrift des in Chartley gefundenen Briefes geschickt, in dem Maria ihre Absicht bekundete, ihr Königreich den Spaniern zu vermachen. Und sie hatte durchblicken lassen, daß es ihn seine Ansprüche auf die Krone von England kosten könne, wenn er sich für seine Mutter einsetze. Auch in Jakobs Umgebung riet man eher zur Besonnenheit als zum Wagemut: »Er ist überzeugt, daß die Königin von England es nicht wagen wird, etwas gegen sie [seine Mutter] zu unternehmen, ohne ihn um Rat zu fragen. So wird er also erst einmal abwarten.«

Tatsächlich zweifelte man in England, Schottland und auf dem Kontinent sehr daran, daß Elisabeth das Todesurteil, das vom Parlament gegen Maria Stuart verhängt worden war, auch tatsächlich vollstrecken lassen würde. Nach den Komplotten Ridolfi und Throckmorton war ja bereits zweimal erwogen worden, sie hinrichten zu lassen, worauf die Königin für ihre »gute Schwester« beide Male ihr Veto eingelegt hatte. Warum sollte es diesmal anders sein? Selbst Mendoza in Paris vermutete, Elisabeth treibe nur ein Spiel, um Maria teurer nach Frankreich verkaufen zu können.[6] Nur der französische Botschafter, der besser informiert oder ein besserer Menschenkenner war, sah den Ausgang der Affäre von Anfang an pessimistisch.

Er sollte recht behalten. Elisabeth hatte Angst, und Walsingham hatte sie überzeugt, daß sie so lange nicht sicher wäre, wie Maria Stuart am Leben war. Am 14. November unternahm sie einen letzten Versuch im Parlament, eine Lösung zu finden, die ihrer Cousine das Leben retten könnte (ob aus Heuchelei oder aus dem aufrichtigen Wunsch, Blutvergießen zu vermeiden, läßt sich kaum klären). Aber die Abgeordneten sahen »keine andere Möglichkeit als die Hinrichtung« und bestanden auf einem raschen Vollzug. Elisabeth antwortete auf diesen Bescheid auf die ihr ganz eigene Art: »Wenn ich Euch sagen würde, daß ich Eurer Bitte nicht entsprechen wolle, würde ich vielleicht mehr sagen, als ich möchte. Aber wenn ich Euch sagen würde, daß ich bereit sei, das zu tun, was Ihr von mir verlangt, würde ich sicher mehr sagen, als für Euch zu wissen billig wäre. So antworte ich Euch, indem ich Euch keine Antwort gebe.«[7] Es überrascht schon, wie unverhohlen die Königin das Parlament, das die öffentliche Meinung verkörperte, so einfach an der Nase herumführte!

Und Elisabeth schien noch immer zu schwanken, ob sie die Hinrichtung vollziehen lassen sollte oder nicht. Trotzdem gab man der Gefangenen am 22. November das Urteil bekannt, ein schwerwiegender Schritt, der sicher nicht ohne Weisung der Herrscherin unternommen wurde.

Mitte Dezember folgte ein weiterer Schritt: Man verkündete das Urteil offiziell im Königreich – es wurde im Volk mit großem Jubel aufgenommen. Jetzt mußte nur noch der Hinrichtungsbefehl unterzeichnet werden. Maria Stuarts Freunde konnten sich über den Ernst der Lage nicht mehr hinwegtäuschen.

Eineinhalb Monate überbot man sich auf diplomatischer Ebene an Trickreichtum, wobei Elisabeth getreu ihrer Losung, daß Angriff die beste Verteidigung ist, überraschend oft in die Offensive ging.

Als erster reagierte Heinrich III. auf die offizielle Bekanntgabe des Todesurteils gegen Maria Stuart. Das Ansehen der Krone von Frankreich stand auf dem Spiel. Ende November schickte er Pomponne de Bellièvre, seinen Finanzminister und Ratgeber, mit einer persönlichen Mitteilung an Elisabeth nach England. Der Herzog von Guise, Spaniens Verbündeter, hielt den Schritt für eine reine Formalität: »Diese Reise weckt in mir einen schlimmen und berechtigten Verdacht, und ich habe keinen Zweifel, daß sie am allerwenigsten wegen dieses Gegenstandes unternommen wird.« Gleicher Meinung war der Papst: »Welchen Anschein sich der König von Frankreich auch gibt, er unterhält zur Königin von England die besten Beziehungen.« Ein Pamphlet der Liga bringt die Meinung der Katholiken in der Sache auf einen Punkt: »Die Königin von England führt ihn wie einen Ochsen am Ring und hat ihn schon so weit, daß er die Verschwörung billigt, die seine Schwägerin, die Königin von Schottland, den Kopf kosten soll. Ohne sein Einverständnis hätte sie nie gewagt, Hand an sie zu legen.«[8] Historiker, die Heinrich III. kritisch gegenüberstehen, haben diese Meinung übernommen, aber sie ist in Wahrheit ganz unbegründet: Der Briefwechsel zwischen Bellièvre, Châteauneuf und Heinrich III. beweist, daß Bellièvre sich sehr ernsthaft für Maria Stuart einsetzen sollte. Unter anderem erhielt er Weisung, einen Handel vorzuschlagen: Maria sollte feierlich und unwiderruflich erklären, daß sie zu Lebzeiten ihrer Cousine keine Ansprüche auf die englische Krone erheben würde. Im Gegenzug sollte sie freigelassen oder nach Frankreich überstellt werden, wo Heinrich persönlich für ihr weiteres Wohlverhalten bürgen würde. (Mit im Gespräch war dabei sogar ein Eintritt ins Kloster.) Aber auf derartige Versprechen gab Elisabeth nichts mehr. Sie hielt Châteauneuf vor, wie schlecht ihre Milde nach dem Komplott Ridolfi vergolten worden sei.[9]

Bellièvre traf am 1. Dezember in London ein. Die Königin ließ ihn bis zum 6. warten und behandelte ihn beim Empfang herablassend. Der Gesandte hatte eine schmuckreiche, wenn auch nicht widerspruchsfreie Rede mit Anspielungen aus dem griechischen und römischen Altertum vorbereitet (»Ein Sperling, der von einem Falken verfolgt wurde, rettete sich an die

Brust des Philosophen Xenokrates«). Bellièvre appellierte wortreich an die Königin, das Schlimmste zu verhindern: Maria Stuart habe in England Asyl gesucht, sie sei an keiner der Verschwörungen gegen Elisabeth mit beteiligt gewesen, sie unterliege nicht der englischen Gerichtsbarkeit, als gesalbte Königin sei ihre Person unantastbar, und schließlich müsse es Frankreich als einen Affront auffassen, wenn man sich an seiner ehemaligen Herrscherin vergreife.

Elisabeth erwiderte voller Stolz, Maria sei eine »Untergebene gewesen, als sie freiwillig nach England gekommen« sei. Sie selbst schwebe in Todesgefahr, solange die Königin der Schotten noch lebe. Eine weitere Audienz am 15. Dezember erbrachte kein besseres Ergebnis. Elisabeth gab sogar zu verstehen, daß sie es als Beleidigung empfinde, wie sehr sich Heinrich für Maria einsetze. Erst solle er die Verschwörer Morgan und Paget hinrichten lassen, die sich noch immer in Paris aufhielten!

Heinrich III. war tief betroffen. Bellièvre ließ durchblicken, man könne Maria Stuarts Kopf noch retten, wenn man einigen Ratgebern Elisabeths heimlich etwas zustecke. Aber die Schatztruhen in Frankreich waren leer: »Zwanzigtausend oder dreißigtausend Taler« seien »derzeit nicht aufzutreiben.«

Bellièvre kehrte am 18. Januar 1587 in die Heimat zurück: Im Gepäck hatte er einen ziemlich unverschämten handschriftlichen Brief Elisabeths an ihren »guten Bruder«, den König von Frankreich: »Eure Staaten, mein guter Bruder, erlauben nicht, daß Ihr weiter insistiert. Gebt dem scheuen Pferd um Gottes willen nicht noch mehr Zügel, sonst lauft Ihr Gefahr, daß es Euch aus dem Sattel wirft [...]. Meine Herkunft ist nicht so niedrig und mein Königreich nicht so klein, als daß ich unter Mißachtung von Recht und Ehre einem lebenden Fürsten nachgeben müßte, der mich beleidigt.«[10]

Nie hatte Frankreich eine solche Demütigung hinnehmen müssen. Aber Heinrich III. hatte keine Möglichkeit, sich zu rächen, und das hatte Elisabeth schamlos ausgenutzt. Bellièvre war mit der Gewißheit über den Ärmelkanal zurückgekehrt, daß Maria Stuart verloren war.

Delikater für Elisabeth war die Lage in Schottland. Maria Stuart hatte nördlich des Tweed noch immer so viele Anhänger, daß bei der Aussicht, daß Elisabeth sie hinrichten lassen würde, ein Sturm der Entrüstung losbrach. Zudem war Jakob VI. trotz aller Meinungsverschiedenheiten noch immer ihr Sohn, so daß er nicht einfach tatenlos zusehen konnte, wie sie das Schafott bestieg. Als man Mitte September 1586 das Schlimmste fürchten mußte, stand Jakob mit dem Rücken an der Wand. In Edinburgh war der Druck der öffentlichen Meinung gewaltig: »Alle Männer bedrängen den König und führen ihm vor Augen, welche Schande es wäre, wenn er den

Tod seiner Mutter zuließe.« Es gab sogar Stimmen, daß er »selbst den Strick verdiene, wenn er sie nicht energisch zu retten versuche«.[11]

Um den 15. November schrieb Jakob VI. Elisabeth schließlich einen ersten Brief, worauf die Königin antwortete, daß sie seinen Ton nicht »dulde«. Am 27. November schrieb er erneut und versicherte der Patin, daß in dem »Schrein der Betroffenheit« in seinem Herzen »ein Kleinod an Zuneigung« ihr gegenüber ruhe. Elisabeth reagierte überraschend wütend auf das Schreiben und fragte Jakob, ob er den Verrat seiner Mutter etwa billige. Der König antwortete mit einem Kniefall. »Ich bin zutiefst bestürzt, Madame, daß Ihr meinen Brief in dem Sinne fehlgedeutet habt, daß ich Euch drohen wolle, was ganz und gar nicht meine Absicht war […]. Gott ist mein Zeuge, daß ich Euch nur mitteilen wollte, wie sehr sich die Gemüter in Schottland erhitzen […]. Ihr könnt sicher sein, Madame, daß Ihr nie einen treueren und ehrlicheren Freund als mich hattet.« Jakob schrieb sogar an Leicester: »Wenn es jemand wagt zu behaupten, ich hätte den geringsten Verkehr mit meiner Mutter […], so ist dies eine dreiste Lüge. Aus Gründen der Religion habe ich ihre Taten schon immer verabscheut, selbst wenn mich die Ehre zwingt [sic!], mich nachdrücklich für ihr Leben einzusetzen.«

Um das Mißverständnis auszuräumen, schickte Jakob VI. Ende Dezember eine außerordentliche Gesandtschaft nach London. Neben Robert Melville gehörte ihr Patrick Gray an, der Maria Stuart bei den Verhandlungen um eine Doppelherrschaft mit Jakob so schamlos hintergangen hatte. Die Zusammenstellung ließ kaum erwarten, daß die Mission für Maria zu einem durchschlagenden Erfolg würde. Elisabeth blieb bei ihrer Taktik und ging sofort zum Gegenangriff über: »Beim Tod des Erlösers, wenn ich Euch das Verlangte zugestehen würde, könnte ich mir gleich selbst die Kehle durchschneiden!« Als Gray und Melville sie um einen Aufschub baten, um ihrem Dienstherrn schreiben zu können, lautete die Antwort: »Nicht eine Stunde!« Wie zu erwarten, hatte die Gesandtschaft nach Grays eigenen Worten nur »eine Maus geboren«.*

Dabei täuschte sich niemand über Jakobs wahre Gefühle seiner Mutter gegenüber: »Er wünscht sich nur, daß man sie in eine so enge Kammer sperrt, daß sie mit keinem Mann und keiner Frau auf Erden sprechen kann, und daß man sie zur einfachen Untertanin und Vasallin der Königin von England erklärt«, schrieb der französische Botschafter in Edinburgh am 20. Dezember.

---

* Angeblich soll Gray der Königin von England beim Abschied ins Ohr geflüstert haben: *Mortui non mordent* (»Tote beißen nicht«). Eine solche Bemerkung hätte Grays Stil durchaus entsprochen.

Elisabeth war ganz sicher, daß Jakob nach einer Hinrichtung Maria Stuarts auf keinen Fall mit ihr brechen würde. Mehr interessierte sie auch nicht. Die Gemütszustände ihres schottischen Verwandten konnten ihr gleichgültig sein.

Nicht weniger zögernd war auch die Haltung der Spanier, obwohl sie den verspäteten und lauen Protest der Franzosen lauthals kritisierten. »Der päpstliche Nuntius in Paris ist der Ansicht«, schrieb Mendoza Phillipp II. am 27. Januar 1587 schonungslos, »daß Eure Majestät völlig damit einverstanden seien, wenn die Königin von Schottland stirbt.«[12] Selbst Bellièvre hatte in seiner wortgewaltigen ciceronianischen Rede bemerkt, daß König Philipp an Maria Stuarts Hinrichtung interessiert sei, »weil er so ganz sicher sein« könne, »daß Englands Katholiken sich geschlossen auf seine Seite schlagen«.

Die Gefangene von Fotheringhay hatte keine wirksame Hilfe mehr zu erwarten.

Und doch waren Elisabeths Gewissensnöte anfangs nicht völlig erheuchelt. Der beste Beweis dafür ist die Tatsache, daß sie ihre Cousine nicht sofort nach dem Urteil des Parlaments hinrichten ließ, was für diesen Schritt der beste Zeitpunkt gewesen wäre. Heinrich III. und Jakob VI. hätten zwar protestiert, aber es wäre sehr unwahrscheinlich gewesen, daß sie einen Rachefeldzug geführt hätten. Wer wäre schon bereit gewesen, England wegen Maria den Krieg zu erklären? Und andererseits tauchten desto mehr Hindernisse auf, je länger man die Hinrichtung hinausschob. Selbst wenn man Elisabeths gewohnte Doppelzüngigkeit in Rechnung stellt, sieht es doch so aus, als hätten sie die diplomatischen Vorstöße Frankreichs und Schottlands in arge Verlegenheit gebracht, und es gibt vielerlei Anzeichen dafür, daß sie in den Monaten von November 1586 bis Januar 1587 wirklich bestürzt war. Auf eine Mitteilung Jakobs VI. antwortete sie am 29. November, sie wolle »lieber einen Arm verlieren, als zuzulassen, daß der Königin von Schottland ein Leid« geschehe. Und wenn den Diplomaten auffiel, daß ihre Wutausbrüche besonders heftig ausfielen, ist auch dies ein Zeichen ihrer Unsicherheit.

Elisabeth war weder blutdürstig noch sentimental. Sechzehn Jahre später sollte sie dem Botschafter Heinrichs IV. anläßlich der Hinrichtung des Statthalters Biron* anvertrauen: »Ich weiß nur zu gut, was man in einem solchen Augenblick empfindet, aber wenn das Interesse des Staates auf dem Spiel

---

* Biron war ein alter Waffengefährte Heinrichs IV. Heinrich ließ ihn 1602 wegen Hochverrats hinrichten.

steht, dürfen wir keine Rücksicht auf persönliche Gefühle nehmen.«[13] Während Elisabeth durch die Franzosen und Schotten bedrängt wurde, Maria Stuart nicht hinrichten zu lassen, übten ihre Ratgeber, vor allem Walsingham, Druck auf sie aus, es doch zu tun. In England herrschte Aufruhrstimmung. Man hatte Angst vor einer spanischen Invasion, vor der Flucht der Schottin und vor einem Attentat gegen die Königin.[14]

Während eines Aufenthaltes in Greenwich ließ sich Elisabeth schließlich am 1. Februar 1587 den Hinrichtungsbefehl kommen, der auf Cecils Anordnung vor über einem Monat aufgesetzt worden war. Sie unterzeichnete ihn zusammen mit anderen Urkunden. Da Walsingham an diesem Tag krank war, fiel seinem Kollegen, dem Staatssekretär Davison, die undankbare Aufgabe zu, der Königin das Schriftstück zur Unterzeichnung vorzulegen. Elisabeth überlegte sich zunächst, ob man die Hinrichtung nicht heimlich durchführen könne, schickte Davison dann aber mit dem Schriftstück zum Lordkanzler, um das Siegel anbringen und es weiterleiten zu lassen. Anschließend »wolle sie von der Angelegenheit nichts mehr hören, bis alles vorüber sei«. Elisabeth soll »mehrfach betont« haben, »sie habe mit der Unterzeichnung des Hinrichtungsbefehls deshalb so lange gezögert, weil sie zeigen wollte, daß weder Leidenschaft noch Bosheit sie dazu getrieben hätten«. Andererseits »sei sie nie so einfältig gewesen, um daran zu zweifeln, daß diese Hinrichtung notwendig gewesen sei«, bezeugte Davison am 20. Februar 1587, als alles vorbei war.[15]

Als der Staatssekretär seine Papiere einsammelte und sich verabschieden wollte, machte die Königin eine vielsagende Andeutung: Sie beklagte sich darüber, daß es ihr Paulet und sein Gefährte Drew Drury nicht erspart hätten, »den Schlag selbst auszuführen«. Walsingham und Davison, die verstanden hatten, schrieben den beiden noch am gleichen Abend: »Ihre Majestät hat bemerkt, daß es Euch an Mut und Diensteifer ihr gegenüber fehlt, da Ihr selbst keine Möglichkeit gefunden habt, das Leben der Königin von Schottland zu verkürzen, obwohl sie [Elisabeth] stets in größter Gefahr ist, solange diese Königin noch lebt.«[16]

Selten hat man jemanden auf zynischere Art zu einem politischen Mord angestiftet als mit diesem Brief, der Elisabeths und Walsinghams Andenken schwer geschadet hat. Wenn wir überhaupt von ihm wissen, so deshalb, weil Paulet ihn aus Vorsicht oder weil er sich moralisch dazu verpflichtet fühlte, entgegen der Aufforderung der Unterzeichner nicht verbrannt hat. Maria Stuarts Gefängniswärter war im übrigen vielleicht »unzugänglich«, wie sie selbst von ihm sagte, aber er war kein Mörder und antwortete Walsingham empört: »Ich kann nicht umhin, Euch mitzuteilen, mit wieviel Kummer und Bitterkeit ich vom Befehl Ihrer Majestät erfahren habe, daß ich etwas tun soll, das Gott und das Gesetz verbieten. Meine Güter und mein Leben stehen Ihrer Majestät zur Verfügung, aber Gott möge verhüten, daß ich mein Gewissen mit solch einem Makel beflecke und ohne gesetzlichen Befehl einen Tropfen Blut vergieße!« Als Elisabeth von der Antwort erfuhr, höhnte sie über das »empfindliche Gewissen« dieser Leute, die »alles versprechen und nichts halten«. Mit dieser Bemerkung hat sie sich auf die Stufe der plumpen Machiavellisten nach Art Katharina von Medicis herabbegeben. Und die Religion war dabei sicher nicht wichtiger als zu anderen Zeiten.[17]

Da der »empfindliche« Paulet nicht daran dachte, seiner Herrscherin die Verantwortung für ihre Handlungen abzunehmen, gingen die Dinge den gewohnten Gang. Nach dem Besuch bei Elisabeth trug Davison den Hinrichtungsbefehl zu Lordkanzler Bromley, der sofort das Siegel anbrachte. Anschließend wurden beglaubigte Abschriften an die Grafen von Kent und Shrewsbury geschickt, die die Prozedur der Hinrichtung leiten sollten.

Jetzt stellte Elisabeth Unsicherheit zur Schau. Am Morgen des 5. Februar rief sie Davison zu sich und berichtete ihm, sie habe »in der Nacht geträumt«, die Königin der Schotten sei tot und sie habe ihn »für den Verantwortlichen gehalten«. Trotzdem versicherte sie »in heftigem Ton«, daß es bei dem Hinrichtungsbefehl bleibe. Um Maria Stuart stand es schlecht.

Alles nahm seinen verhängnisvollen Lauf. Allein ein offizieller Befehl, der durch einen Kurier hätte überbracht werden müssen, hätte die Hinrichtung jetzt noch verhindern können. Aber Elisabeth machte keine Anstalten zu einem solchen Schritt, und wenn sie noch immer so tat, als ringe sie mit sich selbst, so muß man das als billiges Schauspiel bewerten, wie es die Historiker denn auch tatsächlich getan haben.

Am 3. Februar war Robert Beale, der Schriftführer des Kronrates, mit dem Original des Hinrichtungsbefehls nach Fotheringhay unterwegs, ebenso wie Kent und Shrewsbury, die drei Tage später dort eintrafen. Der Henker von London, ein Mann namens Bull, war mit seinem Beil und einem Vorschuß von zehn Pfund Stirling ebenfalls nach dorthin unterwegs.

Am 7. Februar, gegen zwei Uhr nachmittags, standen beide Grafen und Beale vor Maria Stuarts Gemächern. Sie lag kränkelnd im Bett, stand aber auf, um die Herren zu empfangen. Beale las ihr den Hinrichtungsbefehl vor, »worauf Ihre Majestät sehr standhaft und ohne eine Regung antwortete, sie danke ihnen für diese so angenehme Nachricht. Sie erwiesen ihr eine große Wohltat, indem sie sie aus dieser Welt befreien würden, aus der sie gerne scheide angesichts des Elendes, das sie darin erblicke [...]; ihr ganzes Leben sei es ihr nur schlecht gegangen, und nun sei sie sehr glücklich, daß es Gott gefalle, sie aus all dem Leiden und Jammer zu erlösen; gerne sei

sie bereit, für die Sache des Allmächtigen und der katholischen Kirche ihr Blut zu vergießen.«[18]
Maria Stuart wurde bereits zur Legende.

Die Ex-Königin der Schotten hatte im übrigen seit dem 22. November, da ihr Lord Buckhurst, ein Mitglied des englischen Kronrates, und Robert Beale offiziell das Todesurteil bekanntgegeben hatten, sicher keine Illusionen mehr gehabt. Paulet hatte sie damals sofort spüren lassen, daß sie schon so gut wie tot war und alle irdischen Würden verloren hatte: Er sorgte kurzerhand dafür, daß der Baldachin über ihrem Sessel, das letzte Symbol ihrer Königswürde, entfernt wurde. Auch ihren Billardtisch ließ er mit dem Hinweis fortschaffen, »daß die Zeiten von Sport und Vergnügen vorüber« seien. Aber Maria Stuart ließ sich von einem Paulet nicht demütigen: »Ich habe die Krone von Gott bekommen«, antwortete sie, »und Er allein kann sie mir nehmen. Weder steht die Königin von England über mir, noch bin ich ihr untertan. Gott wird diesen Staat nach meinem Tod richten.«[19]
Nach dem 22. November rechnete Maria mit einer baldigen Hinrichtung. Sie bereitete sich innerlich auf das Ende vor und schrieb am 23. und 24. November vier Briefe: an Papst Sixtus V., Mendoza, den Herzog von Guise und an Erzbischof Beaton. In den Briefen an den Papst und an Mendoza schrieb sie erneut, daß sie ihren Sohn enterbe, weil er nicht in den Schoß der katholischen Kirche zurückkehre, und daß sie alle seine Rechte auf die Krone von England dem König von Spanien vermache. Heinrich von Guise bat sie, sich um ihre Diener zu kümmern und einige testamentarische Verfügungen zu vollstrecken. Die Briefe, die sie kurz darauf ihrem Kaplan Du Préau anvertraute, erreichten die Empfänger freilich erst nach ihrem Tod.[20]
Dann aber vergingen die Tage, ohne daß der Henker kam. Von da an lebte Maria Stuart ständig in der Angst, man könne sie heimlich ermorden, eine Befürchtung, die nicht völlig aus der Luft gegriffen war. In einem Brief, den sie am 19. Dezember Elisabeth schrieb, zeigte sie bewundernswert Haltung. »Madame, Ihr habt das Urteil, das Eure letzte Versammlung über mich gefällt hat, unterzeichnet und mich durch Lord Buckhurst und Beale ermahnen lassen, mich auf das Ende meiner langen, mühseligen Pilgerfahrt vorzubereiten. Ich bat sie deshalb darum, Euch von mir für die angenehme Nachricht zu danken und Euch inständig um einige Dinge zu bitten, die mir das Gewissen erleichtern [...]. Ich möchte niemanden anklagen, sondern allen großzügig vergeben, und ich wünsche, daß man auch mir vergibt, vor allem Gott [...]. Ich ersuche Euch um Erlaubnis, daß meine armen, betrübten Diener, wenn meine Feinde ihren finsteren Wunsch nach meinem unschuldigen Blut befriedigt haben, meinen Leib mitnehmen und in

geweihte Erde zu einigen meiner Vorgänger legen dürfen, die in Frankreich bestattet sind, vor allem die verstorbene Königin, meine Mutter [...]. Und da ich die heimliche Tyrannei derer fürchte, deren Gewalt Ihr mich überstellt habt, bitte ich Euch ebenso, es nicht zuzulassen, daß ich ohne Euer Wissen hingerichtet werde, nicht weil ich mich vor den Qualen fürchte, die ich gerne zu ertragen bereit bin, sondern wegen der Gerüchte, die man ohne zuverlässige Zeugen über meinen Tod in Umlauf setzen könnte [...]. Faßt es nicht als Dünkel auf, wenn ich, die ich Abschied von dieser Welt nehme und mich auf eine bessere vorbereite, Euch daran erinnere, daß auch Ihr Euch eines Tages verantworten müßt wie diejenigen, welche zuvor dorthin geschickt werden [...]. Fotheringhay, 19. Dezember 1586. Eure Schwester, Cousine und die zu Unrecht Gefangene, *Maria Regina*.«[21]

Paulet war völlig verunsichert, wie er sich hinsichtlich des Briefs verhalten sollte. Er hatte von Walsingham keinen entsprechenden Befehl erhalten, und eigenverantwortliches Handeln war ihm völlig fremd. Unter dem Vorwand, das Schreiben könne etwas Gefährliches (Gift?) enthalten, lehnte er es zunächst ab, es weiterzuleiten. Maria antwortete ironisch, sie danke »ihm für die gute Meinung, die er von ihr habe, zeigte ihm den geöffneten Brief, rieb ihn an ihr Gesicht, verschloß ihn mit weißer Seide und versiegelte ihn mit spanischem Wachs«. Diese Episode sagt über Paulets kleingeistiges Verhalten gegenüber Maria Stuart in Fotheringhay mehr als tausend Worte. Als Paulet den Brief dann doch losschickte, bat er Elisabeth bei der Gelegenheit, »dafür zu sorgen, daß dieses Opfer, das Gott und den Menschen so angenehm ist, möglichst rasch gebracht wird«, und äußerte die Befürchtung, »Ihre Majestät« könne »zu sehr zur Milde neigen«.[22] Als Elisabeth den Brief ihrer Cousine erhielt, brach sie in Tränen aus. Walsingham war beunruhigt, aber die Befürchtung, eine mitleidige Regung könne eine politische Entscheidung der Tochter Heinrichs VIII. in Frage stellen, war völlig unbegründet. Elisabeth antwortete auf Marias Brief nicht.

Vielleicht schöpfte die Gefangene während der Tage und Wochen, die vergingen, ohne daß der Henker erschien, sogar wieder Hoffnung. Das wäre durchaus menschlich gewesen, denn Maria war der Hinrichtung schon mehrfach entgangen. Paulet hatte aus London den Befehl erhalten, Marias Kaplan Du Préau auf einen Besuch zur Gefangenen vorzulassen, die bei dieser Gelegenheit die Beichte ablegte und ihm die Briefe vom 23. und 24. November übergab. Sie ordnete ihre Angelegenheiten und bereitete sich auf den Tod vor. Am 12. Januar schrieb sie Elisabeth erneut: »Zu Ehren des Leidens Christi bitte ich Euch abermals, Madame, mich nicht länger in der elenden Ungewißheit zu lassen, die grausamer ist als jede überstandene Pein, und mir vielmehr ganz Euren Willen zu offenbaren [...]. Ich hoffe, daß der Tod, den ich herbeisehne, Euch und vielen anderen als Beispiel dienen kann, was man zu Gottes Ruhm zu tun vermag.« Diesmal lehnte es Paulet ab, den Brief weiterzuleiten. Er wäre nicht überliefert, wenn ihn nicht der Arzt Bourgoing während der langen Wochen vor der Hinrichtung abgeschrieben und seinen täglichen Aufzeichnungen hinzugefügt hätte.[23]

Dann waren am 7. Februar schließlich die Grafen von Kent und Shrewsbury in Fotheringhay eingetroffen und hatten dem endlosen Warten ein Ende gesetzt.

Über die letzten Stunden Maria Stuarts ist schon sehr oft berichtet worden. Das ist geradezu eine Pflichtübung in jeder Biographie über die Schottin, und zahlreiche Historiker aus der Romantik und später haben sie mit Bravour gemeistert. Es gibt auch mehrere sehr anschauliche und detailreiche Berichte aus der damaligen Zeit, die teils aus Walsinghams Umgebung stammen, teils nach den Zeugnissen der Diener Marias entstanden sind. Sofort nach der Hinrichtung kamen auf dem Kontinent verschiedene Versionen in Umlauf, in denen sie als Märtyrerin für den katholischen Glauben gefeiert wurde. Diese Berichte hatten vielfach Erbauungscharakter. Der Mythos Maria Stuart, dessen Entstehungsgeschichte im letzten Kapitel dieses Buches in groben Zügen nachgezeichnet wird, begann an dieser Stelle.

Um einen Exkurs über die Hagiographie der Maria Stuart zu umgehen, stützen wir uns beim folgenden Bericht ausschließlich auf die zeitgenössischen Quellen: auf das *Journal* von Marias Arzt Bourgoing, der Augenzeuge des Geschehens war; auf den Bericht des Botschafters Châteauneuf an Heinrich III.; auf den Bericht *Vrai rapport de l'exécution ...*, der viele interessante Details enthält; den Bericht *Account of the Execution of Queen Mary Stuart* eines Gegners der Verurteilten; auf den offiziellen Bericht an den englischen Kronrat: *A report of the manner of the execution of the Scottish Queen;* und auf den Brief von Cecils Sondergesandten Richard Wingfield an seinen Dienstherrn. Am häufigsten wird der damals am stärksten verbreitete Bericht *Le Martyre de la reine d'Écosse, douairière de France* zitiert, der sich auf Bourgoings Schilderung stützt und sie stellenweise wörtlich zitiert. Alle anderen Versionen gehen direkt oder indirekt auf diese Quellen zurück.[24]

Ob man Maria Stuart am Babington-Komplott für schuldig hält oder nicht, es ist nicht zu leugnen, daß sie auf dem Schafott erhaben und hoheitsvoll gestorben ist, während Elisabeth mit ihrer Doppelzüngigkeit und ihren Winkelzügen im Vorfeld dieser Hinrichtung eher ein trauriges Bild abgab. Maria war schon immer sorgfältigst darauf bedacht gewesen, ihre königliche Würde zu wahren. Nie war ihr das besser gelungen als während der letzten Stunden ihres Lebens, angesichts der Schikanen ihrer Peiniger und in Erwartung des Henkerbeils.

Das Bild der über den Dingen stehenden Heiligen, das mit den Erbauungsberichten in der katholischen Welt verbreitet wurde, wird freilich relativiert durch die oben angeführten Schilderungen von Maria, vor allem durch den 1851 von Alexandre Teulet herausgegebenen Bericht *Vrai rapport de l'exécution faite sur la personne de la reine d'Écosse*. Daß dieses Werk Maria Stuart dabei durchaus nicht feindlich gesinnt ist, entnimmt man schon dem Schlußwort: »Dies war das Ende des erbärmlichen Schauspiels und der mehr als barbarischen Hinrichtung einer tugendhaften katholischen Fürstin.« Maria Stuart erscheint in diesem Bericht als eine Frau, die nach ihrer Verurteilung zunächst erschüttert, empört und vom Gedanken besessen ist, sich an den Feinden zu rächen. Doch nach einer Nacht der Gebete findet sie jene Gelassenheit, die sie in den letzten Augenblicken ihres Lebens unter Beweis stellte. Hier wirkt Maria menschlicher und lebensnaher als das starre Idealbild, das Erbauungsbücher für Nonnenklöster oder die Propaganda der Guisen vermitteln.

Als Beale und die beiden Grafen Maria am 7. Februar verkündeten, daß sie am folgenden Morgen hingerichtet würde, sei sie nach dem *Vrai rapport* auf »die Nachricht hin wütend und ungehalten« gewesen. Sie »habe nicht geglaubt, daß der Befehl eigenhändig von der Königin von England unterzeichnet worden« sei, und ihn »mit Verachtung zur Kenntnis genommen [...]. Sie rief ihren Arzt, damit er ausrechnete, was der König von Frankreich ihm schulde, und war zu dieser Stunde so ungeduldig, daß sie vermuteten, sie werde sich in der Nacht selbst das Leben nehmen [...], und große Angst hatten, sie würden sie mit aller Gewalt zur Hinrichtung schleppen müssen.«

Nach Bourgoing habe sie sich in dem Augenblick bitter über ihren Sohn und über Nau beklagt, »durch dessen Schuld sie sterbe, weil er sie belastet habe, um sein eigenes Leben zu retten«. Offenbar bat Maria um einige Tage Aufschub, damit sie ihre Angelegenheiten in Ordnung bringen könne. Nach Bourgoing reagierte Maria folglich mit einer durchaus verständlichen Erregung auf die Nachricht der bevorstehenden Hinrichtung, während sie nach der oben zitierten stilisierten Darstellung die Neuigkeit mit geradezu übermenschlicher Gelassenheit zur Kenntnis genommen haben soll.

Eine besonders peinliche Situation entstand an diesem Abend des 7. Februar, als die Grafen und Paulet Marias Bitte ablehnten, ihren Beichtvater sprechen und die Sakramente empfangen zu dürfen. »Sie sagten, dies sei gegen ihr Gewissen, gegen Gott und ihre Religion und daß sie das abscheuliche Tun vereiteln müßten.« Es war intolerant und engstirnig, daß man Maria am Ende ihres Leben zu bekehren versuchte: Dazu wurde ein

Dr. Fletcher herbeigerufen, der Dekan der Universität Petersborough und ein beschlagener protestantischer Theologe war. Maria antwortete zur allgemeinen Empörung, sie »habe bisher nach der wahren Religion gelebt und werde ihren Glauben auch jetzt nicht mehr wechseln. Sie verliere lieber zehntausend Leben, als von ihr zu lassen.«[*]

Als sich die beiden Grafen und Paulet zurückgezogen hatten, faßte Maria die Nacht über in ihren Gemächern ein Testament ab, in dem sie sehr detaillierte Verfügungen traf und auch ihre Diener bedachte. Zudem schrieb sie einen Brief an ihren Kaplan, in dem sie ihn um passende Gebete für die kommende Nacht und den nächsten Morgen bat.[25] Ein Brief an Heinrich III., den sie am 8. Februar, »zwei Stunden nach Mitternacht«, fertigstellte, ist das letzte Schriftstück aus der Feder Maria Stuarts, das heute in der schottischen Nationalbibliothek aufbewahrt wird: »Die katholische Religion und die Aufrechterhaltung der Ansprüche auf diese [die englische] Krone, die Gott mir verliehen hat, sind die beiden Punkte, deretwegen sie mich verurteilt haben. Und doch soll ich nicht sagen können, daß ich für die katholische Religion sterbe, sondern wegen der Gefahr, daß sie die ihre wechseln müßten.« Abschließend appelliert Maria eindringlich an den ehemaligen Schwager als Verwandten, dafür zu sorgen, daß ihre testamentarischen Verfügungen im Hinblick auf Frankreich vollstreckt würden. Und sie empfiehlt ihm ihren Sohn, »soweit er dies verdient, denn für ihn« könne sie »nicht bürgen«.[26]

Anschließend zog sie sich in ihre Betkammer zurück und betete die ganze Nacht durch. Unterdessen hörte man schon die Hammerschläge der Arbeiter, die im großen Saal im Erdgeschoß das Schafott errichteten. Draußen klirrten die Waffen der Soldaten, die das Schloß umstellten.

Am 8. Februar gegen acht Uhr klopfte der Sheriff der Grafschaft Northampton an die Gemächer der Todeskandidatin. Zu seiner Beunruhigung war die Tür »verschlossen und verriegelt«. Aber Augenblicke später konnten Kent, Shrewsbury und Paulet feststellen, daß die Königin ihnen »offen ins Angesicht geblickt« habe und »zu sterben und alles mit größter Geduld hinzunehmen bereit« gewesen sei.

Maria Stuart stieg mit ihren beiden Dienerinnen, Elizabeth Curle, der Schwester ihres Sekretärs, und Jane Kennedy, die Treppe hinab, zudem begleitet von ihrem Leibarzt Bourgoing, dem Wundarzt Gervais, dem Apo-

---

[*] Hinter den hartnäckigen Versuchen, Maria dazu zu bewegen, vor der Hinrichtung ein Gebet der anglikanischen Kirche zu sprechen, dürfte vor allem ein politisches Ziel gestanden haben: Man wollte dem Eindruck entgegenwirken, daß Maria als Märtyrerin für den katholischen Glauben starb. Deshalb legte sie auch so großen Wert auf eine öffentliche Hinrichtung: Jedermann sollte sehen, daß sie als gläubige Katholikin aus dem Leben schied.

theker Gorion und ihrem Haushofmeister Andrew Melville. Zunächst wollte man die beiden Dienerinnen fortschicken, aber nach einem Wortwechsel und auf Marias Versicherung hin, sie würden während der Hinrichtung keine Zwischenfälle provozieren, durften sie dann doch bei ihrer Dienstherrin bleiben.

In der Mitte des großen Saales stand ein Gerüst, das mit schwarzem Stoff bedeckt war und von einer schwarzen Barriere eingerahmt wurde. Hinter der Barriere drängten sich Adlige und andere »von geringerem Rang«. Der Richtblock auf dem Schafott war mit einem schwarzen Tuch verhüllt, das Kissen war aus schwarzer Serge. Vor den Stufen zum Schafott stand ein Schemel, über den man ein schwarzes Tuch geworfen hatte. Vor den Ausgängen des Saales standen Bewaffnete, und Bewaffnete hatten das ganze Schloß umstellt.

Um ihrer Hinrichtung ein möglichst feierliches Gepräge zu geben, hatte Maria ein schlichtes schwarzes Atlaskleid mit ziselierten Jettknöpfen, einer langen Schleppe und schwarzen, herabhängenden Ärmeln ausgesucht. Dazu trug sie eine weiße Spitzenhaube, einen Schleier aus feinstem Linen und durchbrochene Schuhe aus Maroquin. Ihr Unterrock war aus rotem Samt, das Oberteil aus roter Seide. Ein Paar rote Handschuhe lagen bereit, die Maria unmittelbar vor der Hinrichtung anlegen würde, um »ganz in Rot« zu sterben.

Sie hielt ein elfenbeinernes Kruzifix in der Hand, ein goldenes hing ihr am Hals. An ihrem Gürtel baumelten (nach Bourgoing zwei oder drei, nach dem *Vrai rapport* zwölf oder vierzehn) Rosenkränze und eine Kette mit Duftkugeln. Der Graf von Kent, ein Puritaner, meinte dazu bissig: »Das Bild Jesu Christi nutzt Euch sehr wenig, solange Ihr es nicht im Herzen tragt.« Die Protestanten empörte diese Zurschaustellung von »abergläubischem Plunder«, während die Katholiken, die später die Berichte von der Hinrichtung lasen, von Marias Vorliebe für frommen Schmuck ergriffen waren.

Als Maria Stuart den Saal betrat, erteilte sie Andrew Melville mit wenigen Worten den Auftrag, Jakob VI. von ihrem Tod zu unterrichten. Dann setzte sie sich auf den Schemel, worauf ihr der Hinrichtungsbefehl vorgelesen wurde. Sie hörte, »ohne die Miene zu verändern und so gleichgültig« zu, »als gehe es um eine andere Person«.

Erneut forderte sie der fanatische Dekan von Petersborough auf, mit ihm ein Gebet aus dem *Book of Common Prayer,* dem Gebetbuch der anglikanischen Kirche, zu sprechen, was Maria energisch ablehnte. Daraufhin kam es zu einer höchst peinlichen Szene, als die Protestanten eines ihrer Gebete sprachen und Maria mit ihren Dienern ein anderes rezitierte, wobei sich die gegnerischen Parteien zu übertönen versuchten. Es entsprach durchaus den damals sehr äußerlichen Formen der Frömmigkeit, daß Maria sich »mit wilder Leidenschaft« das Kruzifix an die Brust schlug und »es unablässig küßte«. Dabei bat sie Gott, ihren Sohn und die Königin von England zur wahren Religion zu bekehren und das ketzerische Königreich von seinem Zorn zu verschonen. Die Hinrichtung nahm immer mehr die Züge eines Martyriums für den katholischen Glauben an.

Dann kam der letzte Augenblick. »Madame, Ihr seht, was Ihr zu tun habt«, sprach der Graf von Kent. »Tut Eure Pflicht«, antwortete sie. Die beiden Dienerinnen brachen in Tränen aus. Maria wies sie zurecht: »Was habt ihr mir versprochen! Lieber solltet ihr Gott für meine Entschlossenheit danken, statt meine Standhaftigkeit auf die Probe zu stellen. Lebt wohl, bis wir uns wiedersehen.«

Der Henker schritt auf sie zu, um sie zur Hinrichtung fertigzumachen, worauf sie ihn mit der Bemerkung zurückstieß, sie sei »derartige Knechte nicht gewöhnt«. Jane Kennedy und Elizabeth Curle nahmen ihr das Kleid und den langen Schleier ab und legten ihr die bereitliegenden langen roten Handschuhe an.

Ein weiterer peinlicher Augenblick entstand, als der Henker Maria entsprechend dem Brauch das Kruzifix abnehmen und für sich behalten wollte. Maria bat ihn, er solle es ihr lassen, und versprach eine Entschädigung. Aber die Regierung hatte anderslautende Befehle gegeben: Der Henker durfte von der Verurteilten nichts behalten. Damit nichts von ihr zur Reliquie erklärt werden konnte, mußten alle ihre Habseligkeiten verbrannt werden.*

Als Maria das Blutgerüst bestiegen hatte, kniete sie vor dem Richtblock nieder und ließ sich von Jane Kennedy mit dem kostbaren goldbestickten Taschentuch, das sie selbst ausgewählt hatte, die Augen verbinden. Sie hielt den Kopf zunächst aufrecht, »da sie glaubte, man versetze ihr den tödlichen Hieb nach französischer Art [mit dem Degen], bis man ihr sagte, sie solle sich nach vorn beugen und den Kopf auf den Richtblock legen«: In England benutzte man zur Enthauptung »ein kurzstieliges Beil, ähnlich jenen, mit denen man Holz spaltet«. Maria faltete die Hände und legte sie unter das Kinn. Als die Henker es bemerkten, zogen sie ihr die Hände nach unten, »weil sie sonst mit dem Kopf abgeschlagen worden wären«.

---

* Da diese Anordnung offenbar sehr genau befolgt wurde, ist die Echtheit der vielen Reliquien, die in englischen Schlössern und Museen aufbewahrt werden, sehr zweifelhaft. Sicher echt sind dagegen der Rosenkranz und das Gebetbuch, die sich auf Schloß Arundel befinden, einem Besitztum des gegenwärtigen Grafen von Norfolk. Maria Stuart hatte die beiden Gegenstände Lady Arundel vermacht und sie am Tag vor ihrer Hinrichtung Jane Kennedy übergeben. Seither sind sie ununterbrochen im Familienbesitz der Arundel-Norfolks.

Der erste Schlag ging daneben und traf auf den Hinterkopf, »was eine beispiellose Standhaftigkeit bezeugte, da sich an ihrem Leib nirgendwo eine Regung zeigte und sie nicht einmal einen Seufzer ausstieß«. Vielleicht hatte ihr der Schlag den Halswirbel durchtrennt, so daß sie auf der Stelle tot war. Zwei weitere Schläge waren notwendig, um den Kopf vollständig vom Rumpf zu trennen. Die ganze Prozedur wurde von den laut gesprochenen Gebeten des Dekans von Petersborough begleitet.

Als der Henker nach dem Haarschopf griff, um den Kopf hochzuheben, rollte er davon: Maria Stuart hatte eine Perücke getragen. Der Kopf war nur mit schütterem, kurzgeschorenem Haar bedeckt, grau »wie das einer Frau von siebzig Jahren«. Ihre Züge »waren so merkwürdig verzerrt, daß diejenigen, welche ihr Gesicht gekannt hatten, die einst üppige und füllige Frau nur mit Mühe wiedererkannten. Augenzeugen waren schockiert: »Die Lippen zuckten noch fast eine Viertelstunde.«

Als man den Leichnam der Königin anhob, entdeckte man unter ihrem Rock ihr Schoßhündchen. Es legte sich zwischen Rumpf und Kopf, leckte aber kein Blut. Da es nicht weichen wollte, trug man es fort und wusch ihm das Blut aus dem Fell. Die Tragödie war schon eine Legende.

»Gott schütze die Königin!« rief der Henker laut. »Amen!« antwortete die Menge. »Gebe Gott, daß alle Feinde der Königin so enden«, fügten Graf von Kent und Dekan Fletcher hinzu. Doch wurden der Graf von Shrewsbury und andere ertappt, wie sie Tränen vergossen. Anschließend wurde der Saal geräumt und die Türen verschlossen.

Die Hinrichtung hatte am Mittwoch, den 8. Februar 1587[*] um zehn Uhr morgens stattgefunden.

Maria Stuart war mit vierundvierzig Jahren und zwei Monaten aus dem Leben geschieden. Sie hatte in Frankreich ein Jahr und fünf Monate regiert und in Schottland fünf Jahre und zehn Monate. Ihre Gefangenschaft in England hatte neunzehn Jahre und fast neun Monate gedauert.

---

[*] Nach dem heutigen Gregorianischen Kalender am 18. Februar.

23

»Welch seltsames Grabmal ...«

Im allgemeinen kann man die Biographie einer historischen Person mit ihrem Tod – oder wenigstens ihrem Begräbnis – enden lassen. Das ist anders bei Maria Stuart. Die Erinnerung an sie überdauerte ihren Tod bei weitem und wurde zu jenem *Mythos,* den wir im letzten Kapitel dieses Buches zu umreißen versuchen.

Zuvor müssen wir noch kurz die Ereignisse direkt nach ihrer Hinrichtung vom 8. Februar 1587 skizzieren und uns dann rasch dem weiteren Schicksal der Hauptbeteiligten des Dramas zuwenden.

Elisabeth hatte Vorkehrungen treffen lassen, damit um die sterblichen Überreste der Königin kein Reliquienkult getrieben werden konnte. Der Gedanke, Maria Stuart könne als Märtyrerin des katholischen Glaubens gefeiert werden, war ihr fast unerträglich. So nahm ein lokaler Chirurg die Einbalsamierung, die bei Fürsten damals üblich war, in aller Stille am Nachmittag nach der Hinrichtung vor. Nach dem Befund hatte sie »schönes Fleisch, eine üppige Brust, gut angelegte und ausgebildete Teile, ein gesundes Herz und kaum veränderte Eingeweide und Lungen; etwas Wasser in der Bauchhöhle ließ vermuten, daß ihre körperlichen Beschwerden durch Wassersucht hervorgerufen worden waren.«[1]

Daß man ihr eine Totenmaske abgenommen hätte, ist durch kein Dokument aus der Zeit belegt; die im übrigen sehr schöne Maske im Museum Lennoxlove, die von ihr sein soll, stammt somit nicht unbedingt von ihr. Ebensowenig belegt ist eine Überlieferung, nach der Elizabeth Curle Marias Kopf nach der Einbalsamierung mitgenommen und ihn zu gegebenem Zeitpunkt in ihrem eigenen Grab beigesetzt haben soll.

Der Leichnam wurde in einen schweren Bleisarg gelegt, der vorerst in Fotheringhay in einem Saal mit vermauerten Fenstern und verstopften Türschlössern blieb. Am Morgen des 9. Februar durften die Diener der Hingerichteten ihre Zimmer wieder verlassen. Der Kaplan Du Préau zelebrierte in Maria Stuarts Betkammer eine Messe auf einem Altar, der auf Paulets Anweisung hin anschließend vernichtet werden mußte. Die Diener blieben bis auf weiteres auf Schloß Fotheringhay gefangen, das keiner betreten durfte. Es sank gleichsam in einen Dornröschenschlaf, wie Lady Antonia Fraser bemerkte.

Man konnte sich mit Recht fragen, wie Elisabeth nach ihrem Taktieren in den letzten Monaten auf die Nachricht vom Tod ihrer Cousine reagieren würde. Ihren Vertrauten war klar, daß sie sich der Tragweite ihrer Handlung voll bewußt gewesen war, als sie den Hinrichtungsbefehl unterzeichnet hatte, und daß sie sich sicher gewesen sein mußte, daß er am Zielort angekommen war. Trotzdem spielte sie weiterhin Komödie, »war zutiefst bestürzt, vergoß bittere Tränen und legte Trauer an«, als ihr ein Kurier am Morgen des 9. Februar die Neuigkeiten aus Fotheringhay überbrachte.[2] Diese Haltung nahm sie auch in Zukunft ein: Alles sei ein Mißverständnis gewesen, sie habe nie die Absicht gehabt, die schottische Königin enthaupten zu lassen, Davison sei schuld, er habe seine Befugnisse überschritten. Elisabeth ließ ihn unter dem Verdacht des Verrates einkerkern. Selbst ihr zuverlässigster Diener Cecil bekam ihren Zorn zu spüren und konnte der Herrscherin nur mühsam klarmachen, daß es besser sei, wenn sie sich nicht zu empört gebe: Es könne so aussehen, als sei Maria Stuart unschuldig gewesen.

Der unglückliche Davison mußte für seinen Diensteifer teuer bezahlen. Er wurde vor dem hohen Gerichtshof der *Starchamber* angeklagt, wodurch die näheren Umstände, wie der Hinrichtungsbefehl am 1. Februar unterzeichnet und weitergeleitet wurde, überhaupt erst bekannt wurden. Obwohl er sich solide verteidigen konnte, wurde er zur Beschlagnahme seiner Güter, zehntausend Pfund Geldstrafe und Gefängnis »nach Gutdünken Ihrer Majestät« verurteilt. Das Urteil wurde einhellig als skandalös empfunden, aber Davison wurde erst zwei Jahre später wieder auf freien Fuß gesetzt und blieb bis zu Elisabeths Tod in Ungnade.*

Amyas Paulet, der die Königin von Schottland fast zwei Jahre lang nach den Befehlen der Regierung bewacht hatte, wurde mit dem Hosenband-

---

* Jakob I. von England, der frühere Jakob VI., erstattete ihm sonderbarerweise seine Güter zurück. Jakob war sich also offenbar bewußt, daß Elisabeth für die Unterzeichnung des Hinrichtungsbefehls voll verantwortlich gewesen war.

orden ausgezeichnet, bekam aber seine Auslagen für den Unterhalt der Gefangenen, die durch die knapp bemessenen Mittel der sparsamen Elisabeth nicht abgedeckt waren, ebensowenig ersetzt wie seinerzeit Shrewsbury. Er starb völlig verarmt im folgenden Jahr.

Die Nachricht vom Tod der Königin von Schottland wurde in London und England mit Glockengeläut und Freudenfeuern begrüßt. Elisabeth, die sich noch immer in Greenwich aufhielt, schützte vor, von dem Freudentaumel nichts mitzubekommen. Sonst hätte sie das Treiben des Volkes verbieten müssen, damit die offizielle Version eines tragischen Unfalls glaubwürdig geblieben wäre.

Auch wenn Elisabeth vor allem bemüht war, sich gegen den Vorwurf der katholischen Länder zu wehren, sie sei unzivilisiert, verlor sie die öffentliche Sicherheit nicht aus dem Auge. Möglicherweise drohte ein französischer Vergeltungsschlag. Um ihm vorzubeugen, hatte Walsingham den Sekretär des Botschafters Châteauneuf, einen gewissen Destrappes, schon vor Marias Hinrichtung wegen Teilnahme an einem Komplott verhaften lassen. Diese allein von der Polizei inszenierte Verschwörung ermöglichte es, das Botschaftsgebäude bewachen und eine Zeitlang sogar die Eingänge blockieren zu lassen. Châteauneuf reagierte heftig empört: »Diese reizenden Herren Englands haben alles, was sie wollten, erdichtet, gefälscht und erlogen [...] denn nie legen sie Originale vor, sondern immer nur Abschriften, bei denen sie hinzudichten oder weglassen können, was ihnen beliebt.«[3] Als Maria hingerichtet war, mußte Walsingham nur noch die Blokkade der Botschaft aufheben und sich entschuldigen: Er sei »sehr betroffen, was Destrappes, den er für unschuldig halte, zugestoßen sei«. Er werde ihn möglichst bald freilassen.

Die Affäre war allzu fadenscheinig, und Heinrich III. reagierte so, wie es das Ansehen der französischen Krone erforderte. Sobald die Nachricht vom Tod Maria Stuarts in Frankreich eingetroffen war, verordnete er Hoftrauer. In Notre-Dame, wo sie neunundzwanzig Jahre zuvor den französischen Dauphin geheiratet hatte, wurde mit allem Pomp eine feierliche Totenmesse zelebriert. Die salbungsvolle Leichenrede hielt der Erzbischof von Bourges, Renaud de Beaune: »Wenn ich eure tränenbenetzten Gesichter sehe und in der Stille eure Seufzer und euer Schluchzen höre, weiß ich insgeheim nicht mehr, ob ich schweigen oder reden soll. Was soll ich sagen? Soll ich von einer öffentlichen Misere und einer beklagenswerten Tragödie berichten? [...] An einzelnen Menschen sieht man zuweilen mehr Tugenden als gewöhnlich, doch wenn man an einer einzelnen Person so viel Vollkommenes erblickt, so übersteigt dies das Gesetz und die Natur unseres Menschseins. Denn außer der wundersamen Schönheit hatte sie einen so vortrefflichen Geist, einen so scharfen Verstand und eine so vollkommene Tugend, wie man es bei ihrem Alter und ihrem Geschlecht nicht für möglich gehalten hätte [...]. Viele von uns haben diese Königin, die wir heute beklagen, an diesem Ort, an dem wir uns versammelt haben, am Tag ihrer Hochzeit in königlichem Schmuck gesehen, so überhäuft von Edelsteinen, daß die Sonne nicht heller strahlte, und schöner als je eine Frau [...]. Wenig Zeit ist vergangen und wie eine Wolke vorübergezogen, als wir jene, die triumphierte, in Gefangenschaft sahen, als Gefangene, die Gefangene befreite, diese vortreffliche Schönheit, die schließlich von einem jämmerlichen Tod ausgelöscht wurde [...] Marmor, Bronze und Eisen zerbröckeln an der Luft oder werden vom Rost zerfressen, aber die Erinnerung an ein so schönes und denkwürdiges Beispiel währt ewig.«[4]

Auch wenn Heinrich III. die guisenfreundlichen Anspielungen in dieser Leichenrede nicht gefielen,* glaubte er nicht an die offizielle Version von Maria Stuarts Tod, die ihm Elisabeth über Châteauneuf zukommen ließ: »Mir ist das schlimmste Unglück und Mißgeschick zugestoßen«, schrieb sie, »nämlich der Tod meiner leiblichen Cousine, an dem ich, so schwöre ich vor Gott, keine Schuld trage. Ich hatte zwar tatsächlich den Befehl zu ihrer Hinrichtung unterzeichnet, aber nur, um meine Untertanen zu beruhigen. Nie hatte ich die Absicht, sie töten zu lassen, außer wenn eine fremde Armee nach England eingefallen wäre.«[5]

Heinrich III. teilte Elisabeth mit, er lasse sich nicht hinters Licht führen und sei sich bewußt, daß diese »Beleidigung und Schande« auf ihn zurückfalle. Aber was konnte er in Wirklichkeit tun? Er war ruiniert, stand im Kampf gegen die Liga mit dem Rücken zur Wand und versuchte vergebens – der Allerchristlichste König! – sich mit dem Protestanten Heinrich von Navarra zu verständigen, um seinen Thron zu retten. Ein offener Bruch mit England war undenkbar: Er wäre den Guisen zugute gekommen, seinen Feinden, die mit ihren spanischen Verbündeten die Ketzerin und Mörderin Isebel erbittert bekämpften. Im übrigen kannte Elisabeth Heinrichs Situation sehr gut und bot ihrem »guten Bruder« in ihrer Entschuldigung auch tatkräftige Unterstützung gegen seine Feinde an: »Sie ist bereit, Eurer Majestät einen wichtigen Standesherrn zu schicken, um mit Euch eine noch engere Freundschaft zu knüpfen [...], bietet Euch Leute, Geld und Schiffe gegen Eure Feinde an und sogar die Freundschaft vier deutscher Fürsten, die ihr geschrieben haben, daß sie bereit seien, Euch mit einer guten Truppe zu dienen, die zum Kampf gegen die Liga bereit ist.«[6]

---

* Er ließ eine Passage, in der die Guisen mit den Scipionen, den Helden der römischen Geschichte, verglichen wurden, aus der gedruckten Version streichen.

In der augenblicklichen Lage konnte Heinrich die Hand, die ihm gereicht wurde, nicht einfach wegschlagen, auch wenn Blut an ihr klebte. Elisabeth konnte bald sicher sein, daß die Franzosen nichts unternehmen würden, um Maria Stuart zu rächen.

Bei den Schotten war das anders. Zwar zeigte sich die presbyterianische Kirche erfreut über die Hinrichtung der katholischen Königin, die für den verstorbenen John Knox* das Untier aus der Apokalypse gewesen war, doch bedeutete ihr Tod für einen großen Teil der Bevölkerung auch einen Affront der Engländer gegen die Schotten. Da Jakob VI. der Sohn der Hingerichteten war, konnte er die Sache nicht einfach stillschweigend übergehen, ohne den elementarsten Anstand und noch mehr das schottische Nationalgefühl zu verletzen.

Die Nachricht von der Hinrichtung wurde in Edinburgh am 15. Februar aus halboffizieller Quelle bekannt. Angeblich soll Jakob nicht an den Tod seiner Mutter geglaubt haben und zur Jagd ausgeritten sein. Erst am 23. erhielt er Elisabeths offizielle Benachrichtigung vom 14. Februar (sehr seltsam, daß sie so lange unterwegs war!), die ein ungewöhnliches Zeugnis ihres Zynismus darstellt: »Mein lieber Bruder, ich möchte Euch kundtun, wie schmerzerfüllt meine Seele über den traurigen Unfall ist, der sich ohne mein Zutun ereignet hat. Ich bitte Euch inständig, mir zu glauben, und Gott ist mein Zeuge, daß mich in dieser Sache keine Schuld trifft [...]. Ich bin nicht von so niedriger Abstammung und habe keine so feige Seele, um die Sache zu leugnen, wenn sie wahr wäre. So seid gewiß, daß Ihr auf der Welt keine Verwandte habt, deren Liebe größer wäre, noch eine treuere Freundin und daß niemand mehr auf Euer Wohl und auf das Wohl Eures Staates bedacht ist als ich [...]. Ich verabschiede mich kurz von Euch und bitte Gott, Euch eine lange Regierungszeit zu bescheren. Eure liebende Schwester und Cousine, Königin Elisabeth.«[7]

Es gibt Zeugnisse, nach denen Jakob die Nachricht mit »Bestürzung und Verdruß« aufgenommen haben und sich ohne Abendessen in sein Schlafgemach zurückgezogen haben soll. Nach anderen soll er »nur mühsam seine Freude verborgen und gesagt haben: ›Jetzt bin ich allein König‹«, was freilich sehr unwahrscheinlich ist (unabhängig davon, daß er bei anderer Gelegenheit sehr oft gezeigt hatte, daß ihm seine Mutter völlig gleichgültig war). Wie dem auch sei, in Schottland verliefen alle halbherzigen Versuche, Maria Stuart zu rächen, rasch im Sande. Zwar zeigte sich Graf von Argyll in voller Rüstung und schrie, dies sei das einzige Trauergewand, das der Königin von Schottland würdig sei, aber dann blieb alles bei ein paar

---

* Knox war schon 1572 gestorben.

Grenzzwischenfällen und Plünderungen auf englischem Territorium. Ein geschickter Brief Walsinghams, der Jakob die Vorteile einer englischen Allianz und die gefährlichen Ambitionen des spanischen Königs vor Augen führte, konnte Maria Stuarts Sohn schließlich beschwichtigen: »Wenn die Dinge so sind, wie Ihr in Eurem Brief darlegt, so seid Ihr an diesem Verbrechen tatsächlich unschuldig«, antwortete er Elisabeth. »Angesichts Eures Ranges, Eures Geschlechtes, Eurer Verwandtschaft mit der Verstorbenen und dem Wohlwollen, das Ihr ihr gegenüber stets bewiesen habt, wäre es eine Beleidigung, wenn man argwöhnte, daß Ihr für die unglücklichen Umstände, die zu ihrem Tod geführt haben, verantwortlich seid.«[8]

Als bald wieder Einvernehmen zwischen beiden Höfen herrschte, verblaßte in beiden Königreichen die Erinnerung an die enthauptete Königin. Auch Patrick Gray, der nicht ohne Grund für die gescheiterten Verhandlungen von Dezember 1586 zur Rechenschaft gezogen wurde, fiel nur vorübergehend in Ungnade. Elisabeth empfing ihn vielsagenderweise in London, und nach zwei Jahren nahm er seinen Platz bei Jakob VI. wieder ein, dem es in Wahrheit nur um eines ging: nach Elisabeths Tod den Thron von England zu besteigen, ein Traum, der sechzehn Jahre später bekanntlich in Erfüllung gehen sollte: Es war eine Ironie der Geschichte, daß Maria Stuart auf diese Art postum über ihre Erzrivalin Elisabeth Tudor triumphierte.

Nach Marias Tod war das wichtigste Hindernis, das einer Thronbesteigung der Stuarts in England im Wege stand, endgültig ausgeräumt: die Tatsache, daß ihre Dynastie dem Katholizismus anhing.

Den englischen Katholiken fehlte sozusagen ein Gegenkandidat zum schottischen König, der sich zum Protestantismus bekannte. Philipp II. schloß daraus, daß er ein Auserwählter Gottes sei, der England in den Schoß der katholischen Kirche zurückführen sollte. Maria Stuarts Tod schien ein Fingerzeig der Vorsehung.

So sah es jedenfalls der spanische Botschafter Mendoza in Paris: »Gott hat diese Tragödie nur zugelassen, um Eure Majestät zum Besitzer beider Kronen zu machen«, schrieb er seinem Dienstherrn am 28. Februar.[9] Wenn Mendoza von zwei Kronen sprach, ging er ein wenig weit, denn bis auf weiteres konnte Philipp II. als Nachfahre der Plantagenêt nur auf England Anspruch erheben. Das war unwichtig: Er würde den Papst dazu bringen, den Ketzer Jakob für abgesetzt zu erklären. So wurde denn im 16. Jahrhundert das Schicksal der beiden englischen Königreiche – auf dem Papier zumindest – von einem Spanier bestimmt.

Um sich England besser einverleiben zu können, mußte Philipp allerdings noch das Testament ausfindig machen, in dem ihm Maria Stuart ihre

Ansprüche auf die Krone des Landes vererbt hatte, was angesichts der Tatsache, daß Maria inzwischen als Märtyrerin galt, eher aus psychologischen als aus politischen Gründen wichtig war.

Daß es dieses Testament je gegeben hat, ist historisch allerdings umstritten und wird sich wohl nie endgültig beweisen lassen.

Als die Verhandlungen um eine Doppelherrschaft mit Jakob in Schottland gescheitert waren, hatte Maria bekanntlich mehrfach ihre Absicht kundgetan, den undankbaren Sohn zugunsten des katholischen Königs zu enterben: »Ich sehe, daß mein Sohn mit großen Halsstarrigkeit an der Ketzerei festhält. Da der katholischen Kirche ein eminenter Schaden entstünde, wenn er die Nachfolge in diesem Land antreten würde, habe ich beschlossen, meine Rechte auf diese [englische] Krone testamentarisch dem König, Eurem Dienstherrn, abzutreten und zu vermachen, sollte sich mein Sohn nicht zum katholischen Glauben bekehren (worauf ich kaum hoffen kann, solange er in Schottland bleibt). Ich fühle mich mehr dem gemeinen Wohl der Kirche verpflichtet als der (ihm entgegenstehenden) besonderen Würde meiner Nachkommenschaft«,[10] hatte sie Mendoza am 20. Mai 1586 geschrieben.

Hat Maria ein solches Testament wirklich verfaßt, oder hat sie nur mit dem Gedanken gespielt, dies zu tun? Von dem Dokument fand sich nie eine Spur, was allerdings nicht unbedingt heißt, daß es nie existiert hat. Der diensteifrige Mendoza teilte seinem König sofort nach Maria Stuarts Hinrichtung mit, daß ihm Pomponne de Bellièvre nach seiner Rückkehr aus London berichtet habe, Elisabeth habe das Testament (das wahrscheinlich bei der Durchsuchungsaktion in Chartley beschlagnahmt worden war) auf Cecils Rat hin »eigenhändig verbrannt«.[11] Diese Behauptung ist keineswegs unwahrscheinlich, aber auch nicht bewiesen.

Sicher ist dagegen, daß sich Philipp von diesem Augenblick an als legitimer Erbe und Testamentsvollstrecker Maria Stuarts betrachtete. Ein Teil seiner Korrespondenz mit Mendoza aus dem Jahre 1587 dreht sich um die Frage, wie man die Erben bedenken und Marias frühere Diener versorgen solle, damit sie nicht unter Elisabeths Einfluß geraten.

Die lange hinausgeschobene große Militärexpedition gegen England wurde 1588 schließlich mit der unbesiegbaren Armada geführt, der herrlichsten Kriegsflotte, die die Welt je gesehen hatte. Es leuchtet ein, daß der vorsichtige König im Escorial lieber einen Rachefeldzug für die Märtyrerin Maria Stuart führte (nach dem er sich anschließend auf den Thron von England setzen konnte), als Maria, als sie noch gelebt hatte, aus ihrem Gefängnis zu befreien.

Allerdings wurde die Armada in der Schlacht und im Sturm völlig vernichtet. Gott war nicht auf der Seite der Katholiken gewesen, und England blieb protestantisch: In der Hinsicht zumindest hatte Maria Stuart die Partie verloren.

Während Elisabeth bei ihren Verhandlungen mit gezinkten Karten spielte, um mögliche Vergeltungsschläge der Schotten und Franzosen abzuwenden, ruhte der Leichnam der hingerichteten Königin weiterhin unbestattet in seinem Bleisarg auf Schloß Fotheringhay, das niemand betreten durfte.

Daß die Beisetzung so lange auf sich warten ließ, paßte schlecht zur offiziellen Darstellung vom »tragischen Unfall«, über den die Königin tief bestürzt sein wollte. Trotzdem gaben weder Elisabeth noch ihre Minister eine Erklärung dazu ab. Aber das Verhalten und die Entscheidungen der Tudor-Königin wirkten oft nicht besonders logisch.

Dennoch mußte Elisabeth früher oder später entscheiden, was mit dem Leichnam ihrer Cousine geschehen sollte. Ende Juli, fast sechs Monate nach der Hinrichtung, wurde er schließlich nach Petersborough überführt und in der anglikanischen Kathedrale feierlich beigesetzt,[12] in der Kirche Dr. Fletchers, der Maria vor ihrem Tod noch so heftig zugesetzt hatte. Marias mehrfach mündlich und schriftlich geäußerter Wunsch, bei ihrer Mutter Maria von Guise beigesetzt zu werden, fand keine Beachtung und wurde im Briefwechsel zwischen Elisabeth und Heinrich III. nicht einmal erwähnt. Auch Heinrich dürfte wenig Wert darauf gelegt haben, aus der altehrwürdigen Kathedrale von Reims einen Wallfahrtsort für die Parteigänger der Guisen zu machen.

Die Zeremonie in Petersborough fand am 31. Juli mit allem Pomp statt, der bei einem königlichen Begräbnis angesagt war. Die Fassade und das Mittelschiff der Kirche waren zum Zeichen der Trauer mit Stoffen behangen, auf denen die Wappen Schottlands, Frankreichs und der Familie Lennox prangten, eine Anspielung auf Marias erste beiden Gatten, auf Franz II. und Darnley, während man sich wohlweislich hütete, auch an den unglücklichen Bothwell zu erinnern.

In der Nacht hatte man den Bleisarg in einem Fackelzug mit königlichen Bannern von Fotheringhay zur Kathedrale überführt und ihn dort in eine Gruft eingelassen, auf der man einen Katafalk mit den königlichen Insignien errichtet hatte. Darüber ruhte auf einem purpurnen Samtkissen eine Goldkrone, ein Symbol für den Rang der Verstorbenen.

Am Morgen zogen die Gräfin von Bedford als Vertreterin der englischen Königin und hinter ihr zahlreiche Peers des Königreiches, Peersfrauen und Ritter und Damen in Trauergewändern vom Bischofspalast zur Kathedrale. Das Ende des Leichenzugs bildeten hundert bedürftige Frauen, die man auf Kosten der sparsamen Elisabeth eigens zu diesem Anlaß schwarz eingekleidet hatte. Nach altem Brauch wurde in der Prozession stellvertretend für die Verstorbene eine Puppe unter einem Baldachin inmitten von Wappenherolden mitgeführt, die das Schwert, die Krone, das Wappenschild und den Helm trugen.

Am Portal der Kathedrale wurde der Trauerzug vom anglikanischen Bischof und vom Dekan Fletcher erwartet. Maria Stuarts Dienern hatte man erlaubt, an der Zeremonie teilzunehmen (während man Jakob nicht zur Entsendung von Vertretern aufgefordert hatte, da man vermutlich Zwischenfälle fürchtete). Aufsehen und Empörung erregte der Kaplan Du Préau, der sich mit einem silbernen Kruzifix in der Hand in den Leichenzug eingereiht hatte.

Die katholischen Trauergäste warteten den protestantischen Gottesdienst vor dem Portal der Kathedrale ab. Die Leichenrede, die besonders geschmacklos ausfiel, hielt der Bischof von Lincoln. Er zitierte »unseren Vater Luther«, wies darauf hin, daß Maria Stuart entgegen dem äußeren Anschein durchaus als Protestantin gestorben sein könne, und drückte die Hoffnung aus, daß sie trotz ihrer Irrtümer vom gnädigen Erlöser errettet würde. Als Lady Saville, die Tochter des Grafen von Shrewsbury, und ihre Schwägerin Lady Talbot anschließend die Kirche verließen, fielen sie Maria Stuarts Dienerinnen, mit denen sie lange unfreiwillig auf Schloß Sheffield gelebt hatten, weinend in die Arme.

Die Gruft wurde mit einer schlichten Grabplatte ohne Inschrift verschlossen. Etwas später ließ Adam Blackwood, ein besonders treuer Anhänger Marias, an einer benachbarten Wand heimlich ein selbstverfaßtes lateinisches Epitaph anbringen: »Maria, die Königin der Schotten, die Königstochter, die Witwe des Königs von Frankreich, die Cousine und Erbin der Königin von England, die begnadet war mit allen königlichen Tugenden, der Schmuck und das Licht unseres Jahrhunderts, wurde mit barbarischer und tyrannischer Grausamkeit getötet. Dieses ungerechte Urteil setzt alle Könige wieder auf eine Stufe mit den einfachen Menschen. Welch seltsames Grabmal, wo die Lebenden bei den Toten ruhn: Denn mit dem unantastbaren Leib der seligen Maria hat man die Majestät aller Könige und Fürsten geschändet und mit Füßen getreten. Ein königliches Geheimnis, das alle Fürsten an ihre Pflicht gemahnt. Weiter sage ich nichts.«[13] Natürlich wurde die Inschrift schleunigst von Maria Stuarts Grab entfernt. Von da an blieb es anonym.

Durch einen seltsamen Zufall ruhte die vorletzte katholische Königin von England, Katharina von Aragón, auf der anderen Seite des Chors der Kathedrale nur wenige Meter von Maria Stuarts Grab entfernt.

Um endgültig den Schlußstrich unter die Affäre Maria Stuart zu ziehen, mußten noch ihre testamentarischen Verfügungen erfüllt und geklärt werden, was mit ihren Dienern geschehen sollte. Elisabeth gefiel der Gedanke, daß Marias letzte Vertraute Fotheringhay verlassen und aus England ausreisen würden, zunächst überhaupt nicht. Sie fürchtete, sie würden zum Sprachrohr der Propaganda gegen England und den Protestantismus, sobald sie in Spanien oder Frankreich gelandet wären. Andererseits konnte sie die Leute (schon aus finanziellen Gründen) nicht ewig gefangenhalten. So begann man sich nach der feierlichen Beisetzung in Petersborough mit ihrem weiteren Schicksal zu befassen. Die Franzosen Bourgoing, Gorion und Gervais durften auf ihren Wunsch hin in die Heimat zurückkehren und trafen im Oktober 1587 in Paris ein – wo wieder Bürgerkrieg herrschte. Gorion brachte Schmuckstücke mit, die Maria Stuart Mitgliedern der Königsfamilie und der Familie der Guisen vermacht hatte, »Kleinigkeiten«, wie Botschafter Mendoza sie in seinem Brief vom 24. Oktober an Philipp II. nannte, »außer einem Diamantring, der für den König von Spanien bestimmt ist«. Bourgoing schrieb sein *Journal* ins reine und dokumentierte die letzten Augenblicke seiner Dienstherrin mit einer Flugschrift, die das »Martyrium der Königin von Schottland« verherrlichte.

Die beiden treuen Dienerinnen Jane Kennedy und Elizabeth Curle, die Maria auf ihrem letzten Gang begleitet hatten, gingen ebenfalls nach Frankreich. Jane Kennedy kehrte später in ihre Heimat Schottland zurück, wo sie Andrew Melville heiratete. Elizabeth und ihre Schwägerin Barbara Curle ließen sich in Antwerpen auf spanischem Territorium nieder. Dort entstand in ihrem Auftrag das berühmte Gemälde, das Maria Stuart in einem schwarzen Kleid zeigt; auf der Seite des Gemäldes ist die Hinrichtungsszene dargestellt. Das Bild, das lange Zeit im *Scots College* in Douai hing, befindet sich jetzt im *Blairs College* in Aberdeen. Elizabeth und Barbara Curle ließen ihrer geliebten Herrin in der Kirche Saint-André von Antwerpen ein Denkmal errichten, das noch heute zu sehen ist.

Heikler war die Frage, was mit Claude Nau und Gilbert Curle zu geschehen hätte, mit den beiden Sekretären, deren – freiwillige oder erpreßte – Geständnisse maßgeblich zu Marias Verurteilung und Hinrichtung beigetragen hatten. Immerhin hatten sie zugegeben, bei der Abfassung des verhängnisvollen Briefs vom 17. Juli 1586 mitgewirkt zu haben. Um ihnen jede Möglichkeit zu nehmen, ihre Aussagen zu widerrufen, hätte man auch sie zum Tode verurteilen können. Man muß es Elisabeth hoch anrechnen, daß sie dies nicht zuließ. Nau wurde im November 1587 freigelassen und siedelte nach Frankreich über, wo man ihm offenbar nicht nachtrug, daß er seine Dienstherrin verraten hatte. Als früherer Sekretär der Guisen blieb er in deren Diensten und wurde sehr viel später von Heinrich IV. sogar in den Adelsstand erhoben. Curle blieb etwas länger im Gefängnis und folgte dann seiner Frau und Schwester ins flandrische Antwerpen.[14]

Nachdem es im französischen Bürgerkrieg auf Marias Witwengut immer wieder zu Plünderungen gekommen war und es bei dessen Verwaltung von jeher Unregelmäßigkeiten gegeben hatte, war bei ihrem Tod von ihrem Vermögen nicht viel übrig. Heinrich III. und der Herzog von Guise hatten 1587 andere Sorgen, als sich um das Vermächtnis ihrer Ex-Schwägerin und Cousine zu kümmern. Dagegen machte es sich der edle Kastilier Philipp II. zur Pflicht, den letzten Willen der Königin zu erfüllen, die ihm nach seiner festen Überzeugung ihre Krone vermacht hatte: Er bezahlte ihre Schulden bei Erzbischof Beaton, Charles Paget, Thomas Morgan und allen ihren Anhängern. Bischof Leslie von Ross, ihrem Leidensgenossen in den Jahren 1567 und 1568, setzte er sogar eine Leibrente aus. Es war nicht seine Schuld, daß er einen anderen Wunsch der Märtyrerin, wie es Gorion sah, nicht erfüllen konnte: sich an »Schatzmeister Cecil, dem Grafen von Leicester, dem Sekretär Walsingham [...] und Amyas Paulet« für die üble Behandlung der Königin zu rächen.[15]

Als die Kathedrale von Petersborough 1643 durch Cromwells Truppen geplündert wurde, befand sich Maria Stuarts Leichnam schon nicht mehr dort.

Jakob VI., der als Jakob I. von England Elisabeths Nachfolge angetreten hatte, hatte ihn in die Westminsterabtei, den Begräbnisort der Könige von England, überführen lassen und so das Andenken seiner Mutter verspätet, aber feierlich geehrt. Nachdem es ihr versagt geblieben war, in London zu regieren, hatte sie dort etwas abseits von ihrer Rivalin, der »jungfräulichen Königin«, wenigstens die letzte Ruhe gefunden. Das prachtvolle, über tausend Pfund teure Grabmal aus weißem Marmor zeigt das Bildnis der Verstorbenen mit heiteren und hoheitsvollen Zügen. Der Bleisarg war im September 1612 mit dem Pomp einer königlichen Zeremonie von Petersborough nach Westminster überführt worden, wo man ihn seither nicht mehr geöffnet hat.

FÜNFTER TEIL

Sie war ein liederliches Frauenzimmer im Gewand einer Märtyrerin.

J. A. Froude, 1862

Keine historische Persönlichkeit ist je so verleumdet worden.

J. Gauthier, 1869

Ihr Schicksal ist, nur heftige Passionen zu erfahren und zu entzünden.

F. Schiller, *Brief an Goethe,* 1799

24

»In meinem Ende liegt mein Anbeginn«

Zu den Devisen, die Maria Stuart als Gefangene in Sheffield auf ihre Stoffe stickte, gehörte der rätselhafte Sinnspruch: *En ma fin est mon commencement,* »in meinem Ende liegt mein Anbeginn«.

Was besagte diese Devise? Handelte es sich um eine christliche Maxime über Tod und Auferstehung oder um eines der damals beliebten Wortspiele, das auf der Doppeldeutigkeit des französischen Wortes »fin« (Ende und Ziel) beruht? Maria dürfte jedenfalls kaum geahnt haben, daß der scheinbar nichtssagende Satz vollkommen in Erfüllung gehen sollte: Ihr Ende – das spektakuläre Ende auf dem Schafott von Fotheringhay – wurde zum Beginn ihrer Legende.

Der Entstehung, Verbreitung und Weiterentwicklung dieser Legende oder dieses Mythos sollte man ebensoviel Aufmerksamkeit und Sorgfalt widmen wie Maria Stuarts Leben; so wichtig das Studium der Quellen zu ihrem Werdegang auch ist, diese Auseinandersetzung allein liefert noch keine hinreichende Erklärung dafür, warum man dieser historischen Persönlichkeit bis in unsere Tage so viel Interesse entgegenbringt.

Daß ein Mythos im Entstehen begriffen war, hat sich schon zu Maria Stuarts Lebzeiten abgezeichnet, denn nach dem Mord an Darnley kursierten über ihre Beteiligung an der Bluttat die widersprüchlichsten Gerüchte.

Vor dem Hintergrund der Bürgerkriege und der erbitterten religiösen Auseinandersetzungen in Schottland und Europa im 16. Jahrhunderts wurde das Verhalten der Herrscher mit besonderer Aufmerksamkeit verfolgt, wurde jede kleine Geste zum Staatsakt, gab jede Bemerkung den Gerüchten neue Nahrung. So waren auch Elisabeth von England und Katharina von Medici, wenngleich auf andere Art, bald zur Legende geworden.

Aber bei Maria Stuart kommt etwas Entscheidendes hinzu: Durch ihre lange Gefangenschaft und ihren Tod auf dem Schafott, der für eine Königin zur damaligen Zeit einzigartig war, wurde die Diskussion um ihre politischen und religiösen Verdienste auf eine emotionale Art geführt, wie es bei der spröden Elisabeth oder der wendehälsischen Katharina von Medici niemals der Fall war. Und mit ihrer Schönheit und dem bezaubernden Charme, den ihr die Zeitgenossen, auch ihre Feinde, nachsagten, brachte sie alle Voraussetzungen mit, um zu einem Mythos zu werden.

Freilich war ihre zum Mythos gewordene Person im 16. Jahrhundert, als ihre Freunde und Feinde noch lebten, heftigst umstritten. Uneins war man sich vor allem im Hinblick auf vier Punkte: Hatte sie Anspruch auf die Nachfolge in England? War sie an der Ermordung Darnleys mit beteiligt gewesen, und hatte sie zu Bothwell ehebrecherische Beziehungen unterhalten? Hielt Elisabeth sie zu Recht gefangen? Welche Rolle hatte sie bei der Babington-Verschwörung gespielt?

Zu diesen vier strittigen Punkten kamen ab 1565 oder 1566 zahllose Schriften in Umlauf, offizielle und verbotene, kurze propagandistische Pamphlete und gewichtige lateinische Abhandlungen, deren Verfasser zuweilen ins Gefängnis kamen oder diskret belohnt wurden. Der moderne Historiker fängt mit diesen Werken allerdings wenig an. Die Argumentation ist oft unsachlich, und häufig werden unbewiesene Behauptungen aufgestellt, was für Buchanans Hetzschriften ebenso gilt wie für Bischof Leslies Verteidigung. Dabei sind Beiträge von Verfassern wie Leslie oder Knox, die am Geschehen persönlich teilgehabt haben, in faktischer Hinsicht interessanter als die Schriften völlig Außenstehender.

Maria Stuarts Gefangennahme 1568 und ihre Hinrichtung 1587 lassen die Produktion dieses polemischen Schrifttums steil in die Höhe schnellen. Natürlich nehmen sich vornehmlich die katholischen Länder der Verherrlichung der königlichen Märtyrerin an. Die Schriftsteller, die der Gesellschaft Jesu, den Spaniern oder den Guisen nahestehen – was im allgemeinen zusammenfällt –, feiern Maria Stuart als Symbolfigur der Gegenreformation und als Märtyrerin für ihren Glauben. Es versteht sich von selbst, daß man bei diesen Werken nach einer differenzierten Betrachtungsweise vergeblich sucht. Elisabeth erscheint als Teufelsweib, das nach einem Wort Papst Sixtus' V. »für das Verderben von Millionen von Seelen« verantwortlich sei. Sofern Darnleys Tod, die Kassettenbriefe oder die Verschwörungen um Norfolk und Babington überhaupt erwähnt werden, wird Maria von allen Anschuldigungen freigesprochen. Zu diesen Broschüren und Folianten, Flugblättern der Liga und Hagiographien für fromme Seelen, die zwischen 1568 und der Mitte des 17. Jahrhunderts unter die Leute kommen, gehörten

François de Bellforests *L'innocence de la très illustre, très chaste et très débonnaire princesse Madame Marie, reine d'Écosse* (1572) und Adam Blackwoods französisch erschienenes *Martyre de la reine d'Écosse* ebenso dazu wie die *Vraie histoire de l'incomparable reine Marie Stuart*, die Jesuitenpater Caussin im Jahre 1624 in seinem Werk *La Cour sainte, ou l'institution chrétienne des grands avec les exemples de ceux qui dans les cours ont fleuri dans la sainteté* veröffentlicht hat. Letzteres wurde zu einem wahren Bestseller und erlebte zwanzig Jahre lang unablässig Neuauflagen.

Neben diesen Streitschriften huldigt man Maria schon seit der Jugend mit höfischen Dichtungen, in denen ihr Charme gepriesen und später ihr Unglück beklagt wird. Der folgende Vierzeiler stammt vom berühmten Dichter Du Belley:

> Der du die Vortrefflichkeit gesehen von jener,
> die den Himmel über Schottland mit Neid erfüllt,
> Sag kühn zu deinen Augen: bescheidet euch,
> Niemals mehr werdet ihr Schön'res sehn.[1]

Ein Gedicht Ronsards beklagt ihre Abreise nach Frankreich im Jahre 1561:

> Nichts, das schön ist, hält sich lange,
> Rosen und Lilien blühn einen Frühling nur:
> So ist es auch mit Eurer Schönheit, die in Frankreich
> Fünfzehn Jahr' nur strahlte und ganz plötzlich ging ...[2]

Während Maria Stuart in den katholischen Ländern vorherrschend idealisiert wird, verbreiten John Knox in seinen Predigten und George Buchanan in Schottland und England ein düsteres Bild der Königin: In Buchanans *Detectio of the actions of Mary queen of Scots* (1572) oder seiner lateinischen Schrift *Rerum Scoticarum Historia* (1583), die international wirken, erscheint Maria Stuart als Ehebrecherin, Gattenmörderin und Götzendienerin: Als Reaktion auf die Maria freundlich gesinnte Propaganda der Katholiken bringt Elisabeths Regierung Flugschriften gegen die Schottin in Umlauf: Kyffin verfaßt die auf englisch und französisch erscheinende Schrift *A Defense of the Honourable Sentence and Execution of the Queen of Scots* (1587), während Crompton in englischer Sprache ein Werk mit dem übersetzten Titel *Kurze Erklärung zum Ende der Verräter, die die Verbrechen der Königin von Schottland betreffen* ... veröffentlicht (1587).

Werke dieser Art üben in diesem Jahrhundert, in dem religiöser Fanatismus angesagt ist und in dem für Kritikfähigkeit wenig Platz bleibt, eine gewaltige Wirkung aus. Die Nachricht von Maria Stuarts Hinrichtung wurde in London mit Freudenfeuern und Glockengeläut begrüßt. Dagegen mußte in Paris ein Priester, der in der Kirche Saint-Eustache eine Predigt zum Tod der Königin hielt, bevor er sie beenden konnte, »von der Kanzel herabsteigen [...], so laut weinten und schluchzten die Zuhörer«.[3]

In Frankreich, wo zum traditionellen Haß zwischen Katholiken und Protestanten die Feindschaft zwischen Heinrich III. und den Guisen hinzukommt, hat man von Maria Stuart ein besonders widersprüchliches Bild. Die Hugenotten haben von ihr fast durchweg die von Buchanan vermittelte negative Meinung: Eine französische Übersetzung der *Detectio* mit den Kassettenbriefen wird heimlich in La Rochelle veröffentlicht, wo sie aller Wahrscheinlichkeit nach bei den Protestanten eine gewaltige Wirkung hat. Bis Mitte des 17. Jahrhunderts ist Maria Stuart für französische Historiker, die der Liga und dem Jesuitentum eher kritisch gegenüberstehen, einhellig eine Ehebrecherin und Gattenmörderin: so bei Agrippa d'Aubigné in seiner *Histoire universelle* (1616) und vor allem beim berühmten Jacques-Auguste de Thou, der als bedeutender Gelehrter Europas gilt und die in Latein und Französisch erschienene *Histoire de son temps* (1620) verfaßt hat. Dank dem allgemein jesuitenfeindlichen Klima hält sich die rundweg negative Meinung über Maria Stuart bis ins 18. Jahrhundert. Rapin de Thoyras beispielsweise greift in seiner *Histoire d'Angleterre* (1734–1736) die vernichtenden Urteile de Thous auf, der seinerseits direkt von Knox und Buchanan beeinflußt ist. Maria Stuart gegenüber sehr kritisch ist auch Dreux du Radier, der Verfasser der *Mémoires historiques, critiques et anecdotiques sur les reines de France* (1776): »Angesichts des unglücklichen Endes mag man menschliche Tränen vergießen, aber Elisabeths Anschlag rechtfertigt Marias Haltung nicht. Man darf den Historikern nicht vorwerfen, daß sie Marias Taten in den düstersten Farben geschildert haben: Diese Farben entsprechen der Wahrheit.«[4]

Seltsamerweise schlägt gerade in England und Schottland die bisher einhellig negative Meinung über Maria Stuart im 17. und 18. Jahrhundert ins Gegenteil um. Dieser Wandel erklärt sich teilweise daraus, daß Jakob I., der 1603 Elisabeths Nachfolge angetreten hat, sich für das Andenken seiner Mutter einsetzt. Jakob, der Buchanan verabscheut, läßt dessen Schriften gegen Maria Stuart verbieten und aus dem Verkehr ziehen. (Dabei mag auch mitspielen, daß seiner Mutter in den Werken ehebrecherische Beziehungen zu Rizzio nachgesagt werden, was seine legitime Geburt in Zweifel zieht.) Und 1624 und 1626 finanziert er Camdens Geschichtswerk zur Elisabethanischen Herrschaft, die *Annales rerum Anglicarum regnante Elisabeth ...*, und W. Udalls *Historie of the Life and Death of Mary Stuart*

Queen of Scotland, beides regelrechte Widerlegungen von Buchanan und Knox.

Die Polemik um Maria Stuart ist damit erneut aufgeflammt, diesmal aber nicht auf politischer und religiöser Ebene, sondern als Streit von Historikern. In beiden Königreichen beginnt man fieberhaft in den Archiven nachzuforschen. Für die Schotten ist die Verteidigung von Maria Stuarts Andenken eine Sache der nationalen Identität. Wissenschaftliche Untersuchungen und Sammlungen mit Quellenmaterial werden herausgegeben; während die einen zum Schluß kommen, daß die Königin unschuldig auf dem Schafott gestorben sei (Jebb, Anderson, Keith, Goodall, William Tytler, Whitaker), kommen andere zum gegenteiligen Ergebnis (Strype, Robertson, Hume). In ganz England und Schottland führen Vertreter des Presbyterianismus und des Anglikanismus, Verfechter des Hauses Hannover und Jakobiten* eine lebhafte Diskussion, in deren Zentrum die Echtheit der Kassettenbriefe steht und die nicht einmal während der Französischen Revolution und den Napoleonischen Eroberungsfeldzügen zum Erliegen kommt.

Dagegen befaßt man sich mit dem Mythos Maria Stuart in Frankreich eher auf dichterischer Ebene. Anfang des 17. Jahrhunderts erscheint der Stoff in den verschiedenen Bearbeitungen Montchrestiens, Regnaults, Boursaults, Tronchins und anderer als klassische Tragödie. Mit Ausnahme von Montchrestiens Stück ist allen Dramen gemein, daß im Zentrum der Handlung Marias Gefangenschaft in England, ihre Heiratspläne mit Norfolk und ihr Tod stehen, wobei die beiden letztgenannten Teilaspekte im Leben der Königin oft ohne Rücksicht auf historische Fakten in Verbindung gebracht werden. In Montchrestiens sicherlich gelungener Tragödie *L'Écossaise ou le Désastre* (1605) wird Elisabeth von Davison bedrängt, Maria hinrichten zu lassen:

> Nein, niemals soll eine so grausame Tat
> meinen erlauchten Namen beschmutzen.

Im Stück setzt sich Davison durch. Als Maria Stuart eröffnet wird, daß sie hingerichtet werden soll, zeigt sie sich über das nahe Ende ihrer Leiden erfreut:

---

* Jakobiten sind die Anhänger des Hauses Stuart, das 1688 ins Exil ging; das Haus Hannover regiert ab 1714.

> Seit dem fatalen Tag, da ich das Licht der Welt erblickt,
> bis zum heut'gen Tag, der sich gegen mich verschworen,
> hab ohne Unterlaß alles ich ertragen.
> Doch sag, grausamer Himmel, welch Übel oder Fluch
> du der schwachen Kreatur ins Kinderbett gelegt?

Am Ende des Stücks steht eine ergreifende Szene, in der Elisabeth von einem Diener von der Hinrichtung der Königin erfährt:

> O weh, man tötete der Königinnen Zier,
> die einzige, bei der Verdienst im Überfluß vorhanden,
> Sonne der Erde und Perle der Welt.
> So gehn die schönsten Tage wie ein leichter Wind,
> Ist das Leben doch nur dem Nichts vergleichbar.[5]

Im 18. Jahrhundert, in dem man sich besonders für galante Themen interessiert, wird der Stoff zum Eifersuchtsdrama umgearbeitet. In Tronchins Stück *Marie Stuart, reine d'Écosse,* das 1734 vor Ludwig XV. in Fontainebleau aufgeführt wird, rankt sich die Handlung um die heimliche Liebe zwischen Norfolk und Maria, während Dudley (Leicester), der die Gefangene ebenfalls liebt, Elisabeth zur Eifersucht anstachelt, um den Rivalen ins Verderben zu stürzen. Viel Pathos liegt in Marias und Norfolks Dialog, der sich im folgenden entspinnt:

MARIA

> Oh, Norfolk, ich verliere dich!
> Schon weiß die Nebenbuhlerin um deinen Plan.
> Rette, wenn du kannst, den Kopf vor ihr.

NORFOLK

> Da für Euch ich sterbe, kann schön der Tod nur sein.

Im Stück beschließt Elisabeth, beide Geliebten zu bestrafen. Maria bietet ihr die Stirn, und Norfolk versucht vergeblich, eine Erhebung der Massen gegen sie anzustiften. Nach Norfolks Hinrichtung besteigt auch Maria das Schafott:

> ... Unglücklich noch immer beide,
> trennte uns sein Tod und eint uns meiner wieder.[6]

Angesichts des freien Umgangs mit den Fakten* kann von einer wahrheitsgetreuen Umsetzung des Stoffs nicht mehr die Rede sein. Trotzdem ist mit dem Stück Schillers *Maria Stuart* der Boden bereitet. Schillers Drama markiert wegen der Persönlichkeit des Verfassers, in ästhetischer Hinsicht und im Hinblick auf die gewaltige Wirkung in ganz Europa einen entwicklungsgeschichtlichen Höhepunkt des Mythos Maria Stuart.

1800: Der Sturm und Drang ist gerade überwunden, die deutsche Romantik im Kommen. Der dreiundvierzigjährige Friedrich Schiller ist auf dem Gipfelpunkt seiner literarischen Karriere. Nach den Erfolgen der Dramen *Die Räuber, Don Carlos* und *Wallenstein* kann ihm allein sein Freund, der geniale Goethe, noch den Rang streitig machen. Lange schon, seit 1782, interessiert er sich für den Stoff der Maria Stuart. Er hat sich bei Buchanan, Camden, Brantôme, Rapin de Thoyras, Robertson und Hume über die Heldin bereits ausreichend informiert und das damals verfügbare Material im wesentlichen gesichtet – mehrheitlich Werke, in denen Maria Stuart negativ bewertet wird. Als Schiller sein Drama abzufassen beginnt, teilt er Goethe in einem Brief seine dichterische Intention bei diesem Vorhaben mit: »An der Furcht des Aristoteles fehlt es also nicht, und das Mitleiden wird sich auch schon finden. Meine Maria wird keine weiche Stimmung erregen, es ist meine Absicht nicht, ich will sie immer als ein physisches Wesen halten, und das Pathetische muß mehr eine allgemeine tiefe Rührung als ein persönliches und individuelles Mitgefühl sein. Sie empfindet und erregt keine Zärtlichkeit, ihr Schicksal ist, nur heftige Passionen zu erfahren und zu entzünden.«[7]

Das Stück, das dem damaligen deutschen Theatergeschmack entsprechend lang ausfällt, trägt deutlich romantische Züge: Es spielt abwechselnd in Fotheringhay und London während der letzten Tage vor der Hinrichtung. Im Zentrum des Geschehens steht der Konflikt zwischen Elisabeth (und Cecil, Davison und Paulet), die die nüchterne Staatsräson verkörpert, und der aufbrausenden, leidenschaftlichen Maria. Das Stück hält sich insgesamt gesehen recht eng an die historischen Fakten mit zwei gravierenden Ausnahmen: Schiller führt die fiktive Gestalt Mortimers ein, des Neffen Paulets, der Maria liebt und sie *in extremis* durch eine List zu retten versucht. Fiktiv ist vor allem jene Szene, in der Maria und Elisabeth, die sich in Wahrheit niemals begegnet sind, im Garten von Fotheringhay aufeinandertreffen. Diese für den Dichter besonders reizvolle Szene, die zum Höhepunkt des Dramas wird, ist insofern nicht völlig aus der Luft gegriffen, als Schiller Teile aus dem Briefwechsel der beiden Königinnen in ihren Dialog mit eingearbeitet hat.

---

* Norfolk wurde 1572 hingerichtet, Maria erst 1587.

ELISABETH

Bekennt Ihr endlich Euch für überwunden?
Ist's aus mit Euren Ränken? Ist kein Mörder
Mehr unterwegs? Will kein Abenteurer
Für Euch die traur'ge Ritterschaft mehr wagen?
– Ja, es ist aus, Lady Maria. Ihr verführt
Mir keinen mehr. Die Welt hat andre Sorgen.
Es lüstet keinen, Euer – vierter Mann
Zu werden, denn Ihr tötet Eure Freier
Wie Eure Männer!

MARIA *(auffahrend)*

Schwester! Schwester!
O Gott! Gott! Gib mir Mäßigung!

ELISABETH *(sieht sie lange mit einem Blick stolzer Verachtung an)*

Das also sind die Reizungen, Lord Leicester,
Die ungestraft kein Mann erblickt, daneben
Kein andres Weib sich wagen darf zu stellen!
Fürwahr! *Der* Ruhm war wohlfeil zu erlangen:
Es kostet nichts, die *allgemeine* Schönheit
Zu sein als die *gemeine* sein für *alle!*

MARIA

Das ist zuviel!

ELISABETH *(höhnisch lachend)*

Jetzt zeigt Ihr Euer wahres
Gesicht, bis jetzt war's nur die Larve.

MARIA *(vor Zorn glühend, doch mit einer edlen Würde)*

Ich habe menschlich, jugendlich gefehlt,
Die Macht verführte mich, ich hab es nicht
Verheimlicht und verborgen, falschen Schein
Hab ich verschmäht mit königlichem Freimut.
Das Ärgste weiß die Welt von mir, und ich
Kann sagen, ich bin besser als mein Ruf.

Weh Euch, wenn sie von Euren Taten einst
Den Ehrenmantel zieht, womit Ihr gleißend
Die wilde Glut verstohlner Lüste deckt.
Nicht Ehrbarkeit habt Ihr von Eurer Mutter
Geerbt: man weiß, um welcher Tugend willen
Anna von Boleyn das Schafott bestiegen.

SHREWSBURY *(tritt zwischen beide Königinnen)*

O Gott des Himmels! Muß es dahin kommen!
Ist das die Mäßigung, die Unterwerfung,
Lady Maria?

MARIA

Mäßigung! Ich habe
Ertragen, was ein Mensch ertragen kann.
Fahr hin, lammherzige Gelassenheit,
Zum Himmel fliehe, leidende Geduld,
Spreng endlich deine Bande, tritt hervor –
Aus deiner Höhle, langverhaltner Groll –

[…]

Der Thron von England ist durch einen Bastard
Entweiht, der Briten edelherzig Volk
Durch eine list'ge Gauklerin betrogen.
– Regierte Recht, so läget *Ihr* vor mir
Im Staube jetzt, denn *ich* bin Euer König.

(Elisabeth geht schnell ab, die Lords folgen ihr in der höchsten Bestürzung)

[…]

MARIA *(noch ganz außer sich)*

O wie mir wohl ist, Hanna! Endlich, endlich
Nach Jahren der Erniedrigung, der Leiden,
Ein Augenblick der Rache, des Triumphs!
Wie Bergeslasten fällt's von meinem Herzen,
Das Messer stieß ich in der Feindin Brust.[7]

Das Stück wird ein überwältigender Erfolg und ist in wenigen Monaten in Übersetzungen auf englischen, französischen und italienischen Bühnen zu sehen. Mit der Gestalt der unglücklichen und leidenschaftlichen Frau, die mit Recht ihre Freiheit einklagt, steht das Stück mit den Nöten der Zeit bestens im Einklang. In der Folgezeit beeinflußt Schillers begeistert aufgenommenes Drama direkt oder indirekt die gesamte romantische Literatur, die sich des Stoffs annimmt. Es ist fast wörtlich die Vorlage für die Libretti der italienischen Opern von Casella, Mercadante, Coccia und Donizetti (*Maria Stuarda*, 1834) und für Fétis französische Oper (1823). Pierre-Antoine Lebruns Tragödie *Marie Stuart* (1820) ist eine französische Adaptation von Schillers Stück. Noch 1895 konnte Rodolphe Lavello in der Pariser Oper ein Bühnenwerk mit den Titel *Marie Stuart, drame lyrique* mit einem Libretto nach Schiller aufführen.

Nach der oben zitierten Textpassage hat sich Schiller offenbar Buchanans, Robertsons und Humes Meinungen angeschlossen und geht davon aus, daß Maria ehebrecherische Beziehungen zu Bothwell unterhalten hatte und an der Ermordung Darnleys mit beteiligt war. Dieses romantische Bild von der gefallenen, aber kraft ihrer Reue absolvierten Frau bleibt für die deutsche und französische Literatur des 19. Jahrhunderts bestimmend. George Sand und Sainte-Beuve teilen diese Sichtweise ebenso wie im 20. Jahrhundert Stefan Zweig, dessen brillant geschriebener Essay sich in die gleiche Linie einreiht, die bei Schiller ihren Ausgang nimmt.

Freilich interessieren sich die französischen Dichter der Romantik besonders für einen anderen Aspekt der Lebensgeschichte Maria Stuarts: für ihre Jugend in Frankreich und den wehmütigen Abschied aus dem Königreich der Valois, das sie gegen das kalte Schottland eintauschen mußte. Niedermeyers Oper *Marie Stuart* (1844) feiert dank der Arie »Adieu donc, belle France« und ihren ergreifenden musikalischen Passagen einen Triumph. Sie vermittelt das abgeschmackte höfische Bild einer Maria Stuart, die Sänger zu ihren Füßen, den schönen Châtelard oder den einnehmenden Rizzio, mit der Laute begleitet. Derlei konventionelle Szenen kehren häufig auf romantischen Gemälden und Stichen wieder, wie auf Housez' *Marie Stuart et Châtelard* (1859), das im Musée de Poitiers hängt, oder Louis Ducis' *Marie Stuart et Rizzio* (1876) im Musée de Limoges. Und auch in der Literatur hat diese Facette des Mythos der Maria Stuart ihren Platz.

Bald entdecken die Komponisten Maria Stuarts (authentische oder apokryphe) Gedichte: 1852 bringt Robert Schumann sein Opus 135 heraus, *Gedichte der Königin Maria Stuart*, Vertonungen von *Adieu à la France*, *Lettre à la reine Élisabeth* und *Adieu au monde*.

Schließlich verarbeiten die Künstler der Romantik vor allem in Schottland die dramatischen und romanesken Aspekte im Leben Maria Stuarts wie ihren Streit mit John Knox, Rizzios Tod, die nächtliche Flucht nach Dunbar, die Gefangenschaft in Lochleven, die erzwungene Abdankung (mit bewaffneten Standesherren, die drohend hinter dem Sessel der Königin stehen) und der Fahrt im Fischerboot durch den Solway Firth. All diese Szenen, die von Gemälden und Stichen illustriert werden, bilden das reichhaltige thematische Repertoire einer Literatur für die empfindsame Jugend zu Anfang der Viktorianischen Ära. Angesichts der Bedeutung seines Verfassers übt Walter Scotts Roman *The Abbot* (1820), in dem der Schilderung der Flucht aus Lochleven viel Raum gewidmet wird, in diesem Zusammenhang einen besonderen Einfluß aus.

Neben den oberflächlichen und mitunter sogar platten literarischen Verarbeitungen des Stuart-Stoffs entstehen im 19. Jahrhundert viele bedeutende historische Werke zum Thema, das bis zum Jahre 1890 durch eine Bibliothek von fast unüberschaubarer Fülle vertreten ist.

Zunächst wächst das Quellenmaterial an. Mit Begeisterung durchstöbert man systematisch die öffentlichen und privaten Archive in England, Schottland, Frankreich, Spanien, Belgien und Italien. Man gibt gewaltige Materialsammlungen und Bestandslisten zum Thema heraus. Handschriften aus dem 16. Jahrhundert werden neu entdeckt und, mit kritischen Anmerkungen versehen, publiziert. Zum Vorschein kommen auch wichtige Schriftstücke, von deren Existenz man bisher noch überhaupt nichts wußte, so das *Journal* des Arztes Bourgoing oder die Memoiren des Sekretärs Claude Nau. Mit der Entdeckung der Briefe Cecils, Walsinghams, Paulets, Shrewsburys, Jakobs VI., Elisabeths I. und der Botschafter von Frankreich und Spanien werden zu verschiedenen Ereignissen die Hintergründe aufgedeckt, viele bis dahin als gesichert geltende Fakten wieder in Frage gestellt und andere ins richtige Licht gerückt.

Bemerkenswerterweise spricht fast das gesamte neuentdeckte Quellenmaterial zugunsten von Maria Stuart. Die Machenschaften von Walsinghams Polizei, die Maria Stuart bei der Babington-Verschwörung zum Verhängnis geworden sind, kommen in ihrer ganzen Tragweite ans Tageslicht. Buchanans übertriebene Anschuldigungen gegen die Königin werden durch Schriftstücke, die unbestreitbar echt sind, relativiert und zum Teil als zweifelhaft oder als eindeutig falsch verworfen.

Gleichzeitig gibt der Gelehrte Fürst Labanoff Maria Stuarts Briefe heraus (1844) und vermittelt der Nachwelt ein lebendigeres Bild ihrer Persönlichkeit; vom Herausgeber sicher unbeabsichtigt werden dabei auch Einzelheiten von Marias gefährlichen Intrigen während der endlosen Gefangenschaft bekannt.

Eine herausragende Rolle in der wissenschaftlichen Diskussion spielt die hitzig geführte Debatte um die Echtheit der Kassettenbriefe. Die Polemik setzt sich bis übers 19. Jahrhundert hinaus fort, kann aber nicht zugunsten einer Hypothese entschieden werden, da Originale zu den fraglichen Schriftstücken fehlen. Im sechzehnten Kapitel dieses Buches haben wir auf die Schlußfolgerungen hingewiesen, die man nach Lage der Dinge augenblicklich ziehen kann. Es ist unwahrscheinlich, daß man die Frage je mit letztgültiger Sicherheit beantworten können wird.

Das ganze 19. Jahrhundert hindurch werden nach Maßgabe des neugesichteten Quellenmaterials neue wissenschaftliche Abhandlungen zu Maria Stuart veröffentlicht, die sich Einzelaspekten ihres Lebens oder ihrem Leben als Ganzem widmen. Einen ersten Überblick über diese Literatur vermittelt die keineswegs vollständige Bibliographie im Anhang dieses Buches.

Bei aller Wissenschaftlichkeit ist dieses Schrifttum keineswegs frei von Polemik. Jules Michelet, der allerdings 1856, also vor Veröffentlichung des wichtigsten Quellenmaterials, publizierte, bleibt ein erbitterter Gegner Maria Stuarts und beurteilt sie ebenso streng, wie er die Guisen und Jesuiten kritisiert. »Sie war von Geburt an brutal und hart. Dieses wunderbare Geschöpf der Guisen verfügte wie sie alle über vielerlei Talente, nur nicht über Mäßigung und Vernunft. Obwohl sie mit viel List und Tücke Intrigen zu schmieden wußte, war sie so leichtsinnig, daß sie allen in die Falle ging.« Besonders leidenschaftlich zieht Michelet gegen eine Kanonisierung Maria Stuarts zu Felde: »Wer wäre nicht empfänglich für ihr Unglück? Jeder kannte die schönen Verse auswendig, in denen Ronsard, der sich diesmal als wahrer und großer Dichter zeigte, heraufbeschwor, welch charmanten, traurigen und gottgefälligen Eindruck die Königinwitwe auf ihn gemacht hatte, als sie ihm in ihren weißen Trauerkleidern in den Wäldern von Fontainebleau begegnet war ... Unsere seriösesten Historiker sind für diesen Charme empfänglich. Ich selbst würde mich gegen ihn nicht zur Wehr setzen, wenn nicht vielfach bewiesen wäre, daß in dieser Unglücksfee alle Gefahren der Welt steckten.«

Für Michelet war Maria Stuart eine hartherzige und boshafte Frau, die sich meisterhaft verstellen konnte: »Sie schreibt an alle Briefe, in denen sie sich als Heilige gibt, und verschenkt Stickereien und Handarbeiten. Rührende Gesten! Welche Wirkung zeitigen sie nicht in einfältigen Gemütern! Welche Tränen vergießen nicht die Frauen! Wieviel Zorn entbrennt nicht in den Herzen der Männer, diesen leidenschaftlichen Burschen, die sich an ihrem Namen berauschen! [...] Und doch gibt es viele Frauen, Millionen englischer Frauen, die in ihrem Leben Dinge gefunden hätten, die schlimmer als der Tod sind.«[8]

Aus der gleichen ideologischen Position heraus – als Gegner des Katholizismus und der Tories mit einer idealisierten Sichtweise des Protestantismus – erweist sich in England selbst ein so beschlagener Universitätsgelehrter wie James Anthony Froude in seiner monumentalen *History of England from the fall of Wolsey to the end of Elizabeth* als ein ebenso erbitterter Kritiker Maria Stuarts wie Knox und Buchanan dreihundert Jahre vor ihm: »Sie war ein liederliches Frauenzimmer im Gewand einer Märtyrerin ... eine Leopardin, gefährlich wie eine Bestie ... so sinnlich und dämonisch, daß es fast unnatürlich schien ... Sie schied mit Bravour, aber mit der Lüge auf den Lippen aus der Welt.« Für Froude ist Elisabeth das Opfer und die »gute Fee, die der verirrten und unglücklichen Schwester hilft« und über die Maria letztlich triumphiert, indem sie dafür sorgt, daß »das Andenken der großen Königin einen unauslöschlichen Makel« bekommt.

Diese übertrieben negativen Darstellungen Maria Stuarts lösen damals schon deshalb heftige Reaktionen aus, weil sich gerade unter Viktorianischer Herrschaft ein völlig unerwartetes Phänomen Bahn bricht: das *Catholic Revival*, das Wiedererwachen des Katholizismus um Newman und Manning, die aus der »Oxfordbewegung« stammen, einer Richtung, die die Rückbesinnung des Anglikanismus auf seine liturgischen und doktrinären Ursprünge verficht. Bei der Diskussion geht es natürlich auch um die Figur Maria Stuarts. Jesuitische Historiker, unter anderem die Patres Pollen und Morris, durchstöbern Archive (darunter auch das bisher kaum zugängliche Vatikanische Archiv) und fördern besonders wichtiges Material zutage, das Maria Stuart in ein günstigeres Licht taucht.

Zugleich verliert die Diskussion allmählich an Schärfe. Am Ende des 19. und Anfang des 20. Jahrhunderts kommen die englischen Historiker immer mehr davon ab, Maria Stuart – als Mörderin oder Märtyrerin – in purer Schwarzweißmalerei darzustellen. Statt dessen bemühen sich viele wie Martin Philippson, Thomas F. Henderson und David H. Fleming um eine Synthese zwischen diesen extremen Sichtweisen. In Frankreich herrscht weiterhin ein einseitig positives Bild Maria Stuarts vor: Die *Histoire de Marie Stuart* (1869) des Royalisten Jules Gauthier geht grundsätzlich davon aus, daß »keine historische Persönlichkeit je so verleumdet« wurde wie Maria Stuart und daß sämtliche Schriftstücke, die sie belasten, Fälschungen seien. Paule Henry-Bordeaux' Werk *Marie Stuart, reine de France et d'Écosse* (1938) stellt die Schottin als das Opfer Morays dar, der sie während ihrer Herrschaft in Edinburgh von Anfang an in eine Falle zu locken versucht. Das detailreichste und differenzierteste Bild der Maria Stuart vermittelt wohl die etwas trockene Veröffentlichung Roger Chauvirés *Le Secret de Marie Stuart* (1937), die mit ihrer hervorragenden Dokumentation und ihrer schlüssigen Argumentation ein heute noch zu lesendes Werk zum Themenkreis ist.

Angesichts der Vielzahl der genannten Veröffentlichungen könnte der Eindruck entstehen, daß bis 1930 zum Thema Maria Stuart alles gesagt worden sei und daß man nichts Neues erwarten könne.

Statt dessen erzielt ein bedeutender Dichter mit einem romanhaft geschriebenen historischen Werk beim Publikum einen gewaltigen Erfolg. Stefan Zweigs *Maria Stuart* (1935), das eher einem Essay als einem Geschichtswerk gleicht, wird aufgrund der Persönlichkeit des Verfassers und der literarischen Qualität rasch in der ganzen Welt zum Bestseller.[*]

Zweig ist im Jahre 1935 bereits seit langem als Schriftsteller berühmt. Er hat die *Verwirrung der Gefühle*, die *Sternstunden der Menschheit* und mehrere Biographien veröffentlicht, in denen er sich als Meister des Genres zeigt: Verlaine, Romain Rolland, Fouché und Marie-Antoinette. Maria Stuart interessiert ihn als Inbegriff einer von heftigen Leidenschaften verzehrten Frau, die ihr Leben ruiniert und sich zugrunde richtet. Zudem findet er Gefallen am Thema des Widerstreits zwischen den Triebkräften des Bösen und ihrer sittlichen Persönlichkeit sowie dem von Dostojewski bearbeiteten Motiv von »Schuld und Sühne«. Zweig geht dabei allerdings von der unumstößlichen Echtheit der Kassettenbriefe aus, auf deren Grundlage er Maria Stuarts Persönlichkeit und ihr Schicksal bewertet.

Vom Standpunkt des Historikers aus betrachtet, ist das Werk damit bedeutungslos. Im Hinblick auf den Mythos Maria Stuart kommt ihm dagegen höchstes Interesse zu. So wie man sich in der Romantik in ganz Europa die schottische Königin nach dem Bild vorgestellt hat, das von Schiller vermittelt wurde, so sieht jetzt eine ganze Generation von Lesern im 20. Jahrhundert in ihr und Bothwell das mit einem Fluch belegte Liebespaar, als das Zweig sie zeichnet. Ein schlagendes Beispiel ist Marcelle Maurettes Stück *Marie Stuart*, das 1941 von Gaston Batsys Truppe mit Marguerite Jamois in der Titelrolle aufgeführt wird. »Was weißt du vom Mann?« wird sie von Bothwell gefragt. »Du weißt nichts, weder die Angst noch die Begierde dieser Haut an deiner Haut, an deinem Schoß.« Und als sie ihn mit ihrer Reitpeitsche schlagen will: »Paß auf, Maria! Ich bin nicht die Gemütsruhe. Ich begnüge mich nicht mit Weiberröcken, mir befiehlt man nicht. Ich bin

---

[*] In Frankreich ist beispielsweise eine im Taschenbuch erschienene Übersetzung bei vielen Lesern das einzige bekannte Werk über Maria Stuart.

dein König, wenn du Königin bist. Ich werde dir weh tun. Paß auf. Ich liebe dich!« Jahre später, als sie für den Mord an Darnley gebüßt hat und das Schafott besteigt, hört sie, wie Bothwells Stimme sie ruft: »Mein Bothwell!« sagt sie; und als ihr Walsingham mit der Hand die Stufen hinaufhelfen will, schüttelt sie lächelnd den Kopf: »Danke, mein Kavalier.« Die Szene ist direkt von Zweig beeinflußt.[9]

Mit Abweichungen ist auch dies das Bild Maria Stuarts in den beiden Filmen *Queen of Scotland* (dt. Maria von Schottland) von John Ford (1936 mit Katherine Hepburn in der Titelrolle) und vor allem *Das Herz der Königin* von Carl Froelich (1940 mit der schwedischen Sängerin Zarah Leander als Maria Stuart). John Fords Film mit Küssen im Mondschein und warnenden Donnerschlägen bleibt in romantischen Gemeinplätzen befangen, während sich Froelichs Werk bei aller Propaganda gegen England, die sich aus dem zeitgeschichtlichen Hintergrund erklärt, auf der Grundlage von Zweigs Werk redlich um eine »historische« Bewertung von Maria Stuarts Persönlichkeit bemüht. Die von Theo Mackeben unter Brahmsschem Einfluß vertonten Sonette an Bothwell (die ebenfalls aus der vielzitierten Kassette stammen sollen) werden im Film von Zarah Leander gesungen, die für ihre herbe und kehlige Stimme bekannt ist.

Mehr als dreißig Jahre später unternimmt der englische Filmemacher Charles Jarrott mit dem Streifen *Mary Queen of Scots* (1972, dt. Maria Stuart, Königin von Schottland) eine in historischer Hinsicht möglichst treue Verfilmung des Lebens der Schottin, wobei Vanessa Redgrave die Rolle der Maria und Glenda Jackson die der Elisabeth spielen. Trotz des Bemühens um eine geschichtlich fundierte Umsetzung des Stoffs steht im Zentrum der Handlung noch immer die Liebe zwischen Maria und Bothwell, womit stillschweigend von der Echtheit der Kassettenbriefe ausgegangen wird; und wie bei Schiller taucht auch bei Jarrott die dramaturgisch dankbare Szene einer fiktiven Begegnung zwischen Maria und Elisabeth auf.

Betrachtet man die wissenschaftliche Beschäftigung mit Maria Stuart und deren literarische Verarbeitung, entsteht ein besonders facettenreiches Bild von der Königin der Schotten.

Jeder Dichter und Historiker gibt in seinem Stil und mit seiner spezifischen Sichtweise ein ganz persönliches Bild von der Königin der Schotten wieder. Nach wie vor ist dabei vor allzu einseitigen Darstellungen zu warnen, denn wer sämtliche schriftlichen Belege, die sie in einem positiven (oder negativen) Licht erscheinen lassen, pauschal außer acht läßt, läuft in besonderem Maße Gefahr, die Diskussion zu verplatten. Maria Stuart läßt sich nicht auf einzelne Beweggründe wie Ehrgeiz, Leidenschaft, religiöse Inbrunst oder Rachsucht reduzieren, und wer dies tut, mißachtet grob die Vielschichtigkeit ihrer Persönlichkeit und schafft eine Karikatur. Lady Antonia Fraser, wohl die beste Biographin Maria Stuarts, weist zu Recht auf den psychologischen Reichtum und die erstaunlichen Widersprüche dieser Persönlichkeit hin, die Stolz und Charme, Gefallsucht und Impulsivität, Großzügigkeit und Intrigantentum, Verlogenheit und zahlreiche andere Eigenschaften auf sich vereinte. Lady Fraser hebt auch hervor, welche gewaltige Entwicklung Maria Stuart mit den Jahren von der sorglosen Jugendlichen von Saint-Germain-en-Laye bis zur glaubenseifrigen Christin von Fotheringhay hinter sich gebracht hat.

Müssen wir, wenn wir Maria Stuart gerecht werden wollen, auf eine abschließende Bewertung ihrer Persönlichkeit verzichten?

Im Gegensatz zu anderen historischen Figuren, über die wir aus einem Mangel an schriftlichen Zeugnissen wenig wissen, ist es in ihrem Fall gerade die Überfülle an Material, die dem Historiker Schwierigkeiten bereitet. In fast jeder Detailfrage treten bei den zeitgenössischen Zeugnissen je nach Herkunft Widersprüche auf. Schon in der Jugend wird Maria von den Anhängern der Guisen anders beurteilt als von Hugenotten. Nach ihrer Rückkehr nach Schottland wird jede politische Maßnahme und das persönliche Verhalten der Königin von den Engländern anders bewertet als von den Franzosen oder Spaniern, von Katholiken anders als von Calvinisten, von ihren Gegnern im Lande ganz anders als von ihren Anhängern.

Einigkeit herrscht bei den Autoren dagegen nur im Hinblick auf wenige Punkte, so zum Beispiel darüber, daß Maria Stuart sehr schön war, was ihre Porträts offenbar nur unvollkommen wiedergeben. Und daß sie sehr charmant sein konnte, wie selbst Knox und Buchanan eingeräumt haben. Zumindest in diesen beiden Punkten können wir uns dem Urteil der Zeitgenossen anschließen, wobei wir allerdings nicht vergessen dürfen, daß die fast bewegungsunfähige und ergraute Frau, die 1587 dem Henker vorgeführt wird, bei weitem nicht mehr das blendend aussehende junge Mädchen ist, das Ronsard besungen hat.

Was Maria Stuarts Persönlichkeit angeht, so stimmen die Zeitgenossen darin überein, daß sie sehr stolz auf ihre Dynastie war, daß sie ihr Gottesgnadentum hochhielt und daß sie allgemein sehr schnell aus der Fassung geriet. Anders als die beherrschte Elisabeth ist sie impulsiv und leidenschaftlich gewesen und hat sich dadurch immer wieder in die gefährlichsten Situationen gebracht.

Bei aller Spontaneität war sie jedoch keineswegs immer offen. Sie war am Hof der Valois in Frankreich erzogen worden und hatte dort schon früh gelernt, daß Lüge, Wortbruch und das diplomatische Doppelspiel zum Tagesgeschäft der Fürsten gehört. Da ihr jedes taktische Geschick abging, waren ihre Manöver, vor allem bei geheimen Verhandlungen, stets so fadenscheinig, daß ihr schon bald niemand mehr vertraute. Und das sollte ihr zum Verhängnis werden.

Eine abschließende Bewertung ihrer Persönlichkeit ist ohne die Auseinandersetzung mit einer grundlegenden Frage nicht denkbar: Ab 1566 haben sie ihre Feinde heftig beschuldigt, sie habe ihren Gatten Darnley mit Bothwell betrogen, sei letzterem völlig hörig gewesen und habe seinetwegen sogar mitgeholfen, Darnley zu ermorden. Viele Freunde in Schottland, England, Frankreich, Spanien und Rom glaubten diese Behauptungen, und das Bild von der leidenschaftlichen Geliebten hielt sich beständig über die Jahrhunderte hinweg.

Dagegen beteuerte Maria Stuart stets ihre Unschuld. All diese Behauptungen seien erlogen, man habe sich gegen sie verschworen, die belastenden Urkunden seien gefälscht, die Zeugenaussagen erlogen und ihre Heirat mit Bothwell unter Vorspiegelung falscher Tatsachen und durch Erpressung zustande gekommen.

In diesem Buch haben wir die verschiedenen zeitgenössischen Schriftstücke, die in diesem Zusammenhang wichtig sind, miteinander verglichen. Wir sind zum Schluß gekommen, daß alle verfügbaren Indizien – insofern wir sie von ihrer ursprünglichen Deutung losgelöst betrachten können – doch eher für Maria Stuarts Darstellung sprechen. Alle schriftlichen Zeugnisse, die darauf hindeuten, daß Maria ein ehebrecherisches Verhältnis mit Bothwell hatte, sind gewissermaßen erst *post festum* entstanden (vor allem der in diesem Zusammenhang am häufigsten zitierte Buchanan hat seine Beschuldigungen erst später erhoben) oder stammen aus dem Lager ihrer Feinde, zum Beispiel aus dem Umfeld der englischen Botschaft in Schottland. Daß entsprechende Gerüchte von französischen und venezianischen Diplomaten aufgegriffen worden sind, beweist nur, daß es diese gab, nicht aber, daß sie Tatsachen widerspiegeln. Was die Kassettenbriefe und die Liebesgedichte angeht, die angeblich aus Maria Stuarts Feder stammen sollen, so sind sie nicht als Beweismaterial für ihren Ehebruch und ihre Mitschuld an der Ermordung Darnleys anzusehen. Für ihre Echtheit sprechen nur die Behauptungen Morays, Mortons und ihrer Anhänger sowie die Geständnisse kleiner Komplizen, denen man beim Verhör mit der Folter gedroht hat. Für den Historiker, der sich mit der Frage der Schuld Maria Stuarts befaßt, sind diese Schriftstücke bedeutungslos.

Was für die Jahre 1566 und 1567 an Fakten nachweislich bekannt ist, deckt sich völlig mit Marias stets wiederholter Erklärung, nach der sie durch einen Komplott gestürzt werden sollte. Freilich verhielt sie sich in dieser kritischen Zeit inkonsequent und sehr ungeschickt, was die Darstellung ihrer Widersacher erst recht glaubwürdig erscheinen ließ. Ihre Haltung spricht jedenfalls eher für eine nervliche Überforderung in den fraglichen Situationen als für ihre Schuld.

Ein ganz anderer Schluß liegt dagegen nahe, wenn man Maria Stuart nach ihrer Flucht nach England, während der letzten neunzehn Jahre ihres Lebens, zu bewerten versucht. Ihr ganzes Handeln muß hier als Reaktion auf die Unaufrichtigkeit, ja Doppelzüngigkeit Elisabeths I. gesehen werden, die Maria aus rein politischen Gründen gefangenhielt. Einer Wiedereinsetzung der Königin, die nach damaligen Rechtsvorstellungen völlig richtig gewesen wäre, standen die Überlegungen William Cecils und die Interessen der gesamten protestantischen Politik entgegen. Vor dem Hintergrund dieses eklatanten Rechtsbruchs durch die Engländer hielt es Maria Stuart für moralisch legitim, wenn sie alle Mittel einsetzte, um ihre Freiheit wiederzuerlangen. Alle Fürsten der damaligen Zeit hätten sich an ihrer Stelle genauso verhalten.

Leider ging sie bei ihren zahlreichen Versuchen, aus der Gefangenschaft zu entkommen, so leichtsinnig und unvorsichtig zu Werk, daß ihr schließlich niemand mehr vertraute. Maria Stuart hat vom Babington-Komplott, das übrigens sehr dilettantisch organisiert war, ganz sicher gewußt und es auch im Hinblick auf die Ermordung der englischen Königin gebilligt. Sie hatte achtzehn Jahre vergeblich versucht, auf friedlichem Weg aus ihrer ungerechtfertigten Gefangenschaft freizukommen, und war an Elisabeths unnachgiebiger Haltung gescheitert. So war der Tod der englischen Königin die letzte Rettung, für Maria und die katholische Welt eine hinreichende moralische Rechtfertigung.

Wenn man Maria Stuarts letzten Lebensabschnitt betrachtet, darf man den religiösen Aspekt ihres Kampfes nicht unterschätzen. Als sie 1568 aus Schottland geflohen war – als Gattin eines Calvinisten, deren Ehe mit einem reformierten Gottesdienst geschlossen worden war – hatte sie offenbar nichts von einer Verfechterin des Katholizismus oder einer Märtyrerin. Aber vor dem Hintergrund der englischen und europäischen Politik wurde sie immer stärker zur Symbolfigur des katholischen, von der Ketzerei bedrohten Glaubens, zum Beispiel beim Aufstand des Nordens 1569. Maria war an ihm zwar nicht aktiv beteiligt, aber für die Aufständischen von Durham, die für die Messe und die Fünf Wundmale Christi kämpften, war die Gefangene der schamlosen Elisabeth Märtyrerin und Hoffnungsträgerin. Je stärker sich der katholische Widerstand in England gegen die protestantische Unterdrückung formierte, desto mehr trat Maria Stuart als Symbolfigur und Ziel einer möglichen Befreiungsaktion in den Vordergrund. Sie selbst betrachtete sich daraufhin aufrichtig als Kämpferin für den Glauben, was in den Briefen ihrer letzten Jahre oft anklingt. 1568 hatte Moray über die »plötzliche Gottergebenheit« seiner Halbschwester gespottet. Während er ihre Religiosität für Opportunismus hielt oder dies zumindest vorgab, deutet alles darauf hin, daß Maria Stuart angesichts der Niederlagen ihres Lebens tatsächlich Zuflucht und Trost beim Glauben zu suchen begann. Auch wenn sie nicht als die makellose Heilige gestorben ist, als die sie nach der Hinrichtung in den hagiographischen Schriften der Jesuiten erscheint, hat sie in den letzten Stunden ihres Lebens trotz aller Angst, aller Ungeduld und allen Rachebedürfnisses doch zur Gelassenheit einer wahren Christin gefunden.

Heißt das, daß sie schon immer eine tief religiöse Person gewesen war? Sicher nicht. Nur allzuoft hat sich die Königin der Schotten als leichtsinnig, unbedachtsam, aufbrausend und stur erwiesen. Aber sie war in jeder Hinsicht großzügig, ganz anders als die besonnene und berechnende Elisabeth.

Ein Vergleich zwischen Elisabeth von England und Maria Stuart ist in historischer und psychologischer Hinsicht besonders interessant und findet sich in jeder Biographie über die beiden Königinnen. Elisabeth, deren Mutter in Verruf gerät, die früh zur Bastardin erklärt wird und die unter gefährlichen Umständen heranwächst, feiert dank ihres Talentes zur Verstellung und ihrer Selbstbeherrschung Erfolge. Maria Stuart, die als verehrtes und behütetes Kind am führenden Hof Europas aufwächst, verspielt durch ihr unbeherrschtes Wesen, durch Vertrauensseligkeit und Selbstüberschätzung ihrer Chancen.

Wäre das Einvernehmen zwischen den Königinnen möglich gewesen? Die Engländerin war sicher nicht von vornherein darauf aus, die Schottin ins Verderben zu stürzen. Zu Beginn des Konfliktes stand immerhin ein politischer Mißgriff Heinrichs II., der Maria das englische Wappen tragen ließ, eine Ungeschicklichkeit, für die Maria Stuart nichts konnte und unter deren Folgen sie das ganze Leben litt. Nach ihrer Rückkehr nach Schottland wich Elisabeth einer Verständigung (vor allem einer persönlichen Begegnung) aus und bediente sich einer ganzen Serie von Täuschungsmanövern, Winkelzügen und falschen Versprechungen, um sich in der Frage ihrer Nachfolge nicht festlegen zu müssen. Als schlichtweg verabscheuungswürdig zeigte sie sich in der Affäre einer Heirat zwischen Maria und Darnley, als sie immer neue Forderungen stellte, die schlicht nicht zu erfüllen waren. Es ist verständlich, daß Maria über diese Taktiken aus der Fassung geriet und Darnley schließlich ohne Elisabeths Zustimmung geheiratet hat. Nicht weniger unaufrichtig verhielt sich Elisabeth in der Frage von Marias Wiedereinsetzung nach der Konferenz von York und Westminster. Zumindest in diesen beiden Situationen trägt sie die Schuld am Scheitern eines Einvernehmens.

Einer Übereinkunft beider Frauen stand vor allem Marias Wunsch entgegen, von Elisabeth zu ihrer offiziellen Erbin erklärt zu werden. Diese prinzipielle Frage hat das Verhältnis der Königinnen von Anfang an schwer belastet. Elisabeth wollte unter keinen Umständen eine Nachfolgerin designieren, und Maria wollte auf alle Fälle als ihre Nachfolgerin anerkannt werden. Mit mehr diplomatischem Geschick hätte Maria das übertriebene Mißtrauen ihrer Cousine auf lange Sicht vielleicht ausräumen können, aber statt dessen sorgte sie durch ihre unüberlegte Art dafür, daß es noch größer wurde. Daß die englischen Katholiken sie unterstützten, war für sie dabei eher belastend als von Nutzen: ... und behüte uns vor unseren Freunden.

Eine solche Sichtweise Maria Stuarts ist freilich weit entfernt von Stefan Zweigs Bild der von Leidenschaften verzehrten Geliebten. Üben wir uns in Bescheidenheit: Über Maria Stuarts Seelenleben wissen wir fast nichts, und die Zeugnisse dazu sind widersprüchlich. Sicher hat sie für den jungen, sportlichen Darnley aufrichtige Leidenschaft empfunden, wurde aber offenbar schon in der Hochzeitsnacht oder kurz darauf enttäuscht. Abgesehen vom Verhältnis mit Bothwell, das durch keine zuverlässige Quelle belegt ist, könnte man sich mit den Romanzen mit Châtelard und Rizzio befassen: Sie eignen sich allenfalls für Spekulationen und Mutmaßungen, nicht aber für eine seriöse psychologische Studie zu Maria Stuart.

Revidiert werden mußte auch das Bild von der Märtyrerin, die das ketzerische Schottland in den Schoß der katholischen Kirche zurückführen wollte. Diese reine Legende ist durch die Intoleranz eines John Knox und durch die billige Propaganda der Jesuiten entstanden. Natürlich hätte Maria Stuart es gerne gesehen, wenn ihr Land zum Katholizismus zurückgefunden hätte. Aber sie hat sich auf politischer Ebene niemals ernsthaft bemüht, den Glauben Roms wieder in Schottland durchzusetzen, und ihr Sturz hat ganz andere Gründe gehabt.

Da Maria Stuart mit ihren Stärken und offenkundigen Schwächen Königin war, müssen wir abschließend eine Bilanz ihrer Herrschaft in Schottland, die faktisch sechs Jahre, von 1561 bis 1566, gedauert hat, zu ziehen versuchen.

Der englische Historiker S. T. Bindoff, für den sie eine »alberne Politik« betrieben hat, umreißt ihre Regierungszeit folgendermaßen: »Sie beging in wenigen Monaten fast alle Fehler, die man begehen konnte.«[10] Trifft dieses

Urteil zu? Das ist schnell gesagt. Wenn Maria Stuart mit ihrer Politik auch gescheitert ist, so darf man deshalb nicht alle ihre Handlungen in Bausch und Bogen verdammen. Immerhin war es ihr um Toleranz und eine friedliche Koexistenz beiden Religionen zu tun, und wenn sich diese letztlich als nicht tragfähig erwies, so muß man ihr zumindest zugestehen, daß sie sie aufrichtig gewollt hat. Wäre ihr Halbbruder Moray nach 1566 weiterhin ihr Ratgeber geblieben, wären vielleicht weniger stürmische Zeiten auf sie zugekommen. Jedenfalls bedeutete der Bruch mit Moray, der auf ihre zweite Heirat gefolgt war, auch einen Bruch in ihrer Regierungszeit. Darnley, der ihr seelische Qualen bereitete, wurde ihr auch in politischer Hinsicht zum Verhängnis.

Dieser koketten und leicht zu beeinflussenden jungen Halbfranzösin, die Spiel, Tanz, Ausritte und Jagden liebte und sich politisch einem unbotmäßigen geldgierigen Adel und den fanatischen Gläubigen der *Kirk* gegenübersah, gingen alle Qualitäten ab, mit denen sich eine Herrscherin im Sattel hält. Ihr politischer Sachverstand ging nicht über das hinaus, was ihr Onkel, der Kardinal, und ihre Mutter ihr als politische Grundsätze eingeschärft hatten: daß die Untertanen ihr als Fürstin von Gottes Gnaden Gehorsam schuldeten und daß sie ihnen im Gegenzug Gerechtigkeit schuldig war. Als Regierungsprogramm war das wenig. In anderen Zeiten hätte ihre Herrschaft glatt verlaufen, hätte sie als liebenswerte und populäre Königin in Erinnerung bleiben können. Aber einem John Knox und einer Elisabeth hatte sie nichts Gleichwertiges entgegenzusetzen.

Und doch hat sie im 16. Jahrhundert eine bedeutende Rolle gespielt, wenn auch in gewisser Hinsicht im negativen Sinn. Ihr Sturz hat zu einer wichtigen Wende in der schottischen Außenpolitik geführt: Sie bedeutete das Ende der *Auld Alliance*, womit Frankreich als bevorzugter Bündnispartner Schottlands durch England abgelöst wurde, mit allen Vor- und Nachteilen, die dies mit sich brachte: Als Jakob VI. 1603 den Thron der Tudor bestieg, war dies nur der Abschluß einer Entwicklung, die sich bereits am 16. Mai 1568 mit der Flucht Maria Stuarts nach England angebahnt hatte. So gesehen bedeutete ihre Regierungszeit politisch wie religiös das Ende des schottischen Mittelalters. Auch hier lag im Ende ein Anfang.

Ein Journalist, der jenseits der Rheins für seine treffenden Formulierungen bekannt ist, hat sich in einer bedeutenden französischen Tageszeitung über die schottische Königin folgendermaßen geäußert: »Maria Stuart, deren Martyrium man beklagen sollte, war in Wahrheit nur ein satanisches und dummes Weib.«[11] Sicher sind derart einseitige Urteile als Reaktion auf das idealisierte Bild Maria Stuarts in Frankreich zu verstehen, das in den Ländern mit katholisch geprägter Tradition vorherrscht. Wer jedoch allzu schonungslos mit Mythen aufräumen will, läuft Gefahr, einen anderen, von der Wirklichkeit nicht weniger entfernten Mythos zu schaffen. Der Historiker fängt mit derlei Übertreibungen und Gemeinplätzen nichts an. Ein tragisches Schicksal ist noch keine Garantie für die moralische Integrität des Opfers. Es ist auch kein Freibrief für Hohn.

Maria Stuarts Persönlichkeit hat ihre Licht- und Schattenseiten und ihre Geheimnisse: »Das Rätsel Maria Stuart« lautet übersetzt der Titel einer modernen englischen Biographie.[12] So ist das Interesse an dieser Figur, die immer wieder die Phantasie der Menschen beflügelt hat, seit Jahrhunderten ungebrochen.

Wenige Persönlichkeiten sind öfter zum Gegenstand einer wissenschaftlichen oder romanhaft geschriebenen Biographie geworden. Wenige waren öfter der Stoff für Dichter oder das Thema für bildende Künstler. Und nur wenige haben in unserer Zeit, in der die Werbung ihren Siegeszug angetreten hat, so oft als Markenzeichen gedient: In Frankreich beispielsweise prangt ihr Name auf Pralinenschachteln, auf den Schaufenstern von Modeboutiquen und dem Laden eines Münzhändlers im Pariser Palais Royal. Selbst eine berühmte Champagnermarke trägt ihren Namen, der für einen Mythos steht, der bis heute Faszination ausübt.

Der Prälat, der am 12. März 1587 in Notre-Dame auf diese Frau eine Leichenrede hielt, hat recht behalten: »Marmor, Bronze und Eisen zerbröckeln an der Luft oder werden vom Rost zerfressen, aber die Erinnerung an ein so schönes und denkwürdiges Beispiel währt ewig.«

Anhang

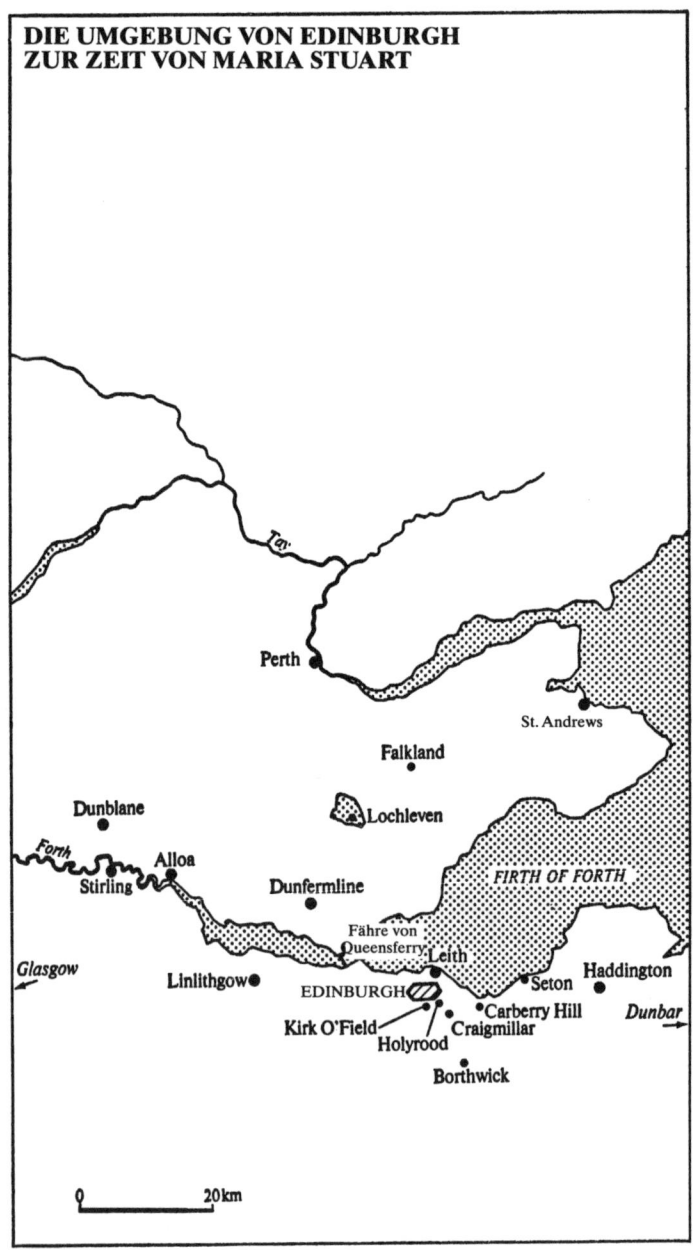

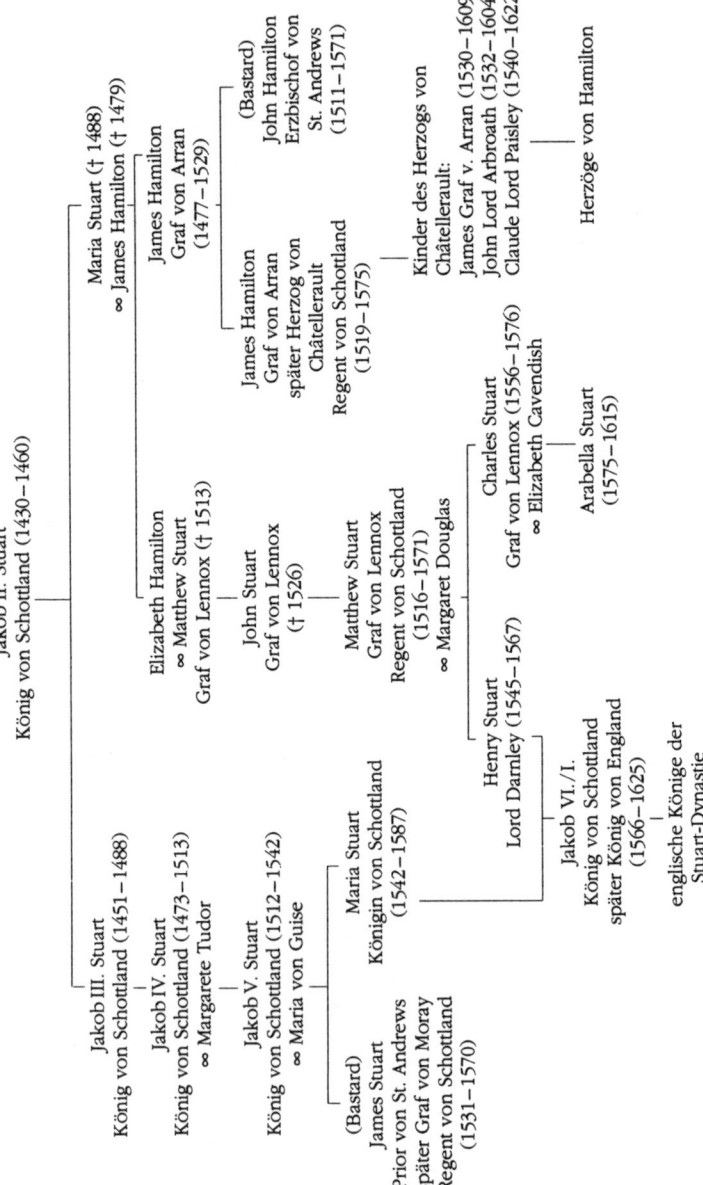

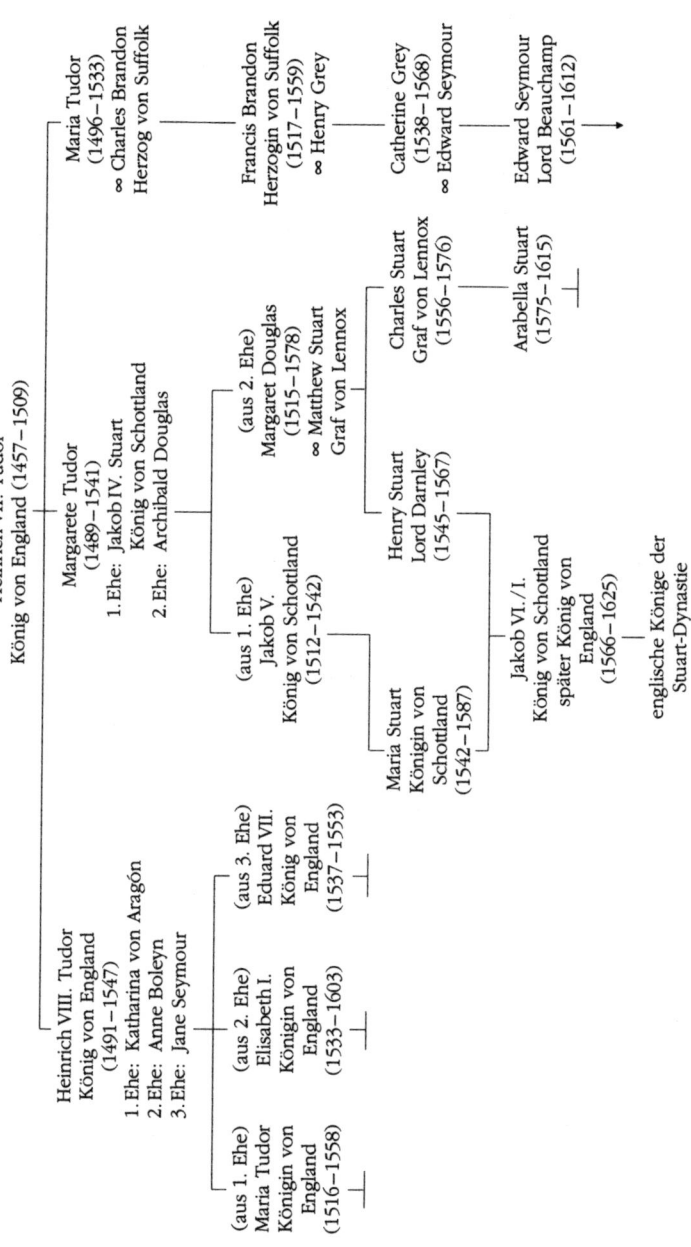

Stuart und Tudor: Die Thronfolge in England
(vereinfachte Darstellung)

Englische Vorfahren Philipps II. von Spanien
(vereinfachte Darstellung)

Eduard III. Plantagenêt
König von England (1312–1377)

- **Eduard** „Der schwarze Prinz" englischer Thronfolger (1330–1376)
  - **Richard II.** König von England (1367–1400)

- **Johann von Gent** Herzog von Lancaster (1340–1399)
  - **Heinrich IV. von Lancaster** König von England (1367–1413)
    - **Heinrich V.** König von England (1387–1422)
      - **Heinrich VI.** König von England (1421–1472)
  - **Katharina von Lancaster** ∞ Heinrich III. König von Kastilien
    - **Johann II.** König von Kastilien (1405–1454)
      - **Isabella die Katholische** Königin von Kastilien (1451–1504)
        - **Johanna die Wahnsinnige** Königin von Spanien (1479–1555)
          - **Karl V.** Kaiser, König von Spanien (1500–1558)
            - **Philipp II.** König von Spanien (1527–1598)
  - (Bastard) **John Beaufort** Graf von Somerset (1373–1410)
    - **John Beaufort** Herzog von Somerset (1403–1444)
      - **Margaret Beaufort** (1441–1509) ∞ Edmund Tudor Graf von Richmond
        - **Heinrich VII. Tudor** König von England (1457–1509)
          - **Heinrich VIII. Tudor** König von England (1491–1547)
            - **Elisabeth I.** Königin von England (1533–1603)

- **Edmund of Langley** Herzog von York (1341–1402)
  - Dynastie von York erloschen 1485 (Richard III.)

Zeittafel

1538	25. Juni	Jakob V. von Schottland heiratet Maria von Guise.
1542	24. November	Die schottische Armee wird von den Engländern bei Solway Moss geschlagen.
	7. oder 8. Dezember	Maria Stuart wird in Linlithgow geboren.
	13. Dezember	Ihr Vater Jakob V. stirbt.
1543	9. September	Maria Stuart wird in Stirling gekrönt.
1544/1545		Die Engländer fallen mehrmals in Schottland ein.
1546	29. Mai	Kardinal Beaton wird in St. Andrews ermordet.
1547	8. September	Die Engländer schlagen die Schotten bei Pinkie Cleugh.
1548	Juni	Die französische Flotte trifft in Schottland ein.
	7. August	Maria Stuart wird nach Frankreich gebracht.
	16. Oktober	Maria Stuart trifft auf den Hof des französischen Königs.
1554	April	Maria von Guise wird zur Regentin von Schottland ernannt.
1557	Juni	Krieg zwischen Frankreich und England.
	Dezember	Gründung der protestantischen Liga der »Congregation« in Schottland.
1558	6. Januar	Franz von Guise nimmt Calais ein.

	24. April	Maria Stuart heiratet den französischen Thronfolger Franz.
	17. November	Maria Tudor stirbt; Elisabeth I. besteigt den englischen Thron.
1559	11. Mai	In Perth kommt es zum antikatholischen Aufstand.
	10. Juli	Heinrich II. stirbt; Maria Stuart wird Königin von Frankreich.
1560	Januar	Die Engländer intervenieren in Schottland gegen Maria von Guise.
	März	Verschwörung von Amboise; in Frankreich wütet die antiprotestantische Repression.
	10. Juni	Maria von Guise stirbt in Edinburgh.
	6. Juli	Vertrag von Edinburgh.
	August	Das Parlament tagt in Edinburgh; der Protestantismus wird offiziell zur Staatsreligion von Schottland erklärt.
	5. Dezember	Franz II. stirbt. Maria Stuart ist Königinwitwe.
1561	16. April	Maria Stuart empfängt ihren Halbbruder in Saint-Dizier.
	15. August	Maria Stuart schifft sich von Calais aus nach Schottland ein.
	19. oder 20. August	Maria Stuart landet in Schottland.
	24. August	Bei der Messe im königlichen Palast in Holyrood kommt es zu Zwischenfällen.
	4. September	Maria Stuart begegnet erstmals John Knox.
1562	Aug.–Sept.	Maria führt Krieg gegen den Clan der Gordons (Huntly). James Stuart wird zum Grafen von Moray ernannt.
	28. Oktober	Niederlage der Gordons bei Corrichie.
1563	15. Februar	Châtelard wird in Maria Stuarts Schlafgemach überrascht.
	15. August	Die königliche Kapelle in Holyrood wird von Protestanten geplündert.
1563/1564		Verhandlungen um Maria Stuarts Wiederverheiratung.
1565	18. Februar	Maria Stuart begegnet Henry Darnley in Wemyss.

	15. Mai	Henry Darnley wird zum Grafen von Ross ernannt.
	29. Juli	Maria Stuart heiratet Henry Darnley.
	Aug.–Sept.	Aufstand Morays, es kommt zum Krieg, zur sogenannten »Verfolgungsjagd«; Moray flieht nach England.
1566	7. März	Die Sitzung des Parlaments in Edinburgh wird eröffnet.
	9. März	Maria Stuarts Sekretär David Rizzio wird ermordet.
	11. März	Maria Stuart flieht nach Dunbar.
	19. Juni	Maria Stuart bringt einen Sohn zur Welt, den späteren Jakob VI. von Schottland und Jakob I. von England.
	8. Oktober	Bothwell wird in Hermitage Castle verwundet.
	15.–25. Okt.	Maria Stuart ist schwer krank.
	Ende Nov.	Maria Stuart hält sich in Craigmillar auf und unterzeichnet den »Pakt von Craigmillar«.
	17. Dezember	Prinz Jakob wird in Stirling getauft.
1567	Ende Januar	Maria Stuart besucht ihren kranken Mann in Glasgow.
	9. Februar	Henry Darnley kommt bei einer Pulverexplosion in seinem Haus in Kirk O'Field ums Leben.
	12. April	Bothwell wird des Mordes an Darnley angeklagt.
	19. April	»Ainslie-Bond« zugunsten der Hochzeit Bothwells mit Maria Stuart.
	24. April	Maria Stuart wird von Bothwell entführt.
	15. Mai	Maria Stuart heiratet Bothwell.
	12. Juni	Aufstand der Lords gegen Maria Stuart und Bothwell.
	15. Juni	Maria Stuart und Bothwell erleiden bei Carberry Hill eine Niederlage; Maria wird gefangengenommen, Bothwell gelingt die Flucht.
	17. Juni	Maria Stuart wird nach Lochleven gebracht.
	26. Juli	Maria Stuart wird in Lochleven zur Abdankung gezwungen.

	29. Juli	Jakob VI. wird zum König proklamiert und in Stirling gekrönt.
	22. August	Moray wird zum Regenten von Schottland proklamiert.
	Dezember	Das Parlament tritt in Edinburgh zusammen und bestätigt Moray als Regenten.
1568	5. Mai	Maria Stuart flieht aus Lochleven.
	13. Mai	Maria Stuart erleidet die Niederlage von Langside.
	16. Mai	Maria Stuart flieht nach England.
	17. Mai	Maria Stuart wird in Carlisle empfangen.
	13. Juli	Sie wird auf Schloß Bolton gebracht.
	Okt.–Dez.	Konferenz von York und Westminster.
1569	Frühjahr/ Sommer	Erste Geheimverhandlungen um eine Heirat zwischen Maria Stuart und Herzog von Norfolk.
	Juli	Die Versammlung von Perth lehnt eine Wiedereinsetzung Maria Stuarts ab.
	2. Oktober	Der Herzog von Norfolk wird verhaftet.
	Nov.–Dez.	Aufstand des Nordens.
1570	11. Januar	Moray fällt einem Attentat zum Opfer.
	Februar	Elisabeth I. wird von Pius V. exkommuniziert.
	Juni–Oktober	England und Schottland verhandeln um Maria Stuarts Freilassung.
	August	Der Herzog von Norfolk wird auf freien Fuß gesetzt.
	November	Maria Stuart wird nach Sheffield verlegt.
1571	Februar	Beginn des Komplotts Ridolfi.
	April–Mai	Das Komplott Ridolfi fliegt auf.
	Mai–Juni	Die Festung Dumbarton fällt; Erzbischof Hamilton wird hingerichtet.
	3. September	Graf von Lennox wird tödlich verwundet.
	November	Die erste (lateinische) Ausgabe von Buchanans *Detectio* erscheint.
1572	16. Januar	Herzog von Norfolk wird zum Tode verurteilt.
	Mai	In London tritt das Parlament zusammen.
	2. Juni	Norfolk wird hingerichtet.

	24. August	Bartholomäusnacht in Frankreich.
	Sept.–Okt.	England und Schottland führen geheime Verhandlungen um eine Auslieferung Maria Stuarts.
1573	Mai–Juni	Die Festung von Edinburgh fällt; Kirkcaldy of the Grange wird hingerichtet, Maitland of Lethington stirbt im Gefängnis (Selbstmord?).
1573–1578		Maria Stuart führt Geheimverhandlungen um eine Heirat mit Don Juan d'Austria.
1580–1585		Maria Stuart führt Verhandlungen um eine Doppelherrschaft mit ihrem Sohn Jakob in Schottland.
1583		Beginn der Verschwörung um Francis Throckmorton.
1584	10. Juli	Francis Throckmorton wird hingerichtet.
	August	Maria Stuart wird nach Wingfield verbracht.
	November	*Bond of Association* zur Verteidigung Elisabeths.
1585	Januar	Maria Stuart wird nach Tutbury verbracht.
	März	Verschwörung Parry. Gesetz zum Schutz der Königin.
	Dezember	Maria Stuart wird nach Chartley verlegt. Erste Kontakte mit dem Spion Gilbert Gifford.
1586	April–Mai	Beginn der Verschwörung Babington.
	6. Juli	Babington weiht Maria Stuart in einem Brief im einzelnen in die geplante Verschwörung ein.
	17. Juli	Maria Stuart antwortet Babington mit dem sogenannten »blutigen Brief«.
	16. August	Maria Stuart wird nach einer Jagdpartie in Tixall strenger Einzelhaft unterzogen.
	20.–21. Sept.	Babington und seine Mitverschwörer werden hingerichtet.
	21.–25. Sept.	Maria Stuart wird nach Fotheringhay verbracht.
	15.–16. Okt.	In Fotheringhay befindet eine Kommission über Maria Stuarts Schuld.
	25. Oktober	Maria Stuart wird schuldig gesprochen.

	Dezember	Der Franzose Pomponne de Bellièvre wird nach England entsandt.
1587	8. Februar	Maria Stuart wird hingerichtet.
	31. Juli	Maria Stuart wird in Petersborough beigesetzt.
1588	Juli	Die unbesiegbare Armada greift England an.
1612	September	Maria Stuarts Leichnam wird nach Westminster überführt.

Anmerkungen

Abgekürzte Titel

Anderson: J. Anderson, *Collections relating to the history of Mary Queen of Scotland*, 4 Bde., 1772.
Brantôme: P. de Brantôme, *Œuvres complètes* (Société de l'Histoire de France), 10 Bde.
Buchanan/Gatherer: G. Buchanan, *The Tyrannous Reign of Mary Stuart*, hg. von W. Gatherer, 1958.
Chantelauze: R. de Chantelauze, *Marie Stuart, son règne et son exécution*, 1876.
Chéruel: A. Chéruel, *Marie Stuart et Catherine de Médicis*, 1858.
CSP. Foreign: *Calendar of State Papers, Foreign Series, Reign of Elizabeth*, 22 Bde. (Zitiert nach Jahren.)
CSP. Scot.: *Calendar of State Papers relating to Scotland and Mary Queen of Scots*, 9 Bde. (Zitiert nach Jahren.)
CSP. Span.: *Calendar of State Papers relating to English affairs in the Spanish Archives of Simancas*, Bd. I–IV. (Zitiert nach Band.)
CSP. Venet.: *Calendar of State Papers relating to English affairs in the Archives of Venice ... (etc.)*, Bd. VII und VIII. (Zitiert nach Band.)
Davison: M. H. A. Davison, *The Casket Letters*, 1965.
Fleming: D. H. Fleming, *Mary Queen of Scots from her birth till her flight into England*, 1897.
Fraser: A. Fraser, *Maria, Königin der Schotten*, dt. v. U. H. de Herrera, 1971.
Froude: J. A. Froude, *History of England from the fall of Wolsey to the death of Elizabeth*, 12 Bde., 1856–1870.
Goodall: W. Goodall, *An examination of the letters said to be written by Mary Queen of Scots to the Earl of Bothwell*, 2 Bde., 1714.
Henderson: T. F. Henderson, *Mary Queen of Scots*, 2 Bde., 1902.
Hosack: J. Hosack, *Mary Queen of Scots and her accusers*, 2 Bde., 1870–1872.
Keith: R. Keith, *The History of the Affairs of Church and State in Scotland from the Beginning of the Reformation to the Retreat of Queen Mary into England*, 1734.
Knox: J. Knox, *History of the Reformation of the Church of Scotland*, hg. von W. C. Dickinson, 2 Bde., 1959.

Labanoff: *Lettres et mémoires de Marie Stuart,* hg. von A. S. Labanoff, 7 Bde., 1844.
Mahon: R. H. Mahon, *Queen Mary of Scots, a Study of the Lennox narrative,* 1924.
Melville: *Memoirs of his own life,* 1663, zitiert nach der französischen Übersetzung *Mémoires de Melvil,* 2 Bde., Edinburgh 1745.
Nau: C. Nau, *History of Mary Stuart from the murder of Rizzio to her flight into England,* hg. von J. Stevenson, 1883.
Pollen, *Babington Plot:* J. H. Pollen, *Mary Queen of Scots and the Babington Plot,* 1922.
Pollen, *Papal Negotiations:* J. H. Pollen, *Papal Negotiations with Mary Queen of Scots during her reign in Scotland,* 1901.
Raumer: F. von Raumer, *Die Königinnen Elisabeth und Maria Stuart...,* 1836; zitiert nach der englischen Ausgabe *Queen Elizabeth and Mary Queen of Scots,* 1836.
Robertson: W. Robertson, *Histoire d'Écosse depuis la naissance de Marie Stuart jusqu'à l'avènement de Jacques VI. au trône d'Angleterre* (Üb. aus dem Engl.), 4 Bde., 1821–1825.
Spottiswoode: I. Spottiswoode, *History of Church and State in Scotland,* 1655.
Teulet, *Papiers:* A. Teulet, *Papiers d'État relatifs à l'histoire de l'Écosse au XVI° siècle,* 3 Bde., 1851–1859.
Teulet, Anhang zu Labanoff: A. Teulet, *Lettres de Marie Stuart, supplément au recueil du prince Labanoff,* 1859.
Thomas: M. Thomas, *Le Procès de Marie Stuart,* 1972.
Tytler: P. F. Tytler, *History of Scotland,* 3. Aufl., 7 Bde., 1845.

Kapitel 1 – »Mit einem Mädchen hat es begonnen ...«

1 Pitscottie, *History and Chronicles of Scotland,* I, S. 406.
2 Tytler, IV, S. 266.
3 *CSP. Span., Henry VIII,* VI/2, Nr. 87.
4 Tytler, IV. S. 277.
5 Graf von Huntly, zitiert nach Robertson, I, S. 137.
6 F. Michel, *Les Écossais en France, les Français en Écosse,* I, S. 458f.
7 *CSP. Scot.* I, S. 157.

Kapitel 2 – »Eines der vollkommensten Geschöpfe, die man je gesehen hat ...«

1 J. de Beaugué, *Histoire de la guerre d'Écosse,* Hrsg. Montalembert, S. 58.
2 A. de Ruble, *La Première Jeunesse de Marie Stuart,* S. 31.
3 Zum Problem des Ankunftsortes der Maria Stuart in Frankreich siehe W. M. Bryce, »Mary Stewart's voyage to France in 1548«, in: *English Historical Review,* XXII (1907), S. 43–50.
4 Zur gesamten Kindheit der Maria Stuart in Frankreich siehe A. de Ruble, *La Première Jeunesse de Marie Stuart,* 1891.
5 Teulet, *Papiers,* I, S. 249.
6 Brantôme, IX, S. 490.
7 Labanoff, I, S. 40.
8 Keith, S. 66.
9 Keith, Appendix, S. 15–18; Labanoff, I, S. 50.
10 Veröffentlicht von Cimber und Danjou, *Archives curieuses de l'histoire de France,* III, 1835.

Kapitel 3 – »Ein Werk zum Ruhme Gottes ...«

1 Teulet, *Papiers*, I, S. 303.
2 Zur Verschwörung von Amboise vgl. L. Rommier, *La Conjuration d'Amboise* (1923).
3 Calderwood, *History of the Kirk of Scotland*.
4 Keith, S. 89.
5 S. de Laubespine, *Négociations* ..., hg. von L. Paris (1841), S. 206.
6 Teulet, *Papiers*, I, S. 408.
7 Teulet, *Papiers*, I, S. 496.
8 Keith, S. 128.
9 S. de Laubespine, *Négociations* ..., S. 424.
10 Über den Tod von Franz II. vgl. A. Potiquet, *La Maladie et la mort de François II* (1835).

Kapitel 4 – »Leb wohl, Frankreich, ich werde dich wohl nie wiedersehen«

1 Knox, I, S. 349.
2 *Queen Mary's Book*, hg. von P. S. W. Arbuthnot, 1907.
3 Teulet, *Papiers*, I, S. 734.
4 S. de Laubespine, *Négociations* ..., S. 738-744.
5 Brantôme, VII, S. 413.
6 S. de Laubespine, *Négociations* ..., S. 786f.
7 Brantôme, VII, S. 413.
8 Tytler, V, S. 169.
9 Vgl. Fraser, S. 120.
10 Keith, S. 172.
11 Keith, S. 166.
12 Keith, S. 176.
13 Brantôme, VII, S. 415f.
14 Knox, II, S. 7.
15 Knox, II, S. 8.
16 Beschreibung des Tagesablaufs in: *Diurnal of Remarkable Occurents*.

Kapitel 5 – »Gefährlicher als tausend Feinde«

1 André Thevet, *Le grand et insulaire pilotage d'André Thevet, Angoumosin*, zitiert nach F. Michel, *Les Écossais en France* ..., II, S. 26.
2 Fraser, S. 151. Eine allgemeine Beschreibung von Schottland im 16. Jahrhundert siehe P. H. Brown, *Scotland in the reign of Queen Mary*, 1904, und J. Wormald, *Court Kirk and Community: Scotland 1470-1625*. 1981.
3 Knox, II, S. 13-20.
4 Tytler, V, S. 227 (Brief vom 30. Dezember 1562).
5 Zum gesamten Feldzug gegen die Gordons siehe Tytler, V, S. 221f.

Kapitel 6 — »Wenn die Königin von Schottland einen passenden Mann zum Gatten nimmt ...«

1 Zur Mission des Paters von Gouda siehe H. Pollen, *Papal Negotiations*, S. 131–136.
2 Labanoff, I, S. 175.
3 Keith, S. 239.
4 Knox, II, S. 81.
5 Robertson, I, S. 378.
6 Fraser, S. 151.
7 Buchanan/Gatherer, S. 53.
8 *Inventaires de la Royne d'Écosse*, Hg. von J. Robertson, S. CXLII.
9 Zur Episode Arran–Bothwell siehe Knox, II, S. 40–42, und ebenso die Version von Bothwell selbst in Teulet, suppl. à Labanoff, S. 161f.
10 Brantôme, VII, S. 449–453.
11 Pollen, *Papal Negotiations*, S. 164.
12 Labanoff, I, S. 150.
13 J. E. Neale, *Queen Elizabeth I*, Taschenbuch (*Triad Panther*), S. 125f.
14 *CSP, Span.*, I, S. 150.
15 *CSP, Foreign*, 1563, Nr. 1162.
16 *CSP, Span.*, I, Nr. 216.
17 *CSP, Foreign*, 1564–1565, Nr. 282.
18 *CSP, Span.*, I, Nr. 259.
19 Melville, I, S. 142.
20 Keith, S. 275.
21 Labanoff, I, S. 266.
22 Tytler, V, S. 285.
23 Pollen, *Papal Negotiations*, S. 201–221.

Kapitel 7 — »In der Blüte ihrer Jahre ...«

1 Castelnau de Mauvissière, *Mémoires*, hg. von Petitot (1823), S. 344.
2 *CSP, Foreign*, 1564–1565, Nr. 1587.
3 Keith, S. 300.
4 Labanoff, VII, S. 340.
5 Keith, S. 299.
6 *CSP, Foreign*, 1564–1565, Nr. 1365.
7 Tytler, V, S. 316.
8 Teulet, *Papiers*, II, S. 96.
9 Knox, II, S. 162.
10 Henderson, I, S. 350.
11 *CSP, Foreign*, 1564–1565, Nr. 1491.
12 Labanoff, I, S. 281.
13 Labanoff, VII, S. 58.
14 Teulet, *Papiers*, II, S. 70.
15 *CSP, Span.*, I, Nr. 330.
16 *CSP, Foreign*, 1566–1568, Nr. 77.
17 Teulet, *Papiers*, II, S. 85.

18 Pollen, *Papal Negotiations*, S. 232.
19 Knox, II, S. 175.
20 *CSP. Span.*, I, Nr. 327.
21 *CSP. Scot.*, II, Nr. 148, 186, 280; *CSP. Foreign, 1564–1565,* Nr. 1290.
22 Melville, I, S. 164.
23 Labanoff, VII, S. 167.
24 Melville, I, S. 164.
25 *CSP. Foreign, 1564–1565,* Nr. 1510, 1587.
26 Henderson, II, S. 356.
27 Teulet, *Papiers,* II, S. 120.
28 Melville, I, S. 193.
29 *CSP. Scot.*, II, Nr. 319.
30 Knox, II, S. 174.

Kapitel 8 – »Madonna, Madonna, rettet mein Leben!«

1 Spottiswoode, S. 194.
2 *CSP. Scot.*, II, Nr. 335.
3 Herries, *Memoirs,* S. 73.
4 Keith, S. 329.
5 *CSP. Scot.*, II, Nr. 310.
6 Tytler, V, S. 334.
7 *CSP. Scot.*, II, Nr. 351.
8 Labanoff, VII, S. 86–96.
9 Keith, S. 329.
10 Melville, I, S. 181f.
11 Labanoff, I, S. 316.
12 *CSP. Scot.*, II, Nr. 349.
13 Maria Stuarts Brief an Beaton: Labanoff, I, S. 342–350; Ruthvens Schilderung: Keith, Anhang S. 119f.; Naus Bericht: Nau, S. 215f.
14 Nau, S. 218.
15 Melville, I, S. 199.
16 Nau, S. 224ff.
17 Nau, S. 223.

Kapitel 9 – »Ein schönes Kind, das ein schöner Prinz zu werden verspricht …«

1 *Diurnal of Remarkable Occurrents,* S. 94.
2 *CSP. Scot.*, II, Nr. 364.
3 *Ibid.*, Nr. 368.
4 *Ibid.*, Nr. 371.
5 *Ibid.*, Nr. 380.
6 *CSP. Foreign, 1566–1568,* Nr. 297, 298.
7 Labanoff, I, S. 335.
8 *CSP. Span.*, I, Nr. 349.

9 *CSP. Scot.*, II, Nr. 372.
10 *Ibid.*, Nr. 394.
11 Vgl. dazu Keith, S. 337, und Nau, S. 236.
12 *CSP. Span.*, I, Nr. 344.
13 Pollen, *Papal Negotiations*, S. 236.
14 *CSP. Ven.*, VII, Nr. 357.
15 *CSP. Scot.*, II, Nr. 384.
16 *Inventaires de la Royne d'Écosse*, hg. von J. Robertson, S. XXVI.
17 *CSP. Scot.*, II, Nr. 401.
18 Herries, *Memoirs*, S. 79.
19 Davison, S. 120.
20 Fraser, S. 440.
21 Melville, I, S. 213.
22 Buchanan/Gatherer, S. 105.
23 Keith, S. 345.
24 *CSP. Scot.*, II, Nr. 428, 429.
25 *CSP. Foreign, 1566–1568*, Nr. 508.
26 *Ibid.*, Nr. 521.
27 *Ibid.*, Nr. 521.
28 *Ibid.*, Nr. 601.
29 *Ibid.*, Nr. 723.
30 *CSP. Scot.*, II, Nr. 439.
31 D. H. Wilson, *King James VI and I*, 1956, S. 17.
32 Melville, I, S. 221.
33 *CSP. Scot.*, II, Nr. 439.
34 Nau, S. 237.
35 *Ibid.*, S. 239.
36 *CSP. Span.*, I, Nr. 385.
37 Labanoff, I, S. 374.
38 Mahon, S. 123.
39 Melville, I, S. 204.

Kapitel 10 – »Sorgt Euch nicht um die Mittel ...«

1 Labanoff, I, S. 373f.
2 *Ibid.*
3 Teulet, *Papiers*, II, S. 139–146.
4 Davison, S. 184.
5 *CSP. Span.*, I, Nr. 354.
6 *CSP. Foreign, 1566–1568*, Nr. 749, 760, 761, 772.
7 Anderson, II, S. 12.
8 *CSP. Venet.*, VII, Nr. 373.
9 *CSP. Span.*, I, Nr. 388.
10 Keith, Anhang, S. 134.
11 Nau, S. 241.
12 Fraser, S. 226.
13 Keith, S. 347, 352.

14 Melville, I, S. 240.
15 Anderson, II, S. 13.
16 Keith, Anhang, S. vii.
17 *Selections ...,* hg. von J. Stevenson, S. 164.
18 Anderson, II, S. 7ff.
19 Mahon, S. 122.
20 Keith, Anhang, S. 136-139.
21 Hosack, I, S. 532.
22 *CSP. Span.,* I, Nr. 402.
23 Nau, S. 254.
24 *Criminal trials of Scotland,* hg. von R. Pitcairn, I^2, S. 511ff.
25 Anderson, II, S. 14.
26 Keith, S. 359.
27 *CSP. Foreign, 1566-1568,* Nr. 723.
28 Fleming, S. 144, Anm. 95.
29 Melville, I, S. 233.
30 Melville, I, S. 239.
31 Keith, S. VII.
32 *Ibid.*

Kapitel 11 — »Als ob man dreißig Kanonen abgefeuert hätte ...«

1 Keith, S. 362f.
2 *CSP. Scot.,* II, Nr. 461.
3 Labanoff, I, S. 388.
4 Fleming, S. 428.
5 Labanoff, I, S. 394; *CSP. Foreign, 1566-1568,* Nr. 895, 898, 906.
6 Fleming, S. 430f.
7 Labanoff, I, S. 395.
8 Zitiert nach der französischen Ausgabe von 1572, hg. von A. Teulet, Anhang zu Labanoff, S. 3-35. Die Briefe sind rückübersetzt aus dem Lateinischen oder Englischen (vgl. dazu Kapitel XVII).
9 *CSP. Scot.,* II, Nr. 474.
10 Anderson, IV, S. 165.
11 Nau, S. 242.
12 Hosack, I, S. 534.
13 Anderson, IV, S. 165-169; *Inventaires de la Royne d'Écosse,* hg. v. J. Robertson, S. XCVIII-C.
14 Mahon, S. 115.
15 Nau, S. 342.
16 Hosack, I, S. 536.
17 Melville, I, S. 241.
18 *History of James the Sext,* S. 7.
19 Mahon, S. 128.
20 Fleming, S. 150, Anm. 19.
21 Anderson, I, S. 24.
22 Labanoff, II, S. 3.
23 Anderson, I, S. 38f.

24 *CSP. Span.*, I, Nr. 408, 409.
25 Labanoff, VII, S. 102.
26 Keith, S. ix.
27 Die Geständnisse sind zitiert nach Criminal trials of Scotland, hg. von R. Pitcairn, I2, S. 488 – 513, und Hosack, I, S. 580ff.
28 *CSP. Foreign, 1566–1568,* Nr. 977.
29 Mahon, *The Tragedy of Kirk o'Field,* 1930.
30 Labanoff, II, S. 4.
31 Anderson, I, S. 199f.
32 Nau, S. 243.

Kapitel 12 – »Dank dem guten Verhalten des Grafen Bothwell«

1 Katharina von Medici, *Lettres,* III, S. 14.
2 Bannatyne, *Memorials,* S. 318.
3 Labanoff, II, S. 6.
4 *CSP. Foreign, 1566–1568,* Nr. 960, 977.
5 Anderson, I, S. 29.
6 *CSP. Foreign, 1566–1568,* Nr. 977.
7 *CSP. Scot.,* II, Nr. 479.
8 *CSP. Foreign, 1566–1568,* Nr. 1053, 1054.
9 Labanoff, II, S. 12f.
10 *CSP. Span.,* I, Nr. 413.
11 *CSP. Foreign, 1566–*1568, Nr. 1053.
12 Keith, S. 374.
13 Tytler, V, S. 396.
14 Keith, S. 376.
15 *CSP. Span.,* I, Nr. 413.
16 *CSP. Venet.,* VII, Nr. 385.
17 Labanoff, II, S. 20.
18 *CSP. Scot.,* II, Nr. 494.
19 *CSP. Foreign, 1566–1568,* Nr. 116.
20 Keith, S. 380ff.
21 Keith, *ibid.*
22 Spottiswoode, S. 202.
23 *CSP. Scot.,* II, Nr. 492.
24 Anderson, I, S. 6.
25 Anderson, I, S. 90; Labanoff, II, S. 33.
26 Pollen, *Papal Negotiations,* S. 386.
27 Melville, I, S. 246.
28 *CSP. Scot.,* II, Nr. 493.
29 Melville, I, S. 248.
30 Anderson, I, S. 32.
31 *CSP. Span.,* I, Nr. 419.
32 *Diurnal of Remarkable Occurrents,* S. 4.
33 Fleming, I, S. 429.
34 *CSP. Foreign, 1566–1568,* Nr. 1179, 1181, 1203.

35 *CSP. Foreign, 1566–1568*, Nr. 1129.
36 Anderson, I, S. 87.
37 Tytler, V, S. 413.
38 Teulet, *Papiers*, II, S. 151; Ders., Anhang zu Labanoff, S. 107f.
39 Teulet, *Papiers*, II, S. 154.

Kapitel 13 – »Tod der Hure, der Hexe...«

1 *CSP. Foreign, 1566–1568*, Nr. 1199, 1226.
2 Labanoff, VII, S. 110.
3 Melville, I, S. 253.
4 Pollen, *Papal Negotiations*, S. cxxxi.
5 Zweig, *Maria Stuart*, Neuausgabe Frankfurt/Main 1991, S. 217f.
6 Anderson, I, S. 89–102.
7 *CSP. Scot.*, II, Nr. 501.
8 Anderson, I, S. 27.
9 Nau, S. 245.
10 *Ibid.*, S. 245, 249.
11 *Ibid.*, S. 244.
12 *CSP. Foreign, 1566–1568*, Nr. 1232, 1233.
13 *CSP. Foreign, 1566–1568*, Nr. 1244.
14 Anderson, I, S. 89–102.
15 Spottiswoode, S. 204.
16 *CSP. Venet.*, VII, Nr. 392, 393.
17 La Mothe-Fénelon, *Correspondance diplomatique*, I, S. 20.
18 Labanoff, VII, S. 111.
19 *CSP. Venet.*, VII, Nr. 394.
20 Keith, S. 396f.
21 *CSP. Foreign, 1566–1568*, Nr. 1289.
22 Keith, S. 399.
23 Nau, S. 250.
24 Teulet, *Papiers*, II, S. 171–180.
25 Nau, S. 254.
26 Anderson, I, S. 41.
27 Teulet, Anhang zu Labanoff, S. 127–130.
28 *CSP. Foreign, 1566–1568*, Nr. 1324.

Kapitel 14 – »Wie ein Mann seine Schätze ins Meer wirft ...«

1 *CSP. Foreign, 1566–1568*, Nr. 1313.
2 Nau, S. 261.
3 Nau, S. 264.
4 J. Le Laboureur, Anmerkung zur Ausgabe der *Mémoires* von Castelnau de Mauvissière (1659), I, S. 648.
5 Goodall, II, S. 91.
6 Anderson, II, S. 173; *CSP. Foreign, 1566–1568*, Nr. 1576; *CSP. Span.*, I, Nr. 434.

7 Teulet, Anhang zu Labanoff, S. 180.
8 *CSP. Foreign, 1566–1568,* Nr. 1358.
9 *CSP. Foreign, 1566–1568,* Nr. 1570.
10 Froude, IX, S. 107.
11 *CSP. Foreign, 1566–1568,* Nr. 1557.
12 Keith, S. 413.
13 *CSP. Foreign, 1566–1568,* Nr. 1447.
14 Veröffentlicht in *CSP. Foreign* und *CSP. Scot.*
15 *CSP. Foreign, 1566–1568,* Nr. 1502.
16 Teulet, *Papiers,* II, S. 184.
17 *CSP. Foreign, 1566–1568,* Nr. 1497.
18 Keith, S. 422.
19 Nau, S. 263.
20 Anderson, I, S. 36.
21 Keith, S. 430–433.
22 Nau, S. 268.
23 *CSP. Foreign, 1566–1568,* Nr. 1570.
24 Nau, S. 264; *CSP. Venet.,* VII, Nr. 401.
25 *CSP. Foreign, 1566–1568,* Nr. 1557; Tytler, V, S. 60.
26 Nau, S. 270.
27 Nau, S. 271.
28 Keith, S. 445.
29 Melville, I, S. 276.

Kapitel 15 – »Auf der Flucht, ohne zu wissen, wohin ...«

1 Nau, S. 279.
2 *Criminal trials of Scotland,* Scotland, hg. von R. Pitcairn, I^2, S. 491.
3 Anderson, II, S. 257f.
4 Keith, Anhang, S. 153.
5 Melville, I, S. 280.
6 Robertson, II, S. 366.
7 Keith, S. 463.
8 Tytler, VI, S. 35; *CSP. Foreign, 1566–1568,* Nr. 2000.
9 Nau, S. 278.
10 Labanoff, II, S. 61.
11 Nau, S. 285.
12 Labanoff, II, S. 67.
13 Nau, S. 291.
14 Fleming, S. 486ff.
15 *CSP. Foreign, 1566–1568,* Nr. 2173.
16 Keith, S. 475.
17 Melville, I, S. 289.
18 Labanoff, II, S. 115.
19 Labanoff, II, S. 71.

Kapitel 16 – »Um meine Ehre wiederzuerlangen ...«

1 Froude, IX, S. 219.
2 Labanoff, II, S. 73–77.
3 Nau, S. 296.
4 Teulet, *Papiers,* II, S. 220.
5 Anderson, IV, S. 34–44.
6 Labanoff, II, S. 82.
7 Anderson, IV, S. 70–80.
8 Froude, IX, S. 247–248.
9 Labanoff, II, S. 97.
10 Anderson, IV, S. 70.
11 Nau, S. 296.
12 *CSP. Venet.,* VII, Nr. 426, 427.
13 Froude, IX, S. 256.
14 Labanoff, II, S. 136, 147, 175, 177, 183.
15 Tytler, VI, S. 46f.
16 Tytler, VI, S. 55.
17 Anderson, IV, S. 113.
18 Labanoff, II, S. 199f.
19 Anderson, IV, S. 58–63.
20 Labanoff, II, S. 221.
21 Anderson, IV, S. 27.
22 Melville, I, S. 307.

Kapitel 17 – »Ich schlafe gerne sicher auf meinem Kissen ...«

1 Siehe Kapitel 11, Anm. 8.
2 Die Übersetzung der Kassettenbriefe folgt streckenweise der Übersetzung Gerda Doubliers; ebenso das weiter unten zitierte Gedicht, das dabei aber dem interpretatorischen Zusammenhang angeglichen wurde.
3 Anderson, IV, S. 183f.
4 Labanoff, II, S. 254–256.
5 Labanoff, II, S. 274–277.
6 Goodall, II, S. 305.
7 Tytler, VI, S. 81.
8 Labanoff, II, S. 237.
9 Labanoff, II, S. 319.
10 Froude, IX, S. 422.
11 Labanoff, II, S. 344, 368.
12 Labanoff, II, S. 348–350.
13 Anderson, III, S. 70f.
14 Text in Anderson, III.
15 Anderson, III, S. 51.
16 Anderson, III, S. 54.
17 Robertson, II, S. 397f.
18 Tytler, VI, S. 101.

19 Froude, IX, S. 474.
20 Froude, IX, S. 472.
21 Tytler, VI, S. 73.

Kapitel 18 — »Diese Magd aller Sünde, Elisabeth ...«

1 Tytler, VI, S. 109.
2 Labanoff, III, S. 310.
3 Anderson, III, S. 87.
4 Melville, II, S. 17.
5 Tytler, VI, S. 132.
6 Labanoff, III, S. 61–66.
7 Labanoff, III, S. 90–105.
8 Labanoff, III, S. 124–127.
9 Tytler, VI, S. 110.
10 Labanoff, III, S. 203.
11 Melville, II, S. 25.
12 Text der Bulle abgedruckt in *CSP. Venet., VII*, Nr. 475.
13 Labanoff, III, S. 11f.
14 Labanoff, III, S. 181–187.
15 Labanoff, III, S. 187.
16 Labanoff, III, S. 221–233.
17 Teulet, *Papiers*, III, S. 103–144.
18 Labanoff, III, S. 280.
19 Froude, X, S. 251f.
20 Froude, X, S. 269.
21 Veröffentlicht in Murdin, *Collection of State Papers*, 1759.
22 Froude, X, S. 300.

Kapitel 19 — »Die beste Art, den Aufruhr zu beenden ...«

1 Labanoff, III, S. 350.
2 Labanoff, III, S. 360.
3 Labanoff, III, S. 366.
4 Labanoff, III, S. 382–396.
5 Froude, X, S. 360.
6 Froude, X, S. 329.
7 Froude, X, S. 369.
8 *CSP. Venet., VII*, Nr. 537.
9 Labanoff, III, S. 340.
10 Murdin, *Collection ...*, S. 244.
11 Tytler, VI, S. 181.
12 Labanoff, IV, S. 184–188.
13 Labanoff, IV, S. 111.
14 Labanoff, IV, S. 172.
15 Fraser, S. 332.

16 Fraser, S. 355.
17 Labanoff, IV, S. 332.
18 Labanoff, IV, S. 185, V, S. 65.
19 Labanoff, V, S. 395, 414.
20 Labanoff, VI, S. 50f.
21 Labanoff, IV, S. 390.

Kapitel 20 – »Ein verkommener, undankbarer und niederträchtiger Sohn ...«

1 Labanoff, VI, S. 257–260.
2 *CSP. Span.*, II, Nr. 455.
3 Teulet, *Papiers*, III, S. 127.
4 Labanoff, IV, S. 346.
5 Labanoff, IV, S. 396.
6 Labanoff, V, S. 26.
7 Raumer, S. 253.
8 Chéruel, S. 90.
9 Labanoff, V, S. 233.
10 Labanoff, VI, S. 71.
11 Raumer, S. 252.
12 Labanoff, VI, S. 125f.
13 Froude, XII, S. 207.
14 Labanoff, IV, S. 404.
15 Labanoff, V, S. 418.
16 Froude, XII, S. 2.
17 Labanoff, VI, S. 76–77.
18 Labanoff, VI, S. 141.
19 Labanoff, VI, S. 152–158.
20 Labanoff, VI, S. 159–164.

Kapitel 21 – »Sechs hochherzige Edelleute nehmen sich der Sache an ...«

1 Labanoff, VI, S. 257.
2 Froude, XII, S. 36.
3 Labanoff, VI, S. 295–302.
4 Labanoff, VI, S. 309–311.
5 Labanoff, VI, S. 286.
6 Raumer, S. 303.
7 Labanoff, IV, S. 345f.
8 Labanoff, VI, S. 291.
9 Teulet, *Papiers*, III, S. 141.
10 Labanoff, VI, S. 314.
11 Pollen, *Babington Plot*, S. 18–22.

12 Teulet, *Papiers*, III, S. 458.
13 Labanoff, VI, S. 385–396.
14 *Letter-book of Amias Paulet*, S. 46.
15 Pollen, *Babington Plot*, S. 234.
16 Tytler, VII, S. 57.
17 Pollen, *Babington Plot*, S. CLXI.
18 Thomas, S. 55–59.
19 *Letter*-book of Amias Paulet, S. 275f.
20 Chantelauze, S. 125.
21 Chantelauze, S. 479.
22 Chantelauze, S. 468–491.
23 Chantelauze, S. 494.
24 Chantelauze, S. 494.
25 Steuart, *Trial of Mary Stewart*, S. 111; Thomas, S. 117.
26 Thomas, S. 26.
27 Chantelauze, S. 193.
28 Thomas, Einleitung.
29 Chantelauze, S. 532.
30 Chantelauze, S. 536.
31 Chantelauze, S. 272.

Kapitel 22 – »Das erbärmliche Schauspiel und diese barbarische Hinrichtung ...«

1 Die Dokumente dieser Gesandtschaft werden heute auf Schloß Esneval in Pavilly (Dep. Seine-Maritime) bei Fürstin Raoul de Broglie verwahrt, einer Nachfahrin von Charles d'Esneval. Ich danke ihr und François Garnier, daß sie mir das von Bernard de Broglie und Garnier verfaßte (handschriftliche) Werk zum Archiv übermittelt haben. Auffälligerweise hatte Maria Stuart in Charles d'Esnevals Instruktionen für seine Mission in Schottland nur einen sehr geringen Stellenwert.
2 Chéruel, S. 134.
3 Thomas, S. 55–59.
4 Chéruel, S. 147.
5 Courcelles, *Despatches ...*, 3. Okt. 1586.
6 Froude, XII, S. 276.
7 Tytler, VII, S. 89.
8 Chéruel, S. 156.
9 Teulet, II, S. 832–846.
10 Chéruel, S. 167.
11 Rait-Cameron, *King James' secret*, S. 41f.
12 Froude, XII, S. 299.
13 Raumer, S. 453.
14 Chantelauze, S. 367.
15 Raumer, S. 393.
16 Hosack, II, S. 452.
17 Chantelauze, S. 377–379.
18 Chantelauze, S. 572.

19 Labanoff, VI, S. 470.
20 Labanoff, VI, S. 448-455, 457-461.
21 Labanoff, VI, S. 475-480.
22 Chantelauze, S. 307-322.
23 Chantelauze, S. 579-582.
24 Bourgoings *Journal* in Chantelauze; Châteauneufs Bericht in Teulet, *Papiers*, III, S. 890-908; der *Vrai rapport* ... in Teulet, *Papiers*, III, S. 832-846; *Account of the Execution* in M. M. Scott, *The Tragedy of Fotheringhay*, 1895, S. 249-256; *A Report of the manner* ... in *Original letters*, hg. von H. Ellis, III, S. 112-120; Wingfields Brief in A. F. Steuart, *Trial of Mary Queen of Scots*, 1924, S. 173-188.
25 Labanoff, VI, S. 483-484.
26 Labanoff, VI, S. 485-497.

Kapitel 23 – »Welch seltsames Grabmal ...«

1 Teulet, *Papiers*, II, S. 883.
2 Camden, *Annales*, S. 115.
3 Teulet, *Papiers*, II, S. 866.
4 R. de Beaune, *Oraison funèbre de* ... *Marie Stuart*, 1588.
5 Teulet, *Papiers*, III, S. 915-924.
6 Teulet, *Papiers*, III, S. 915-924.
7 *Original letters*, hg. von H. Ellis, III, S. 22f.
8 Rait-Cameron, *King James' secret*, S. 191f.
9 Teulet, *Papiers*, III, S. 542.
10 Labanoff, VI, S. 311.
11 Teulet, *Papiers*, III, S. 540f.
12 R. Prescott-Jones, *The Funerals of Mary Queen of Scots*, 1898.
13 M. M. Scott, *The Tragedy of Fotheringhay*, S. 220.
14 Stevenson, Vorwort zu Nau.
15 Teulet, »Supplément« zu Labanoff, S. 383.

Kapitel 24 – »In meinem Ende liegt mein Anbeginn«

1 Zitiert nach F. Mignet, *Histoire de Marie Stuart*, 1876, I, S. 48.
2 P. de Ronsard, *Poèmes dédiés à* ... *Marie Stuart, reine d'Écosse*.
3 Teulet, *Papiers*, II, S. 557.
4 Dreux du Radier, *Mémoires historiques* ... V, S. 69.
5 A. de Montchrestien, *L'Écossaise ou le Désastre*, 1605.
6 Tronchin, *Marie Stuart reine d'Écosse*, 1734.
7 F. Schiller, *Maria Stuart*, hg. von J. Petersen, Stuttgart 1975, S. 141.
8 J. Michelet, *Histoire de France. Les Guerres de Religion* (1856).
9 M. Maurette, *Maria Stuart*, Théâtre Gaston-Baty, 1941.
10 T. S. Bindoff, *Tudor England*, 1950, S. 206.
11 Philippe Boucher, in *Le Monde* vom 28. Dezember 1985.
12 Ian B. Cowan, *The Enigma of Mary Stuart*, 1971.

Quellen und Bibliographie

Aus den im letzten Kapitel dieses Buchs genannten Gründen gibt es in den meisten europäischen Sprachen Hunderte von Veröffentlichungen zum Thema Maria Stuart. Ihre Zahl ist so groß, daß wir sie hier unmöglich alle nennen können.
Ebensowenig können wir all die vielen Quellensammlungen aufzählen, bei denen es oft inhaltliche Überschneidungen gibt.
Die vorliegende Bibliographie versteht sich als unvollständige Auswahl. Wir haben all jene Werke aufzunehmen versucht, auf die wir uns bei der Schilderung der Lebensabschnitte Maria Stuarts und des literarhistorischen und wissenschaftsgeschichtlichen Hintergrundes gestützt haben. Die meisten dieser Veröffentlichungen enthalten ihrerseits Bibliographien, die der interessierte Leser ergänzend betrachten kann. Literarische und filmische Verarbeitungen des Stoffs Maria Stuart sind in Kapitel 24 behandelt worden.

I. Werke und Briefe Maria Stuarts

Letters of Mary Queen of Scots and Documents Connected with her Personal History, hg. von Agnès Strickland, 3 Bde., London 1842–1843.
Lettres et mémoires de Marie Stuart, hg. von A. S. Labanoff, Paris, 7 Bde., 1844, Ergänzung durch A. Teulet, Bd. VIII, 1859.
Poésies françaises de la reine Marie Stuart, hg. von G. Pawlowski, Paris 1833.
Queen Mary's Book: A Collection of Poems and Essays by Mary Queen of Scots, hg. von Mrs. P. Stewart-Mackenzie Arbuthnot, London 1907.

II. Archivmaterial, Korrespondenzen, Gesandtschaftsberichte

Accounts and Papers Relating to Mary Queen of Scots, hg. von John Bruce, 2 Bde., Edinburgh 1867.
Acts of the Parliament of Scotland, hg. von T. Thomson, 11 Bde., Edinburgh 1844–1875.

Acts of Proceedings of the General Assembly of the Kirk of Scotland, hg. von T. Thomson, Bde. I und II, Edinburgh 1839–1840.

Anderson, James, *Collections relating to the history of Mary Queen of Scotland*, 4 Bde., London 1727.

Balcarres Papers: Foreign Correspondence with Marie de Lorraine, Queen of Scotland, hg. von Margaret Wood, 2 Bde., Edinburgh 1923–1925.

Bardon Papers: Documents Relating to the imprisonnement an Trial of Mary Queen of Scots, hg. von Conyers Read, London 1909.

Calendar of State Papers Relating to Scotland and Mary Queen of Scots Preserved in the Public Record Office ... and Elsewhere in England, hg. von J. Bain und W. K. Boyd, Bde. I–IX, London 1898–1936.

Calendar of State Papers Relating to English affairs in the Spanish Archives of Simancas, hg. von M.A. S. Hume, Bde. I–IV, London 1892–1899.

Calendar of State Papers Relating to English affairs Existing in the Archives of Venice and in other Libraries of Northern Italy, hg. von R. Brown und G. Bentinck, Bde. VII–VIII, London 1890–1892.

Calendar of State Papers, Foreign Series of the Reign of Elizabeth, Bd. I–XXI, hg. von Joseph Stevenson u. a., London 1863–1950.

Catherine de Medicis, *Lettres*, hg. von H. de La Ferrièr-Percy und G. Baguenault de Puchesse, 11 Bde., Paris *(Documents inédits sur l'Histoire de France)* 1880–1943.

Collections relative to the Funerals of Mary Queen of Scots, hg. von R. Pitcairn, Edinburgh 1822.

Cooper, C. P., *Recueil des dépêches des ambassadeurs de France en Angleterre et en Écosse pendant le XVIe siècle*, 7 Bde., London, Paris 1838.

Correspondencia de Felipe II. con su Embajador en la corte de Inglaterra, hg. von Navarrette u. a., 6 Bde., Madrid 1886–1888.

Courcelles, C. de, *Extract from the Despatches of M. de Courcelles, French Ambassador to the Court of Scotland, 1586–1587*, hg. von Robert Bell, Edinburgh 1828.

Criminal Trials in Scotland ..., hg. von Robert Pitcairn, Bd. I^2, Edinburgh 1833.

D'Ewes, Simon, *Journal of all the Parliaments during the Reign of Queen Elizabeth*, London 1882.

Discours du grand et magnifique triomphe fait du mariage de très noble ... Marie d'Estreuart ... (1558), hg. von Cimber und Danjou, *Archives curieuses de l'histoire de France*, Bd. III, Paris 1835.

Diurnal of Remarkable Occurents ... within the Country of Scotland since the Death of King James V to the Year 1575, hg. von T. Thomson, Edinburgh 1833.

Elizabeth I and James VI of Scotland, *Letters*, hg. von J. Bruce, Edinburgh 1849.

Forbes, Patrick, *A full View of the Public Transaction in the Reign of Queen Elizabeth ... in a Series of Letters and other Papers of State ...*, 2 Bde., London 1740.

Hamilton Papers: Letters and Papers Illustrating the Political Relations of Scotland and England in the XVIth century, hg. von James Bain, 2 Bde., Edinburgh 1890–1892.

Hardwicke Papers: Miscellaneous State Papers from 1501 to 1727, hg. von Philip Yorke, Earl of Hardwicke, London 1778.

Hatfield Papers: Calendar of the Manuscripts of the Marquess of Salisbury at Hatfield House ..., Bde. I–III., London 1883–1885.

Haynes, Samuel, *A collection of State Papers relating to the affairs of the reigns of Henry VIII and Queen Elizabeth*, London 1740.

Inventaires de la Royne d'Écosse, douairière de France, hg. von J. Robertson, Edinburgh 1863.

La Mothe Fénelon, Bertrand de, *Correspondance diplomatique*, hg. von C. Cooper und A. Teulet, 7 Bde., Paris, London, Leipzig 1838–1841.

Laubespine, Sébastien de, *Négociations, lettres et pièces diverses relatives au règne de François II*, hg. von L. Paris, Paris 1841.

Letters and Papers Relating to Patrick, Master of Gray, hg. von Thomas Thompson, Edinburgh 1835.

Lettres et mémoires d'Estat des Roys, princes, ambassadeurs ... sous les règnes de François Ier, Henry II und François II, hg. von Guillaume Ribier, 2 Bde., Paris 1660.

Marie de Lorraine, *Scottish Correspondance, 1542–1560*, hg. von Annie Cameron, Edinburgh 1927 (siehe auch *Balcarres Papers*).

Miscellaneous Papers Principally Illustrative of the Events in the Reign of Queen Mary and James VI, hg. von P. Macgeorge, Glasgow 1834.

Murdin, William, *A Collection of State Papers Relating to the Affairs in the Reign of Queen Elizabeth from 1571 to 1590*, London 1759.

Original Letters Illustrations of English History, hg. von H. Ellis, 7 Bde., London 1824–1827.

Paulet, Amyas, *The Letter-book of Sir Amyas Paulet*, hg. von J. Morris, London 1874.

Philipp II. von Spanien: siehe *Correspondencia*.

Register of the Privy Council of Scotland, hg. von J. H. Burton, Bde. I–II, Edinburgh 1877–1878.

Rymer, Thomas, *Foedera, conventiones, litterae ...*, Bd. XV, London 1717.

Sadler, Ralph, *State Papers and letters*, hg. von A. Clifford, 3 Bde., Edinburgh 1809.

Selections from Unpublished Manuscripts ... Illustrating the Reign of Mary Queen of Scots 1563–1567, hg. von J. Stevenson, Glasgow 1837.

Shrewsbury Papers. A Calendar of the Shrewsbury Papers in the Lambith Place Library, hg. von E. G. W. Bill, London 1966.

Talbot Papers. A Calendar of the Talbot Papers in the College of Arms, hg. von G. R. Batho, London 1971.

Teulet, Alexandre, *Papiers d'État ... relatifs à l'histoire de l'Écosse au XVIe siècle*, 3 Bde., Edinburgh 1851–1859 (Neue Ausg.: *Relations politiques de la France et de l'Espagne avec l'Écosse au XVIe siècle*, 5 Bde., Paris 1862).

Warrender Papers: a collection of Scottish letters and papers ... 1542–1625, hg. von A. Cameron, Edinburgh 19311.

III. Memoiren und zeitgenössische Werke zu Maria Stuart

Baïf, J. J. de, *Chant de joie des épousailles de François, Dauphin, et de Marie, Reine d'Écosse ...*, Paris 1558.

Bannatyne, George, *Memorials*, hg. von D. Laing, Edinburgh 1829.

Beaugué, Jean de, *L'Histoire de la guerre d'Écosse*, Paris 1566. Neue Ausg. von Ch.-R. de Montalembert, Bordeaux 1862.

Beaune, Renaud de, *Oraison funèbre de la Très Chrestienne, Très Illustre, Très Constante Marie, Reyne d'Écosse ...*, Paris 1588.

[Belleforest, François de], *L'innocence de la très illustre, très chaste et débonnaire princesse Madame Marie, Reine d'Écosse ...*, o. O. 1572.

Bellièvre, Pomponne de, *Harangue faite à la Reine d'Angleterre pour la démouvoir d'entreprendre aucune juridiction sur la Reine d'Écosse ...*, 1587.

[Blackwood, Adam], *Martyre de la Royne d'Écosse, douairière de France ...*, Edinburgh [in Wahrheit Antwerpen] 1587.

Bothwell, James, Earl of, *Les affaires du comte de Boduel, l'an 1568*, hg. von H. Cockburn und T. Maitland, Edinburgh 1829.

Bourgoing, *Journal*, hg. von R. de Chantelauze in *Marie Stuart, son règne et son exécution*, Paris 1876.

Brantôme, Pierre de Bourdeille, Abbé de, *Discours sur la Reyne d'Écosse jadis Reyne de notre France*, in *Œuvres complètes. (Société de l'Histoire de France)*, Bd. VII, Paris 1873.

Buchanan, George, *Detectio of the actions of Mary queen of Scots*, in Jebb Samuel, *De vita Mariae Scotorum Reginae*, Bd. 1, London 1725.

— *Rerum Scoticarum Historia*, Edinburgh 1583 (englische Ausg. später).

— *The Tyrannous Reign of Marie Stuart* (Auszüge aus Werken Buchanans zu Maria Stuart), hg. von W. A. Gatherer, London 1958.

Calderwood, David, *History of the Kirk of Scotland*, hg. von T. Thompson, 8 Bde., Edinburgh 1842–1849.

Castelnau de Mauvissière, Michel de, *Mémoires*, hg. von J. Le Laboureur, 3 Bde., Paris 1659, mod. Ausg. von M. Petitot, 1823.

Herrera, Antonio de, *Historia de lo sucedido en Escocia e Inglaterra en los años que vivió Maria Estuarda*, Madrid 1589.

Herries, John Maxwell, Lord, *Historical Memoirs of the Reign of Mary Queen of Scots*, hg. von R. Pitcairn, Edinburgh 1836.

Historie and Life of King James the Sext, hg. von T. Thomson, Edinburgh 1825.

Holinshed, Raphaël, *Chronicles of England, Scotland and Ireland ... Continued to the Year 1586*, 2 Bde., London 1587.

Knox, John, *The History of the Reformation of the Church of Scotland*, hg. von W. C. Dikkinson, 2 Bde., London 1959.

[Kyffin, Maurice], *A Defence of the Honourable Sentence and Execution of the Queen of Scots...*, London 1587.

Leslie, John, Bischof von Ross, *A Defence of the Honour of ... Mary Queen of Scots ...*, o. O. 1569.

— *L'innocence de la très illustre ... Marie reyne d'Écosse ...*, o. O. 1572.

— *Du droit et titre de ... Marie Reyne d'Écosse ... à la succession du Royaume d'Angleterre ...*, Rouen 1584 (erste Ausg. in Latein 1580).

— *Oraison funèbre sur la mort de la Reyne d'Écosse ... traduit de l'escossais*, Paris 1587.

Melville, James, *Memoirs of his own life*, London 1683 (mod. Ausg. von A. F. Stuart, London 1929).

Moysie, David, *Memoirs of the Affairs of Scotland, 1577–1603*, hg. von J. Dennistoun, Edinburgh 1830.

Nau, Claude, *History of Mary Stuart from the Murder of Rizzio to her Flight into England ...*, hg. von J. S. Stevenson, Edinburgh 1883 (dt: *Maria Stuart von der Ermordung Rizzios bis zur Flucht nach England (1566–1568)*, Übers. von H. Cardauns, Würzburg 1885 (Katholische Studien VI/10).

Pitscottie, Robert Lindsay of, *History and Chronicles of Scottland ... to the year 1575*, hg. von A. J. G. Mackay, 3 Bde., Edinburgh 1899–1911.

Régnier de la Planche, Louis, *Histoire de l'Estat de France ... sous le règne de François II*, Paris 1576.

IV. Geschichtswerke des 17. und 18. Jahrhunderts*

Aubigné, Agrippa d', *Histoire universelle*, 3 Bde., Paris 1616–1620 (mod. Ausg. von A. de Ruble, 9 Bde., Paris 1886–1897).

Camden, William, *Annales rerum Anglicarum regnante Elisabeth ...*, 2 Bde., Frankfurt 1616 (engl. Übers. 1626).

Carte, Thomas, *A General History of England ...*, 3 Bde., London 1747–1752.

Conaeus (=George Conn), *Vita Mariae Stuartae*, Würzburg 1624.

Dreux du Radier, Jean-François, *Mémoires historiques, critiques et anecdotiques des reines et régentes de France ...*, Bd. V, Amsterdam 1776.

Goodall, Walter, *An Examination of the Letters Said to be Written by Mary Queen of Scots to James, Earl of Bothwell ...*, 2 Bde., Edinburgh 1714.

Hume, David, *The History of England ...*, 8 Bde., London 1762 (dt.: *Geschichte von England von dem Einfalle des Julius Cäsar an bis auf Elisabeth*, Bde. 1–4, Breslau, Leipzig 1767–1771).

Jebb, Samuel, *De vita et gestis Serenissimae Princips Mariae, Scotorum Reginae ...*, 2 Bde., London 1725 (engl. Übers. im gleichen Jahr).

Keith, Robert, *History of the affairs of Church and State in Scotland down to 1568*, London 1734.

Rapin de Thoyras, Paul, *Histoire d'Angleterre*, 13 Bde., Paris 1724–1736 (dt.: *Allgemeine Geschichte von England*, Bde. 1–11, Halle 1755–1760).

Robertson, William, *The History of Scotland during the Reign of Queen Mary and King James VI ...*, 2 Bde., London 1759 (dt.: *Wilhelm Robertsons Geschichte von Schottland*, Bde. 1–2, Ulm, Leipzig 1762).

Sanderson, William, *A Compleat History of the Lives and Reigns of Mary Queen of Scotland and of her Son James VI ...*, London 1656.

Spottiswoode, John, *The History of the Church and State of Scotland ...*, London 1655.

Strype, John, *Annals of the Reformation ... in the Church of England during Queen Elizabeth's Happy Reign ... with Original Papers of State*, 3 Bde., London 1735–1737.

Stuart, Gilbert, *The History of Scotland from the establishment of the Reformation ... to the death of Queen Mary*, 2 Bde., London 1784.

Thou, Jacques-Auguste de, *Historia sui temporis ...*, 5 Bde., Paris 1620 (dt.: *Historische Beschreibung der namhaftigsten geistlichen und weltlichen Geschichten ...*, Frankfurt a. M. 1621).

Tytler, William, *An Inquiry Historical and Critical into the Evidence ... against Mary Queen of Scots*, Edinburgh 1759 (frz. Übers. von A. Labanoff, Paris 1860).

Udall, William., *Historie of the Life and Death of Mary Stuart Queen of Scotland*, London 1624.

Whitaker, John, *Mary Queen of Scots Vindicated*, 3 Bde., London 1787.

---

* Etliche mit Originaldokumenten.

V. Geschichtswerke des 19. und 20. Jahrhunderts zum Thema Maria Stuart

Black, J. B., *Andrew Lang and the Casket Letters Controversy,* Edinburgh 1951.
Blennerhasset, Lady Charlotte, *Marie Stuart,* Paris 1909 (dt.: *Maria Stuart, Königin von Schottland, 1542–1587,* Kempten, München 1907).
Bresslau, Harry, *Beiträge zur Geschichte Maria Stuarts,* München 1884.
Bringer, Rodolphe, *Une reine de seize ans: chronique du règne de François II,* Paris 1912.
Bryce, William Moir, »The Voyage of Mary Queen of Scots in 1548«, in *English Historical Review,* XXII, 1907.
Chalmers, George, *Life of Mary Queen of Scots,* London 1818.
Chantelauze, Régis de, *Marie Stuart, son règne et son exécution,* Paris 1876 (mit dem *Journal* des Arztes Bourgoing).
Chauviré, Roger, »État présent de la controverse sur les lettres de la cassette«, in *Revue historique,* 174, 1934.
— *Le secret de Marie Stuart,* Paris 1937.
Chéruel, Adolphe, *De Maria Stuarta, utrum Henricus III eam tutatus fuerit an Anglis prodiderit,* Rouen 1949.
— *Marie Stuart et Catherine de Médicis...,* Paris 1958.
Cowan, Samuel, *Mary Queen of Scots: who wrote the casket letters?* 2 Bde., London 1901.
Cowan, Ian B., *The Enigma of Mary Stuart,* London 1971.
Cust, Lionel, *Notes on the Authentic Portraits of Mary Queen of Scots,* London 1903.
Dack, Charles, *The Trial, Execution and Death of Mary Queen of Scots, Compiled from the Original Documents,* Northampton 1889.
Dargaud, Jean-Marie, *Histoire de Marie Stuart,* 2 Bde., Paris 1850.
Davison, Meredith H. Armstrong, *The Casket Letters: a Solution to the Mystery of Mary Queen of Scots and the Murder of Lord Darnley,* London 1965.
Donaldson, Gordon, *The First Trial of Mary Queen of Scots,* London 1969.
— *Mary Queen of Scots,* London 1974.
Doublier, Gerda, *Maria Stuart, ihr Leben als Königin und Frau,* Graz, Köln 1959.
Duncan, J., »The Relations of the Earl of Murray with Mary Stuart« in *Scottish Historical Review,* VI, 1909.
Edwards, Francis, *The Dangerous Queen,* London 1964.
Erlanger, Philippe, *L'Affaire Marie Stuart,* Paris 1979.
Fleming, David Hay, *Mary Queen of Scots from her Birth till her Flight into England,* London 1897.
Fockens, Peter, *Maria Stuart, eine literarhistorische Studie,* Berlin 1887.
Fraser, Lady Antonia, *Mary Queen of Scots,* London 1969 (dt.: *Maria, Königin der Schotten,* übers. von U. H. de Herrera, Hamburg, Düsseldorf 1971).
Gauthier, Jules, *Histoire de Marie Stuart,* 3 Bde., Paris 1869.
Gerdes, Heinrich, *Geschichte der Königin Maria Stuart,* Gotha 1885.
Guerdan, René, *Marie Stuart, reine de France et d'Écosse, ou l'ambition trahie,* Paris 1986.
Hannay, Rober Kerr, »The Earl of Arran and Queen Mary« in *Scottish Historical Review,* XVIII, 1920.
Harris, Carrie J., *State Trials of Mary Queen of Scots,* Chicago 1899.
Henderson, Thomas F., *The Casket Letters and Mary Queen of Scots,* London 1890.
— *Mary Queen of Scots,* 2 Bde. London 1905.
Henry-Bordeaux, Paule, *Marie Stuart, reine de France et d'Écosse,* 2 Bde., Paris 1938.

Hosack, John, *Mary Queen of Scots and her accusers ...*, 2 Bde., Edinburgh 1870–1874 (mit G. Buchanans *Book of Articles*).
Hume, Martin A. S., *The Love Affairs of Mary Queen of Scots, a Political History*, London 1903.
Jamieson, B., *Mary Stewart Queen of Scotland*, Edinburgh 1981.
Keith, J., *Mary Queen of Scots, the Captive Years*, Sheffield 1982.
Kervyn de Lettenhove, Joseph, *Marie Stuart, le procès, le supplice*, Paris 1889.
Labanoff, Fürst Alexander, *Notice sur la collection de portraits de Marie Stuart appartenant au prince Labanoff*, Sankt-Petersburg 1860.
Lang, Andrew, *The Mystery of Mary Stuart*, London 1901.
— *Portraits and Jewels of Mary Stuart*, Glasgow 1906.
Leader, J. D., *Mary Queen of Scots in Captivity*, London 1880.
Leonard, Dympha, *Mary Stuart, the Historical Figure in English and American Drama*, Ann Arbor 1966.
Lindsay, Colin, *Mary Queen of Scots and her Marriage with Bothwell*, London 1888.
Mackenzie, Dan, ›The Obstetrical History of Mary Queen of Scots‹, in *Caledonian Medical Journal*, XV, 1921.
Macnalty, Arthur Salusbury, *Mary Queen of Scots, the Daughter of Debate*, London 1960.
Mahon, R. H., *The Indictment of Mary Queen of Scots*, London 1923.
— *Mary Queen of Scots, a Study of the Lennox Narrative in the University of Cambridge*, Cambridge 1924.
— *The Tragedy of Kirk o'Field*, London 1930.
Marshall Rosalind K., *Queen of Scots*, Edinburgh 1986.
Mignet, François A. M., *Histoire de Marie Stuart*, 2 Bde., Paris 1876 (dt.: *Geschichte der Königin Maria Stuart*, 3. Ausg., Leipzig 1869).
Mumby, Frank A., *Elizabeth and Mary Stuart, the Beginning of the Feud*, London 1914.
Petit, Joseph-Adolphe, *Histoire de Marie Stuart*, 2 Bde., Paris 1876.
Philipps, James Emerson, *Images of a Queen: Mary Stuart in XVIth century literature*, London 1964.
Philippson, Martin, *Marie Stuart et la Ligue catholique universelle*, Brüssel 1886.
— ›Les lettres de la cassette‹ in *Revue historique*, XXXV 1887.
— *Histoire du règne de Marie Stuart*, 2 Bde., Paris 1891.
Pollen, J. H., *Mary Queen of Scots and the Babington Plot*, Edinburgh 1922.
— *Papal Negociations with Mary Queen of Scots, 1561–1567*, Edinburgh 1901.
Prescott-Jones, R., *The funerals of Mary Queen of Scots: a collection of curious traits relating to the burial of the unfortunate princess*, Edinburgh 1898.
Rait, Robert S. und Cameron, Annie I., *King James' Secret: Negotiations between Elizabeth and James VI Relating to the Execution of Mary Queen of Scots*, London 1927.
Raumer, Frederick von, *Die Königinnen Elisabeth und Maria Stuart nach den Quellen im Britischen Museum ...*, Leipzig 1836.
Ruble, Alphonse de, *La Première Jeunesse de Marie Stuart*, Paris 1891.
Scott, John, *A Bibliographie of works relating to Mary Queen of Scots, 1544–1700*, Edinburgh 1866.
Scott, Marie Monica Maxwell, *The Tragedy of Fotheringhay*, London 1895.
Sepp, Bernhard, *Maria Stuarts Briefwechsel mit Anthony Babington*, München 1886.
Shoemaker, Michael W., *Palaces, Prisons and Resting-places of Mary Queen of Scots*, London 1902.
Skelton, John, *Mary Stuart*, Paris 1893.

Small, John, *Queen Mary at Jedburgh in 1566*, Edinburgh 1881.
Steuart, A. F., *The Trial of Mary Queen of Scots*, Edinburgh 1923.
Stevenson, Joseph, *Mary Stuart: the first 18 years of her Life*, Edinburgh 1886.
Stoddart, Jane T., *The Girlhood of Mary Queen of Scots*, London 1908.
Strickland, Agnes, *Life of Mary Queen of Scots*, 5 Bde., Edinburgh 1864.
Stuart, John, *A Lost Chapter in the History of Mary Stuart recovered*, Edinburgh 1874 (zu Marias Heirat mit Bothwell).
Swain, Margaret, *The Needlework of Mary Queen of Scots*, New York 1973.
Thomas, Marcel, *Le Procès de Marie Stuart, documents originaux*, Paris 1972.
Thomson, George Malcolm, *The Crime of Mary Stuart*, London 1967.
Vioux, Marcelle, *Marie Stuart*, Paris 1946.
Wiesener, Louis, *Marie Stuart et le comte de Bothwell*, Paris 1863.

VI. Historische Werke über Maria Stuarts Epoche (19./20. Jahrhundert)

Aveling, John Cedric Hugh., *The Handle and the Axe* (Geschichte der Katholiken in England unter Elisabeth I.), London 1976.
Bossy, John, *The English Catholic Community 1570–1880*, London 1976.
Brown, Peter Hume, *Scotland in the Time of Queen Mary*, Edinburgh 1904.
— *History of Scotland*, 3 Bde. (die Herrschaft Maria Stuarts in Band II), Edinburgh 1911–1913.
Burton, John Hill, *History of Scotland*, 7 Bde., Edinburgh 1857–1870.
Chambers, Robert, *Domestic Annals of Scotland from the Reformation to the Revolution*, 2 Bde., London, Edinburgh 1859.
Dickinson, William C., *A New History of Scotland*, Bd. VI.: *Scotland from the earliest times to 1603*, Edinburgh 1961.
Dickinson, William C. und Donaldson, Gordon, *A Source Book of Scottish History*, Edinburgh 1961.
Donaldson, Gordon, *The Scottish Reformation*, Cambrigde 1960.
— *Scotland: James V to James VII* (Bd. III: *The Edinburgh History of Scotland*), Edinburgh 1976.
— *All the Queen's men: power and politics in Mary Stuarts Scotland*, London 1983.
Foster, J. J. *The Stuarts: being illustrations of the personal history of the family in the XVIth XVIIth XVIIIth Centuries*, 2 Bde., London 1902.
Froude, James Anthony, *History of England from the Fall of Wolsey to the Death of Elizabeth*, 12 Bde. London 1856–1870.
Grant, Isabel F., *Social and Economic Development of Scotland before 1603*, London 1934.
Hewitt, George R., *Scotland under Morton*, Edinburgh 1982.
Hubault, Gustave, *Ambassade de M. de Castelnau en Angleterre 1575–1585*, Paris 1856.
Laing, Malcolm, *History of Scotland ... with a Dissertation on the Participation of Queen Mary in the Murder of Darnley*, 4 Bde., London 1804.
Lang, Andrew, *History of Scotland*, 3 Bde. (Maria Stuarts Herrschaft in Bd. II.), Edinburgh 1900–1907.
Levine, Mortimer, *Early Elizabethan Succession Question, 1558–1568*, 1966.
Lingard, John, *A History of England ...*, 14 Bde. London 1821 (dt.: *Geschichte von England seit dem ersten Einfalle der Römer*, übers. von Freiherr C. A. v. Salis und C. P. Berly, Bde. 1–10, Frankfurt a. M. 1827–1833).
Lynch, Michael, *Edinburgh and the Reformation*, Edinburgh 1981.

Lythe, Samuel, *The Economy of Scotland, 1350–1625*, Edinburgh 1960.
MacAlpine, Ida/Hunter, Richard, *Porphyria, a royal malady*, British Medical Association 1968.
Matthieson, W. L., *Politics and Religion in Scotland*, Glasgow 1902.
Michel, Francisque, *Les Écossais en France et les Français en Écosse*, 2 Bde. London 1862.
Michelet, Jules, *Histoire de France*, 17 Bde. (zu Maria Stuart siehe *Les guerres de religion*), Paris 1833–1867.
Mitchell, A. I., *The Scottish Reformation*, Edinburgh 1900.
Rait, Robert S., *The Parliaments of Scotland*, Glasgow 1924.
Rogers, Charles, *Social Life in Scotland from early to recent Times*, 3 Bde., Edinburgh 1884–1886.
Tytler, Partick Fraser, *History of Scotland*, (Zur Herrschaft Maria Stuarts siehe Bde. V, VI und VII), Edinburgh 1828–1837.
Wormald, Jenny, *The New History of Scotland*, Bd. IV, *Court, Kirk and Community: Scotland 1470–1625*, London 1981.

VII. Untersuchungen zu Persönlichkeiten aus der Zeit Maria Stuarts

Der *Dictionary of National Biography* (63 Bde., London 1885–1900) enthält in alphabethischer Reihenfolge Artikel zu allen Persönlichkeiten, die in Maria Stuarts Leben eine Rolle gespielt haben. Der Artikel *Mary Stewart Queen of Scots* (Bd. XXXVI) stammt von Thomas Henderson.

Bouillé, René de, *Histoire des ducs de Guise*, 4 Bde., Paris 1849–1850.
Bourassin, Emmanuel, *Charles IX*, Paris 1986.
Brown, Peter Hume, *John Knox, a Biography*, 2 Bde., London 1895.
— *George Buchanan*, Edinburgh 1890.
Chevallier, Pierre, *Henri III*, Paris 1985.
Cloulas, Ivan, *Catherine de Médicis*, Paris 1979.
— *Henri II*, Paris 1985.
Drummond, Humphrey, *Our Man in Scotland: Sir Ralph Sadler*, London 1969.
Duchein, Michel, *Jacques Ier Stuart, le roi de la paix*, Paris 1985.
Forneron, Henri, *Les ducs de Guise et leur époque*, Paris 1877.
Fraser, William, *The Lennox*, 2 Bde., London 1874.
Gore-Brown, R., *Lord Bothwell*, London 1937.
Guillemin, J. J., *Le Cardinal de Lorraine, son influence politique et religieuse*, Paris 1847.
Johnson, Paul, *Elizabeth I, a Study in Power and Intellect*, London 1934.
Lee, Maurice, *James Stuart, Earl of Moray*, New York 1953.
Marshall, Rosalind, *Mary of Guise*, London 1977.
McCrie, Thomas, *Life of John Knox*, Edinburgh 1812 (dt.: *Leben des schottischen Reformators Johann Knox...*, übers. von G. J. Planck, Göttingen 1817).
Neale, John Ernest, *Queen Elizabeth*, London 1934 (dt.: *Königin Elisabeth*, übers. von G. Goyert, München 1967).
Percy, Eustace, *John Knox*, London 1937.
Pimodan, Gabriel de *La mère des Guise, Antoinette de Bourbon*, Paris 1925.
Potiquet, Albert, *La Maladie et la Mort de François II*, Paris 1893.
Read, Conyers, *Mr. Secretary Walsingham and the policy of Queen Elizabeth*, London 1925.
— *Lord Burghley and Queen Elizabeth*, London 1960.

Reid, N. Stanford, *Trumpeter of God: a biography of John Knox*, New York 1974.
Russell, Ernest, *Maitland of Lethington, the Minister of Mary Stuart*, London 1912.
Schiern, Frederick, *Life of James Hepburn, Earl of Bothwell* (Übers. aus dem Dän.), Edinburgh 1880.
Skelton, John, *Maitland of Lethington and the Scotland of Mary Stuart*, 2 Bde., Edinburgh 1887–1888.
Williams, Neville,*The Life and Time of Queen Elizabeth I*, New York 1972 (dt.: *Elisabeth I.: eine Frau führt England zur Weltmacht*, übers. von M. Meng u. H. Eggert, Wiesbaden 1978).

Register

Adamson, Patrick 187
Alba, Fernando Alvarez de Toledo 129, 344, 350, 352–353
Albret, Jeanne d', Königin von Navarra 60
Alençon, François d' 34, 377
Amville, Henri d' 87, 93
Andelot, François d' 29
Angoulême, Ritter von, Bastard Heinrichs II. mit Lady Fleming 41
Angus, Graf v. 22, 25
Aragón, Katharina von 440
Argyll, Archibald Campbell Graf von 20, 45–46, 98–99, 103, 129, 136, 138, 140, 150, 157–158, 170, 172, 174, 177–181, 186, 198, 204–206, 208–209, 213, 224, 237, 239, 243, 253, 271–272, 274, 281, 288–289, 299–301, 332–333, 364, 375, 436
Argyll, Jean, Gräfin 163, 165, 184, 209, 244
Arnault (Marias Arzt) 196
Arundel, Philipp Howard Graf von 319, 335, 337, 430
Atholl, John Stewart Graf von 103, 136, 145, 163, 166, 170, 181, 224–225, 281–282, 289, 333, 375
Aubigny, Esmé d' 15, 381, 383
Aumale, Claude d', Herzog v. Lothringen 33, 39, 87, 181

Babington, Anthony 358, 371, 397–406, 408, 411, 414–416, 426, 446, 455, 462, 477, 480, 491–492, 501
Bacon, Sir Nicholas 108, 319, 407
Balfour, James 166, 206, 221–222, 227, 229, 236, 239, 242, 247, 260, 264, 266, 287–288, 290, 293, 336–337, 364
Ballard, John 397–399, 404–406, 416
Balnaves, Henry 239
Beale, Robert 423–424, 427
Beaton, Andrew 367, 372–373
Beaton, David 16–18, 20–26, 44, 46
Beaton, James, Erzbischof 47, 141, 163, 168, 171, 196, 211, 216, 225–226, 230, 258, 344, 347, 357–358, 368, 370, 379, 381, 386, 393, 395, 424, 442
Beaton, John 295, 297, 302, 367
Beaton, Mary 29
Beaugué, Jean de 31, 480, 497
Beaune, Renaud de 434, 493, 497
Bedford, Francis Russell, Graf von 83, 141, 151, 161, 184, 186–187, 194, 199, 209–211, 213–216, 363, 439
Bellièvre, Pomponne de 418–419, 421, 438, 478, 497
Blacater (Hauptmann) 246
Blackwood, Adam 440, 447, 497
Bochetel de La Forest 308, 330
Bothwell, Adam, Bischof der Orkaden 244, 250, 282, 290, 299, 320

Bothwell, James Hepburn Graf von 7, 65, 82, 86–87, 99, 100, 103, 117–118, 136–137, 140–141, 147–148, 155, 159–160, 162–163, 166, 168–170, 172, 178, 180–181, 185–186, 188, 190, 194–198, 200–206, 208–209, 211–212, 214, 216–217, 220–221, 224, 227–232, 234–251, 253–267, 270–276, 278, 280, 282–284, 287–291, 293–294, 299, 311, 322–324, 350, 461, 501
Bothwell, Jean 159, 201, 247, 250
Bothwellhaugh (= John Hamilton) 339
Bourgoing, Dominique 404–405, 407, 411, 426–429, 441, 455, 493, 498, 500
Boyd, Lord Robert 136, 140, 158, 170, 256, 274, 299, 316, 319, 332–333, 496
Brantôme (= Pierre de Bourdeille) 33, 37, 41, 43, 67, 82, 87–89, 91, 94–95, 326, 451, 479–482, 498
Brienne, Graf von 209–210
Bromley, Sir Thomas 408, 410, 423
Buchanan, George 52, 89, 109, 116, 184–185, 195–198, 200–203, 205–210, 215–216, 221–223, 225, 230, 234, 237, 255, 313, 316–317, 322–323, 325, 343, 359, 364, 380, 396, 446–449, 451, 454–455, 457, 460–461, 476, 479, 482, 484, 498, 501, 503

Caithness (= William Sinclair) 170
Calvin, Jean 62, 91
Campbell, Archibald, Graf v. Argyll 98–99, 136, 160
Cassillis, Gilbert Kennedy Graf von 22, 25, 45, 47, 53, 239, 243–244, 256, 299
Castelnau de Mauvissière, franz. Botschafter 128, 134, 139, 174, 181, 184, 370, 384, 389, 391–392, 394, 482, 482, 487, 498, 502
Cavendish, Elisabeth 373
Cecil, William (später Lord Burgley) 64, 83, 107–108, 151, 158, 161, 173–174, 183, 185, 199, 243, 248, 258, 276, 292, 296, 308–311, 313–315, 319, 322, 329, 335, 337, 341–345, 348, 351–353, 356, 358–360, 362–363, 372, 376, 383–384, 407–408, 410–412, 422, 426, 433, 438, 442, 451, 455, 462

Chantonnay, spanischer Botschafter 78
Châtelard, Pierre de 87, 118–119, 134, 454, 474
Châtellerault, Herzog von 20–29, 40–41, 44–45, 47, 66, 69, 91, 97–99, 101, 103, 110, 117, 118, 121, 128–129, 134, 136, 137, 140, 161, 180, 221–222, 234, 242, 274, 281, 293, 299, 312, 315–319, 331–334, 336–340, 343, 345, 349–357, 359, 361–363, 371, 380
Claude, zukünftige Herzogin von Lothringen 34, 51
Clernaut 159
Clinton, Lord 319
Coligny, Gaspard de 277, 284–285, 346
Condé (= Henri de Bourbon), Fürst von 32, 49–50, 58–59, 61, 70, 120, 124
Condé (= Louis de Bourbon), Fürst von 277
Cosimo I., Großherzog der Toskana 149, 158
Courtenay, Lord Edward 42
Craig, John 186, 203–208, 221, 233–234, 249, 264–265, 272, 323, 475
Crawford, Bessie 247
Crawford, David Lindsay Graf von 170, 299
Crawford, Thomas 220
Croc, Philibert du 188–189, 191–192, 196–198, 211, 216, 248, 250–251, 256, 258, 261–262, 265–267
Crussol, Madame de 119
Cunningham, Robert 239
Curle, Barbara 405, 441
Curle, Elizabeth 428, 430, 432, 441
Curle, Gilbert 378, 402–404, 406, 411, 441

Dacres, Leonard 338
Dalgleish, George 227–228, 272–273, 289–290
Damiot 154
Darnley, Henry (= Henry Stuart) 86, 116, 120, 124–129, 133, 135–139, 141, 147–153, 155–158, 162–170, 173–174, 176, 179–182, 184–185, 188–193, 197–201, 203–209, 211–212, 214–230, 232–236, 238–243, 248, 250–252, 255, 262–264, 266, 269, 271–273, 275–276, 284, 286–287, 290–291, 308, 313, 316–317, 322–

324, 327, 330, 334, 336, 348, 355, 370, 373, 378, 381, 385, 406, 415, 439, 445–446, 454, 459, 461, 463–465, 474–475, 500, 502
Davison, William 409, 422–423, 433, 449, 451, 479, 484, 500
Don Carlos 78, 120–123, 125, 134, 144, 451
Don Juan d'Austria 86, 123, 144, 379–381, 385, 477
Douglas, Archibald 229
Douglas, George 22–23
Douglas, George (»der Postulant«) 157, 165, 170
Douglas, George (Bruder von William Douglas) 294, 296–297, 302
Douglas, Margaret de Locleven 98, 124, 269, 294
Douglas, William (»Willy«) 280, 296–297, 370
Douglas, William (Schloßherr von Lochleven) 269, 282, 297
Drake, Sir Francis 377
Drury, Drew 422
Drury, William 174, 185, 227, 251, 255–256, 272, 296, 299, 362, 364
Dunkeld, Bischof von 209, 299
Durand de Villegagnon, Nicolas 29

Eduard II. 14
Eduard Tudor, später Eduard VI. 22–23, 27–29, 45
Eglinton, Hugh Montgomery Graf von 244, 299
Elbeuf, René d' 87, 93, 181
Elisabeth, Königin von England 7, 38, 54–57, 59–60, 64–66, 69, 78, 80–81, 83–86, 88–90, 97, 103–104, 106–108, 115, 117, 119, 121–129, 133–135, 137, 139–144, 146, 149, 153, 157–161, 170, 172, 175–177, 179–180, 182–184, 186–187, 192–194, 205, 211, 213–214, 226, 232, 234–235, 237, 239–240, 248, 257–258, 260, 273, 275–277, 282–283, 289, 291–292, 296, 299, 302, 305–309, 311–313, 315, 317–320, 327–331, 333–351, 355–356, 358–365, 367–374, 376–377, 379, 381–385, 388–390, 392–393, 395,
397–399, 401, 403–410, 412–425, 432–439, 441, 445–448, 457, 460, 464–465, 474, 476
Elisabeth, Schwester von Heinrich II. 34, 36, 57–58, 144, 313, 330
Elphinston, Robert 299
Emanuel Philibert, Herzog von Savoyen 57, 188, 191, 250, 258, 265, 267
Erich XIV., König von Schweden 86
Errol, Francis Hay Graf von 299
Erskine, Arthur 163, 169
Erskine, John 46–47
Erskine, Margaret 81, 99, 269
Esneval, Charles de Prunelé Baron von 9, 415–416, 492

Fénelon, Bertrand de La Mothe 330, 347, 351, 357–358, 368, 487, 497
Feria, Herzog von 352
Fleming (= Janet Stewart) Lady 29, 34, 41–42
Fleming, Lord John 47, 53, 163, 166, 170, 256, 260, 274, 293, 299–300, 302, 316, 332
Fleming, Mary 29, 135, 234, 295
Foix, Paul de 142, 144, 151, 360
Forster, John (Gouverneur von Berwick) 198
Fouquelin, Antoine 37
Franz I., König von Frankreich 16, 21, 27–28, 90
Franz II., König von Frankreich 28, 34, 46, 49, 52–53, 58–59, 61, 64–67, 70–71, 75–76, 439, 474, 481
Fraser, Antonia 8, 183, 185, 433, 460, 479, 481–482, 484, 490–491, 500, 503

Gervais, Jacques 428, 441
Gifford, Gilbert 177, 393–399, 402, 406, 411, 477
Glamis, John Lyon 299
Glencairn, Alexander Cunningham Graf von 22, 25, 46, 136, 140, 158, 170, 172, 243, 272–273, 281–282, 289
Gordon, Sir John 109, 111
Gorion (Apotheker) 429, 441–442
Gray, Lord 67, 107, 248, 334, 383–384, 420, 437, 497

Grimani, Patriarch 25
Guerau, de Espès, Don 346, 348, 357, 385
Guise, Antoinette von 33
Guise, Claude 34, 36, 38
Guise, Franz von Lothringen 38, 40, 44–45, 47, 49–51, 71, 87, 112
Guise, Heinrich 379, 383, 387, 418, 424, 442
Guise, Maria von, Mutter der Maria Stuart 13, 16–21, 23, 26, 28–29, 39–42, 44–47, 62–64, 66–68, 79, 86, 100, 106, 269, 439
Guzman de Silva 125, 142, 176, 193–194, 246, 346

Hacket, George 224
Hamilton, Claude 98, 302, 361–362
Hamilton, James, Graf von Arran (Sohn) 21, 47, 97
Hamilton, John, Erzbischof 44, 98, 100, 113, 160, 170, 233–234, 237, 244, 247, 256, 291, 299, 333, 336, 348, 360, 362
Hamilton, John Lord of Arbroath 101, 293–294, 300
Hay of Tallo, John 227–229, 272, 288
Heinrich II., König von Frankreich 27–28, 32–34, 37, 39–41, 43, 45–46, 48–49, 51, 53, 56–58, 64, 263, 474
Heinrich III., König von Frankreich (zuvor Herzog von Anjou) 34, 36–37, 87, 120, 144, 311, 330–332, 347–348, 350–351, 362, 367–368, 373, 377, 379, 382, 387, 393, 414–416, 418–419, 421, 426, 428, 434–435, 439, 442, 448
Heinrich VIII., König von England 15–16, 18, 20, 22–23, 25–27, 54, 292, 347
Henderson, Thomas F. 8, 151, 457, 479, 482–483, 500, 503
Hepburn of Bolton, John 227–228, 272, 288, 311–312, 314, 320, 328, 366, 476
Herries, John Maxwell Lord 182, 288–289, 299–302, 306, 309, 312, 316, 319, 332, 336, 353, 375, 483–484, 498
Hilliard, Nicolas 374
Hubert, Nicolas 227, 231, 334
Hume, Alexander 170, 272, 282
Huntly, George Gordon Graf von (Vater) 20, 45, 81, 92, 98, 100, 103, 106, 109–111

Huntly, George Gordon Graf von (Sohn) 136, 159, 162–163, 166, 169–170, 172, 180–181, 185–186, 196, 198, 204–206, 208, 224, 237, 242–244, 246–250, 256, 260–261, 271, 274, 289, 293, 299–300, 323–324, 332, 360
Huntly, Lady (Elisabeth Keith) 184
Huntly, Lady (Mary Hamilton) 110, 166, 168, 181

Jakob IV., König von Schottland 15, 54
Jakob V., König von Schottland 13, 15–20, 81, 89, 96, 186, 473
Jakob VI., König von Schottland (Jacob I. von England) 17, 99, 111, 182, 193, 208, 210, 215–216, 221, 240, 242, 253, 257–258, 262, 275, 279, 281–282, 285, 293, 299, 302, 321, 328–329, 333, 344, 349–350, 357, 363–364, 375, 380, 383–384, 386–387, 390, 396, 413, 415–416, 418–423, 429, 433, 435–438, 442, 444, 465, 473, 475–476

Karl V. 58, 379
Karl IX. 34, 76–77, 87, 119, 124, 141, 143, 174, 209, 225, 235, 258, 261, 277–278, 285, 292, 309, 311, 332, 342, 344, 346, 358, 360, 367
Karl, Erzherzog von Österreich 120–125, 381
Keith, Agnes, Tochter des Grafen Marshall 134, 502
Keith, Robert 134, 244, 449, 479–488, 499, 501
Kerr of Fawdonside, Andrew 165, 170
Kerr of Fernyhurst 361
Killigrew, Henry 182, 185–186, 237, 362–364
Kilvinning, Abt 319
Kirkcaldy of the Grange, Sir William 136, 140, 143, 245, 248, 260, 263, 265, 278, 288, 293, 300–301, 336, 344, 361, 364, 375, 477
Knollys, Francis 308–310, 312
Knox, John 21, 24, 27, 38, 62–63, 67, 69, 75, 79, 81, 88–92, 98, 100–102, 104–106, 113–120, 122, 124, 128, 133–136, 140, 145, 152, 155, 172, 241, 278, 282,

Mendoza, Bernardino de 385–387, 396–398, 400, 417, 421, 424, 437–438, 441
Middlemore, Henry 309–310
Mildway, Walter 343
Monluc, Jean de (Bischof von Valence) 68
Montalembert, André de 29, 31, 480, 497
Montmorency, Anne de, Konnetabel v. 35, 38–39, 41–42, 44–45, 47, 49, 58, 87, 113, 232
Montmorin, Hector de 310
Montrose, John Graham Graf v. 103, 253, 299
Moray, Bischof von 274, 290, 299
Moray, James Stuart Graf von (Halbbruder von Maria Stuart) 29, 47, 53, 79–85, 89–91, 96, 100–101, 104, 106–107, 110–112, 114, 118–119, 126–129, 133–143, 146, 148–152, 154, 156–158, 161–163, 167–168, 170–172, 174–175, 178–181, 185–186, 189, 192, 195–196, 198–199, 201–202, 204–209, 223–224, 229–234, 237–239, 241–242, 244, 254, 258, 269, 273, 277–279, 281–295, 297–301, 308–310, 312–316, 318, 320, 324–325, 328–333, 336–340, 348, 362, 457, 461, 463, 465, 474
Moray, Lady 295
Moretta 149
Morgan, Thomas 386, 393, 395, 398, 419, 442
Morton, James Douglas Graf von 46, 98–99, 103, 111, 136, 154–158, 162, 164–166, 168, 170–173, 175–176, 179, 184, 192, 204, 206–207, 214, 232, 234, 237, 239, 242–244, 253, 256, 263–264, 266, 269, 272–273, 278, 281–282, 289–290, 316, 320–321, 324, 327, 333, 337, 343, 345, 363–364, 375, 381, 461, 502

Nau, de la Boinelière, Claude (Sekretär der Maria Stuart) 163, 167–171, 188, 196–197, 206, 216, 221, 231, 254–255, 260, 264, 266–267, 270–272, 280, 282–284, 287–288, 295–297, 307, 310, 370, 374, 378, 386, 402–404, 406, 411, 427, 441, 455, 480, 483–489, 493, 498
Nelson, Thomas 221–224

Nemours, Jacques de Savoie Herzog von 120, 344
Neville, Edmund 389, 504
Norfolk, Thomas Howard Herzog v. 66
Norris, Henry 292

O'Neill, Sean 159, 177, 193
Ochiltree, Lord Andrew Stewart 136, 140, 158
Ogilvie, Lord James 109
Oisel, Henri 29
Oliphant, Lord 22
Orkaden, Bischof 282, 290, 299
Ormiston, James 206–207, 227

Pages, Bastian 210, 224–225, 236
Paget, Charles 386, 393, 395, 399, 419, 442
Paisley (= Claude Hamilton) 23, 44, 101, 293
Panter, David 47
Paris (= Nicolas Hubert) 218, 227–231, 323, 334
Parois, Françoise de 42–43
Parry, William 389–390, 393, 396, 477
Paulet, Sir Amyas 366, 389, 391–392, 399, 405, 407–409, 422–428, 433, 442, 451, 455, 492, 497
Pellevé, Antoine de, Bischof von Amiens 65
Pembroke, Henri Herbert Graf v. 335, 337
Phelippes, Thomas 395, 401–404, 411
Philipp II., 45, 54, 56–57, 78, 121, 123, 137–138, 144–145, 178, 193, 330, 346, 349–352, 360, 377–379, 391, 396, 398, 403, 414, 416, 437, 441–442
Pius IV. 112
Pius V. 144, 377, 476
Poitiers, Diane de 35–37, 39, 41, 43, 49, 51
Polay, Robert 404
Powrie, William 227, 272, 288

Quadra, Alvaro de la 120, 122–125, 342

Rambouillet, Jacques de 160
Randolph, Thomas 81, 89, 105–106, 113, 123, 125, 127–128, 139, 141, 144, 147–148, 151–152, 156–161, 174, 176, 180, 201, 340, 361

298, 340, 345, 364, 396, 436, 446–449, 455, 457, 460, 464–465, 474, 479, 481–483, 498, 503–504

Laureo de Mondovi, Fernando 178–179, 188, 240–241
La Renaudie, Godefroide 61
L'Aubespine, Guillaume de 388, 395–397, 399–401, 407, 418, 420, 428, 436–437, 491
L'Aubespine, Sébastian de, franz. Botschafter in Spanien 78, 392
Le Laboureur (Abt) 271, 487, 498
Leicester, Robert Dudley Graf von 125–127, 157, 319, 335, 337, 371–372, 376, 390, 407, 420, 442, 450, 452
Lennox, Margaret 124–125, 127, 176, 181, 234–235, 275, 307, 373
Lennox, Matthew (Vater von Darnley) 23–25, 41, 86, 98, 124, 126–128, 135, 142, 169–170, 173, 181, 189, 191, 197, 200–201, 203, 208, 219–220, 223–224, 227–228, 230, 232, 235, 237–239, 242, 281, 313, 321, 341, 343, 345, 348, 360–362
Leslie, John, Bischof von Ross 80–81, 103, 185, 188, 196–197, 216, 233–234, 244, 247, 251–252, 254, 256, 264, 281, 293, 299, 301, 315–317, 319–320, 329, 331, 333, 334–337, 339, 342, 344–345, 347–349, 351–357, 442, 446, 498
Lignerolles, Herr von 277–278, 280
Lindsay, Patrick 90, 164–165, 170, 175, 214, 239, 263, 270, 280, 289, 316, 498, 501
Lisle, Lord (Großadmiral) 25
Livingston, William 29, 163, 166, 170, 299, 316, 333
Longueville, François de 16–17, 42
Lorne, Lord Archibald 46
Lothringen, Karl von 38, 42–44, 48, 58, 60–61, 66, 80, 82, 116, 122, 127, 302, 311, 370
Lowther, Richard 306–307
Ludwig XI. 15
Lumley, John 335, 337
Lutini, Giuseppe 214–215

MacGill, James 239
Mahon, General 228, 313, 480, 484–486, 501
Maillé-Brézé, Philippe de 27
Maitland, William 46, 65, 95, 99, 103, 108, 119, 121–123, 133–135, 148–149, 154–157, 172, 179, 185–186, 192, 198–199, 204–208, 225, 232–234, 237–238, 243, 245–246, 254, 256, 260, 263–266, 272, 278, 281, 283, 288, 293, 298, 316–317, 325, 327, 331, 335–337, 340, 344, 361, 364, 375, 477, 498, 504
Manrique de Lara, Don Juan 86
Mar, Lady 183, 225
Mar, Lord (= John Erskine) 179, 183–186, 208, 217, 229, 239–240, 242, 248, 253, 257, 272, 281–282, 289, 321, 328, 333, 338, 345, 362–363
Margarete von Schottland 15
Margarete von Valois, Herzogin von Savoyen 50, 57
Margarete (Königin Margot) 34, 36, 49, 78
Margarete Tudor 15, 54, 121, 127, 213
Maria von Bourbon 16
Maria von Portugal 78
Maria Tudor 42, 45, 54–55, 58, 101, 107, 388
Marshall, George Keith Graf von 134, 170, 501, 503
Martigues, Vicomte de 277
Maxwell, John 22, 299–302, 498, 501
Medici, Katharina von 27, 31–32, 34–37, 39, 61, 68, 70, 75, 77–78, 80, 83–84, 86, 104, 112–113, 119, 121, 123, 127, 134, 141, 144, 151, 156, 167, 178, 180, 188, 191, 193, 196, 209, 211, 225, 232, 235–236, 240, 246, 248, 257–258, 261, 266, 273, 277, 283, 293, 295–296, 300, 310, 342, 346, 349, 376, 415, 423, 445–446, 486, 496
Melville, Andrew 429, 441
Melville, James 95, 99, 125–126, 149–150, 152, 159, 161, 168, 170, 177, 183–185, 189, 198–199, 211, 245–246, 251, 260, 263, 284–285, 291, 293, 301, 340, 347, 364, 480, 482–490
Melville, Robert 248, 256, 270, 280–281, 293, 422

Reid, James, Bischof der Orkaden 47, 504
Reres, Lady 182, 202
Ridolfi, Roberto 348–361, 365, 377–378, 417–418, 476
Rizzio, David 148–152, 154–159, 161–163, 167–173, 175–176, 178, 181–182, 184–185, 188, 194, 203–204, 213–214, 224, 234, 238, 270
Rizzio, Giuseppe 215, 236
Rothes, Graf von 47, 53, 136, 140, 158, 170, 196, 210, 243, 256, 299
Ruble, Alphonse de 35, 480, 499, 501
Ruthven, Lord Patrick 163–167, 169–170, 172–173, 175–176, 270
Ruthven, Lord William 270, 280, 283, 289

Sadler, Sir Ralph 23, 25, 315, 354, 359, 387, 497, 503
Sampson (Pastor) 334
Sandilands, James 46, 69
Sanquhar, Lord 272
Savage, John 397–399, 404, 406
Saville, Lady (Marie Talbot) 440
Scrope, Lord Robert 306, 308–309, 311
Semple, Lord Robert 170, 272
Seton, Lord George 47, 170, 237, 274, 293, 297, 299, 301, 375
Seton, Mary 29, 367, 372
Seymour, Edward 334, 500
Seymour, Jane 16, 334
Shrewsbury, Elizabeth of Hardwick, Gräfin von 366–368, 370–373, 387
Shrewsbury, George Talbot, Graf von 356–357, 359, 366–367, 369, 371–372, 398, 409, 412, 423, 426, 428, 434, 440, 455
Sinclair, Jean 34
Somerset, Thomas Seymour, Herzog von 9, 25, 27–29, 40, 89, 108
Somerville, Lord 22

Spottiswoode, John 67, 154, 186, 483, 486–487, 499
Standen, Anthony 163, 169
Stewart, Jean 163
Stewart, Robert 223
Stewart, Matthew 23
Strozzi, Leone 27, 29
Stuart, Robert 40–41
Sussex, Thomas Redcliff Graf von 315, 341
Sutherland, John Gordon 170, 299

Tamworth, John 139
Taylor, William 224
Thevet, André 94, 481
Thornton, James 144, 175
Throckmorton, Francis 388–390, 367, 419, 475
Throckmorton, Nicolas 59, 83–85, 201, 273, 275–278, 280, 282–284, 288, 291–292, 305, 336–337
Traquair, John Stewart of 169, 189
Trivulzio, Kardinal 50
Tullybardine, Herr von 216, 263, 288

Urfé, Claude d' 36

Vérac, Sieur de 341, 364
Villeroy, Nicolas de 277–278
Villiers de Beaumont 293

Walsingham, Sir Francis 366, 376, 382–384, 386–393, 395–399, 401–407, 409, 411, 417, 422, 425–426, 437, 442, 455, 459, 503
Warwick, Ambrose, Graf von Dudley 120, 123
Wilhelm von Oranien 387–388, 392
Wilson, Thomas 228, 355, 484
Wishart, George 26, 101

Yaxley, Francis 138